Kehr
Außenhandel

Kompendium der praktischen Betriebswirtschaft
Herausgeber Professor Klaus Olfert

www.kiehl.de

Außenhandel

Von
Prof. Dr. Henning Kehr

Mitbegründet von
Prof. Dr. Fritz-Ulrich Jahrmann

15., aktualisierte Auflage

kiehl

Herausgeber:
Prof. Klaus Olfert
76530 Baden-Baden

ISBN 978-3-470-**54265**-2 · 15., aktualisierte Auflage 2020

Kiehl ist eine Marke des NWB Verlags

Satz: SATZ-ART Prepress & Publishing GmbH, Bochum
Druck: Stückle Druck und Verlag, Ettenheim

Kompendium der praktischen Betriebswirtschaft

Das Kompendium der praktischen Betriebswirtschaft soll dazu dienen, das allgemein anerkannte und praktisch verwertbare Grundlagenwissen der modernen Betriebswirtschaftslehre praxisgerecht, übersichtlich und einprägsam zu vermitteln.

Dieser Zielsetzung gerecht zu werden, ist gemeinsames Anliegen des Herausgebers und der Autoren, die durch ihr Wirken an Hochschulen, als leitende Mitarbeiter von Unternehmen und in der betriebswirtschaftlichen Unternehmensberatung vielfältige Kenntnisse und Erfahrungen sammeln konnten.

Das Kompendium der praktischen Betriebswirtschaft umfasst zahlreiche Textbände, die einheitlich gestaltet sind und jeweils aus zwei Teilen bestehen:

- Dem **Textteil**, der systematisch gegliedert sowie mit vielen Beispielen und Abbildungen versehen ist, welche die Wissensvermittlung erleichtern. Zahlreiche Kontrollfragen mit Lösungshinweisen dienen der Wissensüberprüfung. Umfassende Literaturverzeichnisse zu jedem Kapitel verweisen auf die verwendete und weiterführende Literatur.
- Dem **Übungsteil**, der eine Vielzahl von Aufgaben und Fällen enthält, denen sich ausführliche Lösungen anschließen, die schrittweise und in verständlicher Form in die betriebswirtschaftlichen Fragestellungen einführen.

Als praxisorientierte Fachbuchreihe, die um einzelne Lexika ergänzt wird, wendet sich das Kompendium der praktischen Betriebswirtschaft vor allem an:

- **Studierende** der Fachhochschulen und Universitäten, Akademien und sonstigen Institutionen, denen eine systematische Einführung in die betriebswirtschaftlichen Teilgebiete vermittelt werden soll, die eine praktische Umsetzbarkeit gewährleistet
- **Praktiker** in den Unternehmen, die sich innerhalb ihres Tätigkeitsfeldes weiterbilden, sich einen fundierten Einblick in benachbarte Bereiche verschaffen oder sich eines umfassenden betrieblichen Handbuches bedienen wollen.

Für Anregungen, die der weiteren Verbesserung der Fachbuchreihe dienen, bin ich dankbar.

Prof. Klaus Olfert
Herausgeber

Feedbackhinweis

Kein Produkt ist so gut, dass es nicht noch verbessert werden könnte. Ihr Meinung ist uns wichtig. Was gefällt Ihnen gut? Was können wir in Ihren Augen verbessern? Bitte schreiben Sie einfach eine E-Mail an: **feedback@kiehl.de**

Als kleines Dankeschön verlosen wir unter allen Teilnehmern einmal pro Monat ein Buchgeschenk!

Vorwort zur 15. Auflage

Die Bedeutung des Exports für die deutsche Wirtschaft ist unverändert hoch. Gleiches gilt für die Importe. Was bei der Aktualisierung in seiner Auswirkung noch nicht abzuschätzen war, ist die Entwicklung aufgrund der Corona-Pandemie. Sie wird auf jeden Fall auf die Supply-Chains und die Risikobetrachtung der Lieferketten Einfluss haben – was soll unter diesem Gesichtspunkt wo produziert werden. Damit nimmt die Komplexität für die Entscheidungen bezüglich der Supply-Chains eher zu. Andererseits liegen Analysen vor, wonach es nur bei vier Produktkategorien weniger als zehn wichtige Exportländer gibt.

Ein weiterer Aspekt der jüngeren Vergangenheit sind Tendenzen zum Unilateralismus („America first" als Beispiel). Deutschland engagiert sich demgegenüber in einer Allianz für den Multilateralismus. Welche langfristigen Effekte diese Bewegungen haben werden, lässt sich schwer abschätzen. In jedem Fall ist die Internationalisierung für die Unternehmen wichtig, ob dies in Form des Warenhandels oder der Direktinvestitionen erfolgt. Beides wird im vorliegenden Buch behandelt.

Die Vorteile der internationalen Arbeitsteilung, wie sie schon von David Ricardo und in nachfolgenden Untersuchungen analysiert wurden, bleiben bestehen. Der internationale Handel und die Wohlfahrtseffekte sind kein Nullsummenspiel und haben vielen Menschen Wohlstand gebracht.

Für die 15. Auflage wurden die Übungsaufgaben, insbesondere Rechenaufgaben und Beispielrechnungen, überprüft und Fehler korrigiert. Die umfangreichen Statistiken und Daten wurden aktualisiert, um so einen Eindruck über die jüngsten Entwicklungen zu vermitteln. Selbstverständlich wurden auch Rechtsänderungen (z. B. Außenwirtschaftsrecht) berücksichtigt. Ebenso wurden die Incoterms 2020, die zum 01.01.2020 in Kraft getreten sind, aufgenommen.

Sollten sich trotz sorgfältiger Überprüfung und Überarbeitung Fehler eingeschlichen haben, bin ich für jeden Hinweis dankbar.

Prof. Dr. Henning Kehr
Bickenbach, April 2020

Benutzungshinweise

Kontrollfragen

Die Kontrollfragen dienen der Wissenskontrolle. Sie finden sich am Ende eines jeden Kapitels.

Aufgaben/Fälle

Die Aufgaben/Fälle im Übungsteil dienen der Wissens- und Verständniskontrolle. Auf sie wird jeweils im Textteil hingewiesen:

Aufgabe 1 > Seite 540

Der Übungsteil befindet sich am Ende des Buches. Es wird empfohlen, die Aufgaben/Fälle unmittelbar nach Bearbeitung der entsprechenden Textstellen zu lösen.

Aus Gründen der Praktikabilität und besseren Lesbarkeit wird darauf verzichtet, jeweils männliche und weibliche Personenbezeichnungen zu verwenden. So können z. B. Mitarbeiter, Arbeitnehmer, Vorgesetzte grundsätzlich sowohl männliche als auch weibliche Personen sein.

ABKÜRZUNGSVERZEICHNIS

ADB	Allgemeine Deutsche Binnentransportbedingungen
ADS	Allgemeine Deutsche Seeversicherungsbedingungen
ADSp	Allgemeine Deutsche Spediteurbedingungen
AE	Ausfuhrerklärung
AKA	Ausfuhrkredit-Gesellschaft mbH
A.T.A.	Admission Temporaire – Temporary Admission
APG	Ausfuhr-Pauschal-Gewährleistung (Hermes)
AWG	Außenwirtschaftsgesetz
AWV	Außenwirtschaftsverordnung
BAFA	Bundesamt für Wirtschaft und Ausfuhrkontrolle
B/L	Bill of Lading (Konnossement)
BfA	Bundesagentur für Außenhandelsinformation
BIZ	Bank für internationalen Zahlungsausgleich, Basel
BOT	Build-Own/Operate-Transfer
BSP/BiP	Bruttosozialprodukt/Bruttoinlandsprodukt
CFR	Cost and Freight
CIF	Cost, Insurane, Freight
CIP	Carriage and Insurance Paid To
CIM	Convention Internationale concernant le transport de marchandises par chemins de fer
CIRR	Commercial Interest Reference Rate
CISG	Convention on Contracts for the International Sale of Goods
CLC	Commercial Letter of Credit (Kreditbrief)
CMR	Convention relative au contrat de transport international de marchandises par route
COTIF	Übereinkommen über den internationalen Eisenbahnverkehr (Convention relative aux transports internationaux ferroviaires)
CPT	Carriage Paid To
d/a	documents against acceptance
DAF	Delivered At Frontier DDP Delivered Duty Paid DDU Delivered Duty Unpaid
DEG	Deutsche Entwicklungsgesellschaft
DEQ	Delivered Ex Quay DES Delivered Ex Ship D/O Delivery Order
DIHT	Deutscher Industrie- und Handelskammertag
DIHZ	Deutsche Industrie- und Handelszentren
d/p	documents against payment
DTV	Deutscher Transport-Versicherungsverband
EAN	European Article Number
ECR	Efficient Consumer Response
ECU	European Currency Unit
EDI	Electronic Data Interchange
EE	Einfuhrerklärung
EIB	Europäische Investitionsbank
EK	Eigenkapital
ERA	Einheitliche Richtlinien und Gebräuche für Dokumentenakkreditive
ERI	Einheitliche Richtlinien für das Inkasso von Handelspapieren
ERP	European Recovery Program (sog. Marshall-Plan)
ERR	Einheitliche Richtlinien für Rembourse zwischen Banken unter Dokumenten-Akkreditiven
EUSt	Einfuhrumsatzsteuer
EWWU	Europäische Wirtschafts- und Währungsunion

EXW	Ex Works
EZT	elektronischer Zolltarif
EZB	Europäische Zentralbank
FAS	Free Alongside Ship
FBL	Negotiable FIATA Multimodal Transport Bill of Lading
FCA	Free Carrier
FCL	Full Container Load
FIATA	Fédération Internationale des Associations des Transporteurs et Assimilés (Internationale Vereinigung der Spediteurorganisationen)
FOB	Free On Board
FWB	FIATA Multimodal Transport Waybill
Garioa	Government and Relief in Occupied Areas
GATT	General Agreement on Tariffs and Trade
g.b.o.	goods in bad order
GG	Grundgesetz
GIZ	Gesellschaft für Internationale Zusammenarbeit
GMO	Gemeinsame Marktordnung der EG
IATA	International Air Transport Association
ICC	International Chamber of Commerce, Paris
IDA	International Development Association
IFC	International Finance Corporation
Incoterms	International Commercial Terms
IR-Marke	International registrierte Marke
ISL	Institute of Shipping Economics and Logistics, Bremen
IWF	Internationaler Währungsfonds
KfW	Kreditanstalt für Wiederaufbau, Frankfurt
KT	Konvertierungs- und Transferrisiko
KWG	Kreditwesengesetz
L/C	Letter of Credit
LCL	Less than Countainer Load
LIBOR	London Interbank Offered Rate
MIGA	Multilateral Investment Guarantee Association
MTO	Multimodal Transport Operator
NVOCC	Non Vessel Operating Common Carrier
OECD	Organization for Economic Cooperation and Development
OPEC	Organization of Petroleum Exporting Countries
OTIF	Zwischenstaatliche Organisation für den internationalen Eisenbahnverkehr (Organisation intergouvernementale pour les transports internationaux ferroviaires)
PCT	Patent Cooperation Treaty
PVÜ	Pariser Verbandsübereinkunft
S/A	Shipping Agent (Schiffsmakler)
s.o.b.B/L	shipped on board Bill of Lading
SZR	Sonderziehungsrechte des Internationalen Währungsfonds
TEU	Twenty Foot Equivalent Unit
Through B/L	Through Bill of Lading
TIBOR	Tokio Interbank Offered Rate

TIR	Transport Internationale Routier
UNCITRAL	United Nations Commission on International Trade Law
UNIDROIT	Institut International pour l'Unification du Droit Privé
URDG	Uniform Rules for Demand Guarantees (Einheitliche Richtlinien für auf Anfordern zahlbare Garantien)
U/W	Underwriter
ÜD	Überwachungsdokument
W/B	Way Bill = Airway-Bill
WTO	World Trade Organization
W/W	Warehouse Warrent (Lagerschein)
YAR	York-Antwerpen-Regeln
ZADAT	Zollanmeldung auf Datenträgern
ZM	Zahlungsverbots- und Moratoriumsrisiko

A. Einführung

1. Begriffe

1.1 Außenhandel

Der Außenhandel als betriebliche Außenwirtschaft umfasst **alle betriebswirtschaftlichen Tätigkeiten bei der Unterhaltung von wirtschaftlichen Beziehungen zum Ausland** auf der Grundlage des grenzüberschreitenden Waren- und Dienstleistungsverkehrs sowie von Rechtsübertragungen. Er bezieht sich somit im Wesentlichen auf folgende Tätigkeitsfelder:

Außenwirtschaftliche Tätigkeitsfelder			
Auslandsmarkt-analyse	Entwicklung einer Auslandsmarketing-strategie	Prüfung und Herstellung der betrieblichen Einsatzfähigkeit im Ausland	Vorbereitung von Auslandsgeschäften
Außenhandels-kalkulation	Internationale Vertragsgestaltung	Risikodisposition	Dokumentation von Auslandsgeschäften
Transportwesen	Einfuhr-/Ausfuhr-verfahren, Zollabwicklung	Finanzdisposition und Auslandszahlungsverkehr	Finanzierung von Auslandsgeschäften

Für Außenhandelsgeschäfte lassen sich verschiedene Erscheinungsformen feststellen.

Grundformen des Außenhandels sind

- der Import
- der Export
- der Transithandel.

Import ist der grenzüberschreitende Bezug von wirtschaftlichen Leistungen, vorrangig von Waren, aus dem Ausland. Der Import von Dienstleistungen wird auch als passiver Dienstleistungsverkehr bezeichnet, bei dem ausländische Dienstleistungen in Anspruch genommen werden.

Export ist die grenzüberschreitende Bereitstellung von wirtschaftlichen Leistungen, vorrangig von Waren, an das Ausland. Der Export von Dienstleistungen wird auch als aktiver Dienstleistungsverkehr bezeichnet, bei dem inländische Dienstleistungen im Ausland bereitgestellt werden.

Transithandel ist die grenzüberschreitende Durchführung von wirtschaftlichen Leistungen, i. d. R. begrenzt auf den Warenhandel, wobei der ausführende Transithändler seinen Sitz weder im Import- noch im Exportland hat.

Daneben gibt es einige **Sonderformen des Außenhandels**, die sich aufgrund ihres Rechtscharakters und der Art der Leistungserbringung oder im Hinblick auf den wirtschaftlichen Ablauf von den Grundformen unterscheiden. Dazu zählen vor allem die Veredelungsverkehre, die Lizenzabkommen, die Kooperationen, die Direktinvestitionen, die Kompensationsgeschäfte und die Auslandsprojektgesellschaften.

Handelsmittler, auch Absatzmittler genannt, sind als weiterer Bereich weder den Grundformen noch den Sonderformen zuzuordnen, da sie den Außenhandel nicht als selbstständige Handelsstufe wahrnehmen, sondern stets in einer mehr oder weniger engen Bindung zu einem im Außenhandel tätigen Unternehmen stehen.

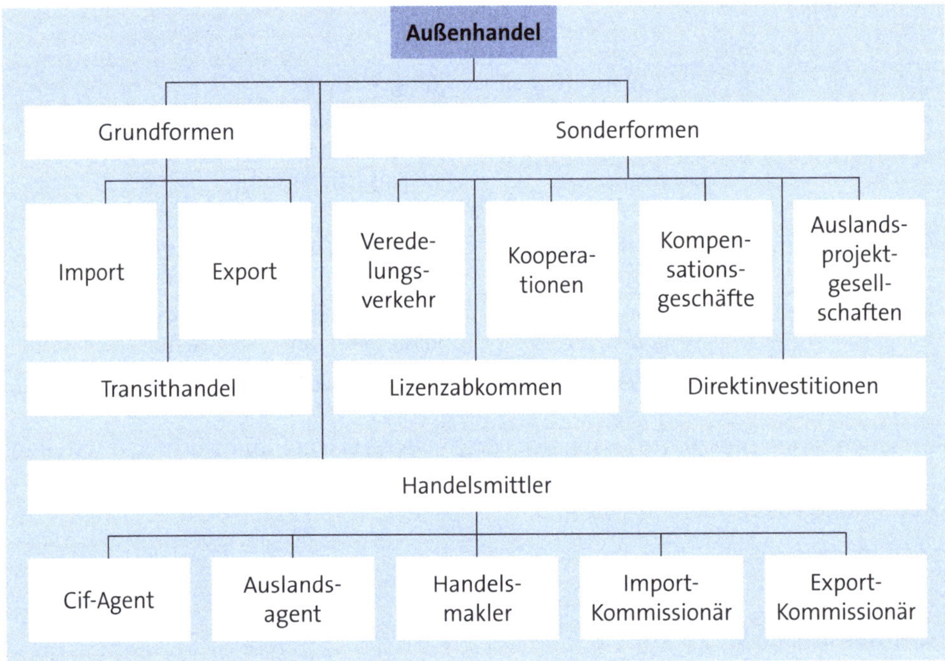

1.2 Absatzfinanzierung

Absatzfinanzierung ist die Deckung des Kapitalbedarfs im Zusammenhang mit dem Absatz von Betriebsleistungen an den Abnehmer. Sie bezieht sich auf alle **Maßnahmen der Kapitalbeschaffung und der Kapitaldisposition, die mit der Absatzleistung verbunden sind**. Aus der unterschiedlichen Betrachtungsweise von Kunden und Lieferanten ergeben sich jedoch zwei Möglichkeiten.

Absatzfinanzierung bedeutet einerseits Finanzierung **von** Absatzkrediten, also Deckung des Kapitalbedarfs, der durch die unternehmensmäßige Kreditvergabe an den Abnehmer der Betriebsleistung entsteht (1), und andererseits Finanzierung **durch** Absatzkredite, also Kreditaufnahme durch den Abnehmer beim Lieferanten (2).

Aus der Sicht der verkaufenden Unternehmung ist Absatzfinanzierung **Refinanzierung der eigenen Kreditgewährung**. Aus der Sicht des Abnehmers ist Absatzfinanzierung Kreditaufnahme, also **Fremdfinanzierung durch Absatzkredite**.

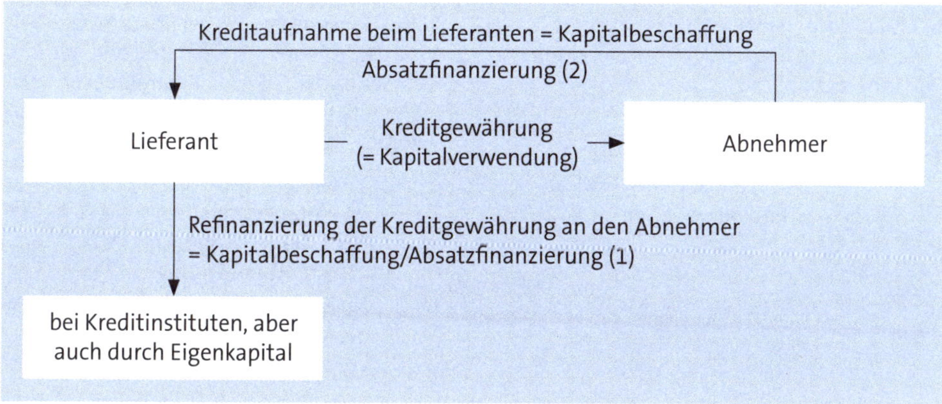

1.3 Außenhandelsfinanzierung

Die Außenhandelsfinanzierung ist eine **Sonderform der Absatzfinanzierung** bezogen auf die verschiedenen Formen des Außenhandels.

Außenhandelsfinanzierung i. e. S. ist die Deckung des Kapitalbedarfs für den Zeitraum des Land-, Luft- oder Seetransports vom Exporteur zum Importeur einschließlich der Übernahme der Risiken im Zusammenhang von Lieferung und Zahlung.

Außenhandelsfinanzierung i. w. S. umfasst darüber hinaus neben der Abwicklung des Zahlungsverkehrs auch die Finanzierung der Produktionsdauer bzw. des Wareneinkaufs beim Exporteur und die Aufnahme bzw. Gewährung von Lieferanten- oder Bankkredit für einen kurz-, mittel- oder langfristigen Zeitraum nach Lieferung durch den bzw. an den Importeur.

Die Außenhandelsfinanzierung befasst sich also mit der Kapitalbeschaffung für einen Zeitraum, der frühestens mit der Leistungsvorbereitung im Exportland beginnt und spätestens beim Zahlungseingang vom Abnehmer des Importeurs endet. Sie schließt die Dispositionen zur Abwicklung des Zahlungsverkehrs und zur Abwälzung der finanziellen Außenhandelsrisiken mit ein.

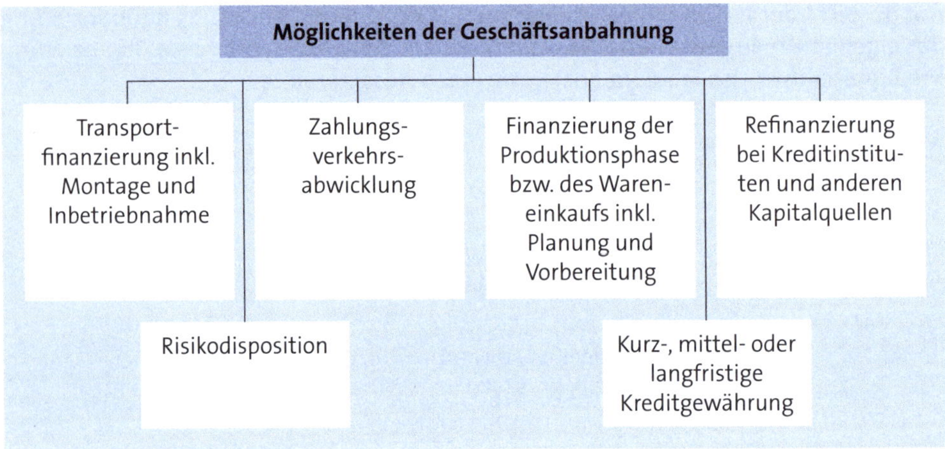

1.4 Außenhandelsmarketing

Bei einem traditionellen Außenhandelsgeschäft erschöpft sich die Auslandsaktivität auf die Gestaltung der Geschäftsbeziehungen mit dem ausländischen Geschäftspartner, dem alle weiteren Maßnahmen auf dem Auslandsmarkt überlassen werden.

Beim Außenhandelsmarketing werden die Auslandsmärkte selbst systematisch ausgewählt, erschlossen und aktiv bearbeitet, und es werden alle innerbetrieblichen Voraussetzungen geschaffen, um das Auslandsgeschäft optimal durchführen zu können, wobei das Unternehmen unter Einsatz aller Marketinginstrumente bei Exportgeschäften bis zum Endverbraucher bzw. bei Importgeschäften bis zum Warenursprung vordringt.

Außenhandelsmarketing besteht im Rahmen der Unternehmenspolitik im systematischen, planvollen Einsatz einer Kombination der absatzpolitischen oder einkaufspolitischen Instrumente zum Zwecke des optimalen Absatzes oder der Beschaffung von Unternehmensleistungen eines auf Auslandsmärkten tätigen inländischen Unternehmens.

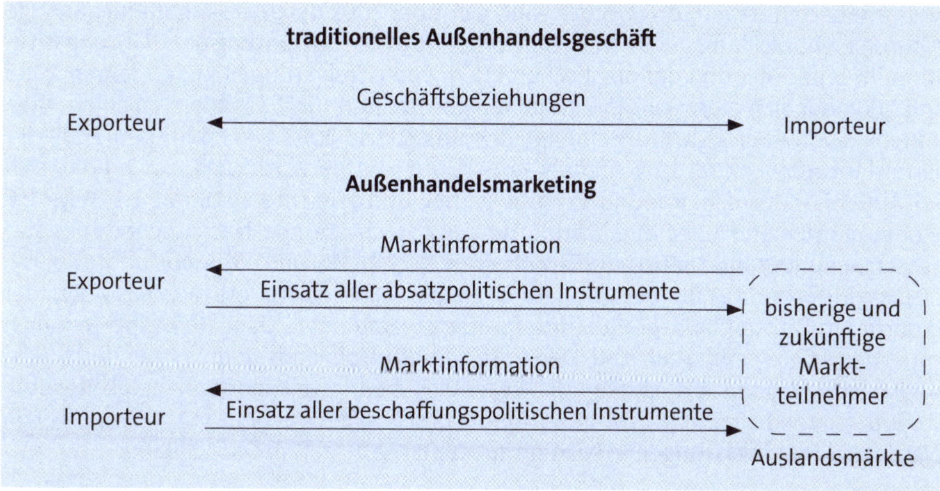

Die Präsenz des Unternehmens in einem bestimmten (Heimat-)Land muss im Hinblick auf eine weiter zunehmende Öffnung des Welthandels nicht unterstellt werden. Beim internationalen Marketing als besonderer Ausrichtung des Außenhandelsmarketing kann das Unternehmen zur Erschließung optimaler Verkaufsmöglichkeiten und **Marktpräsenz in allen wichtigen Ländermärkten** an verschiedenen, unter Umständen auch sich ergänzenden oder wechselnden Standorten Aktivitäten entfalten.

Internationales Marketing umfasst alle Aktivitäten zur Auswahl, Erschließung und Bearbeitung von Ländermärkten durch ein weltweit orientiertes Unternehmen, deren Auswahl und Einsatz in Abhängigkeit von den Bedürfnissen und Gegebenheiten der jeweiligen Absatzregion, den einzelnen Länderrisiken und dem auf der weltweit ausgerichteten Unternehmensphilosophie beruhenden Zielsystem zu sehen ist.

2. Bedeutung des Außenhandels

Deutschland ist ein Land mit hoher **Außenhandelsabhängigkeit**. Während 1965 erst etwa 16 % des Bruttoinlandsprodukts (BIP) exportiert wurden, waren es 1975 in jeweiligen Preisen 21 % und 1985 bereits 29 %. Seitdem ist der Anteil bei gewissen jährlichen Schwankungen weiter gestiegen und betrug 2006 rd. 34 % und 2017 rd. 39 %. Für den Export waren und sind nach Statistiken der Europäischen Kommission direkt etwa 8 Mio. Erwerbstätige beschäftigt. Das ist knapp jeder dritte Arbeitsplatz in Deutschland.

Der deutsche **Ausfuhrüberschuss** ist in den 80er-Jahren ständig gestiegen und erreichte 1989 69 Mrd. €. Infolge der deutschen Einheit und der damals stark gestiegenen Konsumgüterimporte bei verminderter Exporttätigkeit fiel der Ausfuhrüberschuss 1991 auf 11 Mrd. € zurück. Danach zeigte sich in vielen Branchen eine kräftige Erholung, die seitdem zu einem kontinuierlichen Anstieg der Exporte führte. Da die Importe in diesen Jahren weniger stark stiegen, erhöhte sich der Ausfuhrüberschuss bis 1999 auf 65 Mrd. €. Im Jahr 2000 schwächte sich diese Entwicklung zunächst wieder etwas ab, da trotz weiter wachsenden Exportvolumens, vor allem aufgrund der günstigen Währungssituation, sich die Importe durch steigende Energiekosten erheblich verteuerten, sodass der

Ausfuhrüberschuss auf rd. 60 Mrd. € sank, sich aber 2001 durch die anhaltend günstige Währungsentwicklung auf 94 Mrd. € erhöhte. Trotz der Umkehrung der Währungssituation im Jahr 2003 und der drastischen Energiepreissteigerungen in den Jahren 2005 und 2006 hat sich dieser positive Trend fortgesetzt und führte seitdem zu einem Ausfuhrsaldo von über 150 Mrd. €. Infolge der Finanzkrise 2008 gingen im Jahr 2009 der deutsche Export um rd. 19 % und der Import um rd. 18 % zurück. Danach erholte sich der Außenhandel, d. h. Im- und Exporte schnell und erreichte 2018 mit 1.328 Mrd. € Exportvolumen und 1.104 Mrd. € Importen neue Höchststände. Nach Angaben des Statistischen Bundcsamts betrug die Exportquote 2019 46,9 % und die Importquote 40,9 %. Gleichzeitig weist das Bundesamt darauf hin, dass die Exportquote nicht als Anteil der Exporte am Bruttoinlandsprodukt interpretiert werden darf, da in den Exporten auch importierte Güter enthalten sind. Den Anteil des Bruttoinlandsprodukts, der durch Auslandsnachfrage induziert ist, zeigt die wesentlich niedrigere Exportabhängigkeitsquote des Bruttoinlandsproduktes. Die Importquote beschreibt die Bedeutung der Importe von Waren und Dienstleistungen in Relation zur Wirtschaftskraft in Deutschland.

Deutscher Außenhandel in Mrd. Euro			
Jahr	**Export**	**Import**	**Ausfuhrüberschuss**
1989	328	259	69
1990	348	293	55
1991	340	329	11
1992	343	326	17
1993	321	290	32
1994	353	315	38
1995	383	340	43
1996	403	353	50
1997	454	395	59
1998	488	423	65
1999	510	445	65
2000	597	538	59
2001	638	543	95
2002	651	519	133
2003	664	535	130
2004	732	575	156
2005	786	628	158
2006	893	734	159
2007	965	770	195
2008	984	806	178
2009	803	665	138
2010	952	797	155
2011	1061	903	158
2012	1093	899	193
2013	1088	890	198
2014	1154	910	214
2015	1194	949	244
2016	1204	955	249
2017	1279	1031	248
2018	1317	1089	229
2019	1328	1104	224

Quelle: *Statistisches Bundesamt*

Deutschland ist aufgrund der Struktur seiner **Zahlungsbilanz** auf dauerhafte Überschüsse im Außenhandel angewiesen, da sonst die kontinuierlichen Unterdeckungen der Dienstleistungsbilanz (insb. durch Auslandsreisen, Transportleistungen und Lizenznahme) und der Übertragungsbilanz (insb. durch Entwicklungshilfe, Beiträge an EU und UNO, Rentenzahlungen, Schenkungen und Heimatüberweisungen) nicht kompensiert werden können.

Während in den 80er-Jahren große Anteile des Ausfuhrüberschusses wieder in den Kapitalexport gingen, reichten in den 90er-Jahren die Überschüsse der Handelsbilanz nicht mehr aus, um die Unterdeckungen in der Dienstleistungsbilanz und in der Übertragungsbilanz auszugleichen. Die Leistungsbilanz wurde zunehmend defizitär, was vorrangig auf die erheblichen Belastungen aus dem Reiseverkehr und aus den Auslandsübertragungen zurückzuführen war. Dadurch wurde Deutschland zu einem Kapitalimportland mit all den damit verbundenen Problemen. So führten z. B. auch die Zinszahlungen an das Ausland für den Kapitalimport zu einer weiteren Unterdeckung in der Dienstleistungsbilanz.

Seit Mitte der 90er-Jahre hatte sich zunächst allmählich die Leistungsbilanz wieder verbessert und erreichte vor allem auch durch die steigenden Handelsbilanzüberschüsse eine abnehmende Unterdeckung. Trotz der positiven Rahmenbedingungen für die deutsche Exportwirtschaft konnte auch in den Jahren 1999 und 2000 noch keine Überdeckung in der Leistungsbilanz erreicht werden, da der negative Saldo für Dienstleistungen erheblich angestiegen und 2000 zu einem Leistungsbilanzdefizit von 35 Mrd. € führte. Erst seit 2002 wurde dank des hohen Handelsbilanzsaldos auch wieder ein positiver Leistungsbilanzsaldo erreicht. Der Überschuss der Handesbilanz erreichte 2006 101 Mrd. €, 2013 191 Mrd. € und ist in 2019 auf 224 Mrd. € angewachsen. Der hohe Handelsüberschuss ist oft Anlass zur Kritik anderer Staaten.

Aufbau der Zahlungsbilanz		
	Aktiva	**Passiva**
1. Handelsbilanz	Warenexporte	Warenimporte
2. Dienstleistungsbilanz	Dienstleistungsexporte	Dienstleistungsimporte
1. + 2. Außenbeitrag		
3. Auslandseinkommens- und Übertragungsbilanz (lfd. Übertragungen)	erhaltene Einkommen und Übertragungen	geleistete Einkommen und Übertragungen
1. + 2. + 3. Leistungsbilanz		
4. Vermögensübertragungen	erhaltene, einmalige Übertragungen	geleistete, einmalige Übertragungen
5. Kapitalbilanz	Kapitalimport ► passive Direktinvestitionen ► Wertpapierverkäufe ► langfristige Kreditaufnahme ► kurzfristige Kreditaufnahme	Kapitalexport ► aktive Direktinvestitionen ► Wertpapierkäufe ► langfristige Kreditgewährung ► kurzfristige Kreditgewährung
6. Devisenbilanz	Abnahme der Währungsreserven der Zentralbank	Zunahme der Währungsreserven der Zentralbank

Trotz nicht unerheblich gestiegener und von vielen als zu hoch erachteter Inlandskosten konnte der Export deutscher Unternehmen in den letzten Jahrzehnten ständig gesteigert werden. Als **„Exporttrümpfe“** werden dabei meistens genannt:

- die gute Qualität
- die Erfahrung
- die Lieferbereitschaft und Lieferpünktlichkeit
- der Umfang der Serviceleistungen
- der technologische Vorsprung und
- die günstigen Zahlungsbedingungen.

Diese Faktoren insgesamt kennzeichnen den Inhalt des „Made in Germany“. Bei Betrachtung der **Export-Performance** Deutschlands, d. h. wie sich die eigenen Exporte im Verhältnis zu den Importen der Auslandsmärkte verändern, wird auch deutlich, dass Deutschland eine starke Position auf den Weltmärkten hat. Nach Angaben des Statistischen Bundesamts betrug die Export-Performance zwischen 2002 und 2007 112 - 116 (Basisjahr 2010 = 100). Danach sank sie bis auf 93 im Jahr 2012 um sich in den Folgejahren wieder der 100 zu nähren. Expandiert das eigene Exportvolumen stärker als das Importvolumen des Auslandsmarktes von anderen Handelspartnern, verbessert sich die Export-Performance, der eigene Marktanteil auf dem Auslandsmarkt wird größer.

Deutsche **„Exportschlager“** sind nach wie vor Maschinen, Straßenfahrzeuge, chemische Produkte und elektrotechnische Erzeugnisse. Etwa jede vierte Maschine, die auf dem Weltmarkt verkauft wird, stammt aus Deutschland, doch ist der japanische Weltmarktanteil nahe an den deutschen herangerückt. Innerhalb des deutschen Exports belaufen sich die Erzeugnisse der Investitionsgüterindustrie auf über 50 %; der gesamte Bereich Fertigwaren (Enderzeugnisse) nimmt mit über 70 % eine dominierende Stellung ein.

Gewisse Schwerpunkte der deutschen **Einfuhr** sind die Warengruppen Rohstoffe, Energie und Nahrungsmittel. Doch zeigt die Statistik eindeutig, dass auch bei der Einfuhr eines hochindustrialisierten Landes der Bereich der gewerblichen Enderzeugnisse stark überwiegt, wenngleich der Anteil in Deutschland geringer ist als bei der Ausfuhr.

Das deutsche **Außenhandelssortiment** setzte sich im Jahr 2019 aus folgenden Warengruppen zusammen:

Export 2019 in Mrd. €		**Import 2019 in Mrd. €**	
Kraftwagen und Kraftwagenteile	223,2	Kraftwagen und Kraftwagenteile	126,8
Maschinenbau	194,8	DV-Geräte, elektrische und optische Erzeugnisse	117,8
Chemische Erzeugnisse	118,2	Maschinen	87,0
DV-Geräte, elektrische und optische Erzeugnisse	118,0	Chemische Erzeugnisse	86,3

Export 2019 in Mrd. €		**Import 2019 in Mrd. €**	
Elektrische Ausrüstungen	89,4	Elektrische Ausrüstungen	66,1
Pharmazeutische und ähnliche Erzeugnisse	83,1	Metalle	56,4
Sonstige Fahrzeuge	63,3	Erdöl und Erdgas	63,3
Metalle	57,3	Pharmazeutische und ähnliche Erzeugnisse	58,8
Nahrungs- und Futtermittel	56,4	Nahrungs- und Futtermittel	49,4
Gummi- und Kunststoffwaren	46,6	Bekleidung	34,3

Quelle: *Statistisches Bundesamt*, 2020

Der deutsche Außenhandel erstreckt sich auf fast alle Staaten der Erde. Der Schwerpunkt liegt jedoch eindeutig beim Außenhandel mit anderen Industrieländern, der über 80 % des gesamten deutschen Außenhandels ausmacht, wobei wiederum die europäischen Länder besonders stark vertreten sind.

Die wichtigsten Außenhandelspartner Deutschlands			
Exporte (in Mrd. €) 2018		**Importe (in Mrd. €) 2018**	
USA	118,7	Volksrepublik China	109,7
Frankreich	106,8	Niederlande	98,7
Volksrepublik China	96,0	USA	71,4
Niederlande	91,7	Frankreich	66,0
Großbritannien	78,8	Polen	57,7
Italien	68,1	Italien	57,1
Österreich	66,0	Tschechische Republik	47,9
Polen	65,6	Schweiz	46,3
Schweiz	56,4	Österreich	44,0
Belgien	46,2	Belgien	43,1
Tschechische Republik	44,4	Großbritannien	38,3
Spanien	44,3	Spanien	33,2
Schweden	27,0	Russische Föderation	31,2
Russische Föderation	26,5	Ungarn	28,8
Ungarn	24,9	Japan	23,0
Türkei	20,7	Rumänien	15,9
Japan	19,6	Türkei	15,9
Dänemark	19,3	Schweden	15,4

Quelle: *Statistisches Bundesamt*, 2020

Insgesamt gesehen kommt dem Außenhandel volkswirtschaftlich und betriebswirtschaftlich eine hohe Bedeutung zu. Betriebswirtschaftlich gesehen werden die Außenhandelspartner zur Aufrechterhaltung des außenwirtschaftlichen Gleichgewichts beitragen, so lange es ihnen möglich ist, ihre Stellung auf den Auslandsmärkten durch gute bzw. spezialisierte Leistungen zu halten bzw. zu verbessern.

3. Welthandel und Handelspolitik

3.1 Entwicklung und Bedeutung des Welthandels

Der Welthandel umfasst die **Gesamtheit aller Warenströme** zwischen den Ländern der Welt und beziffert sich entweder als Summe aller Exporte oder als Summe aller Importe, weil jeder Export aus einem Land zu einem Import in einem anderen Land führt. Manchmal wird als Welthandel aber auch die Summe beider Warenströme bezeichnet. Zum Welthandel im weiteren Sinne gehören auch die Dienstleistungen.

Der **Welthandel mit Waren** ist in den letzten Jahrzehnten ständig gewachsen. Seit Anfang der 90er-Jahre beschleunigte sich sein Wachstum erheblich. So betrug der Welthandel 1994 noch rd. 4,3 Bio. US-$, 1999 bereits 5,7 Bio. US-$ und im Jahr 2000 6,2 Bio. US-$. Nach einer vorübergehenden Stagnation steigerte er sich 2005 erheblich auf 10,5 Bio. US-$ und im Jahr 2013 auf 18,8 Bio. US-$. Danach stabilisierte sich der Welthandel auf einem Niveau von knapp 20 Bio. US-$ (2018 19,5 Bio. US-$).

Unter **Einschluss der Dienstleistungen** erreichte der Welthandel 2008 sogar ein Volumen von 20,0 Bio. US-$ und in 2018 25,3 Bio. US-$, wovon ca. 80 % auf den Warenexport und 20 % auf den Dienstleistungsexport entfielen.

Infolge der Finanzkrise brach der Welthandel 2009 erheblich um über 20 % auf 12 Bio. US-$ ein. Er erholte sich schnell und übertraf schon 2011 sein altes Volumen.

Welthandelsströme 2018 (in Mrd. US-$)			
Die größten Exportländer		**Die größten Importländer**	
Volksrepublik China	2487	USA	2614
USA	1664	Volksrepublik China	2136
Deutschland	1561	Deutschland	1286
Japan	738	Japan	749
Niederlande	723	Großbritannien	674
Korea	605	Frankreich	673
Frankreich	582	Niederlande	646
Hong Kong (China)	569	Hong Kong (China)	628
Italien	547	Korea	535
Großbritannien	486	Indien	511
Belgien	467	Italien	501
Mexiko	451	Mexiko	477
Kanada	450	Kanada	469
Russische Föderation	444	Belgien	450
Singapur	413	Spanien	388
Vereinigte Arabische Emirate	346	Singapur	371
Spanien	345	Taiwan	286

Quelle: *www.wto.org*

Während bei manchen, wie z. B. Italien oder Südkorea, die Export- und Importwarenströme etwa ausgeglichen sind, zeigen sich bei vielen anderen Ländern gewisse Ungleichgewichte. So weist die Handelsbilanz der USA seit langem ein erhebliches Defizit aus. Den

Exporten von 1664 Mrd. US-$ standen 2019 Importe von 2614 Mrd. US-$ gegenüber, während z. B. Deutschland und China erhebliche Ausfuhrüberschüsse aufweisen. Dafür sind die USA das weltweit größte Kapitalimportland (z. B. ausländische Direktinvestitionen). Die EU hatte in 2018 ein leichtes Handelsbilanzdefizit, denn den Exporten (EU-Extrahandel, d. h. ohne Exporte innerhalb der EU) von 2.309 Mrd. US-$ standen Warenimporte im Wert von 2.337 Mrd. US-$ aus Drittländern gegenüber.

Die größten **Wachstumsraten** im Außenhandel hatte in den letzten Jahren China, das bereits 2005 das drittgrößte Exportland wurde, was vor allem auf die hohen Wachstumsraten bei Bekleidung und Textilien sowie Elektronik und Elektrotechnik zurückzuführen ist, wo China inzwischen die Weltmarktführerschaft erreicht hat. Seit 2009 ist China nun Exportweltmeister.

Aus diesen Zahlen wird einerseits die Verflechtung der einzelnen Länder im Welthandel ersichtlich, und andererseits verdeutlichen sie, dass ein Rückgang in der Export- und Importtätigkeit erhebliche Folgen für die einzelne Volkswirtschaft haben muss. Sie zeigen aber auch die fortschreitende **Globalisierung** vor allem dadurch, dass der Welthandel in den letzten Jahrzehnten wesentlich stärker gestiegen ist als die **Weltwirtschaftsleistung** als BIP aller Länder mit rd. 50 Bio. US-$ im Jahr 2008, bzw. ca. 88 Bio. US-$ in 2019. Auch für die nächsten Jahre werden nach Überwindung der Einbrüche infolge der weltweiten Finanzkrise höhere Wachstumsraten des Welthandels als für die Wirtschaftsleistung erwartet. Die hohen Erwartungen bezüglich des Welthandels könnten aber durch Zoll- und Handelsstreitigkeiten gedämpft werden.

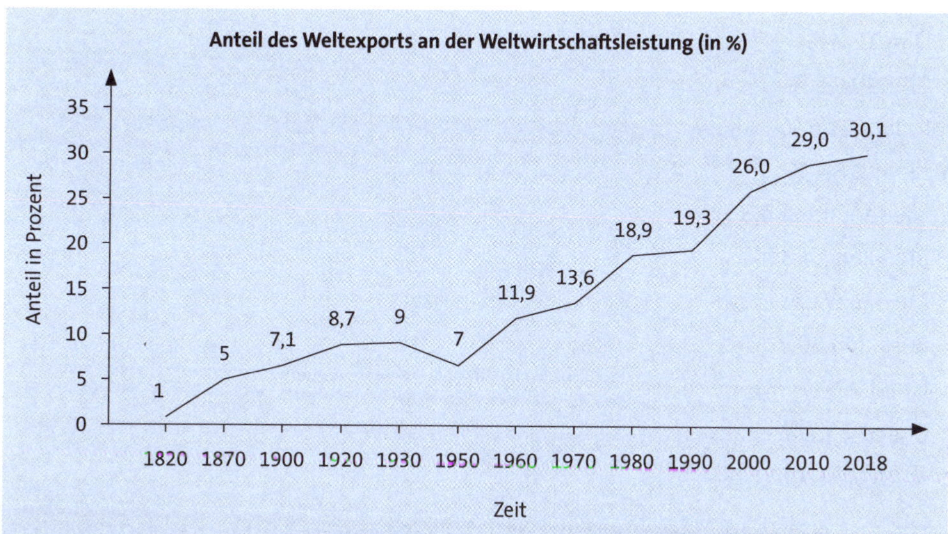

Quelle: *IMF, WTO*

Als allgemein anerkanntes Ziel des Welthandels gilt deshalb für die meisten Länder, einen internationalen Freihandel ohne staatliche Beeinflussung der Wirtschaftsbeziehungen zu möglichst allen Ländern anzustreben. Als Vorteile des **freien Welthandels** werden dabei vor allem genannt:

- internationale Arbeitsteilung
- Konzentration auf eigene leistungsfähige Bereiche
- Beschaffbarkeit aller wirtschaftlichen Leistungen
- weltweiter Wettbewerb
- niedrigere Preise
- friedliche Koexistenz.

Wenn auch global gesehen 2005 oder 2018 teilweise mehr als ein Viertel der Weltwirtschaftsleistung in den Export gegangen ist, so hat der Welthandel für die einzelnen Volkswirtschaften doch eine sehr unterschiedliche Bedeutung. So liegt der Anteil des Exports an der eigenen Wirtschaftsleistung bei manchen Ländern nicht unerheblich unter diesem Wert, andere Länder haben eine weitaus größere Außenhandels- bzw. Welthandelsabhängigkeit.

Anteil des Exports (Waren und Dienstleistungen) am Bruttoinlandsprodukt einzelner Länder (2018) nach Daten der Weltbank:

- Deutschland 47,4 %
- Südkorea 44,0 %
- Schweiz 66,1 %
- USA 12,2 %
- China 19,5 %
- Italien 31,5 %
- Japan 18,4 %
- Niederlande 84,3 %
- Brasilien 14,8 %
- Mexiko 39,3 %
- Russland 30,7 %
- Israel 29,4 %
- Indien 19,7 %
- Großbritannien 30,0 %

Aufgrund der immer stärkeren Verflechtung der Weltwirtschaft und dabei der einzelnen Produktionsschritte über Ländergrenzen hinweg hat die OECD ein neues Maß entwickelt, um den Wert der Warenströme und Produktionsanteile einzelner Länder besser zu bemessen. Es handelt sich um das Konzept „*Trade in Value Added TiVA*“. Dabei wird berechnet welches Land welchen Wertschöpfungsanteil an einem Produkt hat bzw. welchen Importanteil die Exportgüter besitzen. Das relativiert die bislang erhobenen Ex- und Importdaten (vgl. *http://www.oecd.org/sdd/its/tiva-nowcast-methodology.pdf*).

3.2 Instrumente der Handelspolitik

Aufgrund der derzeitigen Struktur des Welthandels und im Hinblick auf die wirtschaftliche Situation der meisten Entwicklungsländer würde ein völlig freier Welthandel voraussichtlich zur totalen Unterlegenheit vieler Länder führen, sodass **protektionistische Schutzmaßnahmen** gegenüber ausländischen Anbietern für Teile oder auch die gesamte Volkswirtschaft für diese Länder unverzichtbar sind, um leistungsfähige Produktions- und Dienstleistungsbereiche aufzubauen, bisherige Arbeitsplätze zu erhalten und die hohe Arbeitslosigkeit abzubauen.

Protektionismus ist aber nicht nur in den weniger entwickelten Ländern anzutreffen, sondern auch mehr oder weniger intensiv in vielen anderen Ländern. So zielt die Handelspolitik einerseits darauf ab, nationale Barrieren zu errichten, um die heimische Wirtschaft zu schützen, andererseits versucht sie durch bilaterale oder multilaterale Abkommen aber auch durch Exportförderungsmaßnahmen die eigene Position im Welthandel zu verbessern. Es lassen sich somit nationale, bilaterale und multilaterale/internationale Instrumente der Handelspolitik unterscheiden, die diese an sich gegensätzlichen Maßnahmen widerspiegeln:

Handelspolitik					
nationale Instrumente		**bilaterale Instrumente**		**multilaterale/internationale Instrumente**	
Arten	**Ziele**	**Arten**	**Ziele**	**Arten**	**Ziele**
Zölle →	Preiserhöhung	Handelsverträge →	langfristige Regelung der Handelsbeziehungen	GATT/WTO →	Abbau von Zoll- und Handelshemmnissen
Subventionen →	Preissenkung				
Kontingente →	mengenmäßige Beschränkung	Handelsabkommen →	kurzfristige Vereinbarung konkreter Maßnahmen	Zoll- und Handelsabkommen der EU →	wechselseitige Präferenzen
Ein-/Ausfuhrverbote →	Verhinderung von Wirtschaftsbeziehungen			Rohstoffabkommen →	Warenvereinbarungen zwischen Erzeuger- und Verbraucherländern
nicht tarifäre Handelshemmnisse →	willkürliche/verdeckte Behinderung				

Umfangreiche Vereinbarungen bilateraler und multilateraler Art bilden heute die Grundlage für den Außenhandel, durch die einerseits ein geordneter Welthandel erst ermöglicht wird, die aber andererseits auch zu nicht unerheblichen Handelseinschränkungen und Wirtschaftsblockbildungen führen können.

Einem weiter prosperierenden Welthandel bei gleichzeitiger Unterstützung von Problemregionen sind die Institutionen WTO, Weltbank und IWF als tragende Säulen der Weltwirtschaft verpflichtet, um einen Rückfall in Protektionismus zu verhindern.

Die wichtigste internationale Handelsvereinbarung nach dem 2. Weltkrieg ist das **Allgemeine Zoll- und Handelsabkommen** (GATT: General Agreement on Tariffs and Trade), dessen Hauptanliegen der Abbau von Handelsbeschränkungen ist, wie insbesondere die Beseitigung von Einfuhrkontingenten und die Reduzierung der Zolltarife.

Durch zahlreiche Abkommen in mehreren Handelsrunden wurden inzwischen erhebliche Fortschritte im Welthandel erreicht, so vor allem durch die 1994 abgeschlossene Uruguay-Runde, die wesentliche Grundlagen für eine zukunftsweisende Verbesserung des Welthandels geschaffen hat. Dazu zählt vor allem die Überleitung des GATT in eine ständige Institution als WTO (World Trade Organization) mit Sitz in Genf.

Säulen der Weltwirtschaft		
WTO	→	Überwachung der Handelspolitik der Mitgliedsländer und Schlichtung von Handelskonflikten
Weltbank	→	Förderung und Entwicklung schwächerer Länder durch Kreditgewährung für Investitionen
IWF	→	Behebung von Zahlungsbilanzschwierigkeiten

Die **WTO** ist eine internationale Handelsorganisation mit eigener Rechtspersönlichkeit und besitzt für ihre 159 Mitglieder (2013) Befugnisse zur Überwachung der Handelspolitik der Mitgliedsländer und zur Schlichtung von Handelskonflikten vor allem im Hinblick auf folgende Abkommen:

- **GATT** (**G**eneral **A**greement on **T**ariffs and **T**rade): Einhaltung der Regeln für den freien Warenhandel
- **GATS** (**G**eneral **A**greement on **T**rade in **S**ervices): Einhaltung der Regeln für den freien Dienstleistungsverkehr
- **TRIPS** (Agreement on **T**rade **R**elated Aspects of **I**ntellectual **P**roperty Right**s**): Einhaltung der Regeln zum Schutz geistigen Eigentums
- **TRIMS** (Agreement on **T**rade **R**elated **I**nvestment **M**easure**s**): Einhaltung der Regeln für handelsbezogene Direktinvestitionen.

Eine gewisse Liberalisierung ist für die WTO-Mitglieder 1997 auch im Bereich Telekommunikation und Informationstechnologie eingetreten und für den Finanzdienstleistungssektor wurde 1999 ein Abkommen beschlossen, das insbesondere ermöglichen soll, dass Banken und Versicherungen ihren Kunden auch im Ausland ihre Dienste anbieten können.

Alle zwei Jahre findet eine **Ministerkonferenz** der WTO-Mitglieder statt, die über weitere Verbesserungen entscheiden kann.

Durch die weltweit eingetretenen Zollreduzierungen aufgrund der WTO-Regeln haben sich protektionistische Abschottungsmaßnahmen verstärkt auf die **nicht-tarifären Handelshemmnisse** verlagert. Dazu zählen alle Maßnahmen außerhalb des tariflichen Zollwesens, die dazu geeignet sind, meistens verdeckt die Wareneinfuhr z. B. durch das Erfordernis bestimmter (schwer beschaffbarer) Einfuhrdokumente oder die Einhaltung spezieller Normen zu behindern.

Daneben bestehen weiterhin in vielen Ländern diverse zweiseitige und auch einige mehrseitige Handelsverträge und Handelsabkommen, obwohl dies prinzipiell den WTO-Regeln widerspricht.

In den i. d. R. langfristig angelegten **Handelsverträgen** werden die grundlegenden Handelsbeziehungen insbesondere im Hinblick auf die gegenseitige Gewährung von zollmäßigen, handelspolitischen und rechtlichen Vergünstigungen zwischen den Vertragspartnern geregelt. Dies ist vielfach mit einer **Meistbegünstigungsklausel** verbunden, die besagt, dass sich die Handelspartner verpflichten, Dritten eingeräumte Vorteile in Bezug auf bestimmte Waren ohne Gegenleistung auch den vergleichbaren Produkten des Handelspartners einzuräumen. Auch das GATT-Vertragswerk verlangt, dass bilaterale Absprachen im Hinblick auf die Gleichbehandlung der Handelspartner auf alle anderen Mitgliedsländer auszudehnen sind.

Handelsverträge bedürfen wegen ihrer grundlegenden Vereinbarungen der Ratifizierung durch das Parlament.

Handelsabkommen sind dagegen eher kurzfristiger Natur und werden entweder im Vorfeld eines späteren Handelsvertrages abgeschlossen oder dienen der konkreten Ausfüllung eines Handelsvertrages. Handelsabkommen beinhalten vor allem Vereinbarungen über einen zeitlich und mengenmäßig begrenzten Austausch bestimmter Waren zwischen den Partnerländern, oder Regelungen über die Einfuhrformalitäten (z. B. erforderliche Dokumente), über Auslandsinvestitionen sowie über den Geld- und Kapitalverkehr.

Neben diesen Vereinbarungen bestehen weltweit weitere Abkommen und Verträge, die sich auf bestimmte wirtschaftliche und rechtliche Teilbereiche beziehen, wie z. B. die (technische und) wirtschaftliche Zusammenarbeit bei Entwicklungsprojekten, die Förderung von Auslandsinvestitionen und die Regulierung der Märkte für bestimmte Rohstoffe und Naturprodukte (Kakao-Abkommen, Zinnabkommen u. a.).

Besondere Bedeutung kommt in vielen Ländern auch den **Verboten und Beschränkungen für den grenzüberschreitenden Warenverkehr (VuB)** im nicht-tarifären Bereich zu, die aus der Sicht der EU sich im Wesentlichen auf vier Bereiche im Sinne des Art. 58 Zollkodex beziehen:

- Schutz der öffentlichen Sicherheit, Ordnung und Sittlichkeit
- Schutz der Gesundheit und des Lebens von Menschen, Tieren und Pflanzen
- Schutz des nationalen Kulturgutes
- Schutz des gewerblichen Eigentums.

4. Außenhandel und europäischer Binnenmarkt

4.1 Vom Außenhandel zum Binnenhandel

In der Regel bezieht sich die betriebswirtschaftliche Außenhandelstätigkeit auf den die nationalen Grenzen überschreitenden Waren- und Dienstleistungsverkehr einschließlich der Rechtsübertragungen. Seit Errichtung des **Europäischen Binnenmarktes zum 01.01.1993** erhält jedoch der Außenhandel in Europa mit den Mitgliedsländern eine neue Qualität und wird spätestens bei vollendeter Integration in vieler Hinsicht zum Binnenhandel. Aufgrund der nicht einheitlichen Anpassungsfähigkeit und -willigkeit einzelner Mitgliedsländer und auch im Hinblick auf eventuelle weitere Ausdehnungen der EU ist der letztlich zu erreichende bzw. gewünschte wirtschaftliche und politische Integrationsgrad aller oder auch nur einiger „Kernländer“ aus heutiger Sicht weder zeitlich noch inhaltlich klar abzusehen.

Rückblickend haben die vielen Verträge, Richtlinien und Verordnungen der EU für die Mitgliedsländer den Außenhandel untereinander sehr erleichtert und kontinuierlich dem Binnenhandel angenähert oder gleichgestellt. Alle diesbezüglich notwendigen Verträge und Regelungen haben in Deutschland auf der Grundlage der Art. 24f GG automatisch oder des Art. 59 GG durch Zustimmung der Legislative Gültigkeit, sodass das EU-Recht bereits in viele Gesetze Eingang gefunden hat (so z. B. auch in das Außenwirtschaftsrecht AWG und AWV).

Insgesamt gesehen hat die EU im Laufe ihrer Entwicklung alle typischen **Integrationsstufen** durchlaufen und steht vor dem Schritt zur politischen Union:

- **Präferenzzone:** Begünstigung von bestimmten Waren aus bestimmten Ländern
- **Freihandelszone:** Zollfreiheit innerhalb einer Region ohne gemeinsame Außenzölle
- **Zollunion:** Keine Binnenzölle; gemeinsamer Außenzolltarif
- **Binnenmarkt:** Gemeinsamer Markt mit vollständiger Freiheit des Warenverkehrs, des Dienstleistungsverkehrs, des Personenverkehrs und des Kapitalverkehrs
- **Wirtschafts- u. Währungsunion:** Gemeinsamer Markt mit einheitlicher Wirtschaftspolitik und einer Währung.

Schreiten die notwendigen Harmonisierungsmaßnahmen weiter voran, wird es auch zu weiteren Zusammenschlüssen und Engagements von Unternehmen, Banken und Versicherungen kommen, um auf dem vergrößerten Markt über die notwendige Basis und Präsenz zu verfügen. Die Probleme des Außenhandels werden sich dann vielleicht mehr auf die Entwicklungsländer und außereuropäischen Industrieländer und zumindest für einen begrenzten Zeitraum auf die osteuropäischen Länder verlagern, aber damit nicht geringer werden.

Trotz vieler Wunschvorstellungen wird der **Europa-Handel** wohl kaum in jeder Hinsicht die Qualität von Inlandsgeschäften erreichen. Selbst bei vollständigem Einklang von Wirtschafts-, Währungs- und Sozialpolitik sowie übereinstimmenden rechtlichen und steuerlichen Rahmenbedingungen werden unterschiedliche „nationale“, kulturelle und sprachliche Gegebenheiten sowie auch verschiedenartige Handelsbräuche, Verwaltungsstrukturen, Lebensgewohnheiten, Mentalitäten oder Produktpräferenzen in den einzelnen Ländern fortbestehen, die eine differenzierende „Außenhandelspolitik" und „Außenhandelsabwicklung" für deutsche Unternehmen bedingen.

4.2 Entwicklung und Organe der EG/EU

Die EU hatte sich seit der Unterzeichnung der „Römischen Verträge" im Jahr 1957 über die Gründung der Europäischen Wirtschaftsgemeinschaft (EWG) bis zum Jahr 2003 zu einem Markt mit rd. 375 Mio. Einwohnern in 15 Mitgliedsländern und einem Bruttoinlandsprodukt von rd. 8,6 Bio. € entwickelt. Mit der Erweiterung im Jahr 2004 auf 25, 2007 auf 27 und 2013 auf 28 Staaten erhöhte sich die Bevölkerung auf etwa 506 Mio. Einwohner. Die Wirtschaftsleistung in 2018 betrug ca 18,8 Bio. €.

Die damaligen Ziele der sechs Gründungsländer wie insbesondere die Abschaffung innergemeinschaftlicher Zölle, die Einführung eines gemeinsamen Außenzolltarifs, die Reduzierung von Hindernissen im Kapitalverkehr und bei Dienstleistungen, die Schaffung eines gemeinsamen Agrarmarktes und freien Personenverkehrs, sind seit Beginn des Binnenmarktes 1993 weitgehend verwirklicht.

Der **Maastrichter Vertrag** über die Europäische Union trat im November 1993 in Kraft. Er fasste die bestehenden Gemeinschaften EG und EAG (Europäische Atomgemeinschaft) als Europäische Union zusammen und ergänzte sie um zwei vertraglich koordinierte Politikbereiche, in denen eine zunehmende Kooperation der Mitgliedsländer erfolgen sollte, ohne jedoch eine Übertragung von Zuständigkeiten an bestimmte EU-Organe vorzunehmen. Seit Mitte 1999 schreibt der **Amsterdamer Vertrag** die gemeinsame Außen- und Sicherheitspolitik (GASP) fort. Er gilt inhaltlich jedoch als so kompliziert, dass eine erkennbare Handlungsfähigkeit der EU daraus kaum erwächst. Substanzielle Weiterentwicklung sollte die **Europäische Verfassung** bringen, die jedoch zunächst durch zwei Abstimmungsniederlagen in Frankreich und den Niederlanden scheiterte.

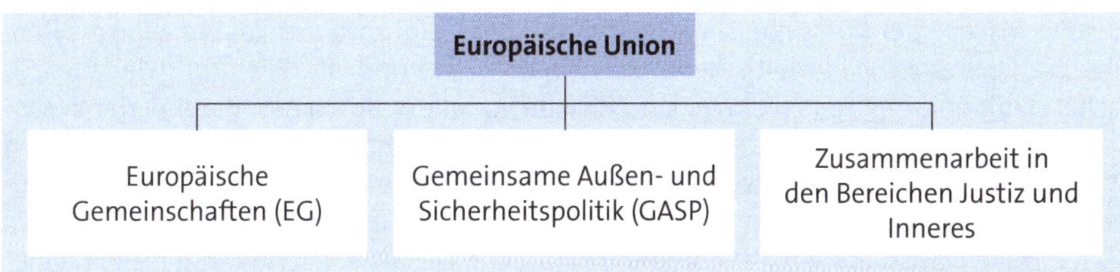

Außerdem wurden in den bisherigen Verträgen die Grundlagen für die Sozialunion gelegt, der föderale Aufbau der Union insbesondere durch die Stärkung der Regionen betont, die Unionsbürgerschaft eingeführt und der Weg zur Europäischen Währungsunion festgelegt.

Bei der weiteren Gestaltung der Europäischen Union wird unter Umständen jedoch für manche Mitgliedsländer noch zu klären sein, wieweit die Übertragung von Hoheitsrechten auf diese Union bei der derzeitigen Rechtsgrundlage noch möglich ist, und in welchem Umfang die bisherigen Organe der EU hinsichtlich ihrer Kompetenzen noch zu stärken oder zu verändern sind. Eine besondere Problematik ergibt sich auch aus der Integration der neuen Mitglieder sowie der eventuellen Aufnahme der Türkei.

Die Bildung einer **Europäischen Währungsunion** mit einer europäischen Währung und zentraler Geldpolitik, die 1979 mit dem Europäischen Währungssystem (EWS) begann, ist mit der Errichtung der Europäischen Zentralbank und der Einführung des Euro zum 01.01.2002 vollendet worden. Maßgeblich für den Beginn der gemeinsamen Wirtschafts- und Währungsunion war die Erfüllung einer Reihe von **Konvergenzkriterien**, die sehr hohe Maßstäbe an die Leistungsfähigkeit der Mitgliedsländer setzen:

1. staatliche Gesamtverschuldung maximal 60 % des BIP
2. staatliche Neuverschuldung (Haushaltsdefizit) maximal 3 % des BIP
3. Inflationsrate maximal 1,5 % über der durchschnittlichen Inflationsrate der drei währungsstabilsten Mitgliedsländer
4. langfristiges Zinsniveau maximal 2 % über dem durchschnittlichen Zinsniveau der drei Mitgliedsländer mit der niedrigsten Inflationsrate
5. Währungsstabilität in den letzten zwei Jahren vor der (bzw. vor dem Beitritt zur) Währungsunion.

Während die drei letzten Kriterien von allen beitrittswilligen Ländern für den Referenzzeitraum klar erfüllt wurden, hatten einige Länder beim Haushaltsdefizit und der Gesamtverschuldung auch später gewisse Schwierigkeiten. Dennoch wurde der Teilnehmerkreis 1998 auf elf Mitglieder festgelegt, 2001 mit Griechenland auf zwölf und 2007 mit Slowenien auf 13 erweitert. Malta und Zypern gehören seit 2008 dazu, die Slowakei seit 2009, Estland seit 2011, sowie Lettland und Litauen seit 2015.

Während als wichtige **Vorteile** der **Europäischen Währungsunion** vor allem der Wegfall des Kursrisikos, der Kurssicherungskosten und der Geldumtauschkosten, eine größere Preistransparenz, ein einheitlicher großer Finanzmarkt und eine Festigung der europäischen Einigung genannt werden, sind **Risiken** vor allem durch den Wegfall der Wechselkurssteuerungsmechanismen und der nationalen Geldpolitik sowie im Entstehen von mehr Verteilungskonflikten zwischen den Mitgliedsländern, hohen Transferzahlungen in Problemregionen und der Nichteinhaltung der Konvergenzkriterien zu sehen. Durch hohe Haushaltsdefizite und hohe staatliche Gesamtverschuldung insb. in Griechenland geriet so die Währungsunion 2010 in schwieriges Fahrwasser.

Auf der Konferenz von Nizza im Dezember 2000 sollten bereits die Organe der EU leistungsfähiger, demokratischer und für weitere Mitglieder aufnahmefähig gemacht werden. Dies war jedoch nur in sehr begrenztem Umfang erreicht worden. Verbesserungen sollte dann die Europäische Verfassung bringen. Eine solche wird es nach den Beschlüsen Ende Juni 2007 in Brüssel nun wohl nicht mehr geben; dafür soll ein „Reformvertrag" als **Vertrag von Lissabon** die wichtigsten Veränderungen und Verbesserungen bringen, der am 01.12.2009 in Kraft getreten ist, nachdem er von allen Mitgliedsländern ratifiziert wurde.

Die wichtigen **Organe der EU** sind:

- Der **Europäische Rat**, der sich als oberste Instanz aus den Staats- bzw. Regierungschefs der Mitgliedsländer und dem Kommissionspräsidenten zusammensetzt und die Grundsatzentscheidungen einvernehmlich zu treffen hat. Durch den Vertrag von Lissabon erhält nun der Rat für jeweils 2 1/2 Jahre einen Vorsitzenden ohne Stimmrecht.
- Der **Ministerrat** mit je einem Regierungsmitglied aus den EU-Ländern (i. d. R. dem jeweiligen Fachminister), der als „Quasi-Gesetzgeber“ fungiert und Entscheidungen über die Kommissionsvorschläge (Verordnungen und Richtlinien) treffen kann; die Entscheidungen müssen einstimmig oder mit qualifizierter Mehrheit getroffen werden, wobei die Mitgliedsländer bisher auf der Grundlage des Vertrages von Nizza (siehe Tabelle auf S. 40) unterschiedliche Stimmengewichte haben. Der „Reformvertrag“ sieht hier zukünftig, spätestens ab 2017, eine doppelte Mehrheit vor, sodass bei Abstimmungen sowohl die Zahl der Staaten als auch deren Bevölkerungsstärke maßgeblich sind. Danach sind für eine qualifizierte Mehrheit die Zustimmung von 55 % der Staaten notwendig, die 65 % der EU-Bevölkerung umfassen müssen.
- Die **EU-Kommission** ist als „Quasi-Regierung“ der EU einerseits ausführendes Organ vor allem des Ministerrats (Redelegationsprinzip), andererseits kann sie dem Ministerrat Vorschläge unterbreiten (Initiativrecht); sie führt den Haushaltsplan aus, ist Hüterin der EU-Verträge und vertritt die EU nach außen; der Präsident und die Kommissare werden von den Mitgliedsländern für fünf Jahre benannt und bedürfen der Zustimmung des Parlaments; jedes Mitgliedsland stellt einen Kommissar. Nach dem „Reformvertrag“ sollte die Kommission ab 2014 aus maximal 18 Kommissaren bestehen; diese Verkleinerung ist jedoch aufgrund der Bedingungen für das Referendum in Irland Ende 2008 zweifelhaft. Weiterhin fungiert ab 01.12.2009 als „Quasi-Außenminister“ der Hohe Repräsentant der EU als Vizepräsident der Kommission.

  Zukünftig muss auch die Kommission ihre Gesetzesvorschläge von den nationalen Parlamenten überprüfen oder ändern lassen, wenn dies die Hälfte dieser Parlamente verlangt.
- Das **Europaparlament** in Straßburg mit zurzeit 751 Abgeordneten (siehe Tabelle S. 40) Die Abgeordneten werden für fünf Jahre direkt gewählt und bilden mehrere gemischt nationale Fraktionen. Das Parlament kontrolliert die Kommission, muss ihrer Ernennung zustimmen, kann ihr das Misstrauen aussprechen und Haushaltsbeschlüsse treffen sowie Anfragen an die Kommission richten. Aufgrund des Vertrages von Lissabon hat das Parlament in der Wahlperiode 2014 - 2019 751 Abgeordnete zuzüglich dem nicht stimmberechtigten Parlamentspräsidenten.

  Insgesamt ist das Parlament durch die EU-Verträge zunehmend gestärkt worden, was vor allem durch das neu eingeführte Mitentscheidungsverfahren bei den Beschlüssen des Ministerrats zum Ausdruck kommt. Es hat jedoch (noch) keine Gesetzgebungskompetenz, kann aber Gesetzesvorhaben stoppen oder vom Ministerrat Änderungen verlangen.

- Der **Europäische Gerichtshof**, der als „Wächter" über die Einhaltung der EG- und EU-Verträge diesbezüglich als Verfassungsgericht, als Verwaltungsgericht und als Zivilgericht fungiert; sein Sitz ist Luxemburg.
- Der **EU Wirtschafts- und Sozialausschuss** als Berater von EU-Kommission und Ministerrat.
- Der **Ausschuss der Regionen** als Berater von Kommission und Ministerrat zur Stärkung des föderalen Systems.
- Die **Europäische Zentralbank** mit der Aufgabe, eine einheitliche Geldpolitik für die Teilnehmerländer an der Europäischen Währungsunion zu betreiben; ihr Sitz ist in Frankfurt/Main.
- Der **Europäische Rechnungshof** mit der Aufgabe, die Rechtmäßigkeit und Wirtschaftlichkeit der Einnahmen und Ausgaben der Union zu prüfen.

Aufgrund der **Beschlüsse von Nizza** gilt folgende Stimmenverteilung im Rat bzw. Sitzverteilung im Parlament, die gemäß dem Vertrag von Lissabon noch mit einer Übergangsfrist fortbestehen soll, wobei das Vereinigte Königreich seit 01.02.2020 nicht mehr mit abstimmt.

Land	Bevölkerung 2019	Stimmen im Rat (seit Juli 2013)	Sitze im Parlament 2019
Deutschland	83.019.213	29	96
Frankreich	67.012.883	29	74
Großbritannien	66.647.112	29	73
Italien	60.359.546	29	73
Spanien	46.937.060	27	54
Polen	37.972.812	27	51
Rumänien	19.414.458	14	32
Niederlande	17.282.163	13	26
Belgien	11.455.519	12	21
Griechenland	10.724.599	12	21
Tschechische Republik	10.649.800	12	21
Portugal	10.276.617	12	21
Ungarn	9.772.756	12	21
Schweden	10.230.185	10	20
Österreich	8.858.775	10	18
Bulgarien	7.000.039	10	17
Dänemark	5.806.081	7	13
Finnland	5.517.919	7	13
Slowakei	5.450.421	7	13
Irland	4.904.240	7	11
Kroatien	4.076.246	7	11
Litauen	2.794.184	7	11
Slowenien	2.080.908	4	8
Lettland	1.919.968	4	8
Estland	1.324.830	4	6
Zypern	875.899	4	6
Luxemburg	613.894	4	6
Malta	493.559	3	6
EU	512.647.966	352	751

Quelle: *Eurostat*

Die von den Gemeinschaftsorganen erlassenen Hoheitsakte in Form von Verordnungen, Richtlinien, Entscheidungen und Empfehlungen stellen **sekundäres Gemeinschaftsrecht** dar im Gegensatz zum **primären Gemeinschaftsrecht**, zu dem vor allem die Gründungs- und Beitritts- sowie Änderungsverträge zählen.

Verordnungen werden sowohl von der EU-Kommission als auch vom Ministerrat erlassen und sind in allen Teilen in und für alle Mitgliedsländer bindendes Recht und gelten unmittelbar für jedermann.

Richtlinien stellen bindendes Gemeinschaftsrecht dar in Form einer Anweisung. Sie gelten für alle Mitgliedsländer oder nur für bestimmte und verpflichten zur Schaffung einschlägiger Gesetze. Sie legen nur das zu erreichende Gemeinschaftsziel fest und überlassen es der staatlichen Konkretisierung, geeignete Formen und Mittel zur Zielerreichung zu wählen. Die rechtliche Umsetzung soll i. d. R. innerhalb von zwei Jahren vollzogen sein.

Entscheidungen sind verbindliche Entschlüsse des Ministerrates und gelten unmittelbar und rechtsverbindlich nur für individuelle Fälle. Sie können sowohl an Staaten als auch an natürliche oder juristische Personen ergehen.

Empfehlungen und **Stellungnahmen** sind dagegen unverbindlich und besitzen eher psychologisch/politische Wirkung. Sie sollen ein bestimmtes Verhalten nahelegen oder den Standpunkt der Union verdeutlichen.

Die Zustimmung in weiten Teilen der EU-Bevölkerung zur weiteren Integration wird auch von der (zukünftigen) Regelungsintensität der Organe abhängen. Einen akzeptablen Weg hat hier sicherlich der Maastrichter Vertrag durch das dort festgeschriebene **Subsidiaritätsprinzip** gewiesen, welches beinhaltet, dass die Organe der EU als höhere Instanz nur dann tätig werden sollen, wenn durch ihre gemeinschaftlichen Maßnahmen ein größerer Erfolg erzielt werden kann als durch Maßnahmen der einzelnen Mitgliedsländer.

4.3 Binnenmarktziele und ihre Verwirklichung

Der Binnenmarkt der Europäischen Union umfasst gemäß Art. 26 AEUV Abs. 2 einen Raum ohne Binnengrenzen, in dem der freie Verkehr von Waren, Personen, Dienstleistungen und Kapital gewährleistet ist. Der mit Beginn des Binnenmarktes erreichte bzw. der unter Berücksichtigung von bereits getroffenen Vereinbarungen zu erwartende Integrationsstand lässt sich in seinen Grundzügen wie folgt zusammenfassen:

Binnenmarktziele

1. im Warenverkehr

- Aufhebung aller Kontrollen an den Binnengrenzen
- Harmonisierung von Umsatz- und Verbrauchssteuern
- Anerkennung oder Vereinheitlichung von Normen und Warenvorschriften
- Liberalisierung des öffentlichen Auftragswesens

2. im Dienstleistungsverkehr

- Freizügigkeit der Finanzdienstleistungen
- Harmonisierung von Banken- und Versicherungsaufsicht
- Öffnung der Transport- und Telekommunikationsmärkte

3. im Kapitalverkehr

- Liberalisierung aller Geld- und Kapitalbewegungen
- Verbesserungen im Wertpapierverkehr
- Schaffung eines funktionstüchtigen gemeinsamen Finanzmarktes
- Maßnahmen gegen Geldwäsche

4. im Personenverkehr

- Aufhebung aller Kontrollen an den Binnengrenzen
- Intensivierung der Kontrollen an den Außengrenzen
- Niederlassungs- und Beschäftigungsfreiheit
- Harmonisierung des Einreise- und Asylrechts
- Harmonisierung im Polizeirecht
- wechselseitige Anerkennung von Hochschulabschlüssen und Prüfungszeugnissen

Seit Beginn des Binnenmarktes gibt es für den innergemeinschaftlichen Warenverkehr **keine Binnengrenzen** mehr, sodass alle Einfuhr-/Ausfuhr- und Zollkontrollen dort entfallen. Auch sind mengenmäßige Einfuhr- und Ausfuhrbeschränkungen gemäß Art. 36/40 EG-Vertrag zwischen den Mitgliedsländern zwar grundsätzlich verboten, doch enthalten die Art. 42 und 135 weiterhin Ausnahmeregelungen, die Import-/Exportbeschränkungen insbesondere bei wirtschaftlichen Schwierigkeiten eines Mitgliedslandes oder zum Schutz von Gesundheit, Kulturgut oder Sicherheit zulassen.

Diese **nationalen Schutzmaßnahmen** können auch ergriffen werden, um Importe aus Drittländern zu verhindern, die sonst über „liberale“ EU-Länder durch Verlagerung der Handelsströme abgewickelt würden. Die Kontrolle dieser Maßnahmen kann auch im Binnenland erfolgen. Die Mitgliedsländer behalten dadurch zunächst weiter gewisse handelspolitische Kompetenz, was dem Binnenmarktgedanken widerspricht.

Die **Steuersysteme** innerhalb der Gemeinschaft sind weiterhin noch **uneinheitlich**. Da insbesondere bisher keine einheitlichen Umsatz- und Verbrauchsteuersätze vereinbart wurden, verlagern sich verschiedene Überwachungs- und Verwaltungsmaßnahmen einschließlich der statistischen Erfassungen in die Unternehmen.

Das bei der Steuerharmonisierung angestrebte **Ursprungslandprinzip** bei den indirekten Steuern (d. h. Besteuerung in dem Land, in dem die Ware gekauft worden ist) konnte im Wesentlichen nur bei von Privatpersonen zum persönlichen Gebrauch eingeführten Waren sowie in gewissen Fällen des Versandhandels und Privatkaufes von Autos durchgesetzt werden. Bei Unternehmen gilt weiterhin als Übergangsregelung das bisherige **Bestimmungslandprinzip**, nach dem für die Waren die im Bestimmungsland geltenden Steuervorschriften anzuwenden sind. Aufgrund der großen Unterschiede konnten sich die EU-Länder jedoch lediglich auf **Mindest- und Höchststeuersätze** einigen, so beispielsweise für die Umsatzsteuer mindestens 15 % und höchstens 25 %. Die Unternehmen müssen deshalb in allen EU-Ländern i. d. R. vierteljährlich ihre Ein- und Ausfuhren auf Formvordrucken oder in Form von Datenträgern vor allem hinsichtlich Herkunfts- und Bestimmungsland melden. Diese **Meldung** ist in Deutschland an das Bundeszentralamt für Steuern in Saarlouis zu richten. Die Daten werden unter den EU-Ländern ausgetauscht und mit den Umsatzsteuervoranmeldungen verglichen.

Die **statistische Erfassung** des EU-Binnenhandels vollzieht sich nicht über das EU-Einheitspapier, das nur für Drittlandsgeschäfte zu benutzen ist, sondern über das permanente statistische Erhebungsverfahren INTRASTAT im Unternehmen, das die entsprechenden Erhebungsdaten unmittelbar der jeweiligen statistischen Behörde (in Deutschland das Statistische Bundesamt) meldet. Die Erhebung erfolgt i. d. R. montlich über Formulare, kann aber auch in Abstimmung mit dem Statistischen Bundesamt über Datenträger gemeldet werden.

Zwischen der EG und den EFTA-Ländern ist zwar der Vertrag über die Errichtung eines **Europäischen Wirtschaftsraums (EWR)** geschlossen worden, der für den Außenhandel mit diesen Ländern in verschiedenen Bereichen binnenmarktähnliche Freiheiten vorsieht, doch war durch die Schweizer Ablehnung dieses Vertrages und der erforderlichen zollvertraglichen Lösung Lichtensteins von der Schweiz eine Vertragsmodifizierung notwendig geworden, sodass das Abkommen erst 1994 in Kraft trat. Durch die Vollmitgliedschaft von Österreich, Schweden und Finnland in der EU hat dieser EWR-Vertrag allerdings an Bedeutung verloren.

Ein besonderes Problem für die Errichtung des EU-Binnenmarktes stellte die **Harmonisierung von Normen** (z. B. DIN-Formate) **und Warenvorschriften** (z. B. deutsches Reinheitsgebot für Bier) dar. Hier war eine generelle Vereinheitlichung kaum zu erwarten. Bis auf wenige Ausnahmen wurde deshalb der Grundsatz festgeschrieben, dass Regelungen eines Mitgliedslandes von den anderen anzuerkennen sind, sofern sie die gemeinschaftlichen Mindestanforderungen vor allem des Verbraucherschutzes und der Gesundheit einhalten. Jedes Produkt, das in seinem Herkunftsland rechtmäßigen Marktzugang hat, kann deshalb auch auf den anderen Gemeinschaftsmärkten angeboten werden, sodass vielleicht langfristig gesehen der Markt selbst bestimmen wird, welche Normen und Vorschriften bestehen bleiben.

Im Hinblick auf den Kapitalverkehr, den Dienstleistungsverkehr und den Personenverkehr sind auch erhebliche Fortschritte erzielt worden, so vor allem im europäischen Auslandszahlungsverkehr, in der Zulassung von Effekten an den EU-Börsen, der Öffnung des Versicherungsmarktes für die Unternehmen aus den anderen Mitgliedsländern, im Verzicht der materiellen Aufsicht des Versicherungsmarktes durch das Bundesaufsichtsamt für das Versicherungswesen ab 01.07.1994 oder auch im Personenverkehr hinsichtlich der Niederlassungs- und Beschäftigungsfreiheit und des Fortfalls der Personenkontrollen an den Binnengrenzen (z. B. Schengener Abkommen). Doch gibt es auch hier noch verschiedene Bereiche, die von den Mitgliedsländern noch einen erheblichen Regelungsbedarf erfordern wie beispielsweise das Asylrecht oder im Transportwesen.

5. Institutionen für den Außenhandel

Aufgrund der vielschichtigen außenwirtschaftlichen Probleme sind die Dienste einer Reihe von Institutionen für den Importeur oder Exporteur von großem Nutzen, besonders dann, wenn spezielle rechtliche oder wirtschaftliche Fragen zu klären sind, oder Informationen über Auslandsmärkte und Handelsbräuche benötigt werden.

5.1 Industrie- und Handelskammern

Die Industrie- und Handelskammern (IHK) sind Körperschaften des öffentlichen Rechts, in denen nach regionaler Gliederung als Pflichtmitglieder alle Industrie- und Handelsunternehmen zusammengeschlossen sind. Neben ihren umfangreichen Tätigkeiten im Inland bieten die Kammern speziell für den Außenhandel vielseitige **Hilfestellung, Beratung und Information** auf wirtschaftlichem, rechtlichem, steuerlichem und manchmal sogar allgemein-technischem Bereich an. Hieraus seien folgende wichtige Gebiete aufgezählt:

- Außenwirtschaftsrecht
- Ausschreibungen
- Benennung von Sachverständigen und Anwälten
- Vollstreckungswesen
- Bezugsquellennachweise
- Wettbewerbsrecht
- Industrienormen
- Vertragsgestaltung
- Steuerprobleme (insbesondere Doppelbesteuerung und fiskalische Sondermaßnahmen)

- Beglaubigung von Dokumenten
- Ausstellung von Ursprungszeugnissen
- Direktinvestitionen
- allgemeine Informationen über Auslandsmärkte.

5.2 Außenhandelskammern (Auslandshandelskammern)

Außenhandelskammern sind privatrechtliche freiwillige Zusammenschlüsse von Unternehmen, Organisationen und Privatpersonen aus der Bundesrepublik Deutschland und dem jeweiligen Partnerland zur **wechselseitigen Förderung des bilateralen Handels**. Sie sind nicht behördenähnlich strukturiert, sondern dienen vor allem der gegenseitigen spezifischen Marktinformation und der wirtschaftlichen Kooperation. Durch ihre regionale Präsenz besitzen sie gute Marktkenntnisse.

Die deutschen Außenhandelskammern werden personell, organisatorisch und finanziell vom Deutschen Industrie- und Handelskammertag (DIHK), der Dachorganisation der inländischen Industrie- und Handelskammern, betreut. Der Wirkungsbereich der Außenhandelskammern entspricht auch im Wesentlichen dem der Industrie- und Handelskammern, doch liegt ihre Stärke in der besonderen Kenntnis des jeweiligen Marktes (z. B. deutsch-indische Handelskammer in Bombay). Die Zahl der Stützpunkte hat in den letzten Jahren stark zugenommen. Zurzeit sind die Auslandshandelskammern in über 80 Ländern mit etwa 130 Büros in 90 Ländern vertreten, deren Präsenz sich auf alle wichtigen Export- und Importländer bezieht.

Das Dienstleistungsangebot bezieht sich vor allem auf

- die Unterstützung bei der Geschäftsanbahnung
- die Erstellung von Marktanalysen
- die Beratung bei Auslandsinvestitionen
- die Hilfe bei Kooperationen, Lizenzgeschäften und Technologietransfer
- die Einholung von Firmenauskünften
- die Benennung von Sachverständigen und Anwälten
- die Vertretung bei Messen und Ausstellungen und
- die Hilfestellung bei Behörden und Organisationen.

5.3 Internationale Handelskammer

Die Internationale Handelskammer in Paris (International Chamber of Commerce = ICC) besteht seit 1919 und ist eine privatrechtliche unabhängige Institution zur **Förderung des Welthandels** in grundsätzlich allen Bereichen von Industrie, Handel, Bank-, Versicherungs- und Verkehrswesen sowie sonstigen Dienstleistungsbereichen. Sie unterhält zzt. 87 nationale Komitees beispielsweise für Deutschland in Köln und hat Delegierte aus über 140 Ländern.

Arbeitstechnisch und organisatorisch ist die Internationale Handelskammer in 16 Expertenausschüsse gegliedert.

Zu ihren **wichtigen Aufgaben** zählen:

- Förderung von Direktinvestitionen und Auslandsprojekten
- Abbau von Handelsschranken
- Einführung von Standardregeln im internationalen Handel (z. B. Incoterms)
- Verbesserungen bei Finanzdienstleistungen insbesondere auch von Zahlungsverkehr und Finanzierung im Außenhandel (z. B. Akkreditivrichtlinien)
- Mitwirkung beim „Nord-Süd-Dialog"
- Erarbeitung von Standardformularen zur Vereinfachung und Vereinheitlichung der Geschäftsabwicklung
- Verbesserung des internationalen Marketings
- Verbesserung des internationalen Verkehrswesens
- Schiedsgerichtswesen
- Erstellung von Sachverständigengutachten
- Organisation internationaler Messen und Ausstellungen
- Bekämpfung der Wirtschaftskriminalität.

5.4 Germany Trade and Invest

Germany Trade and Invest ist die Gesellschaft der Bundesrepublik Deutschland für Außenwirtschaft und Standortmarketing. Sie informiert deutsche Unternehmen über Auslandsmärkte und begleitet ausländische Unternehmen bei der Ansiedlung in Deutschland. Germany Trade and Invest bietet deutschen und ausländischen Unternehmen ein umfangreiches Informationsangebot und verfügt über ein weltweites Auslandsnetz von Mitarbeitern und Mitarbeiterinnen, die u. a. vor Ort Informationen über Auslandsmärkte recherchieren. Die Informationen beziehen sich vor allem auf folgende Themen:

- Auslandsmarktinformationen, insbesondere Marktanalysen und Länderberichte
- Wettbewerbssituation
- Auslandskontaktstellen, insbesondere Anfragen ausländischer Unternehmen
- Ausschreibungen ausländischer staatlicher Stellen
- Rohstoffmärkte
- Auslandsrecht und Rechtsschutz, insbesondere Anschriften ausländischer Anwälte
- Zollwesen und Steuerfragen im Ausland

- Veröffentlichungen ausländischer Stellen über Außenwirtschaftsthemen
- Direktinvestitionen (insbesondere hinsichtlich Standort, politischer Einstellung, Rechtsform, Auflagen, sozio-ökonomischer Probleme, Devisentransfer, Fördermittel).

5.5 Sonstige Institutionen

Sonstige Institutionen, die zur Förderung des Außenhandels wertvolle Dienste anbieten können, sind

1. Die weltweit tätigen **Kreditinstitute**, insbesondere im Hinblick auf den Zahlungsverkehr, die Finanzmärkte und die Finanzierungsmöglichkeiten bei Auslandsgeschaften.
2. Die **Auslandsvereine** in Hamburg (z. B. Ibero-Amerika-Verein, Afrika-Verein, Australien-Neuseeland-Verein, Ost- und Mitteleuropa-Verein, Ostasiatischer Verein oder Nah- und Mittelostverein) im Hinblick auf Kontakte und Akquisition.
3. Einige wirtschaftswissenschaftliche **Forschungsinstitute** besonders im Hinblick auf gesamtwirtschaftliche Analysen und Branchenuntersuchungen, wie z. B. das Institut für Weltwirtschaft in Kiel, das HWWA-Institut in Hamburg, das Deutsche Institut für Wirtschaftsforschung (DIW) in Berlin und das ifo-Institut in München.
4. Das **Statistische Bundesamt** vor allem im Hinblick auf die dort erstellten Länderberichte, das Statistische Jahrbuch für Deutschland mit differenzierten Angaben über den deutschen Außenhandel, das Statistische Jahrbuch für das Ausland insbesondere mit Informationen über die EU, die Vierteljahreshefte zur Außenhandelsstatistik und die Fachserien z. B. über Außenhandel (Serie 7) oder über Preise und Preisindizes für die Ein- und Ausfuhr (Serie 17). Die Deutsche Bundesbank erstellt unter anderem die Zahlungsbilanz und Statistiken zu den Direktinvestitionen. Die Devisenkursstatistik veröffentlicht sie im statistischen Beiheft zum Monatsbericht 5.
5. Die deutschen **Auslandsvertretungen** (Botschaften und Konsulate), die die deutschen Interessen im Gastland wahrnehmen, sich für die Verbesserung der Marktzugangsbedingungen einsetzen und z. B. bei Großprojekten sowie bei Messen und Ausstellungen wertvolle (politische) Unterstützung leisten können. Besonders in Entwicklungsländern können die an den Botschaften eingerichteten Handelsförderungsstellen bei der Anbahnung von Geschäften, bei der Unterstützung gegenüber den Landesbehörden, bei Übersetzungen und Vertragsgestaltungen eine gute Hilfe sein.
6. Die Ausstellungs- und Messe AG (AUMA) in Köln, vor allem im Hinblick auf Messeorte, -termine, -beteiligung und -fördermöglichkeiten.
7. Die Centrale Marketinggesellschaft der deutschen Agrarwirtschaft mbH.
8. Die Deutsche Gesellschaft für Internationale Zusammenarbeit (GIZ) in Eschborn.
9. Die Centralvereinigung Deutscher Handelsvertreter und Handelsmaklerverbände in Berlin und die Internationale Union der Handelsvertreter und Handelsmakler in Amsterdam.

10. Der Bundesverband der Industrie (BDI) in Berlin.
11. Der Verband deutscher Maschinen- und Anlagenbau (VDMA) in Frankfurt.
12. Der Bundesverband des Deutschen Exporthandels und der Bundesverband des Deutschen Groß- und Außenhandels in Berlin.
13. Die **Marktforschungsinstitute**, die auf vielen Auslandsmärkten häufig mit Partnern oder einer Niederlassung präsent sind, wie z. B. A. C. Nielsen GmbH, Frankfurt, GfK AG in Nürnberg oder TSN Emnid in Bielefeld.
14. Die **internationalen Beratungsgesellschaften** wie Prognos AG in Basel oder Arthur D. Little in Boston.
15. Die **Deutschen Industrie- und Handelszentren** (DIHZ) in Singapur, Moskau, Schanghai, Peking, Mexiko, Delhi.Gurgaon und Indonesien. Die Zentren sollen vor allem mittelständische Unternehmen bei ihren Auslandsaktivitäten begleiten und einen kostengünstigen Stützpunkt in Zukunftsmärkten ermöglichen, indem sie insbesondere Büro- und Konferenzräume (Business Centers) sowie Ausstellungs-, Lager- und Montageflächen anbieten.
16. Die **Bundeszollverwaltung**.
17. Das **Bundesamt für Wirtschaft- und Ausfuhrkontrolle** in Eschborn.
18. Die **Euro Info Centres (EIC)** als Netz von Informations- und Beratungsstellen für kleine und mittlere Unternehmen, die ein Auslandsengagement in der EU planen.
19. Die **Euler Hermes Kreditversicherungs-AG** für die staatliche Exportkreditversicherung.

	Lösung
1. Welche betriebswirtschaftlichen Tätigkeiten umfasst der Außenhandel?	S. 21
2. Welches sind die Grundformen und die Sonderformen des Außenhandels?	S. 21
3. Erläutern Sie das Wesen der Absatzfinanzierung!	S. 22 f.
4. Welche finanzwirtschaftlichen Teilgebiete umfasst die Außenhandelsfinanzierung?	S. 23 f.
5. Was bedeutet Außenhandelsmarketing?	S. 24 f.
6. Erläutern Sie den Grundaufbau der Zahlungsbilanz!	S. 27
7. Überdenken Sie die Außenhandelsabhängigkeit der Bundesrepublik Deutschland und vergleichen Sie sie mit anderen Industrieländern. Welche Folgen hätte wohl ein erhebliches Absinken der Exporttätigkeit bei gleichem Importbedarf?	S. 26 ff.
8. Worin lag bisher die Stärke der deutschen Exportunternehmen gegenüber der ausländischen Konkurrenz?	S. 27 f.
9. Welches sind die wichtigsten Import- und Exportwaren für deutsche Unternehmen?	S. 28 f.
10. Welches sind die wichtigsten Export- und Importländer für deutsche Unternehmen?	S. 29
11. Erläutern Sie anhand der Zahlungsbilanz was mit dem Ausfuhrüberschuss im letzten Jahrzehnt passierte!	S. 26
12. Wie groß ist etwa der Welthandel?	S. 30
13. Welchen Anteil haben die wichtigsten Industrieländer am Welthandel?	S. 32
14. Welche Vorteile werden in einem freien Welthandel gesehen?	S. 32
15. Warum werden oft protektionistische Schutzmaßnahmen ergriffen?	S. 33
16. Nennen Sie nationale Instrumente der Handelspolitik und ihre Ziele!	S. 33 f.
17. Wie unterscheiden sich Handelsverträge und Handelsabkommen?	S. 35
18. Welche Ziele hat das GATT?	S. 34
19. Welche Befugnisse hat die WTO und in welchen Bereichen kann sie tätig werden?	S. 34
20. Welche Wirkung soll eine Meistbegünstigungsklausel haben?	S. 35
21. Welchen Zweck haben Rohstoffabkommen? Nennen Sie Beispiele!	S. 35
22. Was sind die so genannten Säulen der Weltwirtschaft?	S. 34
23. Erläutern Sie die typischen Integrationsstufen eines Wirtschaftsraumes!	S. 36

		Lösung
24.	Wie hat sich der Weltexport im Verhältnis zur Weltwirtschaftsleistung im Laufe der Zeit entwickelt?	S. 31
25.	Was versteht man unter der Export-Performance?	S. 28
26.	Kann der EU-Handel in jeder Hinsicht die Qualität von Binnenhandelsgeschäften erreichen?	S. 36 f.
27.	Der Maastrichter Vertrag bildet die Grundlage für die Europäische Union. Auf welche Bereiche erstreckt er sich?	S. 37
28.	Beschreiben Sie die wichtigsten Organe der EU!	S. 39 f.
29.	Welche Kriterien sollen die Teilnehmerländer an der Europäischen Währungsunion erfüllen?	S. 38
30.	Wie unterscheiden sich EU-Richtlinien und EU-Verordnungen?	S. 41
31.	Was besagt das Subsidiaritätsprinzip der EU?	S. 41
32.	Nennen Sie die Binnenmarktziele der EU, unterteilt nach den „4 Freiheiten“!	S. 41 f.
33.	Was versteht man unter dem Bestimmungslandprinzip und dem Ursprungslandprinzip?	S. 42 f.
34.	Warum sind im innergemeinschaftlichen Warenverkehr nicht alle Kontrollen und Überwachungen entfallen?	S. 43
35.	Wie erfolgt die statistische Erfassung des EU-Binnenhandels?	S. 43
36.	Welche Grundregel gilt im EU-Warenverkehr hinsichtlich der Warenvorschriften und Normen?	S. 43
37.	Welche Dienste bieten die Industrie- und Handelskammern für den Außenhandel an?	S. 44 f.
38.	Wie unterscheiden sich die Außenhandelskammern von den Industrie- und Handelskammern?	S. 45
39.	In welchen Bereichen hat die Internationale Handelskammer in Paris bereits erheblich zur Vereinheitlichung und Verbesserung des Welthandels beigetragen?	S. 45
40.	Welche wichtigen Informationen können Sie von der Germany Trade and Invest erhalten?	S. 46

B. Erscheinungsformen des Außenhandels

1. Grundformen

1.1 Direkter und indirekter Außenhandel

Export ist die grenzüberschreitende Bereitstellung von wirtschaftlichen Leistungen, vorrangig von Waren, an das Ausland.

Import ist der grenzüberschreitende Bezug von wirtschaftlichen Leistungen, vorrangig von Waren, aus dem Ausland.

Sowohl beim Export als auch beim Import von Waren kann die Distribution unmittelbar zwischen einem Hersteller im Exportland und einem Abnehmer im Importland (direkter Export/Import) oder über ein oder mehrere spezielle Außenhandelsunternehmen als Zwischenhändler im Exportland (indirekter Export) oder im Importland (indirekter Import) erfolgen. Entscheidend für die Abgrenzung ist nach allgemeiner Auffassung dabei, dass **beim direkten Export/Import der inländische Zwischenhändler umgangen wird**. Ob dabei Distributionsorgane im Ausland eingeschaltet werden, ist unmaßgeblich.

Der Direktexporteur liefert also beispielsweise unmittelbar an einen ausländischen Groß- und Außenhändler, an eine eigene Auslandsniederlassung, an einen Einzelhändler im Ausland oder sogar an den Endabnehmer. Er kann sich zur Verbesserung seines Distributionsweges im Importland auch eines Handelsmittlers bedienen. Der Direktimporteur bezieht entsprechend seine Waren unmittelbar von einem Lieferanten oder Hersteller im Exportland oder schaltet auf seinem Einkaufsweg einen Handelsmittler oder eine selbstständige Distributionsstufe im Ausland ein.

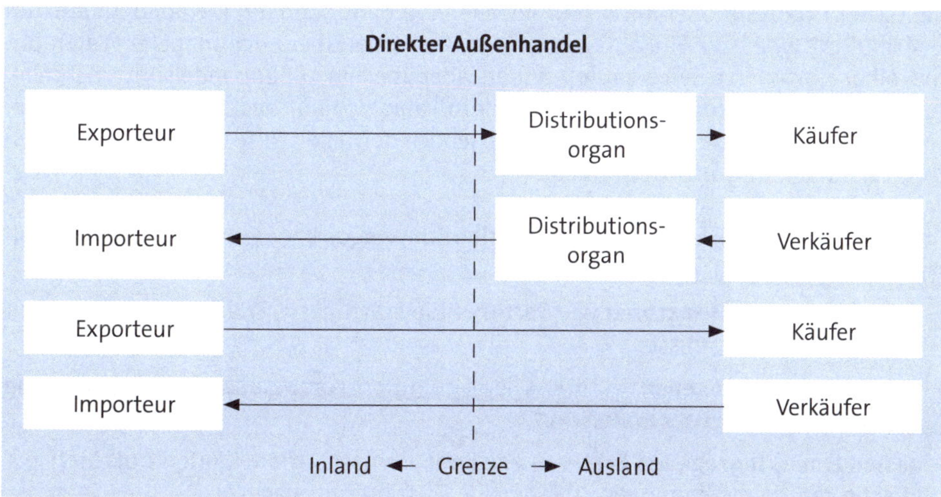

Beim indirekten Außenhandel ist dagegen immer ein Distributionsorgan im Inland zwischengeschaltet. Beim indirekten Außenhandel liefert der inländische Exporteur Waren an ein Außenhandelsunternehmen im Inland bzw. bezieht der Importeur Waren von einem Außenhandelsunternehmen im Inland, wobei in beiden Fällen im Ausland weitere Distributionsorgane je nach Branchengewohnheiten oder Geschäftserfordernissen eingeschaltet werden können oder auf diese verzichtet werden kann, falls das Außenhandelsunternehmen über gute eigene Auslandsmarktkenntnis und Auslandsmarktpräsenz verfügt.

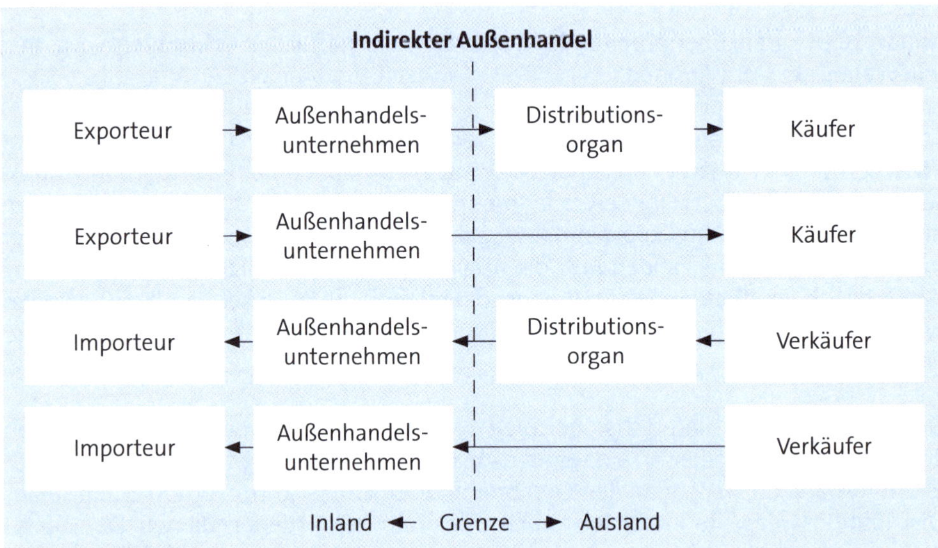

Insgesamt gesehen sind die Distributions- und Einkaufswege im Außenhandel nicht starr sondern können sehr flexibel gehandhabt werden. Je nach Einzelfall wird sich ein deutscher Exporteur oder Importeur bei allen Waren für den direkten oder indirekten Distributionsweg bzw. Einkaufsweg entscheiden oder aber auch manche Waren unmittelbar einkaufen bzw. verkaufen, andere aber über ein Außenhandelsunternehmen. Auch die Einbeziehung von Handelsmittlern kann sich auf bestimmte Produkte beschränken. Im Dienstleistungsverkehr wird jedoch normalerweise nur eine direkte Leistungsbereitstellung anzutreffen sein.

Im Wesentlichen wird die **Wahl des Distributionsweges** bzw. Einkaufsweges von folgenden Faktoren abhängen:

- **produktbezogenen Faktoren** wie Sortimentsbedürftigkeit, Erklärungsbedürftigkeit oder Serviceerfordernisse
- **unternehmensbezogenen Faktoren** wie Distributionskompetenz, Kapitalausstattung oder Auslandsanteil der Waren und
- **auslandsmarktbezogenen Faktoren** wie Konkurrenzsituation, Käuferstrukturen, politische Rahmenbedingungen oder dortige Distributionswege.

In der Bundesrepublik Deutschland sind zahlreiche **Außenhandelsunternehmen** tätig. Auffällig ist der Trend zur Spezialisierung nach Ländern und Produktgruppen sowie auf

Nebenleistungen wie Beratung, Service, Software, Lizenzübertragung, Vermittlung von Verkaufs-, Produktions- und Management-Knowhow und Spedition. Zunehmend gehört heute auch die Übernahme oder Vermittlung von Kompensationsgeschäften, die Beratung bei den unterschiedlichen Exportfinanzierungssystemen und die Auswahl der optimalen Versicherung zum Leistungsumfang.

1.2 Direkter Export

Beim direkten Export verkauft ein deutscher Hersteller unmittelbar ins Ausland, wobei die Distribution auf dem Auslandsmarkt sowohl über unternehmenseigene Organe als auch über unternehmensfremde Organe erfolgen kann.

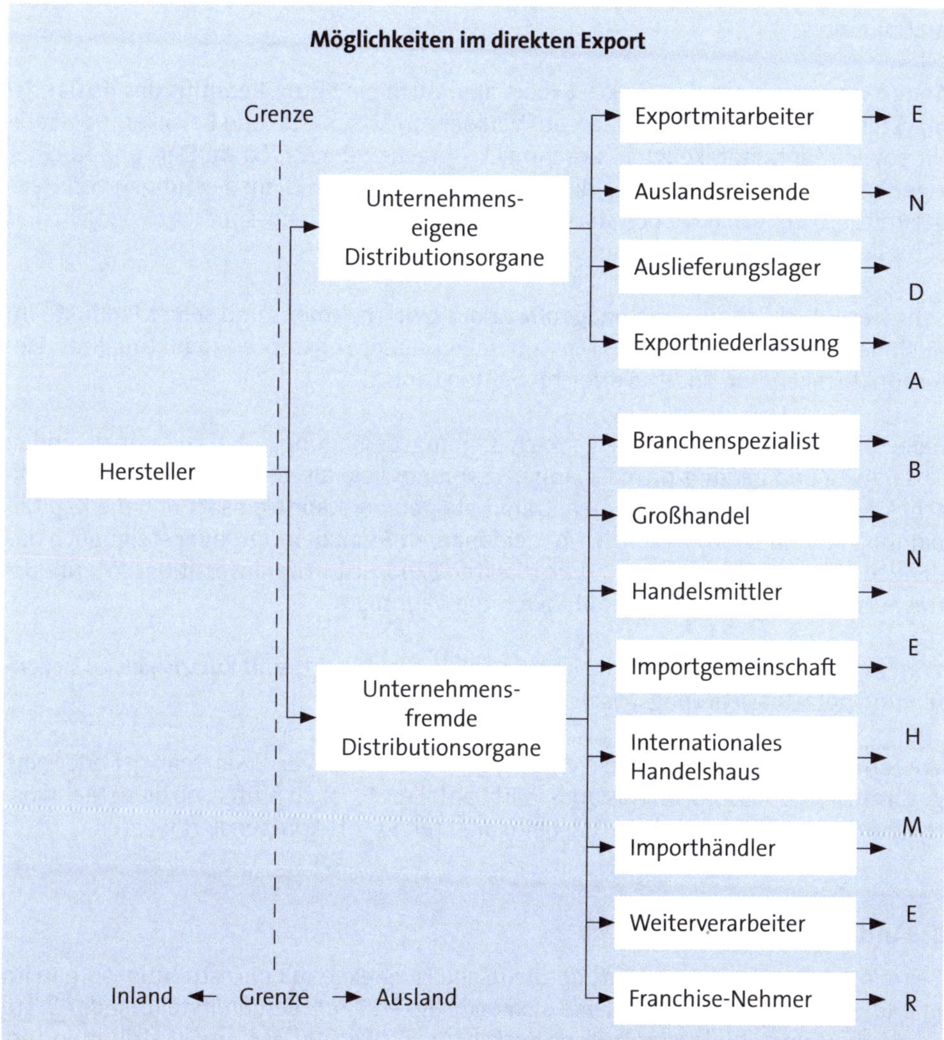

Im Europageschäft erfolgt heute überwiegend der direkte Export. Auch Dienstleistungen werden auf Auslandsmärkten i. d. R. direkt angeboten. Weltweit weist der direkte Export aber besonders in der Investitionsgüterindustrie zunehmende Tendenz auf, da hier der unmittelbare Kontakt zum Kunden als sehr vorteilhaft empfunden wird und oftmals auch produktbegründet notwendig ist.

Meistens werden Kosten bzw. Gewinn des Exporteurs entscheidend sein, ob der direkte Distributionsweg gewählt werden soll. Nicht selten ist es aber auch der Abnehmer, der aus Kostenersparnisgründen den direkten Export anstrebt.

Beim direkten Export können die Kunden auf den Ländermärkten unmittelbar über die **Marketinginstrumente** beeinflusst werden. Änderungen in den Bedarfsstrukturen und im Käuferverhalten werden besser erkannt und ermöglichen schnellere Anpassungsmaßnahmen.

Andererseits verlangt der direkte Export aber auch eine **gute Kenntnis des Auslandsmarktes** insbesondere im Hinblick auf Verkehrs-, Wirtschafts- und Bevölkerungsstruktur sowie Mentalität, Religion, Geschmack, Sprache oder Kaufkraft. Der Aufbau einer eigenen **Exportabteilung** sowie die Inanspruchnahme der Dienstleistungen von Handelsmittlern im Ausland ist oft unvermeidlich, um den Auslandskontakt zu pflegen und aktuelle Informationen zu erhalten.

Sehr wesentlich ist auch die **Imagepflege** des Unternehmens und seiner Produkte im Ausland, was durch Werbung, Messebeteiligungen, konstante Produktqualität, Lieferpünktlichkeit und anderes erreicht werden kann.

Jeder Direktexport verlängert – je nach Zahlungsbedingung – den zu finanzierenden Absatzweg und bedingt oftmals längere Zahlungsziele als der Verkauf an ein inländisches Außenhandelsunternehmen. Damit steigen der Kapitaleinsatz und die Kapitalbindungsfrist nicht unerheblich. Mit der **längeren Finanzierungsdauer** steigt auch das Kreditrisiko. Eng verbunden mit dem direkten Export ist in der Investitionsgüterindustrie auch die langfristige Lieferantenkreditgewährung.

Wird auf dem Auslandsmarkt in Fremdwährung fakturiert, sind **Kursrisiken** zu beachten und ggf. Kurssicherungsgeschäfte abzuschließen.

Weiterhin können Kosten für ein eigenes Auslieferungslager, Ersatzteillager oder eine gesamte Niederlassung im Auslandsmarkt anfallen. Es ist zu prüfen, ob diese Mehrkosten durch den Wettbewerbsvorteil beim direkten Export kompensiert werden.

1.3 Indirekter Export

Beim indirekten Export verkauft der deutsche Hersteller an ein Distributionsorgan im Inland. Damit beschränkt er seine „Exporttätigkeit" auf die Bereitstellung der Ware zum Export und überlässt sämtliche Kosten und Risiken der weiteren Distribution, insbesondere des Transports, der Warenpräsentation und der Kundensuche, den Zwischenhändlern. Dadurch kann sich die Gewinnmarge des Herstellers im Gegensatz zum direkten Export erheblich verringern oder der Endabnehmerpreis wesentlich erhöhen.

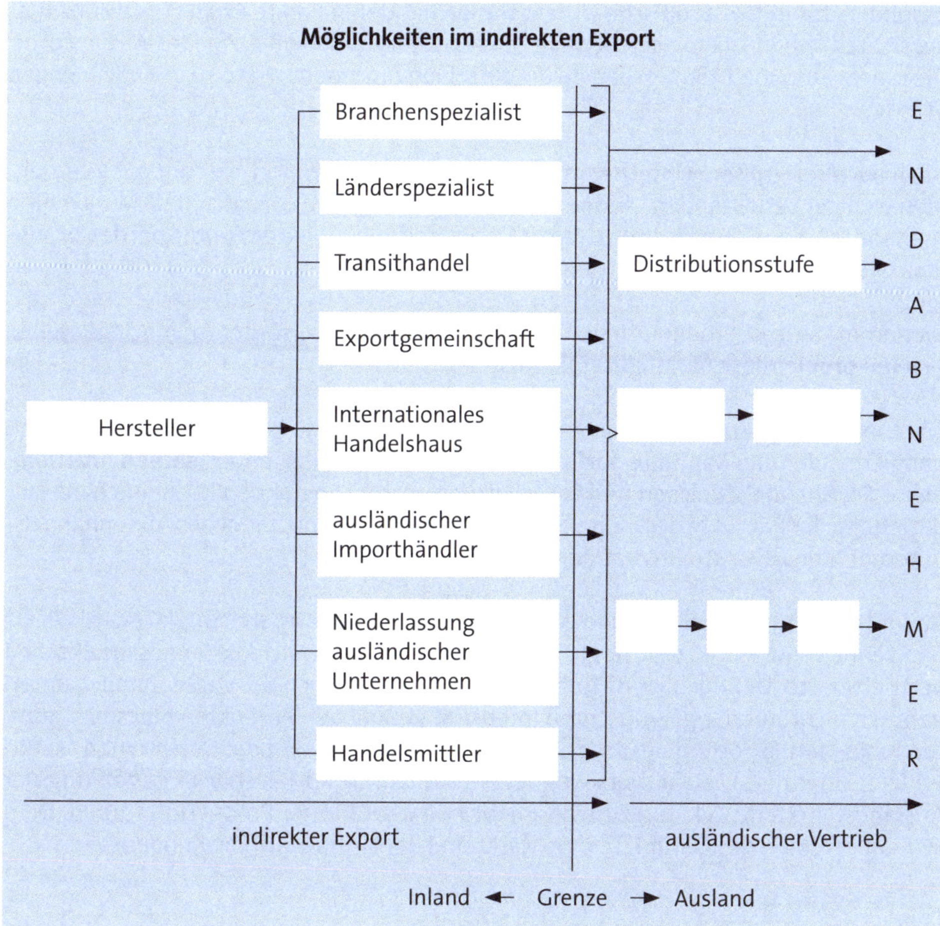

Je nach Produktart, Abnehmerkreis, Konkurrenzsituation und Handelsbrauch erweisen sich ein-, zwei- oder mehrstufige Distributionswege als vorteilhaft. Dabei wird bei der Bezeichnung des Distributionsweges auch in Export (vom Inland über die Grenze bis zum ersten Abnehmer im Ausland) und in Vertriebsweg (innerhalb des Bestimmungslands bis zum Endabnehmer) unterteilt.

Grundsätzlich sind zwei **Formen der Zusammenarbeit** im indirekten Export anzutreffen:

- entweder der Hersteller sucht sich für den Export auf dem jeweiligen Auslandsmarkt ein geeignetes Distributionsorgan, dem er unter Umständen sogar Alleinvertriebsrechte einräumt oder

- der Exporthändler befriedigt die Auslandsnachfrage durch das jeweils günstigste Angebot unter den Herstellern.

Besonders für **mittelständische Unternehmen** hat der indirekte Export gute Zukunftsaussichten, wenn sich diese entweder aus Kostengründen kein eigenes Auslandsvertriebsnetz aufbauen können oder in die einzelnen Auslandsmärkte zu geringe Mengen liefern.

Doch auch für **größere Unternehmen** kann der indirekte Export bei für das Unternehmen weniger bedeutenden Ländermärkten mit geringerem Umsatzanteil zweckmäßig sein, sodass dieser Distributionsweg in Ergänzung zum direkten Export bei den besonders wichtigen Ländermärkten gewählt wird.

Weiterhin kann die Produktart einen direkten Export nicht erforderlich machen, weil es sich um **problemlose Seriengüter** handelt.

Beim indirekten Export kann sich der Hersteller voll auf die Produktion konzentrieren und vermeidet den Kapitalbedarf für die **vom Außenhandelsunternehmen übernommene Großhandelsfunktion und Lagerhaltung**. Unter Umständen kann durch die Einbeziehung der Produkte des indirekten Exporteurs in das Sortiment des Außenhandelsunternehmens die Attraktivität der eigenen Ware steigen.

Außenhandelsunternehmen sind vielfach auf bestimmte Auslandsmärkte spezialisiert und kennen sowohl die bestmöglichen Transportwege als auch die landesspezifischen Vertriebsnetze. Dennoch ist nicht auszuschließen, dass sich das Außenhandelsunternehmen nicht mit der gewünschten Intensität gerade den Produkten eines bestimmten indirekten Exporteurs widmet. Die **Bedarfsferne** kann auf die Dauer einen Marktschleier über den Distributionsweg legen und aufgrund falscher Einschätzung der Auslandsmarktentwicklung zu nicht mehr marktkonformer Produktion führen. Dem Hersteller fehlen das Gefühl für den Markt und der Einfluss auf die Kunden.

Abschließend sind als wesentliche Merkmale des direkten und indirekten Exports zu nennen:

Direkter Export	Indirekter Export
▸ Verwendung vor allem bei Investitionsgütern und im Europageschäft ▸ unmittelbarer Kundenkontakt ▸ gute eigene Kenntnis des/der Auslandsmärkte ▸ Notwendigkeit eigener Akquisition und ▸ Marktpflege ▸ eigene Exportabteilung ▸ längere Absatzwege ▸ eigenes Auslieferungslager ▸ eigener Kundendienst, eigenes Ersatzteillager im Auslandsmarkt ▸ (längerfristige) Lieferantenkredite ▸ höheres Kreditrisiko ▸ insgesamt höherer Kapitalbedarf für Auslandsaktivitäten ▸ höhere Gewinnchancen durch Autonomie	▸ inländischer Warenverkauf für den Hersteller ▸ Distribution durch Außenhandelsunternehmen auf dem Auslandsmarkt ▸ Kenntnis der landesspezifischen Vertriebsnetze und Transportwege seitens des Außenhandelsunternehmens ▸ Außenhandelsunternehmen hat spezielle Markterfahrung, oft Spezialisierung auf bestimmte Märkte oder Produktgruppen ▸ Risiko der „Bedarfsferne" für den Hersteller ▸ u. U. Forderung nach Alleinvertriebsrechten des Distributionsorgans bevorzugt von mittelständischen Herstellern ▸ schnelle Absatzausweitung möglich ▸ Hersteller hat wenig Steuerungsmöglichkeiten im Auslandsmarkt ▸ bevorzugt bei geringen und/oder unregelmäßigen Absatzmengen sowie problemlosen Serienprodukten ▸ kein Kapitalbedarf seitens des Herstellers ▸ für Lagerhaltung und Distribution

Aufgabe 1 > Seite 540

1.4 Direkter Import

Beim direkten Import erfolgt die Beschaffung der benötigten Waren unmittelbar im Ausland über unternehmenseigene oder unternehmensfremde Einkaufsorgane.

Während auf die Aktivitäten der unternehmenseigenen Einkaufsorgane erheblicher Einfluss genommen werden kann, eröffnen unternehmensfremde Einkaufsorgane oft ein hohes Maß an (weltweiter) Marktkenntnis und Leistungsfähigkeit.

Besonders **bei Rohstoffen und unfertigen Erzeugnissen** bietet der direkte Import wegen der längerfristigen Disposition großer Mengen und durch den **unmittelbaren Kontakt zum Lieferanten** Vorteile.

Importgeschäfte mit Rohstoffen haben oft spekulativen Charakter oder zumindest unterliegen sie dem Risiko erheblicher Preisschwankungen. Rohstoffspekulationen oder **Preissicherungsgeschäfte** an den Warenbörsen sind deshalb hier häufig anzutreffen (siehe Kapitel G.4).

Spontane Importgeschäfte können über **Auktionen** an verschiedenen Welthandelsplätzen abgewickelt werden, bei denen im Rahmen öffentlicher Bietungsverfahren an den Meistbietenden verkauft wird. Die Auktionen haben ihren festen Handelsbrauch und werden vorher allgemein oder auch direkt Interessenten bekannt gegeben.

Risiken sind auch in der **Lieferverlässlichkeit** des ausländischen Exporteurs zu sehen. Hier können ggf. die Dienste der Außenhandelskammern oder anderer Institutionen für den Außenhandel (siehe Kapitel A.5) beansprucht werden, die sowohl über Bezugsquellennachweise als auch über Bonitätslisten verfügen.

In manchen Fällen wird eine **Einkaufsniederlassung** oder ein Handelsmittler eingeschaltet werden müssen, um einen kontinuierlichen Marktüberblick zu haben und um Kontakte zu pflegen. Um einen kontinuierlichen Warenfluss zu gewährleisten, ist der Aufbau eines **Importlagers** besonders bei stärker schwankenden Einkaufsmengen ratsam.

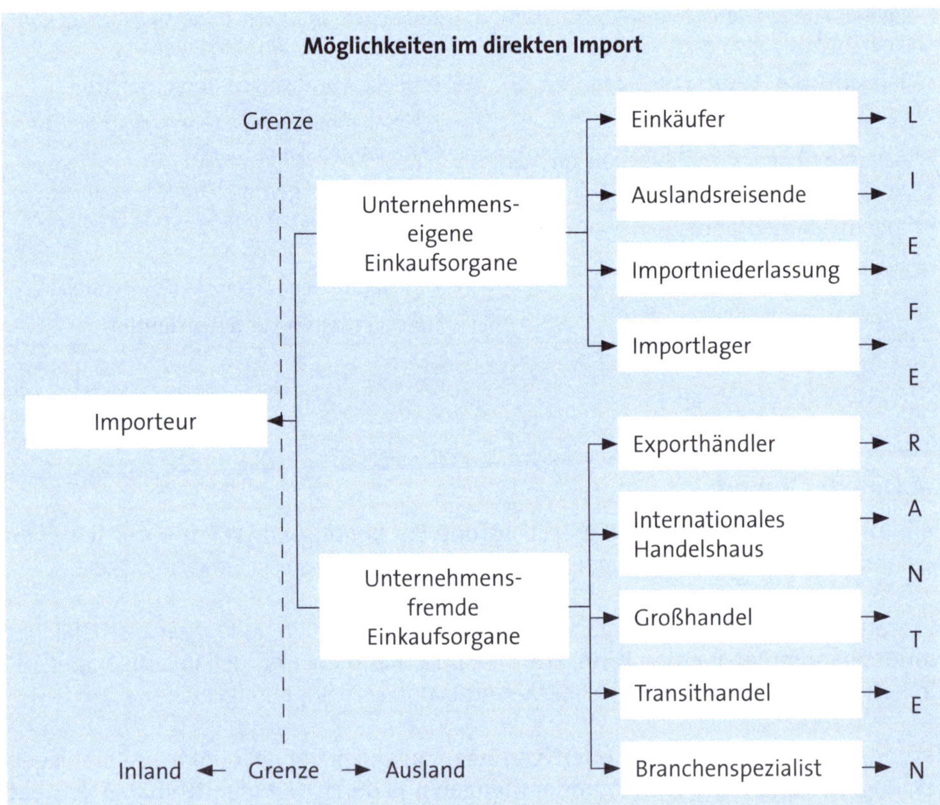

Grundsätzlich bei allen Waren kann der Direktimport zu Kosteneinsparungen durch die Vermeidung eines Importhändlers im Inland führen. Andererseits steigen aber die Risiken und der Kapitalbedarf in gleicher Weise wie beim Direktexport.

1.5 Indirekter Import

Beim indirekten Import beschafft das Unternehmen die Importwaren von einem Außenhandelsunternehmen im Inland und überlässt diesem dadurch alle wesentlichen Importaktivitäten.

Das Außenhandelsunternehmen kann je nach Art der Importwaren, der Lieferantenstruktur oder der Handelsbräuche selbst auf den Auslandsmärkten tätig sein und unmittelbar Geschäftsbeziehungen zu den ausländischen Lieferanten unterhalten oder auf Zwischenhändler im Ausland zurückgreifen.

Der Import über Außenhandelsunternehmen wird unumgänglich sein, wenn der **Importbedarf nur zeitweilig oder in relativ kleinen Mengen** anfällt. Auch bei einem sehr breit gestreuten Import auf vielen Ländern wird die Ausgliederung des Importwarenbezugs insgesamt kostengünstiger sein als die Unterhaltung von Importniederlassungen oder die Einschaltung von Einkaufskommissionären.

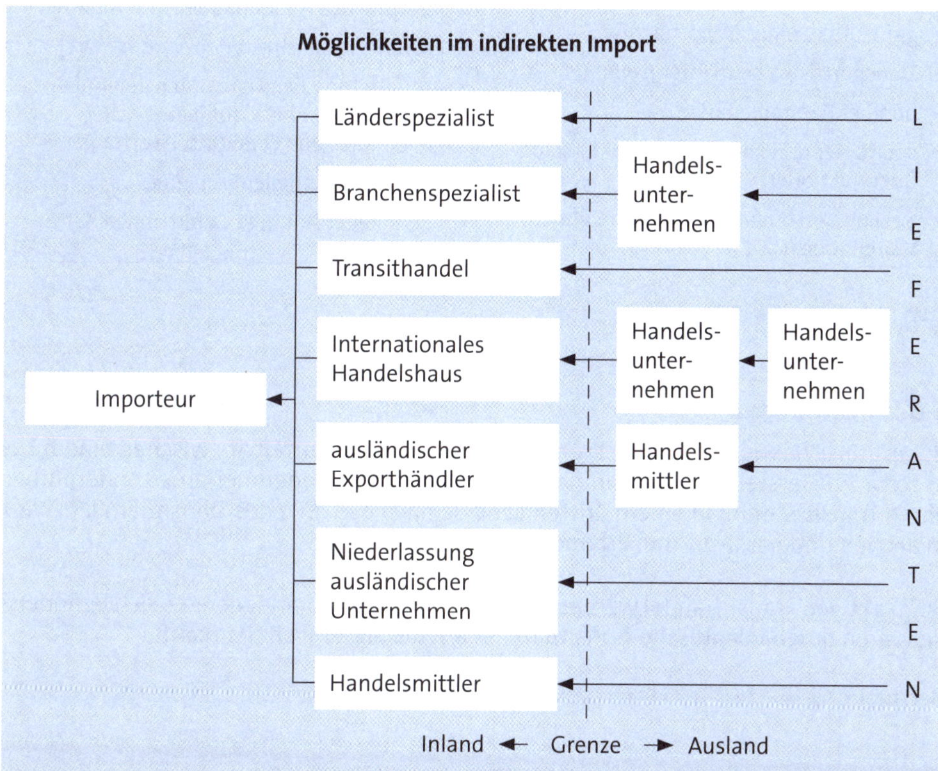

Ein Außenhandelsunternehmen kann durch seinen Großeinkauf i. d. R. mit günstigeren Preisen und der Einräumung von Rabatten rechnen. Die lange **Auslandsmarkterfahrung** kommt auch hier wie beim indirekten Export letztlich gerade der mittelständischen Wirtschaft zugute.

Als vorteilhaft wird auch die **Prüfungsmöglichkeit der Ware vor Ort** (z. B. im Lager des Importeurs) empfunden. Oftmals entspricht die Ware im Importzustand (noch) nicht dem inländischen Geschmack bzw. den Qualitätsanforderungen, sodass der Importhändler die Ware erst durch Mischen, Sortieren, Verschneiden usw. „marktreif" machen muss.

Abschließend sind als wesentliche Merkmale des direkten und indirekten Imports zu nennen:

Direkter Import	Indirekter Import
► Verwendung insbesondere bei Rohstoffen und unfertigen Erzeugnissen ► längerfristige Disposition größerer Mengen, kontinuierlicher Materialfluss ► unmittelbarer Kontakt zum Lieferanten ► ggf. eigene Einkaufsniederlassung ► eigener Marktüberblick, eigene Akquisition ► ggf. Aufbau eines Importlagers ► Transportrisiko beim Importeur ► höherer Kapitalbedarf ► spontaner und kostengünstiger Einkauf über Auktionen ► Spekulation oder Preissicherung über Warenbörsen	► Verwendung, wenn Importbedarf zeitweilig und/oder in kleinen Mengen ► Verwendung, wenn breit gestreuter Import aus vielen Ländern ► günstige Preise durch Großeinkauf des Außenhandelsunternehmens ► Nutzung der Markterfahrung und -spezialisierung des Außenhandelsunternehmens ► Prüfungsmöglichkeit der Ware vor Ort ► Aufbereitung der Ware durch den Außenhändler im Hinblick auf inländischen Geschmack und Qualitätserwartungen ► keine Bezugsquellenprobleme ► in der Regel ständige Lieferbereitschaft

Aufgabe 2 > Seite 540

1.6 Transithandel

Beim Transithandel erfolgt die Warenlieferung nicht unmittelbar zwischen einem Exporteur im Herstellungsland und einem Importeur im Abnehmerland, sondern über einen **Transithändler in einem dritten Land**. Je nach dem Sitz des Transithändlers wird in aktiven und passiven Transithandel unterschieden.

Beim **aktiven** Transithandel werden außerhalb des Wirtschaftsgebietes sich befindende Waren durch inländische Transithändler an Ausländer weiterverkauft.

Beispiel

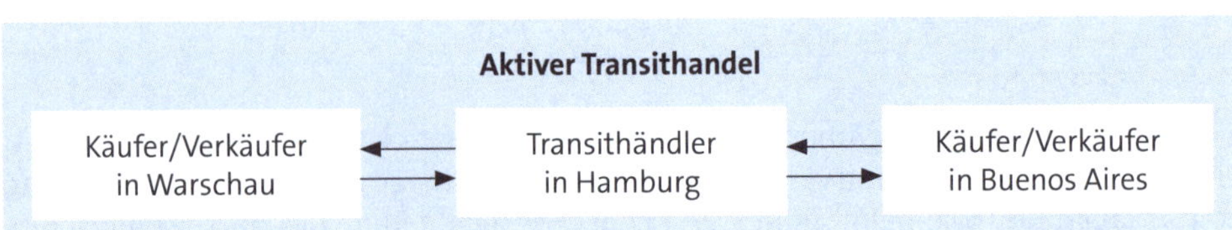

Beim **passiven** Transithandel verkauft ein ausländischer Transithändler Waren an Unternehmen im deutschen Wirtschaftsgebiet aus Drittländern oder im Inland produzierte Waren an Abnehmer in Drittländern.

Beispiel

Transithandel entsteht auch oft aus Importgeschäften, wenn größere Warenmengen nicht nur im eigenen Land sondern auch in Drittländern verkauft werden. Er ergibt sich auch aus Exportgeschäften, wenn die Waren über ein Handelsunternehmen in verschiedenen Auslandsmärkten verkauft werden. Meistens wird der Transithandel deshalb von Außenhandelsunternehmen neben dem indirekten Import/Export durchgeführt. Ihr Sitz befindet sich bevorzugt in den internationalen Handelszentren und Verkehrsknotenpunkten (z. B. den Seehäfen).

Transithandelsgüter waren traditionellerweise vor allem Stapelgüter wie Baumwolle oder Tabak und Rohstoffe, die je nach Bedarf vom Transithändler dirigiert wurden. Heute erstreckt sich der Transithandel auf sehr unterschiedliche Produkte sowie den Großeinkauf von Massengütern oder Serienprodukten zu Sonderpreisen mit anschließendem weltweitem Weiterverkauf.

Transithandelsgeschäfte können sich auch ergeben, wenn ein Direkthandel aus politischen Gründen (z. B. Ausschöpfung von Handelspräferenzen) mit einem bestimmten Land nicht mehr möglich ist oder zollpolitische Maßnahmen entgegenstehen. Der Transithändler muss dann über breite Kenntnisse der **wirtschaftlichen und rechtlichen Rahmenbedingungen** bei den einzelnen Ländern verfügen.

Transithandelsgeschäfte waren früher auch oft bei Geschäften mit Staatshandelsländern in Kompensationswaren anzutreffen, wenn die erhaltenen Waren in Deutschland keinen Markt hatten. Heute werden zunehmend Transithandelsgeschäfte im Zusammenhang mit Exportgeschäften in **Entwicklungsländer** vorgenommen, wenn Exporte nur bei gleichzeitigem Verkauf von Waren des Importlandes in Drittländer möglich sind.

Durch die Aufnahme von Transithandelsgütern können Außenhandelsunternehmen oder Exporteure ihr eigenes Sortiment um ausländische Waren verbreitern. Dabei muss die Ware aber immer neutral verpackt werden, um ihre Herkunft und ihr Ziel nicht bekannt werden zu lassen. Würde z. B. keine **Deckadresse** verwendet werden, wäre nicht auszuschließen, dass beim nächsten Mal das Handelsgeschäft direkt unter Umgehung des Transithändlers durchgeführt wird.

Dirigiert der Transithändler die Waren unmittelbar vom Verkäufer im Exportland an den Käufer im Importland, liegt ein **direkter Transithandel** vor.

Nimmt der Transithändler in seinem Unternehmen, in einem Zolllager oder in einem Freihafen bzw. einer Freizone eine Umetikettierung, eine Umsortierung oder eine Neuverpackung der Ware für den anschließenden Weiterverkauf oder für einen Wechsel der Transportart (z. B. für den Seeverkehr nach einem Landtransport) vor, spricht man vom **gebrochenen Transithandel**.

Wird die Ware beim Transithändler bearbeitet, verarbeitet oder repariert, liegt zollrechtlich ein **Veredelungsverkehr** vor.

Beispiel

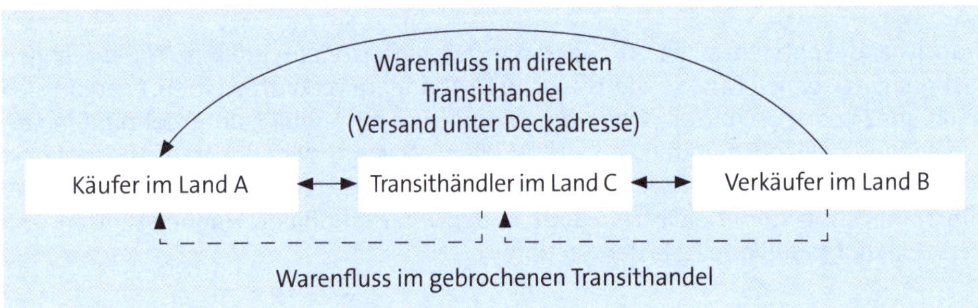

Beim **Zolllagerverfahren** wird die Ware zollrechtlich noch nicht eingeführt sondern zunächst bis zum späteren Versand oder bis zur Weiterverarbeitung zwischengelagert. Dadurch fallen für das Transithandelsgeschäft keine Einfuhrabgaben an. Nur bei Entnahmen zur Inlandsverwendung werden Einfuhrabgaben fällig.

2. Sonderformen des Außenhandels

2.1 Grenzüberschreitender Veredelungsverkehr

Veredelungsverkehr im Sinne des Zollrechts ist das Bearbeiten, Verarbeiten oder Ausbessern von Waren, wobei unterschiedliche Veredelungsverkehre hinsichtlich der Bewilligungsart, der Geschäftsart und des Veredelungsorts auftreten.

Bearbeitung	Die Ware bleibt gegenständlich erhalten und ändert nur ihr Aussehen bzw. ihre Eigenschaften. Dazu gehören auch Montage, Zusammensetzung oder Anpassung an andere Waren.
Verarbeitung	Es findet eine weitgehende Umgestaltung der Ware statt, die nur in ihrer Substanz erhalten bleibt.
Ausbesserung	Instandsetzung, Überprüfung und Reparatur von Waren, um ihre (bisherige) Funktionstüchtigkeit wiederherzustellen.

Vor der Bewilligung von Veredelungsverkehren sind persönliche Voraussetzungen wie Ansässigkeit in der EU, Zuverlässigkeit, Vertrauenswürdigkeit und ordnungsgemäße Buchhaltung zu überprüfen.

In zollrechtlicher Hinsicht müssen einerseits die **Veredelungsfristen** beachtet werden und andererseits die Nämlichkeitssicherung, das ist die zollmäßige **Wiederkennung der Ware** nach der Veredelung im In- oder Ausland. Zwei Verfahren sind hier üblich:

- Bei der **Nämlichkeitssicherung** bleibt die Ware Zollgut, sodass auch von Zollgutveredelung gesprochen wird; ein- und ausgeführte Ware sind identisch, wenn auch veredelt.
- Bei der **Äquivalenzgewährleistung** gilt die Ware als Freigut, und es wird eine in Menge und Art gleiche Ware wieder zollabgefertigt. Es liegt deshalb eine Freigutveredelung vor.

Wird beispielsweise eine Maschine aus dem Ausland zur Reparatur eingeführt, liegt eine **Zollgutveredelung** vor. Die Nämlichkeitssicherung kann hier problemlos durch die Maschinentype und Nummer gewährleistet werden. Kann dagegen die Maschine nicht mehr repariert werden, und es wird im Rahmen der Garantieleistungen des Exporteurs eine neue gleichwertige Maschine wieder ausgeführt, liegt **Freigutveredelung** vor. Der Zoll hat hier die Äquivalenz der Ware zu gewährleisten.

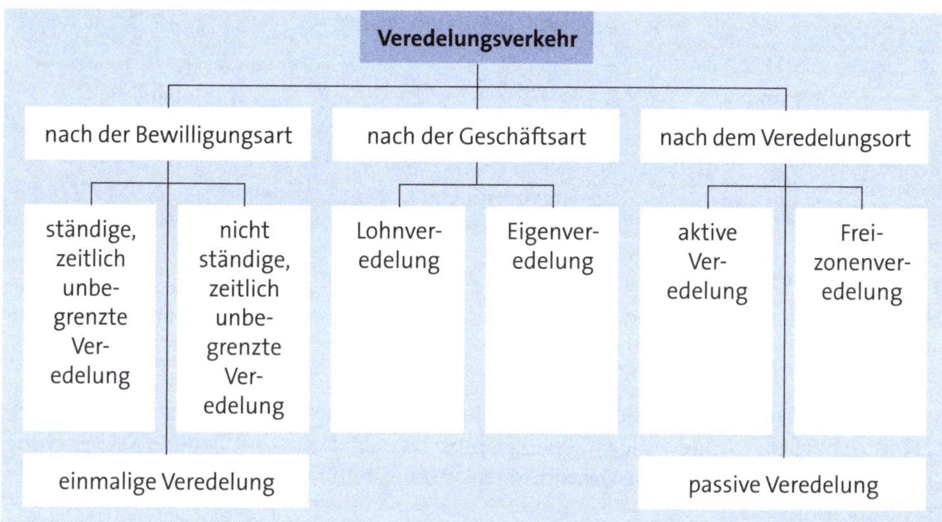

Wird die Veredelung von ausländischer Ware in der EU auf Rechnung eines EU-Gemeinschaftsansässigen durchgeführt, spricht man von **Eigenveredelung**, erfolgt eine Veredelung von ausländischer Ware in der EU für Rechnung einer außerhalb der EU ansässigen Person, wird sie **Lohnveredelung** genannt.

Beim **passiven Veredelungsverkehr** wird inländische Ware zur Veredelung ins Ausland verbracht und anschließend wieder importiert. Es erfolgt eine Differenzverzollung in Höhe des Mehrwertes der nach Veredelung wieder eingeführten Ware.

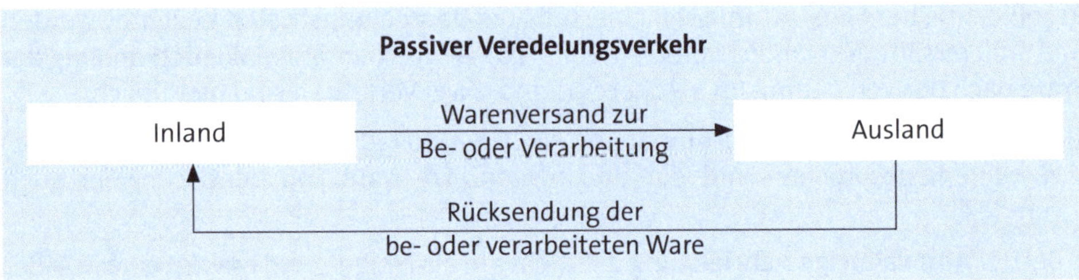

Eine Sonderform des passiven Veredelungsverkehrs ist der **Freizonen-Veredelungsverkehr**, bei dem die Ware zwar das Zollerhebungsgebiet nicht aber das Hoheitsgebiet verlässt.

Beim **aktiven Veredelungsverkehr** wird ausländische Ware zur Veredelung ins Inland eingeführt und anschließend wieder exportiert. Der Einfuhrwert ist nicht zu verzollen, da die Ware nach Veredelung wieder ausgeführt wird.

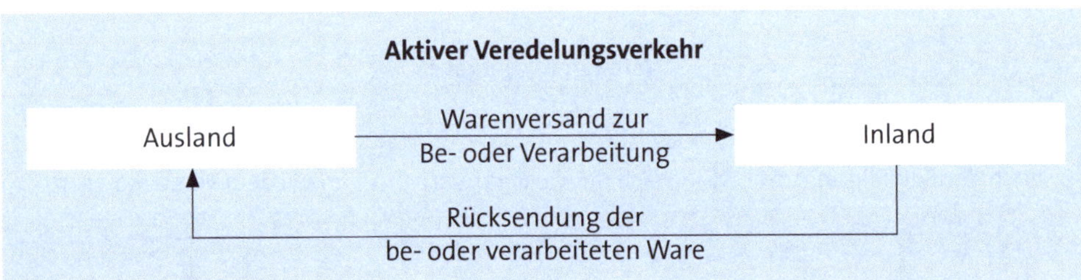

Da es sich bei Veredelungsverkehren um Leistungserstellungen auf der Basis von Verträgen handelt, wird auch von **Kontraktproduktion** oder von **Auftragsfertigung** gesprochen.

Aus wirtschaftlicher Sicht sind bei Veredelungsverkehren insbesondere die **Transportkosten** zu berücksichtigen, die eine geographisch zu weit entfernt liegende Veredelung i. d. R. ausschließen, sowie die Gewährleistung eines reibungslosen Produktionsablaufs im Veredelungsland.

Passiver Veredelungsverkehr kann für ein deutsches Unternehmen vorteilhaft sein, wenn **Lohnunterschiede** ausgenutzt werden können, eine Arbeitsteilung zwischen verbundenen Unternehmen durchgeführt wird, oder eine Fremdfertigung aus Kapazitätsgründen erforderlich wird.

Niedrigere Löhne am ausländischen Veredelungsort sowie günstige Lohnnebenkosten infolge unterentwickelter Sozialsysteme und niedriger Umweltschutzstandards können zwar zu erheblichen Preisvorteilen führen, doch sollten auch andere Entscheidungskriterien nicht vernachlässigt werden, die zu einer Überkompensation dieser Kostenvorteile führen können. Als **problematisch** können sich bei passiver Veredelung oft erweisen:

- geringere Produktivität am Veredelungsort
- ungünstige politische, wirtschaftliche und rechtliche Rahmenbedingungen am Veredelungsort
- unsichere Transportwege
- Lieferunzuverlässigkeit des Veredelungsbetriebes
- niedrige Qualitätsstandards am Veredelungsort.

Während früher vor allem Ostasien eine wichtige Rolle für passive Veredelungsverkehre spielte, kommt heute auch den ost- und südosteuropäischen Ländern eine hohe Bedeutung zu.

Tätigkeiten und Warenfluss im passiven Veredelungsverkehr

in Deutschland vor allem:		im Ausland vor allem:
Forschung Logistik Planung Design Entwurf Einkauf Vermarktung	Produktionspläne Vormaterialien → ← Fertigprodukte	Herstellung Ausführung Teilfertigung Montage

Beim **aktiven Veredelungsverkehr**, durch den Inländer durch die zollfreie Wareneinfuhr gefördert werden, sodass ihre Wettbewerbsfähigkeit auf den Auslandsmärkten steigt, müssen ggf. auch die Interessen inländischer Hersteller gleicher Vorprodukte berücksichtigt werden.

Aufgrund des hohen deutschen Lohnniveaus werden aktive Veredelungsverkehre in Deutschland nur stattfinden, wenn andere **Leistungsmerkmale** besonders wichtig sind. Dazu zählen beispielsweise:

- hohe technologische Leistungsfähigkeit
- schnelle Lieferfähigkeit
- hohe Produktqualität
- individuelle Problemlösung.

Aktive Veredelungsverkehre treten aus deutscher Sicht auch im Reparatur- und Modernisierungsgeschäft sowie bei Garantieleistungen auf.

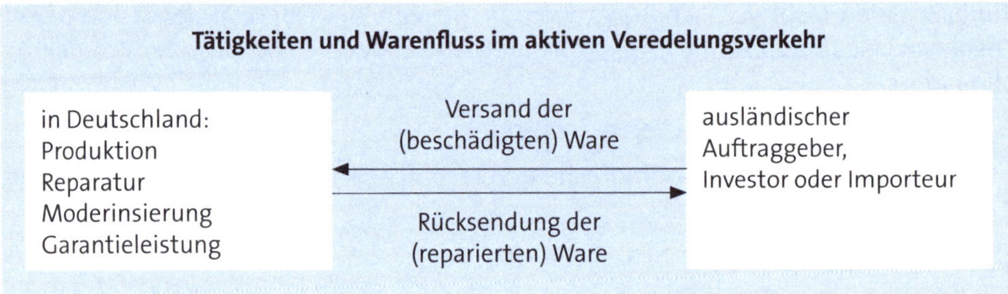

Aufgabe 3 > Seite 540

2.2 Lizenzabkommen und Franchising

Lizenzverträge regeln die Übertragung und gewerbliche Nutzung von Warenmarken, Gebrauchsmustern, Geschmacksmustern, Firmenbezeichnungen, Patenten und rechtlich geschützten Erfindungen, aber auch von Managementwissen, Marketingstrategien, Produktionsverfahren und ähnlichem Knowhow.

Diese sehr unterschiedlichen **Lizenzinhalte** eröffnen verschiedene abgestufte Verwendungsmöglichkeiten bei Auslandsgeschäften. Es können regionale Gebietslizenzen erteilt werden, feste Absatzpreise oder Exportverbote in Drittländer vereinbart werden und der Leistungsumfang kann finanzielle und personelle Hilfen befristet oder dauerhaft mit einschließen. Am häufigsten sind folgende Lizenzarten anzutreffen:

- **Produktions- und Verfahrenslizenzen** mit dem Recht zur Nutzung von technischem Wissen für die Herstellung bestimmter Gegenstände
- **Produktlizenzen** mit dem Recht zur Herstellung (und zum Vertrieb) bestimmter Produkte des Lizenzgebers
- **Vertriebslizenzen** mit dem Recht, Marketingwissen und Marketingstrategien des Lizenzgebers zu nutzen
- **Markenlizenzen** mit dem Recht, Marken für zielgruppenverwandte Produkte zu verwenden.

Eine **Lizenzfertigung** kann für einen deutschen Exporteur mit wachsenden Lohnunterschieden und risikoreichem oder unerwünschtem direkten Kapitaleinsatz bzw. Export interessant werden. Zunehmend legen gerade Entwicklungsländer auf eine eigene Produktion besonderen Wert, sodass dem Exporteur nur noch die Lizenzvergabe, also der **Export von Knowhow**, verbleibt. Abgesehen von beschäftigungspolitischen Problemen bedeutet die Lizenzfertigung jedoch immer einen erheblich geringeren Kapitaleinsatz für den Lizenzgeber.

Lizenzverträge werden auch im Dienstleistungssektor, wie z. B. in Hotel- und Verkehrsbetrieben, in Form von **Managementverträgen** geschlossen, in denen sich der Lizenzgeber verpflichtet, Managementwissen vorrangig beim Aufbau, in der Schulung und in der

Anlaufphase durch Entsendung von Führungskräften dem ausländischen Unternehmen zur Verfügung zu stellen. Vorteile sind dabei für den Lizenzgeber vor allem im geringen Kapitaleinsatz und Risiko sowie einer möglichen späteren Gewinnbeteiligung zu sehen.

Normalerweise bestehen keine außenwirtschaftlichen Beschränkungen beim Export oder Import; Beschränkungen können jedoch zum Schutz der öffentlichen Sicherheit und der auswärtigen Interessen angeordnet werden (vgl. § 4).

Für hochindustrialisierte Länder mit fortgeschrittener Technologie spielt die **rechtliche Absicherung von Produktentwicklungen** eine wichtige Rolle. Es ist jedoch nicht unbekannt, dass trotz weitgehender Schutzrechte „unerlaubte Nachahmungen" stattfinden. Gewerbliche Schutzrechte können hier helfen, die eigene Rechtsposition zu stärken, indem sie Ansprüche auf Unterlassung und auf Schadensersatz gewähren.

Als **gewerbliche Schutzrechte** werden bezeichnet:

- **Patente**, die nach amtlicher Prüfung für technische Erfindungen oder neue Verfahren als solche für längstens 20 Jahre gewährt werden.
- **Gebrauchsmusterschutz** für technische Neuerungen mit geringer Erfinderleistung bei bestimmten konkreten, beweglichen Gegenständen für längstens zehn Jahre (sog. Kleines Patent); keine amtliche Prüfung vor Registrierung, aber Überprüfung der Schutzfähigkeit des Gebrauchsmusters im Rechtsstreit mit dem Verletzer.
- **Geschmacksmusterschutz**, der für die äußere Form- und Farbgestaltung von Produkten bzw. das Design für fünf Jahre mit Verlängerungsmöglichkeit bis zu 20 Jahre eingeräumt werden kann; auch hier wird die Schutzfähigkeit erst in einem späteren Rechtsstreit überprüft.
- **Markenschutz**, der für bestimmte Wort- und Bildzeichen als besondere Identität für Waren und Dienstleistungen jeweils für zehn Jahre mit unbegrenzter Verlängerungsmöglichkeit gewährt wird.
- **Halbleiterschutz**, der für maximal zehn Jahre für zwei- und dreidimensionale Strukturen (Topografien) eingeräumt wird.

Die Eintragung von Schutzrechten wird vorrangig beim **Europäischen Patentamt** in München mit Wirkung für die gesamte Europäische Union erfolgen, doch ist eine Registrierung bzw. Nachanmeldung für andere Auslandsmärkte bei den dort zuständigen Institutionen unbedingt zu ergänzen. Auf der Grundlage des internationalen „Vertrages über die Zusammenarbeit auf dem Gebiet des Patentwesens" (sog. **PCT-Abkommen**) können bei Einhaltung einer Prioritätsfrist von einem Jahr Patente und Gebrauchsmuster bzw. von einem halben Jahr Geschmacksmuster und Warenzeichen in allen Mitgliedsländern des Abkommens unter Prioritätsschutz nachgemeldet werden.

Eine **internationale Registrierung** von Warenzeichen- und Markenrechten kann durch Hinterlegung bei der Weltorganisation für Gewerblichen Rechtsschutz zu Genf auf der Grundlage des Madrider Abkommens von 1891 mit Ergänzungsprotokoll von 1989 bewirkt werden (sog. **IR-Marke**).

Von besonderer Bedeutung ist das seit 1995 geltende Markenrecht der EU (Verordnung über die Gemeinschaftsmarke), das es Unternehmen ermöglicht, beim Europäischen Markenamt in Spanien (Alicante) eine **„Europäische Gemeinschaftsmarke"** eintragen zu lassen. Das gemeinschaftliche Markenrecht ist fakultativ und besteht neben den einzelstaatlichen Vorschriften, doch bietet es wirksamen Markenschutz in der gesamten EU. Der Markenschutz kann auch auf die Mitgliedstaaten des Madrider Abkommens als IR-Marke ausgedehnt werden.

Eine **Marke** ist ein Zeichen, das geeignet ist, Waren und Dienstleistungen eines Unternehmens von denjenigen eines anderen Unternehmens zu unterscheiden (§ 3 MarkenG). Markenschutz kann beantragt werden für:

- Wortmarken
- Personennamen
- Werbeslogans
- Zahlen- und Buchstabenkombinationen
- Bilder und Embleme
- Wort-Bildmarken
- Hörmarken
- dreidimensionale Gebilde
- Farben und Farbzusammenstellungen.

Die Anfänge eines internationalen gewerblichen Rechtsschutzes gehen bereits auf die 1883 abgeschlossene **Pariser Verbandsübereinkunft (PVÜ)** zurück, die als patentrechtliches Dachabkommen gilt und heute 175 Mitgliedsländer hat. Zur Verbesserung der internationalen Zusammenarbeit auf diesem Gebiet wurde 1974 die WIPO (World Intellectual Property Organisation) in Genf als Sonderorganisation der UNO errichtet, die vor allem die Verwaltung der PVÜ und die internationale Registrierung der Schutzrechte wahrnimmt. Ein weiterer Schritt zum Schutz des geistigen Eigentums erfolgte durch die Uruguay-Runde (siehe Kapitel A.3.2) und führte zum TRIPS-Abkommen der WTO, das vor allem regelt:

- die Patentfähigkeit, d. h. welche Erfindungen unter welchen Voraussetzungen geschützt werden können
- die Patentwirkung, d. h. welche Rechte Patentinhaber erlangen sollen
- die Patentdauer
- die Beweislast bei Patentverletzungen.

Die Einnahmen und Ausgaben für Lizenzverträge sind weltweit in den einzelnen Ländern sehr unterschiedlich verteilt. So treten seit vielen Jahren die USA international als wichtigster Lizenzgeber auf, während die meisten anderen Industrieländer und alle Entwicklungsländer Ausgabenüberschüsse haben.

Auch bei den **Neuanmeldungen** mit Wirkung in Deutschland zeigt sich eine ähnliche Situation. So stammten von den 181.406 direkten (beim EPA) und indirekten (von anderen PCT-Ländern) Patent-Anmeldungen beim Europäischen Patentamt in München im Jahr 2019 rd. 25 % aus den USA, rd. 15 % aus Deutschland, rd. 12 % aus Japan, rd. 6 % aus Frankreich, rd. 5 % aus China und rd. 5 % aus der Schweiz. Nach der Internationalen Patentklassifikation bezogen sich die meisten Patente auf die Gruppen Elektrotechnik und Elektronik sowie Fahrzeugtechnik, Maschinenelemente, Mess- und Prüftechnik und Medizintechnik (Quelle: *www.epo.org*).

Betriebswirtschaftlich sind **Lizenzabkommen nicht problemlos**. Sowohl die Wahl eines geeigneten Lizenznehmers als auch die Festsetzung der Lizenzgebühr, der Lizenzdauer und der Transfer der Lizenzerträge müssen durchdacht sein. Sollte der Lizenznehmer die produzierten Waren selbst exportieren, könnte es auf Drittmärkten zu einer Konkurrenzsituation zwischen Lizenzgeber und Lizenznehmer kommen. Haben die Produkte des Lizenznehmers eine schlechte Qualität, kann dies ein Imageverlust des Lizenzgebers bedeuten.

Um einen stärkeren Einfluss auf den Lizenznehmer und seine Produkte ausüben zu können, bietet sich das Franchising an, das als Erscheinungsform des **Vertragshandels** anzusehen ist, bei dem sich die Marketingpolitik des Händlers ausschließlich nach den Interessen des Herstellers richtet, dessen Vertriebssystem das Erscheinungsbild des Händlers auf dem Auslandsmarkt prägt.

Beim **Franchising** führt der Franchise-Nehmer sein Unternehmen nach den Weisungen und unter der Kontrolle des Franchise-Gebers. Der rechtlich selbstständige Franchise-Nehmer verkauft nach der Marketingstrategie und mit dem Warenzeichen des Franchise-Gebers innerhalb bestimmter regionaler Grenzen und Warengruppen. Ein Franchise-Nehmer kann durchaus mehrere Franchise-Geber für jeweils verschiedene Produkte haben.

Merkmale des Franchising:

- rechtlich selbstständige Vertragspartner
- Führung des Unternehmens des Franchise-Nehmers nach den Weisungen und unter der Kontrolle des Franchise-Gebers
- Managementkonzept und Marketingstrategie des Franchise-Gebers
- Markenname und Warenzeichen des Franchise-Gebers
- Einbeziehung in die kommunikationsstrategischen Maßnahmen des Franchise-Gebers
- Gebietsschutz für den Franchise-Nehmer
- Verbot der Aufnahme konkurrierender Produkte durch den Franchise-Nehmer
- Möglichkeit des Abschlusses mehrerer Franchise-Verträge für nicht konkurrierende Produkte
- betriebswirtschaftliche Unterstützung für den Franchise-Nehmer

- Absatzgeldkredit für den Franchise-Nehmer
- Finanzierung der Lagerhaltung durch den Franchise-Geber
- starker Einfluss auf am Auslandsmarkt ansässiges (und bekanntes) Unternehmen durch den Franchise-Geber.

Der Franchise-Geber behält sich insgesamt gesehen beim Franchising eine **weitergehende Kontrolle und Einflussnahme** auf die Produktion, auf die Produktgestaltung, auf die Preisbildung, auf die Werbung und andere Teilbereiche vor als bei der reinen Lizenzvergabe.

Als Voraussetzungen für das Gelingen des Franchising werden oft genannt:

- Es sollte sich um ein charakteristisches Produkt handeln (insbesondere Markenartikel).
- Es sollte ein Gebietsschutz für den Franchise-Nehmer gewährt werden.
- Betriebsausstattung und Lagerhaltung sollten als Absatzgeldkredit durch den Franchise-Geber finanziert werden.

Der **Vorteil** des Franchising kann für den Franchise-Geber vor allem darin gesehen werden, dass er einen relativ starken Einfluss auf die Geschäftspolitik eines rechtlich selbstständigen, am Auslandsmarkt ansässigen (und bekannten) Unternehmens ausüben kann.

Zusammenfassende Beurteilung von Lizenzfertigung und Franchising	
Chancen und Vorteile	**Risiken und Probleme**
► Auslandsmarktkenntnis des L./F.-Nehmers ► keine Transportkosten zum Absatzmarkt ► geringer Kapitaleinsatz für den L./F.-Geber ► Markterschließung durch marktansässigen L./F.-Nehmer ► schnellere Amortisation des Kapitaleinsatzes für Forschung und Entwicklung durch Lizenzgebühren ► Sachinvestitionen durch L./F.-Nehmer ► Umgehung von Handelshemmnissen des Auslandsmarktes ► Risikoteilung zwischen L./F.-Nehmer und L./F.-Geber	► Technologietransfer ► komplexe Vertragsverhandlungen ► Missbrauch der Rechte durch L./F.-Nehmer ► geeignete Partnerwahl ► Imageverlust des L./F.-Gebers bei mangelhafter Qualität der Lizenzprodukte ► Kapitalressourcen des L./F.-Nehmers ► zukünftige Konkurrenzsituation mit L./F.-Nehmer ► Ausgleich des Knowhow-Gefälles zum L./F.-Nehmer durch Schulungen und Personaltransfer ► Steuerungs- und Kapitalbedarf des L./F.-Gebers vor allem in der Aufbauphase ► Gestaltung der Lizenz- bzw. Franchisegebühren ► Rückkaufklausel bei (vorzeitiger) Vertragsbeendigung

2.3 Direktinvestitionen

Direktinvestitionen stellen in vielen Fällen eine besonders gute Ausgangssituation für eine erfolgreiche Stellung im Auslandsmarkt dar, weil sie die umfassendste und intensivste Form der Auslandsmarktdurchdringung erlauben. Damit sind aber auch erheblich größere ökonomische, politische, rechtliche und sozio-kulturelle Risiken verbunden.

Als Direktinvestitionen werden **Kapitalanlagen von Inländern in fremden Wirtschaftsgebieten** bezeichnet, die das Ziel verfolgen, dauerhafte Wirtschaftsverbindungen zu einem Auslandsunternehmen einzugehen, insbesondere durch die Bereitstellung von Technologie, Kapital, Marketingkonzepten und Managementwissen. Dazu zählen im Sinne des Außenwirtschaftsrechts:

- die Errichtung von Unternehmen, Niederlassungen und Betriebstätten
- der Kauf von Unternehmen, Niederlassungen und Betriebstätten
- der Erwerb von Unternehmensbeteiligungen (mind. 10 %)
- die Kreditgewährung an Unternehmen des Inländern bzw. an Unternehmen, an denen er beteiligt ist
- die Erweiterung und Ausstattung der Unternehmen mit Anlagegütern.

Direktinvestitionen können eine alleinige unternehmensbezogene Kapitalanlage bedeuten oder nur eine Beteiligung als **Minderheits-, Gleichheits- oder Mehrheitsbeteiligung**. Je geringer die Minderheitsbeteiligung ist, desto eher stehen (kurzfristige) finanzielle Motive für den Erwerb im Vordergrund wie Kurssteigerung oder Kapitalrendite, sodass von **Portfolio-Investitionen** gesprochen wird. Direktinvestitionen unterstellen jedoch ein langfristiges, dauerhaftes Engagement mit strategischen Motiven, sodass hier vorrangig Alleinengagements oder Mehrheitsbeteiligungen angestrebt werden.

Der Erwerb von Unternehmen oder Unternehmensanteilen wird oft von Investmentbanken arrangiert und als **M&A-Geschäft** (Mergers & Acquisitions) bezeichnet. Erfolgt die Übernahme im gegenseitigen Einvernehmen, wird von einem Friendly Takeover gesprochen; feindliche Übernahmen werden als Unfriendly Takeover bezeichnet.

Da Direktinvestitionen als außenwirtschaftliche Tätigkeit in der Zahlungsbilanz erfasst werden, sind die Jahresendbestände, d. h. die Bilanzsumme der ausländischen Investitionsojekte ab 3 Mio. €, bei der Bundesbank auf den Meldevordrucken K3 bzw. K4 **meldepflichtig** (§ 64 AWV bzw. § 65 AWV).

Die deutschen Direktinvestitionen im Ausland beliefen sich nach der Bestandserhebung der Bundesbank Ende 2012 auf etwa 1,2 Bio. €. Bei einer regionalen Aufteilung zeigt sich, dass der weitaus größte Anteil in andere Industrieländer, vor allem in die USA und die EU-Länder geflossen ist. Begehrte Standorte sind mit weiter zunehmender Bedeutung aber auch China, Russland und Indien sowie die lateinamerikanischen Länder, vor allem Brasilien und Mexiko.

Mittelbare und unmittelbare deutsche Direktinvestitionen im Ausland 2017 (in Mio. €)			
USA	400.509	Ungarn	19.694
Großbritannien	144.997	Australien	19.517
China	81.029	Schweden	19.356
Luxemburg	73.195	Brasilien	19.290
Niederlande	-66.385	Kanada	17.686
Frankreich	42.048	Indien	15.644
Österreich	40.742	Mexiko	14.201
Schweiz	38.803	Singapur	13.502
Italien	34.998	Japan	13.206
Belgien	33.529	Irland	13.200
Polen	32.980	Südkorea	11.671
Spanien	31.250	Türkei	9.325
Tschechische Republik	30.587	Norwegen	8.623
Russische Föderation	20.760	Südafrika	6.652

Quelle: *Deutsche Bundesbank*

Das weltweit attraktivste Anlageland für Direktinvestitionen ist seit langer Zeit die USA. So betrug der Anteil der USA an den **jährlichen, weltweiten Direktinvestitionen** z. B. im Durchschnitt der Jahre 2000 - 2004 nach Angaben des IWF 18,7 %; auf Großbritannien entfielen 9,3 %, auf Frankreich 7,3 %, auf Deutschland 4,5 %, auf Spanien 4,1 %, auf Hongkong 3,3 %, auf China 3,0 %, auf Japan 2,3 %, auf Singapore 1,3 % und auf Russland 0,7 %. Seitdem hat sich ein gewisser Wandel in der zukünftigen Wertschätzung vollzogen. Der World Investment Report der UNCTAD 2019 hat folgendes weltweites Attraktivitätsranking ermittelt: China, USA, Indien, Indonesien, Brasilien, Australien, Großbritannien, Deutschland. Die USA ziehen per Ende 2018 immer noch hohe Direktinvestitionen mit einem Bestand von 7.464 Mrd. US-$ auf sich, gefolgt von China (mit Hong Kong) mit 3.624 Mrd. US-$.

Chinesische Unternehmen haben in den letzten Jahren vielfach europäische und deutsche Unternehmen gekauft. Die Zahl der Unternehmenskäufe oder -beteiligungen chinesischer Unternehmen in Europa lag 2016 knapp über 300 und 2017 bei fast 250. Deutschland hat in diesem Zuge die Prüfschwelle für bestimmte „sicherheitsrelevante" oder „verteidungsrelevante" Übernahmen für das Investitionsprüfrecht von 25 auf 10 % gesenkt (12. Verordnung zur Änderung der Außenwirtschaftsverordnng).

Für viele Unternehmen ist heute eine **Auslandsniederlassung in den wichtigen Auslandsmärkten** besonders erstrebenswert. Das Problem, ob dem Export eine Direktinvestition in bestimmten Ländern vorzuziehen ist, stellt sich grundsätzlich für alle Unternehmen, die einen wesentlichen Teil ihrer Produktion in Auslandsmärkten verkaufen. Manchmal wird der Exporteur zunächst mit einem kleinen Verkaufsbüro beginnen, um dann bei Erfolg Ausstellungsräume, Auslieferungslager und ganze Auslandsniederlassungen folgen zu lassen. In anderen Fällen verlangt die Sicherung des Marktanteils und des Wettbewerbsvorsprungs die sofortige Errichtung einer Auslandsniederlassung. Einige Auslandsinvestoren nutzen auch die Vorteile des Heimatmarktes und des Auslandsmarktes gleichzeitig durch eine Kombination von Export und Direktinvestitionen.

Bei der **Entscheidung Export oder Direktinvestition** sind im Allgemeinen folgende Vor- und Nachteile gegeneinander abzuwägen:

Vorteile von Direktinvestitionen können sein:

- niedrigere Lohn(stück)kosten als in Deutschland
- Präsenz am Absatzmarkt
- Verbesserung der (langfristigen) Wettbewerbsfähigkeit
- Erschließung neuer Absatzmärkte
- positive Einstellung der Auslandsmarktteilnehmer
- vollständige Kontrolle über die Auslandsaktivitäten
- kein Währungsrisiko
- günstige Bezugsquellen insbesondere billigere Rohstoffe
- niedrigere Transportkosten zum Abnehmer
- Steueranreize des Gastlandes
- keine Einfuhrprobleme
- billige Reimporte
- entwicklungspolitisch erwünscht und unter Umständen gefördert
- keine oder geringere Produktionsbeschränkungen aufgrund von rechtlichen Rahmenbedingungen.

Nachteile von Direktinvestitionen können sein:

- hoher Kapitalbedarf
- sehr langfristige Kapitalbindung
- Mangel an qualifizierten Arbeitskräften im Ausland
- geringere Produktivität
- weniger Arbeitsplätze im Inland
- Gewinntransfer wird unter Umständen reglementiert
- politische Risiken im Investitionsland, z. B. Enteignung, Rechtsunsicherheit
- Diskriminierung, wenn das Investitionsland eigene Produktionsstätten errichtet
- Zwang zur Minderheitsbeteiligung aufgrund staatlicher Auflagen, die zur Bevormundung durch das Investitionsland führen können.

Aus den genannten Vor- und Nachteilen lassen sich vier **Motivgruppen** ableiten:

- **absatzorientierte Motive** (z. B. Erschließung neuer Auslandsmärkte, Kundennähe)
- **beschaffungsorientierte Motive** (z. B. sicherer Rohstoffbezug, besserer Technologiezugang)
- **kostenorientierte Motive** (z. B. billigere Arbeitskräfte, günstigere Produktion)
- **umweltorientierte Motive** (z. B. vorteilhafte steuerliche und rechtliche Rahmenbedingungen).

Aus Untersuchungen über die Entscheidungskriterien für deutsche Auslandsinvestitionen geht hervor, dass die absatzorientierten Motive dominieren, die beschaffungsorientierten an Bedeutung verlieren, die kostenorientierten weniger zur vollständigen Verlagerung führen, sondern mehr zur Ergänzung der Unternehmensleistungen sowie zur Produktinnovation, zu verbesserten Produktionsverfahren und Rationalisierungen. Die umweltorientierten Faktoren stellen eine sehr wichtige Ergänzung der absatzorientierten Motive dar, die letztlich die engere Standortwahl entscheiden.

Global Player sind auf zahlreichen Ländermärkten für unterschiedliche unternehmerische Tätigkeiten präsent. Im Sinne einer **internationalen Marketingstrategie** wird es selten bei einer Direktinvestition bleiben, sondern die Durchführung und Kombination von verschiedenen Unternehmensaktivitäten erfolgt jeweils auf den Ländermärkten, die für diese Tätigkeiten am besten geeignet sind.

So können Produktions- und Montagestandorte in besonders kostengünstigen Ländermärkten gewählt werden, Bezugsquellen und Zulieferer in Ländern mit besonderem technischen Knowhow bzw. wichtigen Rohstoffen, Vorprodukten oder Systemteilen. Dienstleistungen insbesondere Finanzdienstleistungen können aus Ländern mit besonders günstigen Rahmenbedingungen bezogen werden und als Absatzmärkte können Länder mit hoher Kaufkraft und Wachstumspotenzial bevorzugt werden.

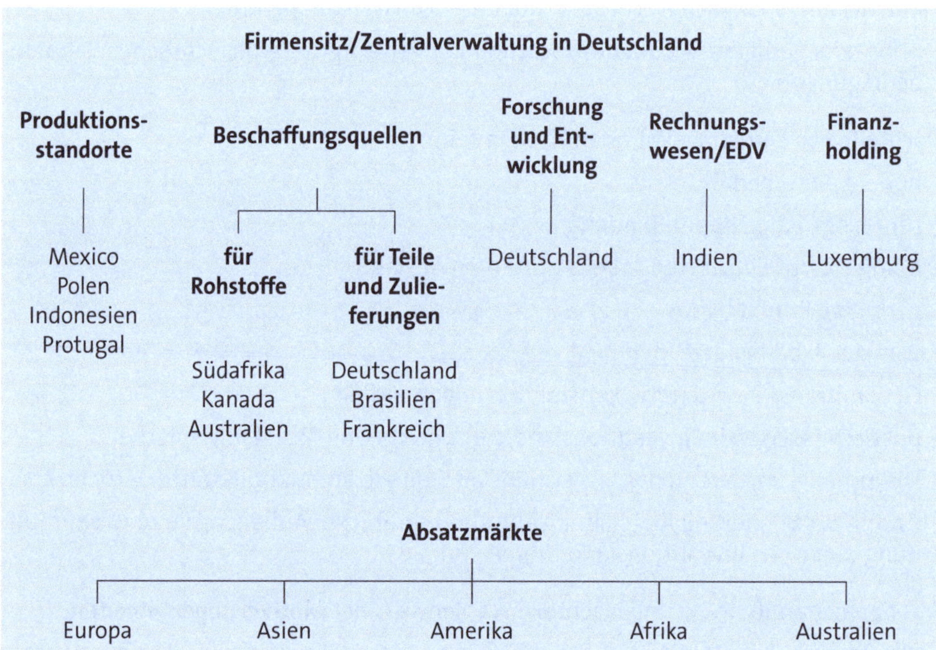

Direktinvestitionen in den jeweiligen Ländermärkten verbessern häufig das Image der Produkte und auch des Unternehmens, weil es sich nun für den Käufer um ein Inlandsprodukt handelt, das er unter Umständen sogar als Arbeitnehmer mitherstellt. Der Aufbau eines speziellen **ländermarktbezogenen Images** kann erheblich zur Produktakzeptanz oder -bevorzugung führen.

Ein besondere Problematik bei Direktinvestitionen ergibt sich aus dem **sozio-kulturellen Umfeld** des Auslandsstandortes und der Zusammensetzung des Personals, da in den meisten Fällen einheimische und ausländische Betriebsangehörige zusammenarbeiten. Der Auswahl des Personals hinsichtlich Fachkompetenz und physischer und psychischer Belastbarkeit sowie seiner zielgerichteten Vorbereitung kommt bei Auslandsengagements deshalb eine hohe Bedeutung zu.

Bei Direktinvestitionen sind auch Aspekte des **Niederlassungsrechts** des jeweiligen Landes und der zu wählenden **Rechtsform** für das Unternehmen zu erwägen. Außerdem werden Rechtsfragen zur Einstellung inländischer und ausländischer Arbeitskräfte, zur Besteuerung und zum Kapital- und Gewinntransfer zu klären sein.

Willkommene Direktinvestitionen werden oft vom dortigen Staat durch **Steuervergünstigungen** gefördert, doch bietet z. B. das deutsche Auslandsinvestitionsgesetz auch eine Steuerbegünstigung für den deutschen Investor, der Verluste aus der Gründungs- und Auslandsphase unter bestimmten Bedingungen bei seinen Inlandseinkünften berücksichtigen kann.

Um eine Besteuerung sowohl im Investitionsland als auch im Heimatland für denselben Steuergegenstand zu vermeiden, bestehen zahlreiche **Doppelbesteuerungsabkommen** zwischen verschiedenen Ländern. Hierin kann beispielsweise vereinbart sein, welche Einkünfte im Quellenstaat und welche im Wohnsitzstaat besteuert werden sollen (Freistellungsmethode), ob eine getrennte Besteuerung erfolgen soll, aber die im Quellenstaat angefallene Steuer auf die Steuerschuld im Wohnsitzstaat angerechnet wird (Anrechnungsmethode), oder dass im Wohnsitzstaat bestimmte günstigere Pauschalsteuersätze gelten sollen.

Deutsche Direktinvestitionen können gegen das **politische Risiko** bei der PWC Price Waterhouse Coopers AG als federführendem Mandatar des Bundes durch eine Bundesgarantie abgesichert werden. Die Garantielaufzeit beträgt 15 - 20 Jahre (siehe hierzu auch Kapitel G.6.2.6).

2.4 Kooperationen

Bei Kooperationen erfolgt ein **Zusammenschluss wirtschaftlich und rechtlich selbstständiger Unternehmen** meistens in langfristig angelegten **strategischen Allianzen**, bei denen die Kooperationspartner zur Stärkung ihrer Wettbewerbsfähigkeit auf Auslandsmärkten

- **Synergieeffekte erschließen**
- **Risiken teilen** und/oder
- die eigenen **Ressourcen verbreitern** wollen.

Strategische Allianzen sind einzelne oder mehrere Geschäftsfelder umfassende Kooperationen von i. d. R. mehreren Unternehmen in partnerschaftlicher Zusammenarbeit bei möglichst großer Flexibilität und Unabhängigkeit des Einzelnen. Kapitalmäßige

Verflechtungen sind nicht erforderlich aber möglich. Die Unternehmensidentität bleibt erhalten, sodass die Identifikation der Mitarbeiter nicht beeinträchtigt wird.

Grundsätzlich lassen sich vier **Kooperationsformen** unterscheiden:

Horizontale Kooperation	**Bei Unternehmen gleicher Produktionsstufe und Branche, z. B.:** ► Mehrere Fluggesellschaften bedienen gemeinsam Flugrouten. ► Zwei Pharmaunternehmen betreiben gemeinsam ein Forschungslabor.
Vertikale Kooperation	**Bei Unternehmen unterschiedlicher Produktionsstufe, aber meist gleicher Branche, z. B.:** ► Mehrere Unternehmen der Auto(Zulieferer)branche entwickeln, produzieren und montieren Systemteile. ► Ein Modedesigner beschränkt sich auf seine Kernkompetenzen im Entwurf und überlässt die Fertigung und Vermarktung Dritten.
Komplementäre Kooperation	**Bei Unternehmen mit sich ergänzenden Produkten auf gleichen Auslandsmärkten, z. B.:** ► gemeinsame Nutzung von Ausstellungsräumen, Lägern oder Vertriebskanälen durch Unternehmen, die unterschiedliche Produkte einer Branche herstellen ► Huckepack-Export, bei dem ein Hersteller von Schuhpflegemitteln eine Exportkooperation mit einem großen Schuhfabrikanten eingeht
Heterogene Kooperation	**Bei verschiedenartigen Unternehmen mit gleich strukturierter Interessenlage, z. B.:** ► Arbeitsgemeinschaft mehrerer Unternehmen zur Erstellung eines größeren Industrieprojekts oder einer Hotelanlage ► Importgemeinschaft verschiedener Hersteller für einen Rohstoff

Kooperationen sind Zusammenschlüsse von Unternehmen zur gemeinsamen Durchführung von Groß- und Daueraufträgen im Ausland, zur gemeinschaftlichen oder ergänzenden Übernahme von Außenhandelsfunktionen bzw. betrieblichen Tätigkeiten oder zur Führung eines Gemeinschaftsunternehmens in einem der beiden Länder oder auch in einem Drittland.

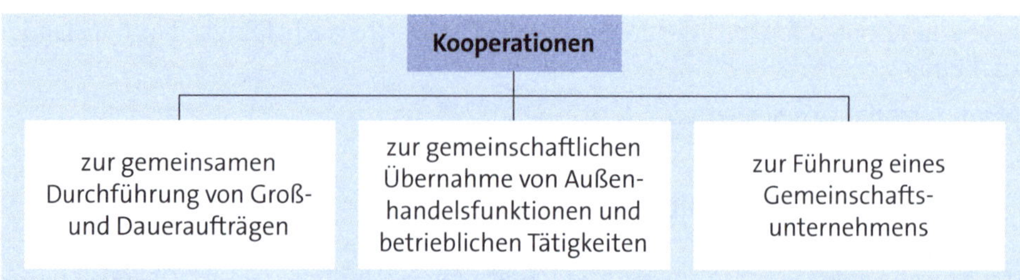

Bei der **Ausführung von Groß- und Daueraufträgen** kann ein gemeinsames Angebot, oft im Rahmen einer Arbeitsgemeinschaft, gerade bei mittelständischen Unternehmen erst den Weg zur Konkurrenzfähigkeit öffnen. Eine aussichtsreiche Teilnahme an einer Ausschreibung setzt für mittlere Unternehmen entweder Kooperation mit ergänzenden Leistungen anderer Unternehmen oder die Anlehnung an ein Großunternehmen voraus. Die Stärke einer solchen Arbeitsgemeinschaft liegt dann in der Spezialisierung des einzelnen auf bestimmte Teilleistungen bei gemeinsamer oder auch ausgegliederter Gesamtplanung. Auch ermöglicht die Kooperation oftmals erst die vom Investitionsland geforderte Beteiligung einheimischer Unternehmen.

Eine **Ausschreibung (Tender)** ist die Veröffentlichung eines eigenen Beschaffungsbedarfs verbunden mit der Aufforderung an interessierte Unternehmen, ein Angebot zu unterbreiten. Als Ausschreibungsverfahren sind zu nennen:

Offene Ausschreibung	Es können sich im Submissionsverfahren alle interessierten Anbieter beteiligen.
Ausschreibung mit Vorqualifikation	Es können sich nur Anbieter beteiligen, die sich bereits in einer Vorauswahl (z. B. in Form von Referenzen über früher ausgeführte ähnliche Aufträge) qualifiziert haben.
Ausschreibung mit Beschränkung auf registrierte Unternehmen	Es können sich nur bereits bekannte Anbieter beteiligen, die dann unmittelbar vom Auftraggeber zur Angebotsabgabe aufgefordert werden.

Bei Groß- und Daueraufträgen erfolgt der Vertragsabschluss oft nach einer offenen Ausschreibung im **Submissionsverfahren**. Bei diesem Verfahren werden entweder auf direktem Wege einschlägige Unternehmen zur Abgabe eines Angebots aufgefordert oder auf indirektem Wege über Anzeigen in Tages- oder Fachzeitschriften, über Handelskammern, Germany Trade and Invest oder die Verbände. Ausschreibungen werden überwiegend von staatlichen Institutionen vorgenommen aber manchmal auch von privaten Unternehmen zur Erreichung eines breiten Angebots mit guter Vergleichsmöglichkeit. Wesentlicher Inhalt des Angebots ist deshalb ein umfassendes Leistungsverzeichnis mit Angaben vor allem über Liefertermine, technische Leistungsfähigkeit, Herstellungsland sowie Einzel- und Gesamtpreis, um die Vergleichbarkeit zu gewährleisten. Insbesondere Ausschreibungen mit Vorqualifikation und Beschränkung auf registrierte Unternehmen werden heute auch über elektronische Plattformen durchgeführt.

Von manchen Unternehmen wird statt eines verbindlichen Angebots nur eine **Absichtserklärung** (Letter of Intent) abgegeben, aus der jedoch kein Rechtsanspruch abzuleiten ist. Dies ist am ehesten zu erwarten, wenn mit einem längeren Entscheidungsprozess beim Ausschreibenden zu rechnen ist, und der Anbieter hinsichtlich Preis, Währung und Modalitäten flexibel bleiben möchte.

Bei Großprojekten kann auch erst ein **Vorvertrag** (Letter of Understanding) zwischen den Vertragspartnern geschlossen werden. Der endgültige Vertragsabschluss wird hier dann meist von einem bestimmten Umstand oder einer Zustimmungsfrist für die jeweiligen Gremien abhängig gemacht.

In vielen Fällen erhält ohne weitere Rücksprache derjenige Ausschreibungsteilnehmer den Zuschlag, der aufgrund des einheitlichen Leistungsverzeichnisses das günstigste Angebot abgegeben hat. Manchmal besteht aber auch eine schriftliche Nachbesserungsmöglichkeit, zu der alle Bieter aufgefordert werden, die die Anforderungen erfüllen. Dieses kann unter Umständen mehrmals wiederholt werden, bis entweder der Ausschreibende ein Angebot annimmt, oder niemand mehr zu weiteren Preissenkungen bereit ist.

Öffentliche Ausschreibungen auf dem **EU-Binnenmarkt** sind inzwischen weitgehend liberalisiert, sodass diese Auftraggeber i. d. R. verpflichtet sind, unter Verwendung von EU-Normen gemeinschaftsweit bzw. international auszuschreiben. Den Zuschlag soll das wirtschaftlichste oder billigste Angebot erhalten. Die vergebenen Aufträge sind nachträglich zu veröffentlichen. Dadurch wird dieser nicht unbeträchtliche Markt allen in der EU ansässigen Unternehmen zugänglich und transparenter, wird aber auch durch mehr Wettbewerb gekennzeichnet sein.

Um dem Ausschreibenden eine gewisse Sicherheit zu geben und die Ausführbarkeit des Auftrages sowie die Leistungsbereitschaft des Anbieters zu unterstreichen, werden bei Ausschreibungen üblicherweise **Bietungsgarantien** verlangt, durch die sich i. d. R. eine Bank verpflichtet, den Schadensersatz zu tragen, wenn der Bieter nicht mehr zu seinem Angebot steht (siehe auch Kapitel I.5.4.1).

Bei der Formulierung von **Gesamtverträgen** bei Kooperationen wird empfohlen, trotz der gemeinsamen Gesamtleistung für jede Einzelleistung ein besonderes Vertragskapitel zu verfassen, um die Haftung von Planungsbüros, Ingenieurbüros, Baufirmen, Maschinenlieferanten usw. nicht zu verwischen. Alle gemeinsam verbindlichen Passagen können vorangestellt werden. Treten Mängel auf, hat der Generalunternehmer die Beseitigung zu veranlassen.

Um für derartige Verträge eine allgemeine Basis zu haben, hat die UN-Wirtschaftskommission einen **„Leitfaden für die Abfassung von Verträgen über die Erstellung von großen Industrie-Anlagen"** veröffentlicht. Bei der Formulierung haben Vertreter aus vielen Ländern teilgenommen, sodass nicht zuletzt deshalb der Leitfaden zunehmend an Bedeutung gewonnen hat. Er hat das Ziel, bei der Abfassung dieser komplizierten Verträge, die häufig eine Vielzahl von Beteiligten aufweist, Empfehlungen zu geben. Aufgrund der vielschichtigen technischen, finanziellen, wirtschaftlichen und rechtlichen Probleme wird empfohlen, auf folgende Bereiche klar und detailliert einzugehen:

1. Lieferfristen
2. Preisgestaltung und Preisklauseln
3. Währung bzw. Kursrelationen
4. Zahlungsbedingungen und Kreditbedingungen
5. Haftung und Gewährleistung

6. Kündigung und ihre Folgen; Folgen der Nichterfüllung
7. Vertragsstrafe
8. Rechtsanwendung und Beilegung von Streitigkeiten
9. Verbindliche Sprachregelung
10. Qualitätsprüfung.

Kooperative Zusammenschlüsse im Außenhandel dienen in anderen Fällen auch der **Ausgliederung der Export- oder Importfunktion**, um z. B. entweder beim Import als Großabnehmer eine bessere Verhandlungsposition zu erreichen oder beim Export ein gemeinsames Distributionsnetz benutzen zu können. Der Umfang der Ausgliederung der Außenhandelsfunktion bzw. der gemeinsamen Nutzung von Außenhandelsorganisationsformen kann sehr unterschiedlich sein und sich manchmal nur auf die Export-/Importvorbereitung, wie insbesondere die Markterkundung und Kontaktanbahnung, beschränken. In anderen Fällen kann die Kooperation sich darüber hinaus auch auf die Geschäftsabwicklung, wie Angebotsabgabe bzw. -einholung, auf die gemeinsame Preisgestaltung und auch auf die gemeinschaftliche Lagerhaltung, Transportmittelbeschaffung und die Auslieferung der Ware erstrecken.

Neben bestimmten Außenhandelsfunktionen können auch sonstige betriebliche Tätigkeiten ausgegliedert oder auf andere übertragen werden, um sich verstärkt auf die eigenen **Kernkompetenzen** zu konzentrieren. So lassen sich insbesondere Fertigungsbereiche auf andere Unternehmen/Zulieferer verlagern oder Forschungs- und Entwicklungsaktivitäten zur Risikominderung zusammenfassen.

Die **Vorteile** einer Kooperation bei gemeinschaftlicher Übernahme von Außenhandelsfunktionen und anderen betrieblichen Tätigkeiten liegen vor allem

- in der verbesserten, kostengünstigeren Distribution oder Beschaffung
- in der Aufhebung der zwischenbetrieblichen Konkurrenz
- in der Verminderung der Außenhandelsrisiken
- in der Pflege des Direktkontaktes mit dem ausländischen Partner
- in der Schaffung eines Einstiegs ins Auslandsgeschäft.

Als **nachteilig** können sich allerdings erweisen:

- abnehmende Autonomie bei Entscheidungen
- Identitätsverlust des einzelnen Unternehmens
- ungeeignete Partnerwahl.

Im Außenhandel sind manchmal nicht nur **Exportgemeinschaften** sondern auch **Exportkartelle** anzutreffen. Der Übergang von einer Exportgemeinschaft zum Exportkartell ist fließend. Exportkartelle beabsichtigen, den Auslandsmarkt unter Ausschaltung des Wettbewerbs untereinander, Zuteilung von Exportquoten und Festlegung von Verkaufsbedingungen maßgeblich zu beeinflussen. Sofern sie nur der Regelung des

Wettbewerbs im Auslandsmarkt dienen sollen, benötigen sie keine Erlaubnis des Kartellamtes des Heimatlandes, können aber auf Ablehnung im Importland stoßen.

Ebenso stellen **Joint Ventures** (Gemeinschaftsunternehmen) eine Kooperationsform dar. Nur handelt es sich hier selten um ein gemeinsames Auftreten inländischer Unternehmen auf dem Auslandsmarkt, sondern meistens um den Zusammenschluss zweier selbstständiger Unternehmen aus zwei Ländern im Hinblick auf die **gemeinsame Führung eines Unternehmens**, meistens in dem Land des einen Partners. Hierbei sind Mehrheitsbeteiligungen, Minderheitsbeteiligungen und Gleichheitsbeteiligungen zu unterscheiden.

Direktinvestitionen unterscheiden sich von Joint Ventures i. d. R. durch ihr alleiniges Engagement auf dem Auslandsmarkt ohne dortige Beteiligung, doch sind hier die Grenzen fließend.

Bei Joint Ventures können in vielen Fällen die jeweilige Unternehmensphilosophie und der Führungsstil besonders problematisch sein, Gegebenheiten, die nicht selten den langfristigen gemeinsamen Erfolg infrage stellen können. Das **Konfliktpotenzial** bei solchen Kooperationen kann beachtlich sein und sich vor allem auf folgende Bereiche erstrecken:

- **Zielkonflikte** wie z. B. Gewinnverwendung, Geschäftspartner, Marktbearbeitung, Produktauswahl oder Einkauf
- **Verhaltenskonflikte** wie z. B. Führungsstil, Planungsgewohnheiten, Entscheidungshierarchien oder Motivation
- **kulturelle Konflikte** wie z. B. Mitarbeiterzusammensetzung, Religionszugehörigkeit oder Geschlecht.

Vorteile versprechen sich die Kooperationspartner vor allem von folgenden Tatbeständen und Erwartungen:

- billige Arbeitskräfte im Land A
- Steigerung der Produktivität im Land A durch technisches Knowhow aus Land B
- Zugang zum Auslandsmarkt im Land A durch Land B
- Erzielung der Marktfähigkeit der Produkte aus dem Land A im Land B und auf Drittmärkten (sog. Brückenkopffunktion)
- geringerer Kapitalbedarf und Teilung der finanziellen Risiken
- geringes politisches Risiko durch Beteiligung beider Länder
- keine zollmäßige und steuerliche Diskriminierung.

Insgesamt gesehen wird die **Kompatibilität der Partner** eines Joint Ventures umso größer sein je gleichartiger

- die Kooperationskultur
- die Risikoverteilung

- das Engagement
- die Leistungsfähigkeit
- die Organisationsstrukturen
- der Kapitaleinsatz
- die strategischen Zielvorstellungen sind.

2.5 Kompensationsgeschäfte

Kompensationsgeschäfte sind Gegenseitigkeitsgeschäfte, bei denen in unterschiedlichen Variationen der Importeur als Gegenleistung für die Exportlieferung anstelle der geldmäßigen Bezahlung ebenfalls eine Warenlieferung oder Dienstleistung vornimmt.

Die anzutreffenden **Erscheinungsformen** sind sehr vielseitig, um sich den individuellen Bedürfnissen möglichst anzupassen. So können die Warenlieferungen direkt zwischen den beiden Handelspartnern oder unter Einbeziehung weiterer Akteure oder auch über mehrere Handelspartner in Ringgeschäften oder Dreiecksgeschäften gleichzeitig oder zeitlich verschoben, konkretisiert oder beziehungslos abgewickelt werden. Weiterhin werden eher kurzfristige Handelskompensationen, vorrangig langfristige Industriekompensationen sowie Finanzkompensationen unterschieden.

Als typische Erscheinungsformen lassen sich folgende Arten von Kompensationsgeschäften nennen:

- Bei reinen **Tauschgeschäften (Bartergeschäft)** wird in einem einzigen Vertrag Ware gegen Ware vereinbart. Es erfolgen keine Geldbewegungen.

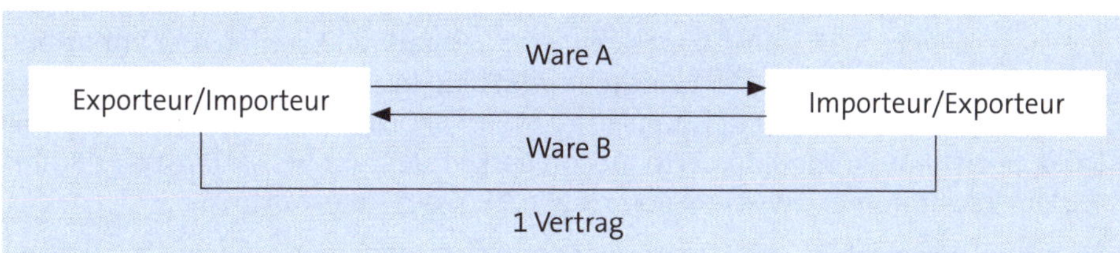

- Bei **Gegengeschäften** wird die gegenseitige Lieferung in Geld bewertet. Entsprechen sich die Lieferwerte, liegt Vollkompensation vor sonst Teilkompensation. Es gibt auch hier immer nur einen Vertrag.

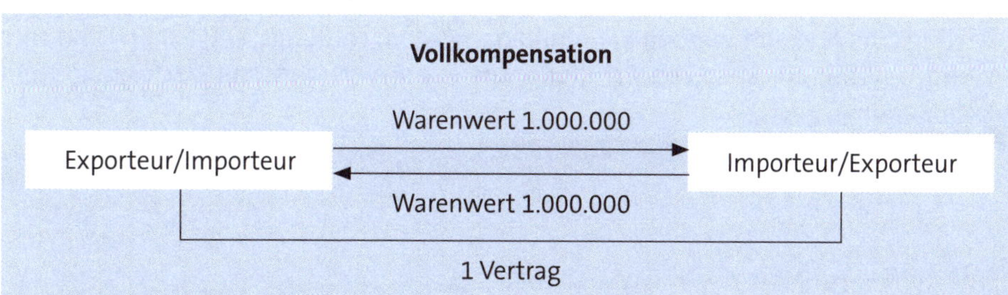

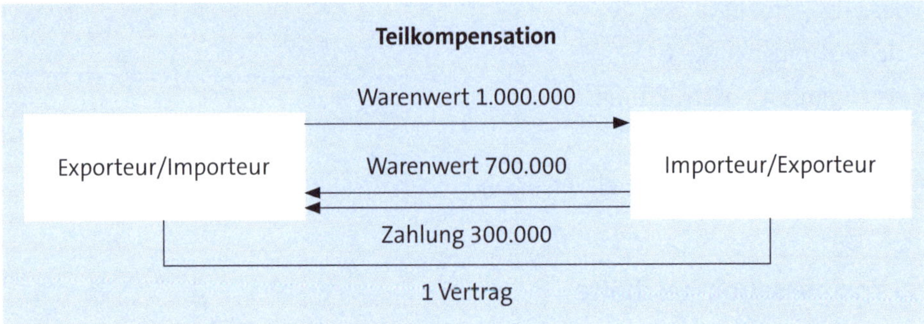

- Bei **Parallelgeschäften** verpflichtet sich der Exporteur in einem gesonderten Vertrag, Waren vom Importeur zu kaufen. In manchen Fällen wird diese Abnahmeverpflichtung des Exporteurs jedoch nicht auf bestimmte Waren oder einen Importeur beschränkt, sondern bezieht sich auf alle Waren oder zumindest Warengruppen des Importlandes. Die Abnahmeverpflichtung muss innerhalb einer bestimmten Frist erfüllt werden und ist i. d. R. veräußerbar.

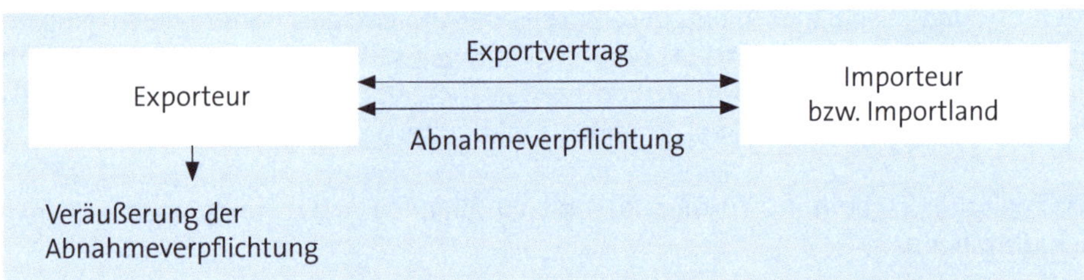

Besonders bei Parallelgeschäften werden zur besseren Unterbringung der Abnahmeverpflichtung am Markt oft spezielle Handelshäuser tätig, die zwischen Exporteuren, die diese Waren nicht selbst benötigen oder vermarkten können, und Importeuren solcher Waren vermitteln. Der Exporteur zahlt dem Importeur eine Provision, die sog. **Stützung**, von der das Handelshaus bis 10 % erhält. Die Stützung schwankt je nach Land, beziehbarer Produktpalette, Absetzbarkeit der Kompensationsware und Abwicklungszeiträumen zwischen etwa 3 und 18 % des Lieferwertes.

- Beim **Junktimgeschäft** verrechnet der Exporteur seine übertragungsfähige Abnahmeverpflichtung gegenüber dem Importland unmittelbar mit einem anderen Importeur, der Waren aus diesem Importland bereits bezogen hat bzw. beziehen will. Häufig erfolgen die Vereinbarungen zum gleichen Zeitpunkt im gegenseitigen Einvernehmen aber mit unterschiedlichen Lieferungsterminen, sodass auch der Importvertrag zuerst erfüllt werden kann und damit dem zahlungsschwachen Land rechtzeitig Devisen zur späteren Erfüllung des Exportvertrages zur Verfügung stehen können.

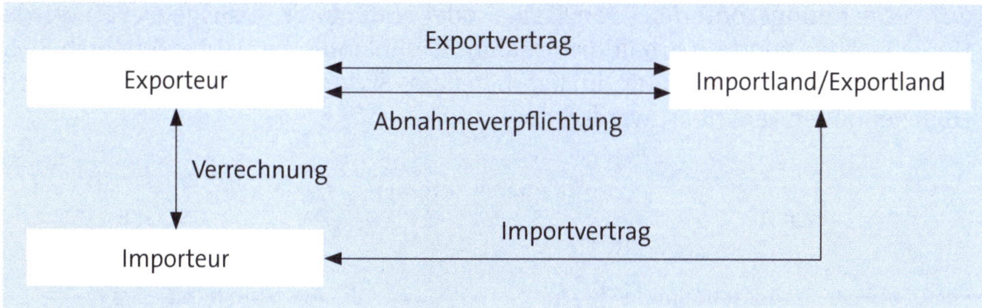

- Beim **Rückkaufgeschäft**, i. d. R. bezogen auf Industrieanlagen, Lizenzen oder Produktionsmittel, erfolgt die Bezahlung langfristig über die mit diesen Investitionsgütern hergestellten Waren.

  Für die Finanzierung derartiger Geschäfte wird häufig eine Bank eingeschaltet. Die Absicherung des wirtschaftlichen und politischen Risikos kann eine **Ausfuhrkreditversicherung** übernehmen.

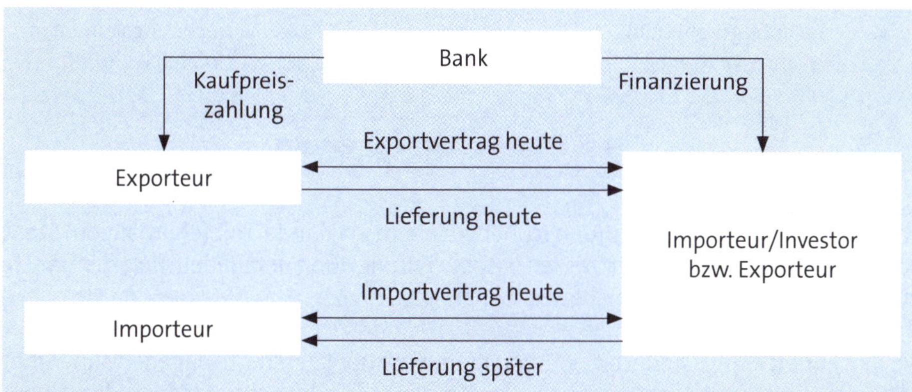

- Bei **Offsetgeschäften** verpflichtet sich der Exporteur meistens im Zusammenhang mit staatlichen Aufträgen Teilfertigungen bzw. Teillieferungen oder Unteraufträge von Unternehmen des Auftragslandes ausführen zu lassen. Die Aufträge des Exporteurs müssen dabei nicht immer projektbezogen sein.

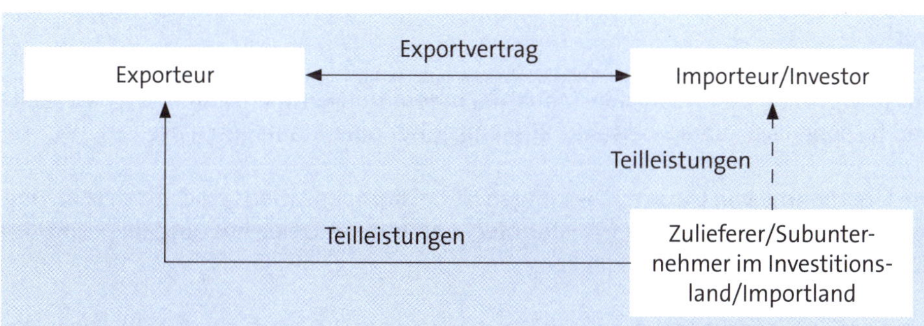

- Bei **Clearinggeschäften** werden staatliche Rahmenvereinbarungen getroffen, innerhalb derer Unternehmen beider Länder individuelle Geschäfte tätigen können, die auf Verrechnungskonten bei den Staats- oder Notenbanken ausgeglichen werden. Der jeweilige Exporteur erhält die Bezahlung in inländischer Währung durch Belastung der Verrechnungskonten. Im Rahmen eines Swing können befristete einseitige Überziehungen vereinbart werden.

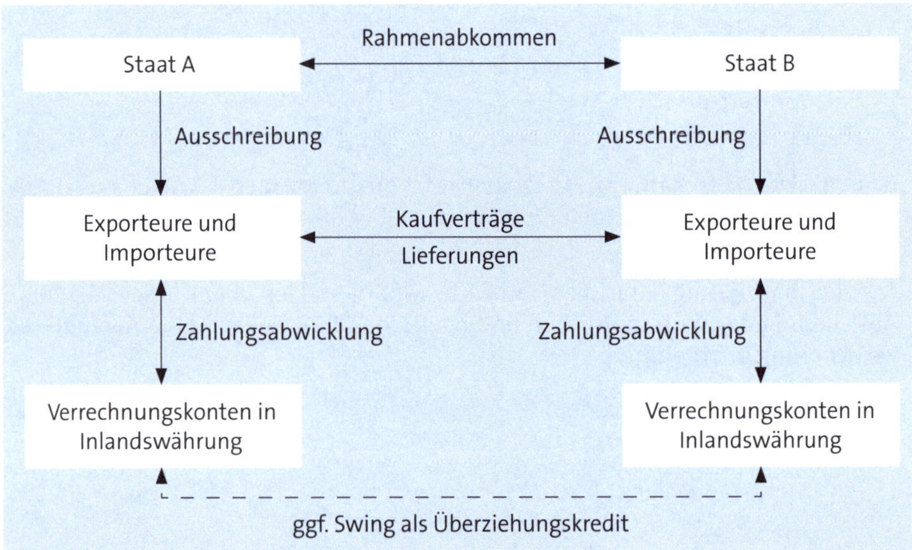

Kompensationsgeschäfte wurden früher vor allem im Handel mit (ehemaligen) **Staatshandelsländern** durchgeführt, deren weitere Entwicklung und Bedeutung für manches dieser Länder zurzeit noch nicht abzusehen ist.

Bei den **Entwicklungsländern** gewinnen Kompensationsgeschäfte dagegen zunehmend an Bedeutung. Da die Importmöglichkeiten dieser Länder sehr stark von den eigenen Exporten abhängen, werden die Marktchancen deutscher Exporteure dort zunehmend von der Bereitschaft bzw. Fähigkeit abhängen, die Waren dieser Entwicklungsländer selbst abzunehmen bzw. weiterzuveräußern. Aus dem Kompensationsgeschäft kann so für den deutschen Exporteur auch ein Transithandelsgeschäft werden. Auch im Handel unter Entwicklungsländern besitzen Kompensationsgeschäfte keinen geringen Stellenwert.

Im Handel unter den westlichen Industrieländern sind Kompensationsgeschäfte selten und beziehen sich dann meist auf Rüstungsgüter oder Staatsgeschäfte.

Die Übernahme von **Hermes-Deckungen** ist bei Kompensationsgeschäften sehr eingeschränkt, da Gegenstand der Ausfuhrdeckung nur die Geldforderung des Exporteurs aus der Lieferung/Leistung sein kann.

Der Anteil der Kompensationsgeschäfte wird von der WTO auf etwa 10 - 20 % des Welthandels geschätzt. Dieser hohe Wert ergibt sich vor allem daraus, dass viele Kompensationsgeschäfte statistisch als Export und Import erfasst werden, ohne den wirtschaftlichen Zusammenhang zu erkennen. Obwohl diese Form des Außenhandels oft negativ eingestuft wird und als wirtschaftlicher Rückschritt bezeichnet wird, ist aufgrund der hohen Schuldenlast vieler Länder und protektionistischer Maßnahmen eher mit einem weiteren Zuwachs zu rechnen.

Als **Anlässe für Kompensationsgeschäfte** lassen sich für die Teilnehmer vor allem nennen:

Anlässe für Kompensationsgeschäfte
▸ **volkswirtschaftliche Motive** wie Zahlungsbilanzausgleich, Devisenknappheit, Probleme beim Schuldendienst
▸ **beschaffungsorientierte Motive** wie Technologietransfer z. B. im Explorationsgeschäft oder Bezugsquellensicherung
▸ **absatzpolitische Motive** wie Markteintritt, Ausgleich der Handelsströme, Absatzförderung
▸ **wirtschaftspolitische Motive** wie Förderung der heimischen Unternehmen, Beschäftigungssicherung, Umgehung von Handelshemmnissen
▸ **politische Motive** wie Entwicklungshilfe.

2.6 Auslandsprojektgesellschaften

Auslandsprojektgesellschaften sind wirtschaftlich und rechtlich selbstständige Einheiten im Ausland, die von einer unterschiedlich zusammengesetzten Interessentengruppe, dem **Betreiberkonsortium**, geplant, errichtet, finanziert und auf den Absatzmarkt vorbereitet werden.

Die Auslandsprojektgesellschaft hat ihr Ziel i. d. R. erreicht, wenn sie nach einer gewissen Anlaufphase in der Lage ist, ihren **Kapitaldienst aus der eigenen Leistungsfähigkeit** ohne Haftung Dritter oder des Betreiberkonsortiums zu tragen. Es können sich dann ein Verkauf, ein Gang an die Börse oder eine Kooperation anschließen.

Nicht selten übernimmt auch eine staatliche Institution nach Ablauf einer langfristigen Konzessionszeit die Projektgesellschaft gegen Zahlung eines vertraglich geregelten Kaufpreises, wie z. B. beim **BOT-Modell** (Build-Own/Operate-Transfer).

Gegenstand von Projektgesellschaften können grundsätzlich alle Arten von Großanlagen sein, sei es zur Rohstoffexploration, zur industriellen Produktion, im Dienstleistungssektor oder im Rahmen von Maßnahmen zur Verbesserung der Infrastruktur.

Dem Betreiberkonsortium können je nach Art, Umfang und Investitionsland angehören:

- die **Projektinitiatoren:** sie gründen die Projektgesellschaft und haften bis zur Fertigstellung
- die **Lieferanten des Exportlandes:** sie erstellen das Projekt und müssen sich ggf. an der Projektgesellschaft beteiligen

- die **Abnehmer:** sie gewährleisten durch vertragliche Abnahmemengen, Mindestpreise und Laufzeiten die Kapazitätsauslastung bzw. Wirtschaftlichkeit des Projekts
- die **Finanzierungsinstitute:** sie prüfen das Investitionsrisiko im Investitionsland, erstellen Rentabilitätsanalysen und beschaffen von nationalen und internationalen Finanzmärkten die Kreditpalette
- die **Versicherungen:** sie decken als private oder staatliche Kreditversicherer das wirtschaftliche und/oder politische Risiko im Investitionsland bzw. für die Exportlieferungen
- **sonstige Interessenten** wie Rohstofflieferanten, Consultingfirmen, Unternehmen/Institutionen des Investitionslandes oder der Projektkäufer.

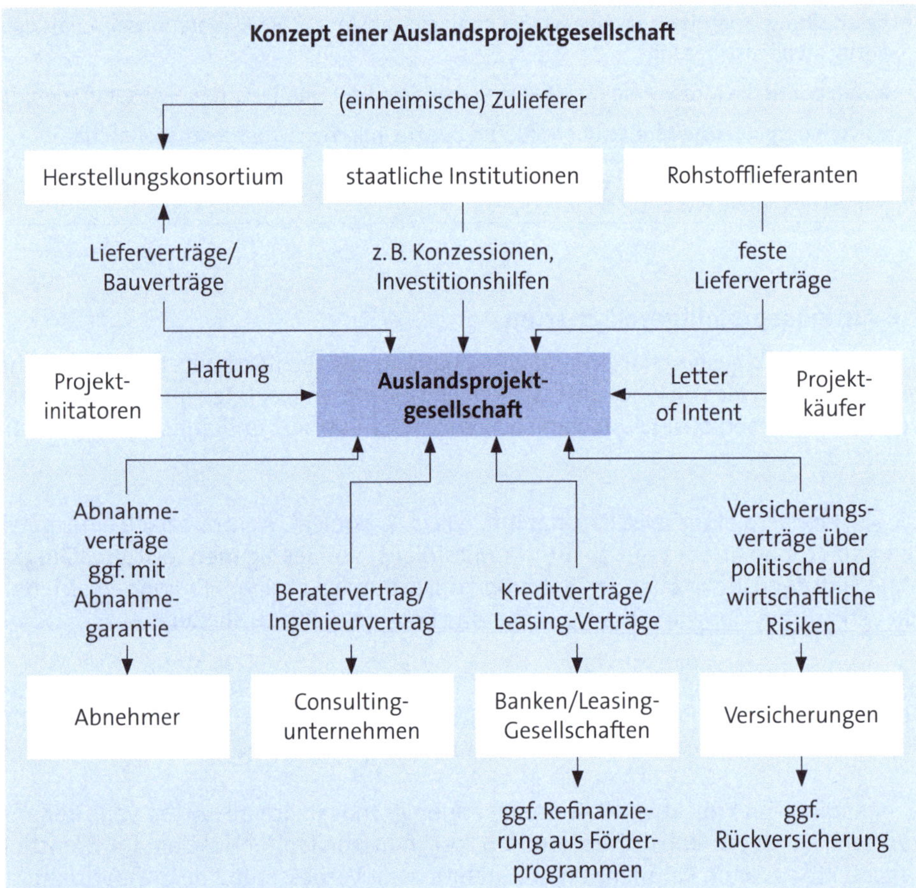

Da die Projektrealisierung letztlich vom effizienten Zusammenwirken aller Beteiligten am Betriebskonsortium abhängt, sollten Leistungsverzögerungen oder -verweigerung mit hohen Vertragsstrafen belegt werden. Die Projektrisiken sind auch dann recht erheblich und erfordern ein gutes **Risikomanagement**, das sich vor allem auf folgende Bereiche erstreckt:

- **Planungsrisiko** → Minderung durch ausführliche Durchleuchtung der Vorprojektphase durch Opportunitäts- und Feasibility-Studien, um durch Vergleich von Projektalternativen und Analyse aller technischen und wirtschaftlichen Faktoren zur erwarteten Kapitalrentabilität zu gelangen. Ein optimales Zusammenwirken von insbesondere Consultingfirmen und Finanzierungsinstituten ermöglicht die Erstellung von elastischen Cashflow- und Rentabilitätsprognosen unter Berücksichtigung diverser Störfaktoren.
- **Fertigstellungsrisiko/Kostenrisiko** → Minderung durch internationale Ausschreibung des Projektes, Angebotsvergleiche, detaillierte Vertragsgestaltung mit Festpreisvereinbarung, Lieferzeiten, Vertragsstrafen, festen Währungskursen und/oder Performancegarantie.
- **Marktrisiko** → Minderung durch längerfristige Abnahmevereinbarungen, Marktanalysen, Aufbau oder Sicherung von Vertriebswegen.
- **Betreiberrisiko** → Minderung durch Personalauswahl und -schulung, Bereitstellung des Management-Knowhow, bewährte Verfahrenstechnik, Sicherung der Bezugsquellen und Beschaffungswege.
- **Finanzierungsrisiko** → Minderung durch **Financial Engineering** vom frühesten Projektstadium an, d. h. vor allem durch Kenntnis aller einsetzbaren Finanzierungsarten, ihrer Konditionen und Abwicklungstechnik; Kontakt zu den Finanzierungsinstituten bzw. Finanzmärkten; Fähigkeit zur Erstellung und Beurteilung von Finanzierungskonzepten und Rentabilitätsanalysen; Auswahl, Zuordnung und Bewertung der Sicherheiten; Kenntnis und Berücksichtigung der rechtlichen und politischen Rahmenbedingungen und Finanzierungshilfen.
- **Politisches Risiko** → Minderung durch rechtzeitige staatliche Genehmigungen bzw. Mitwirkung; Abschluss einer Kreditversicherung.

Die Erstellung von Großanlagen unterschiedlicher Art und der Export von Investitionsgütern eröffnen aufgrund der Struktur des deutschen Außenhandels auch weiterhin ein zukunftsträchtiges Gebiet, bei dem umfassende Zusammenarbeit der Beteiligten sowie detaillierte Projektstudien erforderlich sind. Projektmanagement und Projektfinanzierung sind dabei zunehmend international zu sehen und entscheiden aufgrund ihrer Bonität letztlich über die Erteilung des Auftrags und über die Durchführbarkeit und Rentabilität des Projekts.

Bei der Finanzierung von Auslandsprojektgesellschaften können auch staatliche Finanzierungsprogramme (z. B. der KfW) und Risikoabsicherungen (z. B. Hermes-Deckungen) zum Einsatz kommen. Dabei sind ggf. die **OECD-Konsensusvorschriften** für Projektfinanzierungen zu beachten (siehe Kapitel J.3.4).

3. Handelsmittler im Außenhandel

Für viele Unternehmen ist der Aufbau eines eigenen Distributionsnetzes, der Anschluss an eine Außenhandelsgemeinschaft, die Errichtung von eigenen Einkaufsstellen oder ähnlichen Distributions- oder Einkaufsalternativen auf dem gesamten Weltmarkt nicht durchführbar. Neben den Möglichkeiten des indirekten Exports oder Imports bietet sich hier der Einsatz von speziellen Handelsmittlern an, die im Unterschied zum Außenhandelsunternehmen keine selbstständige Handelsstufe (z. B. Großhandel) darstellen, sondern je nach Vertragsgestaltung eine mehr oder weniger feste Bindung an den Auftraggeber haben.

Handelsmittler im Außenhandel sind:

- der Auslandsagent (Außenhandelsvertreter)
- der CIF-Agent
- der Handelsmakler
- der Einkaufs- bzw. Importkommissionär
- der Verkaufs- bzw. Exportkommissionär.

3.1 Auslandsagent

Der Auslandsagent ist ein rechtlich selbstständiger Gewerbetreibender im Außenhandel, der ständig für ein anderes Unternehmen Geschäfte vermittelt oder abschließt und somit **in fremdem Namen und für fremde Rechnung** tätig wird (§ 84 HGB). Die Selbstständigkeit des Auslandsagenten liegt in der weitgehend freien Gestaltung seiner Tätigkeit.

Der Aufgabenbereich eines Auslandsagenten kann je nach Interessenlage unterschiedlich groß sein und von einer Vermittlerrolle zwischen Lieferant und Abnehmer bis hin zur General- bzw. Alleinvertretung reichen. Im ersten Fall wird der Auslandsagent nur als **Vermittlungsagent** tätig, sodass das Geschäft erst mit der Zustimmung des Unternehmens rechtswirksam wird; im zweiten Fall dagegen ist er ein **Abschlussagent**, sodass der Geschäftsabschluss für das Unternehmen sofort bindend wird.

Besonders im direkten Export nimmt der Auslandsagent eine wichtige Stellung ein, wenn er als **Distributionsorgan im Auslandsmarkt** tätig ist. Er schließt dann die Verträge zu den vom Exporteur festgelegten Bedingungen in dessen Namen und für dessen Rechnung mit den ihm gut bekannten Abnehmern. Dabei können Auslandsagenturen auch von juristischen Personen wahrgenommen werden.

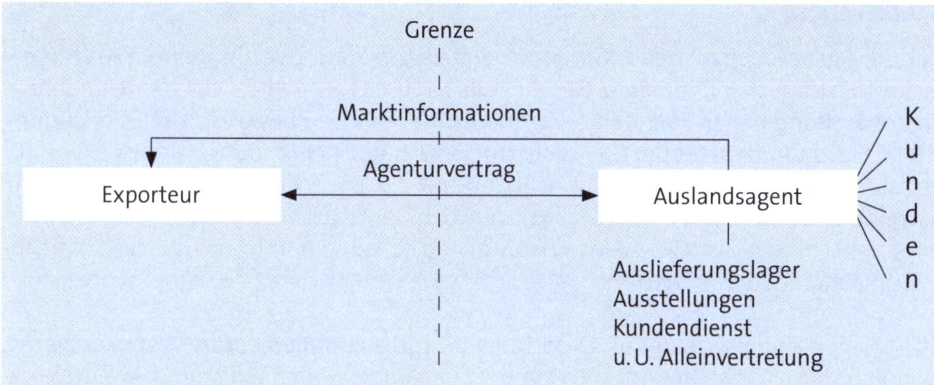

Der Abschluss eines Agenturvertrages ist nicht genehmigungspflichtig im Sinne des Außenwirtschaftsrechts. Doch sind die Meldevorschriften z. B. im Zahlungsverkehr bei Provisionszahlungen zu beachten.

Je nach Dauer und Art der Auslandsvertretung können vom Auslandsagenten vor allem folgende **Aufgaben** übernommen werden:

- Geschäftsabschlüsse im vereinbarten Vertretergebiet (unter Umständen Alleinvertretung)
- Durchführung des Kundendienstes
- Haltung eines Auslieferungslagers
- Weitergabe von Marktinformationen an den Auftraggeber
- Vorlage von Gebrauchsmustern und Modellen
- Verbot des Angebots von Konkurrenzprodukten.

Hierbei treten vor allem **Probleme** auf im Hinblick auf:

- die Vereinbarung eines zeitlichen Mindestumsatzes durch den Auslandsvertreter
- die Provisionsgestaltung
- das ausländische Handelsvertreterrecht
- die Abwicklung von Garantiefällen
- die Gerichtsbarkeit bei Streitigkeiten und
- die Vertragsdauer.

Hinsichtlich der Gestaltung des Vertragsverhältnisses zwischen dem Exporteur und dem Auslandsagenten sind der Leitfaden der Internationalen Handelskammer in Paris für den Abschluss von Handelsvertreterverträgen mit ausländischen Partnern oder die Musterverträge der Internationalen Union der Handelsvertreter in Amsterdam zu empfehlen.

3.2 CIF-Agent

Der CIF-Agent ist eine Sonderform des Handelsvertreters, der für **mehrere Auftraggeber** auf vertraglicher Grundlage Geschäftsabschlüsse tätigt und sich so eine **unabhängigere Stellung** gegenüber dem einzelnen Unternehmen bewahrt. Die Bezeichnung ergibt sich dadurch, dass der CIF-Agent nur in vertraglicher Bindung mit den Exporteuren steht und für diese den Warenverkauf auf der Basis der Lieferbedingungen CIF betreibt. Interessierte Importeure wenden sich dann an ihn zur Durchführung ihres Importgeschäftes. Der CIF-Agent vermittelt i. d. R. keine unmittelbaren Geschäftsabschlüsse mit Endabnehmern.

CIF-Agenten sind bevorzugt für Exporteure tätig, die **komplementäre Waren** anbieten, wodurch sich sowohl ihre Attraktivität bei den Kunden durch ein breit gestreutes Sortiment erhöht als auch die Vertriebskosten verringern lassen.

Aufgrund seiner einschlägigen Warenkenntnis wird der CIF-Agent gerne bei Qualitätsdifferenzen als Schiedsstelle angerufen. Manche schreiben dem CIF-Agenten eine Zwischenstellung von Handelsvertreter und Makler zu.

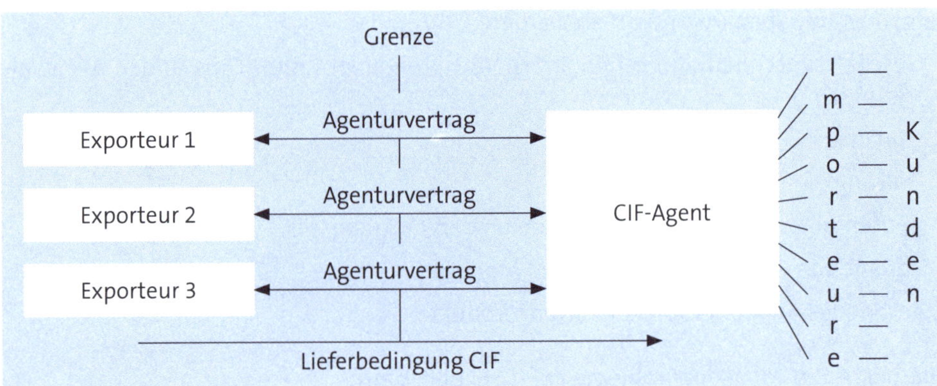

3.3 Handelsmakler

Handelsmakler sind meistens in den größeren Verkehrsknotenpunkten und Handelszentren tätig und übernehmen die **Vermittlung und Anbahnung** von Außenhandelsgeschäften, indem sie den interessierten Parteien Gelegenheiten zum Geschäftsabschluss nachweisen (§§ 93 ff. HGB).

Häufig sind Makler **auf bestimmte Branchen oder Waren spezialisiert**, wobei sich durchaus auch eine regelmäßige Geschäftsverbindung mit dem jeweiligen Im- und Exporteur ergeben kann. Vorteilhaft kann ihr Einsatz besonders bei unregelmäßigem oder spontanem Handel sein.

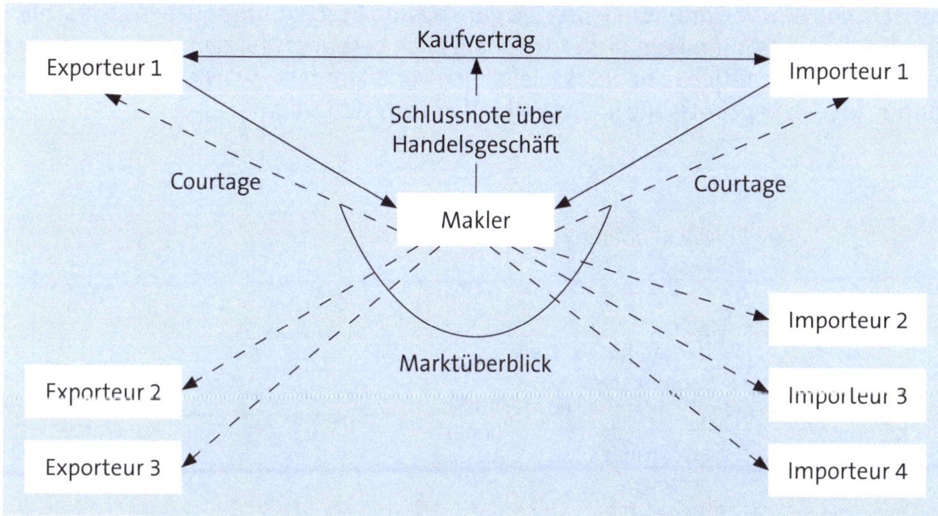

Über das vermittelte Geschäft muss der Makler eine Schlussnote ausstellen, in der alle wichtigen Einzelheiten des Handelsgeschäfts beurkundet werden. Der Makler hat die Interessen beider Parteien zu wahren und ein Tagebuch zum Nachweis seiner Tätigkeit zu führen. Sofern nichts anderes vereinbart wurde, tragen die Vertragsparteien die Maklercourtage je zur Hälfte.

Manchmal übernimmt der Handelsmakler zusätzlich zu seiner Vermittlungstätigkeit auch bestimmte **Dienstleistungen** im Rahmen des Warenangebots.

3.4 Kommissionäre

Früher kam dem Außenhandelskommissionär eine große Bedeutung zu, heute ist er jedoch von den anderen Handelsmittlern bzw. Distributionsorganen in vielen Bereichen zurückgedrängt worden. Dennoch spielen die Einkaufs- und Verkaufskommissionäre in manchen Branchen und Ländern auch heute noch vor allem wegen der Einflussnahmemöglichkeit des Kommittenten auf die Preisgestaltung eine wichtige Rolle.

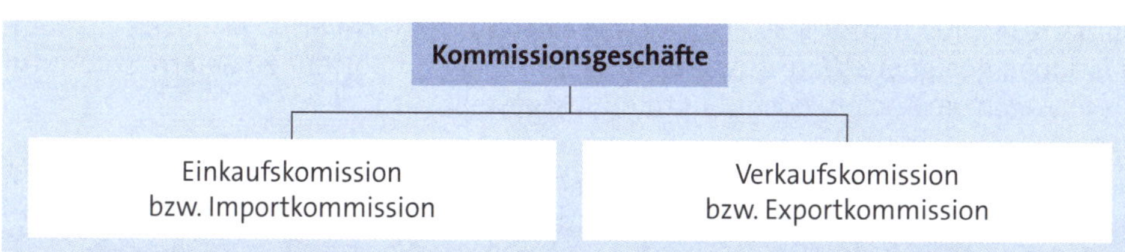

Der **Einkaufskommissionär** übernimmt für den deutschen Importeur im eigenen Namen, aber für dessen Rechnung, den **Einkauf der Ware im Ausland** (§§ 383 ff. HGB). Durch seine gute Kenntnis des Auslandsmarktes und seinen Sitz am Ort ist es dem Einkaufskommissionär möglich, Unternehmen mit einer breiten Produktpalette jeweils auf dem von ihm vertretenen Gebiet die günstigsten Beschaffungsquellen zu erschließen. Der Einkaufskommissionär wird deshalb auch besonders für den Großhandel und für Warenhäuser tätig. Seine Stärke zeigt sich vor allem dort, wo viele kleinere Lieferanten auf der Angebotsseite im Exportland anzutreffen sind.

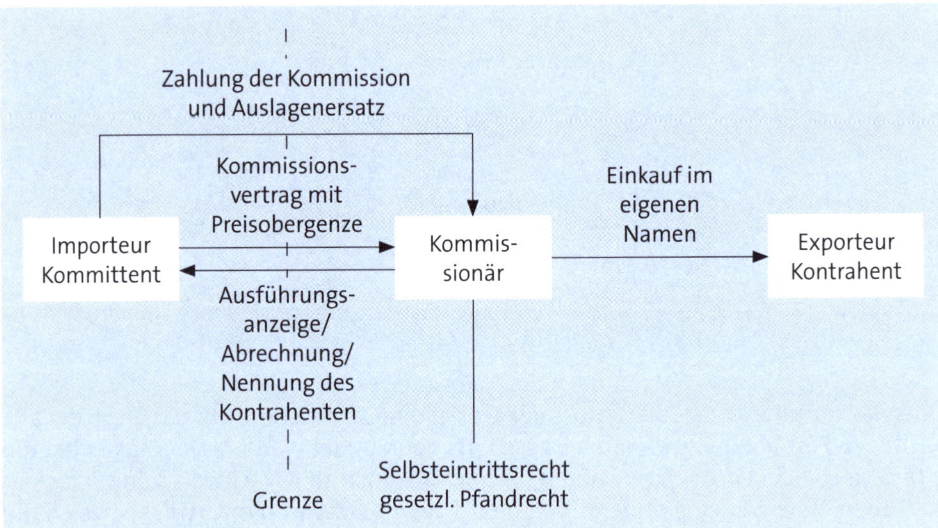

Im Einkaufskommissionsgeschäft sind **Preisobergrenzen** üblich, die der Kommissionär nicht überschreiten darf (§ 386 HGB). Dadurch verhindert der Kommittent, dass der Kommissionär im Ausland zu teuer einkauft.

Der Kommissionär hat Anspruch auf seine Kommission und Auslagenersatz. Diese Kosten des Kommissionärs werden jedoch i. d. R. durch die günstigen Einkaufspreise für den Importeur mehr als ausgeglichen.

Der Kommissionär hat nach Abschluss des Kommissionsgeschäfts eine Ausführungsanzeige und eine Abrechnung zu erteilen sowie den Namen des Kontrahenten an den Kommittenten weiterzuleiten, da er sonst für die Erfüllung selbst haftet. Der Kommissionär hat ein Selbsteintrittsrecht und ein gesetzliches Pfandrecht an der Kommissionsware (§§ 400 ff. bzw. § 397 HGB). Das **Selbsteintrittsrecht** ermöglicht es dem Kommissionär, geeignete Ware aus seinem Lager an den Importeur zu liefern, sofern für diese Waren ein Börsen- oder Marktpreis festgestellt wird.

Der **Verkaufskommissionär** übernimmt für den Exporteur den Vertrieb an bestimmten Auslandsplätzen durch Katalogangebot, Proben, Modelle oder Gebrauchsmuster, aber auch durch ein konkretes Warenangebot meistens durch Führung eines Konsignationslagers.

Konsignationslager sind Auslieferungslager, die sich im Eigentum des Exporteurs, dem Konsignanten, befinden. Der Verkaufskommissionär ist Lagerführer und wird als Konsignatar bezeichnet. Die Konsignationsware befindet sich bis zur Veräußerung an Importeure im Eigentum des Exporteurs. Manchmal können Probleme im Hinblick auf die Rechtsklarheit, Versicherungspflicht oder Lagerführung auftreten. Oftmals werden Konsignationslager als Zolllager geführt, sodass die Einfuhrabgaben erst mit der Entlagerung beim Verkauf anfallen.

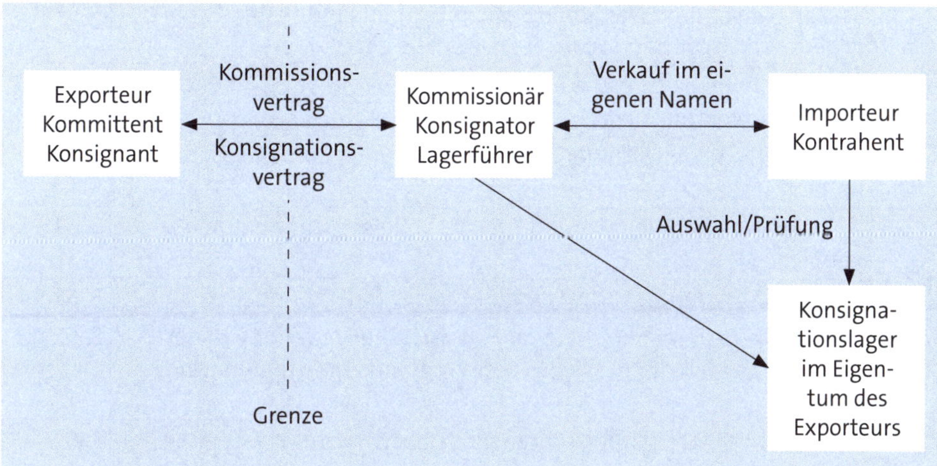

Wesentliche **Vorteile** von Verkaufskommission und Konsignationslager:

- eigene Auswahl und Prüfung der Ware am Ort durch den Importeur
- Lagerhaltung durch Konsignatar erspart dem Exporteur die eigene Lagerführung im Auslandsmarkt
- keine langen Lieferfristen für die Waren
- keine Kapitalbindung für Warenangebot des Konsignatars
- Fälligkeit der Einfuhrabgaben bei Entnahme der Ware vom Konsignationslager/Zolllager
- Ware bleibt bis zum Verkauf im Eigentum des Exporteurs
- unter Umständen attraktive Einbeziehung in die Angebotspalette des Kommissionärs.

Aufgabe 4 > Seite 540

		Lösung
1.	Nennen Sie das wesentliche Unterscheidungsmerkmal für direkten und indirekten Außenhandel!	S. 51
2.	Wovon wird die Wahl des Distributionsweges vor allem abhängen?	S. 52
3.	Stellen Sie Vor- und Nachteile des direkten und indirekten Exports allgemein und anhand konkreter Beispiele gegenüber!	S. 53 ff.
4.	Kennzeichnen Sie typische Distributionsmöglichkeiten im direkten und im indirekten Export!	S. 53, 55
5.	Wie unterscheiden sich der aktive, passive und gebrochene Transithandel?	S. 60 ff.
6.	Aus welchen Gründen werden Transithandelsgeschäfte durchgeführt?	S. 61
7.	Welche Bedeutung hat die Deckadresse im Transithandel?	S. 61 f.
8.	Was ist unter Veredelungsverkehr zu verstehen? Wann wird der aktive und wann der passive Veredelungsverkehr in einem Land steigen?	S. 62 ff.
9.	Welche Arten von Schutzrechten gibt es bzw. wofür werden sie erteilt?	S. 67
10.	Wo und wie werden Schutzrechte angemeldet?	S. 67 ff.
11.	Wie unterscheiden sich Lizenzabkommen und Franchising?	S. 66, 69 ff.
12.	Welche Probleme können bei Lizenzabkommen auftreten?	S. 69
13.	In welchem Verhältnis stehen Einnahmen und Ausgaben für Lizenzverträge bei den wichtigsten Industrieländern?	S. 69
14.	Kennzeichnen Sie häufig auftretende Lizenzarten!	S. 66
15.	Worauf beziehen sich oft Managementverträge? Und in welchen Branchen treten sie z. B. auf?	S. 66 f.
16.	Wie werden Direktinvestitionen im Außenwirtschaftsrecht definiert?	S. 71
17.	In welchen Ländern werden vor allem deutsche Direktinvestitionen durchgeführt?	S. 72
18.	Welches war im letzten Jahrzehnt das weltweit attraktivste Investitionsland? Wie hoch war im Vergleich das Volumen ausländischer Investitionen in Deutschland?	S. 72
19.	Beschreiben Sie das Aktivitätsfeld eines Global Players im Sinne einer internationalen Marketingstrategie!	S. 74
20.	Welche Entscheidungskriterien müsste ein kapitalintensives (ein lohnintensives) Unternehmen bei dem Problem Export oder Direktinvestition berücksichtigen?	S. 74 f.
21.	Nennen Sie die vier maßgebenden Motivgruppen bei der Entscheidung über Direktinvestitionen!	S. 72 f.

		Lösung
22.	Was ist ein Doppelbesteuerungsabkommen und welchem Zweck dient es?	S. 75
23.	Zu welchem Zweck können im Außenhandel Kooperationen gebildet werden?	S. 75 f.
24.	Erläutern Sie die typischen Kooperationsformen!	S. 76
25.	Was sind strategische Allianzen?	S. 75
26.	Schildern Sie den Ablauf eines Ausschreibungsverfahrens!	S. 77
27.	Welche Ausschreibungsverfahren gibt es?	S. 77
28.	Was wollen Exportkartelle erreichen?	S. 79 f.
29.	Welche Vorteile erwartet man von Gemeinschaftsunternehmen (Joint Ventures)?	S. 80
30.	Welche Arten von Kompensationsgeschäften gibt es?	S. 81 ff.
31.	Welche Bedeutung hat die sog. Stützung?	S. 82
32.	Kennzeichnen Sie das Wesen von Auslandsprojektgesellschaften!	S. 85 f.
33.	Welche Beteiligten können dem Betreiberkonsortium bei Auslandsprojektgesellschaften angehören?	S. 85 f.
34.	Welche Aufgaben hat das „Risk Management“ bei Auslandsprojektgesellschaften?	S. 86 f.
35.	Was versteht man unter „Financial Engineering“?	S. 87
36.	Welche Arten von Handelsmittlern gibt es im Außenhandel?	S. 87 f.
37.	Welche Aufgaben kann der Auslandsagent als Handelsmittler übernehmen?	S. 89
38.	Worin liegt die Besonderheit des CIF-Agenten?	S. 90
39.	Erläutern Sie die Wesensmerkmale des Handelsmaklers!	S. 90 f.
40.	Erläutern Sie die Einkaufskommission! Nennen Sie Waren, bei denen sich die Einschaltung eines Einkaufskommissionärs vorteilhaft erweisen wird!	S. 91 ff.
41.	Was ist ein Konsignationslager?	S. 92 f.
42.	Welche Auswirkungen auf Kapitalbedarf und Risiko hat die Führung eines Konsignationslagers für den Exporteur und für den Importeur?	S. 93
43.	Welche Vorteile können eine Verkaufskommission und ein Konsignationslager für die Beteiligten haben?	S. 93

C. Rechtliche Rahmenbedingungen im Außenhandel

Als rechtliche Rahmenbedingungen sind zunächst zu nennen:

- das Außenwirtschaftsrecht und
- das Zollrecht.

Während das Außenwirtschaftsrecht die Grundsätze, die Beschränkungsmöglichkeiten und die Abwicklung des gesamten Außenwirtschaftsverkehrs festlegt, regelt das Zollrecht die zolltechnische Warenbehandlung und Ermittlung der Abgabenbelastung. Außenwirtschaftsrecht und Zollrecht greifen oft ineinander über.

Beide Rechtsgebiete werden aufgrund der deutschen Mitgliedschaft in der EU den jeweiligen EU-Verordnungen und EU-Richtlinien angepasst, da das Gemeinschaftsrecht grundsätzlich Vorrang vor dem nationalen Recht hat.

Weitere rechtliche Rahmenbedingungen sind

- das internationale Privatrecht
- das internationale Kaufvertragsrecht
- das grenzüberschreitende Vollstreckungswesen
- die internationale Schiedsgerichtsbarkeit
- sonstige Rechtsgebiete, wie Niederlassungsrecht, Steuerrecht und Patentrecht.

1. Außenwirtschaftsrecht

1.1 Grundsatz und Überblick

Das Außenwirtschaftsgesetz (AWG) entspricht inhaltlich den Liberalitätsregeln von WTO und EU, doch sind Beschränkungen zulässig, wenn dies zur Aufrechterhaltung wichtiger gemeinschaftlicher oder nationaler Belange erforderlich wird.

Der **Grundsatz des Außenwirtschaftsgesetzes** lautet deshalb: *„Der Waren-, Dienstleistungs-, Kapital-, Zahlungs- und sonstige Wirtschaftsverkehr mit fremden Wirtschaftsgebieten sowie der Verkehr mit Auslandswerten und Gold zwischen Inländern (Außenwirtschaftsverkehr) ist grundsätzlich frei. Er unterliegt den Einschränkungen, die dieses Gesetz enthält oder die durch Rechtsverordnung aufgrund dieses Gesetzes vorgeschrieben werden“* (§ 1 AWG).

Das **Inland** gemäß AWG entspricht grundsätzlich dem deutschen **Hoheitsgebiet**. Es wird jedoch aufgrund staatlicher Verträge ergänzt oder vermindert durch Anschlüsse aus fremdem Hoheitsgebiet (z. B. Gebiete Jungholz und Mittelberg) oder Ausschlüsse von eigenem Hoheitsgebiet (z. B. Gebiet Büsingen).

Das Inland ist zunächst auch identisch mit dem **Zollgebiet**. Doch können auch hier Zollanschlüsse, Zollausschlüsse oder Zollfreizonen zu Veränderungen führen. Das Inland umfasst somit auch die Zollfreizonen, in denen zwar keine Zollabgaben anfallen, die außenwirtschaftlichen Rahmenbedingungen aber in gleicher Weise gelten wie im übrigen Inland. So stellt ein Warenimport in den Hamburger Freihafen eine außenwirtschaftsrechtliche Einfuhr dar, die jedoch zollrechtlich nicht zu erfassen ist.

Als **Gemeinschaftsgebiet** wird das Zollgebiet der Europäischen Union bezeichnet.

Als **Inländer** im Sinne dieses Gesetzes gelten alle natürlichen und juristischen Personen im Inland sowie alle juristischen Personen und Personenhandelsgesellschaften mit Sitz oder Ort der Leitung im Inland. Zweigniederlassungen oder Betriebsstätten ausländischer juristischer Personen gelten als rechtlich selbstständig und sind als inländisch anzusehen, wenn sie hier ihre Leitung haben und eine gesonderte Buchführung besitzen bzw. die Betriebsstätte ihre Verwaltung im Inland hat.

Als **Auslandswerte** gelten:

- unbewegliches Vermögen im Ausland
- Forderungen in inländischer Währung an Gebietsfremde und
- auf ausländische Währung lautende Zahlungsmittel, Forderungen und Wertpapiere.

Im **Außenwirtschaftsgesetz (AWG)** werden als Rahmengesetz die Grundsätze aufgeführt, unter denen sich der freie Außenhandel zu vollziehen hat, sowie unter welchen konkreten Voraussetzungen eine Beschränkung dieser Freiheit vorgenommen werden darf. Sind diese Voraussetzungen gegeben, ermächtigt das Gesetz zu Einzelverordnungen oder zum Erlass. Darüber hinaus enthält das AWG eine Reihe von Vorschriften bei Zuwiderhandlungen, Verfahrens-, Melde-, Straf-, Bußgeld- und Überwachungsvorschriften sowie Grundsätze für die Erteilung von Genehmigungen.

In der **Außenwirtschaftsverordnung (AWV)** werden die aufgrund einer Ermächtigung des AWG erfolgten Verordnungen ausgeführt und der Ablauf des Einfuhr- und Ausfuhrverfahrens durch einzelne Vorschriften geregelt.

Die **Zuständigkeitsverordnung** bestimmt, wer Einfuhr- oder Ausfuhrgenehmigungen zu erteilen berechtigt ist, und wie das Verfahren abläuft. Zuständig können sein:

- das Bundesamt für Wirtschaft und Ausfuhrkontrolle (BAFA)
- die Bundesanstalt für Landwirtschaft und Ernährung (BLE).

Im Bereich des Kapital- und Zahlungsverkehrs ist die Bundesbank bzw. die EZB zuständig, für bestimmte Bereiche des Dienstleistungsverkehrs (z. B. Seeverkehr) das Verkehrsministerium.

Zur Durchsetzung der nationalen bzw. gemeinschaftlichen Interessen kann der Außenwirtschaftsverkehr als genehmigungspflichtig, überwachungspflichtig oder auskunftspflichtig gelten.

Ist der Verkehr **genehmigungspflichtig**, darf die Einschränkung nur so weit gehen, wie es zur Erreichung des (wirtschafts-)politischen Ziels notwendig ist. In die Freiheit der wirtschaftlichen Betätigung darf nur so wenig wie möglich eingegriffen werden. Bereits abgeschlossene Verträge dürfen nur dann berührt werden, wenn durch ihre Einhaltung die Erreichung des (wirtschafts-)politischen Ziels erheblich gefährdet ist. Der Eingriff in bestehende Verträge ist also durchaus möglich. Die Frage nach der Regelung der Schadensersatzansprüche ist jedoch bisher nicht ausreichend geklärt.

Soll der Außenwirtschaftsverkehr in bestimmten Bereichen grundsätzlich untersagt werden, erteilt die zuständige Behörde keine Genehmigungen. Ein Rechtsgeschäft, das ohne Genehmigung abgeschlossen wird, ist unwirksam, kann aber durch nachträgliche Genehmigung von Anfang an rechtswirksam werden.

Bei **Überwachungspflicht** hat der Importeur oder Exporteur das Außenhandelsgeschäft ohne Aufforderung der zuständigen Behörde formgerecht mitzuteilen.

Bei **Auskunftspflicht** ist das Geschäft lediglich nach Aufforderung der Behörde darzulegen.

1.2 Beschränkungsmöglichkeiten

Das Außenwirtschaftsrecht ist zwar ein nationales Recht für den deutschen Außenwirtschaftsverkehr, doch berücksichtigt es alle von der EU beschlossenen rechtlichen Maßgaben für den gemeinschaftlichen Außenwirtschaftsverkehr. Obwohl das EU-Recht grundsätzlich immer dem entsprechenden Landesrecht vorgeht, eine nochmalige gesetzliche Regelung also überflüssig wäre, hat der deutsche Gesetzgeber die EU-Regelungen im Außenwirtschaftsrecht berücksichtigt, auch weil das Gemeinschaftsrecht bisher keine einheitlichen Vorschriften für das Genehmigungs- und Überwachungsverfahren sowie für die Ahndung von Zuwiderhandlungen kennt und nicht alle Schutzmaßnahmen gemeinschaftsweit harmonisiert oder festgeschrieben sind. So können im Warenverkehr Beschränkungsmöglichkeiten nur noch durch EU-Maßnahmen festgelegt werden, während im politischen Bereich (insb. Sicherheit und auswärtige Interessen) sowie auch im Dienstleistungs- und Kapitalverkehr noch nationale Schutzmaßnahmen ergriffen werden können, doch wird mit zunehmendem Integrationsgrad auch diese Eigenständigkeit verschwinden.

1.2.1 Generelle Beschränkungsmöglichkeiten

Nach dem AWG sind Beschränkungsmöglichkeiten vorgesehen: Beschränkungen und Handlungspflichten u. a. zum Schutz der öffentlichen Sicherheit und der auswärtigen Interessen

1. z. B. um wesentliche Sicherheitsinteressen der Bundesrepublik Deutschland zu gewährleisten oder erhebliche Störungen der auswärtigen Beziehungen der Bundesrepublik Deutschland zu verhüten

2. z. B. Verpflichtungen der Mitgliedstaaten der Europäischen Union über wirtschaftliche Sanktionsmaßnahmen im Bereich der Gemeinsamen Außen- und Sicherheitspolitik umzustetzen (§ 4 AWG)
   - **Gegenstand von Beschränkungen:** Exportbeschränkung können angeordnet werden für Güter, die zur Durchführung militärischer Aktionen bestimmt sind (§ 5 AWG).

1.2.2 Gegenstand von Beschränkungen

Beschränkungen oder Handlungspflichten können angeordnet werden für Rechtsgeschäfte oder Handlungen in Bezug auf z. B. Güter, die zur Durchführung militärischer Aktionen bestimmt sind (§ 5 AWG Abs. 1, 2).

1.2.3 Einzeleingriffe

Gemäß den §§ 6 und 7 AWG können auch Einzeleingriffe angeordnet werden. Diese beziehen sich z. B. auf Güter gem. § 4 AWG (z. B. für Güter die wesentliche Sicherheitsinteressen tangieren oder bei denen eine Gefährdung der Deckung des lebenswichtigen Bedarfs im Inland vorliegt).

Laut § 7 AWG können auch Einzeleingriffe im Seeverkehr außerhalb des deutschen Küstenmeeres angeordnet werden, dies z. B. um im Einzelfall bestehende Gefahr für die wiederum in § 4 Abs. 1 AWG genannten Rechtsgüter abzuwenden.

1.3 Das Einfuhr- und Ausfuhrverfahren

1.3.1 Allgemeines

In der neuen Fassung des AWG von 2013 sind die Begriffe in § 2 definiert.

Einfuhr ist im Sinne des AWG die Lieferung von im Wesentlichen Waren, Übertragung von Software und Technologie in das Inland. Als Verbringung wird die Lieferung von Waren oder die Übertragung von Software oder Technologie aus dem Inland in das übrige Zollgebiet der Europäischen Union oder umgekehrt bezeichnet.

Bei der **Durchfuhr** werden Waren aus dem Ausland durch das Inland befördert, ohne dass die Waren im Inland in den zollrechtlichen Verkehr gelangen und die Beförderung von Waren des zollrechtlichen freien Verkehrs aus einem anderen Mitgliedstaat der Europäischen Union durch das Inland.

Ausführer sind natürliche oder juristische Personen oder Personengesellschaften, die zum Zeitpunkt der Ausfuhr Vertragspartner des Empfängers in einem Drittland sind und über die Lieferung von Waren aus dem Inland in ein Drittland bestimmen bzw. im Fall von Software und Technologie über die Übertragung bestimmen.

Für **Einführer** gilt die analoge Bestimmung. Es sind natürliche oder juristische Personen oder Personengesellschaften, die Waren aus Drittländern liefern oder liefen lassen und über die Lieferung der Waren bestimmen. Im Fall von Software und Technologie bestimmt der Einführer über die Bereitstellung oder Übertragung aus einem Drittland ins Inland.

Inländer sind natürliche Personen mit Wohnsitz oder gewöhnlichem Aufenthalt im Inland, im Fall der juristischen Personen oder Personengesellschaften mit Sitz oder Ort der Leitung im Inland. Für Zweigniederlassungen ist die Leitung im Inland sowie eine gesonderte Buchführung maßgebend. Ist die Verwaltung einer Betriebsstätte einer ausländischen juristischen Person oder Personengesellschaft im Inland, so ist sie ebenfalls Inländer im Sinne des AWG.

Analog sind **Unionsansässige** definiert.

Ausländer sind alle Personen und Personengesellschaften die keine Inländer sind. **Unionsfremd** sind alle Personen und Personengesellschaften die keine Unionsansässigen sind.

Zur Überprüfung von Ein- und Ausfuhr ist grundsätzlich jede bewegliche Sache beim Verbringen in das oder aus dem Wirtschaftsgebiet der zuständigen Zollstelle vorzuführen. Dabei herrscht **Zollstraßenzwang**, d. h. dass die Waren nur die amtlich bindenden, vorgeschriebenen Land-, Wasser-, Schienen- oder Rohrleitungswege sowie Landungsplätze benutzen und während der Öffnungszeiten der Zolldienststellen die Grenze passieren dürfen.

Häufig erfolgt die Abfertigung jedoch an einer Binnenzollstelle am Ort des Gebietsansässigen unter Verwendung eines Zollversandverfahrens.

1.3.2 Arten des Einfuhrverfahrens

Die Einfuhr von Waren durch **Inländer** ist frei. Bis zur Novelle des Außenwirtschaftsgesetzes ergab sich ein Verbot oder ein Genehmigungsvorbehalt aus der Einfuhrliste. Beschränkungen können nun im elektronischen Zolltarif (Bereich Einfuhr) unter www.ezt-online.de anhand der statistischen Warennummer aktuell recherchiert werden.

Ausländer benötigen immer eine Einfuhrgenehmigung. Unionsansässige können unter bestimmten Voraussetzungen im eigenen Namen die Einfuhrabfertigung beantragen (§ 31 Abs. 1 AWV).

Ist die Einfuhr **genehmigungsfrei (§§ 40 ff. AWV)**, so hat der Importeur die Ware unter Vorlage der erforderlichen Einfuhrdokumente dem Zoll zur Einfuhrabfertigung zu gestellen (§ 31 AWV). Zuständig für die Einfuhrabfertigung ist i. d. R. die Eingangszollstelle, das ist die erste an der Zollstraße gelegene (deutsche) Zolldienststelle. Der Antrag auf Einfuhrabfertigung kann elektronisch oder in Papierform abgegeben werden.

Der Antrag auf Einfuhrabfertigung erfolgt meist gleichzeitig mit der Zollanmeldung und der statistischen **Einfuhranmeldung** durch das EU-Einheitspapier (siehe Kapitel C.2.2.2), das jedoch seit dem 01.01.1993 nicht mehr für Warensendungen innerhalb der EU benötigt wird.

Ist die Einfuhr **genehmigungsbedürftig** (vgl. § 39 AWV), können die entsprechenden Einzelheiten durch die zuständigen Stellen im Sinne des § 13 AWG (Genehmigungsstellen) bekannt gegeben werden. Die Genehmigung kann nur durch den Einführer beantragt werden.

Für bestimmte Warenarten, Warenmengen oder Einfuhrfälle kann gem. §§ 40 ff. AWV ein **erleichtertes Einfuhrverfahren** stattfinden (z. B. im privaten Reiseverkehr oder für Bücher und Filme).

Für Waren, die der besonderen EU-Marktordnung unterliegen, können **Einfuhrlizenzen** verlangt werden, die von der Bundesanstalt für Landwirtschaft und Ernährung erteilt werden.

In manchen Fällen ist für die Einfuhr die Ausstellung eines **Überwachungsdokumentes** erforderlich (§ 36 AWV), das zunächst nur der Überwachung bestimmter Warenströme dient, um unerwünschte Entwicklungen rechtzeitig erkennen zu können. Die Einfuhr steht jedoch nicht unter einem Genehmigungsvorbehalt und kann deshalb auch nicht zurückgewiesen werden, doch können unter Umständen nach Ablauf der Verwendungsfrist Beschränkungen beschlossen werden.

Anträge auf Erteilung einer Einfuhrgenehmigung oder Ausstellung eines Überwachungsdokuments sind auf dem **Vordruck E 3c** beim BAFA zu stellen. Die Erteilung der Genehmigung erfolgt auf EU-einheitlichen Vordrucken und setzt i. d. R. die Ausfuhrlizenz des Exportlandes voraus.

Anträge sind auch formularlos auf elektronischem Wege im so genannten **EGDAT-Verfahren** möglich. Hierbei stellt der Einführer seine Anträge durch Datenfernübertragung und übersendet anschließend ein Protokoll über die erfassten Datensätze mit den erforderlichen Ausfuhrlizenzen. Nach Bearbeitung durch das BAFA erhält der Einführer dann elektronisch ein Einfuhrgenehmigungs-Avis zur Vorlage bei der Zollstelle und auf dem Postweg die Einfuhrgenehmigung bzw. das Überwachungsdokument.

Sollte der ausländische Exporteur oder sein Staat eine Bestätigung der überwachten oder genehmigten Einfuhr verlangen, kann eine **Wareneingangsbescheinigung** über den Eingang im Bestimmungsland erteilt werden.

1.3.3 Arten des Ausfuhrverfahrens

Sofern keine besonderen Befreiungstatbestände im Sinne des § 17 AWV vorliegen, ist jede Warensendung zur Ausfuhrabfertigung im **zweistufigen Regelverfahren** sowohl der Ausfuhrzollstelle als auch der Ausgangszollstelle unter Vorlage einer **Ausfuhran-**

meldung (§ 12 AWV) mithilfe des elektronischen Ausfuhrverfahrens ATLAS oder über die Internetausfuhranmeldung Plus nach Maßgabe der jeweils geltenden Verfahrensanweisung für das elektronische Ausfuhrverfahren mit den notwendigen Angaben gem. Anlage 1 zur AWV abzugeben.

In dem Einheitspapier der EU sind das die Exemplare 1 - 3 des 8-fachen Vordrucks, wovon Blatt 1 die Zollverwaltung erhält, Blatt 2 die statistische Anmeldung für die Außenhandelsstatistik darstellt und Blatt 3 für den Ausführer ist, zur Vorlage bei der Ausgangszollstelle.

Seit Juli 2009 besteht eine EU-einheitliche Pflicht zur Teilnahme am **elektronischen Ausfuhrverfahren** (Art. 787 ZK DVO). Dadurch wird die schriftliche Ausfuhranmeldung durch eine elektronische mittels des ATLAS-Verfahrens (Automatisiertes Tarif- und lokales Zollabwicklungssystem) ersetzt. Dies gilt auch für Postsendungen und im Eisenbahnverkehr bei gewerblichen Warenwerten ab 1.000 €.

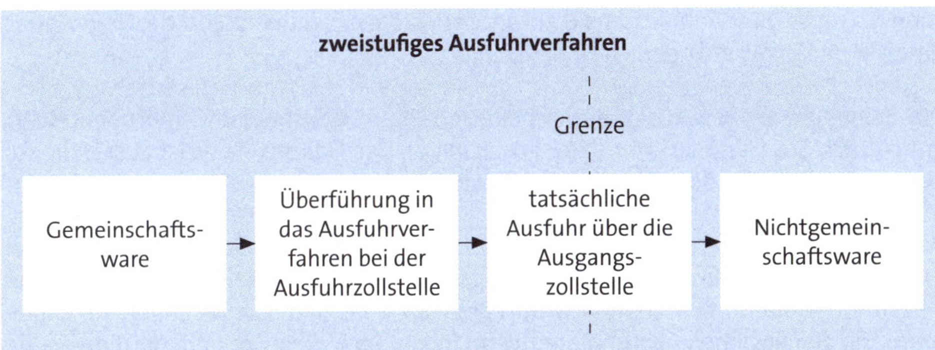

Zuständige **Ausfuhrzollstelle** ist das Hauptzollamt des Zollbezirks, in dem das Unternehmen seinen Sitz hat. Als **Ausgangszollstelle** wird die letzte an der Zollstraße gelegene (deutsche bzw.) gemeinschaftliche Grenzkontrollstelle bezeichnet, die die Abwicklung des Ausfuhrverfahrens überprüft; die Anmeldung erfolgt elektronisch.

Wie bei der Einfuhr hat der Zoll auch bei der Ausfuhr ein **Prüfungsrecht** der Ware im Hinblick auf die Zulässigkeit. Bei Unklarheiten über die Ware kann er weiteres Beweismaterial über die Art, den Versand und die Herkunft der Ware oder auch die Öffnung der Verpackung verlangen (§ 14 AWV). Gemäß § 12 Abs. 4 AWV ist jedoch auch eine Gestellung der Ware an einem anderen Ort außerhalb der Zollstelle zulässig. Gegebenenfalls wird das Zollamt dann vor dem Verpacken der Ware unter Verwendung des Vordrucks **„Antrag auf Gestellung einer Ausfuhrsendung außerhalb des Amtsplatzes“** benachrichtigt, damit ein Zollprüfer ins Unternehmen geschickt werden kann. Dieses Verfahren ist allerdings kostenpflichtig.

Bei Waren, die nicht unter Genehmigungsvorbehalt stehen, können erhebliche Vereinfachungen beantragt werden, wovon in großem Umfang Gebrauch gemacht wird. Als

Verfahrenserleichterungen sind vor allem folgende Möglichkeiten zu nennen (§§ 15 f. AWV):

- unvollständige Ausfuhranmeldung
- vereinfachtes Anmeldeverfahren
- Anschreibeverfahren.

Die **unvollständige Ausfuhranmeldung** ermöglicht es dem Ausführer, zunächst nur eine Anmeldung abgeben zu lassen, bei der gewisse Angaben oder Unterlagen noch fehlen.

Das vereinfachte Anmeldeverfahren nach Art. 253 Abs. 2 in Verbindung mit Art. 282 Zollkodex-Durchführungsverordnung (ZK-DVO) ist dem Verfahren der unvollständigen Anmeldung sehr ähnlich; es unterscheidet sich im Wesentlichen dadurch, dass die ergänzende Anmeldung nicht einzeln für jede unvollständige Anmeldung nachgereicht werden muss, sondern von globaler, periodischer oder zusammenfassender Art sein kann. Es muss dann mindestens die Angaben, die gem. Anhang 30A der Verordnung (EWG) Nr. 2454/93 erforderlich sind, machen.

Die Teilnahme am vereinfachten Anmeldeverfahren bedarf einer förmlichen Bewilligung durch das Hauptzollamt (§ 15 Abs. 3 AWV). Das Hauptzollamt ist zuständig für Genehmigungen für das vereinfachte Verfahren.

Seit 2009 besteht gem. § 17 AWV in Deutschland die Möglichkeit des **vereinfachten Ausfuhrverfahrens** des „vertrauenswürdigen Ausführers" Waren zu exportiern. Das Verfahren ist nur mittels ATLAS-Ausfuhr möglich und eignet sich besonders für Exporteure, die den gesamen Ausfuhrvorgang im Inland abwickeln können. Anträge bedürfen der Bewilligung des Antrags auf Formular 033065.

Beim **Anschreibeverfahren** wird auf die physische Abfertigung bei der Ausfuhrzollstelle verzichtet. Der Ausführer kann innerhalb von 30 Tagen eine Durchschrift des entsprechenden Dokuments mit Registriernummer der ursprünglichen Ausfuhranmeldung vorlegen.

Der spätere Export über die Ausgangszollstelle ist der Ausfuhrzollstelle gegebenenfalls unter Ergänzung noch fehlender Angaben mitzuteilen und **in der Buchhaltung anzuschreiben**, um Kontrollprüfungen zu ermöglichen.

Das Anschreibeverfahren bedarf der Genehmigung durch das Hauptzollamt und wird nur vertrauenswürdigen Unternehmen mit zahlreichen Exportsendungen bewilligt.

Bei genehmigungsbedürftiger Ausfuhr kann der Ausführer diese beantragen (§ 21 AWV). Genehmigungsbedürftig sind alle Waren, die in der **Ausfuhrliste** entsprechend bezeichnet sind.

Zur Verminderung illegaler Ausfuhren hat jeder Exporteur gemäß den „Grundsätzen zur Prüfung der Zuverlässigkeit von Exporteuren von Kriegswaffen und rüstungsrelevanten Gütern“ dem Bundesamt für Wirtschaft und Ausfuhrkontrolle einen **Ausfuhrverantwortlichen** zu benennen, der den Antrag auf Ausfuhrgenehmigung zu stellen hat und der Geschäftsleitung angehören muss. Eine Zuverlässigkeitsprüfung durch das Bundesamt ist obligatorisch für viele in der Ausfuhrliste genannten Waren (siehe auch Kapitel C.1.4.2).

Ausfuhrverbote sind die strengste Form der Ausfuhrbeschränkung und richten sich meistens gegen ein bestimmtes Land (vgl. §§ 74 ff. AWV):

- Totalembargo → alle Waren umfassendes Ausfuhrverbot
- Teilembargo → auf bestimmte Waren(gruppen) beschränktes Ausfuhrverbot.

1.4 Ausfuhrliste

Das jeweilige Ausfuhrverfahren ergibt sich einerseits aus der Art der Ware und dem Bestimmungsland bei Exporten aus Deutschland. Hierbei wird in bestimmte Ländergruppen unterteilt, die in Länderlisten nach bestimmten Kriterien zusammengefasst sind. Diese Listen wurden mehrfach inhaltlich und systematisch verändert und erschienen entweder als Anhang zum AWG oder als Anlage zur AWV. Unabhängig von dieser Einordnung können die Länderlisten für alle Bereiche des Warenhandels maßgeblich sein.

Als wichtige Länderlisten sind zurzeit hervorzuheben:

- Die **Länderliste L** umfasst die OECD-Länder (Organization for Economic Cooperation and Development = Organisation für wirtschaftliche Zusammenarbeit und Entwicklung): die meisten EU-Länder sowie USA, Kanada, Australien, Japan, Neuseeland, Schweiz, Island, Norwegen, Südkorea, Mexiko und Türkei.
- Die **Länderliste AKP** umfasst zurzeit 79 afrikanische, karibische und pazifische Staaten, die ein besonderes Kooperationsabkommen mit der EU geschlossen haben (Lomé-Abkommen).
- Die **Länderliste K** wurde aufgehoben.

In den meisten Fällen ist es das Ziel eines Landes, im Interesse der heimischen Unternehmen den Export zu fördern. Dennoch kann es volkswirtschaftlich oder (sicherheits-) politisch erforderlich sein, in bestimmten Fällen Beschränkungen vorzunehmen. Sämtliche Waren, über die eine **Kontrollfunktion** durch Genehmigungsvorbehalt oder Verbot ausgeübt werden soll, sind in der Ausfuhrliste genannt (Negativliste). Eine systematische Darstellung enthält das vom Bundesamt für Wirtschaft und Ausfuhrkontrolle herausgegebene **Handbuch der deutschen Exportkontrolle** (HADDEX).

Die Ausfuhrliste ist der AWV als Anlage beigelegt. Sie kann durch Rechtsverordnung angepasst werden und unterliegt zeitlichen Veränderungen. Sie bezieht sich auch auf Transithandelsgeschäfte, soweit sie einer Kontrollfunktion unterworfen sind.

Die **Ausfuhrliste** gliedert sich in zwei Teile:

Teil 1: Güter die Beschränkungen unterliegen

- Abschnitt A: Liste für Waffen, Munition und Rüstungsmaterial

  Für viele Waren dieses Abschnittes gilt auch das Kriegswaffenkontrollgesetz (KWKG).
- Abschnitt B: National erfasste Güter (Dual-Use-Güter)

Teil 2: Embargowaren
Hier befinden sich eine Mehrzahl von Waren pflanzlichen Ursprungs wie Blumenzwiebeln, Gemüse, Obst und Kaffee, aber auch einige wenige unedle Metalle sowie einige Eisen- und Stahlerzeugnisse, die sich nach folgenden Gruppen unterteilen lassen:

- Waren zur inländischen Bedarfsdeckung gemäß § 8 Abs. 1 AWG
- Waren im Hinblick auf die Einhaltung von multilateralen Übereinkommen gemäß § 8 Abs. 3 AWG (z. B. Kaffeeabkommen)
- Waren im Hinblick auf die Einhaltung bestimmter EU-Normen und Qualitäten (vor allem bei landwirtschaftlichen Erzeugnissen) gemäß § 8 Abs. 2 AWG.

Eine große Zahl von Embargowaren unterliegt einer gleichartigen harmonisierten Exportkontrolle in den EU-Staaten.

Die Verbringung von Dual-Use-Gütern in andere Mitgliedsländer der EU ist normalerweise frei. In geringem Umfang gibt es hier jedoch noch Beschränkungen. Die Verbringung von Rüstungsgütern des Abschnittes A in andere EU-Staaten ist jedoch in gleicher Weise genehmigungspflichtig wie ihre Ausfuhr. Eine Genehmigungspflicht für Güter, die von Anhang I der EG-Dual-Use-Verordnung erfasst sind, ist entfallen. Die Regelung des § 11 Abs. 2 AWV n. F. bezieht sich ausschließlich auf die Verbringung der national gelisteten Dual-Use Güter (sog. 900'er Güter), sofern dem Verbringer bekannt ist, dass das Endbestimmungsland dieser Güter ein Land ist, das in der jeweiligen Ausfuhrlistennummer genannt ist. Für die von Anhang I der EG-Dual-Use-Verordnung erfassten Güter kann auf die Verbringungsgenehmigungspflicht verzichtet werden, da die anschließende Ausfuhr dieser Güter eine Ausfuhrgenehmigung des EU-Mitgliedstaats erfordert, in dem der Ausführer niedergelassen ist. Eine vorherige Genehmigungserteilung durch das BAFA ist in dieser Konstellation entbehrlich.

Weiterhin besteht Genehmigungspflicht bei manchem Technologietransfer und bestimmten Dienstleistungen gemäß §§ 9 ff. AWV, die im Zusammenhang mit den Embargowaren des Teils 1 der Ausfuhrliste stehen sowie für Güter, die ganz oder teilweise für eine militärische Endverwendung bestimmt sein können.

Allgemein ist eine Genehmigung von in Teil I Abschnitt A der Ausfuhrliste aufgeführten Gütern nach § 11 AWV erforderlich. Die in Teil I Abschnitt B genannten Güter bedürfen einer Ausfuhrgenehmigung, wenn bekannt ist, dass das endgültige Bestimmungsziel außerhalb der Europäischen Union liegt. Dies gilt u. a. nicht wenn der Wert der Güter unter 5.000 € liegt und es sich nicht um Software handelt.

Die Benennung eines **Ausfuhrverantwortlichen**, der den Antrag auf Ausfuhrgenehmigung zu stellen hat und der Geschäftsleitung angehören muss, sowie die Durchführung einer obligatorischen Zuverlässigkeitsprüfung durch das Bundesamt für Wirtschaft und Ausfuhrkontrolle erstreckt sich vor allem auf Exporte von Waren, die in den Embargolisten aufgeführt sind.

2. Zollwesen

2.1 Grundlagen

Jede Ware, die die Grenze zum **Zollgebiet** überschreitet, wird zunächst Zollgut und ist zollamtlich zu gestellen. Als **Außengrenze** gilt dabei die Grenze der Mitgliedsländer gegenüber Drittländern; als **Binnengrenze** wird die gemeinsame Grenze zwischen zwei Mitgliedsländern bezeichnet.

Das **Zollgebiet der EU** umfasst grundsätzlich das gesamte Hoheitsgebiet der Mitgliedsländer, doch kann es aus politischen oder wirtschaftlichen Gründen auch hier wie früher bei den nationalen Zollgebieten bestimmte Teile des eigenen Hoheitsgebietes geben, die nicht in das Zollgebiet einbezogen werden (**Zollausschlüsse**), Teile fremden Hoheitsgebiets, die dem Zollgebiet zugeschlagen werden (**Zollanschlüsse**), und Teile des eigenen Hoheitsgebiets, in denen das Zollrecht nicht anzuwenden ist (Zollfreigebiete), obwohl der EU-Zollkodex diese Begriffe nicht ausdrücklich übernommen hat.

Zollfreie Bereiche der EU werden als **Freizonen** bezeichnet, die zwar zum Wirtschaftsgebiet gehören, aber keiner zollamtlichen Warenbehandlung und keinen Zollabgaben unterliegen. Als Freizonen gelten vor allem die vom übrigen Zollgebiet getrennten bestimmten Hafenbereiche des See-, Luft- und Binnenschifffahrtsverkehrs, deren Zugänge überwacht werden. Den Freizonen gleichgestellt sind die **Freilager** als zollamtlich bewilligte und überwachte Räumlichkeiten, die vorrangig dem Warenumschlag und der Warenlagerung dienen.

Freihäfen haben in Deutschland für die Seeschifffahrt zwar eine lange Tradition, doch wurden sie in letzter Zeit zunehmend eingeschränkt oder sind an manchen Orten wie in Emden, Kiel und sogar Hamburg aufgelöst worden. Freihäfen gibt es heute noch in Bremen und Cuxhaven sowie für die Binnenschifffahrt in Duisburg und Deggendorf. Hier können Güter ohne zollrechtliche Beschränkungen und Abgaben umgeschlagen, gehandelt, gelagert und präsentiert werden. Erst beim Verlassen des Freihafens müssen sie zollrechtlich gestellt und abgefertigt werden.

Im Zollwesen kann in Drittlandsgut und Gemeinschaftsgut, in Nichtgemeinschaftswaren und Gemeinschaftswaren sowie in Zollgut und Freigut unterschieden werden.

Drittlandsgut als Nichtgemeinschaftsware liegt vor, solange Waren noch nicht zum freien Verkehr in die EU abgefertigt sind. Beim Gemeinschaftsgut handelt es sich um in der EU erzeugte Waren bzw. um zum freien Verkehr abgefertigtes Drittlandsgut.

Solange eine Ware noch nicht eingeführt ist oder eine besondere Zollbehandlung erfahren soll, unterliegt sie den speziellen zollrechtlichen Bindungen und wird als **Zollgut bzw. Nichtgemeinschaftsware** bezeichnet. Nach der zollamtlichen Warenbehandlung wird das Zollgut dann zu **Freigut** bzw. zu Gemeinschaftsware, worüber nach Belieben verfügt werden kann.

Als **Intrahandel** wird der innergemeinschaftliche Warenverkehr sowohl mit Gemeinschaftsware als auch mit Nichtgemeinschaftsware bezeichnet; der **Extra-Handel** umfasst den Warenverkehr mit Drittländern.

Die in den Mitgliedstaaten erhobenen **Zolleinnahmen** sind an die EU nach Abzug der Kosten der Erhebung weiterzuleiten. Die EU-Kommission überprüft regelmäßig die Richtigkeit.

Der **EU-Zollkodex** systematisiert das Zollrecht der Mitgliedsländer und gilt in allen Staaten der EU als einheitliche Rechtsgrundlage für das Zollwesen.

Es werden vom Zollkodex jedoch noch nicht alle Aspekte des grenzüberschreitenden Warenverkehrs behandelt. So werden bestimmte Maßnahmen wie Überwachungs- und Schutzmaßnahmen, mengenmäßige Beschränkungen und Verbotsregelungen (noch) nicht (voll) erfasst. Auch Fragen des Rechtsbehelfsverfahrens, der Strafrechtsbereich und das Vollstreckungswesen werden (noch) nicht berücksichtigt.

Das gemeinschaftliche Zollrecht wird deshalb ergänzt von nationalem Recht, das bestehende Lücken und Aufgabenverteilungen regelt. So sind im **Zollverwaltungsgesetz** die Aufgaben und Befugnisse der deutschen Zollbehörden zusammengefasst, und die **Zollverordnung** enthält weitere nationale Ergänzungen. Daneben sind verschiedene steuerrechtliche Vorschriften im Umsatzsteuergesetz und in der Abgabenordnung zu beachten.

Rechtsgrundlagen im Zollwesen sind:

- der Zollkodex der Union (UZK)
- die Durchführungsverordnng (EU) (IA)
- die Delegierte Verordnung (EU) (DA)
- die Zollbefreiungsverordnung (ZollbefreiungsVO)
- der Gemeinsame Zolltarif (GZT)
- das Zollverwaltungsgesetz (ZollVG)

- die Zollverordnung (ZollV)
- die Dienstanweisung zum Zollkodex und Zollverwaltungsgesetz
- das Umsatzsteuergesetz („Einfuhrumsatzsteuer“)
- die Abgabenordnung (AO).

Der Zollkodex der Europäischen Union, kurz Unionszollkodex (UZK), mit den dazugehörigen Durchführungsvorschriften ersetzte zum 01.05.2016 den bis dahin gültigen Zollkodex. Der Unionszollkodex legt die Grundzüge eines für die Zukunft ausgelegten modernen europäischen Zollrechts fest (vgl. *Zoll.de*, 2018)

Die UZK ermöglicht eine schrittweise Einführung von EU-weit harmonisierten IT-Verfahren und gemeinsamen Datenbanken bis zum 31.12.2020 (Vgl.: *https://www.zoll.de/DE/Fachthemen/Zoelle/Der_Zollkodex_der_Union/UZK_und_Durchfuehrungsrecht/uzk_und_durchfuehrungsrecht_node.html*)

2.2 Ablauf einer zollamtlichen Warenbehandlung

2.2.1 Zollantrag/Zollanmeldung

Die zollamtliche Warenbehandlung beginnt mit dem Zollantrag/Zollanmeldung, aufgrund dessen die Zollstelle die Zulässigkeit der Einfuhr und ihre Zuständigkeit prüft, sowie über das vom Zollbeteiligten gewünschte Zollverfahren entscheidet.

Das deutsche Zollgesetz unterschied früher in Zollantrag und Zollanmeldung. Danach war der Zollantrag vorrangig eine Willenserklärung über die Art der Zollbehandlung und die Zollanmeldung eine Wissenserklärung als Steuererklärung über die einzuführende Ware. Der Zollkodex der EU differenziert nicht in dieser Weise, sondern fasst beide Maßnahmen zusammen.

Die Zollanmeldung bekundet einerseits die Absicht, die Ware einer zollrechtlichen Bestimmung (Zollbehandlung) zuzuführen und beinhaltet andererseits alle zollrechtlich wesentlichen Angaben über die Ware zur Ermittlung des Zollwertes. Als **zollrechtliche Bestimmungen** sind möglich:

- die Überführung in ein Zollverfahren
- die Verbringung in eine Freizone oder ein Freilager
- die Wiederausfuhr aus dem Zollgebiet der Gemeinschaft
- die Vernichtung oder Zerstörung
- die Aufgabe zu Gunsten der Staatskasse.

Als Zollverfahrensarten im Rahmen der zollrechtlichen Bestimmung können gewählt werden:

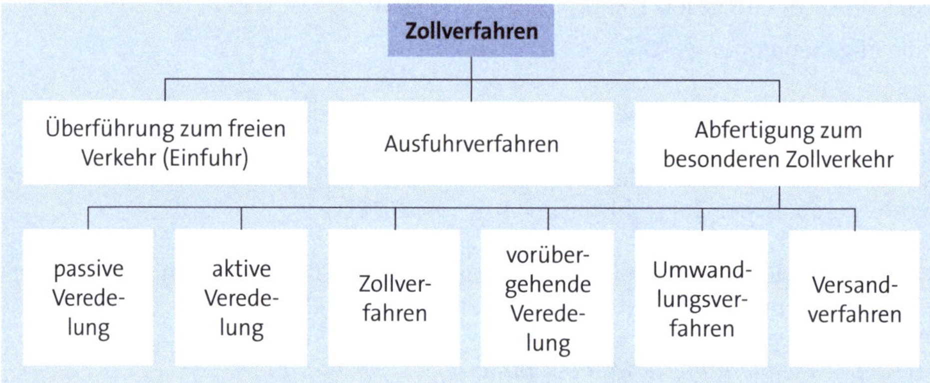

Die Frist für die Anmeldung zu einem Zollverfahren beträgt einheitlich 90 Tage (ohne Verlängerungsmöglichkeit). Die verlängerte Frist kann auch als Ersatz für ein kurzfristiges Zolllager angesehen werden (vgl. Jahrbuch Außenwirtschaft + Zoll). Solange gilt die Ware zollrechtlich in **„vorübergehender Verwahrung"** (vgl. u. a. Art. 5 Punkt 17 UZK). Die Einhaltung dieser Fristen wird durch die **summarische Anmeldung** überwacht, bis die zollrechtliche Bestimmung durch die Abgabe der Zollanmeldung feststeht.

Vielfach ist der **Zollanmelder** nicht der Importeur/Exporteur selbst, sondern die Zollabfertigung wird von einem Spediteur im Auftrag des Unternehmens durchgeführt. Die frühere deutsche Zollnummer ist durch die in der ganzen Europäischen Union gültigen EORI-Nummer (Economic Operators' Registration and Identification Number) ersetzt worden. Die EORI-Nummer ist insbesondere in Zollanmeldungen und summarischen Ein- und Ausgangsmeldungen für die Identifizierung der Beteiligten anzugeben. Auch Bahn und Post sind berechtigt, Zollanmeldungen für den Empfänger vorzunehmen. Der Zollkodex der Union sieht hierfür entweder die **indirekte Vertretung** durch einen Zollanmelder vor, der im eigenen Namen aber für Rechnung des Importeurs tätig wird oder die **direkte Vertretung**, wenn der Zollanmelder im Namen und für Rechnung eines anderen handelt. Der vertretene Importeur/Exporteur bleibt **Zollbeteiligter** (vgl. Art. 18 UZK).

Die Zollanmeldung ist im Regelfall schriftlich auf dem **Einheitspapier der EU** abzugeben. Nur in Ausnahmen (z. B. Einfuhr von Waren zu nichtkommerziellen Zwecken) ist eine mündliche Anmeldung zugelassen. Es besteht auch die Möglichkeit zur Zollanmeldung über EDV. Es besteht das Ziel, sukzessive das elektronische Zollabwicklungssystem **„ATLAS" (Automatisiertes Tarif- und lokales Zollabwicklungssystem)** für das gesamte EU-Zollwesen einzuführen. Es besteht die Möglichkeit der Identifikation durch die Identifikationsnummer als Wirtschaftsbeteiligter. EORI-Nummer des Art. 82 Abs. 7e der EU (IA) (vgl. auch Art. 16 UZK).

Seit Beginn des EU-Binnenmarkts am 01.01.1993 gilt das Einheitspapier für den gesamten Warenverkehr mit Drittländern (Extrahandel), im Intrahandel mit Nichtgemeinschaftswaren und bei Transporten über Seehäfen und EFTA-Länder. Es kann als vollständiger 8-seitiger Satz für das gesamte Einfuhr-/Ausfuhr-/Zollverfahren verwendet werden oder in Teilsätzen vor allem für

- die **Einfuhr** (dieser Teilsatz besteht aus den Exemplaren 6, 7 und 8 und gilt als Zollantrag, Zollanmeldung und Einfuhranmeldung)
- die **Ausfuhr** (dieser Teilsatz besteht aus den Exemplaren 1, 2 und 3 und gilt als Ausfuhranmeldung bzw. Versandausfuhrerklärung) und
- das **gemeinschaftliche Versandverfahren** (dieser Teilsatz besteht aus den Exemplaren 1, 4 und 5 und gilt für die Versandscheine T 1 und T 2).

Die Exemplare des Einheitspapiers haben folgende Verwendung:

1. Exemplar für das Ausfuhrland (i. d. R. Ausfuhrzollstelle)
2. Exemplar für die statistische Erfassung im Ausfuhrland
3. Exemplar für den Ausführer (und zur Vorlage bei der Ausgangszollstelle)
4. Exemplar für die Bestimmungszollstelle
5. Exemplar als Rückschein im gemeinschaftlichen Versandverfahren
6. Exemplar für das Bestimmungsland
7. Exemplar für die statistische Erfassung im Einfuhrland
8. Exemplar für den Empfänger.

Allerdings sind Ausfuhr- und Versandanmeldungen elektronisch im ATLAS-Verfahren abzugeben. Hier kommt eine Verwendung des Einheitspapiers nur noch in Betracht, wenn dies für das Ausfallkonzept in der Verfahrensanweiung für ATLAS vorgesehen ist.

Grundsätzlich ist eine Zollwertanmeldung notwendig, wenn der Warenwert z. B. über 20.000 € beträgt oder es sich um einen gewerblichen Charakter handelt. Bei einer schriftlichen Zollanmeldung ist die Zollwertanmeldung nach dem vorgeschriebenen Muster (Formular 0464) beizufügen (vgl. Art. 6 (EU) (DA)). Alle erforderlichen Angaben gem. dem Formular 0464 sind einzutragen, die der Ermittlung des Zollwerts dienen. Dazu gehören die genaue Information über die Art der Ware und des Geschäftes, über den Warenwert, die Transport- und Versicherungskosten, Umrechnungskurse, Rabatte und Sonstiges, was zur eindeutigen Bestimmung des Zollwertes erforderlich ist. Wichtig sind auch Angaben über Preisnachlässe verbundener Unternehmen, Präferenzabkommen und sonstige Vereinbarungen, die im Einzelfall zur Veränderung des Zollwertes beitragen. Der fakturierte Preis ist in Inlandswährung umzurechnen.

EUROPÄISCHE GEMEINSCHAFT Nr. M 268670

3 Exemplar für den Versender/Ausführer 3

1 ANMELDUNG XXXXX

A VERSENDUNGS-/AUSFUHRZOLLSTELLE

2 Versender/*Ausführer* Nr.

3 Vordrucke | 4 Ladelisten XXXXX

5 Positionen | 6 Packst. insgesamt XXXXXXX | 7 Bezugsnummer

8 Empfänger Nr.

9 Verantwortlicher für den Zahlungsverkehr Nr.
XXXXXXXXXXXXXXXXXXXXXXXXXXXXXXXXXX

10 *Erstes Best. Land* XXX | 11 *Handels-land* | 13 *G. L. P.* XXXXX

14 Anmelder/Vertreter Nr.

15 Versendungs-/*Ausfuhrland* XXXXXXXXXXXXXXXX | 15 Vers./*Ausf.L.Code* a b XX | 17 Bestimm.L.Code a b XX

16 Ursprungsland | 17 Bestimmungsland

18 Kennzeichen und Staatszugehörigkeit des Beförderungsmittels beim Abgang | 19 Ctr. | 20 Lieferbedingung XX

21 Kennzeichen und Staatszugehörigkeit des grenzüberschreitenden aktiven Beförderungsmittels | 22 Währung u. in Rechn. gestellter Gesamtbetr. | 23 Umrechnungskurs XXXXXXXX | 24 Art des Geschäfts

25 Verkehrszweig an der Grenze | 26 Inländischer Verkehrszweig | 27 Ladeort | 28 Finanz- und Bankangaben XXXXXXXXXXXXXXXXXXXXXXXXXXXXXXXXXX

29 Ausgangszollstelle | 30 Warenort XXXXXXXXXXXXXXXX | XXXXXXXXXXXXXXXXXXXXXXXXXXXXXXXXXX

31 Packstücke und Warenbezeichnung | Zeichen und Nummern – Container Nr. – Anzahl und Art | 32 Positions Nr. | 33 Warennummer XXXX

34 Urspr.land Code a b | 35 Rohmasse (kg)

37 VERFAHREN | 38 Eigenmasse (kg) | 39 *Kontingent* XXXXX

40 Summarische Anmeldung/Vorpapier XXXXXXXXXXXXXXXXXXXXXXXXX

41 Besondere Maßeinheit

44 Besondere Vermerke/Vorgelegte Unterlagen/Bescheinigungen u. Genehmigungen
Ausgeführt mit unvollständiger/vereinfachter Ausfuhranmeldung Nr. vom
Ausfuhrgenehmigung vom Nr. Gültig bis
☐ Ich habe keine Kenntnis von einer rüstungstechnischen Verwendung im Sinne von § 5 c AWV (Zutreffendenfalls ankreuzen)
Code B. V. XXX

46 Statistischer Wert

47 Abgabenberechnung

Art	Bemessungsgrundlage	Satz	Betrag	ZA
XXX	XXXXXXXXXX	XXXXXXXXXX	XXXXXXXXXX	XX
		Summe:		

48 Zahlungsaufschub XXXXXXXXXXXXXXXX | 49 Bezeichnung des Lagers

B ANGABEN FÜR VERBUCHUNGSZWECKE

Durchschrift der Ausfuhranmeldung

Zollstelle der ergänzenden Anmeldung
Bezeichnung:
Anschrift:

50 Hauptverpflichteter Nr. Unterschrift:
vertreten durch
Ort und Datum:

C ABGANGSSTELLE

51 Vorgesehene Durchgangszollstellen (und Land)
XXXXXXXXXX | XXXXXXXXXX | XXXXXXXXXX | XXXXXXXXXX | XXXXXXXXXX | XXXXXXXXXX

52 Sicherheit nicht gültig für XXXXXXXXXXXXXXXXXXXXXXXXXXXXXXXXXXXXXXXXXXXX | Code XX | 53 Bestimmungsstelle (und Land) XXXXXXXXXXXXXXXXXXXXXXX

D PRÜFUNG DURCH DIE ABGANGSSTELLE Stempel:
Ergebnis:
Angebrachte Verschlüsse: Anzahl:
Zeichen:
Frist (letzter Tag):
Unterschrift:

54 Ort und Datum:
Unterschrift und Name des Anmelders/Vertreters:

0733 Einheitspapier (Versendung/Ausfuhr) · III B 1 · **(1997)**

Aus Vereinfachungsgründen kann das zuständige Hauptzollamt bei vertrauenswürdigen Unternehmen die Vorlage einer stark verkürzten Einzelanmeldung zulassen. In einer in bestimmten Zeitabständen nachzureichenden **Sammelzollanmeldung** werden dann die vollständigen Angaben für jede Einzelanmeldung nachgeholt. Es ist auch eine Sammelzollanmeldung auf Datenträgern (ZADAT) zulässig.

Eine noch weitergehende Vereinfachung ist die **Zollbehandlung ohne Abfertigung**, die vorher beim Hauptzollamt auf einem Formular beantragt und im Hinblick auf die erwarteten Warensendungen im Einzelnen erläutert werden muss. Bei Bewilligung wird dem Zollbeteiligten die Gestellungsbefreiung mitgeteilt, sodass die Zollbehandlung nach Eintritt in das Zollgebiet durch die Anschreibung der Zollstelle ersetzt wird. Durch die Anschreibung entsteht einerseits die Zollschuld, und andererseits wird aus dem Zollgut Freigut.

Bei der Abwicklung der vereinfachten Verfahren ist i. d. R. das Einheitspapier nicht zu verwenden. Abrechnungszeitraum dieser Verfahren ist oft der Kalendermonat.

Rückwaren sind auf einem besonderen Vordruck, der **Rückwarenerklärung**, anzumelden und durch ein dafür vorgesehenes Auskunftsblatt oder ein Exemplar der seinerzeitigen Ausfuhranmeldung zu ergänzen.

Rückwaren sind Gemeinschaftswaren, die aus dem Zollgebiet der EU ausgeführt worden sind, und innerhalb eines Zeitraumes von i. d. R. längstens drei Jahren vom Exporteur ohne Veränderung in gleichem Zustand wieder eingeführt werden. Sie dürfen in dieser Zeit ihre enge Beziehung zum Exportland noch nicht verloren haben, sodass auch Waren, die sich als ungeeignet für die vorgesehene Verwendung oder als schadhaft erwiesen haben, als Rückwaren gelten können. Sie unterliegen dann keinen Einfuhrabgaben, sofern bei der Ausfuhr keine Vergünstigungen oder Erstattungen gewährt worden sind.

2.2.2 Zollbeschau

Die Zollbeschau ist die zollamtliche Erfassung und Überprüfung von Menge und Beschaffenheit des Zollgutes. Sie kann am Amtsplatz oder auch außerhalb der Zolldienststellen z. B. im Unternehmen oder beim Spediteur erfolgen.

Eine **Mengenbeschau** erfolgt bei Waren, bei denen sich der Zoll vorrangig nach der Menge richtet als Grundlage für die Festsetzung von spezifischen Zollsätzen. Die **Beschaffenheitsbeschau** dient der Ermittlung von Merkmalen und Wert der Ware, die für die Einstufung in den Zolltarif notwendig sind und wird auch als Tarif- und Wertbeschau bezeichnet.

Der Zollbeteiligte hat das Zollgut bereitzuhalten und eine ordnungsgemäße Besichtigung zu ermöglichen (**Gestellungspflicht**). Eine Zollbeschauungspflicht des Zollamtes gibt es jedoch nicht.

Meistens werden nur Stichproben vorgenommen, die der Überprüfung der in der Zollanmeldung gemachten Angaben dienen. Es werden nur die wirklich benötigten Mengen für eine Untersuchung sowie eine Rückstellprobe für eine eventuelle Gegenanalyse entnommen. Der Zollanmelder hat auf Anforderung die notwendige Unterstützung zu leisten und die entstehenden Kosten zu tragen.

Im Postverkehr ist die Post zur Gestellung bei der zuständigen Zollstelle verpflichtet. Im Bahnverkehr erfolgt die Gestellung meistens am Bestimmungsbahnhof.

2.2.3 Zollbefund

Das Ergebnis der Zollbeschau wird durch die Zollstelle schriftlich im so genannten Zollbefund festgehalten. Der Zollbefund ist ein **Feststellungsbescheid über die erfolgte Zollabfertigung** gemäß Zollanmeldung. Er dient der Beweissicherung und ist Grundlage für den Zollbescheid bzw. für die Zollfreiheit. Die Beurkundung erfolgt grundsätzlich auf der Zollanmeldung selbst oder dem jeweils verwendeten Zusatzblatt. Im Rahmen des IT-Verfahrens ATLAS erfolgt der Vermerk auf elektronischem Weg. Danach kann der Zollanmelder über die Waren gemäß dem beantragten Zollverfahren verfügen.

Bei der Überführung in den freien Verkehr wechselt die Ware durch die Überlassung ihren zollrechtlichen Status; aus der Nichtgemeinschaftsware wird Gemeinschaftsware. Dadurch endet ggf. die vorübergehende Verwahrung.

Sollte sich innerhalb bestimmter Fristen herausstellen, dass die importierte und verzollte Ware nicht vertragskonform war, und wird sie aus diesem Grunde an den Exporteur zurückgesandt bzw. vernichtet, so kann die Zollschuld erlassen werden. Voraussetzung dafür ist allerdings, dass die Ware ein ordnungsgemäßes Ausfuhrverfahren durchläuft und die Nämlichkeit gesichert ist, bzw. die Vernichtung vom Zollamt überwacht wird. Auch Teilmängellieferungen können grundsätzlich berücksichtigt werden.

2.2.4 Zolltarif

Auf der Grundlage der Zollbeschau und des Zollbefunds sind **sämtliche Merkmale der Ware und des Geschäfts** bei der Einstufung in den Zolltarif und der Ermittlung der Zollsätze zu berücksichtigen. Der Aufbau des Zolltarifs entspricht dem Aufbau des Warenverzeichnisses für die Außenhandelsstatistik.

Der „Gemeinsame Zolltarif" (GZT) wird seit 1977 als **Außenzolltarif** angewendet und wird vom Ministerrat jedes Jahr neu festgelegt. Der Zolltarif legt für sämtliche Waren die Zollsätze fest und setzt sich aus der Nomenklatur und dem Maßnahmenteil zusammen. Zurzeit umfasst die Nomenklatur 21 Abschnitte, 97 Kapitel sowie über 5.000 Positionen bzw. Unterpositionen.

Bei der Zollanmeldung sind für die Erfassung im elektronischen Zolltarif (EZT) 11-stellige **Code-Nummern** anzugeben, in denen folgende Angaben zusammengefasst sind:

Stellen 1 - 6:	Zolltarifnummern gemäß „HS", dem Internationalen Übereinkommen über das harmonisierte System zur Bezeichnung und Codierung von Waren, das von der Weltzollorganisation (WZO) verwaltet und von zzt. mehr als 200 Verwaltungen angewendet wird
Stellen 7 - 8:	Nummern der Unterpositionen der kombinierten Nomenklatur als Verschlüsselung von Unterteilungen der EU
Stellen 9 - 10:	Integrierter Zolltarif TARIC zur Verschlüsselung gemeinschaftlicher Maßnahmen (z. B. Zollkontingente oder Antidumping-Regelungen)
Stelle 11:	Verschlüsselungen für besondere nationale Fälle (z. B. Umsatzsteuer, nationale Beschränkungen).

Die Stellen 1 - 8 dienen der Kennzeichnung der Waren und sind sowohl bei der Einfuhr als auch bei der Ausfuhr zu benennen. Die Stellen 9 - 11 dienen der Verschlüsselung von gemeinschaftlichen und nationalen Maßnahmen oder Besonderheiten und sind bei der Ausfuhranmeldung nicht erforderlich.

Beispiel

Einstufung einer Volkstracht-Kinderpuppe:

Abschnitt XX	Verschiedene Waren
Codenummer	**Warenbezeichnung**
95	Kapitel HS (Spielzeug, Spiele, Unterhaltungsartikel)
95**03**	Position HS (Dreiräder, Roller, Puppen, Puppenwagen, Puzzles usw.)
9503**00**	Unterposition HS (Puppen, auch bekleidet)
950300**21**	Unterposition Kombinierte Nomenklatur (Puppen, nur Nachbildungen von Menschen darstellend)
95030021**10**	TARIC-Unterposition (handgearbeitete dekorative Puppen in für das Ursprungsland charakteristischer Volkstracht)
9503002110**0**	ggf. nationale Besonderheiten
Regelzollsatz	4,70 %
Präferenzzollsatz	z. B. Marokko 0 %

Im Zolltarif werden unterschiedliche Zollsätze für die jeweiligen Waren in Abhängigkeit vom Herkunftsland genannt. So liegen die **Regelzollsätze** deutlich höher als die Zollsätze gegenüber Ländern mit besonderen Präferenzabkommen (**Präferenzzölle**). Zum Nachweis über die Präferenzursprungseigenschaft dienen vor allem Ursprungszeugnisse und Warenverkehrsbescheinigungen.

Die **Tarifpositionen** beziehen sich meistens nicht auf bestimmte Waren sondern auf Warenbestandteile, um eine dauerhafte Anwendbarkeit auch im Hinblick auf Produktinnovationen oder Produktvariationen zu ermöglichen. Bei der Zuordnung der Tarifpositionen sind einerseits erhebliche Detailkenntnisse erforderlich, andererseits besteht eine gewisse Missbrauchsgefahr bei der Auswahl und Festsetzung vor allem bei neuen Produkten.

Die im Zolltarif genannten Zollsätze stellen **nominale Zölle** dar, die das tatsächliche Ausmaß des Protektionismus nur unzureichend widerspiegeln. **Effektive Zölle** kennzeichnen dagegen den wirklichen Schutz der inländischen Konkurrenzprodukte. Sie können ermittelt werden, indem der Wertzuwachs gegenüber der Vorproduktstufe ins Verhältnis zur Zollmehrbelastung gesetzt wird. Auch führt der Verarbeitungsgrad der Produkte meistens zu einem überproportionalen Anstieg der Zollsätze.

Ist im Zolltarif kein Zollsatz genannt, kann ein **Freistellungsbescheid** ergehen, sodass die Ware zollfrei eingeführt werden kann. Mitunter sind aber auch Waren zollfrei, obwohl für sie grundsätzlich ein Zollsatz vorgesehen ist (Zollbefreiungen). Solche außertarifliche Zollfreiheit kann z. B. bei Warenmustern, Übersiedlungshausrat oder Souvenirs sowie bei Rückwaren vorliegen.

Bei nichtkommerziellen Warensendungen im Post- und Reiseverkehr können (niedrige) pauschalierte Gesamtabgabesätze für alle Einfuhrabgaben angewendet werden.

Wird ein **Zollsatz** genannt, kann es sich dabei um einen Wertzollsatz, einen spezifischen Zollsatz oder einen Mischzollsatz handeln.

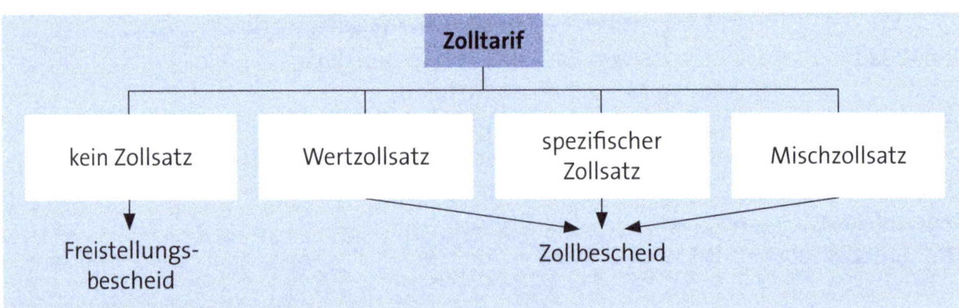

In der Mehrzahl der Fälle liegt eine **Wertverzollung** vor, d. h. der genannte Zollsatz ist ein in Prozent ausgedrückter Inlandswährungsbetrag je Wareneinheit vom Zollwert (z. B. 17 %). Die Problematik liegt hier im Ansatz des „richtigen Zollwertes“, d. h. welcher Warenwert für die Zollerhebung maßgeblich ist.

Nach langjährigen Schwierigkeiten bei der Suche nach einem einheitlichen, internationalen Zollwertsystem gilt seit 1981 als Ergebnis der „Tokio-Runde“ in der EU als Gemeinschaftsrecht der **GATT-Zollwert-Kodex**, der auch eine Vereinheitlichung der Zollwertvorschriften mit vielen anderen Ländern herbeiführte.

Das System geht von sechs anwendbaren Bewertungsmethoden für den Zollwert aus, die in einer vorgegebenen Reihenfolge zu prüfen sind, sodass der Ermessensspielraum der Zollbehörden erheblich eingeschränkt wird. Maßgeblich ist grundsätzlich der **individuelle Transaktionswert** der eingeführten Ware als tatsächlich zu zahlender Kaufpreis, der jedoch eine Reihe von genau festgelegten Bedingungen erfüllen muss. Danach ist als Zollwert normalerweise der **Rechnungsbetrag zuzüglich der Auslandsfrachtkosten** anzusehen, sodass für die gleiche Ware je nach individueller Kaufvertragsgestaltung unterschiedliche Zollbeträge entstehen können.

Bei der Ermittlung des Zollwertes ist von **sechs Methoden** auszugehen, die in dieser Reihenfolge hinsichtlich ihrer Anwendbarkeit zu prüfen sind (Art. 69 - 76 UZK):

1. Transaktionswert der tatsächlich eingeführten Ware; diese Methode ist i. d. R. zu erwarten, doch scheidet sie aus, wenn kein Kaufpreis feststellbar ist, oder die Vertragspartner aufgrund besonderer wirtschaftlicher Beziehungen (z. B. verbundene Unternehmen) Preisbeeinflussung vornehmen.
2. Transaktionswert gleicher Waren; dieser ist auch nicht anwendbar, wenn kein Zollwert für diese Ware aus diesem Exportland vorliegt.
3. Transaktionswert gleichartiger Waren; dieser ist nicht anwendbar, wenn es keine gleichartigen Waren gibt.
4. Deduktive Methode, bei der der Transaktionswert deduktiv aus dem Verkaufspreis im Zollgebiet errechnet wird; dieser Wert ist nicht anwendbar, wenn die Ware nicht in der EU verkauft wird.
5. Errechneter Wert, den der Zoll aufgrund der Kalkulationsunterlagen des Exporteurs oder bestimmter Elemente der Ware ermittelt; dieser Wert kann auch nicht zu Grunde gelegt werden, wenn keine geeigneten Unterlagen bereitgestellt werden.
6. Schlussmethode durch Schätzen des Zollwertes.

In vielen Fällen beinhaltet der Kaufpreis/Rechnungsbetrag aber entweder noch nicht alle zu zahlenden Beträge oder ist zu hoch angesetzt, sodass zur Feststellung des Transaktionswertes als Zollwert vorher **Berichtigungen** vorzunehmen sind, die sich vor allem beziehen können auf

- Skontoabzugsmöglichkeiten
- handelsübliche Rabatte
- Ratenzahlungen
- Provisionen für Handelsmittler
- Verpackungskosten
- Aufteilung oder Ergänzung von Beförderungskosten bis zum Verbringungsort
- Versicherungskosten.

Als **Verbringungsort** gilt im Seeverkehr der Entlade- oder Umladehafen, im Eisenbahn-, Binnenschifffahrts- und Straßengüterverkehr die erste Zollstelle im Zollgebiet und im Luftverkehr der Ort, an dem die EU-Grenze überflogen wird. Da die Luftfracht i. d. R. die gesamte Frachtrate bis zum Ankunftsflughafen beinhaltet, legt die Zollkodex-DVO in einem Anhang die prozentuale Aufteilung der Transportkosten fest (z. B. 66 % der Frachtrate New York – Frankfurt gehören zum Transaktionswert).

Sind Bestandteile des Transaktionswertes in **ausländischer Währung** ausgedrückt, sind sie in die Währung des die Zollabfertigung durchführenden Landes umzurechnen.

Sollen nicht der Wert der Ware sondern bestimmte Eigenschaften wie die Länge, Fläche, das Volumen, Gewicht oder die Stückzahl einer Ware oder auch eine Kombination dieser Maßstäbe zugrundegelegt werden, handelt es sich um eine **spezifische Verzollung**. Sie wird vor allem verwendet, um bei Wertschwankungen der Ware einen „gerechten Zollsatz" zu gewährleisten, da er nur von den wägbaren, messbaren oder zählbaren Eigenschaften der Ware abhängig ist. Gegebenenfalls ist auch eine Kombination mit einem Wertzollsatz als Mischzollsatz möglich, die die Einhaltung gewisser Ober- und Untergrenzen der Zollbelastung garantieren soll. Die spezifischen Zölle werden in Euro ausgedrückt (z. B. Gin in 0,7 l Flaschen 1 € je 100 l je % vol. Alkohol + 5 € je 100 l).

Zolltarifauskünfte bei den Zollämtern sind oft sehr nützlich, aber meistens unverbindlich. Eine verbindliche Zolltarifauskunft kann in der EU nur durch wenige Behörden erteilt werden, in Deutschland kann bei jeder Zolldienststelle ein Antrag (vZTA; Formular 0307) auf Erteilung einer verbindlichen Zollauskunft eingereicht werden. Die Erteilung erfolgt durch das Hauptzollamt Hannover. Zur Beschleunigung des Verfahrens dient die Verwendung der spezifischen Antragsformulare und eine eindeutige Warenbeschreibung mit Mustern. Die Zollstellen in der Europäischen Gemeinschaft sind an die Entscheidung gebunden und die Auskunft ist höchstens sechs Jahre gültig. Gegen die Zolltarifauskünfte ist als Rechtsbehelf der Einspruch möglich. Darüber hinaus kann eine Klage beim Bundesfinanzhof (BFH) angestrengt werden.

In manchen Fällen ist für das Außenhandelsunternehmen eine Zolltarifauskunft für einen bestimmten Auslandsmarkt wichtiger als eine deutsche Zolltarifauskunft. Die Industrie- und Handelskammern und andere Institutionen sind hier meistens in der Lage, die ausländische Behörde zu benennen, die solche Zolltarifauskünfte erteilen kann. In verschiedenen Ländern werden jedoch Auskünfte nur an inländische Importeure gegeben.

Zollkontingente sind mengenmäßig und zeitlich begrenzte Zollvergünstigungen, die für bestimmte Waren vorübergehend Zollermäßigung oder sogar Zollfreiheit bedeuten. Sie stehen meist in Zusammenhang mit besonderen Handelsabkommen und beziehen sich nur auf bestimmte Länder (Präferenzräume). Die Warenherkunft muss durch einen Ursprungsnachweis bescheinigt werden. Zollkontingente werden von der EU bis zu einem Jahr befristet.

Die Zollkontingente werden durch Ausschreibung im Bundesanzeiger bekannt gemacht, die die Antragsbedingungen, die verfügbaren Mengen und die Modalitäten der Genehmigung enthält. Die Vergabe kann im Windhundverfahren, d. h. Genehmigungserteilung in der Reihenfolge der Antragseingänge, oder im Referenzverfahren erfolgen, d. h. die Zuteilung richtet sich nach den Einfuhrmengen eines Referenzzeitraums unter Berücksichtigung von Neuimporteuren.

2.2.5 Zollbescheid

Der Zollbescheid ergeht an den Zollschuldner. Die Person des Zollschuldners ist im Zollkodex sehr weit gefasst. So gelten als **Zollschuldner** alle an der Warenverbringung unmittelbar oder mittelbar Beteiligten als Gesamtschuldner. Das sind zwar vorrangig die Importeure, doch fallen darunter auch sonstige Beteiligte wie der Erwerber oder Besitzer der Ware sowie Personen, die an der Entziehung der Ware beteiligt waren und dies hätten wissen müssen.

Die Zollschuld entsteht mit der Annahme der Zollanmeldung. Der Zollbescheid ist dann nach erfolgter Zollabfertigung die Aufforderung an den Zollschuldner zur Zahlung aller **Einfuhrabgaben** oder u. U. auch **Ausfuhrabgaben**.

Zu den Einfuhrabgaben zählen

- die **Einfuhrzölle**
- die **Einfuhrumsatzsteuer**
- die **Abschöpfungsabgaben** für landwirtschaftliche Produkte
- die **Verbrauchsteuern** (z. B. Tabak-, Mineralöl- oder Biersteuer).

Abschöpfungsabgaben sind ein wichtiges handelspolitisches Instrument der EU zur Steuerung des Agrarpreisniveaus. Liegen die Weltmarktpreise unter dem EU-Richtpreis, werden die Agrarimporte durch die Abschöpfung auf das Preisniveau der EU angehoben. Sollten höhere Weltmarktpreise bestehen, können durch Ausfuhrabschöpfungen die EU- Produkte verteuert werden.

Beim Export bestimmter landwirtschaftlicher Erzeugnisse können auch **Ausfuhrerstattungen** auftreten, wenn die EU-Kommission die höheren EU-Preise aus Gründen der Exportförderung auf das niedrigere Weltmarktniveau senken möchte.

Beispiele

Beispiele zur EU-Marktregulierung

Weltmarktpreis 500

EU-Richtpreis 600

+ 100 Abschöpfungsabgabe

Ziel: Importverteuerung

EU-Richtpreis 600 — **Weltmarktpreis** 700

+ 100
Ausfuhrabschöpfung

Ziel: Exportverteuerung

EU-Richtpreis 600 — **Weltmarktpreis** 700

- 100
Ausfuhrerstattung

Ziel: Exportverbilligung

Der Zollschuldner erhält den Zollbescheid schriftlich oder mündlich, i. d. R. wird er auf dem „Zusatzblatt zum Einheitspapier für die Abfertigung von Waren zum freien Verkehr" vollzogen. Die Bezahlung der Einfuhrabgaben hat bei gewerblicher Einfuhr innerhalb von zehn Tagen bei privater Einfuhr sofort am Ort in bar oder mit Barscheck zu erfolgen.

Der Zollschuldner kann gegen den Zollbescheid innerhalb eines Monats ab Bekanntgabe Einspruch erheben. Der Einspruch entbindet ihn jedoch nicht von seiner sofortigen Zahlungspflicht. Auf Antrag kann aber die Zahlung der Zollschuld bis zur Klärung hinausgeschoben werden (**Zahlungsaufschub**). Dem wiederum kann das Hauptzollamt widersprechen.

Unabhängig von einem Einspruch kann auch auf begründeten Antrag (z. B. bei Mängeln oder Änderung der Zollbehandlung) ein Zahlungsaufschub von 30 Tagen erwirkt werden, wobei dann allerdings als Sicherheit eine **Zollbürgschaft einer Bank** zu erbringen ist. Die Zollfreigabe wird durch den Zahlungsaufschub nicht gehemmt. Zur Zahlungserleichterung können aber auch sämtliche innerhalb eines Zeitraums buchmäßig erfassten Abgabenbeträge als **laufender Zahlungsaufschub** zusammengefasst werden. Weiterhin ist eine Zollstundung bei Verzinsung des Abgabenbetrages erreichbar.

Rechtsbehelf gegen die Einspruchsentscheidungen des Hauptzollamtes (HZA) ist die Klage bei einem Finanzgericht. Sie ist grundsätzlich gegen alle Bescheide u. Ä. der Hauptzollämter und Oberfinanzdirektionen möglich. Rechtsbehelf gegen das Urteil eines Finanzgerichts ist die Revision beim Bundesfinanzhof (BFH).

2.2.6 Einfuhrumsatzsteuer und Verbrauchsteuern

Die Einfuhrumsatzsteuer wird durch die Zollbehörden im Rahmen der Einfuhrabgaben erhoben. Sie hat als **besondere Erhebungsform der Umsatzsteuer** auch dieselben Steuersätze und wird vom Importeur im Rahmen des Vorsteuerabzugs mit dem Finanzamt verrechnet, sodass sie erst der Endverbraucher trägt. Der Einfuhrumsatzsteuerwert als Bemessungsgrundlage setzt sich wie folgt zusammen (§ 11 UStG):

- aus dem Zollwert (= normalerweise Rechnungsbetrag)
- aus dem Zoll, den Abschöpfungsabgaben, den Verbrauchsteuern
- aus den Transportkosten von der EU-Außengrenze bis zum ersten inländischen Bestimmungsort.

Berechnungsschema (ohne Verbrauchsteuern)

	Zollwert	• Zollsatz	=	Zollschuld
+	Zollschuld			
+	Transportkosten innerhalb der EU			+
=	**Einfuhrumsatzsteuerwert**	• EUSt-Satz	=	Einfuhrumsatzsteuerschuld
				Einfuhrabgabenbetrag

Bei der Einfuhr von Waren in Zollfreizonen (z. B. Helgoland) wird keine EUSt erhoben. Ausfuhrsendungen sind gemäß § 4 UStG mehrwertsteuerfrei. Durch die Möglichkeit des Vorsteuerabzugs kann eine vollständige Entlastung der Exporte erreicht werden.

Da im EU-Binnenmarkt die Grenzkontrollen i. d. R. entfallen, wird die Einfuhrumsatzsteuer im **innergemeinschaftlichen Warenverkehr** nicht von den Zollbehörden sondern von den Finanzämtern erhoben, sodass der Warenverkehr vom Steuerpflichtigen im Rahmen der Umsatzsteuererklärung zu melden ist. Zur Abwicklung muss bei einer mehrwertsteuerfreien gewerblichen Lieferung an Käufer in der EU in der Rechnung die **Umsatzsteuer-Identifikationsnummer** des Importeurs aufgeführt werden. Der Exportur hat im Zweifelsfall die Richtigkeit durch Anfrage beim Bundesamt für Finanzen zu überprüfen.

Trotz des Binnenmarktes gilt im gewerblichen Warenverkehr zwischen den EU-Ländern zunächst das **Bestimmungslandprinzip** weiter, sodass die im Importland geltenden Steuersätze anzuwenden sind. Alle Einfuhren aus EU-Ländern sind demzufolge beim Bundeszentralamt für Steuern in Saarlouis in einer zusammenfassenden Meldung zu Kontrollzwecken vierteljährlich abzugeben (vgl. Kapitel A.4.3).

Derzeitige Praxis:

Bestimmungslandprinzip	Im gewerblichen Warenverkehr zwischen den EU-Ländern sind die im Importland geltenden Steuersätze anzuwenden.
Ursprungslandprinzip	Bei von Privatpersonen zum persönlichen Gebrauch eingeführten Waren sowie in gewissen Ausnahmefällen wie dem des Versandhandels erfolgt die Besteuerung in dem Land, in dem die Ware gekauft worden ist.

Die **Regelumsatzsteuersätze** betragen 2019 in der EU:

Belgien	21 %	Italien	22 %	Rumänien	19 %
Bulgarien	20 %	Kroation	25 %	Schweden	25 %
Dänemark	25 %	Lettland	21 %	Slowakei	20 %
Deutschland	19 %	Litauen	21 %	Slowenien	22 %
Estland	20 %	Luxemburg	17 %	Spanien	21 %
Finnland	24 %	Malta	18 %	Tschechien	21 %
Frankreich	20 %	Niederlande	21 %	Ungarn	27 %
Griechenland	24 %	Österreich	20 %	Zypern	19 %
Großbritannien	20 %	Polen	23 %		
Irland	23 %	Portugal	23 %		

Quelle: *Handelskammer Hamburg*, 2018

In den meisten EU-Ländern gibt es daneben für bestimmte Waren auch ermäßigte Umsatzsteuersätze.

Neben dem Mindestregelsatz für die Umsatzsteuer von 15 % hat die EU auch für die maßgeblichen **Verbrauchsteuern** auf Alkohol, Heizöl, Diesel, Benzin, Bier, Tabak und Sekt Mindestsätze festgelegt.

2.3 Zollverfahren

2.3.1 Überführung zum freien Verkehr

Durch die Überführung zum freien Verkehr wird die Nichtgemeinschaftsware/das Zollgut nach der Zollabfertigung und Verzollung zur Inlandsverwendung freigestellt und damit in die EU eingeführt. **Die Ware wird Gemeinschaftsware** bzw. Freigut.

In einigen förderungswürdigen Fällen (z. B. bei Waren für wissenschaftliche Forschung und Zeitungspapier) lässt das Gemeinschaftsrecht Zollvergünstigungen zu. Diese Waren werden zwar auch zum freien Verkehr abgefertigt, doch unterliegen sie zur Sicherstellung des begünstigten Zwecks der zollamtlichen Überwachung. Die **Verwendung für besondere Zwecke** ist eine Überführung zum freien Verkehr unter Vorbehalt.

Die Verwendung zu besonderen Zwecken ist beim Hauptzollamt zu beantragen und wird nur vertrauenswürdigen Unternehmen genehmigt, bei denen entsprechende Kontrollmaßnahmen durchgeführt werden können. Bei der Bewilligung wird vor allem festgelegt:

- die Gültigkeitsdauer der Bewilligung (im Normalfall höchstens drei Jahre)
- Inhaber der Bewilligung
- die Verwendungsfrist (im Normalfall ein Jahr)
- die genaue Bezeichnung der Ware
- die Art und Weise der Nämlichkeitssicherung und
- die überwachende Zollstelle(n).

Mit Erreichung des Begünstigungszwecks endet die zollamtliche Überwachung.

2.3.2 Ausfuhrverfahren

Beim Ausfuhrverfahren werden Gemeinschaftswaren über die Zollgrenze in Drittländer verbracht (Extra-Handel). Durch die gemäß Ausfuhrverfahren erforderliche Ausfuhranmeldung wird die Ausfuhrsendung statistisch erfasst.

Da es in der EU keine Ausfuhrzölle gibt, ist zollrechtlich die Überwachung der Ausfuhr i. d. R. nur erforderlich, wenn sie im Zusammenhang mit einem besonderen Zollverkehr steht, wenn es sich um die Ausfuhr von Nichtgemeinschaftswaren oder um Präferenzwaren handelt, oder wenn eine Wiederausfuhr mit Erstattungsanspruch oder eine Rückwarensendung vorliegt. Daneben können steuerrechtliche Ansprüche oder außenwirtschaftliche Beschränkungsmaßnahmen sowie Ausfuhrregelungen (z. B. lebensmittelrechtliche Vorschriften) eine Ausfuhrüberwachung erfordern (siehe hierzu auch Kapitel C.1.3.3 und C.1.4.2).

2.3.3 Abfertigung zum besonderen Zollverkehr

Besondere Zollverkehre sind:

- der Veredelungsverkehr (aktive und passive Veredelung)
- das Zolllagerverfahren
- die vorübergehende Verwendung
- das Umwandlungsverfahren
- das Versandverfahren.

Mit Ausnahme des Versandverfahrens werden die besonderen Zollverkehre auch als **Zollverfahren mit wirtschaftlicher Bedeutung** bezeichnet.

2.3.3.1 Veredelungsverkehr

Veredelung ist im Sinne des Zollrechts die **Bearbeitung, Verarbeitung oder die Ausbesserung von Waren**. Dabei kann es sich um ausländische Ware handeln, die zur Veredelung ins Inland eingeführt wird und danach wieder exportiert wird (aktiver Veredelungsverkehr) oder um inländische Ware, die zur Veredelung ins Ausland verbracht und dann wieder importiert wird (passiver Veredelungsverkehr).

Beim **aktiven Veredelungsverkehr** braucht der Importeur den Einfuhrwert nicht zu verzollen, da die Ware nach Veredelung wieder ausgeführt wird. Die Abfertigung von Waren zur aktiven Veredelung muss vorher beantragt werden. Nach Abschluss der Veredelung und Verlassen des Zollgebietes müssen die Waren abgemeldet werden.

Beim **passiven Veredelungsverkehr** erfolgt eine Differenzverzollung in Höhe des Mehrwertes der nach Veredelung wieder eingeführten Ware. Die passive Veredelung wird beim Verlassen der EU unter Vorlage des Veredelungsscheins auf der Grundlage des

Einheitspapiers (Exemplare 1 und 3) abgefertigt bzw. bei der Rückkehr der Ware auf der Grundlage der Exemplare 6 und 8.

Beispiel

	Zollwert der veredelten Ware (z. B. Hosen) 2,5 Mio. € Zollsatz 10 %	250.000 €
-	fiktiver Zollwert des Vorprodukts (z. B. Stoffe) 1,2 Mio. €, Zollsatz 5 %	60.000 €
=	**Zollschuld**	**190.000 €**

Die **Einfuhrumsatzsteuer** ist in voller Höhe auf den Zollwert der veredelten Ware zu beziehen, da die Veredelungsverkehre gemäß § 21 UStG zu keiner umsatzsteuerlichen Vergünstigung führen.

Zum Veredelungsverkehr siehe auch Kapitel B.2.1.

2.3.3.2 Zolllagerverfahren

Beim Zolllagerverfahren wird die Ware **zollrechtlich noch nicht eingeführt** sondern zunächst bis zum späteren Versand oder bis zur Weiterverarbeitung zwischengelagert. Dadurch entsteht eine abgabenfreie Vorratshaltung von Nichtgemeinschaftswaren. Übliche **Voraussetzungen für die Genehmigung** eines Zolllagers sind

- Vertrauenswürdigkeit
- wirtschaftliche Berechtigung (Lagerbedürfnis)
- ordentliche Buchführung
- Vorlage einer Zollbürgschaft und
- Gebietsansässigkeit in der EU.

Das Zolllager findet vor allem bei der Einfuhr Verwendung, wenn der Zoll erst bei Weiterverkauf der Ware oder kurz vor der Verarbeitung bezahlt werden soll. So kann ein Importeur/Großhändler **Zollaufschub** erhalten, bis die jeweils gewünschten Teilmengen für den Verarbeiter/Abfüller entnommen werden sollen.

Zolllager sind auch bei **zeitlich gestrecktem Transithandel** mit längerem Inlandsaufenthalt der Ware anzutreffen, wobei die Lagerfrist nach dem Zollkodex nicht begrenzt ist.

Während der Lagerdauer kann noch eine andere Zollbehandlung gewählt werden, doch ist in diesem Falle zunächst eine erneute Gestellung vorgeschrieben, da die Zollgutlagerung vorher beendet werden muss. Umgekehrt kann sich eine Zolllagerung auch an einen anderen Zollverkehr anschließen (z. B. an eine aktive Veredelung). Zolllager werden deshalb auch oft verwendet, wenn die endgültige zollrechtliche Bestimmung noch unklar ist.

Importkonsignationsgeschäfte, bei denen ein deutscher Importeur (Konsignatar) für einen ausländischen Exporteur (Konsignant) ein Auslieferungslager führt, werden ebenfalls gerne über ein Zolllager abgewickelt. Konsignationsgeschäfte selbst bedürfen keines besonderen Einfuhrverfahrens. Die Konsignationsware ist erst bei Auslieferung an den Empfänger dem Zoll zu gestellen.

Es lassen sich folgende Arten von **Zolllagern** unterscheiden:

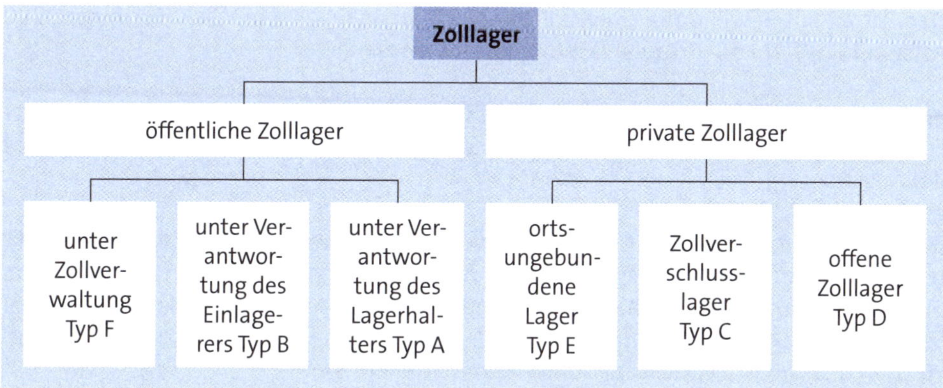

Öffentliche Zolllager stehen jedermann offen und werden auch als Zollniederlagen bezeichnet. Die Verwaltung der eingelagerten Ware kann von einem gewerbsmäßigen Lagerhalter oder vom Einlagerer selbst vorgenommen werden; das Zolllager kann aber auch unter Zollverwaltung stehen. Aus Gründen der Verfügbarkeit über die Ware sind diese Lagerarten selten.

Die **privaten Zolllager** stehen (nur) dem Lagerhalter zu eigenen Zwecken zur Verfügung. Einlagerer und Lagerhalter als Genehmigungsinhaber sind identisch, doch kann der Lagerhalter die Einlagerung auch für Rechnung Dritter vornehmen. Derartige Lagermöglichkeiten werden auch von Speditionen und Lagerhausgesellschaften angeboten.

Beim Lagertyp C besitzt der Zoll ein Mitverschlussrecht. Beim Lagertyp E ist der Bewilligungsinhaber berechtigt, die Ware an verschiedenen Orten einzulagern; jedoch muss sich der Aufenthaltsort der Ware jederzeit feststellen lassen.

Der häufigste Fall ist das **offene Zolllager mit wechselndem Bestand** (Typ D) auf dem Betriebsgelände des Unternehmens, was für die Zollverwaltung keine Kosten verursacht und dem Importeur alleiniges Zutrittsrecht gewährt. Der Lagerhalter hat hierfür eine Sicherheit zu leisten. Ins Zolllager können sowohl Waren zur späteren Inlandsverwendung als auch zur Wiederausfuhr eingebracht werden. Bei Entnahme werden die Einfuhrabgaben sofort fällig, es sei denn, es handelt sich um Warenproben oder Ausstellungsmuster im handelsüblichen Sinne. Warenveränderungen sind unzulässig und werden als Veredelungsverkehr (aktiv) ausgelegt.

Aufgrund der freien Verfügbarkeit über die Ware bei den Lagertypen A, C und E sowie im Hinblick auf den Zahlungsaufschub für die Einfuhrabgaben bis zur Auslagerung ist Sicherheit, i. d. R. in Form einer **Zollbürgschaft**, in Höhe der durchschnittlich in 1,5 Monaten enstehenden Einfuhrabgabenschuld (Zollabgabenbetrages zuzüglich der Verbrauchsteuern und der Umsatzsteuer) zu leisten. Es handelt sich hier um eine selbstschuldnerische Bankbürgschaft zu Gunsten des Zollamtes, die je nach Bonität des Unternehmens etwa 0,5 - 2 % p. a. Avalprovision kostet.

Der Antrag auf Bewilligung eines Zolllagerverfahrens muss schriftlich (Formular 0290 ggfs. mit Zusatzblatt Formular 05967) gestellt werden.

Bemessungsgrundlage für den Zollwert ist immer die Zollbeschau bzw. der Termin der Einlagerung; für die Zollberechnung gilt jedoch der jeweilige Zolltarif zum Zeitpunkt der Auslagerung.

Das Zolllagerverfahren endet mit der Überführung der Ware in ein anderes Zollverfahren (z. B. Einfuhr oder Veredelung). Die in den freien Verkehr überführten Waren sind bis zum 10. Arbeitstag nach Ablauf des genehmigten Abrechnungszeitraums unter Selbstberechnung der Einfuhrabgaben auf der Basis des Feststellungsbescheides aufzulisten und der Überwachungszollstelle mitzuteilen.

2.3.3.3 Vorübergehende Verwendung

Eine vorübergehende Verwendung liegt vor, wenn Waren nur vorübergehend für bestimmte Zwecke eingeführt werden, ohne eine Veränderung zu erfahren.

Es ist grundsätzlich vorher eine zollamtliche Bewilligung zu beantragen; in jedem Fall wird eine bestimmte Sicherheitsleistung vom Zoll verlangt. Voraussetzung ist immer eine ausreichende Nämlichkeitssicherung. In der Regel beträgt die Höchstdauer der Verwendung zwei Jahre.

Das Verwendungsverfahren kann vor allem beantragt werden bei **vorübergehender Einfuhr** von

- Berufsausrüstungen
- Geräten für Presse, Film, Rundfunk, Fernsehen oder Theater
- Messe- und Ausstellungsgütern
- pädagogischem, wissenschaftlichem oder medizinischem Material
- Erprobungsgegenstände und Warenmustern
- persönlichen Gegenständen.

In den meisten Fällen führt die Bewilligung der vorübergehenden Verwendung zur vollständigen Zollentlastung. In bestimmten Fällen wie beispielsweise bei Gegenständen zur gewerblichen Herstellung oder Aufbereitung von Waren oder bei Hoch- und Tiefbaugeräten ist lediglich eine teilweise Befreiung möglich.

Bei vorübergehender Einfuhr oder bei Durchfuhr von Berufsausrüstungen, Presse-, Film- und Ausstellungsmaterial sowie Werkzeug und Warenmustern findet alternativ auch das Carnet A. T. A. (Admission temporaire - Temporary admission) Verwendung. Es kann während der üblichen Laufzeit von einem Jahr beliebig oft benutzt werden.

Das **Carnet A. T. A.** ist ein **internationales Zollpassierscheinheft**. Es soll das vorübergehende Verbringen von Waren ins Ausland dadurch erleichtern, dass bei seiner Benutzung die Zahlung oder Hinterlegung von Zöllen und sonstigen Einfuhrabgaben entfällt und keine besonderen Zollanmeldungen in den Einfuhrländern auszufertigen sind. Diese Erleichterungen werden dadurch ermöglicht, dass die Industrie- und Handelskammern bzw. deren Spitzenorganisationen in den beteiligten Ländern aufgrund wechselseitiger Verpflichtungen generell den Zollbehörden ihrer Länder gegenüber eine Bürgschaft für die Entrichtung der Abgaben in solchen Fällen übernommen haben, in denen Carnets A. T. A. nicht ordnungsgemäß erledigt werden. Zur Abdeckung des damit verbundenen Risikos haben die Kammern eine Versicherung mit der Euler-Hermes Kreditversicherungs-AG abgeschlossen.

Als Verwendungsverfahren ist auch die vorübergehende Verwendung von Beförderungsmitteln (z. B. Straßenfahrzeuge) und Behältern (z. B. Containern) einzustufen. Das Verfahren wird hier jedoch zweckmäßigerweise formlos ohne Erteilung eines Verwendungsscheins bewilligt, durchgeführt und beendet.

Achten Sie bitte darauf, daß auch die Rückseite ausgefüllt sein muß!

An die **Industrie- und Handelskammer** in ____________________

ACHTUNG! Vor dem Ausfüllen der Rückseite von Blatt 1 + 2 des Antrages das Kohlepapier herausziehen und zur Wiederverwendung neu einlegen!

Antrag auf Ausstellung eines Carnet A.T.A. und auf Abschluß einer Kautionsversicherung

(Auszufüllen, wenn das Carnet für eine natürliche, nicht im Handelsregister eingetragene Person ausgestellt werden soll)

Name: ____________________

Vorname: ____________________

Anschrift: ____________________

____

Fernruf: ____________________

Staatsangehörigkeit: ____________________

geb.: ____________________

Personalausweis Nr.: ____________________

ausgestellt von: ____________________

Beruf: ____________________

Gewerberechtlich gemeldet bei: ____________________

____

(Auszufüllen, wenn das Carnet für eine Firma oder Körperschaft des öffentlichen Rechts etc. ausgestellt werden soll)

Firma / Bezeichnung: ____________________

____

____

Gegenstand des Unternehmens: ____________________

____

Anschrift: ____________________

____

Fernruf: ____________________

Abteilung / Sachbearbeiter: ____________________

Hauptsitz ☐ ja ☐ nein

Handels- / Genossenschaftsregistereintragung Nr.: ____________________

beim Amtsgericht in ____________________

Bankverbindung: ____________________

Beabsichtigte Verwendung der auf der Rückseite dieses Antrages verzeichneten Waren gemäß dem internationalen Abkommen für

☐ Berufsausrüstung ☐ Ausstellung und Messen ☐ Warenmuster oder gemäß einem anderen, nämlich für ____________________

oder gemäß einer nationalen Vorschrift für ____________________

in folgendem/n Land/Ländern

(in Klammern bitte die Anzahl der beabsichtigten Reisen oder Versendungen angeben)

____

____

Durchfuhrland/Durchfuhrländer

(in Klammern bitte die Anzahl der beabsichtigten Reisen oder Versendungen angeben)

____

____

Ich/wir (nachfolgend: wir) verpflichten uns, diese Waren ausschließlich unter den im Anhang zu diesem Antrag aufgeführten Bedingungen zu verwenden. Das CARNET wird Ihnen sofort zurückgegeben werden, sofern es nicht mehr benötigt wird, spätestens bei Ablauf der Gültigkeitsdauer. Sie werden das CARNET drei Jahre nach Ablauf der Gültigkeitsdauer aufbewahren. Nach Ablauf dieser Zeit können wir das CARNET innerhalb von drei Monaten bei Ihnen abholen. Wird von dieser Möglichkeit kein Gebrauch gemacht, sind Sie berechtigt, das CARNET zu vernichten.

Sollte Ihnen das CARNET bis zum Ablauf der Gültigkeitsdauer nicht zurückgegeben oder von einer Zollbehörde beanstandet werden, ergreifen wir alle von Ihnen für notwendig erachteten Maßnahmen zur ordnungsgemäßen Erledigung auf unsere Kosten und übernehmen die Ihnen oder dem Deutschen Industrie- und Handelstag (DIHT) in diesem Zusammenhang entstehenden Kosten.

Uns ist aufgrund des Anhangs zu diesem Antrag bekannt, daß der DIHT für die ausländischen Eingangsabgaben selbst haftet. Demgemäß werden wir Sie oder den DIHT auf erste Anforderung für alle Beträge entschädigen, die der DIHT zur Erfüllung seiner Haftung aufgewendet hat. Gegen diese Ansprüche können wir nicht einwenden, daß die Forderung der Eingangsabgaben seitens der ausländischen Zollbehörde unberechtigt ist, und wir können auch weder gegen Sie noch den DIHT Ansprüche geltend machen, die aus fehlerhaften Auskünften oder aus Fehlern bei der Ausstellung oder Bearbeitung des CARNET entstehen.

Uns ist ferner bekannt, daß Sie das beantragte CARNET nur ausstellen werden, wenn wir mit der Hermes Kreditversicherungs-AG, Hamburg, (Hermes) einen Kautionsversicherungsvertrag abschließen, aufgrund dessen sich Hermes für diejenigen von uns zu erstattenden Beträge verbürgt, die der DIHT zur Erfüllung der an ihn gestellten Anforderungen tatsächlich aufgewendet hat. Demgemäß beantragen wir hiermit beim Hermes eine Kautionsversicherung mit der Maßgabe, daß diese Gesellschaft dem DIHT gegenüber unter Verzicht auf die Einreden der Aufrechenbarkeit, Anfechtbarkeit und Vorausklage (§§ 770, 771 BGB) für die vorgenannten Beträge bürgt und übernehmen selbst die Ihnen bzw. dem DIHT gegenüber zu erfüllenden Verpflichtungen in gleichem Umfang gegenüber Hermes.

Die Kautionsversicherung beginnt und die Bürgschaft gilt als abgegeben mit Aushändigung des beantragten CARNET durch Sie, ohne daß es einer ausdrücklichen schriftlichen Antragsannahme oder Ausstellung einer besonderen Bürgschaftsurkunde durch Hermes bedarf. Sie endet automatisch mit der Erledigung unserer Verpflichtungen aus diesem Antrag.

Das von uns zu zahlende Versicherungsentgelt wird von Ihnen an Hermes weitergeleitet.

Es gilt deutsches Recht. Als Gerichtsstand wird Hamburg vereinbart, soweit dies gesetzlich zulässig ist. Die zuständige Aufsichtsbehörde ist das Bundesaufsichtsamt für das Versicherungswesen, Ludwigkirchplatz 3 - 4, 10719 Berlin.

Wir sind damit einverstanden, daß unsere persönlichen Daten im Reklamationsfall an den Hermes, den DIHT oder ausländische Zollbürgen weitergegeben und gespeichert werden.

____________________ ____________________

Ort und Datum **Firmenstempel / Rechtsverbindliche Unterschrift**

Von der Industrie- und Handelskammer auszufüllen:

Nummer des Carnet A.T.A. ____________ ausgestellt am: ____________ gültig bis: ____________

Carnet enthält:	______ gelbe Ausfuhrblätter	______ gelbe Wiedereinfuhrblätter	
	______ weiße Einfuhrblätter	______ weiße Wiederausfuhrblätter	______ Transitblattpaare
nachträglich hinzugefügt:	______ gelbe Ausfuhrblätter	______ gelbe Wiedereinfuhrblätter	
	______ weiße Einfuhrblätter	______ weiße Wiederausfuhrblätter	______ Transitblattpaare
zurückgegeben am:	______		
unbenutzt sind:	______ gelbe Ausfuhrblätter	______ gelbe Wiedereinfuhrblätter	
	______ weiße Einfuhrblätter	______ weiße Wiederausfuhrblätter	______ Transitblattpaare

7.97

wk WILHELM KÖHLER VERLAG
Bestell-Nr. 715
32372 Minden, Postfach 12 61, Telefon 05 71/8 28 23-0, Telefax 05 71/8 28 23 23
60323 Frankfurt/M, Telemannstr. 13, Telefon 0 69/72 00 25 · 97 + 98, Telefax 0 69/72 72 96
20095 Hamburg, Mönckebergstr. 11, Telefon 0 40/30 38 05 · 33 + 34, Telefax 0 40/33 77 23
53113 Bonn, Kaiserstr. 15, Telefon 02 28/22 40 50, Telefax 02 28/26 16 40
04317 Leipzig, Gellertstr. 12, Telefon 03 41/2 61 45 · 10 + 11, Telefax 03 41/2 61 94 07
10553 Berlin, Beusselstr. 44 N-Q (Großmarkt), Telefon 0 30/39 73 46 72, Telefax 0 30/39 73 46 99

2.3.3.4 Umwandlungsverfahren

Ein Umwandlungsverfahren liegt vor, wenn die Ware unter zollamtlicher Überwachung eine andere Beschaffenheit meist niedrigerer Produktionsstufe erhält und dann erst im umgewandelten Zustand eingeführt wird. Der Vorteil für das Unternehmen besteht in der Anwendung eines niedrigeren Zollsatzes für die umgewandelte Ware.

Das Umwandlungsverfahren ist zulässig bei:

- Umwandlung in Reste oder Abfälle bzw. Zerstörung
- Umwandlung in Einzelmuster oder Musterkollektionen
- Denaturierung
- Wiedergewinnung von Teilen oder Bestandteilen
- Aussonderung beschädigter Teile
- Umwandlung zur Behebung von an Waren entstandenen Schäden
- von der EU-Kommission vorübergehend ergänzten Fällen.

Die Bewilligung der Umwandlung wird nur vertrauenswürdigen, in der EU ansässigen Unternehmen ausgesprochen und ist vom volks- und betriebswirtschaftlichen Bedürfnis abhängig.

Voraussetzung für die Zulassung des Verfahrens ist eine ausreichende Sicherstellung von Überwachung und Nämlichkeit sowie die Feststellung, dass mit der Umwandlung keine Einfuhrbeschränkungen umgangen werden sollen und eine spätere Rückumwandlung auch nicht lohnen würde.

2.3.3.5 Versandverfahren

Um den grenzüberschreitenden Warenverkehr möglichst zügig abfertigen zu können, bieten sich die Versandverfahren an, bei denen die Exportabfertigung bereits durch eine Binnenzollstelle, die im gemeinschaftlichen Versandverfahren als **Abgangszollstelle** bezeichnet wird, erfolgt. Die Ware wird vom Zollbeteiligten bei der Abgangszollstelle gestellt und dokumentiert und von der Grenzübergangsstelle dann nur noch im Verdachtsfalle überprüft. Die weitere Zollbehandlung erfolgt erst bei der **Bestimmungszollstelle** im Empfängerland.

Als **Vorteile** des Versandverfahrens sind vor allem zu nennen:

- die Abfertigung der Ware vor Ort
- die Prüfungsmöglichkeit der Ware
- die Entlastung der Grenzzollstellen
- die Möglichkeit der elektronischen Abwicklung.

Die Ware wird unter **Zollverschluss** versandt, was sich gerade bei bestimmten Verpackungen (Packstückverschluss) und Containern (Raumverschluss) empfiehlt. Auch im

Transitverkehr (Durchfuhr) spielt der Zollverschluss eine wesentliche Rolle, um die Zollabfertigung zu erleichtern. Durch den Zollverschluss wird die Nämlichkeit der Ware gesichert.

Im Zollgutversand sind folgende Verfahren zu nennen:

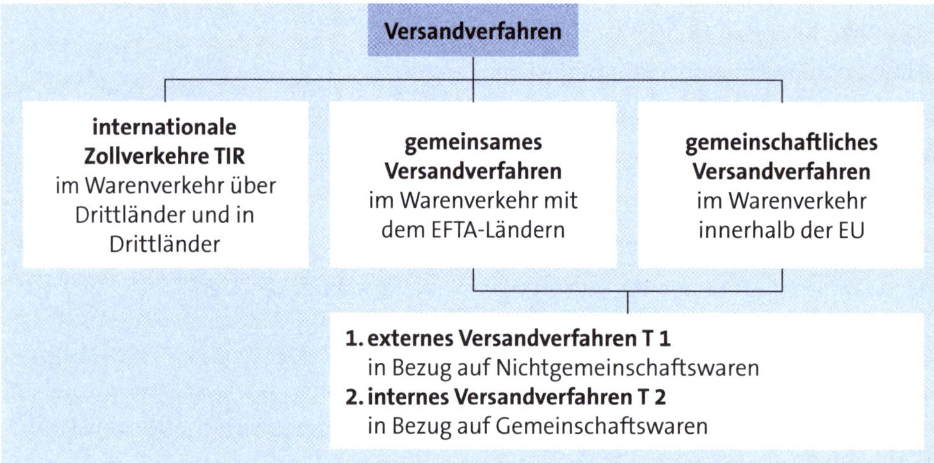

Für Warentransporte, die noch nicht zum freien Verkehr abgefertigt worden sind (Nichtgemeinschaftsware), kommt im Warenverkehr innerhalb der EU das externe Versandverfahren als **gemeinschaftliches Versandverfahren** zur Anwendung, wenn z. B. Drittlandswaren vom Rotterdamer Hafen nach Essen transportiert werden und dort bei einer Binnenzollstelle abgefertigt werden.

Das früher maßgebliche Dokument (Einheitspapier der EU (Exemplare 1, 4 und 5), das zum **Versandschein (T 1)**) ist durch das neue Verfahren **NCTS (New Computerised Transit System)** als Regelverfahren abgelöst worden. Das Einheitspapier kann nur noch in Ausnahmefällen verwendet werden. Um am NCTS teilnehmen zu können, müssen die Voraussetzungen für das ATLAS-Verfahren erfüllt sein.

Importiert ein deutsches Unternehmen Nichtgemeinschaftsware im Versandverfahren, so erfolgt die Zollbehandlung erst bei der **Bestimmungszollstelle** in Deutschland durch den Zollbeteiligten. Dieser hat dem Zoll die Waren zur Nämlichkeitssicherung und Zollabfertigung zu gestellen. Die inländische Binnenzollstelle übersendet nach der Zollabfertigung den Rückschein (Exemplar 5 des Einheitspapiers) aus Kontrollgründen an die Abgangszollstelle.

Das externe Versandverfahren als **gemeinsames Versandverfahren** regelt Transporte von Nichtgemeinschaftsware in oder aus EFTA-Ländern (Schweiz, Island, Norwegen, Liechtenstein) und findet beispielsweise beim Tansport von Nichtgemeinschaftswaren vom Hamburger Hafen nach Oslo statt, wo dann die Zollabfertigung erfolgt.

Das gemeinschaftliche und das gemeinsame Versandverfahren können auch elektronisch abgewickelt werden (New Computerized Transit System = NCTS).

Häufig wird für die Zulassung zum gemeinschaftlichen oder gemeinsamen Versandverfahren neben der wirtschaftlichen Begründung eine **Bankbürgschaft** verlangt, die als Sicherheit für den Zoll im Hinblick auf die Zollabgaben usw. dient. Bei einmaligem Versandverfahren erstreckt sich die Bürgschaft auf die Höhe der Abgabenbelastung, bei regelmäßigen Versandverfahren kann eine Gesamtbürgschaft für eine unbestimmte Zahl von Transporten eines Hauptverpflichteten auf der Grundlage eines Referenzbetrages der durchschnittlich bestehenden Haftungsverpflichtungen geleistet werden. Je nach Betrugsrisiko kann die Sicherheitsleistung mit 50 % oder 30 % des Referenzbetrages festgesetzt werden oder auch ganz entfallen. Aufgrund dieser Gesamtbürgschaft erteilt das Hauptzollamt Bürgschaftsbescheinigungen, die bei den jeweiligen Abfertigungszollstellen vorgelegt werden. Diese Möglichkeit wird vor allem von **Spediteuren** genutzt, die als Hauptverpflichtete gesamtschuldnerisch neben dem Zollbeteiligten haften.

Besonders für Speditionen können auch Vereinfachungen zugelassen werden, die die Gestellung am Ort der Verladung oder im Betrieb des Empfängers selbst erlauben, oder der Spedition die Funktion eines **„zugelassenen Versenders“** bzw. **„zugelassenen Empfängers“** übertragen. Der zugelassene Versender kann die Möglichkeiten des NCTS-Verfahrens statt des bisherigen Papierverfahrens nutzen.

Im **Eisenbahnverkehr** tritt an die Stelle der Versandscheine im Rahmen des TIF-Verfahrens (Internationale Zollanmeldung im Eisenbahnverkehr) der internationale Eisenbahnfrachtbrief CIM (siehe Kapitel D.6) oder der internationale Expressgutschein (TIEx). Im **Postverkehr** ist das gemeinschaftliche Versandverfahren nicht anzuwenden. Hier sind im gewerblichen Postverkehr über 1.000 € die Paketkartensets CN 23 zu verwenden.

Beim **internen Versandverfahren** (T 2) handelt es sich um **Gemeinschaftswaren**, d. h. um in der EU erzeugte Waren oder um Nichtgemeinschaftswaren, die zum freien Verkehr in der EU abgefertigt worden sind. Dieses Verfahren war früher für jeden Land- und Seetransport zwischen Orten der EU-Länder erforderlich und entfällt i. d. R. seit dem 01.01.1993, dem Beginn des Binnenmarktes.

In bestimmten Überwachungsfällen kann die Verwendung jedoch von der EU angeordnet werden. Außerdem kann das Verfahren bis zur Beendigung von Übergangsregeln mit neuen Mitgliedsländern verwendet werden. Auch ist es bei Transporten über EFTA-Länder noch gültig (z. B. nach Italien über die Schweiz) oder im Schienenverkehr von und nach Griechenland sowie für die Beförderung von Gemeinschaftswaren von und zu den Kanarischen Inseln, den französischen Überseedepartements, den britischen Kanalinseln sowie von und nach San Marino und Andorra.

Neben dem gemeinsamen und dem gemeinschaftlichen Versandverfahren besteht noch als internationaler Zollversandverkehr, das **Carnet TIR** (Transport International Routier). Das TIR-Abkommen haben auch einige außereuropäische Staaten (insgesamt zurzeit 68 Mitgliedsländer) unterzeichnet.

Das Carnet wird vom Internationalen Transportverband, der International Road Transport Union (IRU) in Genf ausgestellt und von den nationalen Verbänden ausgegeben. Beginnt und endet die Beförderung innerhalb der Gemeinschaft, darf das Carnet TIR nicht verwendet werden, es sei denn, der Transport führt über ein Drittland, das nicht in das gemeinschaftliche Versandverfahren einbezogen ist (z. B. Balkanländer). Das TIR-Verfahren wird vor allem im Warenverkehr mit Drittländern benutzt (z. B. Versand Berlin-Kiew), um einen reibungslosen Transport von der Abgangszollstelle im Exportland bis zur Bestimmungszollstelle im Importland zu ermöglichen.

Grundsätzliche Voraussetzung für die Erteilung eines Carnets TIR sind die Zollsicherheit der Lkw (z. B. Verplombung) sowie die Stellung einer Bankbürgschaft durch den Importeur. Aufgrund zunehmender Schadensersatzforderungen kann das TIR-Verfahren nicht mehr bei beliebigen Binnenzollstellen abgewickelt werden sondern nur noch bei wenigen autorisierten Zollkontrollstellen.

Aufgabe 5 > Seite 541

3. Internationales Kaufvertragswesen

3.1 Rechtswahl, Gerichtsstand, Vollstreckungswesen

Das Grundproblem bei der vertragsrechtlichen Betrachtung des Außenhandels ist darin zu sehen, dass immer zwei verschiedene (oder auch mehr) Rechtsgebiete berührt werden, in denen unter Umständen erheblich voneinander abweichende Rechtsauffassungen bestehen, die durch den Vertragsinhalt oder durch internationale Rahmenvereinbarungen für das konkrete Außenhandelsgeschäft in Einklang gebracht werden müssen. So können Rechtsordnungen aus dem deutschen Rechtskreis mit eher verkäuferfreundlichem Recht auf Rechtsordnungen aus dem romanischen Rechtskreis mit eher käuferfreundlichem Recht stoßen, oder auf Rechtsordnungen aus dem angloamerikanischen Rechtskreis oder aus asiatischen Rechtskreisen oder denen von Entwicklungsländern.

Das **internationale Privatrecht** als Bestandteil der jeweiligen Rechtsordnung der meisten Staaten (in Deutschland als Einführungsgesetz zum BGB, Art. 3 - 48 EGBGB) enthält Vorschriften, die der Konfliktlösung zwischen unterschiedlichen Rechtsordnungen dienen sollen (Kollisionsrecht) und legt fest, welche Rechtsordnung jeweils bei Rechtsgeschäften mit Personen aus verschiedenen Staaten anzuwenden ist. Hierbei haben internationale Vereinbarungen jedoch immer Vorrang, und die ausländischen Rechtsnormen dürfen nicht gegen die eigenen Grundrechte verstoßen (Ordre public gemäß Art. 6 EGBGB).

Maßgeblich soll immer der **Wille der Vertragsparteien** sein, sodass dann der Vertrag dem von ihnen gewählten Recht unterliegt. Mangelt es an einer derartigen ausdrücklichen Bestimmung, unterliegt der Vertrag dem Recht des Staates, mit dem er die engsten Verbindungen aufweist. Das ist mutmaßlich das Land, in dem die Partei, die die charakteristische Leistung (das Exportgeschäft) zu erbringen hat, ihren Sitz hat, was bei einem deutschen Exportgeschäft die deutsche Rechtsordnung zur Folge hätte.

Sollte sich die Leistung nicht eindeutig bestimmen lassen oder liegt die Dominanz des Geschäfts auf der Importeurseite, müssen andere Anhaltspunkte für die anzuwendende Rechtsordnung gesucht werden. Dazu können der Risikoübergang, der Erfüllungsort oder der Gerichtsstand dienen.

Um Probleme zu vermeiden, ist eine gemeinsame, vertragsmäßige Rechtswahl zu empfehlen. Durch einen zusammen mit dem Kaufvertrag abzuschließenden so genannten **Verweisungsvertrag** wird dann das anzuwendende Kaufrecht ausdrücklich vereinbart.

Eng verbunden mit der Rechtswahl ist die Klärung der **gerichtlichen Zuständigkeit**. Auch hier sollte möglichst eine Festlegung im Verweisungsvertrag vorgenommen werden, wobei dem Aspekt der Vollstreckbarkeit eines an einem bestimmten Gerichtsstand erfochtenen Urteils im Lande des Vertragspartners besondere Bedeutung zukommt. Ein inländischer Gerichtsstand wird nur dann vorteilhaft sein, wenn bilaterale oder multilaterale Vereinbarungen über die Anerkennung und Vollstreckung gerichtlicher Entscheidungen bestehen oder der Vertragspartner auch über Inlandsvermögen verfügt.

Im EU-Bereich galt seit 2002 die **„Verordnung über die gerichtliche Zuständigkeit und die Vollstreckung gerichtlicher Entscheidungen in Zivil- und Handelssachen“ (EuGVVO)**. Sie wurde ab dem 10.01.2015 von der VO (EU) Nr. 1215/2012 des Europäischen Parlaments und des Rates vom 12.12.2012 über die gerichtliche Zuständigkeit und die Anerkennung und Vollstreckung von Entscheidungen in Zivil- und Handelssachen (ABl L 351, S. 1, kurz „Brüssel Ia-VO“) ersetzt und aufgehoben. Ist kein gemeinsamer Gerichtsstand vereinbart, gilt i. d. R. derjenige des Sitzes des Verklagten, sodass der Kläger das Gericht am Ort des Verklagten nach dortigen Rechtsnormen anrufen muss. Ein dort gefälltes Urteil ist in jedem Land der EU vollstreckbar. Ausnahmen sind vor allem im Hinblick auf den Erfüllungsort eines Vertrages und in Bezug auf Immobilien und eingetragene Warenzeichen möglich.

Darüber hinaus gilt als internationale Vereinbarung das New Yorker Übereinkommen über die **Anerkennung und Vollstreckung ausländischer Schiedssprüche**, das am 28.09.1961 in Kraft getreten ist.

Normalerweise werden auf der Grundlage der genannten Abkommen ausländische Urteile in Deutschland keiner Sachprüfung unterzogen, sondern es ist nur festzustellen, ob das ausländische Gericht zuständig war, das Urteil nicht gegen die Grundrechte verstößt und in welcher Weise eine gegenseitige Anerkennung besteht.

Zu beachten ist auch, dass die **Vergütung von Rechtsanwälten** im Ausland oft anders geregelt ist als in Deutschland. So können die Honorare frei vereinbar sein und auch bei einem gewonnenen Rechtsstreit müssen unter Umständen die eigenen Anwaltskosten übernommen werden.

3.2 Internationale Warenkaufverträge

Ein Vertragsabschluss kann durch einen gemeinsam ausgehandelten und unterzeichneten Kaufvertrag oder durch die Abgabe eines Angebots durch den Exporteur und eine Auftragsbestätigung bzw. Annahme durch den Importeur erfolgen.

Diese jeweils schriftliche Abfassung ist im Außenhandel besonders zu empfehlen. So gilt zwar in den meisten Ländern Formfreiheit, doch sollte vor allem aus Gründen der Rechtssicherheit und der Beweisfähigkeit ein **schriftlicher Vertrag** insbesondere über den Kaufpreis, Nebenkosten, Zahlungsbedingungen, Lieferbedingungen, Gewährleistung, Art und Qualität der Ware abgefasst werden. Die Vorlage der Versanddokumente wird oft als nicht ausreichendes Beweismittel angesehen, da es nicht vom Importeur unterschrieben ist.

Es gab lange Zeit kein einheitliches, verbindliches Kaufvertragsrecht im internationalen Handelsverkehr. Nach langen Vorarbeiten konnte dann 1988 das **„Übereinkommen der Vereinten Nationen vom 11. April 1980 über Verträge über den internationalen Warenkauf“** (kurz: UN-Kaufgesetz) in Kraft treten, das in Deutschland 1991 das alte „Haager Kaufgesetz von 1964“ ablöste. Bisher haben etwa 92 Länder das Übereinkommen ratifiziert (Stand: November 2019).

Der **Anwendungsbereich** erstreckt sich auf alle Kaufverträge über Waren zwischen Vertragsparteien, die ihre Niederlassung in verschiedenen Staaten haben, sofern diese Staaten das Übereinkommen ratifiziert haben. Es ist dabei unerheblich, welche Staatsangehörigkeit die Vertragschließenden haben und ob sie Kaufleute sind oder nicht.

Dieses internationale Kaufvertragsrecht ist ähnlich wie das Kaufvertragsrecht im BGB rechtlich nicht zwingend. Es bildet aber die Grundlage, sofern von den Vertragspartnern nichts anderes vereinbart wurde. Für die meisten Außenhandelsgeschäfte unter deutscher Beteiligung kommt deshalb das UN-Kaufrecht zur Geltung, da es immer dann angewendet wird, wenn die Staaten beider Vertragspartner oder zumindest der Staat eines Vertragspartners das Übereinkommen ratifiziert haben bzw. hat.

Das Kaufvertragsrecht **gilt nicht** für den Kauf

- von Ware zum persönlichen oder familiären Gebrauch
- bei Versteigerungen
- aufgrund von Zwangsvollstreckungsmaßnahmen
- von Wertpapieren oder Zahlungsmitteln
- von Seeschiffen, Binnenschiffen oder Luft(kissen)fahrzeugen

- von elektrischer Energie
- von Immobilien
- und bei Kompensationsgeschäften.

Das Gesetz ist im Wesentlichen sehr freizügig gehalten. So gilt i. d. R. immer der bisherige **Handelsbrauch** zwischen den Parteien oder der allgemein übliche Handelsbrauch, wie er in der gleichen Situation zu erwarten wäre. Für den Kaufvertrag bzw. für Angebot und Annahme gelten keine bestimmten Formvorschriften. Bei mündlicher Absprache genügen Zeugen. Die Bestimmung in einem Angebot, dass Schweigen Annahme bedeutet, ist jedoch immer unwirksam. Das Gesetz weicht vor allem auf dem Gebiet der Vertragsverletzungen vom BGB ab und ist hier in seiner Systematik weniger kompliziert.

Das UN-Kaufgesetz gliedert sich in vier Teile. Der 1. Teil betrifft den Anwendungsbereich und die allgemeinen Bestimmungen (Art. 1 - 13); der 2. Teil regelt den Vertragsabschluss (Art. 14 - 24) und der 3. Teil die Pflichten und Rechte von Käufer und Verkäufer (Art. 25 - 88). Die Schlussbestimmungen umfassen die Art. 89 - 101.

Im Einzelnen werden folgende Bereiche geregelt:

- Angebot und Annahme (Art. 14 ff.)
- Ort und Zeit der Lieferung durch den Verkäufer (Art. 31 ff.)
- Katalog der fehlerhaften Lieferungen (Art. 35)
- Mängelanzeige durch den Käufer (Art. 39)
- Rechtsbehelfe des Käufers wegen Vertragsverletzungen durch den Verkäufer (Art. 45 ff.)
- Kaufpreiszahlung (Art. 53 ff.)
- Rechtsbehelfe des Verkäufers wegen Vertragsverletzung durch den Käufer (Art. 61 ff.)
- Gefahrenübergang (Art. 66 ff.)
- Schadensersatz und Schadensberechnung (Art. 74 ff.)
- Zinsanspruch (Art. 78)
- Nichterfüllung und Befreiung von Vertragspflichten (Art. 79 ff.)
- Erhaltung der Ware (Art. 85 ff.).

Wesentliche Aufgabe des Exporteurs ist es, die Ware zu liefern, die Dokumente zu übergeben und das Eigentum zu übertragen. Die Festlegung des Ortes, an dem dies zu geschehen hat (Lieferort), die Kosten und Risiken also auf den Importeur übergehen, ist hierbei besonders wichtig. Fehlt eine solche Vereinbarung, ist gemäß Art. 31 die Ware vom Exporteur am Ort seiner Niederlassung oder am Ort der Lagerung oder Produktion übernahmefähig bereitzustellen.

Für den Importeur ist eine fristgerechte Lieferung von hoher Bedeutung. Wird eine Zeitspanne für die Lieferung vereinbart, kann der Exporteur jederzeit, auch am Ende des Lieferzeitraums, liefern (Art. 33).

Für beide Vertragsparteien ist die Kaufpreiszahlung vor allem im Hinblick auf Höhe, Zeitpunkt, Währung und Ort von großem Interesse. Ergibt sich der Kaufpreis nicht eindeutig aus dem Vertrag, kann der gesamte Vertrag gemäß Art. 14 unwirksam sein. Wird kein Zahlungsort im Vertrag genannt, ist dies entweder der Ort der Übergabe der Ware (Art. 57) oder der Ort der Niederlassung des Exporteurs.

Typische Vertragsverletzungen des Exporteurs sind keine, verspätete oder nicht vertragsgemäße Lieferungen. Die Beschaffenheit der Ware muss dabei Art. 35 genügen, d. h. sie muss für den Zweck geeignet sein, für den Waren dieser Art gewöhnlich gebraucht werden, oder bei Kenntnis eines besonderen Zwecks muss die Ware für diesen Zweck geeignet sein. Durch einen Vertragstext mit präziser Beschreibung der Ware und ihres Verwendungszwecks sollte sich daher der Exporteur vor ungerechtfertigten Forderungen des Importeurs absichern. Die Verpackung der Ware muss vor Beschädigungen beim Transport schützen.

Bei jeder Vertragsverletzung des Exporteurs kann der Importeur Schadensersatz fordern, dessen Umfang sich nach Art. 47 richtet. Danach hat der Exporteur alle entstandenen Nachteile für den Importeur auszugleichen, ohne dass ein Verschulden seinerseits vorliegen muss. Um diese umfassende Schadensersatzpflicht einzugrenzen, sollte der Exporteur ggf. vertragliche Regelungen über bestimmte Haftungsausschlüsse treffen.

Kommt der Importeur seinen Vertragspflichten insbesondere der Kaufpreiszahlung nicht nach, kann der Exporteur Schadensersatz, Verzugszinsen oder Vertragsaufhebung verlangen (Art. 61).

3.3 Internationale Schiedsgerichtsbarkeit

Aufgrund der oftmals bei Außenhandelsgeschäften auftretenden Rechtsprobleme werden Streitigkeiten bevorzugt über Schiedsgerichte abgewickelt. Namhafte internationale Schiedsgerichte befinden sich beispielsweise in

- New York (American Arbitration Association)
- London (London Court of International Arbitration)
- Zürich (Schiedsgericht der Züricher Handelskammer)
- Stockholm (Schiedsgericht der Stockholmer Handelskammer)
- Berlin (Hauptgeschäftsstelle Köln) (Deutsche Institution für Schiedsgerichtsbarkeit e. V.)
- Paris (Schiedsgerichtsbarkeit der Internationalen Handelskammer, iCC).

Hier werden Streitigkeiten von den Schiedsrichtern endgültig ohne Berufungsmöglichkeit entschieden, wenn im Kaufvertrag eine **Schiedsklausel** (wie z. B. von der Internationalen Handelskammer in Paris) folgenden Wortlauts vereinbart wurde: *„Alle aus oder in Zusammenhang mit dem gegenwärtigen Vertrag sich ergebenden Streitigkeiten werden nach der Schiedsgerichtsordnung der Internationalen Handelskammer von einem oder mehreren gemäß dieser Ordnung ernannten Schiedsrichtern endgültig entschieden."*

Bei den Schiedsgerichten können grundsätzlich **alle Streitigkeiten des Handelsverkehrs** vorgetragen werden. Gegenstand des Verfahrens sind deshalb sowohl alle Bereiche von Warenkaufverträgen als auch Streitigkeiten über Lizenzverträge, Verträge über Industrieanlagen, über Warenzeichen und Patente, über Finanzgeschäfte oder über Versicherungsabschlüsse.

Es bestehen zwei Möglichkeiten des Verfahrensablaufs:

1. **Vergleichsverfahren:** Hier können Streitigkeiten im gegenseitigen Einverständnis der Vertragspartner beigelegt werden, bevor ein Schiedsverfahren angesetzt wird. Die Parteien haben ihre Stellungnahme schriftlich einzureichen und können auch selbst oder durch Bevollmächtigte der mündlichen Verhandlung beiwohnen.

   Der Schlichter wird vom Schiedsgerichtshof ernannt, der dann im Einvernehmen mit den Vertragsparteien den Ort des Schlichtungsverfahrens festlegt.

   Die Vergleichsverhandlung kann i. d. R. innerhalb von drei Monaten ab Antragstellung stattfinden. Kommt es nicht zum Vergleich, können die Vertragsparteien das Schiedsgericht anrufen.

2. **Schiedsverfahren:** Streitfälle können durch Einzelrichter oder i. d. R. drei Schiedsrichter entschieden werden. Einzelrichter können von den Parteien gemeinsam benannt werden; ansonsten schlägt jede Partei einen unabhängigen Richter (aus ihrem Land) vor und der Schiedsgerichtshof ernennt den dritten, der auch den Vorsitz führt. Der Schiedsgerichtshof leitet und klärt die Formalitäten bis zum Schiedsgerichtstermin und legt den Schiedsort und die Verfahrenssprache unter Berücksichtigung der Sprache des (Kauf-)Vertrages fest. Die Schiedsverhandlung findet unter Ausschluss der Öffentlichkeit statt, um Unternehmensgeheimnisse zu wahren.

   Es können Sachverständige, auch anderer Nationalität, hinzugezogen werden. Für den festgelegten Streitwert haben i. d. R. beide Parteien je 50 % der Vorschusskosten zu übernehmen. Während der Verhandlung kann noch auf einen Vergleich durch Klagerücknahme abgestellt werden. Der Schiedsspruch ist i. d. R. innerhalb von sechs Monaten zu erlassen und schriftlich abzufassen. Er gilt als endgültiges Urteil und soll auch die Verfahrenskostenfrage regeln.

Bei Inanspruchnahme der Schiedsgerichtsbarkeit verpflichten sich die Parteien, den Schiedsspruch unverzüglich zu erfüllen und auf Rechtsmittel zu verzichten.

Hinsichtlich der **Vollstreckbarkeit** sei auf das UN-Abkommen über die Anerkennung und Vollstreckung ausländischer Schiedssprüche verwiesen, das auch in der EU bzw. in Deutschland seit 1964 gilt. Danach ist es wesentlich einfacher ein Schiedsgerichtsurteil zu vollstrecken als das Urteil der allgemeinen Gerichtsbarkeit eines fremden Staates.

Abschließend lassen sich die Vor- und Nachteile der internationalen Schiedsgerichtsbarkeit wie folgt zusammenfassen:

Vorteile

- Schnelligkeit des Verfahrens
- hohe spezielle Sachkunde der Schiedsrichter
- Berücksichtigung von Handelsbräuchen und Landesrecht beider Vertragsparteien
- unter Umständen Vorschlagsrecht von Schiedsrichtern durch die Vertragsparteien
- geringere Verfahrenskosten
- hohe internationale Anerkennung von Schiedssprüchen.

Nachteile

- Endgültigkeit des Urteils
- Verschleppungsgefahr beim Verfahrensablauf wegen fehlender staatlicher Zwangsmittel.

		Lösung
1.	Wie verhalten sich Außenwirtschaftsrecht, Zollrecht und EU-Recht zueinander?	S. 97
2.	Welchen Grundsatz vertritt das AWG?	S. 97
3.	Was sind Auslandswerte im Sinne des AWG?	S. 98
4.	Wann gilt ein Unternehmen als inländisch?	S. 98
5.	Was umfasst das Inland?	S. 97 f.
6.	Wie verhalten sich AWG und AWV zueinander?	S. 98
7.	Wie kann der Außenwirtschaftsverkehr zur Durchsetzung der nationalen bzw. gemeinschaftlichen Belange grundsätzlich reglementiert werden?	S. 99 f.
8.	Suchen Sie Beispiele für die im AWG vorgesehenen Beschränkungsmöglichkeiten!	S. 99 f.
9.	Was versteht das AWG unter Durchfuhr?	S. 100
10.	Was heißt Zollstraßenzwang?	S. 101
11.	Welche Arten des Ein- und Ausfuhrverfahrens sind zu unterscheiden?	S. 101 ff.
12.	Wie wird eine genehmigungsfreie Einfuhr dokumentär abgefertigt?	S. 101 f.
13.	Wann wird ein Überwachungsdokument verlangt?	S. 102
14.	Welche Bedingungen werden an die Zulassung eines vereinfachten Ausfuhrverfahrens gestellt?	S. 103 f.
15.	Wie erfolgt die Abfertigung bei genehmigungsfreier Ausfuhr?	S. 104 f.
16.	Wie kann eine zügige Ausfuhrabfertigung im Unternehmen erreicht werden?	S. 104
17.	Welche Vorteile beinhaltet das Anschreibeverfahren?	S. 104
18.	Wann ist bei manchen Ausfuhrsendungen ein Ausfuhrverantwortlicher zu benennen?	S. 105
19.	Wann ist das elektronische Ausfuhrverfahren anzuwenden?	S. 103
20.	Welche Vorteile bietet das EGDAT-Verfahren bei der Einfuhr?	S. 102
21.	Welchen Zweck hat die Wareneingangsbescheinigung?	S. 102
22.	Was sind Dual-Use-Products?	S. 106
23.	Wie ist bei genehmigungsbedürftiger Ausfuhr zu verfahren?	S. 104
24.	Wie können Sie sich über Veränderungen im Außenwirtschaftsrecht und insbesondere in der Einfuhr-/Ausfuhrliste informieren?	S. 105
25.	Welchen Zweck hat die Ausfuhrliste?	S. 105
26.	Wie ist die Ausfuhrliste aufgebaut?	S. 105
27.	Was sind Embargowaren?	S. 106
28.	Vergleichen Sie die Begriffe Inland und Zollgebiet!	S. 97, 107

		Lösung
29.	Erläutern Sie die Begriffe Zollanschluss, Zollausschluss und Zollfreigebiet!	S. 107
30.	Wodurch kennzeichnen sich Zollgut und Freigut, Drittlandsgut und Gemeinschaftsgut?	S. 108
31.	Gibt es in der EU ein einheitliches Zollrecht? Welche Rechtsgrundlagen sind im Zollwesen heranzuziehen?	S. 108
32.	Schildern Sie den Ablauf einer zollamtlichen Warenbehandlung zum freien Verkehr!	S. 109
33.	Welche zollrechtlichen Bestimmungen sind nach dem EU-Zollkodex möglich?	S. 109
34.	Welche Vorzüge besitzt das Einheitspapier der EU?	S. 110 f.
35.	Was sind Rückwaren?	S. 113
36.	Wer kann ein Zollanmelder sein?	S. 110
37.	Was wird im Zollbefund festgestellt?	S. 114
38.	Welchen Zweck hat der GATT-Zollwertkodex?	S. 117
39.	Auf welcher Grundlage wird der Wertzollsatz ermittelt?	S. 116 f.
40.	Nennen Sie die sechs Methoden zur Bestimmung des Transaktionswertes!	S. 117
41.	Um welche Faktoren muss ggf. der Transaktionswert zur Feststellung des Zollwertes berichtigt werden?	S. 117
42.	Wann gibt es eine spezifische Verzollung? Wie werden spezifische Zölle ausgedrückt?	S. 118
43.	Wie sind die 11-stelligen Code-Nummern des Zolltarifs aufgebaut?	S. 115
44.	Wie unterscheiden sich Regelzollsätze und Präferenzzölle?	S. 115 f.
45.	Was besagt der „effektive Zoll“ und wie kann er ermittelt werden?	S. 116
46.	Wie und wo können Sie verbindliche Zolltarifauskünfte bekommen?	S. 118
47.	Wie werden Fremdwährungen im Zollwert berücksichtigt?	S. 118
48.	Erläutern Sie Zweck und Ablauf von Zollkontingenten!	S. 118
49.	Welche Rechtsmittel stehen dem Zollschuldner offen?	S. 120
50.	Zu welchen Zwecken können Zollbürgschaften von Kreditinstituten gegeben werden?	S. 120
51.	Wie unterscheiden sich Zollbefund und Zollbescheid?	S. 114, 119
52.	Was gehört alles zu den Einfuhrabgaben?	S. 119
53.	Welchen Zweck haben Abschöpfungsabgaben?	S. 119
54.	Ist die Einfuhrumsatzsteuer eine besondere Steuerart?	S. 120
55.	Wie ermittelt sich der Einfuhrumsatzsteuerwert?	S. 121
56.	Was versteht das Zollrecht unter Veredelung?	S. 123

		Lösung
57.	Nennen Sie die verschiedenen Arten des Veredelungsverkehrs!	S. 123 f.
58.	Wie erfolgt die Verzollung beim aktiven und passiven Veredelungsverkehr?	S. 123
59.	Was heißt Nämlichkeitssicherung und Äquivalenzgewährleistung im Veredelungsverkehr?	S. 123
60.	Erläutern Sie die Abwicklung und die Voraussetzungen im Zolllagerverfahren durch einen deutschen Importeur!	S. 124
61.	Erläutern Sie das Wesen eines Importkonsignationsgeschäfts!	S. 125
62.	Warum sind heute Zollniederlagen als öffentliche Zolllager selten geworden?	S. 125
63.	Wie und wann erfolgt die Berechnung der Zollschuld bei Zollgutlagerung?	S. 124, 126
64.	Wann und wofür wird eine Zollbürgschaft benötigt?	S. 126
65.	Wann liegt eine Zollgutverwendung bzw. vorübergehende Verwendung vor?	S. 126
66.	In welchen Fällen kann eine vorübergehende Verwendung beantragt werden?	S. 126
67.	Nennen Sie Vorteile des Carnet A.T.A.!	S. 127
68.	Was versteht der Zollkodex unter Umwandlungsverfahren? Nennen Sie Beispiele!	S. 129
69.	Unter welchen Voraussetzungen ist das Umwandlungsverfahren zulässig?	S. 129
70.	Wie läuft das gemeinschaftliche externe Versandverfahren der EU ab?	S. 129 f.
71.	Wann ist das interne gemeinschaftliche Versandverfahren noch erforderlich?	S. 131
72.	Was ist ein Carnet TIR, und wann darf es verwendet werden?	S. 132
73.	Wie erfolgt die Sicherstellung der Zollabgaben im Versandverfahren?	S. 132
74.	Welche Funktionen übernimmt der „zugelassene Empfänger“ bzw. der „zugelassene Versender“?	S. 131
75.	Welches Grundproblem ist in der vertragsrechtlichen Ausgestaltung des Außenhandels zu sehen?	S. 132
76.	Welche Funktionen hat das Internationale Privatrecht?	S. 132
77.	Wie wird die maßgebliche Rechtsordnung bei Kaufverträgen festgestellt?	S. 132 f.
78.	Wie ist die gerichtliche Zuständigkeit bei Streitigkeiten aus Kaufverträgen zu sehen?	S. 133
79.	Sind an deutschen Gerichten gefällte Urteil im Ausland vollstreckbar?	S. 133
80.	Wann werden ausländische Urteile in Deutschland vollstreckt?	S. 133

		Lösung
81.	Wie sollte ein Kaufvertrag im Außenhandel abgefasst werden?	S. 134
82.	Auf welcher Rechtsgrundlage sollten internationale Warenkaufverträge vereinbart werden? Nennen Sie den Anwendungsbereich!	S. 134 f.
83.	Was wird vor allem in dem internationalen Warenkaufvertragsrecht geregelt?	S. 135
84.	Nennen Sie einige Vorteile der Schiedsgerichtsbarkeit (der Internationalen Handelskammer)!	S. 138
85.	Wie sollte die Schiedsklausel bei Vereinbarung der Schiedsgerichtsbarkeit der Internationalen Handelskammer (iCC) in Paris lauten?	S. 137
86.	Erläutern Sie kurz den Ablauf eines Vergleichs- und eines Schiedsverfahrens vor der Internationalen Handelskammer!	S. 137

D. Transportwesen im Außenhandel

1. Allgemeines

Fast jedes Außenhandelsgeschäft ist mit einem Warentransport verbunden, wobei die Beförderung der Güter auf dem Seeweg im Interkontinentalverkehr eine besondere Stellung einnimmt.

Grundsätzlich lassen sich folgende **Transportarten** unterscheiden:

- Seefrachtverkehr
- Luftfrachtverkehr
- Binnenschifffahrtsverkehr
- Eisenbahngüterverkehr
- Straßengüterverkehr
- Rohrleitungsverkehr.

Gewichtsmäßig liegen aus deutscher Sicht die Transportarten Seefrachtverkehr und Binnenschifffahrtsverkehr an erster Stelle im Zeitpunkt des Grenzübergangs. Beim größten Teil des Binnenschifffahrtsverkehrs handelt es sich jedoch um Vor- und Nachtransporte im Zusammenhang mit einem Seetransport, sodass insgesamt etwa die Hälfte des deutschen Außenhandels auf dem Seeweg abgewickelt wird. **Wertmäßig** handelt es sich bei den **Schiffstransporten** aber nur um ein Drittel der Einfuhr bzw. Ausfuhr.

Bei den Landtransportmitteln überwiegt der Straßengüterverkehr bei deutschen Auslandsgeschäften sowohl gewichts- als auch wertmäßig erheblich und beträgt ein Mehrfaches des Eisenbahngüterverkehrs. **Eisenbahngüterverkehr und Straßengüterverkehr** beschränken sich jedoch im Wesentlichen auf die europäischen Länder oder werden als Vor- und Nachtransportsystem beim See- oder Luftverkehr verwendet.

Auf die EU bezogen ergibt sich im Warenverkehr mit Drittländern (Extrahandel) etwa folgende Verteilung:

Extrahandel EU-28 2018 nach Transportarten in %				
	Einfuhr		Ausfuhr	
	gewichtsmäßig	wertmäßig	gewichtsmäßig	wertmäßig
Seeschifffahrt	75 %	55 %	81 %	46,6 %
Luftverkehr	0 %	21 %	2 %	29,9 %
Eisenbahnverkehr	4 %	1 %	3 %	1,2 %
Straßenverkehr	4 %	14 %	13 %	17,8 %
Fest installierte Einrichtungen	16 %	5 %	1 %	0,3 %

Quelle: *Eurostat/eigene Berechnung* (ohne Post, Binnenschiff und Eigenantrieb)

Bei einem Vergleich der Transportarten sollte das jeweilige **Leistungsprofil** betrachtet werden, sodass vor allem folgende Aspekte zu untersuchen sind:

- die Transportgeschwindigkeit
- die Verlässlichkeit
- die Transportsicherheit
- die Netzdichte
- die Flexibilität
- die mengenmäßige Leistungsfähigkeit
- die Konkurrenzfähigkeit des Angebotes
- die besonderen Logistikleistungen.

Besondere Probleme treten beim gebrochenen Güterverkehr und beim multimodalen Transport auf, wenn mehrere Transportarten für einen Transportweg benutzt werden sollen.

Hohe Bedeutung kommt auf allen Transportwegen der angemessenen **Verpackung** zu. Zwar soll sie so leicht wie möglich sein, um Transportkosten zu sparen, doch sollte sie vorrangig zweckdienlich sein und den hohen Anforderungen gerade des Überseeverkehrs und den dortigen Transportarten und -wegen genügen.

Die Verpackung hat das zu transportierende Gut vor sämtlichen äußeren Einflüssen wie Klima, Seewasser, Staub oder Bewegungen zu schützen. Auch ökologische Aspekte gewinnen bei der Wahl der Verpackung zunehmend an Bedeutung. Es ist deshalb empfehlenswert, mit dem Transportunternehmen die angemessene Verpackung abzustimmen.

In manchen Ländern sind bestimmte Verpackungsmaterialien (wie z. B. Stroh oder Holzwolle) verboten.

Auf der Verpackung muss eine dauerhaft lesbare **Markierung** aufgebracht werden, die auf bestimmte Risiken auf dem Transportweg und Erfordernisse für die Warenbehandlung aufmerksam machen soll, und deshalb insbesondere auf folgende Angaben nicht verzichten sollte:

- Empfänger
- Bestimmungsort bzw. -hafen
- Ursprungsbezeichnung (z. B. Bundesrepublik Deutschland)
- Behandlungshinweise (z. B. gefährliche Güter)
- Gewichtsangaben, Abmessungen
- einschlägige Kennziffern, Auftragsnummern, Zollnummern.

In manchen Ländern legen spezielle Gesetze Art und Umfang der Markierung genau fest (z. B. „Fair Packing and Labeling Act" in den USA). Auch sind besondere Behandlungs- und Markierungsvorschriften bei **Gefahrguttransporten** zu beachten, wie z. B. bei Seetransporten die Verordnung über die Beförderung gefährlicher Güter mit Seeschiffen (GGVSee) und die Kennzeichnungen bzw. Codierungen der International Maritime Organisation (IMO).

Allgemeine **Rechtsgrundlage im Transportwesen** aus deutscher Sicht ist seit der Transportrechtsreform 1998 das HGB (Frachtrecht, §§ 407 - 475h). Die Neuregelung betrifft das Fracht-, Speditions- und Lagerrecht und gilt gleichermaßen für den Straßen-, Eisenbahn-, Luftfracht- und Binnenschifffahrtsverkehr. Bis auf bestimmte haftungsrechtliche Vorschriften ist das neue Recht weitgehend dispositiv und kann durch die Vertragsparteien oder AGB gestaltet werden. Für den grenzüberschreitenden Transport bleiben jedoch die internationalen Abkommen wie CIM und CMR maßgeblich.

Der Seefrachtverkehr wird grundlegend im 5. Buch des HGB (Seehandel), insbesondere in den §§ 476 ff. geregelt. Die Änderung im HGB ist zum 01.07.2013 wirksam geworden.

2. Dokumentation von Warensendungen

Viele der im Außenhandel verwendeten Urkunden werden **im Hinblick auf die Warensendung** ausgestellt. Durch ihre spezielle Ausgestaltung werden die Voraussetzungen gegeben für eine ordnungsgemäße und reibungslose Transport- und Geschäftsabwicklung in Bezug auf

- Lieferungssicherung
- Zahlungssicherung
- Eigentumsübertragung und
- Finanzierungsmöglichkeit.

Wichtige Wertpapiere und Dokumente im Transportwesen		
Versandpapiere	**Versicherungspapiere**	**Handels- und Zollpapiere**
1. Konnossement (Bill of Lading) 2. Ladeschein 3. Luftfrachtbrief (Air Waybill) 4. Internationaler Eisenbahnfrachtbrief (CIM) 5. Internationaler Frachtbrief im Straßengüterverkehr (CMR) 6. Internationale Spediteurübernahmebescheinigung 7. Internationales Spediteurkonnossement 8. Multimodales Transportkonnossement (FBL) 9. Posteinlieferungsschein 10. Parcel Receipt	1. Transportversicherungspolice 2. Kreditversicherungspolice **Lagerhaltungspapiere** 1. Lagerempfangsschein 2. Namenslagerschein 3. Orderlagerschein	1. Handelsfaktura (Commercial Invoice) 2. Legalisierte Handelsrechnung 3. Konsulatsfaktura (Consular Invoice) 4. Zollfaktura (Customs Invoice) 5. Ursprungszeugnis/ Ursprungserklärung 6. Warenverkehrsbescheinigung 7. Ausfuhr-/Einfuhrgenehmigung(-lizenz) 8. Dokumente der internationalen Zollverkehre (z. B. Carnet ATA, Carnet TIR) 9. Warenbegleitpapiere (z. B. Inspektionszertifikat, Aufmaßlisten, Verpackungslisten, Werksatteste, Gewichts- und Qualitätszertifikate)

Je nach wirtschaftlichen und rechtlichen Erfordernissen sind dabei zu unterteilen:

- **Wertpapiere**
- **Legitimationspapiere**
- **Beweisurkunden**.

Wertpapiere sind Urkunden, in denen ein privates Recht verbrieft wird, das nur durch den Besitz des Papiers ausgeübt werden kann. Das Recht aus dem Papier folgt dem Recht am Papier.

Wertpapiere besitzen immer eine **Vorlegungspflicht seitens des Gläubigers und eine Einlösungspflicht seitens des Schuldners**, sodass mit befreiender Wirkung nur an denjenigen geleistet werden kann, der die Urkunde vorlegt. Andererseits ist der Schuldner demjenigen zur Erfüllung verpflichtet, der die Urkunde vorweist. Wertpapiere in diesem Sinne sind speziell im Außenhandel

- das Konnossement
- der Ladeschein

- der Lagerschein
- die Transportversicherungspolice und
- das Multimodale Transportkonnossement.

Beweisurkunden sind Dokumente, bei denen **weder eine Vorlegungs- noch eine Einlösungspflicht** besteht. Sie dienen der vereinfachten Beweisführung; es bedarf ihrer jedoch nicht zur Geltendmachung eines Rechts. Der Gläubiger kann seine Berechtigung auch auf andere Art und Weise darlegen (keine Vorlegungspflicht); der Schuldner kann die Rechtmäßigkeit der Vorlage abstreiten (keine Einlösungspflicht).

Beweisurkunden in diesem Sinne sind speziell im Außenhandel

- der Frachtbrief
- manche Spediteurdokumente
- der Posteinlieferungsschein
- die Kreditversicherungspolice
- alle Handels- und Zollpapiere.

Legitimationspapiere sind Urkunden, aufgrund derer der Schuldner mit befreiender Wirkung an jeden Vorlegenden leisten kann. Der Schuldner braucht die Berechtigung nicht nachzuprüfen; der Gläubiger kann aber seine Berechtigung auch auf andere Art und Weise darlegen. Legitimationspapiere besitzen daher eine **Einlösungspflicht aber keine Vorlegungspflicht**.

Legitimationspapiere sind speziell im Außenhandel

- das Parcel Receipt
- der Lagerempfangsschein und
- die Transportversicherungspolice auf den Inhaber.

Letztere nimmt eine Sonderstellung als **qualifiziertes Legitimationspapier** ein. Da der Schuldner an jeden Inhaber leisten kann und dann auch mit befreiender Wirkung, andererseits aber die Leistung auch dem Vorlegenden verweigern kann, liegt keine volle Wertpapierfunktion vor. Man spricht daher auch von einem hinkenden Inhaberpapier. Die Legitimationsfunktion liegt vor, weil der Schuldner mit befreiender Wirkung an jeden Vorlegenden leisten kann. Der Schuldner braucht aber im Sinne des § 808 BGB nur gegen Aushändigung der Urkunde zu leisten, kann also jede andere Beweisführung ausschließen (qualifiziert).

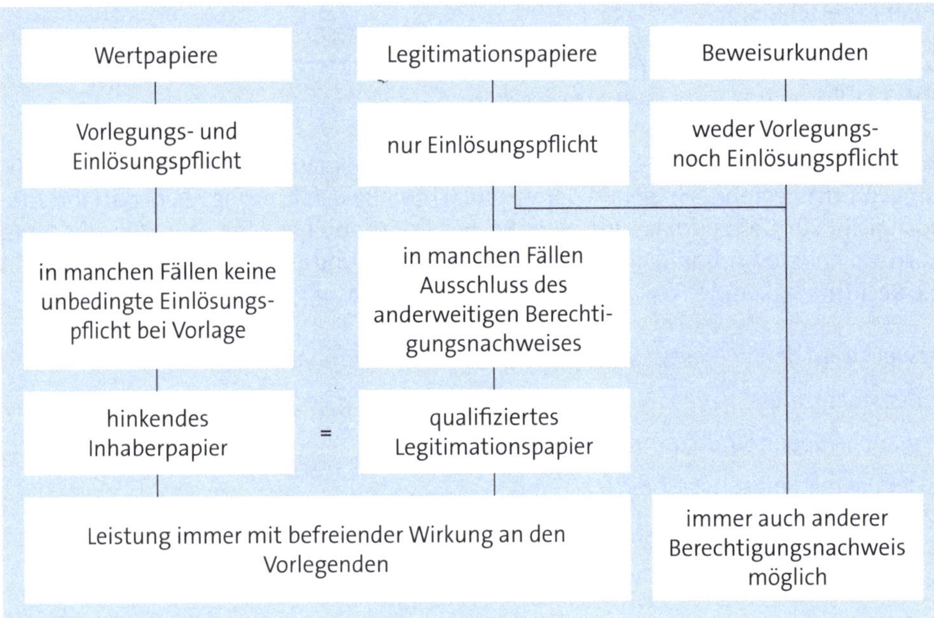

Allen im Transportwesen verwendeten Urkunden kommt zunächst im rechtlichen Sinne immer eine **Beweisfunktion** zu. Sie sind also immer auch Beweisurkunden oder nur Beweisurkunden. So beweist das Gewichtszertifikat ein bestimmtes Gewicht (nur Beweisurkunde), der Lagerschein die Einlagerung (auch Beweisurkunde).

Im wirtschaftlichen Sinne haben alle im Außenhandel verwendeten Urkunden eine **Vertragserfüllungsfunktion**. So werden entweder die ordnungsgemäße Vertragserfüllung selbst (wie z. B. mit dem Frachtbrief oder Konnossement die Absendung der Ware) oder die Erfüllung von besonderen Vertragsbedingungen (wie z. B. die Warenherkunft, der Reinheitsgrad oder die chemische Zusammensetzung) dokumentiert.

Manche Beweisurkunden besitzen eine **Sperrfunktion**, wenn nur der Inhaber der Urkunde eine bestimmte Leistung vom Schuldner verlangen kann. So kann der Inhaber eines Frachtbriefes die Ware umdisponieren; der Besitz einer Handelsrechnung berechtigt aber noch nicht zur Zahlungsanforderung.

Diese Sperrfunktion ist nicht mit der **Legitimationsfunktion** zu verwechseln, obwohl die Grenzen nicht immer klar erkennbar sind. Die Legitimationsfunktion kennzeichnet den Herausgabeanspruch auf eine Sache, die Sperrfunktion dagegen nur die Möglichkeit, Verfügungen zu verhindern. So hat der Inhaber des Frachtbriefes zwar keinen Herausgabeanspruch, doch lässt das Dispositionsrecht auf dem Reiseweg auch einen Rückruf an den Absender zu.

Wertpapierfunktion besitzen die Urkunden, die nur dem Inhaber alle verbrieften Rechte aus der Urkunde zukommen lassen. So ist der alleinige Berechtigte aus einer Transportversicherung nur der Inhaber der Transportversicherungspolice, und die alleinige

Verfügungsberechtigung über die Ware steht nur dem Inhaber eines Konnossements, eines Ladescheins oder eines Lagerscheins zu.

Nicht alle Wertpapiere im Außenhandel sind auch Traditionspapiere, die mitunter auch als Dispositionspapiere bezeichnet werden. Zur Übereignung einer beweglichen Sache ist gem. § 929 ff. BGB die Übergabe der Sache oder eines Surrogats erforderlich. Tritt an die Stelle der Übergabe der Sache die Übergabe der Urkunde, so vertritt dieses Wertpapier die Sache. Wertpapiere, die also auch immer einen Herausgabeanspruch einer Ware verbriefen, werden Traditionspapiere genannt. Sie erlauben eine uneingeschränkte Disposition über die Ware. Die **Traditionsfunktion** besitzen das Konnossement, der Ladeschein und der Lagerschein.

Eine **Finanzierungsfunktion** erfüllen die Urkunden, die als Kreditsicherheit Kreditinstituten vorgelegt werden können. So bieten die Traditionspapiere eine gute Kreditsicherheit, weil das Kreditinstitut jederzeit selbst über die Ware verfügen könnte. Dadurch wird die Grundlage für die Finanzierung des Transportweges gelegt.

Eine gewisse Finanzierungsfunktion kann aber auch der Frachtbrief gewährleisten. Ist nämlich als Empfänger eine Korrespondenzbank oder ein beauftragter Spediteur angegeben, so ist die Finanzierung des Transportweges bei Übergabe des Frachtbriefes an das Kreditinstitut möglich, weil die Ware durch den Absender nicht mehr umdisponiert werden kann. Dient die Exporteurbank den Frachtbrief auf dem Inkassoweg über die Korrespondenzbank an, weiß der Importeur, dass die Ware unwiderruflich unterwegs ist, und wird ordnungsgemäß zahlen.

Funktionen von Außenhandelsdokumenten im Überblick:

Beweisfunktion	Sie kennzeichnet als Beweismittel die gerichtliche Verwendungsmöglichkeit.
Vertragserfüllungsfunktion	Es werden entweder die ordnungsgemäße Vertragserfüllung selbst oder die Erfüllung von besonderen Vertragsbedingungen dokumentiert.
Wertpapierfunktion	Sie besitzen die Urkunden, die nur dem Inhaber alle verbrieften Rechte aus der Urkunde zukommen lassen.
Legitimationsfunktion	Sie kennzeichnet den Herausgabeanspruch auf eine Sache.
Sperrfunktion	Sie liegt vor, wenn nur der Inhaber der Urkunde eine bestimmte Leistung vom Schuldner verlangen kann.
Finanzierungsfunktion	Sie erfüllen die Urkunden, die als Kreditsicherheit Kreditinstituten vorgelegt werden können.
Traditionsfunktion	Tritt an die Stelle der Übergabe der Sache die Übergabe der Urkunde, so vertritt dieses Wertpapier die Sache und verbrieft einen Herausgabeanspruch.

Im Transportwesen spielt die **Übertragbarkeit der Dokumente** und der darin verbrieften Rechte eine wichtige Rolle, sodass je nach dem Erfordernis und der Art der Übertragung unterschieden wird in

- Inhaberpapiere
- Orderpapiere
- Rektapapiere.

Alle Wertpapiere sind Rektapapiere, sofern ihre vereinfachte Übertragung rechtlich nicht zulässig ist oder aus bestimmten Gründen ausdrücklich ausgeschlossen wurde.

Rektapapiere, auch als Namenspapiere bezeichnet, können nur durch Einigung und Übergabe der zedierten Urkunde übertragen werden. Soll z. B. ein Konnossement nicht vereinfacht übertragen werden können, so unterlässt der Aussteller die Orderklausel. Damit ist das Konnossement ein Rektapapier. Dagegen kann die Kreditversicherungspolice grundsätzlich nur als Rektapapier übertragen werden. Berechtigt aus einem Rektapapier ist immer die in der Urkunde namentlich genannte Person.

Die im Außenhandel verwendeten Wertpapiere sollen aber aufgrund ihrer wirtschaftlichen

Funktionen häufig von den Beteiligten vereinfacht übertragen werden können.

Die leichteste Übertragbarkeit besitzen die **Inhaberpapiere**. Hier genügen zur Übertragung die Einigung und Übergabe der Urkunde. Der Dokumentenfluss ist dadurch jedoch später nicht mehr nachweisbar, und die Berechtigung ergibt sich allein aus dem Besitz der Urkunde.

Orderpapiere erlauben sowohl eine leichte Übertragung als auch den Nachweis über die jeweiligen (zwischenzeitlichen) Berechtigten. Sie werden an Order ausgestellt und durch Indossament übertragen.

Ist die Orderklausel für die Übertragung nicht rechtskonstitutiv, wird von **geborenen Orderpapieren** gesprochen (z. B. Wechsel). Bei den in § 363 HGB genannten Orderpapieren ist die Orderklausel jedoch rechtskonstitutiv, sodass sie als **gekorene Orderpapiere** bezeichnet werden (z. B. Konnossement).

Ein Wechsel bleibt also immer ein Orderpapier, gleichgültig ob die Orderklausel auf der Urkunde steht oder nicht; ein Konnossement wird erst zum Orderpapier durch die Orderklausel auf der Urkunde.

Sollte es in bestimmten Fällen erforderlich sein (z. B. zu Finanzierungszwecken), so können faktisch Orderpapiere zu einem Inhaberpapier werden, wenn der (letzte) Berechtigte (Indossant) ein **Blankoindossament** einsetzt und die Urkunde so weiterreicht. Berechtigt ist dann immer der jeweilige Inhaber der Urkunde, der diese zwar so weiter übertragen kann, zur Geltendmachung seiner Ansprüche sich aber als Indossatar in das Indossament einsetzen muss.

Vollindossament	Blankoindossament
Für uns an die Order der Fa. Importeur GmbH, Bombay	Für uns an die Order der ....
Hamburg, den 07.08.2010 Fa. Exporteur GmbH	Hamburg, den 07.08.2010 Fa. Exporteur GmbH
Unterschrift	Unterschrift

Rechtliche Einteilung der Wertpapiere im Überblick	
1. Inhaberpapiere Übertragung durch Einigung und Übergabe der Urkunde Berechtigter ist der Inhaber der Urkunde. **2. Rektapapiere** Übertragung durch Einigung und Übergabe der zedierten Urkunde Berechtigter ist der in der Urkunde Benannte.	**3. Orderpapiere** Übertragung durch Einigung und Übergabe der indossierten Urkunde Berechtigter ist der jeweils letzte durch Indossament Benannte. a) Geborene Orderpapiere Die Orderklausel ist nicht konstitutiv. b) Gekorene Orderpapiere gemäß § 363 HGB. Die Orderklausel ist konstitutiv.

3. Seefrachtverkehr

3.1 Hafen- und Reederwahl, Handelsflotte

Seefrachtverkehr ist die Vorbereitung und Durchführung von Gütertransporten über See durch gewerbliche Transportunternehmen i. d. R. Reedereien in Form des Überseeverkehrs, der Küstenschifffahrt und des Fährverkehrs.

Wichtige Gesichtspunkte im Seefrachtverkehr sind:

- die Hafenwahl
- die Reederwahl und
- die Wahl der Seetransportart.

Die **Seehäfen** dienen dem Güterumschlag und der Schiffsabfertigung und bilden die Schnittstellen von Land- und Seeverkehr.

Die wichtigen Häfen der Handelsschifffahrt sind heute mit modernen und vielseitigen **Hafenanlagen** zur Be- und Entladung unterschiedlichster Schiffstypen ausgestattet. Bei der Auswahl von kleineren Verschiffungs- und Bestimmungshäfen sollte überprüft werden, ob eine reibungslose Verladung der Ware zu erwarten ist, und ob ausreichende Transportwege und -mittel für den **Weitertransport** ins Hinterland bestehen.

Für den deutschen Außenhandel spielen die **Seehäfen der Nordseeküste** (North Range) insbesondere Hamburg, Bremen, Rotterdam und Antwerpen sowohl im Massengutverkehr als auch im Containerverkehr eine herausragende Rolle. Dennoch sind, wie die Statistik zeigt, nicht unerhebliche Unterschiede beim **Güterumschlag** zu erkennen. Der **Wettbewerb** unter diesen Häfen ist sehr groß und wird vor allem über den Preis ausgetragen, der erheblich unter den Hafengebühren in Amerika und Asien liegt, sodass die Umsatzrendite der Nordseehäfen wesentlich unter der z. B. in Singapore oder Hongkong liegt.

Im Zeichen der Globalisierung stieg der Güterumschlag der North Range in den letzten Jahren kontinuierlich an, brach dann aber infolge der weltweiten Finanzkrise 2009 um 12,5 % auf 1.052 Mio. Tonnen ein. Hiervon waren die einzelnen Häfen und die verschiedenen Umschlagsgüter jedoch unterschiedlich betroffen.

Umschlag nach Güterart in der Range Hamburg-Le Havre 2018 Mio. Tonnen

	Hamburg	Bremerhaven	Wilhelmshaven	Amsterdam	Rotterdam	Zeeland Seaports	Antwerp	Zeebrugge	Dunkirk	Le Havre
Eisenerz und Schrott	11,9	4,3	0,0	15,3	30,1	7,0	2,3	0,0	14,8	0,0
Kohle	8,1	0,8	3,3	17,3	26,4	6,7	1,0	0,0	6,6	0,3
Agribulk	6,3	0,5	0,0	8,3	9,9	5,3	1,0	0,2	1,4	0,0
Sonst. Massengut, trocken	4,4	1,6	0,5	3,7	11,3	13,8	8,7	1,0	3,1	0,9
Massengut insg. Trocken	**30,7**	**7,2**	**3,8**	**44,6**	**77,6**	**32,8**	**13,1**	**1,2**	**25,9**	**1,4**
Rohöl	1,4	0,0	15,6	0,0	100,3	0,0	5,6	0,0	0,0	25,2
Mineralölerzeugnis	9,0	1,4	0,6	45,1	77,7	15,6	54,7	2,7	5,1	12,8
Flüssigerdgas (LNG)	0,0	0,0	0,0	0,0	5,2	0,0	0,0	3,7	0,0	0,0
sonst. Massengut, flüssig	3,1	0,0	0,4	3,3	28,6	5,0	15,5	0,4	0,4	1,9
Massengut insgesamt	**13,4**	**1,4**	**16,4**	**48,5**	**211,8**	**20,6**	**75,9**	**6,7**	**5,5**	**39,8**
Total bulk goods	**44,2**	**8,7**	**20,4**	**93,1**	**289,5**	**53,4**	**88,9**	**8,0**	**31,4**	**41,2**
Container	**89,4**	**56,8**	**6,9**	**1,1**	**149,1**	**1,7**	**130,9**	**15,2**	**3,5**	**28,3**
Roll-on/Roll-off	0,4	0,0	0,0	0,6	24,1	3,5	5,3	15,9	15,6	1,4
Sonstiges Stückgut	1,1	8,6	0,0	7,1	6,4	11,8	10,2	1,0	1,1	0,0
Stückgut insgesamt	**1,5**	**8,6**	**0,0**	**7,6**	**30,4**	**15,3**	**15,5**	**16,9**	**16,7**	**1,4**
Gesamtumschlag	**135,1**	**74,0**	**27,3**	**101,8**	**469,0**	**70,4**	**235,3**	**40,1**	**51,6**	**70,9**
Marktanteil insges.	**10,6 %**	**5,8 %**	**2,1 %**	**8,0 %**	**36,8 %**	**5,5 %**	**18,4 %**	**3,1 %**	**4,0 %**	**5,6 %**

Quelle: *Port of Rotterdam*, Facts and Figures

Im **Ostseeverkehr** dominiert der Ro-Ro-Fährverkehr mit Osteuropa und Skandinavien über die Häfen Lübeck, Rostock und Kiel.

Neben der Hafenwahl kommt der **Verfrachter- bzw. Reederwahl** unter den Aspekten Hafenbedienung, Zuverlässigkeit, Transportkosten, Schiffsraumangebot und Transportdauer große Bedeutung zu. Empfehlenswert ist hier oft die Einbeziehung eines Schiffsmaklers, um schnell das günstigste Angebot für die jeweilige Situation zu erhalten.

Die Begriffe Verfrachter und Reeder sind im Verhältnis zu Dritten am Seeverkehr Beteiligten gleichzusetzen, obwohl ihre Tätigkeitsbereiche nicht in allen Fällen in einer Person zusammengefasst sind. So ist **Reeder**, wer Eigentümer eines ihm zum Erwerb durch die Seefahrt dienenden Schiffes ist (§ 476 HGB); **Verfrachter** (Carrier) ist derjenige, der ein eigenes oder ihm nicht gehörendes Schiff für eigene Rechnung führt oder führen lässt und somit das Seefrachtgeschäft betreibt. Der Verfrachter im Seeverkehr entspricht dem Frachtführer bei Landtransporten.

Verpflichtet sich ein Verfrachter zum Transport von Gütern, ohne ein eigenes Schiff zu besitzen, wird er auch als **Non Vessel Operating Common Carrier** (NVOCC) bezeichnet. Als **Befrachter** (Shipper) im Seeverkehr wird derjenige bezeichnet, der mit dem Verfrachter den Frachtvertrag abgeschlossen hat. Liefert der Befrachter die Waren selbst zum Seetransport an, gilt er auch als Ablader.

Ablader ist im Seeverkehr derjenige, der die Anlieferung der Waren zum Schiff oder Hafen übernimmt. Ablader können der Exporteur aber auch andere Personen sein, die die Ware im Auftrag des Befrachters anliefern (z. B. Spediteure).

Begünstigter im Seefrachtverkehr ist i. d. R. der Importeur als Warenempfänger (Consignee oder Receiver).

Der **Seefrachtvertrag** ist ein Werkvertrag im Sinne des § 631 BGB, der zwischen dem Befrachter und dem Verfrachter i. d. R. zu Gunsten des Empfängers abgeschlossen wird. Der Verfrachter verpflichtet sich, die empfangenen Güter im Bestimmungshafen dem legitimierten Begünstigten auszuliefern. Zum Beweis über den Abschluss des Seefrachtvertrages wird ein **Konnossement** ausgestellt, dessen Inhaber der rechtmäßig legitimierte Wareneigentümer ist.

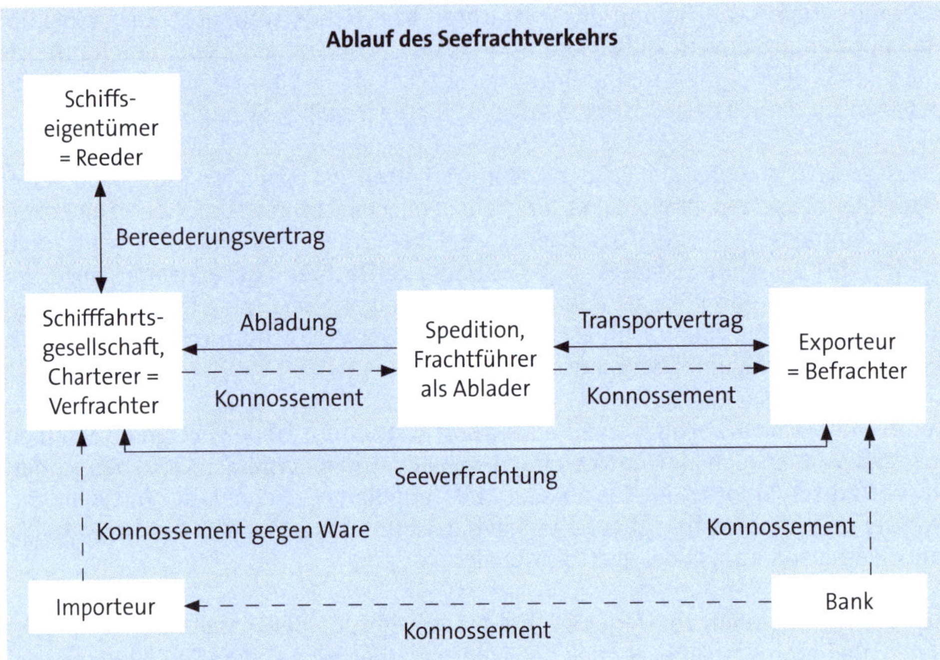

Die **Welthandelsflotte** umfasste Ende 2018 etwa 53.045 Seeschiffe mit rd. 1.830 BRZ[1] und einer Tragfähigkeit von rd. 1.633 Mio. tdw, von denen die meisten unter der Flagge von Panama, den Marshallinseln, Liberia und Hongkong fahren. Griechenland, Japan und China sind nach wie vor die drei, hinsichtlich der Transportkapazität größten Reeder-Länder. Die Seeschifffahrt beförderte 2018 rd. 11,1 Mrd. Tonnen Güter was etwa 56.300 Mrd. Tonnenkilometern entspricht. Nach Angaben des ISL in Bremen fahren weltweit rd. 70 % der Seeschiffe unter ausländischer Flagge.

---

1 BRZ: Bruttoraumzahl (Schiffsvermessungsgröße für die Größe des Schiffes) früher BRT, BRT lässt sich abhängig vom Schiffstyp durch einen Multiplikationsfaktor zwischen 1,1 und 4 errechnen.

BRT (Brutto-Register-Tonnen): gesamter umbauter Raum des Schiffes; 1 BRT = 2,8316 cbm. Hiervon sind die NRT und die tdw zu unterscheiden:

NRT (Netto-Register-Tonnen): verdienender Teil des Schiffes, d. h. nutzbarer Lade-/Passagierraum als Grundlage für die Bemessung von Hafen- und Kanalgebühren.

tdw (tons dead weight): Gewichtsmaß für die Tragfähigkeit des Schiffes als max. Ladegewicht einschließlich der Betriebslasten wie Öl und Wasser, wenn die Wasseroberfläche die Lademarke für diesen Seeweg berührt.

Welthandelsflotte nach der Flagge Ende 2018			
Flagge	Flottengröße		Anteil dwt an der Welthandelstonnage in %
	Anzahl Mio.	dwt	
1. Panama	6.398	323.031	17,2
2. Marshallinseln	3.255	237.316	12,6
3. Liberia	3.332	236.874	12,6
4. Hong Kong	2.544	197.725	10,5
5. Singapur	2.326	126.533	6,7
6. Malta	1.998	109.635	5,8
7. VR China	3.414	86.121	4,6
8. Griechenland	913	69.099	3,7
9. Bahamas	1.146	65.727	3,5
10. Großbritannien	735	42.844	2,3
11. Japan	2.552	38.385	2,0
12. Zypern	839	33.774	1,8
13. Dänemark	504	22.436	1,2
14. Indonesien	3.267	20.564	1,1
15. Portugal	517	19.620	1,0
16. Norwegen	807	18.961	1,0
17. Indien	883	16.571	0,9
18. Saudi-Arabien	125	13.054	0,7
19. Italien	673	12.904	0,7
20. Südkorea	1.021	12.439	0,7
21. Deutschland	246	8.352	0,4
Insgesamt	**53.732**	**1.881.589**	**100,0**

Quelle: *ISL Bremen*, Stand 31.12.2018

Von der **Welthandelsflotte** sind ca. 25 % Tanker, 22 % Massengutfrachter, 10 % Containerschiffe und 13 % Spezialschiffe. Die **deutsche Handelsflotte** kann nur einen Anteil an der von deutschen Unternehmen benötigten Ladekapazität stellen. Erhebliche Teile müssen auf ausländischen Schiffen transportiert werden. Insbesondere aus Wettbewerbsgründen haben deutsche Reeder kontinuierlich Schiffe ausgeflaggt, sodass die deutsche Handelsflotte unter deutscher Flagge 2018 auf 246 bzw.auf einen Anteil von 0,4 %, gemessen in dwt geschrumpft ist. Deutschen Reedereien sind jedoch weitere Schiffe wirtschaftlich zuzuordnen, die unter ausländischer Flagge fahren und in ausländischen Schiffsregistern eingetragen sind.

Seit der Einführung des **Zweitregisters** im Jahr 1989 (dem deutschen Internationalen Seeschiffsregister ISR) mit modifizierten Anforderungen (insbesondere Heuern der Seeleute nach dem Niveau ihres Herkunftslandes) und niedriger Steuerlast sind die meisten deutschen Schiffe gem. § 7 Flaggenrechtsgesetz hier eingetragen, die aber alle unter ausländischer Flagge fahren.

Die Handelsflotte unter deutscher Flagge und unter deutschem Management aber ausländischer Flagge hatte Ende 2018 2.790 Schiffe mit 95,9 dwt. Damit haben **deutsche Reedereien** die **viertgrößte Handelsflotte** nach Griechenland, der VR China und Japan.

Welthandelsflotte nach der Nationalität des Eigners am 01.01.2020				
Flagge	Flottengröße		Alter	Anteil an der Welthandelstonnage in %
	Schiffe	dwt		(dwt-Anteil)
1. Griechenland	4.926	394,593	12,0	20,1
2. China (PR of)	6.688	296,353	12,2	15,1
3. Japan	4.184	249,710	9,0	12,7
4. Deutschland	2.626	89,098	12,8	4,5
5. Korea (Rep. of)	1.630	85,354	14,4	4,4
6. Norwegen	1.712	76,042	14,5	3,9
7. Singapur	1.567	65,204	12,0	3,3
8. USA	1.177	59,323	15,8	30
9. Taiwan	945	51,322	13,1	2,6
10. Italien	1.103	50,159	14,2	2,6
11. Dänemark	882	45,176	13,1	2,3
12. Hong Kong	977	39,784	15,2	2,0
13. Vereinigtes Königreich	789	37,995	12,3	1,9
14. Kanada	518	31,593	14,4	1,6
15. Türkei	1.484	29,352	20,1	1,5
Welt insgesamt	45.374	1.961,597	15,1	100,0

Quelle: *Institute of Shipping Economics and Logistics (ISL)*
Stand: 01.01.2020, Schiffe über 1.000 gt

Eine gewisse Trendwende bei der Ausflaggung hatte sich mit der Einführung der **Tonnagesteuer** gemäß § 5a EStG seit 1999 angebahnt. Die Tonnagesteuer löste das alte gewinn- und flaggenabhängige Steuersystem durch eine optionale Steuerermittlung auf der Basis der Tonnage der Schiffe ab und kann sich auf alle Erträge deutscher Reedereien unabhängig von der Schiffsflagge beziehen. Dabei wird der Gewinn aus dem Schiffsbetrieb pauschal in Bezug auf die Schiffsgröße ermittelt, unabhängig wie hoch der tatsächliche Gewinn ist.

Für Schiffe unter deutscher Flagge kommen Lohnsteuererleichterungen sowie herabgesetzte Anforderungen an die Mindestbesatzung der Schiffe hinzu, und die Sicherheitsvorschriften wurden internationalen bzw. europäischen Standards angepasst. Sollten gemäß den Vorschlägen der EU auch deutsche Reedereien zukünftig von der Abführung von Lohnsteuer und Sozialabgaben befreit werden, was bereits in mehreren EU-Ländern praktiziert wird, könnten viele deutsche Schiffe wettbewerbsfähiger und zurückgeflaggt werden.

Die **deutsche Containerflotte** unter deutscher und ausländischer Flagge zählt zu den jüngsten und modernsten und umfasste mit 1.603 Schiffen Ende 2013 rd. 29,5 % der weltweiten Containertonnage.

Containerschiffsflotten nach der Nationalität des Eigners			
Land	**Schiffe**	**1.000 TEU**	**% TEU**
Deutschland	1121	3964	18,0 %
VR China	645	3443	15,7 %
Dänemark	244	2420	11,0 %
Griechenland	483	2115	9,6 %
Japan	296	1700	7,7 %
Italien	210	1280	5,8 %
Frankreich	149	1148	5,2 %
Taiwan	262	1014	4,6 %
Kanada	113	911	4,1 %
Singapur	209	699	3,2 %
Welt gesamt	5235	21987	100,0 %

Quelle: *ISL Bremen*, Stand Ende 2018, Handelsschiffe über 1.000 TEU

Deutsche Schiffe weisen ein hohes Klassifikationsniveau auf. Die **Klassifizierung** ist die im Sinne aller Beteiligten notwendige regelmäßige Überprüfung der Fahr- und Ladetüchtigkeit eines Schiffes für einen bestimmten Seeweg während des gesamten Lebenszyklus des Schiffes. Hierbei führen die Beurteilung zahlreicher Merkmale wie Bauart, Alter, Unterhaltungszustand, Festigkeit und Ausrüstung zu verschiedenen Klasseneinteilungen. Die Klassifizierung wird von bestimmten anerkannten Gesellschaften durchgeführt, in Deutschland vom Germanischen Lloyd in Hamburg. Sehr bekannt ist auch Lloyd's Register of British and Foreign Shipping in London.

Dies ist nicht mit dem Schiffsregister zu verwechseln. Das **Schiffsregister** ist das „Grundbuch" für Schiffe, das beim Amtsgericht des Heimathafens getrennt nach Binnen- und Seeschiffen geführt wird. Mit der Eintragung in ein bestimmtes Schiffsregister unterliegt das Schiff dann der Rechtsordnung dieses Landes und führt dessen Flagge. Dabei muss der Schiffseigentümer in vielen Ländern nicht Staatsangehöriger dieses Landes sein und auch nicht seinen Wohnsitz dort haben.

Grundsätzlich lassen sich im Seefrachtverkehr sowohl in der Tank-, Massengut-, Stückgut- und Kühlfracht zwei **Transportarten** unterscheiden:

- Linienschifffahrt (Liner Vessel) und
- Trampschifffahrt (Tramp Vessel).

3.2 Linienschifffahrt

Die Linienschifffahrt befördert Güter nach festem Fahrplan auf bestimmten Seewegen mit festgelegten Häfen durch benannte Schiffe der Reederei (bzw. der Reedereizusammenschlüsse), die i. d. R. eine hervorragende Klassifizierung besitzen. Der Fahrplan wird unabhängig von der Auslastung des Laderaums eingehalten. Von herausragender wirtschaftlicher Bedeutung sind dabei folgende **Seewege:**

- Europa → Nordamerika
- Europa → Fernost
- Transpazifik
- Europa → Südamerika (Ostküste)
- Europa → Südamerika (Westküste) durch Panamakanal
- Nordamerika → Südamerika
- Europa → West- und Südafrika
- Europa → Australien/Pazifik
- Europa → Ostafrika/Indien.

Innerhalb dere haben sich sog. **Mainstreams zwischen den Kernregionen der Weltwirtschaft**, Europa, Nordamerika und Fernost, herausgebildet, auf die ein besonders hohes Landungsaufkommen entfällt. Doch selbst hier herrscht ein starker Wettbewerbsdruck, sodass alle Reedereien versuchen, Kostensenkungspotenziale zu erschließen. Unter diesem Aspekt ist neben der Tendenz zur Ausflaggung auch die **Bündelung von Ladungsströmen** vor allem in der Contrainerschifffahrt zu sehen. So werden z. B. durch das „Hub-and-Spoke-System" zahlreiche (kleine) Ladungsaufkommen in den Mainports wie Hamburg oder Singapur gesammelt und von dort mit großen Schiffen weitertransportiert.

Der **Hub-and-Spoke-Verkehr** ist ein Transportsystem, bei dem Güter eines bestimmten Einzugsgebietes zu einer festgelegten Zeit an einem bestimmten Ort umgeschlagen werden. Der zentrale Umschlagsort stellt die Nabe dar, von der Zubringerdienste (Feederverkehr) speichenartig in zahlreiche regionale Zielorte führen. Zwischen den zentralen Umschlagsplätzen, den Hubs, werden die gebündelten Ladungsströme mit großen Transporteinheiten auf den Mainstreams befördert.

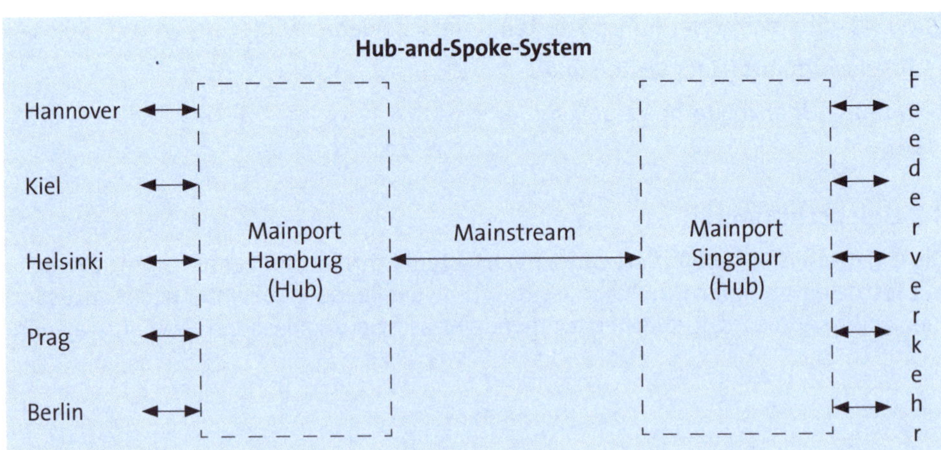

Der **Stückgutvertrag** als typischer Frachtvertrag in der Linienschifffahrt wird zwischen dem Verfrachter und dem Befrachter bzw. dem im Auftrag des Befrachters handelnden Abladers abgeschlossen.

Im Frachtvertrag sollten auch Angaben über die Behandlung der Ware beim Transport und bei der Be- und Entladung nicht fehlen, da der Verfrachter den Inhalt der Verpackung im Allgemeinen nicht überprüfen kann, sondern nur diese selbst. Er bestätigt deshalb auch nur, dass die Verpackung die Ware enthalten soll (said to contain), wie sie im Frachtvertrag bzw. Schiffszettel vom Befrachter benannt worden ist.

Stückgut und Massengut lassen sich folgendermaßen kennzeichnen:

Stückgut	► Waren mit individueller Verpackung wie Kisten, Säcke oder Fässer ► Waren in Ladungseinheiten zusammengefasst wie Containern oder Paletten ► Waren, die sich einzeln in Form, Gewicht und Abmessung unterscheiden
Massengüter	► Unverpackte und unmarkierte, flüssige oder trockene Schüttgüter

Die **Regelfrachtrate** bildet sich aus der **Grundrate (Primage)** für die Bedienung dieses Seeweges durch die Reederei und einem Frachtzuschlag.

Als **Frachteinheit** gilt bei vielen Transporten die Frachttonne (Frt) als Raum- bzw. Gewichtsmaß, das sind 1.000 kg oder 1 cbm oder ein Containermaß wie TEU[1], das der Raum- oder Stellfläche eines 20-Fuß-Containers entspricht.

Die Ermittlung der Kollimaße übernehmen neutrale **Seegüterkontrolleure**, die früher als Tallymann bezeichnet wurden.

Frachtzuschläge sind vor allem:

- BAF: Bunker Adjustment Factor für das Risiko schwankender Bunkerkosten
- THC: Terminal Handling Charge für die Umschlags- und Beförderungskosten des Containers im Hafen, insbesondere Lade- und Löschkosten
- CAF: Currency Adjustment Factor für das Wechselkursrisiko
- War Risk Surcharge: bei Transporten in oder durch Kriegs- oder Krisengebiete
- Zuschlag für Eisbrechereinsatz
- Zuschlag für Schwergut oder Überlängen
- Zuschlag wegen Leichterung vor einem Hafen wegen zu geringem Tiefgangs
- Zuschlag wegen Überfüllung von Hafenanlagen.

[1] TEU = Twenty Foot Equivalent Unit
FEU = Fourty Foot Equivalent Unit (heute übliche Containergrößen)

Die Bezahlung der Frachtrate kann im Hinblick auf die Lieferbedingungen oder den Frachtvertrag im Verschiffungs- oder Bestimmungshafen erfolgen. Zum Nachweis werden die Konnossementsausfertigungen bei Zahlung im Verschiffungshafen „freigestempelt“ oder mit einer Zahlungsverpflichtung für den Bestimmungshafen gekennzeichnet.

Bis zur Bezahlung steht dem Verfrachter ein gesetzliches Pfandrecht zu.

Für die Linienschifffahrt lassen sich folgende Vor- und Nachteile nennen:

Vorteile	Nachteile
▸ klare Terminkalkulation für den Exporteur ▸ benannter Ankunftstermin für den Importeur ▸ Anlauf von Standardhäfen in regelmäßigen Zeitabständen ▸ genaue Kenntnis der Hafenanlagen ▸ Spezialisierung auf bestimmte Seewege ▸ nur Schiffe mit guter Klassifizierung ▸ niedrigere Prämiensätze in der Transportversicherung ▸ Verkürzung der Transportdauer durch standardisierte, schnelle Be- und Entladung in den Häfen	▸ häufig hohe Frachtraten durch Fahrplaneinhaltung auch ohne Vollauslastung des Schiffsraums ▸ Zusammenschluss mehrerer Reedereien, die bestimmte Seewege bedienen, in sog. Schifffahrtskonferenzen bzw. Allianzen mit kartellartiger Stellung (nach EU-Recht ab Ende 2008 nicht mehr zulässig) ▸ manche Länder verlangen als Voraussetzung für die Erteilung der Einfuhrlizenz, dass die Verschiffung mit einem Liniendienst ihres Landes erfolgt

3.3 Containerverkehr

Container sind **international genormte Transportbehälter** zum sicheren Stauen und Befördern von Gütern. Durch die Verwendung von Containern als Normverpackung wird der Stückgutverkehr durch größere und transportablere Ladungseinheiten erheblich verbessert und beschleunigt. Umpackungen entfallen und Beladung und Löschung werden vereinfacht und standardisiert. Etwa zwei Drittel des weltweiten Stückgutverkehrs erfolgt heute in Containern.

Der erste Container wurde 1956 von der Spedition Malcolm McLean verwendet. Die anfängliche Vielzahl der Containergrößen war schnell rückläufig, um den Einsatz der verwendeten Container auch überall im kombinierten Transport zu gewährleisten. Üblich sind heute fast nur noch die **20- und 40 Fuß-Container**. Dabei wird unterstellt, dass ein 20-Fuß-Container mit 14 t als Standardgewicht beladen wird, um die Belastbarkeit des Seeschiffes zu ermitteln. Ein 20-Fuß-Container kann jedoch im Einzelfall mit 15 - 20 t Fracht beladen werden, ein 40-Fuß-Container mit bis zu 30 t.

Es gibt mehrere **Containerarten** für jeweils bestimmte Verwendungszwecke:

Containerarten			
Kühlcontainer	**Tankcontainer**	**Bulkcontainer**	**Standardcontainer**
	► für Chemikalien ► für flüssige Lebensmittel	► für Schüttgüter	► Box ► Flat ► Open Top ► High-Cube

Die Anschaffungskosten eines Standardcontainers betragen ca. 2.500 US-$, doch werden Container auch oft zu Tagessätzen von ca. 0,50 – 1,00 US-$ je TEU gemietet. Die Lebensdauer eines Containers beträgt etwa 15 Jahre.

Die **Ladekapazität** eines Containerschiffes umfasst oft (nur) bis zu 4.800 TEU als so genannte Panamax-Abmessung für Seeschiffe, die noch den Panamakanal passieren können, oder bis 6.000 TEU der Postpanamaxklasse. Es gibt jedoch auch größere Neubauten wie die Emma Maersk (2006) mit ca. 13.000 TEU, die CMA CGM Marco Polo (2012) ca. 16.000 TEU sowie die Maersk Mc-Kinney Moeller (2013) ca. 18.000 TEU und es befinden sich noch größere so genannte Jumbo-Containerschiffe mit einer Ladekapazität von über 14.000 TEU (Suezmaxklasse) und 21.000 TEU (Malaccamaxklasse) in der Planung. Diese zunehmende Schiffsgröße zeigt aber auch neue Probleme, wenn traditionelle Seehäfen immer schwerer oder gar nicht mehr angelaufen werden können.

Der Idealfall ist die Identität von Containerkapazität und Ladebedarf des Befrachters. In solchen Fällen übernimmt die Reederei bzw. der Transportunternehmer einen voll beladenen Container vom Exporteur oder vom Ablader und liefert diesen nach Transportabwicklung beim Importeur aus (**Full Container Load = FCL**).

Es besteht im Containerverkehr aber auch die Möglichkeit von Sammelladungen. Vor allem im Seefrachtverkehr werden die Containerinhalte im Verschiffungshafen zusammengestellt und im Bestimmungshafen wieder getrennt. Derartige Gütersendungen werden als Teil-Container-Ladungen (**Less than Container Load = LCL**) bezeichnet. Die Auslieferung der einzelnen im Container zusammengefassten Warensendungen erfolgt anschließend separat beim jeweiligen Empfänger; über die Teilladungen werden jeweils getrennte Transportdokumente ausgestellt. Große Bedeutung haben dadurch auch die speziellen Containerzubringerdienste wie im Hub-and-Spoke-System erlangt.

Im Wesentlichen ergeben sich folgende **Containerverkehrsangebote:**

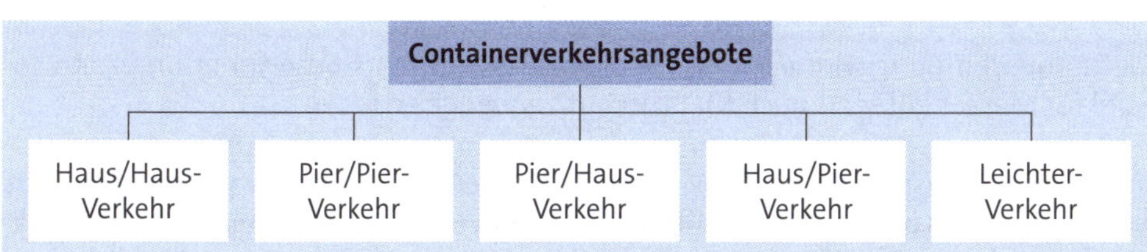

Der Leichter-Verkehr ist eine besondere Art des kombinierten Binnen- und Seeschiffverkehrs. Der **Leichter** ist ein schwimmfähiges Fahrzeug mit oder ohne Antrieb und bringt die Container vom Binnenhafen zum Seehafen auf das Mutterschiff (**Lash-Carrier**). Dabei fährt der Leichter entweder in das Schiff oder schiebt die „Schwimmcontainer" in das Schiff hinein. Im Bestimmungsseehafen werden die Leichter gewässert und können ihre Reise ohne Umschlagsprobleme im Hafen auf dem Fluss fortsetzen. Die Lieferzeit wird durch geringe Liegezeit im Hafen verkürzt.

Der Containerverkehr hat sich seit der 1. Generation mit bis zu 1.000 TEU Ladekapazität je Schiff Anfang der 60er-Jahre rasant entwickelt. So hat sich der **Containerumschlag** in den Seehäfen von 1985 bis 2018 auf rd. 800 Mio. TEU deutlich mehr als verzehnfacht. Nur 2009 brach der Umschlag aufgrund der Wirtschaftskrise um 8,3 % ein, erholte sich danach aber rasch. Der konventionelle Stückgutverkehr ist demgegenüber fast gleich geblieben. In immer mehr Häfen entstanden in den letzten Jahren leistungsfähige **Containerterminals** mit containergerechter Infrastruktur und innovativen Umschlagsanlagen wie z. B. in Hamburg-Altenwerder oder der Jade-Weser Port Wilhelmshaven. Dadurch konnten die Umschlags- und Transportzeiten erheblich verkürzt werden.

Die Containerisierung des Seeverkehrs wie auch des gesamten Welthandels scheint jedoch noch lange nicht abgeschlossen zu sein sondern wird aufgrund folgender **Entwicklungstendenzen** weiter wachsen:

- zunehmende Verflechtung der Volkswirtschaften und internationale Arbeitsteilung
- steigender Handel mit höherwertigen Gütern
- Produktionsstättenverlagerung nach Übersee
- weitere Umstellung des konventionellen Stückgutverkehrs und mancher Bereiche des Massengutverkehrs auf Container
- Transportkostenreduzierung durch Schiffsgrößenwachstum und innovative Transportabwicklung
- weitere Zunahme des Seeverkehrs mangels leistungsfähiger Landverkehrsverbindungen in zahlreichen aufstrebenden Regionen.

3.4 Trampschifffahrt

Die Trampschifffahrt befördert Güter je nach Bedarf und individuellen Vereinbarungen auf fahrtspezifisch festgelegten Seewegen nach frei vereinbartem Fahrplan. Die Schiffe können dadurch je nach Ladungsanfall zwischen sehr unterschiedlichen Häfen verkehren.

Die Trampschifffahrt wird auch als **Gelegenheitsschifffahrt** bezeichnet und kann sowohl für Massengüter als auch für Stückgut verwendet werden.

Die **Ladung** umfasst i. d. R. große Mengen mit hohem Gewicht, aber geringerem Wert je Einheit, sodass in der Trampschifffahrt vor allem Flüssig- und Schüttgüter auf Tankschiffen und Massengutfrachten befördert werden.

Voraussetzung für eine gute Schiffsauslastung ist ein guter Marktüberblick über Angebot und Nachfrage von Schiffsraum. Hier sind **Befrachtungsmakler** tätig, ohne die eine kostenangemessene Zusammenstellung der Interessenten für eine Route kaum möglich ist.

In der Trampschifffahrt herrscht der **Chartervertrag** (Charter Party = C/P) vor, der sich nicht auf bestimmte Güter oder Ladungseinheiten sondern auf einzelne oder alle Laderäume des Schiffes bezieht. Die Vertragsabschlüsse sind sehr individuell und erfolgen meist über die Befrachtungsmakler. Im Einzelnen können folgende Charterverträge unterschieden werden:

Vollcharter	Alle Laderäume werden für einen bestimmten Zeitraum gechartert.
Teilcharter	Einzelne unbestimmte Laderäume werden gechartert.
Raumcharter	Bestimmte einzelne Laderäume werden gechartert (z. B. die Kühlräume oder Tankbehälter).
Zeitcharakter	Der Chartervertrag läuft über einen längeren Zeitraum, meist mehrere Monate.
Reisecharter	Der Chartervertrag bezieht sich auf eine einmalige Reise oder gleiche Reisen in Zeitabständen.
Bareboatcharter	Der Charterer trägt alle laufenden Kosten des Schiffsbetriebs und des Transportes bis auf die Amortisation, den Kapitaldienst und die Versicherung.

Für den Chartervertrag gibt es kaum verbindliche Regelungen, sodass hier dem **Vertragstext** besonders große Bedeutung zukommt im Hinblick auf Pflichten, Rechte und Frachtraten. Grundsätzlich sollte folgenden Punkten besondere Beachtung aus der Sicht des Exporteurs/Importeurs geschenkt werden:

- Zeitdauer und Umfang der Charter
- Übernahme der Verladungs- und Löschkosten
- Kennzeichnung des Fahrtgebietes
- klare Frachtrate insbesondere auch im Hinblick auf nicht vom Befrachter genutzte Ladekapazität (Fehlfracht)
- Kündigungsrecht
- Liegezeiten in den Häfen bzw. Reisedauer bis zum Bestimmungshafen
- Zeitpunkt der Verschiffung
- Vereinbarung eines Überliegegeldes bei Verzögerung der Abfahrt bzw. eines Eilgeldes bei Beschleunigung.
- Zeitklauseln, wie Running Day: jeder Tag zählt; Working Day: es zählt jeder Arbeitstag; Weather Working Day: es zählt nur, wenn das Wetter Ladung oder Löschung erlaubt
- Ersatzschiff bei Ausfall
- Berechnungsbasis für die Frachtrate (z. B. Raum, Gewicht, Entfernung usw.).

Für die Trampschifffahrt lassen sich verschiedene Vorteile, aber auch Probleme nennen:

Vorteile	Probleme
▸ Frachtraten nach Angebot und Nachfrage ▸ Einsatzmöglichkeit auf allen gewünschten Seewegen ▸ individuelle Hafenwahl für Be- und Entladung	▸ Bonität von Reederei und Schiff ▸ Eignung des Schiffes für die Ladung ▸ Umfang der Kosten für den Befrachter (Fehlfracht für ungenutzten Laderaum, Beladung, Löschung) ▸ Termineinhaltung und Liegezeiten in den Häfen ▸ Mehrzahl von Befrachterwünschen kann den Seeweg umständlich machen und die Reisezeit verlängern ▸ Nutzung der Laderäume auf dem Vortransport hinsichtlich Feuchtigkeit, Sauberkeit und Geruchsfreiheit

Als besondere Erscheinungsform sind die **Spezialschifffahrt** und die **Werkschifffahrt** anzusehen, bei denen individuelle Transportvereinbarungen für homogene Güter entweder auf Spezialschiffen wie Kühl-, Versorgungs- oder Tankschiffen oder in Bezug auf Gesamtladungen wie beispielsweise mit Fahrzeugen, die (noch) im Eigentum des Befrachters sind, zwischen Charterer und Vercharterer ausgehandelt werden.

3.5 Konnossement

3.5.1 Wesen

Das Konnossement (Bill of Lading) – §§ 513 ff. HGB – ist ein **gekorenes Orderpapier**, das der Verfrachter dem Exporteur direkt oder dem vom Exporteur beauftragten Ablader (Spediteur, Frachtführer) aufgrund des Seefrachtvertrages ausstellt. Es dokumentiert den Empfang der Ware und die Verpflichtung zur Beförderung und Aushändigung der Ware an den legitimierten Empfänger.

Der Ablader bzw. der Exporteur als Befrachter kann seine **Rechte aus dem Konnossement** durch Indossament übertragen. Berechtigter Empfänger der Ware ist derjenige, der sich durch eine geschlossene Indossamenten-Kette ausweisen kann.

Nach der Möglichkeit und Art der Übertragung lassen sich unterscheiden:

Inhaberkonnossement	Unterbleibt die Angabe eines bestimmten Empfängers, kann jeder Inhaber der Urkunde die Warenherausgabe verlangen.
Rektakonnossement	Fehlt der Ordervermerk, kann nur der benannte Empfänger die Herausgabe der Ware verlangen.
Orderkonnossement	Mit Ordervermerk, Herausgabe der Ware nur an den durch geschlossene Indossamentenkette Legitimierten.

Zu Finanzierungszwecken werden Konnossemente i. d. R. blankoindossiert der Bank eingereicht. Nach Abwicklung des Finanzierungsvorganges kann sich der Importeur dann als Berechtigter in das **Blankoindossament** einsetzen bzw. die Bank im Verwertungsfall.

Fehlt der Ordervermerk, lautet das Konnossement also nur auf den Namen des Empfängers ohne Zusatz, kann nur dieser die Herausgabe der Ware verlangen (Rektakonnossement). Unterbleibt die Angabe eines bestimmten Empfängers, wird von einem Inhaberkonnossement gesprochen, sodass jeder Inhaber der Urkunde die Warenherausgabe verlangen kann.

Seine **Internationalität** erhält das Konnossement durch seine weltweit im Wesentlichen einheitliche Abwicklung auf der Basis der Haager Regeln von 1924, die in das HGB eingeflossen sind, ergänzt durch die Visby-Regeln von 1968 und die Hamburger Regeln von 1978.

Wesentlicher **Inhalt des Konnossements** ist z. B. (§ 515 HGB):

1. Ort und Tag der Ausstellung (12)
2. Name und Anschrift des Abladers (3)
3. Name des Schiffes (2)
4. Name und Anschrift des Verfrachters (1)
5. Abladungshafen und Bestimmungsort (6)
6. Name und Anschrift des Empfängers und eine etwaige Meldeadresse (4) (5)
7. Art des Gutes und dessen äußerlich erkennbare Verfassung und Beschaffenheit (8) (10)
8. Maß, Zahl oder Gewicht des Gutes und dauerhafte und lesbare Merkzeichen (9) (7)
9. Die bei der Abfertigung geschuldete Fracht, bis zur Ablieferung anfallende Kosten sowie einen Vermerk über die Frachtzahlung (11)
10. Zahl der Ausfertigungen (13).

In der Regel werden dem Ablader **3 Sätze Originalkonnossemente** (Full Set) ausgehändigt, obwohl zur Auslieferung der Ware 1 Satz genügt. Die Anzahl der Originale wird auf dem Dokument vermerkt; bei Aushändigung der Ware werden die anderen Originale eingezogen und ungültig (**kassatorische Klausel**).

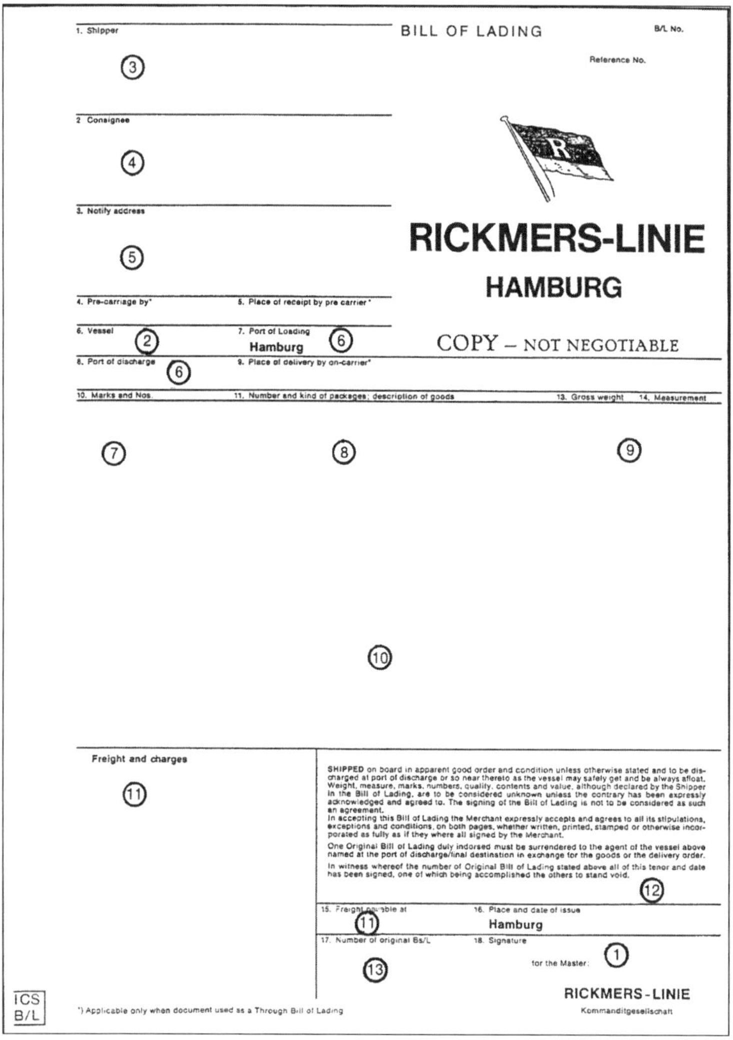
1. Shipper (3)
BILL OF LADING
B/L No.
Reference No.
2. Consignee (4)
3. Notify address (5)
RICKMERS-LINIE
HAMBURG
4. Pre-carriage by*
5. Place of receipt by pre carrier*
6. Vessel (2)
7. Port of Loading Hamburg (6)
COPY – NOT NEGOTIABLE
8. Port of discharge (6)
9. Place of delivery by on-carrier*
10. Marks and Nos. (7)
11. Number and kind of packages; description of goods (8)
13. Gross weight (9)
14. Measurement
(10)
Freight and charges (11)

SHIPPED on board in apparent good order and condition unless otherwise stated and to be discharged at port of discharge or so near thereto as the vessel may safely get and be always afloat. Weight, measure, marks, numbers, quality, contents and value, although declared by the Shipper in the Bill of Lading, are to be considered unknown unless the contrary has been expressly acknowledged and agreed to. The signing of the Bill of Lading is not to be considered as such an agreement.
In accepting this Bill of Lading the Merchant expressly accepts and agrees to all its stipulations, exceptions and conditions, on both pages, whether written, printed, stamped or otherwise incorporated as fully as if they where all signed by the Merchant.
One Original Bill of Lading duly indorsed must be surrendered to the agent of the vessel above named at the port of discharge/final destination in exchange for the goods or the delivery order.
In witness whereof the number of Original Bill of Lading stated above all of this tenor and date has been signed, one of which being accomplished the others to stand void. (12)

15. Freight payable at (11)
16. Place and date of issue Hamburg
17. Number of original Bs/L (13)
18. Signature
for the Master: (1)
RICKMERS-LINIE
Kommanditgesellschaft
ICS B/L
*) Applicable only when document used as a Through Bill of Lading

Vielfach werden die Konnossementsangaben durch Datenfernübertragung vom Linienagenten der Reederei im Verladehafen dem Linienagenten im Bestimmungshafen mitgeteilt, der daraufhin dem Empfänger eine **Arrival Notice** (Schiffsankunftsavis) und ggf. die Frachtrechnung zustellt. Der Empfänger kann so die Warenabnahme besser vorbereiten.

Die Arrival Notice erfüllt in manchen Fällen auch speziell die Funktion einer Auslieferungsanweisung, wenn kein übertragbares Konnossement ausgestellt worden ist (siehe Konnossementsersatzdokumente).

Das Konnossement muss bescheinigen, dass die Ware „in äußerlich guter Verfassung“ (in apparent good order and condition) in Empfang genommen wurde. Es besitzt eine **Beweisvermutung** hinsichtlich seiner Angaben über Menge, Beschaffenheit und Wert der Ware. Kann dem Verfrachter gegenüber jedoch die Unrichtigkeit der Angaben bewiesen werden, haftet dieser für den Schaden.

Grundsätzlich wird ein Konnossement nur als „clean" bezeichnet, wenn keine besonderen Vermerke oder Klauseln enthalten sind, die wesentliche **Mängel der Ware** feststellen, wie z. B. „g. b. o." (goods in bad order). Das Kreditinstitut weigert sich dann oft, die Dokumente ohne weiteres vom Exporteur aufzunehmen (siehe Art. 27 ERA).

Liegen nach Ansicht des Abladers nur unwesentliche Mängel vor, oder ist die Verpackung nur unansehnlich, so kann er der Reederei einen **„Letter of Indemnity"** ausstellen, in dem er sich zur evtl. Schadensübernahme verpflichtet. Dadurch wird das Konnossement clean und finanzierungsfähig. Eine solche Erklärung ist jedoch sehr risikoreich, da der Ablader oft gar nicht über ausreichende Kenntnisse im Hinblick auf die Ware verfügt. Es ist ratsam, hier einen **Tallymann** als Seegüterkontrolleur einer Reederei zur Begutachtung der Ladung heranzuziehen.

Verlust oder Beschädigung der Ware hat der Importeur sofort im Bestimmungshafen, spätestens bei Auslieferung gegenüber dem Verfrachter schriftlich anzuzeigen. Sollte die Beeinträchtigung nicht äußerlich erkennbar gewesen sein, muss die **Schadensanzeige** spätestens am 3. Tag abgesandt werden, da sonst anzunehmen ist, dass der Verfrachter vertragsgemäß abgeliefert hat. Eine sofortige Prüfung der Ware ist deshalb besonders wichtig, da nach Überschreiten der Frist die Beweislast beim Importeur liegt (§ 510 HGB).

Die **Haftung** des Reeders ist im § 504 HGB geregelt mit einer Obergrenze von 666,67 SZR je Verpackungseinheit bzw. 2 SZR je kg. Da dieser Wert wohl häufig überschritten wird, ist die Eintragung des Warenwertes in das Konnossement empfehlenswert, um diese Grenze aufzuheben.

Bei Verspätungsschäden haftet der Reeder gemäß den „Hamburg Regeln" höchstens mit dem 2,5fachen der Fracht für die verspätet abgelieferten Waren, insgesamt aber nur bis zur Gesamtfracht des Beförderungsvertrages.

Durch einen **Frachtvermerk** muss ersichtlich sein, wer gemäß Lieferbedingung die Fracht zu bezahlen hat: z. B. Freight prepaid = Fracht vorausbezahlt (bei „CIF") oder Freight payable at Port of Destination = Frachtzahlung im Bestimmungshafen (bei „FOB").

Zusammenfassend lassen sich die **Rechte und Pflichten aus dem Konnossement** wie folgt darstellen:

- Herausgabeanspruch des durch ununterbrochene Indossamentenkette legitimierten Inhabers gegenüber dem Verfrachter (**Einlösungspflicht** durch Verfrachter)
- Verfrachter darf an keinen anderen leisten, der seine Berechtigung auf andere Art und Weise zu beweisen versucht (**Vorlegungspflicht**)
- der legitimierte Inhaber des Konnossements ist **Eigentümer der Ware**

- **Verfügungsberechtigung über die Ware** (z. B. Verkauf an Dritte)
- **Verpfändungsrecht** bzw. Sicherungsübereignungsrecht zu **Finanzierungszwecken**.

3.5.2 Arten

Das **Bordkonnossement** (Shipped on Board Bill of Lading/s. o. b. B/L) bescheinigt dem Absender, dass sich die Ware zur Verschiffung an Bord des benannten Schiffes gemäß Frachtvertrag befindet (§ 514 HGB). Von den Einheitlichen Richtlinien und Gebräuchen für Dokumenten-Akkreditive wird grundsätzlich ein Bordkonnossement für eine Außenhandelsfinanzierung verlangt (siehe Kapitel I.4). Gemäß Art. 20 ERA deklariert auch unter namentlicher Benennung des Schiffes die Klausel *„shipped in apparent good order clean on bord“* in ausreichender Weise die Verschiffung, wenn das Konnossement nicht die Überschrift „Bordkonnossement“ trägt.

Häufig geht dem Bordkonnossement ein **Mate's Receipt** (Steuermannsquittung) voraus, als vorläufige Bescheinigung über den Empfang der Ware an Bord des Schiffes. Der Ablader füllt dann die erforderliche Zahl Bordkonnossemente aus und legt sie mit dem Mate's Receipt dem Verfrachter zur Unterschrift vor.

Sind **Teilanlieferungen** zum Verschiffungshafen erforderlich, können mehrere Mate's Receipts unter Umständen auch von mehreren Abladern anschließend in einem Bordkonnossement zusammengefasst werden.

Das **Übernahmekonnossement** (Received for Shipment Bill of Lading/r. f. s. B/L) bescheinigt dem Ablader nur den Empfang der Ware durch den Reeder zur Verschiffung. Bei Anlieferung wird die Ware noch nicht an Bord genommen. Das Übernahmekonnossement findet bei der Linienschifffahrt Verwendung, wenn die Ware vor Ankunft des Schiffes bereits abgeladen wird. Der Reeder bleibt frei in der Wahl des Schiffes; je nach Ladekapazität und Lademenge kann er Umdispositionen vornehmen.

Das Übernahmekonnossement wird zum finanzierungsfähigen Bordkonnossement durch den Zusatz „Goods are actually on board“ auf dem Konnossement unter Angabe von Verladedatum und Schiffsnamen.

Das **Durchkonnossement** (Through Bill of Lading/Through B/L) wird verwendet, wenn vom Abladehafen zum Bestimmungshafen kein durchgehender Liniendienst besteht, und andere Schiffe oder Reedereien für Teilstrecken einbezogen werden. Für die Frachtberechnung kann jedoch der Direkttarif vereinbart werden, der unter Umständen niedriger ist (z. B. Verschiffung von Hamburg nach New Orleans nicht direkt sondern über New York). Für den Reeder liegt der Vorteil in der besseren Auslastung der Verkehrsverbindungen.

Wird der Transport mit verschiedenen Transportmitteln (z. B. Vortransport zum Hafen mit Lkw, Haupttransport mit Schiff) durchgeführt, wird das im Stückgutverkehr hierüber ausgestellte Dokument auch als Durchkonnossement (Combined Transport Bill of Lading) bezeichnet. Im **Durchfrachtvertrag** verpflichtet sich der 1. Frachtführer, für den ordnungsgemäßen Weitertransport zu sorgen bzw. der Frachtführer für den Haupttransport übernimmt die Sorgfaltspflicht für einen ordnungsgemäßen Vor- und Nachtransport.

Während Stückgutverträge über namentlich genau benannte Waren abgeschlossen werden, ist beim **Chartervertrag** das Schiff bzw. ein Schiffsraum Gegenstand des Vertrages, sodass die vereinbarte Ladekapazität des Schiffes dem Charterer ohne Ansehen der Ware bereitgestellt wird (z. B. Raumcharter). In manchen Fällen wird der Chartervertrag auch mit dem Reeder selbst abgeschlossen ohne Einschaltung eines Verfrachters (z. B. Zeitcharter). Aus diesem Grunde stellt ein **Charterkonnossement** nur eine Beweisurkunde in Form einer Bescheinigung über den bereitgestellten Schiffsraum durch den Reeder dar mit der Verpflichtung, gemäß Chartervertrag den Transport abzuwickeln.

Insbesondere eine **Verfügungsberechtigung** über die Ware kann deshalb aus dieser Art des Konnossements nicht abgeleitet werden. In wesentlichen Punkten bezieht sich das Charterkonnossement auch nur auf den Chartervertrag („Conditions as per Charterparty").

Wesensbedingt ist ein Charterkonnossement in dieser Form gemäß den ERA auch nicht finanzierungsfähig, doch wird in der Praxis mitunter eine Finanzierung ähnlich wie beim Frachtbrief durchgeführt, wobei als Empfänger im Charterkonnossement die Korrespondenzbank genannt wird.

Charterkonnossemente können jedoch dem Stückgutkonnossement als gleichwertig angesehen werden, wenn sie diesem formal und inhaltlich entsprechen. Voraussetzung dafür ist vor allem eine **genaue Warendeklaration**, die Bestätigung der An-Bord-Verladung auf einem benannten Schiff und die Ausstellung und Unterzeichnung durch den Reeder oder dessen Agenten.

Konnossementsanteilsscheine (**Delivery Order/D/O**) sind Auslieferungsanweisungen über Teilmengen an verschiedene Empfänger, die vom Konnossementshalter (Importeur, Treuhänder, Kreditinstitut) ausgestellt werden mit der Verpflichtungserklärung, benannte Teilmengen an den Inhaber der D/O auszuliefern, wenn das Schiff im Bestimmungshafen ankommt.

Der Importeur empfängt dann rechtlich zwar die gesamte Warenlieferung mit seinem Konnossement, überlässt faktisch aber den Inhabern der D/O gegen Rückgabe ihrer D/O die **verbrieften Teilmengen** sofort am Schiff. So kann ein Importeur eine große Warenmenge einkaufen, von der er einzelnen Abnehmern Teilmengen gleich im Bestimmungshafen überlässt, ohne dass seine Abnehmer näheres über seine Geschäftsbeziehung zu seinem Exporteur erfahren.

Die D/O ist kein Traditionspapier, sondern nur ein **Rektapapier** und kann daher auch nur mittels Zession übertragen werden. Der Berechtigte aus der D/O ist namentlich in der Urkunde genannt.

Im Rahmen der Außenhandelsfinanzierung bietet die D/O den Vorteil, dass der Importeur bereits über die D/O Warenteilmengen weiterverkaufen kann, obwohl das Konnossement seiner Bank als Kreditsicherheit dient. In der Regel verwahrt der Reeder das Konnossement treuhänderisch und stellt auf Anweisung der Bank eine D/O aus.

Neben der Delivery Order wird auch der **Kai-Teilschein** verwendet. Er stellt eine Anweisung des Importeurs an die Kaiverwaltung oder Hafengesellschaft dar, die gelöschte Ware dem namentlich Benannten oder dem Inhaber gegen Rückgabe des Dokuments auszuhändigen. Das Originalkonnossement wird i. d. R. der Kaiverwaltung eingereicht, die daraufhin die einzelnen Kai-Teilscheine abstempelt. Der Importeur kann so die Ware verkaufen, ohne sie selbst in Empfang nehmen zu müssen.

Mitunter werden im Seefrachtverkehr auch andere Versanddokumente verwendet, wie die **Arrival Notice (Schiffsankunftsavis)** oder das **Express Cargo Bill**, die mit der Delivery Order eine gewisse Ähnlichkeit aufweisen. Solche Versanddokumente sind jedoch keine Traditionspapiere sondern sind den **Rektapapieren** zuzuordnen. Sie werden vor allem im Containerdienst verwendet, wenn ein übertragbares Versanddokument nicht erforderlich ist, oder unter Umständen der Postversand der Dokumente wegen des kurzen Transportweges langsamer ist als der Warentransport.

Der Linienagent sendet i. d. R. das **Konnossementsersatzdokument** an den namentlich benannten Empfänger der Ware. Warenabnahmeberechtigt ist dann wie bei der D/O der in der Arrival Notice oder dem Express Cargo Bill namentlich Benannte.

Manchmal sind auch **„nicht begebbare Seefrachtbriefe“** (Seaway Bill) anzutreffen, die wie Frachtbriefe als **Beweisurkunde** einzuordnen sind. Sie stellen eine Empfangsbestätigung des Reeders oder Verfrachters dar mit der Verpflichtung, die Ware an den benannten Empfänger auszuliefern, ohne dass dieser einen eigenen dokumentären Nachweis führen muss.

Zurzeit arbeitet das Comité Maritime International an „Einheitlichen Richtlinien für Seefrachtbriefe“, in denen die Mängel der bisher verwendeten Dokumente beseitigt werden sollen. Wann diese Richtlinien vorliegen, und ob sie sich in der Praxis durchsetzen, ist jedoch heute noch nicht absehbar.

Durch die zunehmende Verwendung der elektronischen **Datenfernübertragung** könnte es in Zukunft zur Reduzierung des Dokumentenwesens auch im Seefrachtverkehr kommen. Der Verzicht auf ein Konnossement würde jedoch auch bedeuten, dass die „schwimmende“ Ware nicht verkauft werden kann und schwerer finanzierbar ist, da kein begebbares Traditionspapier vorhanden ist.

Konnossementsarten im Überblick		
Arten	**Merkmale**	
Bordkonnossement	Bescheinigung über Verladung an Bord zur Verschiffung	Wertpapier/ Traditionspapier
Mate's Receipt	(vorläufige) Empfangsbescheinigung an Bord	Wertpapier
Übernahmekonnossement	Bescheinigung über Anlieferung zum Versand	Wertpapier/ Traditionspapier
Durchkonnossement	Dokument bei Versand mit verschiedenen Transportmitteln	Wertpapier/ Traditionspapier
Charterkonnossement	Bescheinigung über bereitgestellten Schiffsraum ohne Warendeklaration	Beweisurkunde
Delivery/Order	Anweisung an Reederei auf Herausgabe der Ware (auf dem Schiff)	Rektapapier
Kai-Teilschein	Anweisung an Kaiverwaltung auf Herausgabe der gelöschten/eingelagerten Ware	Rektapapier
Arrival Notice	Schiffsankunftsavis u. U. mit Auslieferungsanweisung	Rektapapier
Seefrachtbriefe	Empfangsbestätigung und Versandverpflichtung des Verfrachters	Beweisurkunde

4. Binnenschifffahrtsverkehr

Der Binnenschifffahrtsverkehr hat im Außenhandel vor allem seine Bedeutung als **Vortransportsystem für Massengüter** zu den Seehäfen bzw. **Nachtransportsystem** von den Seehäfen ins Binnenland. Rohstofflieferungen werden weitgehend mit der Binnenschifffahrt durchgeführt.

Aber auch im **Containerverkehr** zu den Seehäfen gewinnt der Binnenschifffahrtsverkehr an Attraktivität, zumal in verschiedenen Binnenhäfen auch bereits leistungsfähige und containergerechte Umschlagsanlagen errichtet worden sind.

In Deutschland erstreckt sich der Binnenschifffahrtsverkehr vor allem auf Rhein, Elbe, Main, Donau, Mosel, Weser, den Mittellandkanal und den Main-Donau-Kanal. Von vielen Rheinhäfen werden die Rheinmündungshäfen nach festen Fahrplänen angelaufen. Über 50 % der Transportleistung auf Binnenschiffen in der EU erfolgt über das deutsche Wasserstraßennetz.

Als **Transporteure** treten im Binnenschifffahrtsverkehr Reedereien und Partikuliere als Schiffseigner mit höchstens drei Binnenschiffen auf sowie die Werkschifffahrt zur Beförderung unternehmenseigener Güter zu eigenen Zwecken auf eigenen Schiffen.

Befrachter sorgen in der Binnenschifffahrt oft für eine gute Auslastung der Ladekapazität. Die Befrachter sind hier im Gegensatz zur Seeschifffahrt eine Art Frachtenhändler, die selbst i. d. R. keine Schiffe besitzen, aber im eigenen Namen Frachtverträge mit

Exporteuren oder Importeuren abschließen und deren Ladung auf Reedereien oder Partikuliere verteilen.

In der Binnenschifffahrt bestehen verschiedene Tarife als **Frachtenkonventionen** in Bezug auf bestimmte Produktgruppen. Da für den deutschen Außenhandel die Rheinschifffahrt besonders wichtig ist, seien hiervon einige Beispiele genannt:

- Rheinschifffahrtskonvention: Beförderungstarif für Getreide, Ölsaaten und Futtermittel
- Schweizer Rheinschifffahrtskonvention: Gütertransporte von und in die Schweiz
- Duisburger Frachtenkonvention: Beförderungstarif für chemische Produkte, Produkte der Eisen- und Stahlindustrie, der Automobilindustrie und „sonstige" Produkte im grenzüberschreitenden Verkehr, also insbesondere von Deutschland zu den belgischen und niederländischen Nordseehäfen.

Es besteht in der Binnenschifffahrt ein börsenmäßiger Frachtenmarkt in Duisburg an der **Schifferbörse**, aber auch an anderen Schifferbörsen wie Rotterdam, an denen sich Angebot und Nachfrage nach Berg- und Talfahrt, auch über Makler, gegenüber stehen. Zugelassen sind an der Börse Reeder, Spediteure und Partikulierschiffer (Einzelschiffer).

Seit Beginn des europäischen Binnenmarktes ist durch die Freigabe der **Kabotage**, als Beförderungsrecht von Ausländern zwischen zwei inländischen Häfen, ein (noch) größerer Wettbewerb auf den Flusssystemen durch weitere Transporteure auch aus anderen EU-Ländern entstanden.

Der **Ladeschein** (auch Flusskonnossement genannt) stellt die besondere Form des Versandpapiers in der Binnenschifffahrt dar und verkörpert als **Traditionspapier** die schwimmende Ware. Er ist in den §§ 443 ff. HGB geregelt.

Der Ladeschein hat grundsätzlich die gleiche rechtliche Wirkung wie das Konnossement. Im Gegensatz zum Konnossement wird hier jedoch nur 1 Original ausgestellt; Duplikate sind jedoch mehrfach erhältlich. Ladescheine werden meistens an Order ausgestellt und sind dann im Sinne des § 363 HGB **gekorene Orderpapiere**, die durch Indossament übertragbar sind.

In der Praxis werden mitunter auch **Namensladescheine** (Rektapapier) verwendet, die wie Frachtbriefe behandelt werden. Sie sind durch den Aufdruck „... *bei an Adresse lautenden Ladescheinen sind diese durch die Auslieferung der Sendung an den Adressaten erledigt*" gekennzeichnet.

Für den Binnenschifffahrtsverkehr lassen sich vor allem folgende **Vorteile** nennen:

- geringe Umweltbelastung
- günstige Relation von Transportleistung und Energieverbrauch
- der Staat trägt i. d. R. die Kosten der Infrastruktur
- hohes Transportvolumen (um 250 t zu befördern werden entweder 1 Binnenschiff oder 12 Lkw oder 10 Waggons benötigt).

5. Luftfrachtverkehr

5.1 Bedeutung, Abwicklung und Frachtratensystem

Der Luftfrachtverkehr umfasst alle Dispositionen und Transportleistungen im Hinblick auf eine Ortsveränderung von Fracht auf dem Luftweg.

Wenn auch volumenmäßig gesehen der Luftfrachtverkehr im Vergleich zum Seefrachtverkehr nur eine kleinere Rolle spielt (rd. 1 % des Welthandels), ist seine Bedeutung wertmäßig gesehen wesentlich größer (über 20 % des Welthandels). Auch sind die **Zuwachsraten** dieser Transportart erheblich. Im Luftfrachtverkehr nimmt die Lufthansa seit Jahren einen der ersten Plätze ein. In einem hochindustrialisierten Land wie Deutschland wächst sowohl das hochwertige, empfindliche Frachtaufkommen, bei dem die Frachtrate nur einen kleinen Teil des Lieferwertes ausmacht, als auch die Menge der dringend und schnell zu befördernden Ware überdurchschnittlich, sodass für die Zukunft mit weiter steigendem Frachtvolumen zu rechnen ist.

Mit zunehmender Globalisierung und internationaler Arbeitsteilung werden die weltweit ausgerichteten Beschaffungs- und Absatzmärkte dazu zwingen, aufgrund des **Zeitfaktors** den Luftfrachtverkehr verstärkt zu nutzen.

Da für zahlreiche Auslandstransporte ein pünktlicher Liefertermin einen hohen Stellenwert besitzt, bieten manche Fluggesellschaften **zeitdefinierte Leistungen** an. Sie garantieren dem Auftraggeber einen festen Termin für den Empfang am Bestimmungsort und verpflichten sich zum Schadensersatz bei Terminüberschreitung.

Durch den Aufbau von **Tracking-Systemen** ist die lückenlose informatorische Begleitung der Waren auf dem gesamten Transportweg möglich. Dennoch bleibt in vielen Fällen die Bodenabfertigung der Engpasssektor im Luftfrachtverkehr.

Im Luftfrachtverkehr können dem Außenhandelsunternehmen von den verschiedenen Anbietern umfassende Logistikdienstleistungen bereitgestellt werden.

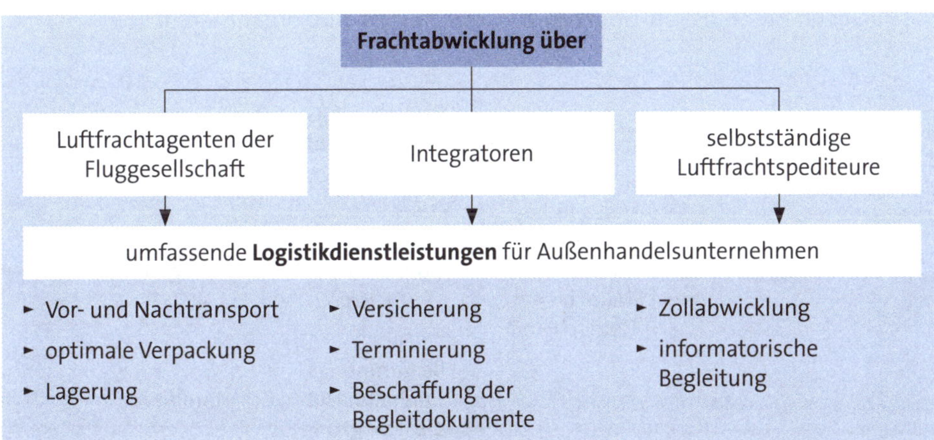

Bei der Abwicklung des Luftfrachtverkehrs sind die **traditionellen Cargo-Fluggesellschaften** und die **integrierten Systemanbieter** zu unterscheiden.

Beim **traditionellen Lufttransport** können neben den Fluggesellschaften und ihren Agenten weitere selbstständige Beteiligte wie Spediteure und Frachtführer einbezogen werden, sodass auf dem gesamten Transportweg mehrere Schnittstellen und Verantwortlichkeiten entstehen. Zunehmend befinden sich deshalb weltweit neben den größeren Flughäfen sog. „Off-Airport-Terminals", die guten Schienen- und Straßenanschluss besitzen, um den kombinierten Güterverkehr möglichst fließend abzuwickeln.

Daneben sind auch **Sammellader** (u. U. der Luftfrachtagent selbst) tätig, die kleinere Versandmengen im eigenen Namen zusammenfassen und als rabattfähige Gesamtladung deklarieren. Es kann dadurch jedoch zu gewissen Wartezeiten kommen, bis eine Sammelladung vorliegt.

Um im Wettbewerb mit den Integratoren bestehen zu können und die Kundenbedienung weiter zu verbessern, haben sich im traditionellen Luftfrachtgeschäft mehrere **Allianzen** gebildet (z. B. New Global Cargo und Sky Team Cargo).

Die traditionellen Cargo-Fluggesellschaften haben ihre Stärken vor allem in der hohen Flexibilität der Transportabwicklung und der Versandfähigkeit auch größerer und besonderer Güter.

Die **Integratoren** bieten alle erforderlichen Transportleistungen vor allem im Haus-zu-Haus-Verkehr aus einer Hand und unter nur einer Verantwortlichkeit an. Der Schwerpunkt ihrer Geschäftstätigkeit liegt bei eher leichten und kleineren Sendungen mit relativ schneller Zustellung bei standardisierten Abläufen.

Ähnlich wie im Seeverkehr nimmt auch im Luftfrachtverkehr die Tendenz zur Bündelung von Ladungsströmen zu, sodass die **Einrichtung eines Hubs** als Drehscheibe an den zentralen Luftverkehrsknotenpunkten mit anschließendem Verteilersystem immer größere Bedeutung erlangt. Hier sind vor allem auch die Integratoren als integrierte Systemanbieter wie z. B. DHL (Delsey Hillborn Lynn → heute Deutsche Post Konzern), UPS oder Federal Express anzutreffen, die die Anlieferung der Waren zum Abflug-Hub wie auch den Anschlusstransport zum Bestimmungs-Hub organisieren.

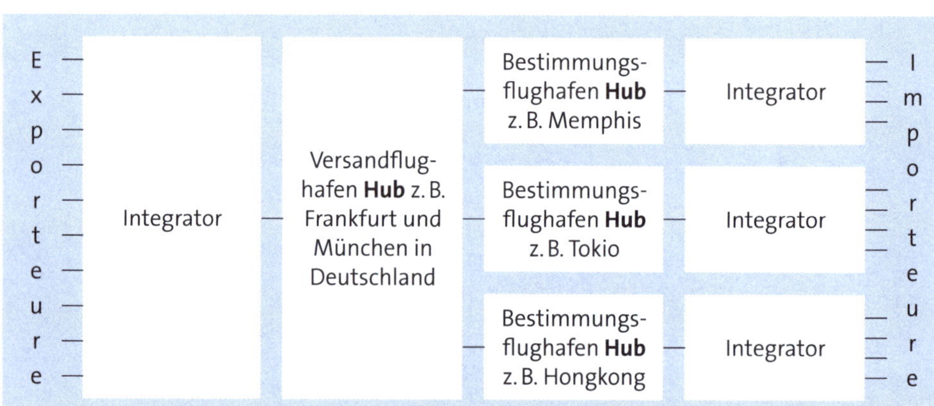

Merkmale im Luftfrachtverkehr	
Traditioneller Lufttransport	**Integratoren**
► mehrere Beteiligte - Fluggesellschaften - Frachtführer - Agenten - Spediteure ► mehrere Schnittstellen ► mehrere Verantwortlichkeiten ► hohe Flexibilität der Transportabwicklung ► Versandfähigkeit auch größerer und besonderer Güter ► Luftfracht-Allianzen	► alle erforderlichen Transportleistungen aus einer Hand ► eine Verantwortlichkeit ► Haus-zu-Haus-Verkehr ► relativ schnelle Zustellung ► standardisierte Abläufe ► bei eher leichten und kleineren Sendungen

Ein besonderes Problem im internationalen Luftverkehr stellt die **Unpaarigkeit mancher Verkehrsströme** dar. Ist die Kapazitätsauslastung in eine Fahrtrichtung erheblich größer, werden auf solchen Strecken bevorzugt Pax- und Mixed-Maschinen als kombinierte Passagier- und Frachtflugzeuge eingesetzt. Dazu zählen auch die „Belly-Flugzeuge", bei denen im Hauptdeck Passagiere und im Unterdeck Fracht befördert wird.

Sollten die elektronischen Einkaufsmöglichkeiten (**E-Commerce**) weiter an Bedeutung und Akzeptanz gewinnen, werden auch hier die Express- und Paketdienste und mit ihnen der Luftfrachtverkehr an Wichtigkeit zunehmen, zumal ein schneller und spontaner Einkauf im Internet auch eine schnelle Zustellung der Ware erwarten lässt.

Im Luftfrachtverkehr haben sich viele Fluggesellschaften im **Luftverkehrsverband IATA** (International Air-Transport-Association) zusammengeschlossen und legten früher die verbindlichen Frachtraten für einen bestimmten Zeitraum meistens mit Genehmigung ihrer Regierungen für den Auslandsverkehr fest. Durch den europäischen Binnenmarkt und internationale Vereinbarungen wurden die starren Flugtarife der Liniengesellschaften jedoch aufgebrochen, was zu einem verschärften Wettbewerb führen sollte. Die IATA stellt deshalb heute (nur noch) einen internationalen Dienstleistungsverband dar, der vorrangig Clearing-House und Interessenvertretung für den Luftverkehr ist.

Innerhalb der Europäischen Union ist der Luftverkehr seit 1997 freigegeben, sodass jede Fluggesellschaft jede Flugstrecke in der EU anbieten darf. Die begrenzten Kapazitäten der Flughäfen und die spezifischen Landerechte einzelner Fluggesellschaften dämpfen jedoch weiterhin den Wettbewerb.

Die **Luftfrachtraten** sind heute weitgehend liberalisiert und orientieren sich in ihrer Höhe an der Art der zu transportierenden Güter:

- **Standardfrachtraten** für alle einzeln (z. B. Pakete) oder auf Paletten gebündelt angelieferten Güter

- **Containerfrachtraten** für genormte Ladeeinheiten, wobei zahlreiche Containergrößen je nach Flugzeugtyp von 0,5 bis 10 m^3 Rauminhalt angeboten werden
- **Expressgüterraten** für Waren mit hoher zeitlicher Priorität als Eil- und Notsendungen z. B. für Medikamente, Ersatzteile, Dokumente oder EDV-Datenträger
- **Spezialfrachtraten** für
  - verderbliche oder transportempfindliche Güter (z. B. Obst oder medizinische Apparate)
  - für Wertgüter (z. B. Kunstgegenstände, Schmuck)
  - für lebende Tiere oder
  - für Gefahrengut.

Rechtsgrundlagen sind im Luftfrachtverkehr im Wesentlichen das Warschauer Luftbeförderungsabkommen von 1929, das Haager Protokoll von 1955, das Zusatzabkommen zum Warschauer Abkommen von1961, das Montrealer Abkommen von 1999 und die Allgemeinen Bedingungen der IATA.

Nach dem Montrealer Abkommen haftet der Luftfrachtführer für Beschädigung, Verspätung und Verlust bis zu einer **Haftungsgrenze** je kg beschädigter oder verspäteter Ware von 19 SZR (1 SZR z. B. am 06.12.2019 1,24273 €). Da auf dem Luftweg meistens eher leichte aber wertvolle Güter transportiert werden, wird die Entschädigung selten ausreichen, sodass eine Transportversicherung zu empfehlen ist.

5.2 Luftfrachtbrief

Der Luftfrachtbrief (Air Waybill) dokumentiert als **Beweisurkunde** den Abschluss des Luftfrachtvertrages zwischen dem Exporteur oder dem Ablader und der Fluggesellschaft bzw. ihres namentlich benannten Agenten. Der Frachtführer bestätigt durch die Ausstellung des Luftfrachtbriefes den Empfang der Güter mit der Verpflichtung, sie an den benannten Empfänger auszuliefern. Der Luftfrachtbrief kann auch für den gesamten Transportweg bei mehreren Umladungen benutzt werden. Er besteht aus drei Originalen:

- der 1. Ausfertigung für die Fluggesellschaft
- der 2. Ausfertigung für den Empfänger
- der 3. Ausfertigung für den Absender.

Wesentlicher **Inhalt des Frachtbriefes**:

- Ort und Tag der Ausstellung
- Versand- und Bestimmungsort (evtl. Abladeplatz, Flughafen)
- Adresse des Empfängers
- Warenbezeichnung und ggf. Wertdeklaration
- Gewicht, Maß, Zahl usw.

- Aufführung der Begleitpapiere
- Frachtzahlungsvermerk
- Unterschrift und Adresse des Absenders
- Adresse des Frachtführers.

Der Frachtbrief ist kein Traditionspapier, doch verbrieft er i. d. R. ein **Dispositionsrecht** über die Ware, solange sie dem Empfänger noch nicht zugestellt ist. So kann der Absender mehrere Dispositionen vornehmen, solange das 2. Original, das die Ware begleitet, noch nicht dem Empfänger ausgehändigt worden ist. Dispositionsberechtigt ist immer nur das 3. Original mit folgenden Möglichkeiten:

- Anhalten der Ware
- Rücksendung der Ware
- Aussetzung der Ablieferung
- Ablieferung an einen anderen Empfänger
- Benennung eines neuen Bestimmungsortes (auch für Teillieferungen)
- Bestimmung eines anderen Transportmittels.

Neben den Originalen enthält der Luftfrachtbrief noch mehrere Kopien für den Flughafen am Bestimmungsort und am Versandort sowie für die Auslieferung und für evtl. weitere Frachtführer.

Meistens wird der Luftfrachtbrief vom Linienagenten ausgestellt und dient folgenden Aufgaben:

- Nachweis des Beförderungsauftrags an den Luftfrachtführer
- Warenempfangsbestätigung durch den Luftfrachtführer
- Frachtrechnung
- Versicherungsurkunde, wenn die Transportversicherung des Luftfrachtführers gewählt wurde
- Verzollungsunterlage
- Auslieferungsbestätigung durch den Importeur
- Dokument für besondere Beförderungs- und/oder Auslieferungshinweise.

Wünscht der Exporteur zum Nachweis von Kaufvertrags- oder Akkreditivbedingungen die Benennung des genauen Abflugdatums, kann dies im Luftfrachtbrief vermerkt werden. Ansonsten gilt das Ausstellungsdatum als Verladedatum (Art. 23 ERA).

160 | HAM | 1183 1595 — 160-1183 1595

Shipper's Name und Address	Shipper's account Number	Not negotiable **Air Waybill** Issued by
AIRBUS INDUSTRIE MATERIEL SUPPORT CENTER WEG BEIM JAEGER 150 22335 HAMBURG		CATHAY PACIFIC AIRWAYS LT[I] SWIRE HOUSE, 9 CONNAUGHT C. HONG KONG

Copies 1, 2 and 3 of this Air Waybill are originals and have the same validity

Consignee's Name und Address	Consignee's account Number	
CATHAY PACIFIC AIRWAYS LTD. RECEIVING SECTION CATHAY PACIFIC AIRWAYS BLDG HONG KONG INTL. AIRPORT HONG KONG		It is agreed that the goods described herein are accepted in apparent good order and cond (except as noted) for carriage SUBJECT TO THE CONDITIONS OF CONTRACT ON REVERSE HEREOF. ALL GOODS MAY BE CARRIED BY ANY OTHER MEANS INCLUD ROAD OR ANY OTHER CARRIER UNLESS SPECIFIC CONTRARY INSTRUCTIONS GIVEN HEREON BY THE SHIPPER. THE SHIPPER'S ATTENTION IS DRAWN TO NOTICE CONCERNING CARRIER'S LIMITATION OF LIABILITY. Shipper may increase limitation of liability by declaring a higher value for carriage and paying a supplemental char required. as Carrier

Issuing Carrier's Agent Name and City	Accounting information
MSAS CARGO INTERNATIONAL HAMBURG GERMANY	PCS. Nr. 52 – 1600378 *** ROUTINE SHIPMENT *** CUST.-PO. S5129V01 T1 VABI 7946
Agent's IATA Code: 23-4-7582202-0 — Account No.:	
Airport of Departure (Addr. of first Carrier) and requested Routing: HAMBURG	

to	By the Carrier (Routing and Destination)	to	by	to	by	Currency	CHGS Code	WT/VAL PPD	WT/VAL COLL	Other PPD	Other COLL	Declared Value for Carriage	Declared Value for Customs
HKG	CX					DEM			CC	PP		NVD	NCV

Airport of Destination	Flight/Date (For Carrier Use only)	Flight/Date	Amount of Insurance	INSURANCE: If Carrier offers insurance and such insurance is requested in accordance with conditions on reverse hereof, indicate amount to be insured in figures in box marked amount of insurance
HONG KONG	FAV		XXX	

Handling information

ATT. SHIPPING DOCS SA: 8425 3482 Z

ASD: 80377487

SCI

No. of Pieces RCP	Gross Weight	kg lb	Rate Class / Commodity Item No.	Chargeable Weight	Rate / Charge	Total	Nature and Quantity of Goods (incl. Dimensions or Volume)
1	1.0	K	Q	2.5		.00	AIRBUS SPARE PARTS ROUTINE SHIPMENT DIMS:1/31x23x19 cm
*** S E R V I C E F R E I G H T ***							
1	1.0	K				.00	.014 cbm VOL.WGHT.: 2.5 K[G]

Prepaid	Weight Charge	Collect	Other Charges
	Valuation Charge		
	Tax		
	Total other Charges Due Agent		Shipper certifies that the particulars on the face hereof are correct and that insofar as any part of the consignment contains dangerous goods, such part is properly described by name and is in proper condition for carriage by air according to the applicable Dangerous Goods Regulations.
	Total other Charges Due Carrier		MSAS HAM Signature of Shipper or his Agent
Total prepaid		Total collect	FOR ABOVE NAMED CARRIER MSAS CARGO INTERNATIONAL AS AGENT 13.01.98 HAMBURG
Currency Conversion Rates		cc Charges in Dest. Currency	Executed on (Date) at (Place) Signature of Issuing Carrier or its A[gent]
For Carriers Use only at Destination		Charges at Destination	Total collect Charges

COMFOTEC, D-57080 Siegen, Tel. 02 71 / 35 92 70, Telefax 02 71 / 35 53 88

5.3 Vergleich Luftfracht – Seefracht

Luftfracht und Seefracht können oft im Hinblick auf die Ware oder die Kaufvertragsverpflichtungen als Alternative gesehen werden. Bei einem Vergleich der beiden Transportarten sind folgende Aspekte besonders zu berücksichtigen:

- Die **Luftfrachtraten** sind grundsätzlich erheblich höher als die Seefrachtraten.
- Das **eingeschränkte Transportvolumen** auf dem Luftweg schließt den Transport bestimmter Güter aus.
- Die **Reisedauer** auf dem Luftweg ist erheblich kürzer und beträgt einschließlich Vor- und Nachtransport meistens nur wenige Tage.
- Der Lufttransport kann meistens wegen der größeren **Netzdichte** näher an den Bestimmungsort führen. Der Vor- und Nachtransportweg verkürzt sich dadurch erheblich.
- Schnellere **Lieferungsfähigkeit** erhöht die Wettbewerbssituation. Bei leicht verderblichen Waren wie Blumen, Obst und Gemüse ist häufig nur der Lufttransport sinnvoll. Das gilt auch für lebende Tiere und eilbedürftige Ersatzteile.
- Bei Waren mit einem hohen Wert aber niedrigem **Gewicht und Volumen** schrumpfen die Transportkosten zu einem weniger wesentlichen Anteil zusammen, sodass der Lufttransport die Ware kaum verteuert.
- Luftfracht vermeidet hohe **Verpackungskosten**, da der Transport erschütterungsfrei und ohne Feuchtigkeitseinfluss und Klimaveränderung erfolgt.
- Die **Versicherungsprämien** sind im Luftverkehr wegen des geringen Schadensaufkommens niedriger als im Seeverkehr.
- Durch die Schnelligkeit des Lufttransports entsteht eine geringere **Kapitalbindung** im Unternehmen, sei es durch geringeren Lagerumfang, kürzere Finanzierungsdauer oder auch bessere Disposition der Produktion. Dadurch sinken auch die Kapitalkosten.

Insgesamt gesehen wird im Regelfall der **Seetransport kostengünstiger** ausfallen, doch gibt es eine Reihe von Waren oder Situationen, bei denen bei einer genauen Gegenüberstellung aller Bestimmungsfaktoren der Lufttransport vorteilhafter sein kann. Besonders bei längeren Transportwegen kann durch die damit verbundene längere Finanzierungsdauer der Lufttransport günstiger sein. Je größer die Entfernung, je eilbedürftiger der Transport und je hochwertiger die Ware desto überlegener wird die Wettbewerbsposition des Lufttransports ausfallen.

Aufgabe 6 > Seite 542

6. Eisenbahngüterverkehr

Der Eisenbahngüterverkehr ist eine Transportart, die sich bei Auslandsgeschäften im Wesentlichen auf den europäischen Raum erstreckt, oder wählbares Vor- und Nachtransportsystem im Interkontinentalverkehr ist.

Während in der Vergangenheit die weltweiten Transportleistungen insgesamt kontinuierlich gestiegen sind, konnte der Eisenbahngüterverkehr kaum Wachstum verzeichnen. So haben sich der Straßengüterverkehr und der Seefrachtverkehr in den letzten 30 Jahren etwa verdreifacht, während der Eisenbahngüterverkehr in Europa stagnierte. Als Gründe für diese unterschiedliche Entwicklung sind vor allem zu nennen:

- **Veränderungen in der Güterstruktur** → sehr viel stärkere anteilige Zunahme der hochwertigen Investitions- und Konsumgüter am Welthandel im Vergleich zu den Massengütern
- **Veränderungen im Verkehrsangebot** → einem eher rückläufigen Schienennetz und teilweise überalterten Waggons stehen ein modernes, wachsendes Straßennetz und leistungsfähige Fahrzeuge gegenüber
- **Veränderungen in der Logistik** → zunehmende Nachfrage nach flexiblen und terminierten Transportleistungen
- **Veränderungen bei den rechtlichen Rahmenbedingungen** → hohem Wettbewerb im Straßengüterverkehr und Freigabe der Kabotage (Deregulierung) stehen starre monopolartige, national gewachsene Strukturen im Eisenbahnverkehr gegenüber.

Der Eisenbahngüterverkehr ist nach Ansicht der EU eine Aneinanderreihung von Verkehrsabschnitten auf einzelnen nationalen Streckennetzen unter der Verantwortung der dort jeweils operierenden Eisenbahn, der eine übergreifende Koordination und eine klare Verantwortlichkeit fehlt. Ohne eine wesentliche **Verbesserung in der Kooperation** der Eisenbahngesellschaften in Europa **und im Transportangebot** wird deshalb der Eisenbahngüterverkehr auch trotz der in der Zwischenzeit eingeleiteten Maßnahmen und Vereinbarungen weiter an Bedeutung verlieren.

In Deutschland wurden durch die **Bahnreform** in den 90er-Jahren wichtige Schritte vorgenommen. So wurde unter dem Dach einer gemeinsamen Holding, der Deutschen Bahn AG, eine Trennung in die selbstständigen Unternehmen Fahrweg, Güterverkehr (DB Cargo), Personenbahnhöfe, Personennah- und -fernverkehr sowie Dienstleistungen vollzogen; ein Eisenbahnbundesamt hat die Aufsichts- und Genehmigungsaufgaben übernommen. Ende 2003 wurde das Unternehmen DB Cargo mit dem Logistik- und Transportunternehmen Stinnes AG zusammengefasst und stellt damit den ersten europäischen Schienen-Carrier mit umfassenden Speditions- und Logistikleistungen dar. Weiterhin erwarb die Deutsche Bahn AG 2010 das englische Transportunternehmen Arriva, derzeit wird ein Verkauf von Arriva geprüft. Dadurch sind in der nächsten Zeit möglicherweise erhebliche Auswirkungen auf die Abwicklung, die Wettbewerbssituation und die Kostengestaltung des Eisenbahngüterverkehrs in Deutschland und Europa zu erwarten.

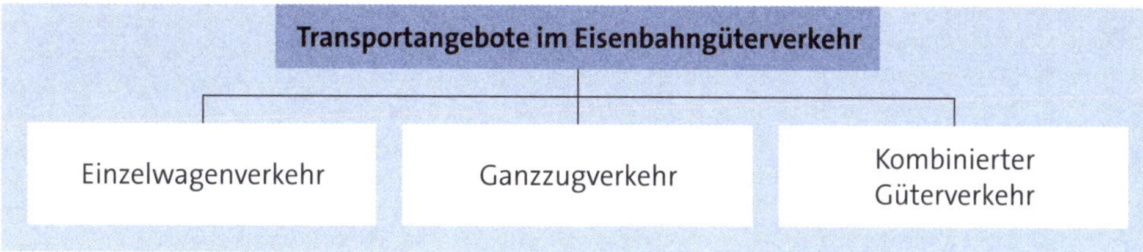

Im **Einzelwagenverkehr** sind der Exporteur als Versender und der Importeur als Empfänger durch einen betrieblichen Gleisanschluss mit dem Schienennetz verbunden. Auf (kleineren) Rangiergüterbahnhöfen werden dann verschiedene Waggons entweder sofort zu einem kompletten Zug zusammengefasst oder kleinere Zuggruppen bilden ab einem großen Rangierbahnhof einen Güterzug bis zum Bestimmungsrangierbahnhof, auf dem dann die Waggons wieder getrennt werden und direkt oder indirekt dem Empfänger zugeführt werden.

Als besonders **nachteilig und problematisch** hat sich bei dieser Verfahrensweise gezeigt:

- die begrenzte Kundenzahl durch den erforderlichen Gleisanschluss
- der Zeitverlust durch die häufigen Rangierprozesse
- die bedarfsgerechte Zugzusammenstellung.

Beim **Ganzzugverkehr** werden gleich beim Exporteur vollständige Züge i. d. R. mit Massengütern beladen und zusammengestellt, die unmittelbar zum Importeur, der ebenfalls über Gleisanschluss verfügt, oder zum Seehafen fahren. Auf diese Art und Weise können große Gütermengen schnell, umweltschonend und effizient befördert werden, vor allem dann, wenn das Gütertransportschienennetz nicht mit dem Personentransportschienennetz kollidiert.

Zur Stärkung ihrer Wettbewerbsfähigkeit haben einige europäische Bahngesellschaften, darunter auch die Deutsche Bahn AG, im grenzüberschreitenden Verkehr transeuropäische **Schienen-Korridore** (Freightways) eingerichtet, z. B. von den Nordseehäfen nach Wien und von Hamburg nach Brindisi. Die Trassen werden zentral vermarktet, sodass der Nutzer nur noch einen Ansprechpartner benötigt.

Um die Vorteile des Ganzzugverkehrs auch Kunden zugängig zu machen, die nicht über einen Gleisanschluss verfügen, werden **kombinierte Güterverkehre** angeboten. Dabei wird die Massenleistungsfähigkeit der Bahn im Fernverkehr mit der Flexibilität und Effizienz des Straßengüterverkehrs im Nahverkehr verbunden. Durch die Verwendung von genormten Ladungseinheiten können die Vorteile des kombinierten Verkehrs auch im Stückgutverkehr zur Wirkung kommen.

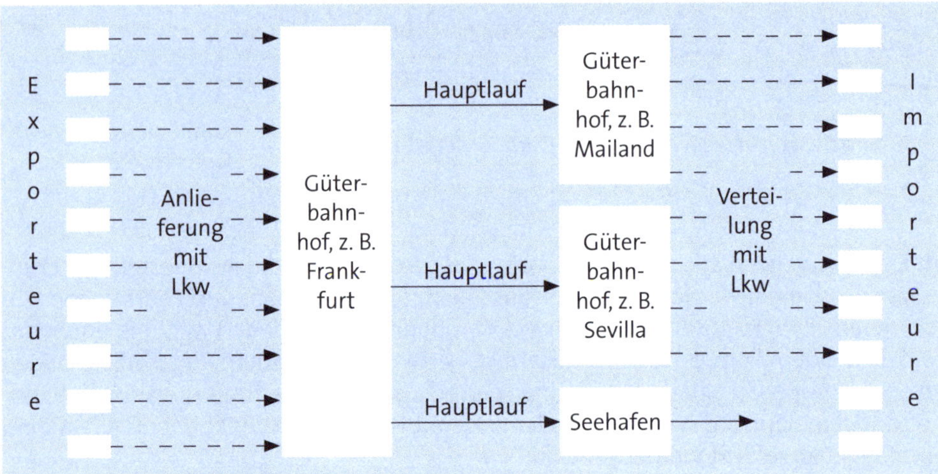

Im **kombinierten Eisenbahn- und Straßengüterverkehr** finden Flach- und Gitterboxpaletten Verwendung. Diesem „Paletten-Pool" gehören fast alle europäischen Staaten an. Die Ladefläche beträgt 0,80 x 1,20 m bei einem Bruttogewicht von 1.000 kg für Stückgut. Das Gewicht der Palette wird bei der Frachtberechnung abgezogen. Der Palettenaustausch setzt eine Vereinbarung über den Eigentumsbestand bei den Tauschpartnern voraus.

Weiterhin besteht die Internationale Gesellschaft für den Verkehr mit Transcontainern, der fast alle Eisenbahnen Europas angehören. Sie ermöglicht einen Haus/Haus-Verkehr auf Containerbasis im kontinentalen Raum sowie zu den Seehäfen.

Eine Sonderform des gebrochenen Güterverkehrs ist der **Huckepackverkehr**, bei dem eine oder mehrere Teilstrecken jeweils von Schienen- und Straßenfahrzeugen übernommen werden (i. d. R. Straße-Schiene-Straße). Bei der Abwicklung fährt entweder der gesamte Lkw auf den Eisenbahnwaggon, oder es wird nur der Ladeteil des Lkw ohne Zugmaschine transportiert.

Der kombinierte Bahn- und Straßengüterverkehr konnte bisher **nicht den gewünschten Marktanteil** erreichen, was vor allem auf die (technischen) Probleme und Verzögerungen bei der Umladung zurückzuführen ist. Es werden jedoch erhebliche Anstrengungen unternommen, um die Kosten und den hohen Zeitbedarf in den Umladeterminals zu senken und damit das System attraktiver zu machen. Hier ist z. B. die „Rendezvous-Technik" zu nennen, bei der die Güterzüge langsam durch die Umschlagsanlage dirigiert und gleichzeitig vollautomatisch beladen werden.

Der **Eisenbahntarif** richtet sich nach dem im jeweiligen Land geltenden Tarif. Der Ausgleich der Beförderungskosten erfolgt dann international. Jede Fracht ist vom Absender zu bezahlen. Halbmonatlich werden dann die Clearing-Spitzen festgestellt, die in der Währung des Gläubigerlandes zu begleichen sind. Der Schuldner (die jeweilige Eisenbahngesellschaft) leistet immer an die Clearingstelle.

Die Frachtberechnung erfolgt in Deutschland meistens auf der Basis der Grundfracht für ein Normalgewicht von 25 t im Normalwaggon, die durch Zuschläge bzw. Abschläge für das tatsächliche Mehr- oder Mindergewicht und im Hinblick auf die Benutzung von Spezialwaggons berichtigt wird.

$$\textbf{Frachtrate} = \frac{\text{Grundfrachtrate gemäß Waggonart}}{\text{bezogen auf die Entfernung}} \cdot \frac{\text{Gewichtskoeffizient}}{\text{gemäß Waggonart}}$$

Daneben werden im Eisenbahngüterverkehr aus Wettbewerbsgründen **oft Sondertarife** für die Beförderung zwischen den Wirtschaftszentren oder zu den großen Häfen angeboten. Auch unterhalten die Eisenbahnen Schnellverbindungen mit garantierter Transportdauer (z. B. Eurail Cargo und Inter Cargo).

Um die Frachtzahlung regelmäßigen Benutzern des Eisenbahngüterverkehrs zu vereinfachen, kann eine **Frachtstundungsbürgschaft** vereinbart werden. Eine Bank übernimmt dann zu Gunsten des Exporteurs eine selbstschuldnerische Bürgschaft für die durchschnittlichen Frachtkosten eines halben Monats. Das Unternehmen zahlt dann nach der halbmonatlichen Abrechnung die entstandenen Frachtkosten nachträglich.

Zum Nachweis über den Abschluss des Beförderungsvertrages stellt die Eisenbahngesellschaft einen Frachtbrief aus. Der internationale Eisenbahnfrachtbrief wird als Versandpapier des europäischen Eisenbahngüterverkehrs auch als **CIM-Frachtbrief** bezeichnet, da er auf der Grundlage des Internationalen Übereinkommens über den Eisenbahnfrachtverkehr von 1956 (CIM = Convention internationale concernant le transport de marchandises par chemins de fer) entstanden ist.

Der Frachtbrief ist eine **Beweisurkunde**, die vom Absender im Hinblick auf den Frachtvertrag ausgestellt wird und den Auftrag des Absenders an den Frachtführer bescheinigt, die Ware an den im Frachtbrief benannten Empfänger auszuliefern.

Der CIM-Frachtbrief wird in fünffacher Ausfertigung ausgestellt:

- Das Frachtbrief-Original begleitet die Ware und wird dem Empfänger ausgehändigt (1).
- Das Duplikat erhält der Absender (4).
- Die Frachtkarte (2)
- Der Empfangsschein (3)
- Der Versandschein (5)

} sind zur bahninternen Verwendung.

Dem Empfänger wird die Ware ohne Vorlage einer Urkunde ausgehändigt. Zu Umdispositionen während des Transports berechtigt nur das Duplikat, solange die Ware sich noch in der Verfügungsgewalt der Bahn befindet. Die Bahn bestätigt den Empfang der Ware.

Rechtsgrundlagen im grenzüberschreitenden Eisenbahnverkehr sind das internationale Übereinkommen über den Eisenbahnfrachtverkehr für den zwischenstaatlichen

Transport (CIM) und das Übereinkommen über den internationalen Eisenbahnverkehr (COTIF). Von besonderem Interesse für den Absender sind hieraus die Bestimmungen über die Haftung der Eisenbahn.

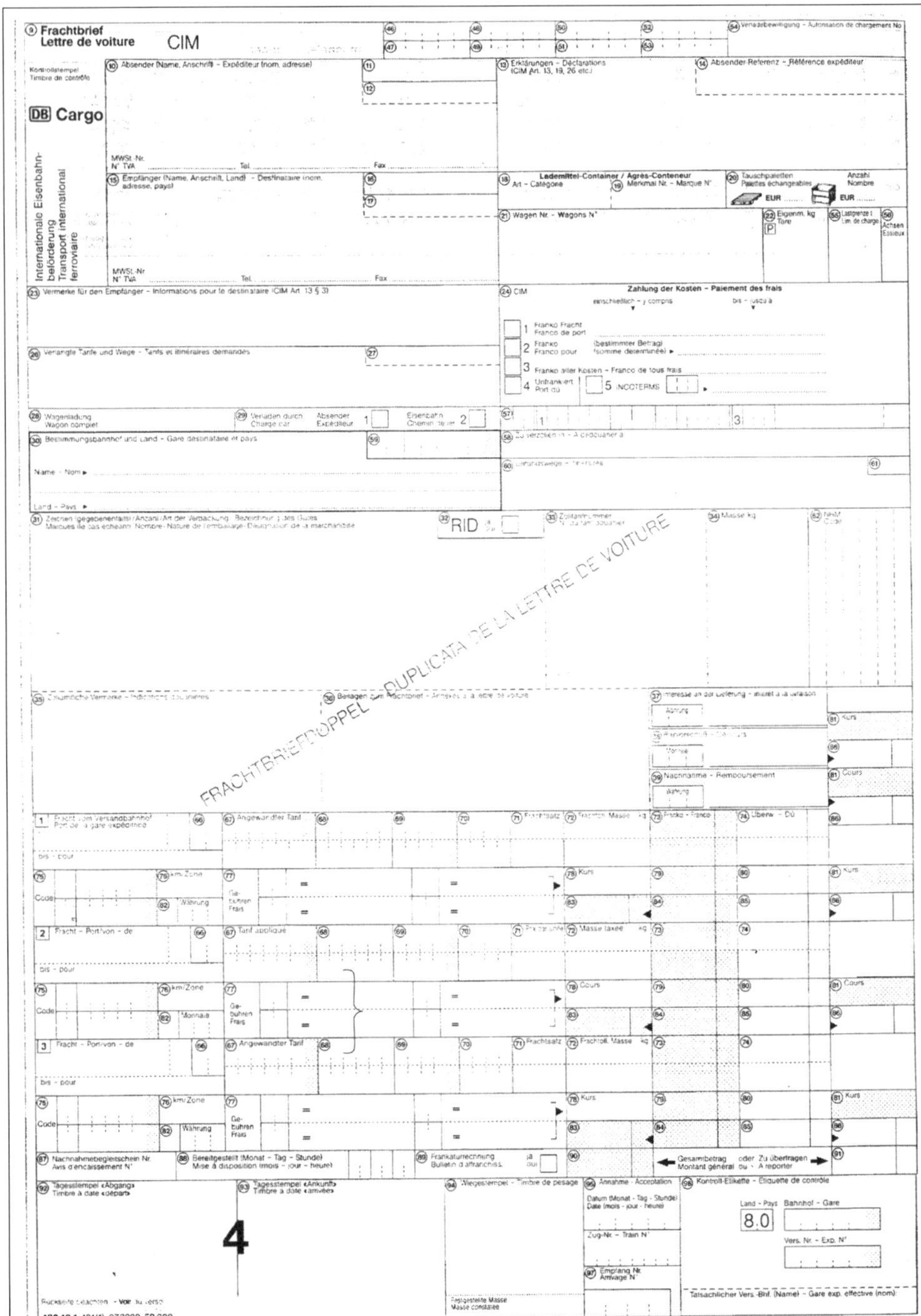

So ist die **Haftung bei Verlust** der Ware gem. Art. 30 CIM auf den Lieferwert der Ware am Bestimmungsort begrenzt, höchstens jedoch auf 17 SZR je kg fehlendes Rohgewicht (1 SZR = Sonderziehungsrecht des Internationalen Währungsfonds, z. B. am 06.12.2019 1,24273 €). Kann der Bahn jedoch grobe Fahrlässigkeit oder sogar Vorsatz nachgewiesen werden, finden Haftungsbeschränkungen in den Artikeln 15 § 3, 19 §§ 6 und 7 sowie 30, 32 - 35 keine Anwendung (Art. 36 CIM).

Bei wertvollen Warensendungen sollte stets, wenn auch unter Umständen gegen einen Frachtzuschlag, der Warenwert eingetragen werden, um die Haftung zu erhöhen. Wird die Ware auf dem Transport beschädigt, so ist gem. Art. 34 CIM der effektive Wertverlust zu ersetzen. Zur besseren Beweisführung kann hier das Gutachten eines neutralen Sachverständigen angefordert werden.

Ist im Kaufvertrag ein genaues Lieferdatum genannt oder hat der Exporteur ein bestimmtes Interesse an einer **terminierten Ablieferung**, so kann dieses besondere Interesse an der unbeschädigten, pünktlichen Lieferung durch Eintragung des Lieferwertes im Frachtbrief hervorgehoben werden. Bei Fristüberschreitung kann der Ersatz des weiteren nachgewiesenen Schadens bis zur Höhe des angegebenen Betrags geltend gemacht werden (Art. 35 CIM).

Lieferwert = Kaufpreis (Warenwert) + Schadensersatzansprüche des Importeurs wegen verspäteter Lieferung

Im Art. 23 CIM sind einige wichtige **Haftungsausschlüsse** genannt, zu denen insbesondere eine mangelhafte Verpackung, Markierung und Verladung des Exporteurs zählen. Durch die Haftungsverpflichtungen der Eisenbahn werden die Leistungen einer eigenen Transportversicherung normalerweise nicht beeinträchtigt.

Das CIM-Abkommen wird von der 1985 gegründeten zwischenstaatlichen **Organisation für den internationalen Eisenbahnverkehr** (OTIF) mit Sitz in Bern überwacht, sodass dadurch eigentlich gute Voraussetzungen für eine zukünftige bessere Entwicklung des Eisenbahnverkehrs in Europa bestehen; es fehlt jedoch an der konkreten praktischen Umsetzung. Wichtige **Tätigkeitsfelder** der Organisation sind:

- Überwachung und Weiterentwicklung des internationalen Eisenbahnbeförderungsrechts
- Regelungen zur Beförderung gefährlicher Güter
- Vertragsgestaltungen über die Verwendung von Waggons
- Regelungen zur Nutzung der Eisenbahninfrastrukturen
- Angleichung von Normen und technischen Vorschriften im Eisenbahnwesen
- Beseitigung von Hindernissen beim Grenzübertritt.

Bei einer zusammenfassenden Beurteilung des Eisenbahngüterverkehrs für ein Außenhandelsunternehmen können vor allem folgende **Vorteile dieser Transportar**t genannt werden, die jedoch von den Anbietern nicht in ausreichender Weise umgesetzt werden.

- **Eignung für fast jede Güterart**, wertvolle wie großvolumige oder sperrige Güter; Eignung aber auch für Massengüter, wenn keine günstigen Kanal- oder Flussverbindungen bestehen sowie für solche Güter, die nicht auf der Straße transportiert werden können.
- **Unabhängigkeit** von dem oft stoßweisen Verkehrsaufkommen der Straße bzw. vom Feiertags-/Sonntagsfahrverbot sowie von Verkehrsengpässen insbesondere im Alpentransit.
- Besondere Eignung für **wertvollere Großsendungen**, die keine Massengüter darstellen, wie Maschinen und Autos.
- Besondere Eignung bei **langem, direktem Landtransport** (z. B. von Hamburg nach Malaga oder von Paris nach Budapest).
- In Industriegebieten (insbesondere bei Neuerschließungen) wird ein **Gleisanschluss** bis zum Lager des Unternehmens von der Bahn gebaut, wenn mit einem größeren Frachtverkehr zum beiderseitigen Vorteil zu rechnen ist.
- Relativ **erschütterungsfreier Transport**.
- Besonders **umweltfreundlicher Transport** durch relativ geringen Energieverbrauch und Schadstoffausstoß je Leistungseinheit.
- Noch **ungenutzte Potenziale** besonders im kombinierten Ganzzugverkehr.
- **Schneller, umweltschonender und effizienter Transport** großer Gütermengen, wenn das Gütertransportschienennetz nicht mit dem Personentransportschienennetz kollidiert.

7. Straßengüterverkehr

Der Straßengüterverkehr steht zwar in harter Konkurrenz zum Eisenbahngüterverkehr und bisweilen auch zur Binnenschifffahrt, doch hat er sich in Europa eindeutig zur wichtigsten Transportart entwickelt. Für den Transport von Massengütern ist er jedoch nur selten geeignet.

Der Güterfernverkehr ist nach dem **Güterkraftverkehrsgesetz (GüKG)** genehmigungspflichtig. Jedes Fahrzeug muss einen festen Standort haben.

Im EU-Binnenmarkt können Inhaber einer EU-Genehmigung unbegrenzt Straßengütertransporte zwischen den EU-Ländern durchführen. Im Zuge der europäischen Integration hat auch bei dieser Transportart eine (fast) vollständige Freigabe der **Kabotage** bei allen Transporten inzwischen stattgefunden. Die bisherigen Wettbewerbsverzerrungen insbesondere durch unterschiedliche Kfz-Steuern und Autobahngebühren in den EU-Ländern konnten jedoch noch nicht zufriedenstellend beseitigt werden.

Rechtsgrundlage im nationalen Straßengüterverkehr ist das Frachtrecht gemäß §§ 407 ff. HGB. Wichtigste Rechtsgrundlage im zwischenstaatlichen Straßengüterverkehr ist das **Übereinkommen über den Beförderungsvertrag im internationalen Straßengüterverkehr** von 1956 (CMR = Convention relative au contrat de Transport international des Marchandises par route), das für alle Straßengütertransporte gilt, bei denen mindestens der Versand- oder der Bestimmungsort in einem der Vertragsstaaten liegen.

Nach Art. 23 CMR erstreckt sich die **Haftung** des Frachtführers bei teilweisem oder gänzlichem Verlust auf einen Schadensersatz bis zum Warenwert, höchstens jedoch auf 8,33 Rechnungseinheiten der Sonderziehungsrechte (1 SZR z. B. am 06.12.2019 1,24273 €) je Kilo fehlendes oder beschädigtes Rohgewicht. Bei besonders wertvollen Waren kann gegen Frachtzuschlag die Haftungsgrenze durch Wertangabe im Frachtbrief erhöht werden. Schadensersatzobergrenze ist dann der eingetragene Warenwert (Art. 24 CMR). Bei Lieferfristüberschreitung durch den Frachtführer erfolgt Schadensersatz bei Nachweis des Verschuldens bis zur Frachthöhe.

1. Blatt (weiß) Tarifkontrolle
1er exemplaire (blanc) contrôle tarifaire

2. Blatt (blau) Empfänger
2e exemplaire (bleu) destinataire

3. Blatt (grün) Frachtführer
3e exemplaire (vert) transporteur

4. Blatt (rot) Absender
4e exemplaire (rouge) expéditeur

1 Absender (Name, Anschrift, Land)
Expéditeur (nom, adresse, pays)

INTERNATIONALER FRACHTBRIEF
LETTRE DE VOITURE INTERNATIONAL

Diese Beförderung unterliegt trotz einer gegenteiligen Abmachung den Bestimmungen des Übereinkommens über den Beförderungsvertrag im internat. Straßengüterverkehr (CMR)

Ce transport est soumis, nonobstant toute clause contraire, à la Convention relative au contrat de transport international de marchandises par route (CMR)

2 Empfänger (Name, Anschrift, Land)
Destinataire (nom, adresse, pays)

16 Frachtführer (Name, Anschrift, Land)
Transporteur (nom, adresse, pays)

3 Auslieferungsort des Gutes
Lieu prévu pour la livraison de la marchandise
Ort/Lieu
Land/Pays

17 Nachfolgende Frachtführer (Name, Anschrift, Land)
Transporteurs successifs (nom, adresse, pays)

4 Ort und Tag der Übernahme des Gutes
Lieu et date de la prise en charge de la marchandise
Ort/Lieu
Land/Pays
Datum/Date

18 Vorbehalte und Bemerkungen der Frachtführer
Réserves et observations des transporteurs

5 Beigefügte Dokumente
Documents annexés

6 Kennzeichen und Nummern / Marques et numéros	7 Anzahl der Packstücke / Nombre des colis	8 Art der Verpackung / Mode d'emballage	9 Bezeichnung des Gutes * / Nature de la marchandise *	10 Statistiknummer / No statistique	11 Bruttogewicht in kg / Poids brut, kg	12 Umfang in m³ / Cubage m³
CMR						
Klasse / Classe	Ziffer / Chiffre	Buchstabe / Lettre	(ADR) / (ADR)			

13 Anweisungen des Absenders (Zoll- und sonstige amtliche Behandlung)
Instructions de l'expéditeur (formalités douanières et autres)

19 Zu zahlen vom: / A payer par:	Absender / L'expéditeur	Währung / Monnaie	Empfänger / Le Destinataire
Fracht / Prix de transport			
Ermäßigungen / Réductions –			
Zwischensumme / Solde			
Zuschläge / Suppléments			
Nebengebühren / Frais accessoires			
Sonstiges / Divers +			
Zu zahlende Gesamtsumme / Total à payer			

14 Rückerstattung
Remboursement

15 Frachtzahlungsanweisungen
Prescription d'affranchissement
Frei / Franco
Unfrei / Non Franco

20 Besondere Vereinbarungen
Conventions particulières

21 Ausgefertigt in / Etablie à — am / le — 19

24 Gut empfangen / Réception des marchandises — Datum / Date — am / le ______ 19____

22 Unterschrift und Stempel des Absenders (Signature et timbre de l'expéditeur)

23 Unterschrift und Stempel des Frachtführers (Signature et timbre du transporteur)

Unterschrift und Stempel des Empfängers (Signature et timbre du destinataire)

25 Angaben zur Ermittlung der Tarifentfernung mit Grenzübergängen

von	bis	km

28 Berechnung des Beförderungsentgelts

frachtpfl. Gewicht in kg	Tarifstelle: Sonderabmachung	Güterarten	Währung	Frachtsatz	Beförderungsentgelt
				Summe	

26 Vertragspartner des Frachtführers ist – kein – Hilfsgewerbetreibender im Sinne des anzuwendenden Tarifs

27	Amtl. Kennzeichen	Nutzlast in kg
Kfz		
Anhänger		

Benutzte Gen.-Nr. ☐ National ☐ Bilateral ☐ EG ☐ CEMT

Les parties encadrées de lignes grasses doivent être remplies par le transporteur.
Die mit fett gedruckten Linien eingerahmten Rubriken müssen vom Frachtführer ausgefüllt werden.

21 + 22 einschließlich / y compris et 1 – 15

Auszufüllen unter der Verantwortung des Absenders
A remplir sous la responsabilité de l'expéditeur

* Bei gefährlichen Gütern ist, außer der eventuellen Bescheinigung, auf der letzten Linie der Rubrik anzugeben: die Klasse, die Ziffer sowie gegebenenfalls der Buchstabe.
* En cas de marchandises dangereuses indiquer, outre la certification éventuelle, à la dernière ligne du cadre: la classe, le chiffre et le cas échéant, la lettre.

WK WILHELM KÖHLER VERLAG Minden · Frankfurt · Hamburg · Bonn
Bestell-Nr. 296

Zum Nachweis über den Abschluss des Beförderungsvertrages wird auch im Straßengüterverkehr ein Frachtbrief ausgestellt. Der Frachtbrief im grenzüberschreitenden Straßengüterverkehr unterscheidet sich in Verwendung, Wirkung und Rechtsnatur im Wesentlichen nicht vom Frachtbrief im Eisenbahngüterverkehr.

Der **CMR-Frachtbrief** wird in dreifacher Ausfertigung ausgestellt und ist vom Absender und vom Frachtführer zu unterzeichnen. Sofern das Recht des Staates, in dem der Frachtbrief ausgestellt wird, es erlaubt, können die Unterschriften gedruckt oder durch den Stempel des Absenders oder des Frachtführers ersetzt werden. Die erste Ausfertigung erhält der Absender, die zweite begleitet die Ware und wird dem Empfänger ausgehändigt, die dritte Ausfertigung ist für den Frachtführer und eine dient der Tarifkontrolle. Der Frachtbrief erlaubt die gleichen oben erwähnten **Dispositionsrechte** mittels der Ausfertigung für den Absender.

Durch einen Vermerk auf dem Frachtbrief kann der Absender jedoch auf seine Dispositionsrechte verzichten.

Da das Dispositionsrecht an die Vorlage des **Frachtbriefdoppels** (Durchschrift des Frachtbriefs für den Absender) gebunden ist, können Frachtbriefe bei Hinterlegung des Duplikats finanzierungsfähig sein. Das Dispositionsrecht erlischt mit der Ablieferung an den Empfänger.

Ein wesentlicher Vorzug des Straßengüterverkehrs ist sein immer möglicher Einsatz in der **Haus-zu-Haus-Beförderung**. In vielen Fällen stellt der Straßengüterverkehr das erste und letzte Transportmittel im Außenhandel, ohne den ein Versand oder eine Zustellung der Ware nicht möglich wäre.

Ein weiterer Vorteil kann in der hohen **Flexibilität** gesehen werden, da bei dieser Transportart eine kurzfristige Umdisposition von Ware und Transportmittel meistens möglich ist.

Nachteilig sind dagegen das relativ geringe Transportvolumen je Transporteinheit und die hohe ökologische Belastung durch den Straßengüterverkehr insgesamt.

Straßengüterverkehr	
Vorteile	**Nachteile**
► Haus-zu-Haus-Beförderung ► erstes und letztes Transportmittel im kombinierten Verkehr ► hohe Flexibilität ► europaweiter Wettbewerb	► geringes Transportvolumen je Transporteinheit ► hohe ökologische Belastung ► für Massengüter selten geeignet ► Behinderung durch hohes Verkehrsaufkommen

Um den grenzüberschreitenden Warenverkehr möglichst zügig abfertigen zu können, bieten sich die **Versandverfahren** an.

Die Ware wird vom Zollbeteiligten zur Exportabfertigung bei der Binnenzollstelle, die im gemeinschaftlichen Versandverfahren als **Abgangszollstelle** bezeichnet wird, gestellt und dokumentiert und von der Grenzübergangsstelle dann nur noch im Verdachtsfalle überprüft. Die weitere Zollbehandlung erfolgt erst bei der **Bestimmungszollstelle** im Empfängerland.

Die Ware wird unter **Zollverschluss** entweder versandt in:

- bestimmten Verpackungen (Packstückverschluss) oder in
- Containern (Raumverschluss).

Auch im **Transitverkehr** (Durchfuhr) spielt der Zollverschluss eine wesentliche Rolle, um die Zollabfertigung zu erleichtern.

Versandverfahren

- **internationale Zollverkehre TIR** im Warenverkehr über Drittländer und in Drittländer
- **externes Versandverfahren T 1** in Bezug auf Nicht-gemeinschaftswaren
- **internes Versandverfahren T 2** in Bezug auf Gemeinschaftswaren

Näheres zu den Versandverfahren siehe Kapitel C.2.3.3.5.

8. Gebrochener, kombinierter und multimodaler Güterverkehr

In vielen Fällen lässt sich das Außenhandelsgeschäft nicht nur mit einer Transportart durchführen. Je nach Standort von Exporteur und Importeur wird es zu einem mehr oder weniger umfangreichen kombinierten Transport zu Lande, zur See und in der Luft kommen. Eine gute Vorbereitung und Organisation des Transports sowie Festlegung der Transportmittel und Transportwege sowie eine optimale Gestaltung der Verpackung können erheblich zur **Transportkostenreduzierung** und **Prozessoptimierung** beitragen. Die Einschaltung von speziellen Dienstleistern für den kombinierten Güterverkehr und die Verwendung von Normverpackungen, insbesondere Containern, sind deshalb empfehlenswert.

Wird auf dem Transportweg vom Exporteur zum Importeur nicht nur ein einziges Transportmittel eingesetzt (unimodaler Transport), sind folgende Güterverkehre zu unterscheiden:

- **gebrochener Güterverkehr**
- **kombinierter Güterverkehr**
- **multimodaler Güterverkehr**.

8.1 Gebrochener Güterverkehr

Gebrochener Güterverkehr liegt vor, wenn der Transport auf einzelnen Teilstrecken **mit verschiedenen Transportmitteln derselben Art** durchgeführt wird. Derartige Umladungen an bestimmten Schnittstellen können vor allem aus organistorischen, rechtlichen und technischen Gründen erforderlich oder zweckmäßig sein.

So kann im Eisenbahngüterverkehr eine Umladung wegen einer anderen Spurbreite an der Grenze notwendig sein, im Seefrachtverkehr im Hub ein Wechsel von einem großen Containerschiff auf einen Schiffsfeederverkehr erfolgen, oder (zoll)rechtliche Vorschriften verlangen den Einsatz eines anderen Lkw.

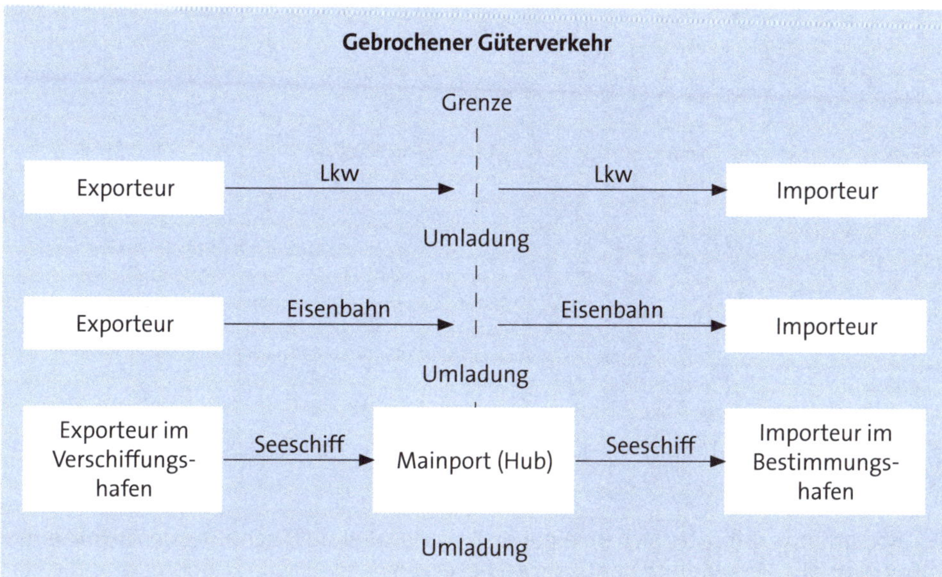

In der Regel können die Versanddokumente auf der Basis eines einheitlichen Frachtrechts für den gesamten Transportweg ausgestellt werden, auf dem Landweg als CMR- oder CIM-Frachtbrief, auf dem Luftweg als Air Waybill und auf dem Seeweg als Durchkonnossement. Jeder Frachtführer steht jedoch grundsätzlich in einem gesonderten frachtvertraglichen Rechtsverhältnis zum Auftraggeber.

8.2 Kombinierter Güterverkehr

Kombinierter Güterverkehr liegt vor, wenn der Transport auf einzelnen Teilstrecken **mit unterschiedlichen Transportarten ohne Wechsel des Transportbehälters** durchgeführt wird. Diese Transportabwicklung wird vor allem entweder im Hinblick auf die Ausnutzung besonderer Vorteile der jeweiligen Transportart auf bestimmten Teilstrecken gewählt oder aufgrund der Unmöglichkeit eines unimodalen Transports.

Jede Teilstrecke unterliegt dem jeweiligen nationalen oder internationalen Frachtrecht für diese Transportart, sodass sich daraus auch unterschiedliche Verantwortlichkeiten ergeben. In der Regel ist deshalb auch für jede Teilstrecke, die von einer Transportart bedient wird, ein separates Versanddokument auszustellen. Dennoch werden von manchen Transportunternehmen auch Urkunden verwendet, die den Vor- und/oder Nachtransport einschließen, so z. B. den Luftfrachtbrief im kombinierten Luftverkehr und das Durchkonnossement im kombinierten Seeverkehr.

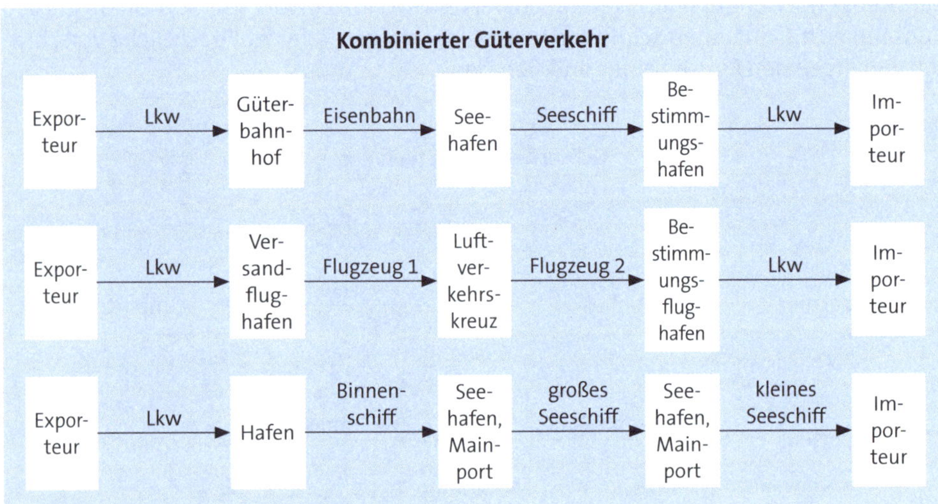

Für die komplexe Gestaltung von kombinierten Güterverkehren können Spediteure eingeschaltet werden.

Der Spediteur verpflichtet sich im eigenen Namen, aber auf Rechnung des Exporteurs/Importeurs, die **Versendung der Güter zu besorgen** (§ 453 HGB). Er übernimmt die Planung und Organisation des Transports vom Absender bis zum Empfänger sowie alle Nebendienste wie Dokumentenbeschaffung, Versicherung und Zollabwicklung. Aufgrund der ständigen Beobachtung des Verkehrsmarktes kann er ein optimales Gesamtangebot unterbreiten, sodass die betriebliche Funktion „externes Transportwesen" vollständig ausgegliedert werden kann. Der Spediteur erstellt die Transportlogistik und beauftragt Frachtführer mit der Durchführung des Transports; er tritt aber auch häufig selbst als Frachtführer zumindest für bestimmte Teilstrecken auf (**Selbsteintritt** des Spediteurs gem. § 458 HGB).

Sollen nur kleinere Warenmengen versandt werden, können diese von Spediteuren mit anderen Sendungen zu einer Sammelladung kostengünstig zusammengefasst werden. Eine **Sammelladung** liegt vor, wenn ein Spediteur von mehreren Auftraggebern Warensendungen zur besseren Auslastung der Transportmittel unter einem Transportdokument zusammenstellt, wobei jeder Absender über seine Sendung ein separates Spediteurdokument erhält.

In Deutschland gibt es an allen mittleren und größeren Standorten **Sammelladeverkehrsplätze** ebenso wie in vielen anderen Ländern. Die (zusammengeschlossenen) Spediteure sammeln bzw. versenden dorthin die Waren, von wo sie dann zu festgelegten Zeitpunkten von den jeweiligen Frachtführern abgeholt werden. Es liegt am Spediteur, die bestellte und reservierte Ladekapazität optimal auszunutzen.

Sowohl bei Sammelladungen als auch im Containerverkehr, insbesondere beim Haus-zu-Haus-Verkehr, werden Spediteurdokumente verwendet. Diese Dokumente wurden von der Internationalen Spediteurorganisation FIATA (Fédération Internationale des Associations des Transporteurs et Assimiles) in Zusammenarbeit mit der Internationalen Handelskammer in Paris (ICC) entwickelt.

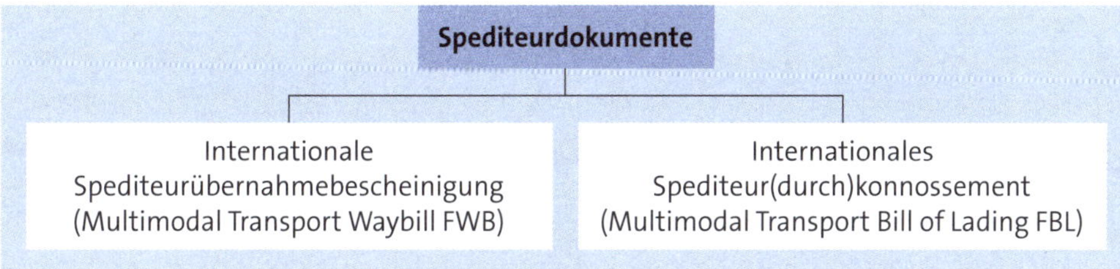

Die **Internationale Spediteurübernahmebescheinigung** (FWB) ist eine **Beweisurkunde** für die Übernahme von Einzelsendungen durch den Spediteur und enthält die Verpflichtung, die Waren selbst oder durch einen Frachtführer gemäß Speditionsvertrag zum Empfänger zu befördern. Über die Gesamtladung wird das jeweilige Versanddokument der Teilstrecke ausgestellt. Die Ware wird dem benannten Empfänger wie bei einem Frachtbrief ohne Vorlage eines Dokuments ausgehändigt. Nachträgliche Verfügungen sind durch Vorlage der Original-Spediteurübernahmebescheinigung möglich, soweit sie der Spediteur noch veranlassen kann.

FWB-Dokumente dürfen in Deutschland nur von bestimmten Spediteuren ausgegeben werden, die dazu eine Genehmigung haben. FWB-Dokumente können finanzierungsfähig sein, wenn als Empfänger die Korrespondenzbank eingesetzt und das Dokument dem Kreditinstitut eingereicht wird.

Das **Internationale Spediteur(durch)konnossement** FBL ist ein **Wertpapier**, das vom Spediteur über eine Einzelsendung ausgestellt wird mit der Verpflichtung, die Ware nur gegen **Vorlage des FBL-Originals** am Bestimmungsort auszuliefern. Über die Gesamtladung wird vom jeweiligen Frachtführer der Teilstrecke ein Versanddokument ausgestellt, das der Spediteur seinem Korrespondenten am Bestimmungsort zusendet. Dieser empfängt dann am Bestimmungsort die Gesamtladung und verbringt sie an die jeweiligen Zielorte der Einzelsendungen. Hier oder an einem benannten **Sammelladeplatz** kann dann der durch das FBL-Dokument Legitimierte seine Einzelsendung abholen.

Verfügungsberechtigt ist immer der Inhaber der Urkunde. FCT-Konnossemente sind nur finanzierungsfähig, wenn das Akkreditiv eine ausdrückliche Ermächtigung zur Aufnahme enthält und der Spediteur ausdrücklich als Frachtführer, Multimodal Transport Operator oder deren Agent handelt (Art. 19 ff. ERA). Das FBL ist übertragbar, wenn es an Order ausgestellt ist (gekorenes Orderpapier).

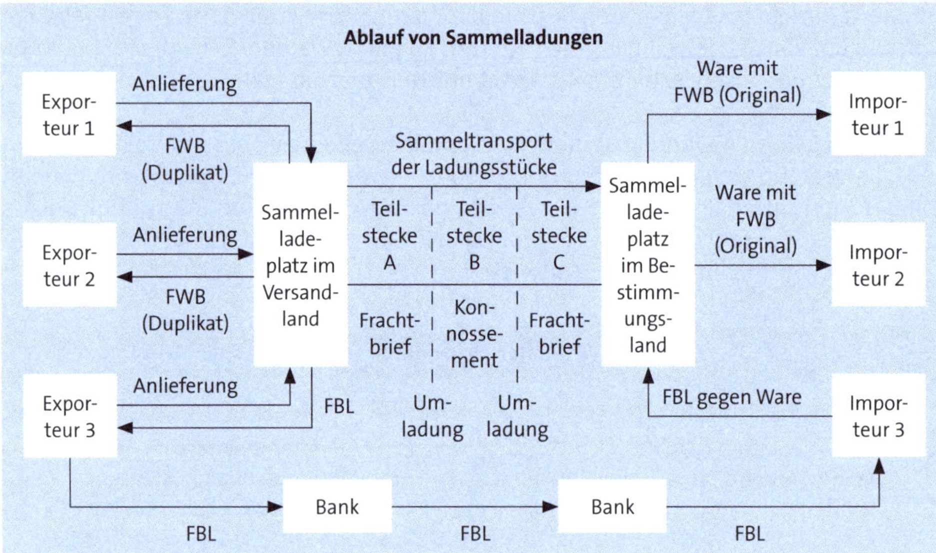

Der Spediteur darf mit dem Auftraggeber entweder zum Pauschbetrag für den Versand abrechnen (fester Übernahmetarif als **Fixkostenspediteur** gem. § 459 HGB) oder einzeln alle tatsächlichen Transportkosten der einzelnen Teilstrecken abrechnen und für sich eine Provision in Anspruch nehmen. Er hat ein gesetzliches Pfandrecht an der Ware bis zur Bezahlung seiner Auslagen. Die **Frachtzahlung** erfolgt deshalb häufig im Voraus oder als Abschlagszahlung.

Rechtsgrundlage im Inland sind die Allgemeinen Deutschen Spediteurbestimmungen (ADSp) in vertragsgemäßer Ausgestaltung des allgemeinen Frachtrechts der §§ 407 ff. HGB. Sie vereinheitlichen die Speditionsverträge und garantieren Versicherungsschutz, da der Spediteur gem. ADSp verpflichtet ist, seine Haftung zu versichern und dies dem Auftraggeber auf Verlangen nachzuweisen. Ist der Spediteur Ausländer, sollte im Vertrag auf diese Regelung Bezug genommen werden.

In vielen Fällen ist eine Zwischenlagerung beim Wechsel des Transportmittels erforderlich, nicht zuletzt durch die zunehmende Verwendung von Sammelladungen zur Reduzierung der Transportkosten. Aufgabe des **Lagerhalters** ist es dann, für die Erhaltung von Quantität und Qualität der Ware Sorge zu tragen. Er muss Schadensersatz leisten, wenn er nicht nachweisen kann, dass der Schaden durch Umstände eingetreten ist, die er auch bei kaufmännischer Sorgfalt nicht hätte vermeiden können (§ 390 HGB).

8.3 Multimodaler Güterverkehr

Der **Multimodal Transport Operator** stellt einen international tätigen Transportdienstleister dar, der vorrangig den Haus-zu-Haus-Transport organisiert und dabei entweder eigene oder fremde Transportmittel, insbesondere Seeschiffe, einsetzt.

Zunehmend treten Spediteure auch als Multimodal Transport Operator (MTO) auf.

Der MTO übernimmt wirtschaftlich Speditions- und Beförderungsaufgaben und kann somit als **Spediteur-Frachtführer** bezeichnet werden. Für ihn gelten i. d. R. neben dem Frachtrecht die Vertragsbedingungen für den Güterkraftverkehrs- und Logistikunternehmer (VBGL).

Bei einem Multimodalen Transport müssen bei einer als Gesamtheit betrachteten Transportkette mindestens zwei verschiedene Transportarten eingesetzt werden, und der MTO ist **für den Auftraggeber der alleinige Vertragspartner** für den gesamten Transportweg.

Der Multimodale Transport wird im Sinne des § 452 HGB als **besondere Form des Frachtvertrages** eingeordnet, auch dann wenn eine Teilstrecke des Transportes über See geht.

Maßgeblich für das Bestehen eines Multimodalen Transport sind immer **drei Kriterien:**

- **einheitlicher Frachtvertrag für den gesamten Transportweg**
- **Verwendung verschiedener Transportarten**
- **unterschiedliche rechtliche Vorschriften für einzelne Transportabschnitte**.

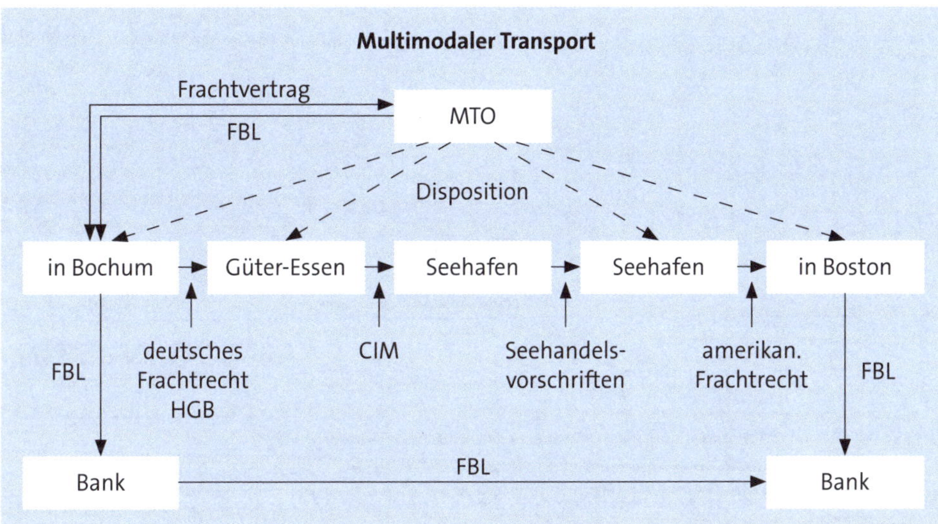

Da es sich beim Multimodalen Transport meistens um Haus-zu-Haus-Verkehre, bei denen vorrangig Container eingesetzt werden, handelt, ist die Bedeutung des MTO mit dem steigenden Containerisierungsgrad im Welthandel ständig gewachsen und wird noch weiter zunehmen. Die besonderen Abwicklungsgepflogenheiten wurden sowohl in den Incoterms bei der Lieferbedingung FCA als auch mit dem speziellen Multimodal Transportkonnossement (FBL) berücksichtigt.

Consignor

FBL DE

NEGOTIABLE FIATA
MULTIMODAL TRANSPORT
BILL OF LADING
issued subject to UNCTAD/ICC Rules for
Multimodal Transport Documents (ICC Publication 481).

Consigned to order of

Notify address

Place of receipt

Ocean vessel | Port of loading

Port of discharge | Place of delivery

Marks and numbers	Number and kind of packages	Description of goods	Gross weight	Measurement

Muster

60558

according to the declaration of the consignor

Declaration of interest of the consignor in timely delivery (Clause 6.2.)

Declared value for ad valorem rate according to the declaration of the consignor (Clauses 7 and 8).

The goods and instructions are accepted and dealt with subject to the Standard Conditions printed overleaf.

Taken in charge in apparent good order and condition, unless otherwise noted herein, at the place of receipt for transport and delivery as mentioned above.

One of these Multimodal Transport Bills of Lading must be surrendered duly endorsed in exchange for the goods. In Witness whereof the original Multimodal Transport Bills of Lading all of this tenor and date have been signed in the number stated below, one of which being accomplished the other(s) to be void.

Freight amount	Freight payable at	Place and date of issue
Cargo Insurance through the undersigned ☐ not covered ☐ Covered according to attached Policy	Number of Original FBL's	Stamp and signature
For delivery of goods please apply to:		

Das Transportdokument FBL ist gem. Art. 19 ERA auch bei Umladungen **finanzierungsfähig**, wenn ersichtlich ist, dass sich die Ware während des gesamten Transportweges in demselben Container befunden hat und sich das Transportdokument auf den gesamten Transportweg erstreckt. Das Dokument muss den Namen des Frachtführers oder des Multimodal Transport Operators enthalten und von diesen oder ihren Agenten unterschrieben sein. Es muss auch den Übernahmeort und den Bestimmungsort ausweisen. Das FBL kann auch bei reinen Seetransporten von Hafen zu Hafen verwendet werden.
Nimmt der MTO die Beförderung auf eigenen Transportmitteln vor, wird er als **Carrier-MTO** bezeichnet (z. B. Reedereien); ein MTO ohne eigene Transportmittel wird **NON-Carrier-MTO** genannt (z. B. Speditionen oder NVOCC).

Bei der **Haftung des MTO** ist zwischen unbekanntem und bekanntem Schadensort zu unterscheiden. Ist die Teilstrecke identifizierbar, auf der der Schaden eingetreten ist, erfolgt die Haftung nach dem Recht auf dieser Teilstrecke. Oft wird jedoch der Schaden erst beim Warenempfang entdeckt, sodass dann i. d. R. das Recht am Sitz des MTO gilt.

Haftungsprobleme können auch auftreten, wenn Container als Verpackungseinheit im Sinne des § 504 HGB und damit als Bemessungsgrundlage gelten. Bei größerem Warenwert sollte darauf geachtet werden, dass durch Sondervereinbarungen nicht der Container, sondern die Teilinhalte als Verpackungseinheit und damit als Haftungsbemessungsgrundlage herangezogen werden.

Um die **Leistungsstärke** eines Angebotes im **Multimodalen Transport** beurteilen zu können, sind folgende Kriterien zu überprüfen:

- der Gesamtpreis für die Transportleistungen
- die Transportdauer vom Exporteur zum Importeur
- die Transportfrequenz zum Bestimmungsort
- die Zuverlässigkeit des MTO in Ausführung und Zeitdauer
- der Dienstleistungsumfang (z. B. Übernahme von Ausfuhr- und Einfuhrverfahren)
- die Lokalisierbarkeit der Ware (z. B. Cargo Tracking)
- die Umdisponierbarkeit der Warensendung
- die Qualität der Gesamthaftung.

9. Handels- und Zollpapiere

Bei internationalen Transporten im Zusammenhang mit Auslandsgeschäften sind für eine reibungslose Abwicklung neben den Versandpapieren noch zahlreiche Handels- und Zollpapiere von großer Bedeutung.

Die **Handelsrechnung** (Commercial Invoice) ist die wichtigste **Beweisurkunde über die Vertragserfüllung** und dient in vielen Fällen als Grundlage für die Ausstellung besonderer Dokumente. Sie enthält Einzelheiten über

- die Warenbezeichnung
- das Gewicht, die Menge und die Verpackung
- den Preis je Einheit und den Gesamtpreis
- die Währung
- die Lieferbedingungen
- die Markierung der Verpackung/Ware
- die Vertragsparteien (Name und Anschrift) und
- die Fracht- und Versicherungskosten.

Die Handelsrechnung ist Prüfunterlage für die Übereinstimmung mit dem Kaufvertrag und für die Zahlungsanweisung durch den Importeur. Sie ist auch **Unterlage für die Zollabfertigung**, sodass in vielen Fällen weitere Einzelheiten, wie Rabatte, Frachtbrief-Nr., Schiffsname, Zolltarif-Nr. oder Zahlungsbedingungen erforderlich sind. In vielen Fällen ist die Handelsrechnung zu unterschreiben.

Die Aufmachung der Handelsrechnung unterliegt keinen internationalen Vereinbarungen, doch haben viele Länder sehr detaillierte eigene **Aufmachungsvorschriften**, die unbedingt einzuhalten sind, nicht zuletzt weil die Angaben in der Handelsrechnung zur Ermittlung des Zollwertes und der Zulässigkeit der Einfuhr dienen. In manchen außereuropäischen Ländern sind die Aufmachungsbestimmungen sehr umfangreich. Um eine reibungslose Ablieferung beim Importeur zu gewährleisten, muss sich der Exporteur ständig an die neuesten Aufmachungsbestimmungen halten.

Mitunter werden **Pro-forma-Rechnungen** ausgestellt, die die gleichen Angaben wie die Handelsrechnung enthalten müssen. Es handelt sich hier jedoch nur um der Form halber ausgestellte Vorausrechnungen, die von manchen Ländern zur Ausstellung einer Importlizenz benötigt werden oder als Grundlage für einen Akkreditivantrag bei einer Bank dienen. Manchmal finden sie auch bei Angeboten oder Konsignationsgeschäften sowie bei Schenkungen für die Zollanmeldung Verwendung.

Länder mit Devisenbewirtschaftung verlangen oft eine **legalisierte Handelsrechnung**, durch die sie sich die Angemessenheit des Preises bestätigen lassen. Sie wollen vermeiden, dass aufgrund interner Vereinbarungen zwischen Exporteur und Importeur ein überhöhter Rechnungsbetrag angewiesen wird, der dann auch zu einer höheren Bereitstellung von Devisen an den Importeur führt. Tatsächlich zahlt der Importeur aber nur den niedrigeren, richtigen Preis und erschleicht sich so zusätzlich Devisen.

Die **Beglaubigung** der Angemessenheit des Preises erfolgt meistens durch die Industrie- und Handelskammern oder durch das Konsulat des Importlandes.

Die **Konsulatsfaktura** (Consular Invoice) wird vom Konsulat des Importlandes im Exportland auf eigenen Rechnungsformularen in der Sprache des Importlandes ausgestellt. Sie hat zunächst grundsätzlich den gleichen Inhalt wie die Handelsrechnung, doch soll sie als Unterlage für die Einfuhr und Verzollung im Importland die besonderen

Vorschriften dieses Landes berücksichtigen und vor allem Angaben über das Ursprungsland und (wie die legalisierte Handelsrechnung) die Angemessenheit des Preises machen sowie vor Manipulationen zu Lasten des Importlandes schützen. Die Ausstellung bzw. Beglaubigung der Konsulatsfaktura erfordert bisweilen eine längere Bearbeitungszeit und ist nicht kostenfrei.

Obwohl die WTO die Abschaffung der Konsulatsfaktura fordert, wird sie noch immer von verschiedenen Ländern verlangt.

Die **Zollfaktura** (Customs Invoice) wird auf Formularen der Zollämter des Importlandes ausgestellt und ist vom Exporteur und ggf. einem Zeugen (Angestellten) zu unterschreiben. Sie dient als Unterlage für die Verzollung im Importland und hat neben den üblichen Angaben das Ursprungsland der Ware zu bescheinigen. Dadurch kann das Ursprungszeugnis entfallen (Combined Certificate of Value and Origin). Die Zollfaktura ist also richtiger ein **Wert- und Ursprungszertifikat**, das vor allem von zum Commonwealth gehörenden Ländern verlangt wird.

Ein **Ursprungszeugnis** (Certificate of Origin) wird von vielen Ländern verlangt, teilweise jedoch nur für bestimmte Produkte. Ursprungszeugnisse dienen:

- dem Nachweis der überwiegenden Herstellung im Exportland
- der Überprüfung der Einhaltung bilateraler Handelsabkommen
- zur Kontrolle der Nicht-Einfuhr aus bestimmten Ländern
- zur Überwachung von Importbeschränkungen und Importkontingenten
- dem Importeur zur Erreichung von Einfuhrerleichterungen bei Meistbegünstigungsklauseln aufgrund von Handelsverträgen.

Als **Ursprungsland** gilt das Land, in dem die Ware vollständig gewonnen worden ist oder in dem die Ware die letzte erhebliche, wirtschaftlich gerechtfertigte Be- oder Verarbeitung erfahren hat, die zur Herstellung eines neuen Erzeugnisses geführt hat oder eine bedeutende Herstellungsstufe darstellt. Als Entscheidungskriterium für eine Be- oder Verarbeitung kann der Wechsel der Zoll-Tarifnummer dienen.

Sind an der Herstellung einer Ware mehrere Länder beteiligt, so gilt als Ursprungsland i. d. R. das der letzten Bearbeitung, sofern diese eine wesentliche Veränderung der Ware herbeigeführt hat.

Das Ursprungszeugnis wird i. d. R. von den inländischen Industrie- und Handelskammern ausgestellt oder beglaubigt und bescheinigt die **Herkunft der Ware**. Zur Ausstellung können auch Wirtschaftsverbände autorisiert sein, jedoch nicht der Exporteur selbst oder der Ablader.

Problematisch kann die Beglaubigung werden, wenn zusätzliche (diskriminierende) Erklärungen im Ursprungszeugnis enthalten sein sollen wie z. B. die sog. Israel-Klauseln bei Exporten in islamische Länder oder die sog. **Black-List-Clauses** (keine Wirtschaftsbeziehungen zu bestimmten Unternehmen). Nach § 7 AWV ist Inländern die Abgabe von jeder Art von Erklärung verboten, die einen Boykott gegenüber einem anderen Staat bedeuten würde. Davon sind alle Bereiche des Außenwirtschaftsverkehrs betroffen, nicht nur der Warenverkehr sondern z. B. auch Akkreditive, Garantien oder Ausschreibungen.

In manchen Fällen genügt auch eine **Ursprungserklärung** des Lieferanten, die von ihm und einem Zeugen (i. d. R. ein Angestellter) zu unterzeichnen ist und keine bestimmten Formvorschriften erfüllen muss, sodass sie auch auf der Handelsrechnung oder ähnlichen Dokumenten abgegeben werden kann. Bei Einfuhren in die EU muss die Erklärung den Hinweis auf die Einhaltung der Ursprungsregeln der EU enthalten.

Warenverkehrsbescheinigungen sind Nachweispapiere für die **Präferenzursprungseigenschaft** oder die Freiverkehrseigenschaft, von deren Vorlage die Einräumung der bevorzugten Zollsätze abhängig gemacht wird. Sie dienen auch ersatzweise als allgemeines Ursprungszeugnis.

Die Warenverkehrsbescheinigung ist die Erklärung des Exporteurs, dass die Ware entweder in einem EU-Land oder in einem mit der EU durch ein Assoziierungs-, Präferenz-, Kooperations- oder Freihandelsabkommen verbundenen Land hergestellt worden ist. Die Erklärung wird vom Zollamt bestätigt und ist auf dem Formular EUR 1 abzugeben.

Bei bestimmten Ländern reicht auch eine Erklärung des Exporteurs auf der Handelsrechnung über die Warenherkunft und die Erfüllung der Voraussetzungen für den präferenzbegünstigten Warenverkehr.

In Fällen, in denen die Ware den Präferenzursprung durch Kumulierung erlangt und die in die Med-Freihandelszone exportiert wird, bedarf es des Formulars EUR-MED.

Als spezielle Warenverkehrsbescheinigungen sind noch die **Freiverkehrsbescheinigungen** bei Warenimporten aus der Türkei in die EU zu sehen (A.TR). Sie dienen als Nachweisdokument für den begünstigten Warenverkehr und die Freiverkehreigenschaft im Rahmen der Zollunion mit der Türkei als assoziiertem Staat.

Darüber hinaus bestehen für etwa 20 überseeische Gebiete noch spezielle **Ausfuhrbescheinigungen** (EXP) zum Nachweis der Freiverkehrseigenschaft einer Ware.

Als sonstige Versandpapiere sind das Parcel Receipt, der Posteinlieferungsschein und die Kurierempfangsbestätigung zu nennen, die sich meistens auf Paketsendungen beziehen.

Der **Posteinlieferungsschein**, auch Postversandbescheinigung genannt, ist eine Empfangsbescheinigung des Postamtes ohne Warenbeschreibung. Er ist eine Beweisurkunde und dokumentiert die Verpflichtungserklärung zur Beförderung an den benannten Empfänger. Es wird nur eine Ausfertigung ausgestellt, mittels derer der Absender nachträglich Weisungen bei Vorlage der Urkunde geben kann.

Der Posteinlieferungsschein ist im Rahmen eines Akkreditivs aufnahmefähig, wenn er an dem vorgeschriebenen Versandort ordungsgemäß abgestempelt ist. Dieses Datum gilt als Versandtermin (Art. 25 ERA).

Das **Parcel Receipt** findet im Seeverkehr bei wertvollen Paketen Verwendung. Es dokumentiert den Empfang der Ware und die Verpflichtung zur Auslieferung an den legitimierten Inhaber. Das Parcel Receipt kann nicht durch Indossament übertragen werden, sondern ist rechtlich den Legitimationspapieren zuzurechnen.

Auch **Kurier- und Expressdienstbescheinigungen** sind akkreditivfähig, wenn sie vom namentlich benannten Kurierdienst unterzeichnet oder authentisiert sind und ein Empfangsdatum ausweisen (Art. 25 ERA).

Je nach der Besonderheit des Außenhandelsgeschäfts oder der Einfuhrbestimmungen können weitere **Warenbegleitpapiere** erforderlich oder wünschenswert sein. So können **Sachverständigenzeugnisse** dem Importeur die einwandfreie Lieferung bescheinigen oder den Einfuhrbehörden die Einhaltung spezieller Gesetze bestätigen. Hierzu zählen:

- das **Gesundheitszertifikat** (insbesondere bei Lebensmitteln, Futtermitteln und Tieren) als amtliche Bescheinigung über die Gesundheit und Seuchenfreiheit
- das **Inspektionszertifikat** (insbesondere bei Getreidelieferungen über Tierbefall, Qualität und Provenienz oder bei technischen Erzeugnissen über die technische Abnahmeprüfung)
- das **Analysenzertifikat** (insbesondere bei Rohstoffen und Lebensmitteln über die chemische Zusammensetzung)
- **Wiegezertifikate** (insbesondere bei Massengütern)
- **IMO-Erklärung** für gefährliche Güter gemäß § 6 GGVSee.

In manchen Fällen werden vom Importeur oder von Versicherungen **Transporterklärungen** gefordert, in denen vor allem bestätigt wird, dass Transporte nicht mit bestimmten (z. B. ungeeigneten) Schiffen durchgeführt werden und bestimmte (z. B. bedrohte) Häfen nicht angelaufen werden. Derartige Erklärungen sind zulässig, wenn sie dazu dienen, den Versicherungsschutz oder den Warenerhalt zu gewährleisten.

Weiterhin können für den Importeur folgende **Bescheinigungen zur besseren Kontrolle** vorteilhaft sein, wie z. B.

- Gewichtslisten
- Aufmaßlisten
- Werksatteste und
- Verpackungslisten.

Der **Lagerhalter** übernimmt im Sinne des § 467 HGB die gewerbsmäßige Einlagerung und Aufbewahrung von Gütern. Zum Nachweis der Einlagerung werden Lagerscheine (Lagerhaltungspapiere) ausgestellt, die unterschiedliche rechtliche Funktionen haben.

Der **Lagerempfangsschein** bescheinigt den Empfang der Ware durch den Lagerhalter mit der Verpflichtung, die Ware an den durch die Vorlage des Lagerempfangsscheins Legitimierten herauszugeben (Einlösungspflicht). Der Gläubiger kann seine Berechtigung aber auch auf andere Art und Weise nachweisen. Der Lagerempfangsschein ist ein Legitimationspapier.

Der **Namenslagerschein** ist ein Rektapapier. Damit steht der Herausgabeanspruch auf die Ware nur dem namentlich in der Urkunde Genannten zu oder demjenigen, der seine Berechtigung durch fortlaufende Zessionsverträge unter Vorlage des Namenslagerscheins dokumentieren kann. Sollte zu Finanzierungszwecken der Namenslagerschein verpfändet werden, so ist der Lagerhalter zu benachrichtigen.

Der **Orderlagerschein** besitzt aufgrund seiner rechtlichen Funktion als gekorenes Orderpapier und Traditionspapier die beste Voraussetzung als Außenhandelsdokument und kann auch in der Außenhandelsfinanzierung verwendet werden. Zur Übertragung sind nur Einigung und Übergabe der indossierten Urkunde erforderlich. Zur Sicherungsübereignung oder Verpfändung übergibt der Gläubiger die blanko-indossierte Urkunde an das Kreditinstitut.

Aufgabe 7 > Seite 543

		Lösung
1.	Welche Transportarten sind zu unterscheiden?	S. 143
2.	Wodurch lässt sich das Leistungsprofil einer Transportart bestimmen?	S. 144
3.	Erläutern Sie die Bedeutung der Verpackung und der Markierung insbesondere im Überseeverkehr!	S. 144
4.	Wie unterscheiden sich Wertpapiere und Beweisurkunden?	S. 146 f.
5.	Wodurch kennzeichnen sich Legitimationspapiere? Was sind qualifizierte Legitimationspapiere?	S. 147
6.	Welche rechtlichen und wirtschaftlichen Funktionen können Außenhandelsdokumente haben?	S. 148
7.	Nach welchen Kriterien werden die Wertpapiere rechtlich eingeteilt? Nennen Sie für jede Unterteilungsart Beispiele!	S. 148
8.	Erläutern Sie das Wesen eines Traditionspapiers und eines gekorenen Orderpapiers am Beispiel des Konnossements!	S. 150
9.	Kann ein Orderpapier faktisch wie ein Inhaberpapier übertragen werden?	S. 150
10.	Welche Eigenschaften sollte ein guter Überseehafen haben?	S. 151 f.
11.	Welche grundsätzlichen Überlegungen sind bei der Reederauswahl besonders wichtig?	S. 153
12.	Welche Entwicklung hat die deutsche Handelsflotte in den letzten zehn Jahren genommen?	S. 155 f.
13.	Welche Bedeutung hat die Klassifizierung von Seeschiffen?	S. 157
14.	Wie unterscheiden sich Reeder und Verfrachter?	S. 153
15.	Wer wird im Seeverkehr als Befrachter bezeichnet und wer im Binnenschifffahrtsverkehr?	S. 153
16.	Erläutern Sie die Vorteile der Linienschifffahrt!	S. 157 f.
17.	Welche Bedeutung hat das Schiffsregister?	S. 157
18.	Wie unterscheiden sich Stückgut und Massengut?	S. 159
19.	Wie kann zur Verbesserung der Wettbewerbsfähigkeit im Seeverkehr eine Bündelung von Ladungsströmen erfolgen?	S. 158
20.	Warum vermerkt der Verfrachter häufig im Versanddokument „said to contain“?	S. 166 f.
21.	Wie ermittelt sich die Frachtrate bei einem Stückgutvertrag?	S. 159
22.	Was ist unter einer Surcharge und unter der Primage zu verstehen?	S. 159
23.	Was versteht man im Containerverkehr unter LCL und FCL?	S. 161
24.	Welche Vorteile entstehen durch die Verwendung von Normverpackungen?	S. 160
25.	Kennzeichnen Sie typische Containerarten!	S. 160 f.
26.	Welche Vorteile bringt der Lash-Verkehr?	S. 162
27.	Warum wird die Containerisierung weiter zunehmen?	S. 162

		Lösung
28.	Erläutern Sie die Merkmale und Vorteile der Trampschifffahrt!	S. 162 f.
29.	Welche Probleme können in der Trampschifffahrt auftreten?	S. 164
30.	Welche Arten des Chartervertrages werden für den jeweiligen Bedarf angeboten?	S. 163
31.	Was sollte im Chartervertrag eindeutig geregelt werden?	S. 163
32.	Welche Leistungen erbringt die Spezialschifffahrt und die Werkschifffahrt?	S. 164
33.	Erläutern Sie Wesen und Inhalt des Konnossements!	S. 164 ff.
34.	Beschreiben Sie den üblichen Dokumentenlauf im Seefrachtverkehr von der Ausstellung des Konnossements bis zur Warenauslieferung!	S. 164 ff.
35.	Was ist unter der kassatorischen Klausel bei einem Konnossement zu verstehen?	S. 165
36.	Wer stellt im Seefrachtverkehr die Arrival Notice aus?	S. 166
37.	Was bedeutet es, wenn ein Konnossement nicht „clean" ist? Was ist zu unternehmen?	S. 167
38.	Welche Aufgaben haben Tallyfirmen (Seegüterkontrolleure)?	S. 167
39.	Welche Rechte und Pflichten lassen sich aus einem Konnossement ableiten?	S. 167
40.	Erläutern Sie den Unterschied von Bord- und Übernahmekonnossement!	S. 168
41.	Welche Vorteile kann das Mate´s Receipt für den Exporteur haben?	S. 168
42.	Welche Anwendungsmöglichkeiten gibt es für Durchkonnossemente?	S. 168
43.	Welche Besonderheiten weist das Charterkonnossement auf?	S. 169
44.	Erläutern Sie Ablauf und Vorteile einer Delivery Order!	S. 169
45.	Was ist ein Kai-Teilschein? Welche Rechte verbrieft er?	S. 170
46.	Wann werden Konnossementersatzdokumente im Seefrachtverkehr verwendet? Wie sind sie rechtlich einzustufen?	S. 170
47.	Welche Bedeutung hat die Binnenschifffahrt im Rahmen des Außenhandels?	S. 171 f.
48.	Was ist ein Ladeschein? Wie ist die rechtliche Ausstattung?	S. 172
49.	Nennen Sie wichtige Vorteile des Binnenschifffahrtsverkehrs!	S. 172
50.	Welche Aufgaben übernimmt der Luftfrachtagent?	S. 174
51.	Erläutern Sie das Hub-and-Spoke-System im Luftfrachtverkehr!	S. 174
52.	Was ist ein Tracking-System?	S. 173
53.	Welche Funktionen übernimmt im Luftfrachtverkehr ein Integrator?	S. 174 f.
54.	Welche besonderen Stärken haben die traditionellen Cargo-Gesellschaften im Luftverkehr?	S. 174 f.

		Lösung
55.	Woran orientiert sich das Frachtensystem im Luftverkehr?	S. 175 f.
56.	Nennen Sie einige Vorteile des Luftfrachtverkehrs gegenüber dem Seefrachtverkehr!	S. 179
57.	Welche Aufgaben hat die IATA?	S. 175
58.	Erläutern Sie Wesen und Inhalt von Frachtbriefen!	S. 176 f.
59.	Welche Dispositionsrechte gewährt der Frachtbrief?	S. 177
60.	Welche Entwicklung hat der Eisenbahngüterverkehr in den letzten Jahrzehnten genommen?	S. 180
61.	Nennen Sie besondere Probleme des Eisenbahngüterverkehrs!	S. 181
62.	Welche Auswirkungen hatte die Bahnreform in Deutschland?	S. 180
63.	Welche Transportabläufe sind im Eisenbahngüterverkehr anzutreffen?	S. 181 f.
64.	Nennen Sie Vorteile im kombinierten Ganzzugverkehr!	S. 182
65.	Wie wird der kombinierte Eisenbahn- und Straßengüterverkehr abgewickelt?	S. 182
66.	Wie erfolgt die Frachtberechnung im Eisenbahngüterverkehr?	S. 183
67.	Wie erfolgt der Zahlungsausgleich im internationalen Eisenbahngüterverkehr?	S. 182
68.	Wie kann ein Außenhandelsunternehmen eine Zahlungsvereinfachung im Eisenbahngüterverkehr erreichen?	S. 183
69.	Wie ist die Haftung der Eisenbahn bei Verlust geregelt?	S. 185
70.	Wie kann im Eisenbahngüterverkehr das Interesse an einer pünktlichen Ablieferung der Ware hervorgehoben werden?	S. 185
71.	Gibt es Haftungsausschlüsse für den Eisenbahnfrachtführer? Welchen Einfluss hat der Abschluss einer eigenen Transportversicherung?	S. 185
72.	Vergleichen Sie den Eisenbahngüterverkehr mit dem Straßengüterverkehr hinsichtlich der jeweiligen Vorteile!	S. 186
73.	Wann ist ein Frachtbrief finanzierungsfähig?	S. 189
74.	Welche Frachtbriefe werden im internationalen Eisenbahn- und Straßengüterverkehr verwendet?	S. 184, 188 f.
75.	Welche Aufgaben hat die Organisation für den internationalen Eisenbahnverkehr?	S. 185
76.	Wann gilt das CMR-Abkommen im Straßengüterverkehr?	S. 187
77.	Wie ist die Haftung des Frachtführers im Straßengüterverkehr geregelt?	S. 187
78.	Was versteht man unter gebrochenem Güterverkehr?	S. 191
79.	Erläutern Sie den kombinierten Güterverkehr!	S. 191 ff.
80.	Welche Aufgaben hat der Spediteur im Transportwesen?	S. 192 f.

		Lösung
81.	Wie werden Sammelladungen abgewickelt?	S. 192 ff.
82.	Welche Bedeutung haben Lagerhalter im Außenhandel?	S. 194
83.	Was versteht man unter einer Kabotage?	S. 186
84.	Welche Aufgaben hat der Multimodal Transport Operator?	S. 194 f.
85.	Nennen Sie die drei maßgeblichen Kriterien für einen Multimodalen Transport!	S. 195
86.	Was bedeutet der Selbsteintritt beim Spediteur?	S. 192
87.	Was ist ein Fixkostenspediteur?	S. 194
88.	Wie unterscheiden sich die internationalen Spediteurdokumente FWB und FBL? Sind sie finanzierungsfähig?	S. 193
89.	Welche Bedeutung haben die ADSp?	S. 194
90.	Erläutern Sie den Ablauf eines Multimodalen Transports!	S. 195
91.	Wie ist die Haftung des MTO geregelt?	S. 197
92.	Nach welchen Kriterien sollte ein MTO-Angebot beurteilt werden?	S. 197
93.	Welchen Inhalt sollte eine gut aufgemachte Handelsrechnung im Außenhandel haben?	S. 198
94.	Aus welchem Grunde werden von einigen Ländern legalisierte Handelsrechnungen verlangt?	S. 198
95.	Welchem Zweck dienen meistens Pro-forma-Rechnungen?	S. 198
96.	Welche Besonderheiten kennzeichnen Konsulatsfaktura und Zollfaktura?	S. 199
97.	Welchen Zweck können Ursprungszeugnisse erfüllen?	S. 199
98.	Was beinhaltet die Warenverkehrsbescheinigung?	S. 200
99.	Was ist eine Ursprungserklärung?	S. 200
100.	Wann gilt ein Land als Ursprungsland?	S. 199
101.	Welchen Zweck haben Warenbegleitpapiere?	S. 201
102.	Wann werden Transporterklärungen gefordert?	S. 201
103.	Welche Aufgabe hat die IMO-Erklärung?	S. 201

E. Außenhandelskalkulation

1. Wesen und Aufgabe

Die Außenhandelskalkulation hat die Aufgabe der rechnerischen Ermittlung von Außenhandelspreisen unter Berücksichtigung aller geschäftstypischen und ländermarktbezogenen Determinanten mit dem Ziel, je nach Art des Außenhandelsgeschäftes den Angebotspreis für die eigene Unternehmensleistung oder den Einstandspreis für ausländische Unternehmensleistungen und ihren anschließenden Verkaufspreis auf dem Inlandsmarkt nennen zu können.

Die **Außenhandelspreisbildung** wird im Wesentlichen von folgenden Faktoren bestimmt:

- vom jeweiligen Auslandsmarkt und seinem Preisniveau
- von der staatlichen Beeinflussung
- von den Konditionen, zu denen geliefert werden muss (insbesondere Lieferbedingungen und Zahlungsbedingungen)
- von der gewählten Marketingstrategie
- von den Wechselkursrisiken.

Diese Einflussfaktoren sind im Prinzip für jedes Außenhandelsgeschäft individuell zu erfassen, doch werden sich bei gleichartigen Waren und Märkten auch Standardpreise ergeben.

Bei der Ermittlung von Außenhandelspreisen lassen sich **drei Kalkulationsarten** unterscheiden:

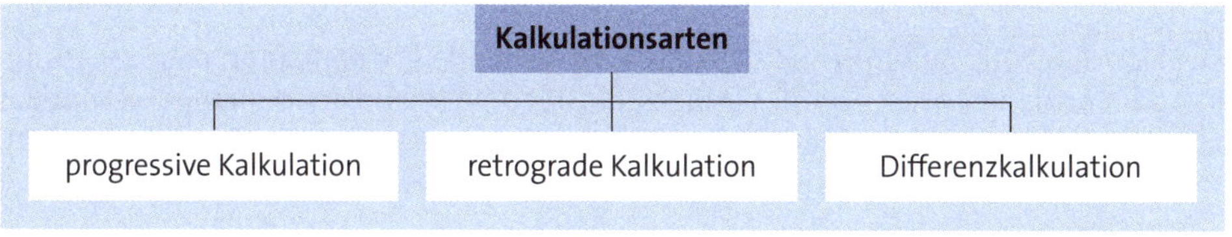

Die Außenhandelskalkulation ist in vielen Fällen eine Zuschlagskalkulation (**progressive** Kalkulation), die als **Exportkalkulation** von den bekannten Selbstkosten des Herstellers ausgeht und den Verkaufspreis an einem bestimmten Ort sucht, oder die als Importkalkulation vom Einstandspreis des Importeurs an einem bestimmten Ort ausgeht und den eigenen Verkaufspreis sucht.

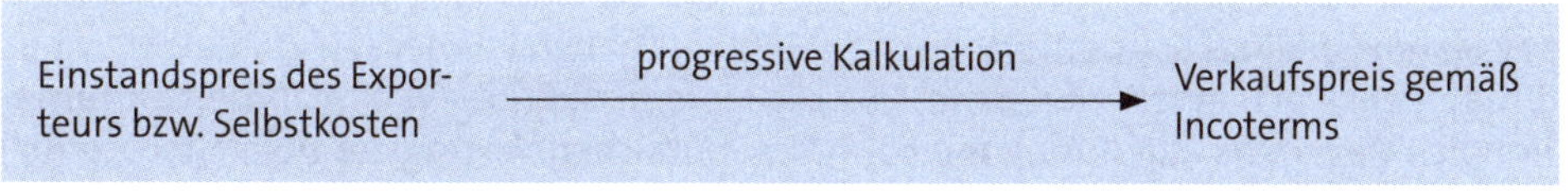

Kosten bzw. Wertansätze, die sich aus der Marketingstrategie ergeben, wie insbesondere eine Preisdifferenzierung bei einzelnen Auslandsmärkten oder die Durchsetzbarkeit bestimmter Preise bei bestimmten Handelspartnern, gehen entweder in den Basiswert ein oder können als Auslandsmarktzuschläge oder -abschläge bzw. größere oder kleinere Außenhandelsrabatte in die Kalkulation Eingang finden.

Bei der **retrograden** Außenhandelskalkulation geht der Exporteur von gegebenen Verkaufspreisen auf einem Auslandsmarkt aus und stellt fest, ob nach Abzug der spezifischen Exportkosten noch seine Selbstkosten gedeckt sind.

Bei einer retrograd aufgebauten **Importkalkulation** würde der Importeur den inländischen Marktpreis als Ausgangsdatum ansetzen und nach Abzug seiner Gewinnmarge, Handelsspanne und sämtlicher Bezugskosten seinen höchstmöglichen Einkaufspreis vom ausländischen Exporteur ermitteln.

Konkurrenzfähiger inländischer Marktpreis	retrograde Kalkulation →	höchstmöglicher Einkaufspreis im Ausland gemäß Incoterms

Bei der relativ selten verwendeten **Differenzkalkulation** sind Selbstkosten bzw. Einstandspreis und Verkaufspreis bekannt; es wird ermittelt, ob unter diesen Gegebenheiten noch ein ausreichender Gewinn erwirtschaftet werden kann.

Eine besondere Form der Differenzkalkulation ist die **Transithandelskalkulation**, bei der der Verkaufspreis des ausländischen Exporteurs als Einstandspreis des Transithändlers und der Kaufpreis des Importeurs als Verkaufspreis des Transithändlers bekannt sind. Der Transithändler ermittelt dann, ob diese Differenz eine Deckung seiner Kosten und eine angemessene Gewinnerzielung erlaubt.

Nach Abwicklung des Außenhandelsgeschäfts können durch eine **Nachkalkulation** eventuelle Abweichungen aufgezeigt werden.

Der sich durch die Außenhandelskalkulation ergebende Angebotspreis des Exporteurs auf dem Auslandsmarkt bzw. des Importeurs auf dem Inlandsmarkt hängt wesentlich von der Lieferbedingung ab, die die Vertragsparteien im Kaufvertrag vereinbart haben.

2. Lieferbedingungen

2.1 Wesen und Aufgaben der Incoterms

Da an jedem Ausfuhr- bzw. Einfuhrort grundsätzlich andere Handelsbräuche üblich sein können, ist es von besonderer Wichtigkeit, gleiche Bedingungen für die Abwicklung des Außenhandelsgeschäfts zu Grunde zu legen. Um Missverständnisse und Streitigkeiten bei der Auslegung der Lieferbedingungen, die trotz gleicher Bezeichnung orts- bzw. landesbedingt sehr unterschiedlichen Inhalt haben können, zu vermeiden, ist es empfehlenswert, in jedem Kaufvertrag die Lieferbedingungen gemäß den **„Internationalen Regeln für die Auslegung der handelsüblichen Vertragsformeln"** (Incoterms) als rechtsverbindliche Fassung zu vereinbaren.

Die Verwendung von Lieferbedingungen ist alt, doch ist es ein Verdienst der Internationalen Handelskammer (ICC) in Paris, erstmals 1936 eine einheitliche Interpretation der üblichen Regeln herausgegeben zu haben, die heute in vielen Ländern anerkannt werden und Verwendung finden. Aufgrund des Wandels in der internationalen Handelspraxis erfolgten zwischenzeitlich mehrere Revisionen. Im September 2019 erschien die achte Revision des Regelwerks, die die aktuellen Trends in der Handelspraxis und im Transportwesen berücksichtigt. Die Fassung ist seit dem 01.01.2020 gültig und wird allgemein als „INCOTERMS 2020“ bezeichnet.

Da die Incoterms weder in ihrer Formulierung noch in ihrer Auslegung allgemein gültiges Recht darstellen, erhalten sie ihre **Rechtsgültigkeit** für das individuelle Handelsgeschäft erst **durch Bezugnahme im Kaufvertrag**. Sie können dann auch gerichtlich durchgesetzt werden. Bei Streitigkeiten werden die Gerichte aber auch ohne spezielle Bezugnahme die Incoterms wegen ihrer großen Bedeutung, allerdings unter besonderer Berücksichtigung des Handelsbrauchs zwischen den Vertragsparteien oder der Branche, bei der Entscheidung heranziehen.

Aufgabe der Incoterms ist es, eine **verbindliche und klare Aufteilung** oder Zuordnung folgender Bereiche vorzunehmen:

- **Transportkosten** mit Festlegung des Kostenübergangs, d. h. welche Transportkosten Exporteur und Importeur bis zu/ab welchem Ort zu tragen haben
- **Transportrisiko** mit Festlegung des Risikoübergangs, d. h. Benennung von Ort und Zeit ab dem/der der Importeur das Risiko des Verlustes oder der Beschädigung der Ware zu tragen hat
- **Grenzabfertigungstätigkeiten**, d. h. Festlegung, wer das Einfuhr- und/oder das Ausfuhrverfahren zu vollziehen und die Kosten zu tragen hat
- **Geschäftsabwicklungs- und Sorgfaltspflichten**, d. h. Festlegung, wer bestimmte Aufgaben wie Dokumentenbeschaffung, Warenprüfung, Schiffsorder oder Benachrichtigungen zu übernehmen hat.

Die Incoterms regeln grundsätzlich nicht den Eigentumsübergang, die Gewährleistungsansprüche, die Zahlungsbedingungen oder den Gerichtsstand. Dennoch kommt es vor, dass als Gerichtsstand mangels anderer Vereinbarung der Ort des Risikoübergangs, also der fiktiven Aushändigung der Ware, angesehen wird.

2.2 Arten und Bedeutung

Die **Lieferbedingungen** sind von der Internationalen Handelskammer in Paris zuletzt zum 01.01.2020 überarbeitet worden, um den zwischenzeitlich eingetretenen Veränderungen der Transportabwicklung zu entsprechen.

Die wichtigsten Änderungen im Überblick:

- wie bislang neun Klauseln, eine wurde ersetzt und bei einer Klausel ändert sich die Versicherungsdeckung
- die Klausel DAT wurde zu DPU
- bei der Klausel CIP ist die höhere Versicherungsdeckung „A“ der Institut Cargo Clause zu wählen (alle Gefahren sind abgedeckt), bei der Klausel CIF bleibt es bei der Mindestdeckung Institut Cargo Clause C

- Die Klausel DAT (geliefert Terminal) wurde zu DPU (geliefert benannter Ort entladen)
- bei den Klauseln EXW, FCA, DAP, DPU und DDP ist die Organisation des Transports mit eigenen Transportmitteln der Beauftragung des Transports gleichgestellt.

Die Incoterms lassen sich nach den Transportarten einteilen:

- Klauseln, die für jede Art des Transportmittels gelten: EXW, FCA, CPT, CIP, DAP, DPU, DDP
- Schiffsklauseln, die nur für den Schiffstransport und/oder den Binnenschifffahrtstransport gelten: FAS, FOB, CFR, CIF.

Es gelten nunmehr die folgenden 11 Klauseln:

EXW	Ab Werk ... (benannter Ort)	Ex Works
FCA	Frei Frachtführer ... (benannter Ort)	Free Carrier
CPT	Fracht frei ... (benannter Bestimmungsort)	Carriage Paid To
CIP	Frachtfrei versichert ... (benannter Bestimmungsort)	Carriage and Insurance Paid To
DAP	geliefert ... (benannter Ort)	Delivered At Point
DPU	geliefert entladen (benannter Bestimmungsort)	Delivered At Place Unloaded
DDP	geliefert verzollt ... (benannter Bestimmungsort)	Delivered Duty Paid
FAS[1]	Frei Längsseite Schiff ... (benannter Verschiffungshafen)	Free Alongside Ship
FOB[1]	Frei an Bord ... (benannter Verschiffungshafen)	Free On Board
CFR[1]	Kosten und Fracht ... (benannter Bestimmungshafen	Cost and Freight
CIF[1]	Kosten, Versicherung und Fracht ... (benannter Bestimmungshafen)	Cost, Insurance and Freight

[1] nur für Schiffstransport und/oder Binnenschifffahrtstransport
Einteilung nach der Art der Abwicklung in vier Gruppen:

Gruppe E → EXW
Bei dieser Abholklausel ist die Leistung des Exporteurs am geringsten.

Gruppe F → FCA, FAS, FOB
Bei diesen Klauseln übergibt der Exporteur die Waren dem Frachtführer ohne den Haupttransport zu bezahlen.

Gruppe C → CFR, CIF, CPT, CIP
Hier trägt der Exporteur die Kosten für den Haupttransport und eine bestimmte Mindestversicherung. Der Risikoübergang auf den Importeur ist aber bei Übergabe an den Frachtführer.

Gruppe D → DAP, DPU, DDP
Hier handelt es sich um Ankunftsklauseln, bei denen der Exporteur alle Kosten und Risiken bis zum benannten Ort übernimmt.

Bei den Incoterms müssen also Kostenübergang und Risikoübergang nicht am gleichen Ort erfolgen. Sind, wie in Gruppe C, Risikoübergang im Versandland und Kostenübergang im Bestimmungsland, so spricht man von **Zweipunktklauseln**. Fallen Risiko- und Kostenübergang an einem Ort zusammen, wie in den anderen drei Gruppen, handelt es sich um **Einpunktklauseln**.

Alle Lieferbedingungen **verlangen einheitlich**, dass

- der **Exporteur** die Ware ordnungsgemäß am benannten Ort abliefert
- die erforderlichen Dokumente beschafft bzw. bei der Beschaffung auf Kosten des Importeurs behilflich ist
- eine transportgerechte Verpackung durchführt
- der **Importeur** berechtigt ist, eine Warenprüfung vor Verladung bzw. Annahme (preshipment inspection) auf eigene Kosten vornehmen zu lassen und
- ordnungsgemäß und fristgerecht abnimmt.

Sondervereinbarungen oder Zusätze zu den Incoterms können problematisch sein. Wird z. B. bei einem CIF-Geschäft eine umfassendere Versicherung (All-Gefahren-Deckung) vereinbart, kann es sein, dass bei Streitigkeiten Gerichte die Vorlage eines CIF-Geschäfts nicht anerkennen. Die Verwendung der Incoterms soll ja gerade die Gleichbehandlung von Lieferungen ermöglichen. Will man trotzdem eine solche Sondervereinbarung, ist es sinnvoll, die einzelnen Pflichten genau zu benennen.

Sondervereinbarungen haben sich auch oft aus der Zollabfertigung ergeben, da es meistens einfacher ist, die Ausfuhrabfertigung durch den Exporteur und die Einfuhrabfertigung vom Importeur durchführen zu lassen. Aus diesem Grunde konnte z. B. der Klausel EXW der Zusatz „zur Ausfuhr abgefertigt" angehängt werden. Der Exporteur bzw. der Importeur hatten so die Verpflichtung bei EXW die Ware in ihrem jeweiligen Land zollamtlich behandeln zu lassen und das Risiko der Ausfuhr- bzw. Einfuhrfähigkeit zu übernehmen. Diese Vorgehensweise wurde bevorzugt, wenn in den jeweiligen Ländern Ausfuhr- oder Einfuhrgenehmigungen oder Zoll- und Steuererstattungen nur von Inländern beantragt werden konnten. Mit der Revision 2010 der Incoterms wurde vereinbart, dass die Regeln auch in nationalen Verträgen angewandt werden können.

Anstelle der allgemeinen CIF-Klausel wird manchmal auch die Klausel **CIF-landed** verwendet. Sie entspricht der CIF-Klausel, doch übernimmt hier der Exporteur auch die Löschkosten, sofern diese nicht bereits in der Frachtrate enthalten sind.

Auch die Erhebung von **Einfuhrzoll** ist in manchen Ländern an die Lieferbedingungen betragsmäßig gebunden. So kann der Zollwert auf der Basis des FOB-Preises im Verschiffungshafen meist einschließlich Verpackung oder auf der Basis des CIF-Preises im Bestimmungshafen, also vor allem einschließlich der Frachtkosten und der Versicherung oder auch auf der Basis des Warenwertes an der Grenze berechnet werden.

2.3 Inhalt der einzelnen Incoterms

Zur besseren Übersicht sind für alle Lieferbedingungen die jeweiligen Verpflichtungen von Exporteur und Importeur in Abschnitten gegenübergestellt:

1. Lieferung vertragsgemäßer Waren/Zahlung des Kaufpreises
2. Lizenzen, Genehmigungen und Formalitäten
3. Beförderungs- und Versicherungsvertrag
4. Lieferung/Abnahme
5. Gefahrenübergang
6. Kostenteilung
7. Benachrichtigung des Käufers/Verkäufers
8. Liefernachweis, Transportdokument oder entsprechende elektronische Mitteilung
9. Prüfung, Verpackung, Kennzeichnung/Prüfung der Ware
10. sonstige Verpflichtungen.

Im Folgenden werden das Wesen und die charakteristischen Verpflichtungen der Incoterms verkürzt dargestellt.

EXW Ab Werk (... benannter Ort)
Der **Exporteur** hat:

- die Ware zum vertraglich vereinbarten Zeitpunkt am benannten Lieferort bereitzuhalten
- eine transportgerechte Verpackung zu verwenden und zu markieren
- in angemessener Frist die Bereitstellung der Ware anzuzeigen
- Kosten und Risiko bis zur Bereitstellung der Ware zum Transport zu tragen
- alle werkseitigen Prüfkosten (z. B. Qualität, Gewicht) zu übernehmen
- auf Wunsch und Kosten des Käufers alle Dokumente für die Ausfuhr/Einfuhr zu beschaffen, sofern sie im Exportland ausgestellt werden müssen.

Der **Importeur** hat:

- die Ware innerhalb der vereinbarten Frist anzunehmen und zu bezahlen
- alle zusätzlichen Kosten und Risiken nach Ablauf der Bereitstellungsfrist zu tragen, sofern es sich um abgesonderte, konkretisierte Waren handelt
- alle Kosten und Risiken ab Übergabe am benannten Lieferort zu übernehmen, insbesondere hinsichtlich Ausfuhrabfertigung, Verladung und Transportabwicklung
- mangels anderer Vereinbarung die Kosten für Warenkontrollen Dritter (Preshipment Inspection) zu tragen.

FCA Frei Frachtführer (... benannter Ort)
Um der neueren Entwicklung im Transportwesen, insbesondere dem kombinierten und multimodalen Transport sowie der zunehmenden Verwendung von Containern nachzukommen, wurde bereits 1980 diese Vertragsklausel neu aufgenommen.

Als Frachtführer gilt gemäß dieser Klausel jeder, der sich durch einen Beförderungsvertrag verpflichtet, den Transport per Schiene, Straße, See, Luft, Binnengewässer oder in einer Kombination dieser Transportarten selbst durchzuführen oder durchführen zu lassen (z. B. Spediteure, Reeder, Frachtführer, Linienagenten, MTO, Expressdienstleister). Als benannter Anlieferungsort kann jedes „Transportterminal" gelten wie z. B. Güterbahnhöfe, Güterumschlagsanlagen, Containerterminals oder Güterannahmestellen. Der Begriff Container schließt als Sammelbegriff alle Einrichtungen zur Bildung von Ladungseinheiten ein.

Der **Exporteur** hat:

- die Ware zum vertraglich vereinbarten Zeitpunkt oder innerhalb der vereinbarten Frist in transportgerechter Verpackung dem Frachtführer oder einer anderen vom Importeur benannten Person bereitzustellen
  a) findet die Lieferung unmittelbar beim Exporteur statt, hat er auch die Verladung auf das Transportmittel vorzunehmen
  b) erfolgt die Lieferung an einem anderen Ort, erfüllt der Exporteur seine Lieferverpflichtung mit der Bereitstellung der Ware auf dem Transportmittel, mit dem die Ware zum Lieferort befördert worden ist
  c) ist keine bestimmte Stelle am benannten Lieferort vereinbart worden, kann der Exporteur eine geeignete Stelle am Lieferort auswählen
- alle Kosten und Risiken bis zur Bereitstellung der Ware für den Frachtführer oder bis zur Verladung zu tragen, insbesondere die der Ausfuhrabfertigung
- den Importeur von der Warenübergabe zu benachrichtigen bzw. ihm mitzuteilen, wenn der Frachtführer die Ware nicht zum vereinbarten Zeitpunkt übernommen hat
- dem Importeur auf dessen Kosten und Verlangen das Transportdokument und alle anderen benötigten Urkunden aus dem Versandland zu beschaffen
- die werkseitigen Prüfkosten zu tragen.

Der **Importeur** hat:

- den Beförderungsvertrag auf eigene Kosten abzuschließen
- alle Kosten und Risiken ab der Bereitstellung der Ware für den Frachtführer oder ab der Verladung entsprechend der Transportart zu übernehmen, insbesondere die der Einfuhrabfertigung im Importland

- dem Exporteur den Namen des Frachtführers, die Transportart, den Übergabeort und den Zeitpunkt für die Anlieferung zu benennen und alle Kosten und Risiken zu tragen, die infolge der Unterlassung der Benachrichtigung oder der Nichtübernahme durch den Frachtführer auftreten, sofern es sich um konkretisierbare, abgesonderte Waren handelt
- mangels anderer Vereinbarungen die Kosten von Warenkontrollen mit Ausnahme derer von Behörden des Ausfuhrlandes zu tragen.

FAS Frei Längsseite Seeschiff (... benannter Verschiffungshafen)
Der **Exporteur** hat:

- innerhalb der vereinbarten Frist dem Hafenbrauch entsprechend die Ware auf dem Ladeplatz Längsseite Schiff oder Leichter anzuliefern in seefester Verpackung
- die Anlieferung dem Importeur mitzuteilen
- alle Kosten, Risiken und Formalitäten bis zur Abladung auf dem Ladeplatz Längsseite Schiff zu tragen
- alle Kosten und Risiken der Ausfuhrabfertigung im Versandland zu übernehmen
- auf eigene Kosten ein reines Konnossement über die Anlieferung am Schiff zu beschaffen (i. d. R. Übernahmekonnossement)
- die werkseitigen Prüfkosten für die Anlieferung der Ware zu tragen.

Der **Importeur** hat:

- angemessenen Schiffsraum zu beschaffen und Schiffsnamen, Ankunftstermin und Anlegestelle dem Exporteur rechtzeitig anzuzeigen
- alle Kosten und Risiken ab Anlieferung am Ladeplatz zu tragen, insbesondere auch die Kosten aus einer Verspätung oder mangelhaften Eignung des Schiffes, die Verladekosten und die Kosten für ein reines Bordkonnossement und andere gewünschte Dokumente
- mangels anderer Vereinbarung die Kosten für Warenkontrollen Dritter (z. B. auch Behörden) zu tragen.

FOB Frei an Bord (... benannter Verschiffungshafen)
Der **Exporteur** hat:

- die Ware, ordnungsgemäß und seefest verpackt, fristgerecht auf das Seeschiff im Verschiffungshafen zu verladen und alle Kosten und Risiken zu tragen, bis die Ware an Bord des Schiffes verladen ist
- die werkseitigen Prüfkosten der Ware zu übernehmen
- den Käufer von der Verladung unverzüglich zu benachrichtigen
- ein reines Versanddokument über den Nachweis der An-Bord-Nahme (Bordkonnossement oder Mate's Receipt) und die erforderlichen Ausfuhrdokumente zu beschaffen
- alle Kosten und Risiken der Ausfuhrabfertigung zu tragen
- auf Kosten und Verlangen des Käufers ein Ursprungszeugnis, eine Konsulatsfaktura oder sonstige Dokumente für die Einfuhr bereitzustellen.

Der **Importeur** hat:

- auf eigene Kosten den Schiffsraum bereitzustellen und dem Verkäufer rechtzeitig Schiffsnamen, Ladeplatz und Ladezeit mitzuteilen
- alle Kosten und Risiken nach Verladung im Verschiffungshafen zu tragen
- alle Kosten und Risiken aus der Verspätung des Schiffes oder aus der nicht rechtzeitigen Benennung von Ladeplatz, Ladezeit oder Schiff zu übernehmen
- alle Kosten für die in seinem Auftrag beschafften Dokumente und die erforderlichen Warenkontrollen mit Ausnahme der behördlich angeordneten Kontrollen des Ausfuhrlandes zu tragen.

CIF Kosten, Versicherung, Fracht (... benannter Bestimmungshafen)
Der **Exporteur** hat:

- die Ware, ordnungsgemäß und seefest verpackt, fristgerecht auf das See- oder Binnenschiff im Verschiffungshafen zu verladen und alle Kosten und Risiken zu tragen, bis die Ware an Bord des Schiffes verladen ist
- den Käufer von der Verladung unverzüglich zu benachrichtigen
- den Frachtvertrag abzuschließen und ein reines, begebbares Bordkonnossement mit dem Frachtvermerk „bezahlt" zu beschaffen
- eine Transportversicherungspolice mit dem Mindestversicherungsschutz der „Deckung C" der Institute Cargo Clauses über eine Versicherungssumme, die den CIF-Wert zuzüglich 10 % imaginären Gewinn deckt, zu besorgen (vgl. Kapitel G.3.2)
- auf eigene Kosten alle Genehmigungen und Unterlagen für die Ausfuhr zu beschaffen und alle Kosten für Prüfungen im Exportland und die Ausfuhrabfertigung zu tragen
- dem Käufer auf dessen Verlangen und Kosten weitere Transportrisiken zu versichern, ein Ursprungszeugnis, eine Konsulatsfaktura oder andere Dokumente zu beschaffen, die für die Einfuhr benötigt werden.

Der **Importeur** hat:

- die Dokumente aufzunehmen, versicherungsrelevante Informationen bereit zu stellen und den vertragsgemäßen Preis zu zahlen
- alle Kosten und Risiken zu tragen, die nach Aufnahme an Bord des Schiffes im Verschiffungshafen entstanden sind, mit Ausnahme der Fracht und der Mindestversicherung
- rechtzeitig den Verschiffungszeitpunkt und den Bestimmungshafen dem Exporteur mitzuteilen, sofern ihn der Kaufvertrag dazu berechtigt
- mangels anderer Vereinbarung die Kosten von Warenkontrollen mit Ausnahme solcher der Ausfuhrbehörden zu tragen
- alle Einfuhrabgaben zu entrichten, das Einfuhrrisiko zu tragen
- alle Kosten für die in seinem Auftrag vom Verkäufer beschafften Dokumente zu übernehmen.

CFR Kosten und Fracht (… benannter Bestimmungshafen)
Diese Lieferbedingung entspricht der Klausel CIF, jedoch ohne die Verpflichtung des Exporteurs zum Abschluss einer Transportversicherung.

CIP Frachtfrei versichert (… benannter Bestimmungsort)
Diese Lieferbedingung entspricht im Wesentlichen auch der Klausel CIF mit Ausnahme folgender Merkmale:

- Während CIF nur für die See- und Binnenschifffahrt verwendet werden kann, gilt CIP für alle Transportarten, sodass hier die Lieferung durch den Exporteur ordnungsgemäß erfolgt ist bei Übergabe in transportgerechter Verpackung an den ersten Frachtführer.
- Als Frachtführer gilt wie bei der Klausel FCA jede Person, die selbst oder durch Dritte den Transport auf jedem beliebigen Transportmittel und in jeder Kombination durchführen kann.

CPT Frachtfrei (… benannter Bestimmungsort)
Diese Lieferbedingung entspricht der Klausel CIP, jedoch ohne die Verpflichtung des Exporteurs zum Abschluss einer Transportversicherung.

DAP Geliefert (… benannter Ort)
Ist aus den gestrichenen Klauseln DAF und DES neu aufgenommen worden. Diese allgemeine Frachtklausel bietet Ex- und Importeuren mehr Freiheit. Die Vertragsparteien sollen den vereinbarten Bestimmungsort so präzise wie möglich definieren und spezifizieren.

Der **Exporteur** hat

- die Ware dem Käufer auf dem ankommenden Beförderungsmittel entladebereit am benannten Bestimmungsort zur Verfügung zu stellen
- die Ware zur Ausfuhr freizumachen.

Der Verkäufer ist jedoch nicht verpflichtet, die Ware zur Einfuhr freizumachen.

Diese Klausel ist für alle Transportarten anwendbar und eignet sich insbesondere auch dann, wenn mehrere Transportmittel innerhalb eines Warentransports zum Einsatz kommen.

DPU geliefert entladen (... benannter Bestimmungsort) ist aus der alten Klausel DAT entstanden.
Der **Exporteur** hat:

- für die Ware einen Beförderungsauftrag bis zum benannten Bestimmungsort abzuschließen und dort zu entladen
- ggfs. die Ausfuhr- und Transitabfertigungsmodalitäten durchzuführen und zu bezahlen (außer dem Einfuhrland).

Der Verkäufer hat alle Kosten und Gefahren der Beförderung der Ware bis zum benannten Bestimmungsort einschließlich der Entladekosten zu tragen und die Ware zum vereinbarten Zeitpunkt bereitzustellen.

Der **Importeur** hat:

- die Ware innerhalb der vereinbarten Frist abzunehmen und zu bezahlen
- bei der Beschaffung von Dokumenten für alle Ausfuhr- und Transitabfertigungsmodalitäten zu unterstützen
- ggfs. alle Formalitäten durchzuführen und zu bezahlen, die im Einfuhrland vorgeschrieben sind.

Diese Klausel entspricht den Anforderungen der modernen Transportpraxis und spiegelt auch die Veränderungen im Bereich der Logistik wider. Sie ist für alle Transportarten anwendbar und eignet sich auch, wenn mehrere Transportmittel innerhalb des Warentransports zum Einsatz kommen. Soll der Exporteur die Gefahren und Kosten der Entladung nicht tragen, sollte DAP zur Anwendung kommen.

DDP Geliefert verzollt (... benannter Bestimmungsort)
Der **Exporteur** hat:

- die zur Einfuhr freigemachte Ware dem Käufer auf dem ankommenden Beförderungsmittel entladebereit am benannten Bestimmungsort zur Verfügung zu stellen
- alle Kosten und Gefahren zu tragen, die im Zusammenhang mit der Beförderung der Ware bis zum Bestimmungsort stehen
- die Verpflichtung, die Ware nicht nur für die Ausfuhr, sondern auch für die Einfuhr freizumachen, alle Abgaben sowohl für die Aus- als auch für die Einfuhr zu zahlen sowie alle Zollformalitäten zu erledigen.

DDP stellt die Maximalverpflichtung für den Verkäufer dar.

Zusammenfassende Zuordnung wichtiger Pflichten und Merkmale bei den Incoterms						
	Ausfuhr-abferti-gung	**Einfuhr-abferti-gung**	**Abschluss des Trans-portver-trages**	**Lieferort**	**Kostenübergang**	**Risikoübergang**
EXW	Importeur	Importeur	Importeur	Unternehmen des Exporteurs	beim Exporteur	beim Exporteur
FCA	Exporteur	Importeur	Importeur	Transportmittel des Frachtführers	bei Übergabe an den Frachtführer	bei Übergabe an den Frachtführer
FAS	Exporteur	Importeur	Importeur	Verschiffungshafen	Längsseite Seeschiff	Längsseite Seeschiff
FOB	Exporteur	Importeur	Importeur	auf dem Schiff im Exportland	auf dem Schiff	Wenn auf dem Schiff abgesetzt
CFR	Exporteur	Importeur	Exporteur	Bestimmungshafen	im Bestimmungshafen	wenn auf dem Schiff abgesetzt
CPT	Exporteur	Importeur	Exporteur	Ort im Bestimmungsland	am Bestimmungsort	bei Übergabe an Frachtführer im Versandland
CIP	Exporteur	Importeur	Exporteur	Ort im Bestimmungsland	am Bestimmungsort	bei Übergabe an den Frachtführer im Versandland
CIF	Exporteur	Importeur	Exporteur	Bestimmungshafen	im Bestimmungshafen	wenn auf dem Schiff abgesetzt
DAP	Exporteur	Importeur	Exporteur	Bestimmungsort	am Bestimmungsort	Bestimmungsort
DPU	Exporteur	Importeur	Exporteur	Bestimmungsort	am Bestimmungsort	Bestimmungsort
DDP	Exporteur	Exporteur	Exporteur	Unternehmen des Importeurs	beim Importeur	beim Importeur

Aufgabe 8 > Seite 543

2.4 Trade Terms und Terms of Trade

Die Incoterms sind nicht mit den nationalen „Trade Terms“ mancher Länder zu verwechseln. Die **Trade Terms** stellen **nationale Handelsbräuche** dar, die keinen Ausdruck in den Incoterms finden und daher von ihnen mehr oder weniger abweichen. So sind z. B. in den „US-Lieferklauseln von 1941“ (Revised American Foreign Trade Definitions, 1941) mehrere fob-Bezeichnungen möglich, die keinesfalls mit der präzisen FOB-Abgrenzung der Incoterms übereinstimmen.

Die häufigsten im Außenhandel verwendeten Trade Terms von 28 Ländern hat die Internationale Handelskammer, Paris, in ihrer Broschüre „Trade Terms – Termes commerciaux“ zusammengestellt. Sie werden besonders dann als Handelsbrauch herangezogen, wenn weder die Incoterms Anwendung finden können, noch im Kaufvertrag Näheres festgelegt wurde.

Weder Incoterms noch Trade Terms haben etwas gemeinsam mit den **„Terms of Trade"**. Die Terms of Trade sind ein statistischer Maßstab für das reale Austauschverhältnis von aus- und eingeführten Gütern. Sie sollen anzeigen, in welchem Maß sich die Preise der Exportwaren günstiger oder ungünstiger entwickelt haben als die Preise der Importwaren. Sie geben an, wie viel man für eine Einheit Exportwaren erlöst, wenn man für eine Einheit Importwaren 100 aufwendet, d. h. der Preisindex der Exportwaren wird in Prozent des Preisindex der Importwaren ausgedrückt.

$$\textbf{Terms of Trade} = \frac{\text{Ausfuhrpreisindex}}{\text{Einfuhrpreisindex}} \cdot 100$$

Steigen die Terms of Trade, so können bei gleichbleibenden Ausfuhrmengen für den Exporterlös mehr Waren importiert werden.

3. Arten der Außenhandelskalkulation

Die Außenhandelskalkulation hat zur Aufgabe, den jeweiligen **Einstandspreis** des Importeurs oder den Verkaufspreis des Exporteurs zu ermitteln. Der Importeur will wissen, wie hoch sein Einstandspreis im Unternehmen auf der Basis der vereinbarten Lieferbedingung ist. Der Exporteur sucht den erforderlichen **Verkaufspreis** für seine Ware, der seine Kosten und einen angemessenen Gewinn auf der Grundlage der ausgehandelten Lieferbedingung deckt. Der jeweilige Preis ist dabei maßgeblich von der Lieferbedingung (und Zahlungsbedingung) abhängig.

3.1 Exportkalkulation

Die Exportkalkulation umfasst alle kostenwirksamen Maßnahmen des Exporteurs für den Verkauf der Produkte auf dem Auslandsmarkt. Sie beginnt mit dem Verkaufspreis des Herstellers oder des Händlers im Inland, von dem der Exporteur seine Waren bezieht, und endet je nach Lieferbedingung mit dem Verkaufspreis des Exporteurs am benannten Lieferort auf dem Auslandsmarkt.

Gewährt der Exporteur ein Zahlungsziel, sind zusätzlich die Kurssicherungskosten bei Vertragsabschluss in Fremdwährung, die Finanzierungskosten für die Kreditlaufzeit, die Kreditversicherungskosten und unter Umständen sonstige Kosten der Risikodisposition zu berücksichtigen.

Erhält z. B. ein deutscher Exporteur von einem brasilianischen Unternehmen eine Preisanfrage über eine Lieferung frei brasilianischer Hafen (Geliefert ab Terminal → DPU) mit dem zusätzlichen Wunsch eines längeren Zahlungsziels, so muss der Exporteur alle Kosten in seiner Exportkalkulation aufführen, die bis zur Ablieferung im brasilianischen Hafen bzw. bis zum Zahlungseingang entstehen. Er kann hier von seinem Preis ab Werk ausgehen, der unter Umständen im Inland handelsüblich ist, und wird darauf seine Zuschläge aufbauen. Ihr Anteil am reinen Warenwert kann je nach Lieferbedingung und Zahlungsziel recht erheblich sein.

Grundschema einer Exportkalkulation (Seeweg)

	Zielverkaufspreis des Herstellers
-	erhaltener Mengenrabatt/Exportrabatt
-	Skonto
=	Bareinstandspreis des Exporteurs
+	Selbstkosten des Exporteurs, unverpackt
+	Exportverpackungskosten gemäß Beförderungsmittel
=	Selbstkosten ab Lager, exportverpackt
+/-	Außenhandelszuschlag bzw. -abschlag wegen ländermarkt- oder abnehmerbezogener Preisdifferenzierung
+	Gewinnzuschlag des Exporteurs
=	Verkaufspreis ab Lager (→ EXW)
+	Transportkosten ab Lager bis zum Ladeplatz Transportmittel/Frachtführer
+	Kosten der Ausfuhrabfertigung im Versandland
=	Verkaufspreis frei Frachtführer (→ FCA)
+	Transportkosten ab Ladeplatz bis Verschiffungshafen
+	Abladekosten am Kai/Längsseite Seeschiff
+	Transportversicherung bis Verschiffungshafen
=	Verkaufspreis frei Längsseite Schiff (→ FAS)
+	Lagergeld, Hafengebühren und Umschlagskosten auf das Schiff
+	Provision des Seehafenspediteurs
=	Verkaufspreis frei an Bord (→ FOB)
+	Seefracht bis Bestimmungshafen
=	Verkaufspreis Kosten und Fracht (→ CFR)
+	Seeversicherung mit mindestens C-Deckung der Institute Cargo Clauses
=	Verkaufspreis Kosten, Versicherung, Fracht (→ CIF)
+	Differenzbetrag zur Transportvollversicherung
+	Kosten für erforderliche Dokumente (z. B. D/O)
=	Verkaufspreis geliefert ab Schiff (→ DAP)
+	Terminal-Umschlagskosten, Hafengebühren, Lagerkosten
+	Kosten der Entladung
=	Verkaufspreis geliefert ab Kai unverzollt (→ DPU)
+	Kosten der Einfuhrabfertigung
+	Kosten der Kurssicherung
+	Kosten der Finanzierung
+	Kosten der Kreditversicherung
=	**Zielverkaufspreis des Exporteurs, einfuhrabgefertigt**

Aufgabe 9 > Seite 543

3.2 Importkalkulation

Die Importkalkulation unterteilt sich in die Bezugskalkulation und die Absatzkalkulation. In der **Bezugskalkulation** werden ausgehend vom Verkaufspreis des Exporteurs an einem bestimmten Ort alle **Kosten des Importeurs** aufgeführt, bis sich die Ware am **Bestimmungsort** befindet. Das Ergebnis der Bezugskalkulation ist der Einstandspreis im Einfuhrland.

Die Absatzkalkulation umfasst dann alle weiteren Kosten bis zum Verkauf der Importware an den Abnehmer des Importeurs.

Die Importkalkulation, insbesondere die Bezugskalkulation, ist vorrangig eine Vergleichsrechnung als Entscheidungsgrundlage über die jeweilige Bezugsquelle. Die Ware ist dort zu erwerben, wo der günstigste Einstandspreis entsteht.

Grundschema einer Importkalkulation (Landweg)

	Bezugskalkulation
	Verkaufspreis des ausländischen Herstellers
-	erhaltener Mengen-/Importeurrabatt
-	Skonto
+	Kosten der Kurssicherung
=	Bareinstandspreis des Importeurs ab Werk (-> EXW)
+	Transportkosten bis Ladeplatz
+	Transportversicherung bis Ladeplatz gemäß Transportmittel
+	Kosten der Ausfuhrabfertigung im Versandland
=	Bareinstandpreis frei Frachtführer (-> FCA)
+	Transportkosten bis zum Grenzort des Versandlandes
+	Transportvollversicherung bis zum Grenzort des Versandlandes
+	ggf. Kosten der Durchfuhr durch Drittländer bis zum Grenzort des Bestimmungslandes
=	Bareinstandspreis geliefert Grenze benannter Ort (-> DAP)
+	Transportkosten über die Grenze bis zum benannten Bestimmungsort im Einfuhrland
+	Kosten der Entladung vom ankommenden Beförderungsmittel
+	Transportvollversicherung bis zum benannten Bestimmungsort im Einfuhrland
=	Bareinstandspreis geliefert unverzollt benannter Ort im Einfuhrland (-> DPU)
-	Transportvollversicherung vom Versandort bis zum Bestimmungsort
=	Bareinstandspreis frachtfrei (-> CPT)
+	Transportversicherung mit Deckung A der Institute Cargo Clauses
=	Bareinstandspreis frachtfrei versichert (-> CIP)
+	Differenzbetrag zur Transportvollversicherung
+	Kosten des Einfuhr- und Zollverfahrens im Einfuhrland
=	**Bareinstandspreis geliefert verzollt benannter Bestimmungsort im Einfuhrland (-> DDP)**

	Absatzkalkulation
	Bareinstandspreis im Unternehmen
+	Materialkosten
+	Fertigungskosten
+	Verwaltungskosten
+	Vertriebskosten
+	Kapitalkosten
=	Selbstkosten des Importeurs
+	Gewinnzuschlag
+	Verpackungskosten gemäß Transportmittel
=	Barverkaufspreis ab Lager, verpackt (-> EXW)
+	Skonto
=	Zielverkaufspreis, verpackt ab Lager
+	Umsatzsteuer
=	**Endverbraucher-Zielverkaufspreis verpackt ab Lager**

Aufgabe 10 > Seite 544

3.3 Besonderheiten einer Transithandelskalkulation

Eine Sonderform der Außenhandelskalkulation stellt die Kalkulation eines Transithändlers dar. Hat aus eigener Sicht der Transithändler mit seinem ausländischen Lieferanten z. B. FOB ausländischer Verschiffungshafen vereinbart und mit dem Abnehmer in einem Drittland FOB-inländischer Verschiffungshafen, so muss seine Kalkulation alle Kosten enthalten, die zwischen dem Zeitpunkt der An-Bord-Nahme im Lieferland und der Weiterverschiffung im Inland anfallen. Zusätzliche durch den Standort des Transithändlers bedingte Kosten für das Einfuhr- oder Ausfuhrverfahren fallen i. d. R. hier nicht an, da die Ware meistens entweder unmittelbar durch einen Spediteur vom Verkaufsland in das Einkaufsland geht, oder eine Zwischenlagerung zur Umverpackung oder ähnlicher Behandlung im Freihafen erfolgt.

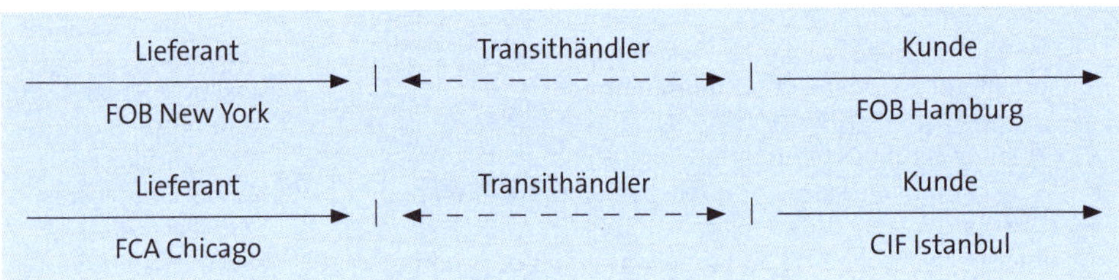

Eine Transithandelskalkulation könnte schematisch, wie folgt, aufgebaut sein:

Transithandelskalkulation (Lieferbedingungen FOB/FOB)

	Bareinstandspreis des Transithändlers (FOB Verschiffungshafen)
+	Seefracht bis Bestimmungshafen
+	Seeversicherung als Vollversicherung bis Bestimmungshafen
+	Kai-Umschlagskosten, Hafengebühren
+	Lagerkosten für Zwischenlagerung bis zur Ankunft des zweiten Schiffes
+	Kosten der erforderlichen Dokumente (z. B. Bordkonnossement, Inspektionszertifikat)
+	Kosten für Umsortierung oder Etikettierung der Ware
+	Kosten für Ausbesserung oder Änderung der Verpackung
+	Kosten der Zahlungsabwicklung und Kurssicherung
+	Kosten der Finanzierung
+	Kosten der Kreditversicherung
+	Handlungskosten des Transithändlers
+	Gewinnzuschlag des Transithändlers
+	Provision für Handelsmittler im Bestimmungsland (z. B. Makler)
=	**Zielverkaufspreis des Transithändlers FOB Verschiffungshafen**

4. Preisgleitklauseln

4.1 Ursachen für Preisgleitklauseln

Zwischen dem Zeitpunkt der Angebotsabgabe und der Bezahlung liegen oft längere Zeiträume. Der in der Außenhandelskalkulation ermittelte Verkaufspreis kann so für den Exporteur nicht mehr zeitgemäß sein und macht das Exportgeschäft unter Umständen zu einem Verlustgeschäft.

Auch für Importeure ergeben sich Preisrisiken aus Festpreisgeschäften durch fallende Beschaffungspreise. Für den Importeur ergeben sich aber auch Nachteile, wenn der Wertverlust seiner Währung gegenüber der fakturierten Währung groß ist, er also erheblich mehr Geld für die Bezahlung aufwenden muss als bei Vertragsabschluss erwartet.

Häufig werden deshalb im Außenhandel Preisgleitklauseln verwendet, die die Aufgabe haben, den Vertragspreis der zeitlichen Entwicklung anzupassen. Als **Gründe für den Einsatz von Preisgleitklauseln** können vor allem genannt werden:

- lange Lieferfristen
- lange Herstellungszeit (insbesondere bei Industrieanlagen)
- Dauer- bzw. Folgelieferungen
- starke Preisschwankungen
- Währungsunsicherheit
- Inflationsgefahr.

4.2 Einfache und komplexe Preisgleitklauseln

Im Außenhandel sind einfache und komplexe Preisgleitklauseln anzutreffen:

Einfache Preisgleitklauseln	
Kursklauseln	Vereinbarung eines festen Wechselkurses
Einseitigkeitsklauseln	Vereinbarung eines Mindestgegenwertes in Inlandswährung
Preis bei Lieferung	Lieferterminbezogener üblicher Handelspreis

Bezieht sich die Preisgleitklausel nur auf die Währungsunsicherheit, können spezielle **Kursklauseln** verwendet werden. Sie verlangen entweder, dass der Verkaufspreis immer zu einem festen Wechselkurs erfolgen soll (z. B. Verkaufspreis auf der Basis von 1 US-$ = 1 €), wobei dann der tatsächliche Umrechnungskurs bei Bezahlung unmaßgeblich ist, oder dass eine so genannte **Einseitigkeitsklausel** mit einem Mindestgegenwert festgelegt wird (z. B. der Gegenwert in Euro muss zum Zeitpunkt der Bezahlung mindestens 10 Mio. betragen). Es ist dann für den Exporteur unerheblich, wie viel der Importeur tatsächlich für den Mindestbetrag aufbringen musste.

Währungsoptionsrechte räumen dem Importeur die Möglichkeit ein, zwischen zwei oder mehreren Währungen für die Zahlung zu wählen.

Mitunter werden Vereinbarungen dergestalt getroffen, dass als Verkaufspreis der **„Preis bei Lieferung"** oder der „Preis bei Zahlung" gelten soll. Eine derartige Preisgleitklausel birgt für den Importeur jedoch erhebliche Unsicherheit und unter Umständen sogar Willkür und wird darum nur bei starker Marktstellung des Exporteurs durchsetzbar sein.

Bei vielen Preisgleitklauseln handelt es sich jedoch nicht um autonom zwischen den Vertragsparteien festgelegte Werte, sondern es werden im Wesentlichen exogen beeinflusste Veränderungen der Basiswerte, die den Verkaufspreis bestimmen, zu Grunde gelegt. Solche Basiswerte sind vor allem das Material und der Lohn; in bestimmten Fällen könnten aber auch andere Faktoren, wie z. B. die Transportkosten, die Energiekosten oder auch die Lebenshaltungskosten, herangezogen werden. Dabei sollte auf eine gute Nachprüfbarkeit der in die Klausel einfließenden Größen geachtet werden.

Komplexe Preisgleitklauseln, die die Veränderung der Lohn- und Materialkosten als wesentliche Bestandteile der produzierten Ware im Vergleich zu ihrer Höhe bei Vertragsabschluss bzw. Angebotsabgabe beinhalten, können als Vollklauseln abgefasst sein oder als Teilklauseln. Bei **Vollklauseln** werden alle Preisbestandteile als variabel angesehen, bei den Teilklauseln gelten einige als fix. Eine solche Vollklausel könnte wie folgt lauten:

$$P = P_0 \left(a_1 \frac{M_1}{M_{0_1}} + a_2 \frac{M_2}{M_{0_2}} + \ldots + a_n \frac{M_n}{M_{0_n}} + b_1 \frac{L_1}{L_{0_1}} + b_2 \frac{L_2}{L_{0_2}} + \ldots + b_n \frac{L_n}{L_{0_n}} \right)$$

P = tatsächlicher Verkaufspreis
P_0 = Verkaufspreis bei Vertragsabschluss bzw. Angebot
M_1 = Materialpreis für die Materialgruppe 1 bei Bezahlung
M_{0_1} = Materialpreis für die Materialgruppe 1 bei Angebot
M_2 bis M_n bzw. M_{0_2} bis M_{0_n} entsprechend
L_1 = Lohnkosten für die Lohngruppe 1 bei Bezahlung
L_{0_1} = Lohnkosten der Lohngruppe 1 bei Angebot
L_2 bis L_n bzw. L_{0_2} bis L_{0_n} entsprechend
a_1 bis a_n = prozentualer Anteil der jeweiligen Materialgruppe am Verkaufspreis
b_1 bis b_n = prozentualer Anteil der jeweiligen Lohnkosten am Verkaufspreis

Bei dieser Vollklausel besteht die Möglichkeit, unterschiedliche Material- und Lohnkostenentwicklungen bei den einzelnen Lohn- und Materialgruppen differenziert zu berücksichtigen. Ist dies nicht erforderlich, sollen dagegen aber fixe Preisbestandteile angesetzt werden, könnte eine entsprechende **Teilklausel** wie folgt lauten:

$$P = P_0 \left(a_1 \frac{M}{M_0} + b_1 \frac{L}{L_0} + c \right)$$

c = fixer Preisbestandteil

Beispiel

Schließt ein Exporteur heute einen Vertrag ab mit einem Verkaufspreis von 1 Mio. €, die Lieferung kann aber erst in neun Monaten erfolgen, möchte er berücksichtigt wissen, dass zwischenzeitlich neue Lohntarifverhandlungen stattfinden, die nicht unwesentlich auf den Preis durchschlagen können. Weiterhin ist in naher Zukunft mit Preiserhöhungen des Hauptrohstoffs Kupfer zu rechnen. Es sollen aber in die Preisgleitklausel nur Faktoren einfließen, die auch beim Exporteur selbst zu Verteuerungen geführt haben; insbesondere seine Gewinnmarge aus dem Exportgeschäft und die Abschreibungen als verrechnete Preisbestandteile sollen fix bleiben. Eine Differenzierung in einzelne Material- und Lohngruppen soll wegen des relativ kurzen Bezugszeitraums von neun Monaten nicht durchgeführt werden. Unter Anwendung der obigen Teilklausel würde sich dann für den Importeur ein tatsächlich zu zahlender Preis von 1.150.000 € ergeben:

$$P = 1.000.000 \left(0{,}30 \frac{400.000}{300.000} + 0{,}45 \frac{500.000}{450.000} + 0{,}25 \right) = \mathbf{1.150.000\ €}$$

Hätte der Importeur eine Anzahlung zu leisten, könnte dies in der Teilklausel berücksichtigt werden:

$$\text{Restpreis } P_R = (P_0 - \text{Anzahlung}) \left(a_1 \frac{M}{M_0} + b_1 \frac{L}{L_0} + c \right)$$

Weitere **Sondervereinbarungen** können sich auf die Festlegung von Höchstpreisen beziehen (z. B. Höchstpreis = 130 % von P_0), um das Risiko für den Importeur zu begrenzen, auf Bagatellklauseln, die unbedeutende Preisschwankungen von z. B. bis zu 3 % unberücksichtigt lassen, oder auf Mittelwerte bei stark schwankenden Weltmarktpreisen.

Aufgabe 11 > Seite 545

		Lösung
1.	Nennen Sie die wesentlichen Bestimmungsfaktoren des Außenhandelspreises!	S. 207
2.	Welche Aufgabe hat die Außenhandelskalkulation?	S. 207
3.	Wie können Kosten bzw. Wertansätze, die sich aus der jeweiligen Marketingstrategie ergeben, in der Exportkalkulation berücksichtigt werden?	S. 207 f.
4.	Wodurch wird das preiswirksame Volumen der Außenhandelszuschläge wesentlich bestimmt?	S. 207 f.
5.	Zu welchem marketingpolitischen Bereich gehören die Lieferbedingungen?	S. 208
6.	Was sind Incoterms? Warum gibt es sie?	S. 208 f.
7.	Wie erhalten die Incoterms Rechtsgültigkeit?	S. 209 f.
8.	Welche grundsätzlichen Aufgaben haben die Incoterms? Was regeln sie nicht?	S. 209 f.
9.	Wie sind die Incoterms gegliedert?	S. 210 f.
10.	Wie unterscheiden sich Einpunkt- und Zweipunktklauseln?	S. 211
11.	Erläutern Sie die Problematik von Sondervereinbarungen oder Zusätzen zu den Incoterms!	S. 211
12.	Welche Auswirkungen hat die Zugrundelegung bestimmter Incoterms beim Zoll?	S. 211
13.	Nennen Sie die zehn verschiedenen Abschnitte, in die die ICC Paris die Verpflichtungen von Exporteur und Importeur eingeteilt hat!	S. 212
14.	Nennen Sie die wesentlichen Merkmale der Lieferbedingungen „ab Werk“ (EXW)!	S. 212
15.	Welche Pflichten haben Exporteur und Importeur bei der Lieferbedingung FCA im Hinblick auf die Verladung?	S. 213 f.
16.	Wie unterscheiden sich die Incoterms FOB und FAS?	S. 214 f.
17.	Welche wesentlichen Pflichten haben Exporteur und Importeur bei der am häufigsten verwendeten Lieferbedingung CIF?	S. 215
18.	Würden Sie als deutscher Importeur die Lieferbedingung CIF oder geliefert ab Schiff (DPU) vorziehen?	S. 215 ff.
19.	Erläutern Sie die Lieferbedingung frachtfrei versichert (CIP)! Gilt sie auch für Seetransporte?	S. 216
20.	Welche Rechte und Pflichten hat der Exporteur bei der Lieferbedingung und DDP?	S. 217
21.	Welche Lieferbedingung ist für den Exporteur und welche für den Importeur am günstigsten?	S. 212 ff.
22.	Warum dürfen die Incoterms nicht mit den Trade Terms oder mit den Terms of Trade verwechselt werden?	S. 218 f.
23.	Welche Bedeutung haben die Trade Terms im Außenhandel?	S. 218

	Lösung
24. Welche Aufgabe hat die Außenhandelskalkulation? Auf welchen Werten baut sie auf?	S. 219
25. Welche Kalkulationsarten werden im Außenhandel angewandt? Wie unterscheiden sie sich?	S. 219 ff.
26. Wie müsste das Grundschema für eine Exportkalkulation mit der Lieferbedingung FOB aussehen?	S. 220
27. Stellen Sie ein Exportkalkulationsschema für eine bestimmte Ware mit der Lieferbedingung DPU auf!	S. 220
28. Wie gliedert sich die Importkalkulation?	S. 221
29. Wie würde das Grundschema einer Importkalkulation bei der Lieferbedingung DAP aussehen?	S. 221
30. Welche Mehr- bzw. Minderkosten sind bei einer Importkalkulation mit der Lieferbedingung DDP gegen- über DPU zu beachten?	S. 221
31. Welche Besonderheiten weist die Transithandelskalkulation auf?	S. 222
32. Stellen Sie ein Transithandelskalkulationsschema auf zu den Lieferbedingungen FOB/CIF!	S. 222
33. Aus welchen Gründen werden Preisgleitklauseln im Kaufvertrag vereinbart?	S. 223
34. Erläutern Sie anhand eines Beispiels eine Kursklausel!	S. 223
35. Was ist eine Einseitigkeitsklausel? Wie könnte sie z. B. lauten?	S. 223
36. Welche Faktoren sollten in einer Preisgleitklausel berücksichtigt werden?	S. 224 f.
37. Wie wird im Allgemeinen eine Vollklausel aufgebaut?	S. 224
38. Wie unterscheidet sich die Teilklausel von der Vollklausel?	S. 224 f.
39. Wie muss die Preisgleitklausel aufgebaut werden, wenn fixe Preis-bestandteile angesetzt werden sollen und Anzahlungen zu berück-sichtigen sind?	S. 225
40. Welche Sondervereinbarungen sind bei Preisgleitklauseln anzu-treffen?	S. 225

F. Außenhandelsmarketing

1. Wesen

Bei einem traditionellen Außenhandelsgeschäft erschöpft sich die Auslandsaktivität auf die Gestaltung der Geschäftsbeziehungen mit dem ausländischen Geschäftspartner, dem alle weiteren Maßnahmen auf dem Auslandsmarkt überlassen werden. Beim Außenhandelsmarketing werden die Auslandsmärkte selbst systematisch ausgewählt, erschlossen und aktiv bearbeitet, und es werden alle innerbetrieblichen Voraussetzungen geschaffen, um das Auslandsgeschäft optimal durchführen zu können, wobei das Unternehmen unter Einsatz aller Marketinginstrumente bei Exportgeschäften bis zum Endverbraucher bzw. bei Importgeschäften bis zum Warenursprung vordringt.

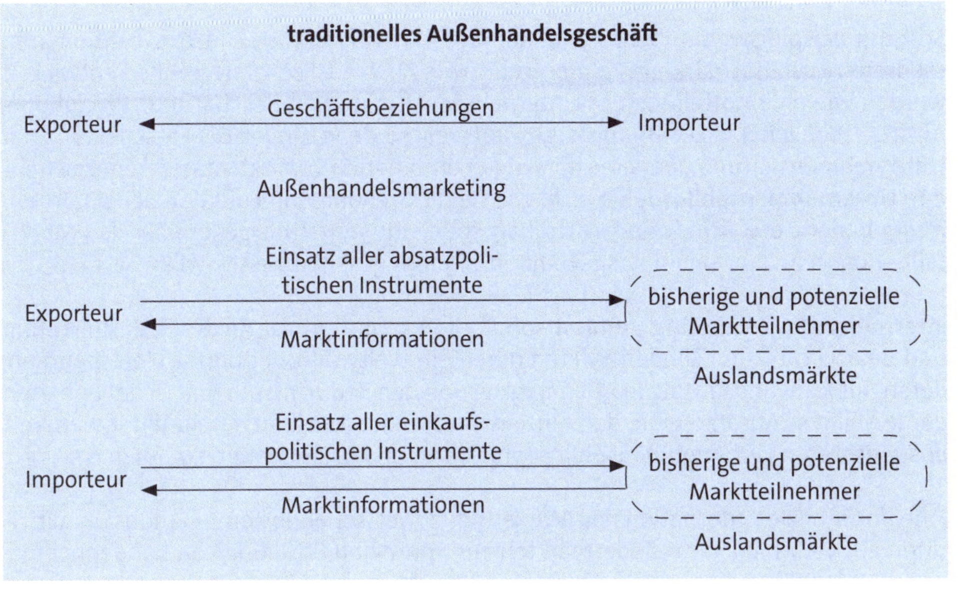

Außenhandelsmarketing besteht im Rahmen der Unternehmenspolitik im systematischen, planvollen Einsatz einer Kombination der absatzpolitischen oder einkaufspolitischen Instrumente zum Zwecke des optimalen Absatzes oder der Beschaffung von Unternehmensleistungen eines auf Auslandsmärkten tätigen Unternehmens. Das Außenhandelsmarketing kann sich auf alle Teilbereiche des Außenhandels beziehen, doch sollen wegen ihrer besonderen Bedeutung Exportgeschäfte im Vordergrund stehen.

Aufgabe des Außenhandelsmarketing **bei Exportgeschäften** im Besonderen ist es, eine **Marketingkonzeption** zu entwerfen, die sich entweder

- **multinational** an den lokalen, regionalen bzw. nationalen Besonderheiten bestimmter oder aller Abnehmergruppen orientiert und spezifische ländermarktgerechte Produkte und Dienstleistungen mit unterschiedlichen Marketingstrategien anbietet oder
- **global** von (weltweit) ähnlichen oder sogar gleichen Bedürfnissen und Wünschen der potenziellen Abnehmer ausgeht und ihnen ein weltweit standardisiertes Produkt-

sortiment unter Einsatz standardisierter Marketingstrategien bei Akzeptanz weltweiten Wettbewerbs anbietet.

Je nach den individuellen Gegebenheiten können im Unternehmen auch für bestimmte Produkte oder Dienstleistungen Mischkonzepte entwickelt werden. Die Präsenz des Unternehmens in einem bestimmten (Heimat-)Land muss vor allem im Hinblick auf eine weiter zunehmende Öffnung des Welthandels nicht unterstellt werden.

Beim internationalen Marketing als besonderer Ausrichtung des Außenhandelsmarketing kann das Unternehmen zur Erschließung optimaler Verkaufsmöglichkeiten und **Marktpräsenz in allen wichtigen Ländermärkten** an verschiedenen, unter Umständen auch sich ergänzenden oder wechselnden Standorten Aktivitäten entfalten.

So kann beispielsweise ebenso eine Kombination aus Export, Direktinvestitionen in mehreren Auslandsmärkten, Reimporten sowie Auslandslizenzfertigungen entwickelt werden wie eine Aufteilung der Unternehmensfunktionen Beschaffung, Produktion, Absatz, Finanzen und Rechnungswesen auf verschiedene Länder. Die Entscheidung der Unternehmensleitung über eine derartige Kombination von Aktivitäten kennzeichnet ihre **Unternehmensphilosophie**, d. h. wie sie die Stellung und Funktion der Unternehmung in der Gesellschaft und Wirtschaft sowie ihr Verhältnis gegenüber den Marktteilnehmern in den von ihr ausgewählten Ländern gesehen wissen will.

Internationales Marketing umfasst somit alle Aktivitäten zur Auswahl, Erschließung und Bearbeitung von Ländermärkten durch ein weltweit orientiertes Unternehmen, deren Auswahl und Einsatz in Abhängigkeit von den Bedürfnissen und Gegebenheiten der jeweiligen Absatzregion, den einzelnen Länderrisiken und dem auf der weltweit ausgerichteten Unternehmensphilosophie beruhenden Zielsystem zu sehen ist.

Eine im Sinne des internationalen Marketings zu verstehende Kombination von Aktivitäten auf verschiedenen Ländermärkten zur optimalen Erfüllung von Kundenbedürfnissen, wie Bildung einer Exportplattform, Errichtung von Reimportbasen, Schaffung einer Verbundproduktion oder Systemverkauf, bei einem zielgerichteten Einsatz der Marketinginstrumente sei durch folgendes Beispiel gekennzeichnet:

Beispiel

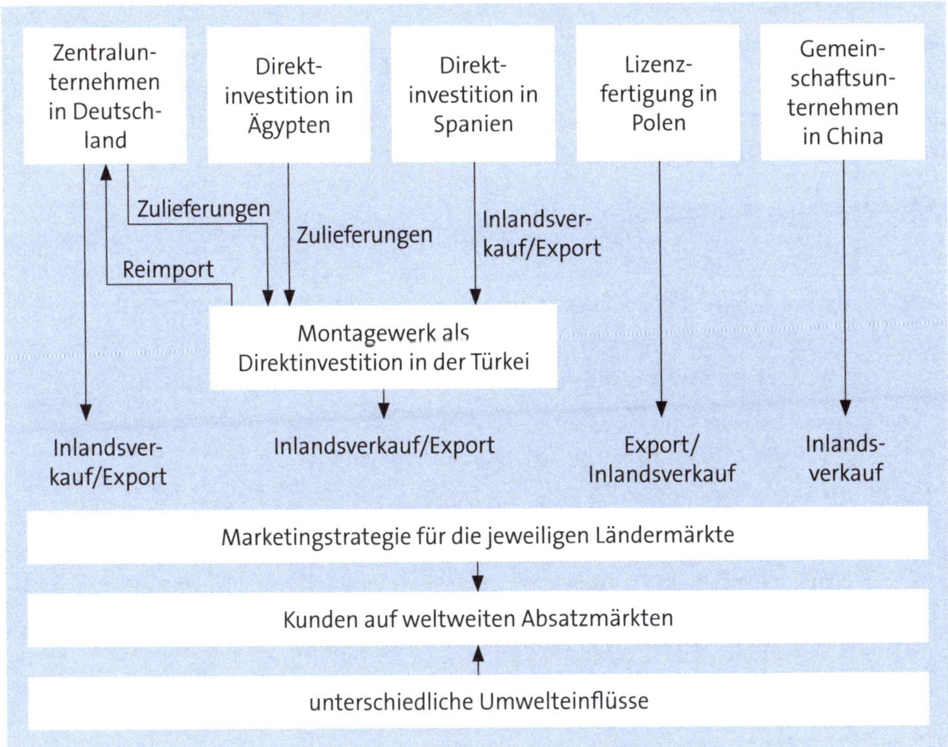

Das generelle **Ziel des Außenhandelsmarketing** sollte darin gesehen werden, dass auch die eigenen Unternehmensziele am ehesten verwirklicht werden können, wenn die Käuferwünsche auf den Auslandsmärkten bestmöglich erfüllt werden. Dabei sind besonders die jeweiligen Außenhandelsrisiken zu beachten sowie die besonderen Probleme, die sich aus den unterschiedlichen rechtlichen, wirtschaftlichen, kulturellen und politischen Rahmenbedingungen ergeben.

Der Unterschied zwischen einem auf den Inlandsmarkt ausgerichteten Marketing und dem auf Auslandsmärkte bezogenen Außenhandelsmarketing ist im Markt selbst, also im Inhalt von **Marketingkonzeption und Marketingstrategie** zu sehen, der sich aus den auf jedem Auslandsmarkt unterschiedlichen Marktteilnehmern und Umfeldfaktoren ergibt. Dazu zählen vor allem:

- unterschiedliche sozio-kulturelle Einflussfaktoren
- unterschiedliche rechtliche Rahmenbedingungen
- besondere politische Länderrisiken
- Markteintrittsbarrieren
- andere Informationsbeschaffungsmöglichkeiten

- unterschiedliches Verbraucherverhalten
- abweichende Konkurrenzsituation.

Die formalen Prinzipien und der Aufbau des **Marketingprozesses** werden sich jedoch nicht unterscheiden, sodass bei der methodischen Erstellung von Marketingkonzeption und Marketingstrategie folgende Teilbereiche auch im Außenhandelsmarketing auftreten und systematisch zu planen, zu untersuchen und zu entscheiden sind:

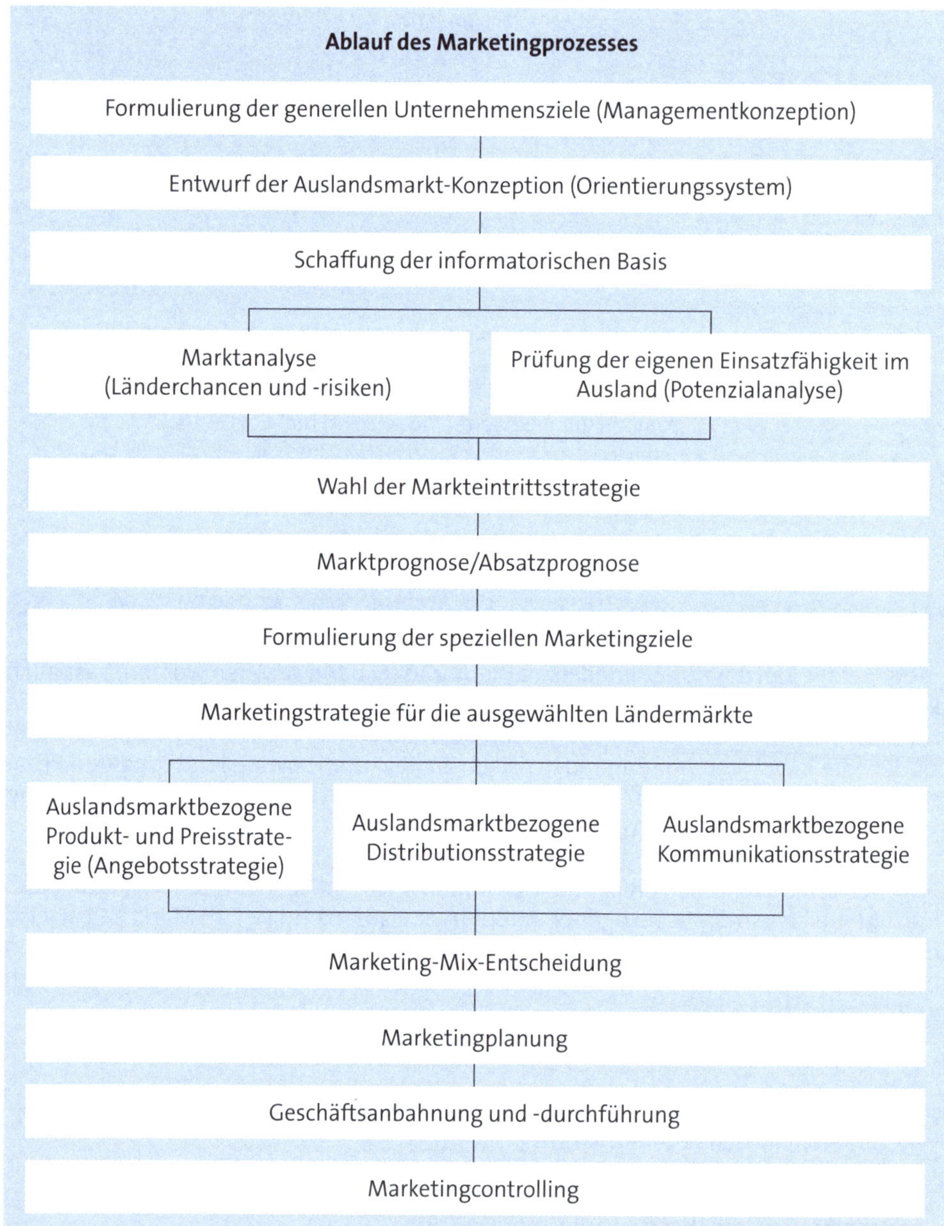

2. Auslandsmarktkonzeption

Die **Managementkonzeption** stellt die systematische Zusammenfassung der planungsfähigen Unternehmensleitlinien dar. In ihr kommen die oft zahlreichen generellen Zielvorstellungen der Unternehmensführung zum Ausdruck, die in einem Zielsystem zu formulieren und einzuordnen sind. Jedes Ziel ist dabei eindeutig nach Inhalt, Zeit und Ausmaß zu charakterisieren (z. B. die Rentabilität ist im nächsten Geschäftsjahr um 5 % zu steigern).

Trifft ein Unternehmen die Entscheidung über das generelle Unternehmensziel, Auslandsaktivitäten zu ergreifen, ist ein **Auslandsmarktkonzept** in die (bisherige) Managementkonzeption zu integrieren. Die Auslandsmarktkonzeption soll festlegen, wie das Unternehmen die Zielvorstellungen aus der Managementkonzeption grundsätzlich zu verwirklichen beabsichtigt. Dieses Konzept beinhaltet in meist enger Verbindung ein **Orientierungssystem** und die daraus abgeleiteten **Basisstrategien**.

Im Orientierungssystem wird die zukünftige Vorgehensweise bei den Auslandsaktivitäten festgelegt, die getrennt oder in Kombination vor allem durch folgende Möglichkeiten determiniert ist:

- **Aktivitätsorientierung**, d. h. Ausrichtung der Aktivitäten nach den Erfahrungen auf dem Inlandsmarkt (Heimatlandorientierung), nach den Besonderheiten der jeweiligen Auslandsmärkte (multinationale Orientierung) oder einheitlich weltweit (globale Orientierung).
- **Konkurrenzorientierung**, d. h. Festlegung der eigenen Wettbewerbsintensität auf dem Auslandsmarkt (z. B. Streben nach Marktführerschaft).
- **Kooperationsorientierung**, d. h. Entscheidung über die Kooperationsbereitschaft mit anderen inländischen oder ausländischen Anbietern.
- **Ländermarktorientierung**, d. h. welche Relation sollen die Aktivitäten auf den Auslandsmärkten untereinander und zu den Inlandsaktivitäten haben (z. B. 60 % Inlandsumsatz, 40 % Auslandsumsatz).
- **Fristigkeitsorientierung**, d. h. in welchem Zeitraum sollen die Ziele verwirklicht werden (z. B. schneller Markteintritt).
- **Marktpositionsorientierung**, d. h. ob das Unternehmen auf den Auslandsmärkten vorrangig Kostensenkungsmöglichkeiten oder Erlössteigerungsmöglichkeiten nutzen will (z. B. Wahl von zusätzlichen Absatzmärkten oder auch von Produktionsstandorten).
- **Innovationsorientierung**, d. h. Entscheidung über die technologisch/produktbezogene Vorreiterstellung (z. B. nur Angebot von Spitzenprodukten oder nur von einfacher Standardware).

Das gewählte Orientierungssystem führt oft auch schon zu den geeigneten Basisstrategien. Wichtige **Basisstrategien** sind:

- **Allokationsstrategie:** Sie wird ein nicht so großes Unternehmen mit geringeren Ressourcen wählen, um eine Konzentration der vorhandenen Ressourcen auf einen oder wenige Ländermärkte und/oder Produkte anzustreben.

Im Rahmen der **Ländermarktallokation** entscheidet das Unternehmen zwischen Länderkonzentration und Länderstreuung, bei der **Produktallokation** über die Sortimentsbreite auf den Auslandsmärkten.

In dynamischer Hinsicht ist beim Allokationsproblem auch zu beachten, ob eine Expansions-, Konsolidierungs- oder Rückzugsstrategie auf bestimmten Auslandsmärkten oder bei bestimmten Produkten gefahren werden soll.

- **Marktsegmentierungsstrategie:** Zur besseren Marktdurchdringung und gezielten Marktbedienung können sowohl die Auslandsmärkte nach geeigneten Kriterien in Marktregionen segmentiert werden als auch die Gesamtproduktmärkte in Marktbereiche, Hauptmärkte, Untermärkte und Teilmärkte aufgegliedert werden.
- **Kalkulatorische Ausgleichsstrategie:** Ein Unternehmen, das Auslandsaktivitäten auf mehreren Ländermärkten beginnen will, hat häufig unterschiedliche kurzfristige Erfolgschancen, sodass Anlaufverluste in einem Land mit Gewinnen in anderen Auslandsmärkten kompensiert werden sollen.

  Eine kalkulatorische Ausgleichsstrategie kann sich dabei neben einem Länderausgleich auch auf einen Spartenausgleich, Produktausgleich oder Auftragsausgleich beziehen. Erfolgt der Ausgleich zeitgleich, liegt ein Simultanausgleich vor, wird der Ausgleich erst zu einem späteren Zeitpunkt, z. B. nach Erreichen eines bestimmten Marktanteils, vorgenommen, wird von Sukzessivausgleich gesprochen.
- **Wettbewerbsstrategien:** Sie legen verschiedene Stoßrichtungen im Hinblick auf die wettbewerbsorientierte Marktpositionierung fest:
  - **Differenzierungsstrategie:** Das Unternehmen ist bestrebt, sich durch Produktart, Produktqualität, Produktdesign, Kundendienst usw. am Markt hervorzuheben.
  - **Konzentrationsstrategie:** Beschränkung und Spezialisierung insbesondere im Hinblick auf Abnehmer, Schwerpunkte und Produktbereiche.
  - **Kostenführerschaft:** Hinderung der Konkurrenz am Markteintritt durch günstiges Preis- Leistungsverhältnis infolge niedriger eigener Kosten und Verkaufspreise.
- **Kooperationsstrategie:** Mit einer Kooperationsstrategie legt das Unternehmen fest, in welcher Weise Kooperationen bei Auslandsaktivitäten eingegangen werden sollen.
- **Koordinationsstrategie:** Mit der Koordinationsstrategie wird festgelegt, wie die organisatorische Einbindung (zentral oder dezentral) der Auslandsmarkttätigkeiten im Unternehmen erfolgen kann oder wie eine Aufbereitung der Unternehmensfunktionen Beschaffung, Produktion, Absatz, Finanzen und Rechnungswesen auf verschiedene Länder erfolgen soll.
- **Marktstellungsstrategien:** Im Auslandsmarktkonzept ist darzulegen, welche **Marktstellung** das eigene Unternehmen auf dem Auslandsmarkt im Vergleich zu den Konkurrenten erreichen soll.
  - Der **Marktführer** kann seine Position strategisch ausrichten, indem er eine Erweiterung des Gesamtmarktes anstrebt oder seinen Marktanteil hält oder erweitert.
  - Der **Herausforderer** will seinen Marktanteil zu Lasten anderer Anbieter erweitern und ggf. die Marktführerschaft erreichen.

- Der **Mitläufer** wählt als strategische Ansätze vorrangig die Anpassung, die Nachahmung oder die Nachbildung; und der **Nischenbesetzer** tritt i. d. R. als Spezialist für besondere Marktsegmente, Produkte oder Kunden auf.

Nach der Entscheidung über die Grundorientierung muss eine **Marktanalyse** zeigen, auf welchen Ländermärkten aufgrund ihrer Chancen und Risiken am ehesten die Zielvorstellungen erreicht werden können.

Wenn auch in vielen Fällen zunächst die für das Unternehmen zweckmäßige Basisstrategie festgelegt und dann erst die geeignete Marktauswahl getroffen wird, kann es auch sinnvoll sein, zunächst die attraktivsten Ländermärkte auszusuchen und dann eine geeignete Vorgehensweise auszuloten.

3. Schaffung der informatorischen Basis

Unter Beachtung der im Unternehmen festgelegten Auslandsmarktkonzeption ist nun eine informatorische Basis zu schaffen, auf deren Grundlage eine Marketingstrategie für die einzelnen ausgewählten Auslandsmärkte erarbeitet werden kann. Um einerseits die Chancen und Risiken auf den Ländermärkten und andererseits die unternehmenseigene Leistungsbereitschaft für Auslandsgeschäfte beurteilen zu können, sind sowohl eine Marktanalyse als auch eine Potenzialanalyse durchzuführen. Als Informationsinstrument für die Marktanalyse kann eine spezielle Auslandsmarktforschung dienen.

3.1 Auslandsmarktforschung

Die Auslandsmarktforschung beinhaltet alle Maßnahmen zur Gewinnung, Ordnung und Analyse von Daten aus dem Auslandsmarkt sowie deren Nutzung und Interpretation mit dem Ziel, den Auslandsmarkt für das eigene Unternehmen und seine Leistungen besser beurteilen zu können. Dabei sind zwei Betrachtungsweisen zu unterscheiden:

- die Marktanalyse und
- die Marktbeobachtung.

Gegenstand der **Marktanalyse** ist die Feststellung der Struktur eines Auslandsmarktes zu einem bestimmten Zeitpunkt. Sie stellt eine einmalige Zustandsuntersuchung für die Attraktivität von Auslandsmärkten dar.

Unter **Marktbeobachtung** ist eine laufende Marktuntersuchung im Sinne einer Veränderungsanalyse zu verstehen, die vor allem das Ziel hat, rechtzeitig Trends, Geschmacks- und Modeveränderungen, Käuferwünsche und -reaktionen oder Änderungen der Marktstruktur zu erkennen. Hauptelement der Marktbeobachtung ist somit die Marktdynamik in Form von Marktschwankungen und Marktverschiebungen. Hierbei interessiert es das Unternehmen vor allem auch, welche Wirkungen der Einsatz einer bestimmten Marketingstrategie hatte, um wiederum frühzeitig reagieren zu können.

Bei regelmäßigem Informationsbedarf ist allerdings eine Trennung von Marktanalyse und Marktbeobachtung kaum möglich, da die Marktbeobachtung als kontinuierliche, sich ständig wiederholende Marktanalyse zu verstehen ist.

Die **Methoden** der Auslandsmarktforschung unterscheiden sich nicht von der Inlandsmarktforschung, doch ist in der Auslandsmarktforschung ihre jeweilige Einsatzmöglichkeit abhängig von der Art und den Besonderheiten der ausländischen Marktteilnehmer und Informationsquellen.

Bei einer **Primärforschung** (Field Research) auf Auslandsmärkten werden die Informationen erstmals und unmittelbar von allen Trägern (Vollerhebung) der zu untersuchenden Merkmale oder nur von einer bestimmten repräsentativen oder willkürlichen Auswahl (Teilerhebung) gewonnen. Dies kann erfolgen durch:

- Befragung
- Beobachtung oder
- Experiment.

Die Durchführung der Erhebung ist kosten- und zeitintensiv und erfordert speziell ausgebildetes Personal oder die Einschaltung von Marktforschungsinstituten.

Bei der **Sekundärforschung** (Desk Research) wird bereits vorhandenes unternehmensinternes oder -externes Informationsmaterial genutzt, wodurch eine schnelle und kostengünstige Informationsbeschaffung möglich ist. Als nachteilig kann sich jedoch erweisen, dass die Daten für einen anderen Zweck erhoben worden sind oder zu alt sind, und somit die Brauchbarkeit für die Problemsituation eingeschränkt ist.

Im Rahmen der Sekundärforschung können vor allem auch die Dienste der zahlreichen Institutionen für den Außenhandel genutzt werden (siehe Kapitel A.5).

Der **Informationsbedarf** sollte nach Art, Umfang und Zeit klar festgelegt werden. Einerseits birgt zwar ein Informationsdefizit Verlustgefahren, doch verursacht andererseits ein Informationsüberhang Kosten, sodass ein optimaler Informationsgrad anzustreben ist. Nicht alle Beurteilungskriterien für den Auslandsmarkt sind von höchster Relevanz, doch manche erfordern einen besonderen und aktuellen Kenntnisstand. Bei der Festlegung des individuellen Informationsvolumens sollte deshalb beachtet werden:

- der Zweck der Informationsbeschaffung,
- der derzeitige Informationsstand,
- der höchstmögliche Informationsgrad,
- die Leichtigkeit und Kostenintensität der Informationsbeschaffung und
- die Erfolgswirksamkeit der Informations(mehr)beschaffung.

3.2 Auslandsmarktselektion

3.2.1 Marktvorauswahl

In der Marktvorauswahl sollen zunächst alle Länder der Welt in einem Kosten sparenden Verfahren auf die Einhaltung von **Mindestanforderungen** überprüft werden. Derartige Zielvorgaben der Unternehmensleitung können beispielsweise sein:

- Mindestrentabilität
- Mindestumssatzerwartung
- Mindestkaufkraft
- niedriger Kapitaleinsatz
- geringe Auslandsrisiken.

Die Marktvorauswahl soll im Rahmen eines gestaffelten Selektionsverfahrens gewährleisten, dass nur die Auslandsmärkte einer näheren Prüfung unterzogen werden, die nicht aufgrund bestimmter Merkmale und Besonderheiten als ungeeignet ausscheiden müssen.

Als **Bewertungkriterien** können zahlreiche politische, rechtliche, sozio-kulturelle, geografische, demografische und wirtschaftliche Faktoren gewählt werden, die jedoch i. d. R. im Hinblick auf die Mindestanforderungen zu gewichten sind, um ihre jeweilige Relevanz hervorzuheben. Dabei kann ein Land entweder ausscheiden, weil ein oder mehrere Kriterien die Mindestbewertung nicht erreichen oder die Gesamtpunktzahl den Mindestwert nicht erfüllt.

In einer Checkliste zur Vorauswahl werden so alle zu berücksichtigenden Länder eingetragen und nach verschiedenen Umweltkriterien überprüft. Der Bewertungsmaßstab sollte für eine derartige Vorauswahl nicht zu differenziert sein. Alle Länder, die die gesetzte **Mindestbewertung** nicht erfüllen, scheiden für die eigentliche Marktanalyse aus.

Checkliste zur Marktvorauswahl							
Ländermärkte / **Umweltkriterien**	**Asien**			**Amerika**			**Europa** ...
	Japan	Thai-land	China ...	Chile	Mexiko	USA ...	Italien ...
Politische/rechtliche Faktoren, z. B. ► politisches System ► Verwaltungseffizienz ► Parteienstruktur ► Rechtsordnung ► Handelshemmnisse ► Investitionsschutz							

Checkliste zur Marktvorauswahl							
Ländermärkte / **Umweltkriterien**	**Asien**			**Amerika**			**Europa ...**
	Japan	Thailand	China ...	Chile	Mexiko	USA ...	Italien ...
Sozio-kulturelle Faktoren, z. B.							
► Gesellschaftsstruktur							
► Bildungswesen							
► Religion(en)							
► soziale Organisation							
► Sprache							
► Mentalität							
► Wertesystem							
Geografisch/demografische Faktoren, z. B.							
► geografische Lage							
► Klimaverhältnisse							
► Infrastruktur							
► Rohstoffvorkommen							
► Bevölkerungsentwicklung							
► Minderheitenprobleme							
Wirtschaftliche Faktoren, z. B.							
► Wirtschaftsleistung							
► Technologiestand							
► Arbeitskräftepotenzial							
► Steuersystem							
► Energieverfügbarkeit							
► Finanzmarktsituation							
Marktpotenzial							
► Marktvolumen							
► Marktwachstum							
► Kaufkraft							
► Wettbewerbssituation							

Bewertungsmaßstab:
1 = hervorragend geeignet
2 = gut geeignet
3 = erfüllt die Mindestanforderungen
4 = wenig geeignet
5 = ungeeignet

Eine **Konzentration** auf eine in dieser Weise gefundene Anzahl von potenziellen Auslandsmärkten kann für das Unternehmen besonders empfehlenswert sein

- bei begrenzter eigener finanzieller Leistungsfähigkeit
- im Hinblick auf die besondere Eignung des Produktes in bestimmten Ländern
- bei zunehmender Kapazitätsauslastung bzw. nur langsamer Kapazitätserweiterung
- zur Vermeidung ungünstiger politischer/rechtlicher Rahmenbedingungen
- zur besseren Bedienung bestimmter Bedarfsstrukturen
- zur Nutzung relativ kurzer Transportwege
- bei hoher Kaufkraft in bestimmten Ländern
- bei besonders günstiger Wettbewerbssituation
- um sprachliche Probleme zu vermeiden oder zu verringern
- um Handelshemmnisse zu umgehen oder
- günstige Rohstoffvorkommen zu nutzen.

3.2.2 Marktanalyse

Während bei der Marktvorauswahl das Schwergewicht auf den Umweltkriterien bzw. Rahmenbedingungen gelegen hat, stehen bei der Marktanalyse die speziellen Marktinformationen im Vordergrund.

Die Marktanalyse soll die **Marktattraktivität** einzelner Auslandsmärkte bewerten, sodass hier vor allem die Nachfragestruktur, die Angebots- und Wettbewerbssituation für das Unternehmen bzw. das anzubietende Sortiment und die zukünftige Marktentwicklung zu untersuchen und zu interpretieren ist. Hierbei können alle in die engere Wahl gelangten Ländermärkte nach folgenden besonders wichtigen Kriterien eingehend analysiert und mit einem Bewertungsmaßstaß (z. B. Punktsystem oder Rangskala) versehen werden:

- **Marktvolumen**, d. h. wie groß ist die absetzbare Produktmenge auf diesem Auslandsmarkt in einer Periode
- **Marktwachstum**, d. h. in welchem Umfang ist eine prozentuale Steigerung des derzeitigen mengen- bzw. wertmäßigen Marktvolumens zu erwarten
- **Bedarfsäußerungen**, d. h. in welcher Weise sind unterschiedliche Bedarfsarten wie z. B. Gebrauchs- oder Verbrauchsbedarf, Erst- oder Ersatzbedarf sowie Grund- oder Zusatzbedarf zu befriedigen und in welcher Höhe sind Bedarfsgrößen jeweils erkennbar
- **Käuferstruktur**, d. h. wie hoch ist die Anzahl der potenziellen Kunden und wie ist die Mischung aus kleineren und größeren Abnehmern
- **Kaufkraft**, d. h. wie hoch ist das verfügbare Einkommen und damit der Lebensstandard

- **Preisbandbreite**, d. h. wie groß ist das Spektrum der erzielbaren Preise für vergleichbare Produkte
- **Marktzugang**, d. h. in welchem Umfang ist mit Einfuhrproblemen zu rechnen
- **Konkurrenzangebot**, d. h. in welchem Umfang werden vergleichbare Produkte angeboten; gibt es Schwachstellen der Konkurrenzprodukte; Herkunft und Marktposition der Konkurrenten; Grad der Marktabdeckung; Gefahr von Vergeltungsmaßnahmen der etablierten Anbieter
- **Handelsbräuche**, d. h. sind besondere landestypische Usancen oder Notwendigkeiten der Kaufvertragsgestaltung (z. B. Lieferbedingungen oder Zahlungsbedingungen) zu beachten
- **Distributionserfordernisse**, d. h. sind bestimmte Vertriebswege einzuhalten oder erwartete Serviceleistungen zu berücksichtigen
- **Kommunikation**, d. h. in welchem Umfang sind Maßnahmen zur Bekanntmachung von Produkt und Unternehmen wie Werbung und Öffentlichkeitsarbeit notwendig; welche Kommunikationsmöglichkeiten stehen zur Verfügung
- **Absatzpotenzial und Marktanteil**, d. h. wie groß ist die auch im Hinblick auf die eigene Leistungsfähigkeit eher kurzfristig zu erwartende Verkaufsmenge bzw. welcher Marktanteil ist längerfristig zu erreichen
- **Kapitalbedarf**, d. h. wie groß ist der für die Markterschließung und Produkteinführung zu erwartende Kapitalbedarf je Periode
- **politische und rechtliche Rahmenbedingungen**, d. h. wie groß sind politische Stabilität und Rechtssicherheit
- **wirtschaftliche Rahmenbedingungen**, d. h. in welchem Umfang ist mit wirtschaftlichen Risiken zu rechnen, die das Geschäftsklima beeinflussen können
- **sozio-kulturelle Rahmenbedingungen**, d. h. in welcher Weise beeinflusst die Gesellschaftsstruktur die Absatzchancen im Ausland.

Die gewählten Bewertungskriterien werden sich meistens eher den Chancen auf dem Auslandsmarkt oder den Risiken zuordnen lassen. Mitunter werden aber manche Kriterien bei hohen Chancen auch erhebliche Verlustgefahren beinhalten.

Sollen die einzelnen Bewertungskriterien keine gleich große Bedeutung erhalten, ist der jeweilige Attraktivitätswert mit einem Gewichtungsfaktor zu multiplizieren und das Ergebnis durch die Summe der Gewichtungsfaktoren zu dividieren.

Die Marktanalyse endet mit der Feststellung über eine Rangfolge für die einzelnen Ländermärkte hinsichtlich ihrer Attraktivitätswerte für das Unternehmen. Dabei können Ländergruppen mit einer hohen Attraktivität als **Schwerpunktmärkte** entstehen, die vorrangig zu bearbeiten sind, und andere Ländergruppen mit geringerer Punktzahl, die als **Präsenzmärkte** oder auch nur als **Gelegenheitsmärkte** einzustufen sind.

Beispiel

Marktanalyse für Land A				
Attraktivitätswert / Bewertungskriterien	**Chancen** 0 bis 100 gering → hoch	**Risiken** 100 bis 0 gering → hoch	**Gewichtungsfaktor**	**Ergebnis**
1. Chancen				
▸ Marktvolumen	60		1	60
▸ Marktwachstum	80		1,2	96
▸ Kaufkraft	60		1	60
▸ Marktzugang	70		1,2	84
▸ Käuferstruktur	70		1	70
▸ Absatzpotenzial	75		1,2	90
▸ Kommunikationsmöglichkeiten	80		0,6	48
2. Risiken				
▸ Konkurrenzangebot		40	1,2	48
▸ Kapitalbedarf		20	1,4	28
▸ Vertriebswege		50	1	50
▸ Steuersystem		40	0,7	28
▸ kulturelle/religiöse Probleme		60	0,8	48
▸ Handelsbräuche		70	0,7	49
▸ Immobilienmarkt		50	0,5	25
▸ Finanzmarkt		50	0,2	10
▸ Korruption		30	1,2	36
			14,9	83
Attraktivitätswert für Land A 55,70				

Zu beachten ist, dass solch eine Bewertung Subjektivitäten beinhaltet und dass ggfs. zwischen einzelnen Bewertungskriterien Korrelationen bestehen.

3.2.3 Marktsegmentierung

Für die besonders attraktiven Auslandsmärkte als zukünftige Schwerpunktmärkte kann zur weiteren Differenzierung und Erhöhung der Erfolgswirksamkeit eine anschließende Marktsegmentierung erfolgen, die die Aufgabe hat, weitgehend **bedürfnis-homogene Abnehmergruppen bzw. Regionen** innerhalb des jeweiligen Auslandsmarktes zu identifizieren und die Ländermärkte systematisch in homogene Teilmärkte zu differenzieren.

Im Sinne eines internationalen Marketing können auch die für einen bestimmten Auslandsmarkt entdeckten Segmente mit anderen Marktsegmenten auf anderen Auslandsmärkten verglichen werden. Sollten sich hier Übereinstimmungen ergeben, können unter Umständen vergleichbare Segmente auf verschiedenen Auslandsmärkten für die Marketingplanung und Markterschließung zusammengefasst werden. Auch lassen sich auf diese Weise **Referenzmärkte** für weitere Maßnahmen bestimmen.

Eine Marktsegmentierung kann nach folgenden Kriterien durchgeführt werden:

Marktsegmentierungskriterien			
Geografische Kriterien, wie z. B.	**Demografische Kriterien**, wie z. B.	**Psychografische Kriterien**, wie z. B.	**Verhaltensorientierte Kriterien**, wie z. B.
► Ballungsräume ► Küstenorte ► ländliche Regionen ► klimatische Aspekte ► Stadtviertel ► Industriestandorte	► Geschlecht ► Alter ► Familienstand ► Ausbildung ► Einkommen ► Beruf	► Lebensstil ► Einstellungen ► Aktivitäten ► Interessen ► Werte ► Meinungen	► Kaufgewohnheiten ► Markentreue ► Verwendungsintensität ► Nutzenbefriedigung ► Besitz

Probleme der Marktsegmentierung können sich bei den psychografischen Kriterien vor allem aus der Messbarkeit ergeben, bei den verhaltensorientierten Kriterien im Hinblick auf ihre richtige Deutung und Erklärung, bei den demografischen Kriterien aus ihrer Relevanz für das jeweilige Produkt und bei den geografischen Kriterien insbesondere aus ihrem Marktpotenzial.

Als Ergebnis der Marktsegmentierung stellt sich oft die Frage, ob das Unternehmen im Sinne einer Gesamtmarktstrategie alle Marktsegemente bedienen soll oder ob nur bestimmte Marktsegmente und ggf. auch mit unterschiedlichen Marketingstrategien gewonnen werden sollen.

3.3 Prüfung und Anpassung der eigenen Einsatzfähigkeit (Potenzialanalyse)

Als informatorische Grundlage für die Auswahl der Ländermärkte und die Festlegung der Auslandsmarktstrategie ist neben der Auslandsmarktanalyse die Prüfung der eigenen Einsatzfähigkeit für die gewählten Ländermärkte vorzunehmen. Bei einer solchen Unternehmens- bzw. Potenzialanalyse sind die Stärken und Schwächen des Unternehmens im Hinblick auf die Markterschließung vor allem auf folgenden Gebieten zu untersuchen:

- **Produktbezogene Einsatzfähigkeit**, d. h. Feststellung, ob sich das Produkt oder Sortiment hinsichtlich Verwendungszweck, Qualität, Aufmachung, Markierung, Packungsgröße, Haltbarkeit, Zuverlässigkeit, Sicherheitsbestimmungen, Markenimage oder Preisniveau für den Auslandsmarkt eignet, oder welche speziellen Maßnahmen zu ergreifen sind, um bestimmte Merkmale oder Eigenschaften den Auslandserfordernissen anzupassen.
- **Personalbezogene Einsatzfähigkeit**, d. h. Überprüfung, ob das bisherige Personal hinsichtlich der fachlichen Qualifikation, der psychischen und physischen Belastbarkeit, der Kommunikationsfähigkeit, der Anpassungsfähigkeit, der Sprachkenntnisse und

der Landeskenntnisse für die ausgewählten Ländermärkte geeignet bzw. vorbereitet ist oder ob zusätzliches Personal mit besonderen landesspezifischen Qualifikationen und Eignungen einzustellen ist.

- **Fertigungsbezogene Einsatzfähigkeit**, d. h. Prüfung, ob die vorhandene Fertigungskapazität für die Auslandsmarktbedienung ausreicht und in welchem Umfang zusätzliche Fertigungskapazitäten und erweiterte Materialbeschaffung erforderlich werden. In diesen Bereich gehört auch die Prüfung, ob unter Umständen Teile der Produktion ins Ausland verlagert werden sollten und welche Absatzmärkte von welchen Fertigungsstandorten zu bedienen sind.
- **Kapitalbezogene Einsatzfähigkeit**, d. h. Untersuchung, ob auf der Basis des Cashflow sowie auf der Grundlage der eigenen Kreditwürdigkeit und stellbaren Kreditsicherheiten der erforderliche Eigen- und Fremdkapitalbedarf für die Markterschließung und Markterhaltung wie Aufbau eines landesbezogenen Distributionsweges, Durchführung von Werbemaßnahmen, Personalausstattung und -schulung, Lagerhaltung, Transportabwicklung und Gewährung von Lieferantenkrediten gedeckt werden kann.

Das Ergebnis der Potenzialanalyse soll feststellen, ob das Unternehmen bereits sofort auf den ausgewählten Auslandsmärkten tätig werden kann, oder in welchem Umfang **Anpassungsmaßnahmen** durchzuführen sind, und in welchem zeitlichen Rahmen ein **Beginn der Auslandsaktivitäten** zu erreichen ist.

Beispiel

Potenzialanalyse für Land A			
Potenzialwert / **Bewertungskriterien**	**Bewertung** 0 (niedrig) → 100 (hoch)	**Gewichtungsfaktor**	**Ergebnis**
produktbezogene Einsatzfähigkeit			
▸ Produktqualität	80	1	80
▸ Produkteignung	90	1,3	117
▸ Serviceleistungen	70	1	70
personalbezogene Einsatzfähigkeit			
▸ fachliche Qualifikation	90	1	90
▸ Sprachkenntnisse	60	1,4	84
▸ Belastbarkeit	70	0,9	63
fertigungsbezogene Einsatzfähigkeit			
▸ freie Kapazitäten	70	0,8	56
▸ günstige Produktionskosten	50	1,3	65
▸ schnelle Materialbeschaffung	60	0,6	36
kapitalbezogene Einsatzfähigkeit			
▸ verfügbarer Cashflow	70	1,5	105
▸ Kreditmöglichkeiten	80	0,6	48
▸ günstige Kapitalkosten	70	1	70
	860	12,4	884
Potenzialwert für Land A 71,29			

Zu beachten ist, dass solch eine Bewertung Subjektivitäten beinhaltet und dass ggfs. zwischen einzelnen Bewertungskriterien Korrelationen bestehen.

Für die Potenzialanalyse kann in gleicher Weise wie bei der Marktanalyse ein Punktsystem verwendet werden, wobei der Gewichtungsfaktor sowohl die Bedeutung des jeweiligen Kriteriums für den Markteintritt kennzeichnet als auch die Schnelligkeit zum Ausdruck bringen soll, in der das Unternehmen in der Lage ist, erforderliche Anpassungsmaßnahmen zu verwirklichen.

4. Wahl der Markteintrittsstrategie

Der Auswahl der geeigneten Ländermärkte folgt die Festlegung der Markteintrittsstrategie. Sie soll verdeutlichen, wie das Unternehmen die Auslandsmärkte erschließen will und kennzeichnet damit als i. d. R. langfristiger Unternehmensentscheidung die Form des zukünftigen Engagements und des Marktauftritts. Nicht selten wird sich eine bestimmte Markteintrittsstrategie bereits als folgerichtig aus der Ländermarktanalyse und der eigenen betrieblichen Einsatzfähigkeit ergeben, doch wird in anderen Fällen entweder eine bestimmte Anzahl von Alternativen zur Wahl stehen oder eine bestimmte angestrebte Markteintrittsstrategie muss erst allmählich vorbereitet werden. Als **Markteintrittsstrategien** lassen sich nennen:

- direkter Export
- Direktinvestitionen
- Einsatz von Handelsmittlern
- Gemeinschaftsunternehmen
- indirekter Export
- Kooperationen
- Exportgemeinschaften
- Auslandsprojektgesellschaften
- Transithandel
- Lizenzabkommen
- Veredelungsverkehre
- Franchising
- Kompensationsgeschäfte.

Bei der Wahl der Markteintrittsstrategie sind eventuelle **Marktbarrieren** zu beachten, die sowohl von staatlichen Institutionen als auch von etablierten Anbietern errichtet werden können. Von besonderer Bedeutung ist auch die Festlegung des richtigen Zeitpunktes für den Markteintritt. Hier lassen sich drei **Timing-Strategien** unterscheiden:

- ein sukzessiver Markteintritt (Wasserfallstrategie)
- ein simultaner Markteintritt (Sprinklerstrategie)
- ein Markteintritt über Schlüsselmärkte (Brückenkopfstrategie).

Bei einer **sukzessiven Markteintrittsstrategie** werden zunächst die Ländermärkte erschlossen, die entweder die höchsten Attraktivitätswerte bei relativ hoher betrieblicher Einsatzfähigkeit besitzen oder die den bisherigen Absatzmärkten am ähnlichsten und geografisch naheliegend sind. Dadurch können internationale Erfahrungen schrittweise ausgebaut und die Risiken begrenzt werden. Der erforderliche Gesamtkapitalbedarf entsteht erst allmählich.

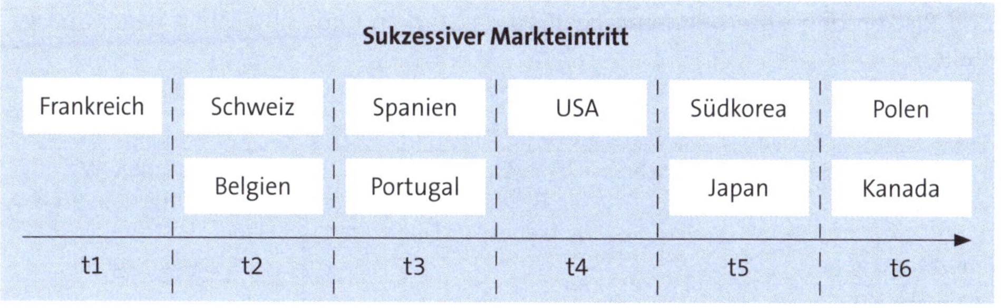

Bei einer **simultanen Markteintrittsstrategie** werden die ausgewählten Ländermärkte gleichzeitig erschlossen. Dafür ist jedoch eine hohe betriebliche Einsatzfähigkeit in allen Bereichen erforderlich, und der Markteintritt birgt eine hohe Verlustgefahr im Falle eines Fehlschlags. Markteintrittsstrategien, die vor allem die Risiken und den Kapitalbedarf auf mehrere verteilen, wie Exportgemeinschaften, Joint Ventures oder ein indirekter Export, sind hier unter Umständen zu bevorzugen.

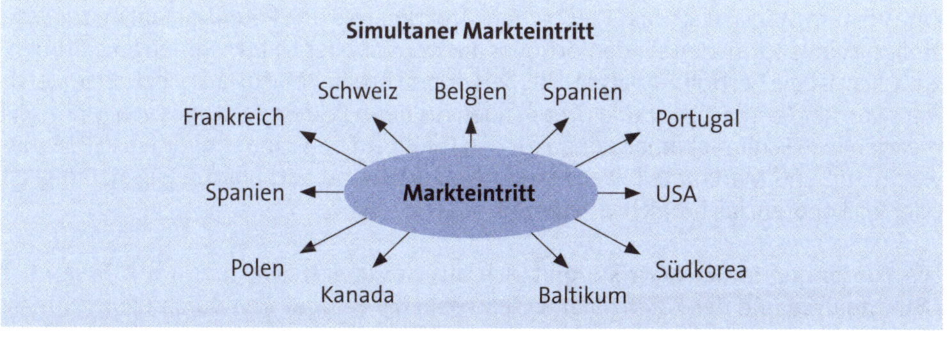

Bei einer **Brückenkopfstrategie** wird zunächst (jeweils) ein Schlüsselmarkt einer Region erschlossen, um Erfahrungen in und für diese Region(en) zu sammeln und die Risiken zu mindern. Nur bei einem erfolgreichen Aufbau eines Brückenkopfes können dann von dort aus weitere (angrenzende) Ländermärkte erschlossen werden.

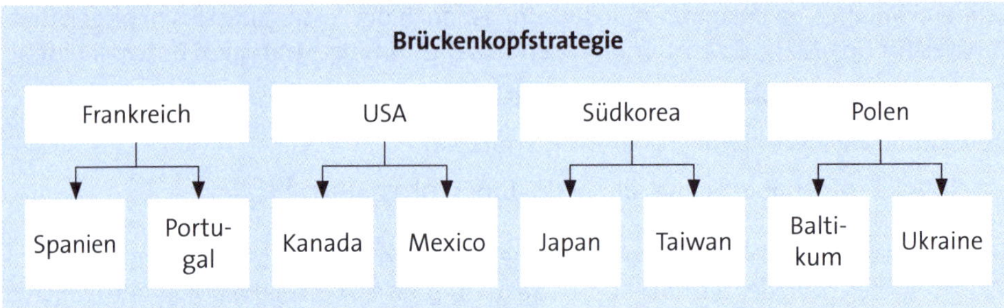

Zur Entscheidungsvorbereitung über die Reihenfolge der Auslandsaktivitäten und deren Intensität in Bezug auf die begrenzte eigene Einsatzfähigkeit kann die Marktanalyse mit der Potenzialanalyse zur **SWOT-Analyse** (**S**trengths - **W**eaknesses and **O**pportunities - **T**hreats) verbunden werden. Hierbei werden dann die marktbezogenen Chancen und Risiken den unternehmensspezifischen Stärken und Schwächen gegenübergestellt.

SWOT-Analyse		
unternehmensspezifische / **marktbezogene**	**Stärken (S)** z. B. freie Kapazitäten Markenimage Finanzkraft	**Schwächen (W)** z. B. fehlendes Auslandspersonal Distributionsnetz Kundendienst
Chancen (O) z. B. Marktwachstum Kaufkraft Marktgröße	Markt erschließen	Schwächen ausgleichen
Risiken (T) z. B. Konkurrenz Marktzugang Preisniveau	Steuerung der Auslandsrisiken	Markteintritt unterlassen

Eine weitere Möglichkeit das Ergebnis von Marktanalyse und Potenzialanalyse zur Feststellung eines optimalen Länderportfolios aus der Sicht des Unternehmens zusammenzufassen, ist die **Portfolio-Analyse**. Hierbei können in einer Matrix aus vier Feldern (erstmals von der *Boston Consulting Group*) oder aus neun Feldern (erstmals von *McKinsey*) maßgebliche Schlüsseldimensionen für den Erfolg auf den Ländermärkten, wie Marktwachstum und Marktanteil oder Marktattraktivität und betriebliche Einsatzfähigkeit oder Risikopotenzial, bezeichnet werden.

Die **Zuordnung in der Matrix** ergibt sich aus der Punktbewertung im Rahmen der Marktanalyse und der Potenzialanalyse, wobei die Feldgrenzen durch die maximale Punktzahl bestimmt sind. Die Größe eines Ländermarktes kann ergänzend durch eine entsprechende Kreisfläche veranschaulicht werden.

Die Portfolio-Analyse kann sowohl zur derzeitigen **Zustandsanalyse** dienen als auch die angestrebte **Zukunftsposition** verdeutlichen.

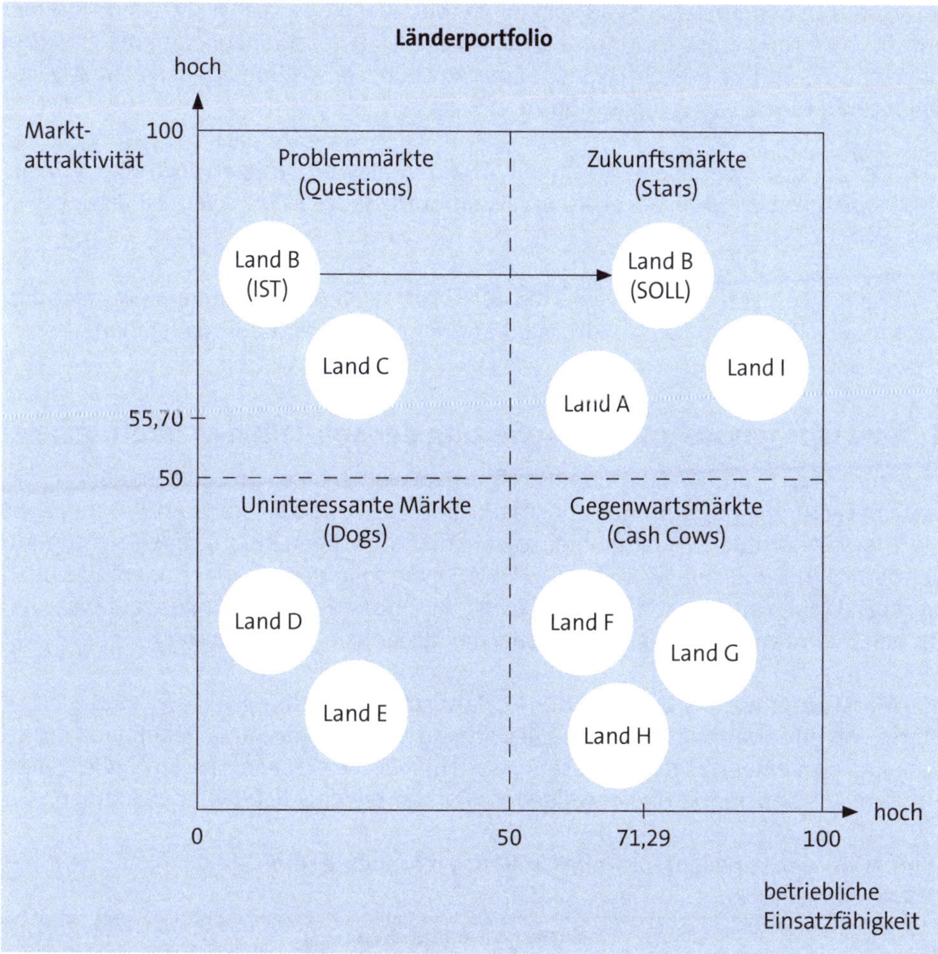

Ländermärkte mit den höchsten Attraktivitätswerten, auf denen eine schnelle Einsatzfähigkeit des Unternehmens besteht, sollten sofort erschlossen und durch Investitionen besonders gestützt werden, um dort baldmöglichst einen hohen Marktanteil zu erzielen. Diese Auslandsmärkte (Stars) sollten als **Zukunftsmärkte** zu starken Gewinnbringern ausgebaut werden.

Ländermärkte mit zwar hohem Attraktivitätsgrad, für deren Bedienung aber erhebliche betriebliche Anpassungsmaßnahmen erforderlich sind, sollten als problematisch und risikoreich aber erstrebenswert eingestuft werden (**Problemmärkte**). Investitionen in diese Auslandsmärkte (Questions) sollten nur erfolgen, wenn die Erreichung des angestrebten Marktanteils bzw. Gewinns in einem vertretbaren Zeitraum mit verfügbarem Mitteleinsatz erreicht werden kann.

Ländermärkte, auf denen das Unternehmen sofort einsatzfähig ist, die aber nur einen weniger hohen Attraktivitätsgrad besitzen, sollten als **Gegenwartsmärkte** vorrangig zur sofortigen Gewinnerzielung vorgesehen werden (Cash Cows). Investitionen sind hier auf die Sicherung eines bestimmten Marktanteils zu beschränken, und die erzielten Überschüsse sind im Wesentlichen auf den Ausbau der Position auf den attraktiveren Ländermärkten zu lenken (Questions und Stars).

Ländermärkte, die weder einen höheren Attraktivitätswert besitzen noch eine schnelle Einsatzfähigkeit ermöglichen, können als **uninteressante Märkte** vernachlässigt werden (Poor Dogs).

In Abhängigkeit von der jeweiligen Markteintrittsstrategie ist dann eine Absatzprognose für das Produkt bzw. das Sortiment auf dem Auslandsmarkt zu erstellen.

5. Absatzprognose und Formulierung der speziellen Marketingziele

Eine gute Markt- und Absatzprognose ist um so wahrscheinlicher, je genauer die Verbraucherwünsche auf dem Auslandsmarkt und dieser selbst analysiert worden sind. Als Informationsquellen sollten hier sowohl die zahlreichen Institutionen für den Außenhandel in Deutschland (siehe Kapitel A.5) wie in anderen Ländern herangezogen werden als auch die Marktteilnehmer selbst. Als Informationsinstrument zur systematischen Marktuntersuchung diente dabei die Auslandsmarktforschung.

Die **Marktprognose** als Ergebnis der Auslandsmarktforschung für den analysierten Markt soll Informationen über die zukünftigen Marktverhältnisse geben, aus denen dann in Form einer **Absatzprognose** Aussagen über die eigenen Absatzmöglichkeiten auf dem Auslandsmarkt und den eigenen Marktanteil abgeleitet werden können.

Hierbei werden vor allem folgende Größen von Interesse sein:

Wichtige Marktgrößen	
Auslandsmarktkapazität als Aufnahmefähigkeit des Auslandsmarktes	Anzahl aller existenten Bedarfsträger im Auslandsmarkt • Erwarteter Maximalverbrauch je Bedarfsträger unter gegebenen Umweltbedingungen
Auslandsmarktpotenzial als Gesamtwert der möglichen Umsätze für ein bestimmtes Produkt unter Berücksichtigung der vorhandenen Kaufkraft	Anzahl der möglichen Bedarfsträger mit genügender Kaufkraft im Auslandsmarkt • Erwarteter Durchschnittsverbrauch je Bedarfsträger
Auslandsmarktvolumen als Gesamtheit der realisierten Umsätze aller Anbieter für ein bestimmtes Produkt in der Periode	Anzahl der tatsächlichen Bedarfsträger im Auslandsmarkt • Verbrauch je Bedarfsträger

Wichtige Marktgrößen	
Auslandsmarktanteil als eigener realisierter oder prognostizierter Umsatzanteil für ein Produkt	$\frac{\text{Eigenes Umsatzvolumen}}{\text{Marktvolumen}} \cdot 100$
Auslandsmarktsättigung	relativer Anteil des Auslandsmarktvolumens am Auslandmarktpotenzial oder an der Auslandsmarktkapazität
Absatzpotenzial	Gesamtwert der möglichen Umsätze eines Anbieters in der Periode auf dem jeweiligen Auslandsmarkt bei Ausnutzung aller marketingstrategischen Möglichkeiten
Absatzvolumen	Gesamtwert der realisierten Umsätze eines Anbieters in der Periode auf dem jeweiligen Auslandsmarkt

Die Qualität der Absatzprognose stellt neben der Auswahl der geeigneten Ländermärkte und der Prüfung der eigenen Einsatzfähigkeit eine weitere wichtige Voraussetzung für eine Erfolg versprechende Marketingstrategie dar. Um einen erfolgreichen Start auf dem Auslandsmarkt zu ermöglichen, sollte die mengenbezogene Einsatzfähigkeit des Unternehmens nicht nur der durchschnittlichen Absatzprognose entsprechen sondern auch gewisse Reserven für eine Absatzsteigerung und für Absatzprobleme enthalten. Wegen der Ungewissheit über die richtige Markteinschätzung und die eigene Absatzprognose sollte das **Marketing-Controlling** frühzeitig Informationen über eventuelle Veränderungen liefern.

Nachdem nun alle für die Auslandsmarktaktivitäten relevanten informatorischen Grundlagen geschaffen und interpretiert worden sind, müssen die **speziellen Marketingziele** für die gewählten Auslandsmärkte formuliert werden, die sich aus den Unternehmenszielen (Managementkonzeption) ableiten und für die Ausarbeitung der Auslandsmarketingstrategie maßgeblich sein sollen. Hierbei können Marketingziele als Marktstellungsziele und **qualitative** Marketingziele als Marktleistungsziele unterschieden werden, von denen vor allem zu nennen sind:

- Marktanteilsziele für das jeweilige Produkt und Sortiment
- Rentabilitätsziel auf dem Ländermarkt-(segment)
- Kapazitätsauslastungsziel durch die Auslandsaktivitäten
- Absatzmengenziel für bestimmte Unternehmensleistungen
- Ausnutzung von Marktnischen
- Einführung neuer Produkte
- Gewinnung neuer Abnehmergruppen
- Steigerung des Bekanntheitsgrades
- hohe Lieferbereitschaft
- Schnelligkeit des Markteintritts
- technologische Überlegenheit
- Qualitätsführerschaft

- Erstellung optimaler Problemlösungen
- hohe Kundenzufriedenheit, die besonders dadurch erreicht werden kann, indem das Unternehmen bemüht ist, die Erwartungen der Auslandskunden zu übertreffen.

6. Auslandsmarketingstrategie

6.1 Wesen, Aufgaben, Arten und Ablauf

Die Marketingstrategie umfasst als **Marktbearbeitungsstrategie** den planvollen und systematischen Einsatz aller absatzpolitischen Instrumente auf dem Auslandsmarkt. Sie baut auf der Markteintrittsstrategie des Unternehmens auf und kann aufgrund ihres dauerhaften Charakters Bestandteil der **mittel- bis langfristigen Marketingpolitik** sein.

Die absatzpolitischen Instrumente (= Marketinginstrumente) können mit gleichem Inhalt auch im Bereich der eher **kurzfristigen Marketingpolitik** als taktische Instrumente überwiegend zur betrieblichen Reaktion auf Veränderungen auf dem Auslandsmarkt Verwendung finden, doch werden sich ihre Eignung und Kombination für strategische und taktische Zwecke unterscheiden können.

In der **Marketingplanung** ist der differenzierte (zeitliche) Einsatz der Marketinginstrumente festzulegen.

Mit der Erarbeitung einer Marketingstrategie für den Auslandsmarkt ist eine bestimmte Auswahl und Intensität der einzelnen Marketinginstrumente sowie ihre optimale Kombination als Marketing-Mix-Entscheidung festzulegen. Die einsetzbaren **Marketinginstrumente** können folgendermaßen zusammengefasst werden:

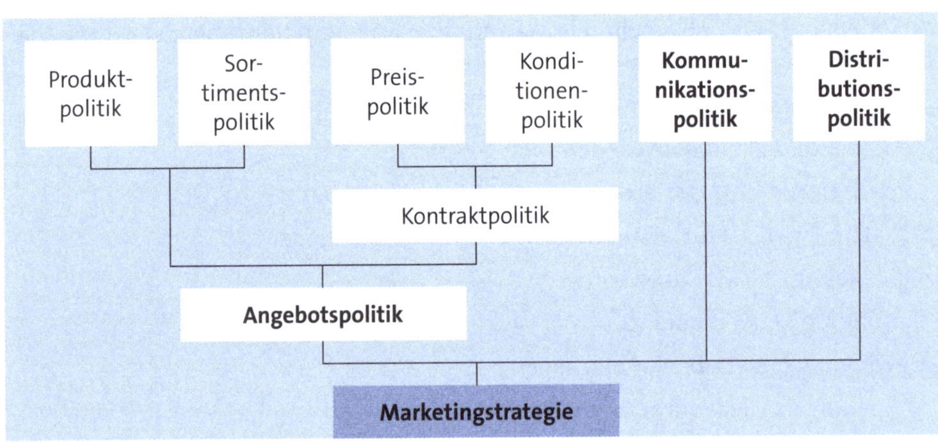

Zentrale Aufgaben der Angebots-, Distributions- und Kommunikationspolitik sind:

Auslandsmarktbezogene Angebotsstrategie	Entwicklung von Produkten mit einem auslandsmarktgerechten Preis-/Leistungsverhältnis
Auslandsmarktbezogene Distributionsstrategie	Gewährleistung von Präsenz und Erhältlichkeit der Produkte auf dem Auslandsmarkt
Auslandsmarktbezogene Kommunikationsstrategie	Schaffung und Erhaltung eines auslandsmarktgerechten Profils der Produkte und des Unternehmens zum Zweck der Absatzförderung

Bei der Erstellung und Festlegung der Auslandsmarketingstrategie können verschiedene Instrumentalstrategien gewählt werden, von denen besonders hervorzuheben sind:

- die Marktfeldstrategien
- die Marktstimulierungsstrategien
- die Wettbewerbsstrategien.

Bei den **Marktfeldstrategien** entscheidet das Unternehmen, wie auf den derzeitigen und zukünftigen Märkten mit der gegenwärtigen und späteren Produktpalette vorzugehen ist.

Bei der **Marktdurchdringungsstrategie** wird ein erhöhter Absatz mit den derzeitigen Produkten auf den Auslandsmärkten angestrebt, auf dem das Unternehmen schon präsent ist. Sollen dagegen die bisherigen Produkte auf neuen Auslandsmärkten angeboten werden, handelt es sich um eine **Marktentwicklungsstrategie**.

Bei der **Produktentwicklungsstrategie** werden Produktinnovationen zur Absatzsteigerung auf den Gegenwartsmärkten angeboten und bei der **Diversifizierungsstrategie** löst sich das Unternehmen aus bisherigen Märkten und verstärkt seine Aktivitäten auf neuen Auslandsmärkten oder Segmenten mit neuen Produkten.

Produkt-Markt-Kombination (Ansoff-Matrix)

	gegenwärtige Produkte	zukünftige Produkte
gegenwärtige Märkte	Marktdurchdringungsstrategie	Produktentwicklungsstrategie
zukünftige Märkte	Marktentwicklungsstrategie	Diversifizierungsstrategie

Marktstimulierungsstrategien nehmen eine gezielte Beeinflussung der Käufer auf den Auslandsmärkten vor, um die Absatzmenge durch verbesserte Kundenbindung zu erhöhen. Hierbei kann vorrangig über die Qualität oder über den Preis agiert werden.

- Die **Präferenzstrategie** eignet sich vor allem bei hoher Wettbewerbsdichte und wird um so erfolgreicher sein, wenn es gelingt, auf dem Auslandsmarkt ein unverwechselbares vor allem durch Qualität und Individualität bestimmtes Herkunfts-, Firmen- und Produktimage zu etablieren.

- Bei der **Preis-Mengen-Strategie** soll die Absatzsteigerung vor allem durch ein besonders günstiges Preis-Mengen-Verhältnis erreicht werden.

Wettbewerbsstrategien legen verschiedene Stoßrichtungen im Hinblick auf die wettbewerbsorientierte Marktpositionierung fest (Kostenführerschaft, Differenzierungsstrategie, Spezialisierungsstrategie).

Aufgrund der Unterschiede auf den Ländermärkten wird es in vielen Fällen zu einer differenzierten Marketingstrategie kommen, wobei unter Umständen einzelne Elemente der Marketinginstrumente geringere, größere **Standardisierungsmöglichkeiten** besitzen. Die zu wählende Strategie für die einzelnen Auslandsmärkte kann sich durch Erkenntnisse aus Marktstrukturprofilen oder aus einer länderbezogenen Stärken- und Schwächen- Analyse ergeben und muss die speziellen Marketingziele wie Marktanteil oder kurzfristiger Markteintritt beachten.

So kann eine **Marktstrukturprofilanalyse** aufdecken, dass bestimmte Marktlücken wie Vertriebslücken, Werbelücken oder Produktlücken oder Wettbewerbslücken bestehen, die durch einen strategieorientierten Einsatz bestimmter Marketinginstrumente zum Vorteil für das Unternehmen geschlossen werden können.

Ausgangslage ist stets die prognostizierte Veränderung der eigenen Absatzmenge auf dem Auslandsmarkt ohne besondere Einflussnahme. Die **Lückenanalyse** soll dann Erkenntnisse liefern, inwieweit durch den Einsatz bestimmter Strategien und Instrumente die Lücke geschlossen und damit die Absatzmenge gesteigert werden kann.

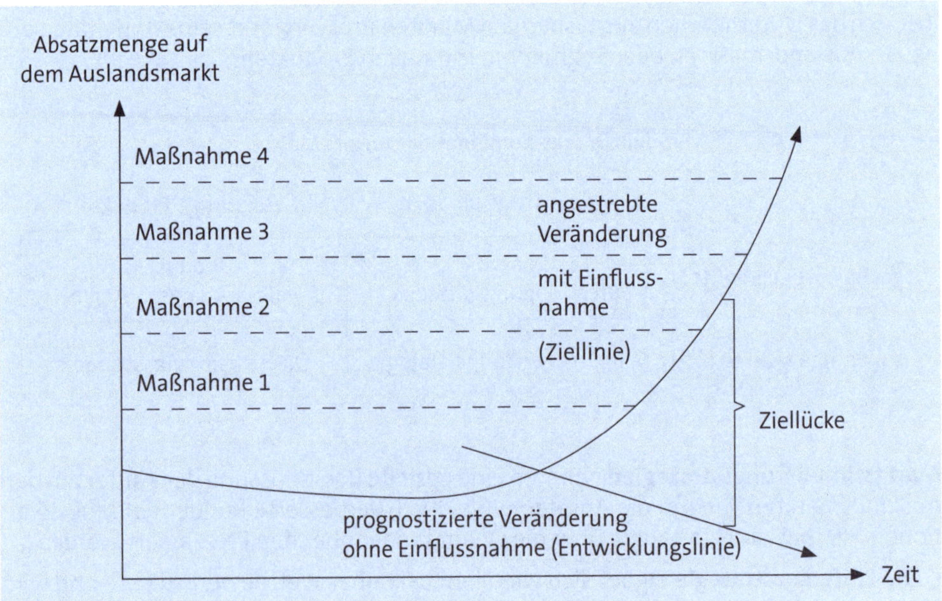

Durch eine **Stärken- und Schwächen-Analyse** sollen Ansatzmöglichkeiten für die zu wählende Marketingstrategie aufgezeigt werden, indem die besonderen Schwächen und Stärken des Unternehmensproduktes im Vergleich zu den Konkurrenzprodukten verdeutlicht werden.

Bei der **Entwicklung einer Auslandsmarketingstrategie** sind folgende Schritte zu beachten:

Darlegung des ländermarktbezogenen Inhalts der Marketinginstrumente

↓

Erstellung verschiedener Strategiemöglichkeiten in wirkungsoptimaler Kombination der Marketinginstrumente

↓

Überprüfung im Hinblick auf die Erfüllung der Unternehmens- und Marketingziele und die erforderliche betriebliche Einsatzfähigkeit

↓

Festlegung der derzeit günstigsten Strategie

↓

Rechtzeitige Anpassung an veränderte Gegebenheiten

Die Auslandsmarketingstrategie wird in vielen Fällen nicht nur ländermarktbezogen sein, sondern auch von der **Art der Unternehmensleistung** abhängen, sodass sich vor allem schon daraus gewisse Unterschiede ergeben, ob es sich um Investitionsgüter, Konsumgüter oder Dienstleistungen handelt.

Während **Konsumgüter** zum Verbrauch vorgesehen sind und wegen des breiten Nachfragepotenzials eine eher anonyme Marketingstrategie erfordern, stellen **Investitionsgüter** Unternehmensleistungen in Form von Produkten, Komponenten, Systemen und Anlagen dar, die von bestimmten Organisationen wie z. B. Unternehmen, staatlichen Institutionen und Verbänden erworben werden, um damit selbst weitere Leistungen für die Fremdbedarfsdeckung zu erbringen und erfordern deshalb eine individuelle Marketingstrategie.

Daraus ergeben sich einige typische Merkmale, die zu einer besonderen Ausrichtung der Marketingstrategie führen werden.

Besondere Merkmale im Investitionsgütermarketing

- einzelauftragsbezogenes Marketing
- individuelle Geschäftsbeziehung
- hohe Erklärungsbedürftigkeit der Leistungen

- hohe Bedeutung der ergänzenden Dienstleistungen
- hoher Stellenwert technischer Aspekte insbesondere individueller Problemlösungen
- eher punktuelle Nachfrage
- höhere Markttransparenz
- auch länderübergreifende Kooperationen
- Geschäftsabschlüsse oft nach festgelegten Regeln (z. B. Ausschreibungen, Bietungsgarantien)
- oft lange Verhandlungsphase und Entscheidungsprozesse
- oft staatliche Einflussnahme
- kapitalintensive Distributionspolitik durch weltweite Absatz- und Serviceorganisation.

6.2 Auslandsmarktbezogene Angebotsstrategie

6.2.1 Produkt- und Sortimentspolitik

Die Produkt- und Sortimentspolitik umfasst alle Entscheidungen und Maßnahmen über die bedürfnisgerechte Art, Qualität und Gestaltung der auf den Auslandsmärkten nach länderspezifischen Gegebenheiten anzubietenden Produkte bzw. Sortimente. Die jeweiligen Rahmenbedingungen und Eigenheiten des Auslandsmarktes erlauben dabei in vielen Fällen keine Uniformität des Angebots, sondern erfordern eine den Marktverhältnissen entsprechende Differenzierung.

Produktpolitische Entscheidungen im Überblick		
Qualität	Selektion	Markenpolitik
Gestaltung	Zukauf	► global
Sicherheit	Variation	► ländermarktbezogen
Haftung	Innovation	► Einzelmarken
Verpackung	► Differenzierung	► Markenfamilien
Markierung	► Diversifikation	► Dachmarken
Service	Elimination	► Markenerweiterung
Image		

Durch die **Produktqualität** wird die technische Ausführung und Funktionalität vor allem hinsichtlich Haltbarkeit, Leistungsfähigkeit, Wertbeständigkeit und Handhabung gekennzeichnet, die sich an den jeweiligen Kundenwünschen und den rechtlichen Produktauflagen des Auslandsmarktes zu orientieren hat.

Im Rahmen der **Produktgestaltung** ist die äußere Aufmachung der Produkte landesspezifisch auszurichten, um die Zielgruppen möglichst gut anzusprechen. So kann ein bestimmtes Design sowohl aus funktionalen als auch aus ästhetischen Gründen anzustreben sein, eine bestimmte Farbgestaltung aus religiösen bzw. kulturellen

Überlegungen abzulehnen sein. Ein **erfolgreiches Design** sollte einen emotionalen Mehrwert und einen Verkaufsvorteil gegenüber vergleichbaren Produkten haben und eine hohe Gebrauchstauglichkeit besitzen.

Durch das Produkt soll keine Gefährdung für die Käufer ausgehen, sodass national und international zahlreiche Schutzvorschriften und Haftungsbestimmungen zur **Produktsicherheit** zu beachten sind. So gilt in der EU im Sinne des „Produktsicherheitsgesetzes" ein Produkt als sicher, wenn in geeigneter Weise auf mögliche Gefahren beim gesamten Nutzungszyklus hingewiesen wird, und erhält dann vom Hersteller die **CE-Kennzeichnung** über die Produktsicherheit. Die Einhaltung von Sicherheitsstandards wird in Deutschland auch durch verschiedene branchenbezogene Kennzeichnungen wie VDE, GS oder TÜV bestätigt.

Ansprüche an den Hersteller können im Rahmen der **Gewährleistung** oder der **Produkthaftung** (besser: Produzentenhaftung) geltend gemacht werden. Bei Lieferung eines fehlerhaften Produkts stehen dem Käufer gemäß §§ 434 ff. BGB ein Recht auf Nacherfüllung, Rücktritt oder Minderung zu, wobei als Fehler auch unzutreffende Werbeaussagen oder falsche Montageanleitungen zu verstehen sind. Die Gewährleistungsfrist beträgt in Deutschland zwei Jahre.

Im Rahmen der **Produzentenhaftung** haftet der Hersteller für Folgeschäden an Personen und Sachen, die durch die Verwendung fehlerhafter Produkte entstehen. Als Fehlerursachen kommen dabei Konstruktions-, Fabrikations-, Instruktions- und Produktbeobachtungsfehler in Frage.

Die **Produktverpackung** soll einerseits als Transportverpackung unter verschiedenen klimatischen Bedingungen die Ware schützen, also zweckmäßig und haltbar sein, andererseits soll die Verpackung verkaufsfördernde Funktion besitzen und als Informationsträger oder zur besseren Identifizierung der Ware dienen. Auch kann die Verpackungsmenge (ggf. in Verbindung mit preispolitischen Maßnahmen) die Kaufentscheidung maßgeblich beeinflussen. In manchen Ländern sind auch bestimmte Verpackungsmaterialien wie Heu oder Stroh verboten, oder die Abfallgesetzgebung schreibt eine Verpackungsrücknahme vor. Unter Umständen lehnt auch der Verbraucher im Sinne einer Müllvermeidung umfangreiche Verpackungen ab.

Insgesamt kommen damit der Verpackung folgende **Funktionen** zu:

- Verpackung als sicherer Transportschutz
- Packung als zweckmäßige Verkaufseinheit
- Medium der Verkaufsförderung
- Informationsträger
- (unschädliches) Abfallprodukt nach Verwendung.

Die Gestaltung der **Markierung** auf dem Produkt oder der Verpackung unterliegt oft besonderen Erfordernissen der Einfuhrbehörden, sodass bestimmte Angaben wie Herkunftsland, Einhaltung von Schutzbestimmungen und Normen, Haltbarkeit, Angaben über Bestandteile und chemische Zusammensetzung oder auch Gebrauchsanweisungen in Landessprache erforderlich sind. So gibt es in den USA verschiedene Spezialgesetze über Markierungsvorschriften beispielsweise bei Textilfasern, Nahrungsmitteln, Kosmetika, Arzneimitteln oder gefährlichen Substanzen.

Ein wichtiger Entscheidungsbereich ist auch die **Kundendienstpolitik**, die sich insbesondere auf die gesamte technische Betreuung, das Angebot von Ersatz- und Zubehörteilen, Schulungsmaßnahmen und längerfristige Gewährleistungen beziehen kann. Eine auf den Abnehmer zugehende und nicht nur abwartende Kundendienstpolitik kann auf vielen Auslandsmärkten Wettbewerbsvorteile und Folgegeschäfte bringen. Eine aktive Kundendienstpolitik baut auch ein positives Produktimage auf.

Die Kundendienstpolitik wird mitunter auch zur Konditionenpolitik gezählt. Im **Investitionsgütermarketing** wird sie aufgrund ihrer hohen Bedeutung in diesem Bereich sogar als selbstständiges Marketinginstrument aufgefasst. Sie umfasst dann alle produktbegleitenden Dienstleistungen von der Angebotsphase über die Liefer- und Nutzungsphase bis zur Außerbetriebnahmephase (**Servicepolitik**).

Das **Produktimage** soll beim Käufer die Erwartung einer gleichbleibenden Qualität erwecken. Gerade Markenprodukte setzen für die Auslandsmärkte jedoch einen hohen Standardisierungsgrad voraus ohne die Möglichkeit, auf ländermarktbezogene Besonderheiten stärker eingehen zu können, sodass auf Auslandsmärkten mit hohem Individualitätsgrad Markenprodukte unter Umständen anzupassen sind. Der **Markenname** muss auf allen ausgewählten Ländermärkten (leicht) auszusprechen sein, sollte kurz sein und gut klingen und mit einprägsamen Bildzeichen verbunden sein. Weltweit verkaufte Produkte assoziieren meist eine hohe Bonität, die dann auch auf andere Produkte vom Verbraucher übertragen wird (Imagetransfer).

In den meisten Fällen wird das Produkt in ein Sortiment bzw. eine Angebotspalette eingebettet sein, sodass folgende Bereiche zu gestalten sind:

- **Sortimentsauswahl** (Produktselektion)
- **Sortimentsergänzung** (Produktzukauf)
- **Sortimentsanpassung** (Produktvariation)
- **Sortimentsverbesserung** (Produktinnovation)
- und **Sortimentsaussonderung** (Produktelimination).

Bei der **Sortimentsauswahl** werden ländermarktgeeignete Produkte aus dem bisherigen Unternehmensprogramm auf den (neuen) Ländermärkten angeboten. Diese Sortimentspolitik ist besonders kostengünstig, und es können Erfahrungen aus anderen Auslandsmärkten möglicherweise übertragen werden. Auch können auf dem Inlandsmarkt oder anderen Auslandsmärkten nachlassende Absatzmöglichkeiten z. B. wegen gestiegener Ansprüche oder Modeänderungen auf Auslandsmärkten mit geringeren Ansprüchen kompensiert werden.

Ein ländermarktübergreifendes gleichartiges oder nur leicht angepasstes Sortimentsangebot setzt eine hohe Übereinstimmung sowohl bei den Kundenwünschen als auch bei den Produktanforderungen voraus. Eine weltweite Bedürfnisbefriedigung mit standardisierten Produkten ist besonders bei den großen Weltmarken anzutreffen, doch kann auch eine eher regionale Standardisierung bei bestimmten gleichartigen Ländermärkten mit gleichen Rahmenbedingungen (z. B. EU) erfolgversprechend sein.

Bei **Sortimentsergänzung** werden vom Unternehmer komplementäre Produkte bei inländischen oder ausländischen Herstellern zugekauft, um ein besonders zielgerichtetes Sortiment vor allem auf bestimmten Auslandsmarktsegmenten anbieten zu können. Ein Spezialhersteller ist umgekehrt interessiert an einer Anlehnung bei einem umfassenden Anbieter (z. B. einem Exportgroßhändler).

Bei der **Sortimentsanpassung** wird durch Änderung der Gestaltung und der Qualität sowie der Eigenschaften einzelner oder aller Produkte das Sortiment gemäß den länderspezifischen Gebrauchs- und Verbrauchsgewohnheiten oder den rechtlichen Rahmenbedingungen wie Einfuhrbestimmungen, Normen oder Qualitätsvorschriften aktualisiert.

Dieser Bereich spiegelt das hohe **Modifizierungspotenzial** bei Außenhandelsgeschäften wider, da es für jeden Ländermarkt und unter Umständen auch für seine Segmente unterschiedliche Anforderungsprofile geben kann, die aus den nationalen, rechtlichen, politischen, kulturellen und wirtschaftlichen Eigenheiten jedes Marktes resultieren. Zumindest teilweise finden sich diese Besonderheiten in den jeweiligen Einfuhrbestimmungen wieder, die sich jederzeit ändern können und damit auch eine Anpassung der Sortimentspolitik verlangen. Ungünstige Rahmenbedingungen können dann auch zu einer Aufgabe des Auslandsmarktes führen.

Durch **Sortimentsverbesserung**, also Produktinnovation, werden neue Produkte in das Sortiment aufgenommen, um veränderten oder andersartigen Präferenzen auf den Auslandsmärkten Rechnung zu tragen. Sie kann auch erforderlich werden, wenn die i. d. R. kostengünstigeren zuvor genannten Maßnahmen nicht ausreichen, um die auslandsmarktspezifischen Besonderheiten zu erfüllen.

Als Innovation sind dabei entweder **Marktneuheiten** als Produkte mit erstmaliger Problemlösung oder Bedürfnisbefriedigung auf dem Auslandsmarkt und **Produktneuheiten**, die vom Unternehmen in Konkurrenz zu anderen Mitbewerbern nun auch (in ähnlicher Weise) angeboten werden, zu unterscheiden.

Eine Sortimentsverbesserung kann auch durch Produktdifferenzierung oder Produktdiversifikation erfolgen.

Bei einer **Produktdifferenzierung** werden zusätzliche ergänzende und/oder modifizierte Produkte in das Ländersortiment aufgenommen. Bei neu zu erschließenden Ländermärkten müssen hier i. d. R. nicht unerhebliche Abweichungen zu den Konkurrenzprodukten auftreten, um Käuferinteressen zu wecken; bei bereits erschlossenen Märkten wird die Produktdifferenzierung meistens gegen Ende des **Produktlebenszyklus** gewählt, um durch verschiedenartige Ausführungen die Kauffähigkeit eines Produkts zu verlängern.

Bei der **Produktdiversifikation** erweitert das Unternehmen sein Sortiment um völlig neue Produkte, die jedoch meistens in engem Zusammenhang mit dem bisherigen Sortiment stehen.

Bei einer **Sortimentsaussonderung** werden bestimmte Produkte aus dem Sortiment herausgenommen (und durch neue ersetzt), weil sie das Ende ihres Lebenszyklus erreicht haben oder sich als nicht mehr geeignet für einen bestimmten Auslandsmarkt gezeigt haben, weil sich die Käuferwünsche gewandelt haben oder erhebliche Veränderungen der Umweltfaktoren eingetreten sind.

Eine Sortimentsaussonderung in einem Auslandsmarkt mit hohen Käuferansprüchen kann unter Umständen zu einer Markteinführung in einem Land mit niedrigeren Ansprüchen führen, um so auch den gesamten Produktlebenszyklus durch eine **zeitlich versetzte Produkteinführung** auf verschiedenen Ländermärkten zu verlängern. Hierbei wäre zu prüfen, ob mit der Änderung des Absatzgebietes auch eine Produktionsverlagerung verbunden werden soll.

Eine Sortimentsaussonderung sollte nach Möglichkeit erst erfolgen, wenn ein Nachfolgeprodukt zur Verfügung steht, um das Sortiment nicht auszuhöhlen. Der **Produkttausch** darf aber nicht zu spät stattfinden, um keine Käufer zu verlieren. Der Übergang zur Sortimentsvariation ist hier fließend.

Letztlich ist im Rahmen der Sortimentspolitik zu entscheiden, ob ein breites Sortiment mit vielen Produktarten (**Sortimentsbreite**) oder ein enges Sortiment mit wenig Produktarten angeboten werden soll, oder ob ein Sortiment mit vielen Produktausführungen (**Sortimentstiefe**) oder nur sehr wenigen Alternativen vorgezogen wird.

Alle zu treffenden produkt- und sortimentspolitischen Entscheidungen sind durch eine systematische **Produkt- und Sortimentsanalyse** vorzubereiten. Dies kann für einzelne Produkte durch eine Produktpositionierungsanalyse (Portfolio-Analyse) oder eine Lebenszyklusanalyse erfolgen, für das Sortiment durch eine Altersstrukturanalyse oder Deckungsbeitragsanalyse (ABC-Analyse).

Bei der Ausarbeitung der länderbezogenen Produkt- und Sortimentsstrategie sind alle analysierten Einflussfaktoren des Marktes und der Rahmenbedingungen sowie aus dem Unternehmen selbst mit den verschiedenen Alternativen der Produkt- und Sortimentspolitik in Beziehung zu setzen.

Eine besondere Bedeutung im Rahmen der Produkt- und Sortimentspolitik hat die **Markenpolitik**. Sie hat sich im Laufe der Zeit als immer wichtigere Marketingleistung etabliert.

Anfangs diente die Marke vor allem der Kennzeichnung der Herkunft. Heute soll eine Marke ein in der Psyche des Konsumenten verankertes, unverwechselbares Vorstellungsbild von einem Produkt oder einer Dienstleistung liefern und damit für den Käufer eines Markenproduktes folgende **Funktionen** übernehmen:

- Identifikation durch Markenbekanntheit
- Orientierungshilfe bei der Produktauswahl
- Vertrauensvermittlung durch Kompetenz
- Image- und Prestigesteigerung für den Produktkäufer.

Für das Unternehmen soll eine eingeführte Marke auf einem Ländermarkt mehr **preispolitische Entscheidungsfreiheit** eröffnen und durch **Markentreue** eine dauerhafte Kundenbindung aufbauen.

Bei der Markengestaltung für den Ländermarkt hat das Unternehmen darauf zu achten, dass der gewählte Markenname, das Markenzeichen oder das Markendesign klar zu verstehen und in der Landessprache artikulierbar sind und nicht zu Irritationen führen. Künstliche Namen oder Zahlen- und Buchstabenkombinationen können deshalb für eine internationale Verwendung vorrangig bei kulturungebundenen Produkten im Sinne einer **globalen Markenpolitik** besonders geeignet sein, da sie eine weltweite Identifikation der Zielgruppe bewirken.

Der Vorteil einer **ländermarktbezogenen Markenpolitik** liegt dagegen in der Möglichkeit, vor allem bei kulturgebundenen Produkten die spezifischen Eigenheiten der jeweiligen Ländermärkte berücksichtigen zu können. Besonders bei der **Einzelmarkenstrategie** kann mit einer landestypischen eigenständigen Marke eine klare Positionierung und Profilierung erreicht werden, die auch eine ländermarktbezogene Preispolitik erlaubt. Werden später noch weitere Marken in einem Produktbereich vertrieben, wird von einer **Mehrmarkenstrategie** gesprochen.

Bei der **Dachmarkenstrategie** kann ein internationaler Anbieter alle Produkte unter einer zentralen Dachmarke bzw. Unternehmensmarke (Corporate Brand) führen. Damit kann das positive Image auf alle Produkte dieses Anbieters übertragen werden, was die Neueinführung von Produkten ebenso erleichtert wie die Erschließung neuer Märkte.

Eine **Markenfamilie** ist eine Gruppe von Marken bzw. Produkten, die unter einer gemeinsamen Dachmarke vertrieben und zu einer Produktlinie zusammengefasst wird.

Die **Markenarchitektur** kennzeichnet die Gesamtaufstellung aller Marken eines Unternehmens. Dominieren bei einer eher ländermarktbezogenen Markenpolitik unabhängige Einzelmarken das Erscheinungsbild, wird von einem House of Brands (z. B. General Motors oder LVMH) gesprochen. Beim Architekturtyp Markenhaus (Branded House) bestimmt dagegen die Dachmarke das internationale Erscheinungsbild (z. B. BMW oder Siemens), wodurch eher Synergieeffekte zu erwarten sind.

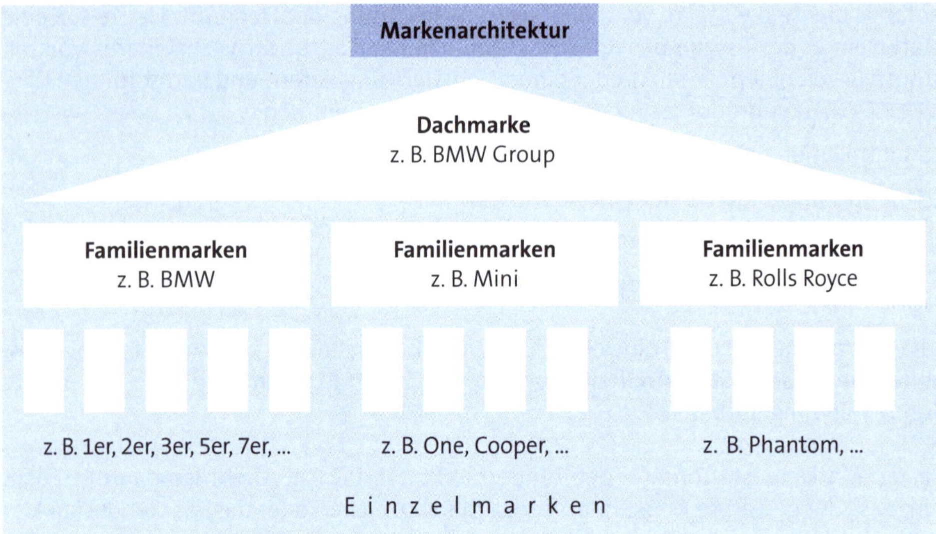

Markenerweiterungsstrategien dienen der Ausdehnung von Bekanntheitsgrad und Image einer Marke auf andere Produktbereiche.

Bei der **Markentransferstrategie** (Category Extension) wird eine bekannte Marke auf fremde Produkte übertragen (z. B. die Marke Porsche auf Brillen). Bei der **Markenausdehnungsstrategie** (Line Extension) wird eine bestehende, starke Marke innerhalb derselben Produktkategorie auf ein neues Produkt ausgeweitet (z. B. Porsche 911 → Porsche Cayenne).

Je mehr Marken ein Anbieter auf Ländermärkten führt, desto wichtiger wird auch die **strategische Führung des Markenportfolios** vor allem im Hinblick auf die Wirkung und Wertbeständigkeit der Marken und ihre Beziehung untereinander. Die **Markenstärke** wird dabei ausgedrückt durch ihre

- **Leistung**, d. h. für welche Produkte steht die Marke; welchen Nutzen stiftet sie
- **Eigenschaften**, d. h. welche typischen Werte verkörpert die Marke (z. B. Weltoffenheit, Zuverlässigkeit)
- **Unterscheidungskraft**, d. h. welche Differenzierungsmerkmale hat die Marke (z. B. besondere Aktivitäten)
- **Signalwirkung**, d. h. welche Signale sendet die Marke (z. B. Namen, Symbole, Farben, Musik, Figuren).

Marken sollen Identität, Wiedererkennbarkeit und Orientierung bewirken, dürfen sich aber einer Aktualisierung nicht verschließen, sodass auch erfolgreiche Marken nach einer gewissen Zeit einer Überarbeitung meistens hinsichtlich des Markendesigns bedürfen.

Um eine Marke auf Auslandsmärkten bekannt zu machen und zu verankern sind erhebliche Investitionen erforderlich, sodass durch **Markenpiraterie** als unberechtigter Verwendung von Markennamen und -zeichen ein beträchtlicher Schaden entsteht. Auf der Grundlage der „Antipiraterieverordnung“ der EU sind die Zollbehörden der Gemeinschaft zwar verpflichtet, entdeckte Piraterieware zu vernichten, doch ist die weltweite Aufdeckungsrate unbefriedigend.

Nach internationalen Untersuchungen (Interbrand 2014) sind unter den zwanzig **wertvollsten Marken** nur sechs nicht-amerikanische Marken (Samsung, Toyota, Mercedes, BMW, Louis Vuitton und Honda) vertreten. Die drei wertvollsten Marken sind Apple, Google und Coca-Cola.

6.2.2 Preis- und Konditionenpolitik

Die Preis- und Konditionenpolitik umfasst alle Entscheidungen und Maßnahmen, die sich auf die **vertraglichen Vereinbarungen über das Entgelt für die Unternehmensleistungen** auf den Auslandsmärkten beziehen.

Während die Maßnahmen sowohl im Bereich der Produkt- und Sortimentspolitik als auch der Distributionspolitik eher längerfristiger Natur sind, ist die Preis- und Konditionenpolitik **sehr flexibel** und muss in vielen Fällen erst mit dem Vertragsabschluss endgültig festgelegt werden. Der anpassungsfähige Einsatz dieser Marketinginstrumente kann erhebliche akquisitorische Wirkung haben und entscheidende Wettbewerbsvorteile bringen.

Zu den **kontraktstrategischen** Maßnahmen zählen:

Kontraktstrategische Maßnahmen im Überblick			
Preisgestaltung	**Rabattpolitik**	**Lieferbedingungen**	**Zahlungsbedingungen**
► Preisanalyse ► Preisbildung ► Preisdifferenzierung ► Preisstrategien	► Mengenrabatt ► Funktionsrabatt ► Zeitrabatt ► Treuerabatt ► Modalitätenrabatt	► Arten ► Lieferfristen ► Flexibilität	► kurzfristige ► längerfristige

Als Voraussetzung einer wirksamen Preispolitik ist eine ländermarktbezogene **Preisanalyse** anzusehen, die Informationen über Preistrends, Preisstrukturen und Preisklassen geben soll. Dazu können Auslandskontakte, Informationen über Außenhandelskammern und Auslandsvereine, laufende Marktberichterstattung und Marktuntersuchungen beitragen. Im Rahmen der Preisanalyse sind vor allem folgende **preis- und verhaltensbeeinflussende Faktoren** zu untersuchen:

- das verfügbare Einkommen von Markteilnehmergruppen
- die Preiselastizität der Nachfrage
- die Preisbeurteilung und die Preisvergleichsmöglichkeiten
- der Umfang und die Dringlichkeit des Bedarfs

- das Innovationsinteresse
- die staatliche Einflussnahme
- die Konkurrenzsituation.

Bei der Preisbildung sind neben den rechtlichen Rahmenbedingungen vor allem zu beachten:

die eigenen Kosten	die Preiselastizität und Preisbereitschaft	die Konkurrenzsituation
↓	↓	↓
kostenorientierte Preispolitik	**nachfrageorientierte Preispolitik**	**marktorientierte Preispolitik**

Da über den „richtigen“ Preis fast jede Ware absetzbar ist, kommt der marktgerechten Ausgestaltung des Preis-Leistungsverhältnisses besondere Bedeutung zu. Hierbei sind vor allem auch die **Nutzenvorstellungen** der potenziellen Abnehmer und die bisherige Preisstruktur in dem betreffenden Land zu beachten, da die Nutzenvorstellung die Preisakzeptanz erheblich beeinflusst. So ist beim Export von elektrotechnischen Erzeugnissen in Industrieländer ein höherer Preis mit dem hohen technischen Niveau begründbar und durchsetzbar, in Entwicklungsländern dagegen wären solche hochpreisigen Erzeugnisse schwer verkäuflich, weil die dortige Bevölkerung nicht über entsprechendes Einkommen verfügt und andere Produkte wichtiger sind. Der Nutzen entspricht nicht dem Preis.

Ein marktgerechtes **Preis-Leistungsverhältnis** kann i. d. R. nur durch eine abgestimmte Preis- und Produktpolitik erreicht werden, was die Notwendigkeit einer optimalen Kombination der Marketinginstrumente unterstreicht. Eine abnehmer- und ländermarktbezogene Preisstrategie kann deshalb auch nur auf der Grundlage des länderspezifisch ausgewählten Sortiments und im Hinblick auf die Marketingziele festgelegt werden.

Handelt es sich beim Markteintritt um ein neues Produkt auf dem Auslandsmarkt, kann der Exporteur den Preis zunächst oft wie ein Monopolist festlegen. Setzt er ihn relativ hoch an, wird die Ware für bestimmte Käuferkreise eine hohe Nutzenvorstellung, einen **Prestigewert**, erhalten, setzt er ihn aber niedrig an, wird er eher einen Massenguteffekt erzielen.

Trifft der Exporteur beim Markteintritt bereits auf Mitbewerber, wird er sich vorzugsweise mehr an deren Preise für vergleichbare Waren orientieren als an seinem Inlandspreis. Ist der eigene Inlandspreis niedriger als der Preis im Auslandsmarkt, so kann sich das Unternehmen als **Preisbrecher** betätigen und erhebliche Marktanteile gewinnen.

Des Öfteren ist die Wettbewerbssituation in Entwicklungsländern besonders günstig, wenn staatliche Einfuhrbeschränkungen zum Schutz der eigenen Wirtschaft bereits auf dem dortigen Markt ansässige Unternehmen begünstigen, indem sie potenziellen Mitbewerbern den Marktzugang versperren.

Da jeder Auslandsmarkt seine eigenen wirtschaftlichen, sozio-kulturellen, rechtlichen und politischen Strukturen hat, wird auch der Preis der Ware nicht auf allen Auslandsmärkten gleich sein (**räumliche Preisdifferenzierung**). Unterschiedliche Preise lassen sich auf Auslandsmärkten vor allem dann durchsetzen, wenn spezifisch für diesen Ländermarkt gestaltete Produkte im Hinblick auf die dortigen Verbraucherwünsche und Rahmenbedingungen angeboten werden.

Die Preisdifferenzierung darf nicht zu groß sein, da sonst unter Umständen Waren aus dem Land mit dem niedrigeren Preisniveau in das Land mit dem höheren Preisniveau verkauft werden. Allerdings wird dieses Risiko durch den erforderlichen Transport, die Einfuhr-/Ausfuhrabfertigung, die Aufbereitung, Lagerung und den Vertrieb sowie weitere damit verbundene Kosten reduziert.

Graue Märkte entstehen durch vom Exporteur oder Hersteller nicht beabsichtigte Warenströme zwischen zwei Ländern. Je höher die Preisdifferenzen auf den Ländermärkten sind, und je niedriger die Arbitragekosten ausfallen, desto attraktiver wird ein Produkt für den Grauen Markt. Dabei sind drei Warenströme zu unterscheiden:

- **Parallelimporte**, wenn das Preisniveau im Importland höher ist als im Exportland
- **Reimporte**, wenn das Preisniveau im Importland niedriger ist als im Exportland
- **laterale graue Importe**, wenn das Preisniveau zwischen zwei Importländern unterschiedlich hoch ist.

Beispiel

In einem Land A wird eine Ware hergestellt und zu einem Preis von 1.000 GE angeboten. Wird diese Ware nun im Sinne einer ländermarktbezogenen Preisdifferenzierung im Land B zu 1.200 GE und im Land C zu 800 GE verkauft, kann es im Land B zu einem Parallelimport aus dem Land A und/oder zu einem lateralen grauen Import aus dem Land C kommen. Der niedrigere Preis im Land C kann auch zu einem Reimport in das Land A führen.

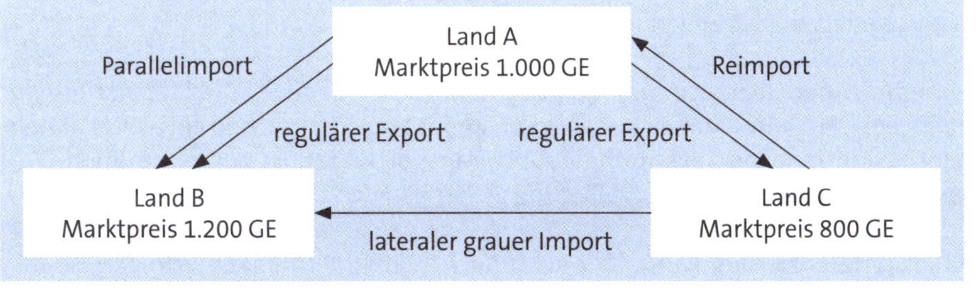

Graue Märkte führen tendenziell zu einer **Preisnivellierung** oder sogar zu einem Einheitspreis auf dem niedrigsten Niveau. Mit der Bildung von Preiskorridoren kann dem unter Umständen entgegengewirkt werden.

Preiskorridore kennzeichnen durch Ober- und Untergrenzen die Bandbreite, innerhalb der sich der Preis auf den Ländermärkten bewegen darf, um insgesamt einen optimalen Deckungsbeitrag zu erzielen. Dabei werden die Breite und die Höhe des Korridors maßgeblich von der Sensitivität der grauen Warenströme und dem Schwerpunkt der Gewinnerzielung beeinflusst. Werden die Deckungsbeiträge vorrangig in Ländern mit hohem Preisniveau erwirtschaftet, sollten die Preise in den Niedrigpreisländern angehoben werden. Ist das Absatzvolumen in den Niedrigpreisländern sehr hoch und trägt wesentlich zum Gesamtgewinn bei, kann eine Preisanhebung dort sehr problematisch sein und die Umsetzung der Strategie in Frage stellen.

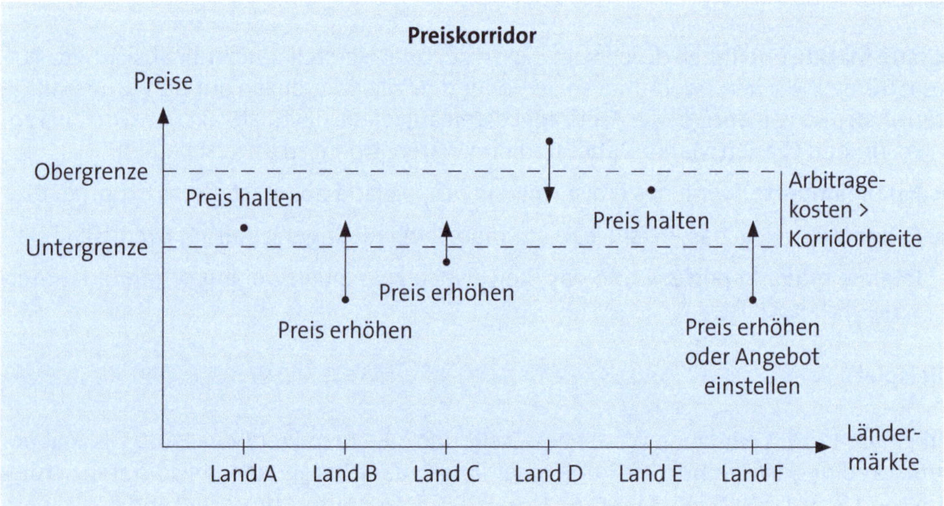

Die Korridorbreite wird auch wesentlich von der Höhe der **Arbitragekosten** abhängen, die mit der Abwicklung der grauen Warenströme entstehen, sodass sie knapp unterhalb anzusetzen wäre, um die Gewinneinbußen zu minimieren. Da die konkrete Bestimmung des Korridors jedoch in der Praxis schwierig ist, erfordert die richtige Preisanpassung ein gewisses Fingerspitzengefühl.

Mit zunehmender Liberalisierung des Welthandels, steigender Standardisierung der Produkte bei weltweiter Angleichung im Konsumentenverhalten und bei weiter abnehmender Bedeutung von Entfernungen und Transportkosten ist bei immer mehr Produkten eine tendenzielle **Preisnivellierung** zu beobachten.

Eine Preisdifferenzierung kann aber auch nach Abnehmermengen erfolgen, sodass Großabnehmer die Produkte günstiger erhalten (**Mengenrabatt**) als Käufer geringerer Mengen, nach Abnehmergruppen, wenn beispielsweise Warenhäuser höhere Rabatte erhalten als Spezialhändler, oder auch nach Käuferschichten, wenn z. B. gewerbliche Käufer andere Preise erhalten als private oder staatliche Abnehmer (Funktionsrabatt).

Als wichtige **Preisstrategien** sind zu nennen:

Aufbaustrategien	Ausbaustrategien	Abbaustrategien
► Preisabschöpfungsstrategie bzw. Skimmingstrategie ► Penetrationsstrategie ► Outpacing	► Hochpreisstrategie bzw. Prämienpreisstrategie ► Niedrigpreisstrategie bzw. Promotionspreisstrategie	

Die Aufbaustrategien stehen i. d. R. im Zusammenhang mit einer Erschließung neuer Auslandsmärkte oder der Einführung neuer Produkte.

Bei der **Preisabschöpfungsstrategie** wird anfangs ein hoher Preis angesetzt, der mit zunehmender Marktdurchdringung kontinuierlich sinkt.

Bei einem Einführungspreis von p_1 erreicht die Ware zunächst eine Absatzmenge m_1, die sich bei allmählich fallenden Preisen auf m_2 und dann m_3 vergrößert. Hätte das Unternehmen auf dem Auslandsmarkt die Ware sofort zum Preis p_3 eingeführt, hätte es auf die sog. **Konsumentenrente** auf diesem Markt verzichten müssen, die sich daraus ergibt, dass die Käufer der Menge m_1 auch zur Zahlung eines höheren Preises bei knappem Angebot bereit gewesen wären.

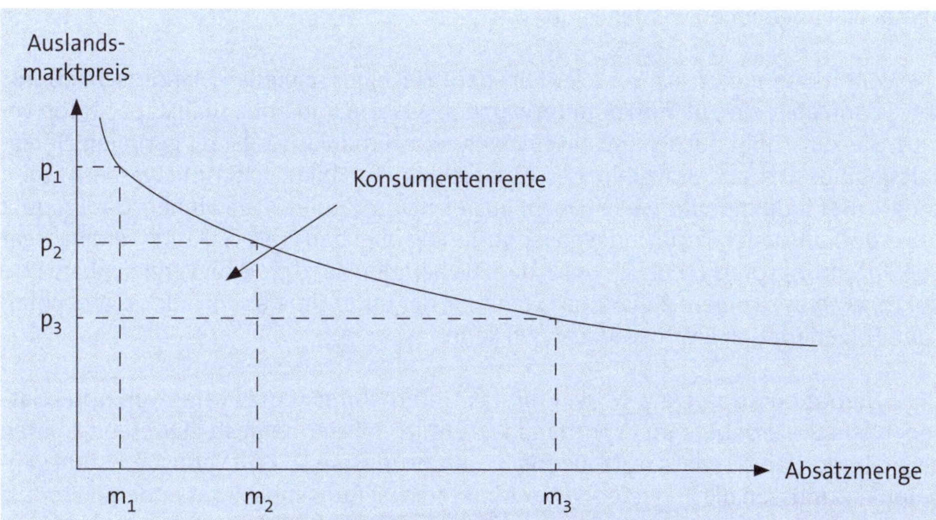

Diese Strategie setzt anfangs entweder eine **monopolartige Stellung** für das Auslandsprodukt voraus oder lässt sich nur bei Waren mit hoher Qualität und Innovation oder solchen, bei denen mit dem Besitz auch ein **hoher Prestigewert** verbunden ist, durchsetzen.

Die Preisabschöpfungsstrategie **empiehlt** sich am ehesten bei Produkten mit kurzem Lebenszyklus, hohem Neuigkeitsgrad, bei hohem Anbieterimage oder bei (noch) geringer Konkurrenz auf dem Auslandsmarkt.

Ein **Nachteil** dieser Strategie ist, dass nach dem hohen Einstiegspreis immer ein sukzessiver Preisverfall folgt, was zu einem Imageverlust und zur Kundenverunsicherung führen kann. Andererseits können mit den sinkenden Preisen zunehmend neue Kunden gewonnen werden, wenn eine gute Preiselastizität besteht.

Ein Fehlschlag dieser Strategie kann sowohl bei unzureichendem Prestigedenken als auch bei einem vorzeitigen Markteintritt von Konkurrenten zu niedrigeren Preisen eintreten.

Die **Penetrationsstrategie** legt anfangs einen niedrigen Einführungspreis für den Auslandsmarkt fest, der dann mit zunehmender Marktdurchdringung kontinuierlich steigt. Durch das zunächst niedrige Preisniveau wird unter Umständen auch für Dritte der Markteintritt erschwert und die Marktattraktivität verringert.

Bei erfolgreicher Penetrationsstrategie werden andere Mitbewerber vom Markt verschwinden, sodass anschließend der Preis bei einem größeren eigenen Marktanteil allmählich angehoben werden kann.

Diese Strategie eignet sich vor allem bei dem Ziel einer **schnellen Markterschließung**, setzt dann aber ein gut vorbereitetes Vertriebssystem und hohe freie Kapazitäten voraus. Sie kann aber auch sinnvoll sein, wenn das Produkt nur einen **geringen Neuigkeitsgrad** besitzt und auf zahlreiche vergleichbare Produkte von Mitbewerbern stößt, sodass die Produktidentität allein nicht ausreicht, um Käufer zu gewinnen. Das Produkt muss deshalb in der Einführungsphase vorrangig über den Preis verkauft werden. Liegt der Einführungspreis erheblich unter dem bisherigen Marktpreis für vergleichbare Produkte, kann es zu einem Preiskampf kommen, der unter Umständen auch mit nachteiligen Folgen für den Eröffnenden enden kann.

Die Penetrationsstrategie wird sich für das Unternehmen am ehesten verkraften lassen, wenn die Produkte im Exportland wesentlich billiger hergestellt werden können als im Importland, sodass trotz niedriger Einführungspreise kein Verlust entsteht. Anderenfalls müssen die Verluste aus der Markterschließungsphase aus anderen Produkten oder Unternehmensbereichen, aus anderen Ländermärkten oder auch im Sinne einer **Vorwärtspreisstrategie** durch die spätere angestrebte Marktposition kompensiert werden.

Wird die Penetrationsstrategie mit einer überlegenen Produktqualität durchgeführt, wird von **Outpacing** als kompakter Angebotsstrategie gesprochen, bei der in einem Verdrängungswettbewerb gleichzeitig Preis- und Qualitätsdominanz angestrebt wird.

Auf vielen Auslandsmärkten ist mit einer mehr oder weniger umfangreichen **staatlichen Einflussnahme** zu rechnen. So können staatlicherseits verordnete Fest-, Höchst- oder Mindestpreise für eingeführte Waren gelten, oder es besteht eine Genehmigungspflicht bei Preisänderungen. Auch kann der Staat durch die Höhe der jeweiligen **Einfuhrabgaben** die Waren verteuern oder durch **Handelshemmnisse** außertarifärer Art die Einfuhr erschweren oder faktisch ausschließen.

Wird der Export durch staatliche Maßnahmen im Exportland gefördert oder überhaupt erst ermöglicht, indem durch **Subventionen** z. B. in Form von Kreditverbilligungen oder Steuererleichterungen der Exportpreis gedrückt und als üblicher Handelswert bezeichnet wird, darf nicht der Verdacht aufkommen, der Exporteur biete zu Dumpingpreisen an, da sonst sehr schnell staatliche Gegenmaßnahmen im Bestimmungsland folgen können, was unter Umständen wiederum Gegenmaßnahmen im Exportland hervorruft. Der freie Welthandel kann so schnell Makulatur werden.

Unter **Dumpingpreisen** werden im Außenhandel Preise verstanden, die entweder unter den Selbstkosten des Exporteurs oder **unter dem „normalen Inlandswert"** im Exportland, als marktüblichem Handelspreis für die Ware, liegen.

Ob der Exporteur derartige Dumpingpreise nennen kann, weil er besonders kostengünstig produziert oder weil er auf (vorübergehende) Kostendeckung verzichtet, ist dabei nicht immer feststellbar. Entscheidend ist, dass seine Dumpingpreise die Preisstruktur auf dem Auslandsmarkt verzerren und dadurch dem Importland schaden können. Nach den GATT-Regeln sind solche Exporte zu verurteilen und können geeignete **Importrestriktionen** nach sich ziehen.

Nach EU-Recht können Dumpinguntersuchungen von Wettbewerbern verlangt werden, wenn sie mindestens 25 % des Marktvolumens repräsentieren. Es können dann **Ausgleichszölle** für bis zu fünf Jahren verhängt werden.

Liegt das Preisniveau im Importland erheblich über dem des Exportlandes, und der Exporteur bietet zu einem Preis über seinem Inlandspreisniveau aber unter dem des Importlandes an, liegt kein Dumping vor. Eine derartige Preisstrategie dient dem **internationalen Wettbewerb** und kann zu einer **schnellen Markteroberung** führen. In einem Preiskrieg wird der Exporteur aufgrund seiner niedrigen Selbstkosten kein großes Risiko sehen.

Dumping kann jedoch auch infolge von **Wechselkursveränderungen** entstehen und wird dann vom Exporteur meistens als ungerechtfertigt angesehen.

Beispiel

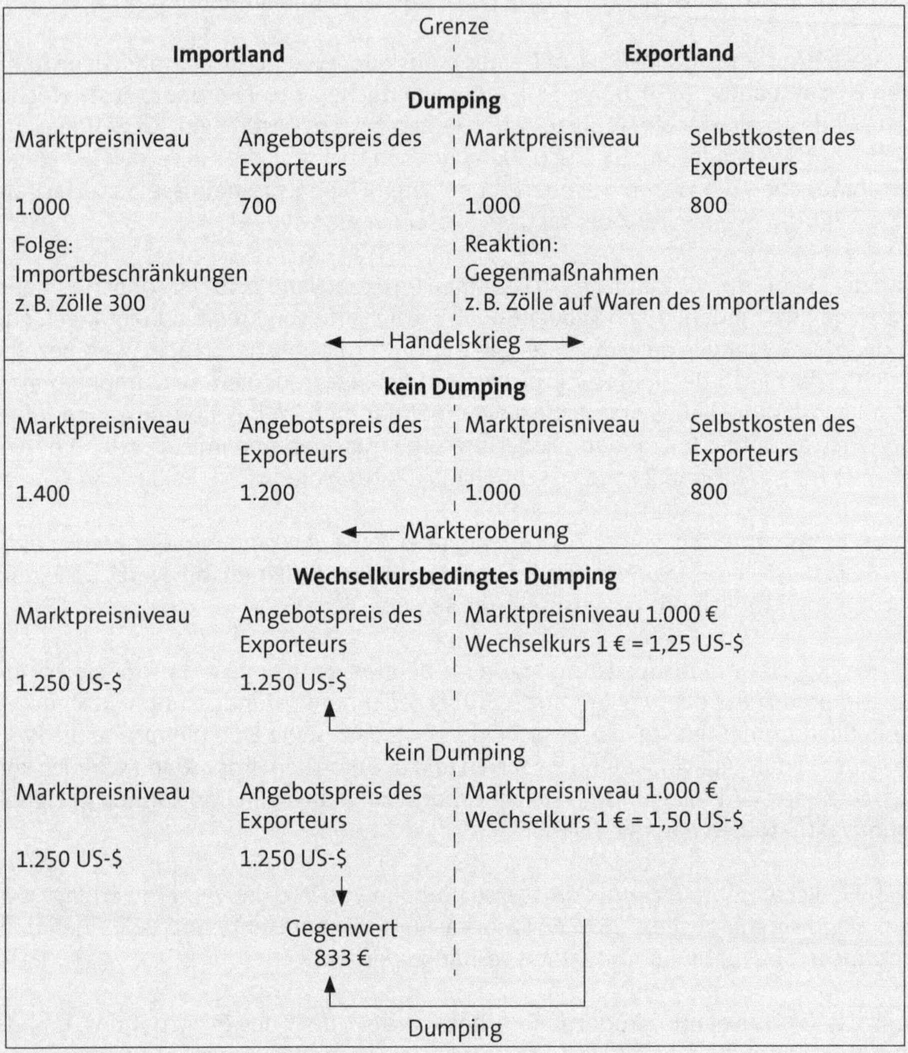

Ist ein Unternehmen schon auf Auslandsmärkten präsent, kann es eine **Ausbaustrategie** zur Verbesserung der bisherigen Marktstellung verfolgen, um die Marktführerschaft zu erlangen oder eine **Sicherungsstrategie** einsetzen, um seine Marktposition zu festigen. Beides kann sowohl über eine Prämienpreisstrategie bzw. Hochpreisstrategie als auch über eine Promotionspreisstrategie bzw. Niedrigpreisstrategie erreicht werden.

Bei der **Hochpreisstrategie** werden qualitativ hochwertige Produkte dauerhaft zu einem hohen Preis angeboten. Der Erfolg dieser Strategie setzt vor allem ein hohes Produkt-

und Unternehmensimage voraus, und es dürfen auch möglichst keine Schwachstellen in den anderen Bereichen der Marketingpolitik entstehen.

Die **Niedrigpreisstrategie** verfolgt dagegen dauerhaft niedrigere Preise mit dem Ziel, ein Niedrigpreisimage aufzubauen, um so unter Umständen zur Marktführerschaft zu gelangen.

Legt das Unternehmen einen generellen Preis für alle Abnehmer insbesondere in Form von Listenpreisen fest, wird von **Universalpreisstrategie** oder Preisstandardisierungsstrategie gesprochen. Dies wird vor allem bei gleichartigen Marktsegmenten oder homogenen Bedüfnissen und Wünschen der Käufer zweckmäßig sein.

Erfolgt die Distribution über mehrere Handelsstufen, kann die jeweilige Preisfestsetzung auch den Zwischenhändlern überlassen werden. Werden dadurch kundenbezogene individuelle Preise genannt, die den Distributionsweg und die Wettbewerbssituation berücksichtigen, liegt eine **Autonomiepreisstrategie** vor.

Bei der **Abbaustrategie** versucht ein Unternehmen auf Auslandsmärkten seine Produktvielfalt zu straffen und auf wenige Produktarten zu reduzieren, um durch die damit verbundenen Rationalisierungseffekte sowohl die Preise senken als auch die Absatzmengen steigern zu können.

Preisstrategien im Überblick

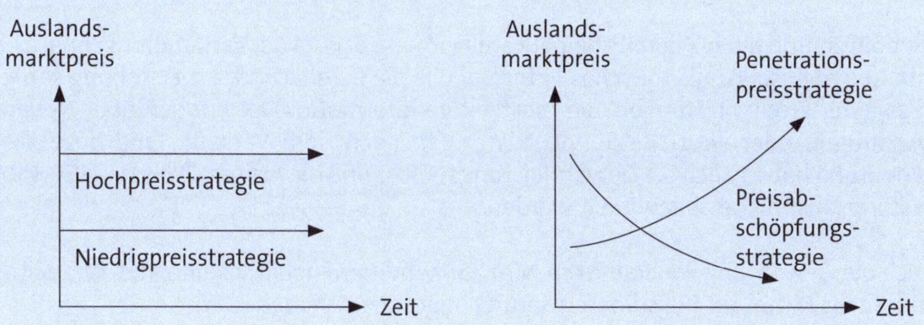

Im Rahmen der **Konditionenpolitik** soll über die vertragliche Abwicklung des Außenhandelsgeschäftes auf die Kaufentscheidung Einfluss genommen werden. Besonders bei Investitionsgüterexporten hat die Konditionenpolitik immer mehr an Bedeutung gewonnen. So kommt es oft weniger auf den reinen Preis an, sondern es kann der Exporteur das Geschäft abschließen, der die besseren Konditionen bietet. Andererseits sind Konditionen und Preis nicht zu trennen, da sich Umfang und Qualität der Konditionen im Gesamtpreis niederschlagen.

Als wichtige Konditionen, die den Außenhandelspreis bestimmen, sind zu nennen:

- die Lieferbedingungen
- die Zahlungsbedingungen

- die Lieferantenkreditgewährung
- die Liefermodalitäten wie insbesondere Lieferfrist, Flexibiltität und Kulanz
- die Rabatte.

Die jeweiligen **Lieferbedingungen und Zahlungsbedingungen** bedeuten für den Exporteur immer einen mehr oder weniger großen Zuschlag auf den Inlandspreis bzw. den Selbstkostenpreis, der in der Außenhandelskalkulation zu ermitteln ist. Besonders bei Investitionsgüterexporten muss auch mit einer Gewährung von mittel- oder langfristigen Lieferantenkrediten gerechnet werden, deren Kosten entweder zu einer oft erheblichen Erhöhung des Exportpreises führen oder eine direkte oder indirekte Übernahme durch den Importeur erfordern (siehe hierzu Kapitel E.2 und H.2).

Kurze Lieferfristen beinhalten ein erhebliches akquisitorisches Potenzial und können bei der Markterschließung entscheidende Wettbewerbsvorteile bringen. Sie können eine starke Sogwirkung auf die Kaufinteressenten haben und das Image hoher Leistungsfähigkeit und Leistungsbereitschaft hervorrufen.

Eine schnelle **Lieferfähigkeit** bewirkt aber auch bei eingeführten Produkten eher eine Preisduldsamkeit, weil Importeure eher geneigt sein werden, einen etwas höheren Preis als bei der Konkurrenz zu bezahlen, wenn die Lieferfrist kurz ist. Für das Exportunternehmen können kurze Lieferfristen sich auch kostenmindernd auswirken, wenn sich dadurch die Lagerhaltung verbessern und die Kapitalbindungsfrist bis zum Zahlungseingang reduzieren lässt, womit auch sinkende Kapitalkosten verbunden sein werden.

Flexibilität und **Kulanz** bereits beim Bestellvorgang bzw. in der Verhandlungsphase beinhalten ebenso akquisitorisches Potenzial wie die Bereitschaft zur Erstellung käuferbezogener Problemlösungen, die rechtzeitige Information der Kunden über Neuentwicklungen oder spezielle Serviceleistungen nach dem Verkauf. Eine besondere Bedeutung haben auch die Gewährleistungspflicht und die Art und Weise wie Gewährleistungsansprüche abgewickelt werden.

Auch die Gewährung von **Rabatten** wird zur Konditionenpolitik gerechnet, obwohl sie ebenso als Mittel zur Preisdifferenzierung angesehen werden kann.

Im Rahmen der Rabattpolitik werden Nachlässe auf bekannt gegebene Preise gewährt. Sie dient der preispolitischen Feinsteuerung und soll besondere Umstände auf der Käuferseite berücksichtigen.

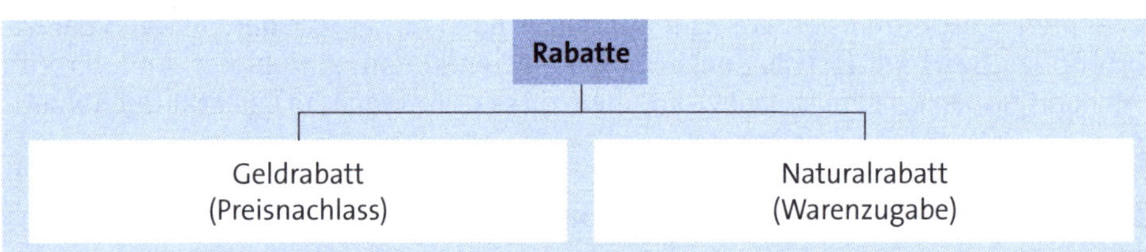

Je nach Art und Intensität der Geschäftsbeziehung lassen sich folgende Rabattarten unterscheiden:

Mengenrabatt	Preisnachlass bei hoher Verkaufsmenge, i. d. R. in Bezug auf ein Einzelgeschäft.
Umsatzrabatt	Nachträglicher Preisnachlass in Bezug auf eine Periode, Dauergeschäfte oder Folgelieferungen.
Funktionsrabatt	Preisnachlass aufgrund der Übernahme bestimmter Leistungen durch den Abnehmer, i. d. R. auf dem Distributionsweg (z. B. Exporteurrabatt).
Zeitrabatt	Preisnachlass aufgrund einer besonderen Terminierung des Auftrages wie z. B. Einführungsrabatt, Saisonrabatt, Vorausbestellungsrabatt oder Auslaufrabatt.
Treuerabatt	Preisnachlass oder Rückvergütung bei langfristiger, enger Geschäftsbeziehung, i. d. R. nicht umsatzabhängig.
Modalitätenrabatt	Preisnachlass aufgrund ungünstiger Umstände bzw. als Entgelt für die Akzeptanz bestimmter Modalitäten der Geschäftsabwicklung.

6.3 Auslandsmarktbezogene Distributionsstrategie

Aufgabe der Distributionspolitik ist eine optimale Gewährleistung von **Präsenz und Erhältlichkeit der Unternehmensleistungen**.

Die Distributionspolitik umfasst auf der Grundlage der Marketingziele alle Entscheidungen und Maßnahmen zum Aufbau, zum Ausbau und zur Nutzung geeigneter Vertriebswege hinsichtlich des Auslandsmarktes. Dabei ist in die **Markterschließungsphase** und in die **Marktbearbeitungsphase** zu unterscheiden. So werden

- der **Aufbau der Distributionswege** zum Auslandsmarkt
- die **Auswahl der Distributionspartner** im Auslandsmarkt und
- die **Vertriebsorganisation** im Ausland

eher strategisch langfristiger Natur sein und im Rahmen der Markterschließung zu entscheiden sein und die jeweilige **Erscheinungsform des Außenhandels** grundlegend bestimmen.

Die laufende Marktbearbeitung, vor allem die optimale Beschickung der Vertriebswege, wird dagegen nach **marketinglogistischen Aspekten** eher taktisch kurzfristig zu lösen sein mit dem Ziel, die jeweils verlangte Unternehmensleistung

- in der gewünschten Qualität und Ausführung
- zum richtigen Zeitpunkt
- am richtigen Auslieferungsort und
- in der vereinbarten Menge

bereitstellen zu können.

Beim **Aufbau von Vertriebswegen** zum Auslandsmarkt ist grundsätzlich die Frage zu klären, wie weit die (direkte) Einflussnahme des Herstellers der Unternehmensleistungen reichen soll. Da sich Kapitalbedarf und erforderliche Distributionskosten hier i. d. R. proportional zur Markt- bzw. Bedarfsnähe verhalten, ist die Entscheidung über ein bestimmtes Distributionssystem von nachhaltiger Bedeutung. So erfordert ein Verkauf an einen Exporthändler im Herstellungsland als indirektem Export nur geringe Vertriebs- und Transportkosten bei relativ kurzer Kapitalbindungsfrist, während ein Verkauf über eine eigene Auslandsniederlassung im Bestimmungsland als Direktexport einen erheblichen Kapitalbedarf aber mit dem Vorzug der Bedarfsnähe und Marktpräsenz beinhaltet.

Die Auswahl des geeigneten Vertriebsweges und der Vertriebsorgane kann erleichtert werden durch eine vorhergehende

- Produktflussanalyse oder
- Abnehmeranalyse.

Die **Produktflussanalyse** untersucht auf der Basis des bereits erreichten (oder angestrebten) Marktanteils und der Marktausschöpfung den jeweiligen Beitrag einzelner Vertriebswege an der gesamten Marktversorgung. Dabei können Schwachstellen oder Lücken beim Produktfluss festgestellt sowie die typischen ländermarktbezogenen Vertriebswege gekennzeichnet werden.

Die **Abnehmeranalyse** untersucht die ländermarktbezogene Abnehmerstruktur, um je nach Konzentrationsgrad der Nachfrage besonders geeignete Distributionswege festlegen zu können.

Bei beiden Analysen können die erwarteten oder tatsächlichen Kosten des Vertriebsweges dem Erfolg gegenübergestellt werden.

Bei der Auswahl des Distributionsweges ist zwischen Eigenvertrieb und Fremdvertrieb zu entscheiden.

Beim **Eigenvertrieb** werden auf dem Weg bis zum Endabnehmer auf dem Auslandsmarkt nur unternehmenseigene Absatzorgane eingeschaltet, zu denen gehören können:

- Exportabteilung im Herstellungsunternehmen
- eigene Vertriebsgesellschaft im Exportland
- eigene Verkaufsniederlassung mit Auslieferungslager im Bestimmungsland
- Betriebsstätten im Ausland
- Auslandsreisende als Angestellte des Unternehmens
- rechtlich selbstständige, aber wirtschaftlich eng an das Unternehmen gebundene Handelsmittler im Auslandsmarkt.

Beim **Fremdvertrieb** wird die Distribution wirtschaftlich und rechtlich selbstständigen Absatzorganen überlassen, zu denen vor allem zu zählen sind:

- Exporthandelshäuser im Exportland
- Export-/Importhändler im Bestimmungsland
- Groß-, Zwischen- und Einzelhändler auf den jeweiligen Auslandsmärkten
- Lizenzunternehmen
- Vertragshändler, insbesondere Franchiseunternehmen, sofern größere wirtschaftliche Unabhängigkeit besteht
- Handelsmittler mit größerer wirtschaftlicher Unabhängigkeit im Auslandsmarkt.

Als **Mischform** von Eigen- und Fremdvertrieb sind verschiedene Kooperationsformen wie Joint Ventures oder Exportgemeinschaften anzusehen.

Als weiteres Kriterium für die Eignung eines Vertriebsweges wird neben der Produktart und der Abnehmerstruktur die Phase der **Marktdurchdringung** entscheidend sein. Bei der Neueinführung von Produkten oder bei erstmaligem Auftritt auf einem Auslandsmarkt wird die Nutzung der verschiedenen Möglichkeiten des Fremdvertriebs auch unter Gesichtspunkten des Kapitalbedarfs im Vordergrund stehen; in der späteren Ausbauphase werden eher die Formen des Eigenvertriebs auftreten. Außerdem wirkt eine Mehrzahl von Distributionsstufen preiserhöhend auf dem Auslandsmarkt, sofern der Hersteller keine ausreichenden Preiszugeständnisse beispielsweise in Form von Exporthändlerrabatten anzubieten bereit ist.

Die **Auswahl von Vertriebsweg und Vertriebspartner** wird einerseits von der Zugänglichkeit der Auslandsmärkte, der dortigen Wirtschaftsordnung und der Struktur der vorhandenen Vertriebskanäle abhängen, andererseits von der eigenen Einstufung des Auslandsmarktes als Schwerpunktmarkt, Präsenzmarkt oder nur Gelegenheitsmarkt.

So werden offene Ländermärkte mit nur einfacher Vertriebsstruktur zur Errichtung von Auslandsniederlassungen und Eigenvertrieb vor allem dann veranlassen, wenn sie als Schwerpunktmärkte vorgesehen sind, dagegen wird es bei staatlich geschützten Märkten unter Umständen eher zu Kooperationsformen kommen, und bei teilweise geöffneten Auslandsmärkten mit guter Vertriebsstruktur wird eher eine Inanspruchnahme dortiger Distributionspartner zu empfehlen sein.

Stehen mehrere **Distributionspartner** zur Wahl, ist ihre **Eignung** vor allem nach folgenden Kriterien zu prüfen:

- Preiswirksamkeit ihrer Einschaltung
- Bekanntheitsgrad und Image auf dem Auslandsmarkt
- angebotener Leistungsumfang wie z. B. Kundendienst, Einfuhrabwicklung, Werbung, Lagerkapazität
- Qualität der Verkaufsorganisation
- Angebotspalette im Hinblick auf das eigene Produkt

- Finanzkraft, insbesondere mögliche Zahlungsbedingungen
- Interesse am Vertrieb der Unternehmensleistungen auf dem Auslandsmarkt.

Der Distributionspartner hat auf dem Auslandsmarkt folgende Vertriebsleistungen zu erbringen:

Vertriebsleistungen
Vorakquisition insbesondere durch allgemeine Marktbeobachtung, Kontakte zu potenziellen Kunden, öffentliche Information und Beratung
Hauptakquisition insbesondere durch gezielte Werbung und Fachberatung
Auftragsverfolgung insbesondere durch Angebotsabgabe, Konkurrenzanalyse, Vertragsgestaltung
Auftragsabwicklung insbesondere durch Anlieferung, Montage, Einweisung, Zahlungsabwicklung
Nachkontakte insbesondere durch Kundendienst, Ersatzteilversorgung, Information und Produktverbesserungen

Die **laufende Marktbearbeitung** wird kurzfristig zu lösen sein.

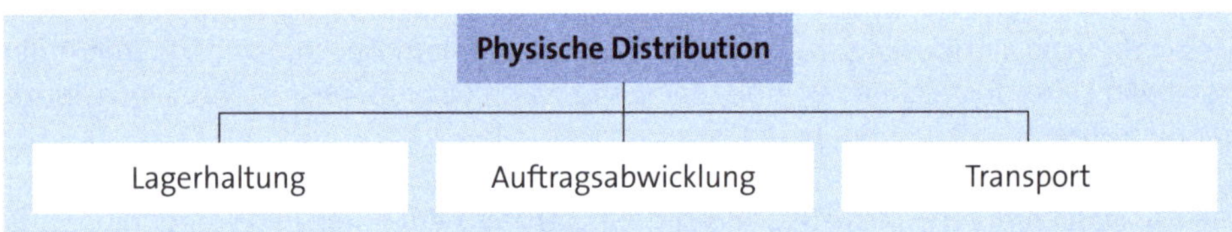

Die **Distributionslogistik** sorgt dafür, dass die Waren auf den für die jeweiligen Ländermärkte besonders geeigneten Kanälen von den ausgewählten Distributionspartnern den Abnehmern optimal bereitgestellt werden.

Um den Waren- und Informationsfluss vom Hersteller über die Distributionsorgane bis zum Konsumenten zu verbessern, kann vom Logistik-Management auf der Basis eines zwischenbetrieblichen **elektronischen Datentausches** (z. B. EDIFACT) der Hersteller in die Auftrags- und Lieferplanung des Handels einbezogen werden, um

- **Lieferzeiten** der Hersteller zu **verkürzen**
- **Lagerbestände** beim Handel zu **reduzieren**
- **Logistikkosten** zu **senken**
- **Lagerleerstände** im Handel zu **verhindern**.

Durch Datenaustauschsysteme und Scannertechnologie ist die Ware jederzeit auf ihrem Weg identifizierbar und lokalisierbar. Die European Article Number (**EAN**) als internationale Identifikationsnummer oder der Code **EAN 128** beinhalten alle wichtigen Logistik- Informationen für die Beteiligten in der Logistikkette.

Zur Optimierung des Wertschöpfungsprozesses kann im Sinne des **Efficient Consumer Response (ECR)** der gesamte Logistikprozess von der Beschaffung über Herstellung und Distribution bis zum Controlling zentral oder kooperativ gesteuert werden. Dieses Konzept sieht die Distributionspolitik nicht mehr isoliert, sondern verlangt zur Erreichung eines erhöhten Nutzens für die Konsumenten ein integriertes Verhalten aller Beteiligten in der **Wertschöpfungskette**, das durch folgende Merkmale gekennzeichnet ist:

- gemeinsames Kundenverständnis
- wechselseitig abgestimmte Strategien
- kooperatives Handeln
- gemeinsame Marketing- und Logistiksysteme.

Der Hersteller soll bei diesem integrierten System nicht nur nach Problemlösungen für die Konsumenten suchen sondern sein Angebot so gestalten, dass es auch die Probleme des Handels löst. Wichtige Komponenten dieses **Konzeptes zur effizienten Steuerung des Logistik- und Versorgungsprozesses** sind:

Efficient Consumer Response			
Zeit- und Kostenoptimierung insb. durch ▸ elektronisches Bestellwesen ▸ Just-in-Time-Lieferung ▸ verringerte Lagerhaltung ↓	**Optimierung der Warenpräsentation** insb. durch ▸ verbesserte Regalproduktivität ▸ erhöhte Umschlagsgeschwindigkeit ↓	**Optimierung der Produktentwicklung** insb. durch ▸ schnelle Anpassung an Verbraucherwünsche ▸ bessere Testmöglichkeiten ↓	**Minimierung der Handlungskosten** insb. in den Bereichen ▸ Transport ▸ Verwaltung ▸ Lager ▸ Personal ↓
Supply Chain Management	Category Management (Strategische Sortimentssteuerung)		

Insgesamt gesehen kommt der Distributionspolitik eine hohe akquisitorische Bedeutung zu. Durch die Wahl von Distributionsweg, Distributionspartner und Distributionslogistik bestimmt die Unternehmensführung langfristig Erscheinungsform und Image des Unternehmens im Außenhandel und legt das Fundament für eine reibungslose Auftragsabwicklung und Präsentation der Unternehmensleistungen auf dem Auslandsmarkt.

6.4 Auslandsmarktbezogene Kommunikationsstrategie

Die Kommunikationspolitik umfasst alle Entscheidungen und Maßnahmen zur Information bestimmter Zielgruppen über das Unternehmen und seine Marktleistungen sowie zur Beeinflussung der Meinungen, der Einstellungen und des Verhaltens der Auslandsmarktteilnehmer.

Ziel der auslandsmarktbezogenen Kommunikationspolitik sind die Schaffung und Erhaltung eines positiven und auslandsmarktspezifischen Profils des Unternehmens und seiner Produkte zum Zwecke der Absatzsteigerung.

Das **Kommunikationssystem** umreißt die Zusammenhänge im Kommunikationsprozess, die durch folgende Fragestellungen gekennzeichnet sind:

- Wer → Kommunikator, Sender
- sagt was → Botschaft
- unter welchen Bedingungen → Auslandsmarktsituation
- über welche Kanäle → Kommunikationsträger
- zu wem → Kommunikationsempfänger
- in welchem Gebiet → bearbeitetes Marktsegment
- mit welchen Kosten → Kostenwirksamkeit
- mit welchen Konsequenzen → Kommunikationserfolg.

Die Besonderheiten der auslandsmarktbezogenen Kommunikationspolitik ergeben sich vor allem aus den sozio-kulturellen Eigenheiten der jeweiligen Ländermärkte, den dortigen rechtlichen Rahmenbedingungen und aus der kommunikativen Infrastruktur, was insgesamt zu einem unterschiedlichen **Kommunikations-Mix** führt, zu dem folgende Instrumente gehören:

Instrumente der Kommunikationspolitik	
▸ Identitäts- und Öffentlichkeitsarbeit	▸ Product Placement
▸ Verkaufsförderung	▸ Events
▸ Auslandswerbung	▸ Internetwerbung
▸ Direktwerbung	▸ Social Media
▸ Sponsoring	

Durch die **Identitäts- und Öffentlichkeitsarbeit** (Public Relations) bemüht sich das Unternehmen um den Aufbau und die Pflege eines positiven Erscheinungsbildes und einer unverwechselbaren **Unternehmensidentität** (Corporate Identity) bei den verschiedenen Interessengruppen auf dem Auslandsmarkt.

Es kommt für das Unternehmen vor allem darauf an, einerseits eine positive Grundeinstellung, Vertrauen und Sympathie zu schaffen und andererseits Ängste vor Überfremdung, Marktbeherrschung oder negativer Einflussnahme im Gastland abzubauen. Das Marktengagement muss als Bereicherung und besonders unter wirtschaftlichen und technischen Aspekten als vorteilhaft für das Land empfunden werden und zu einer Verbesserung der Wirtschaftsstruktur durch Schaffung von Arbeitsplätzen, Steuerzahlungen und Investitionen beitragen.

Die Öffentlichkeitsarbeit kann sich auf den Auslandsmarkt in seiner Gesamtheit beziehen; meistens werden jedoch bestimmte **Teilöffentlichkeiten** angesprochen. Zielgruppe sind dabei entweder bestimmte Meinungsführer wie Politiker, Journalisten, Verbände oder Wissenschaftler oder unternehmensexterne oder unternehmensinterne Gruppen mit unmittelbarem Bezug zum Unternehmen wie Kunden, Lieferanten, Banken, Aktionäre und Mitarbeiter.

Instrumente der Öffentlichkeitsarbeit können Interviews in Presse, Rundfunk und Fernsehen sein, Informationsveranstaltungen, öffentlichkeitswirksame Spenden, Preise oder Stiftungen, Empfänge, Publikationen und anderes mehr.

Zur Erreichung eines bestimmten **Bekanntheitsgrades** auf dem Auslandsmarkt kann die Identitäts- und Öffentlichkeitsarbeit auch in Gemeinschaft mit anderen Unternehmen (der Branche) oder im Rahmen einer Gesamtdarstellung des Herkunftslandes erfolgen, wofür sich besonders Messen und Ausstellungen eignen. Derartige Maßnahmen erreichen infolge der willkommenen Gesamtpräsentation oft eine sympathietragende Rückwirkung auf das Unternehmensimage der Teilnehmer.

Ein zielgerichteter Einsatz der Instrumente der Identitäts- und Öffentlichkeitsarbeit wird durch eine vorhergehende **Situationsanalyse** auf dem Auslandsmarkt erleichtert, in der der bisherige Bekanntheitsgrad und das Image des Unternehmens und seiner Produkte sowie das Image des Herkunftslandes im Vergleich zu Anbietern aus anderen Ländern untersucht wird. Diesem Ist-Erscheinungsbild ist das angestrebte Soll-Erscheinungsbild gegenüberzustellen, sodass sich aus den Abweichungen die notwendigen strategischen Maßnahmen ableiten lassen:

- **Maßnahmen zur Verbesserung der Unternehmensgestalt** (Corporate Design), die alle Gestaltungselemente des visuellen Erscheinungsbildes umfassen, wie z. B. Firmenzeichen, Formgebungen, Architektur oder Farbkombinationen
- **Maßnahmen zur Verbesserung der Unternehmenskultur** (Corporate Culture), die sich auf der Basis von Selbstverständnis und Selbstbewusstsein auf das Unternehmens- bzw. Mitarbeiterverhalten nach innen und außen auswirken und sich insbesondere auf Betriebsklima, Führungsstil, Entlohnung, Motivation und Schulung beziehen
- **Maßnahmen zur Verbesserung der Unternehmenskommunikation** (Corporate Communication), die sowohl der besseren Verständigung im Unternehmen als auch nach außen zur besseren auslandsmarktbezogenen Übermittlung der Identitätsbotschaft dienen, wie z. B. Mitarbeiterzeitungen, Slogans, Plakate, Events und Messen.

Insgesamt lassen sich die **Funktionen der Identitäts- und Öffentlichkeitsarbeit** wie folgt zusammenfassen:

- **Informationsfunktion** über das Unternehmen
- **Kontaktfunktion** zu den Zielgruppen
- **Sozialfunktion** in Bezug auf die Interessen des Landes bei Respektierung sozio-kultureller Eigenheiten
- **Imagefunktion** zur Pflege des eigenen Erscheinungsbildes
- **Eigenständigkeitsfunktion** zur Betonung der Unabhängigkeit von der Unternehmenszentrale.

Während die Entscheidungen und Maßnahmen zur Identitäts- und Öffentlichkeitsarbeit eher strategischer, langfristiger Natur sind, wird die Verkaufsförderung vorrangig kurzfristig eingesetzt.

Die **Verkaufsförderung** (Sales Promotion) soll den Verkaufsfluss über die eingeschalteten in- und ausländischen Vertriebsorgane durch einen zeitlich begrenzten Einsatz geeigneter Fördermaßnahmen unterstützen und möglichst unmittelbar die Zielgruppe zum Vertragsabschluss führen.

Durch die Verkaufsförderung soll die Unternehmensleistung an die potenziellen Abnehmer auf dem Auslandsmarkt direkt herangeführt werden und steht daher auch in **engem Zusammenhang zur Distributionspolitik**.

Als **Maßnahmen** einer auslandsmarktbezogenen Verkaufsförderung sind vor allem zu nennen:

Typische Maßnahmen der Verkaufsförderung
▸ verkaufsorientierte und produktspezifische Schulung der Mitarbeiter
▸ Verteilung von Probepackungen in landesspezifischer Aufmachung
▸ auslandsmarktsegmenttypische Gestaltung der Verkaufsflächen
▸ landestypische Sitten und Gebräuche beachtende Werbegeschenke, Aktionswochen, Sonderangebote, Zugaben, Verlosungen und Treueprämien
▸ Betriebsbesichtigungen mit Kaufgelegenheiten für bestimmte Zielgruppen
▸ Messen und Ausstellungen
▸ Couponing
▸ Verkaufswettbewerbe und Verkäufertraining

Die Maßnahmen zur Verkaufsförderung können **verkaufspersonal-, handels- und endverbrauchergerichtet** sein; ihre Durchführbarkeit wird jedoch maßgeblich von den landesspezifischen Handelsstrukturen abhängen. Auch schränken unterschiedliche **wettbewerbsrechtliche Bestimmungen** in vielen Ländern die Möglichkeit einer ländermarktübergreifenden Verkaufsförderung ein.

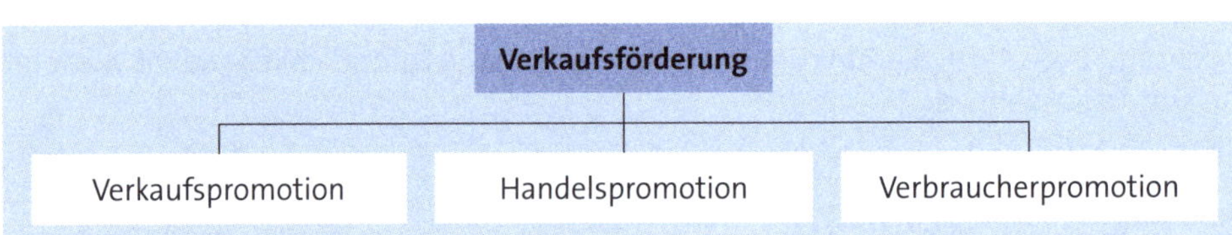

Die **Auslandswerbung** will durch den zielgerichteten Einsatz verschiedener, eher unpersönlicher, auslandsmarktgeeigneter Werbemittel den Abnehmer dauerhaft aber mit unterschiedlicher Intensität beeinflussen und an die Unternehmensleistungen heranführen.

Unter Auslandswerbung ist daher die Gesamtheit der bewussten, systematisch-planmäßigen, finanziell ausreichend dotierten Bemühungen einer Unternehmung zu verstehen, die Abnehmer im Ausland durch die Gestaltung und Übermittlung von produkt- und unternehmensbezogenen Informationen zu gewinnen, die das Ziel haben, die Einstellung und das Verhalten tatsächlicher oder potenzieller Abnehmer zwangsfrei sowohl in der rationalen als auch in der emotionalen Sphäre so zu beeinflussen, dass das subjektive Gefühl einer freien, selbstgewollten Entscheidung beim Umworbenen bestehen bleibt, und ein Kauf zumindest vorbereitet wird oder gleich zu Stande kommt (*Kulhavy*).

Wegen der besonderen Eigenheiten jedes Auslandsmarktes sollte die Werbepolitik möglichst marktsegmentnah konzipiert und durchgeführt werden. Bei der **Werbeplanung** sind folgende Schritte zu beachten:

1. Werbeanalyse
2. Festlegung der Werbeziele für die Produkte und Sortimente
3. Ermittlung des Werbebudgets
4. Auswahl der Zielgruppen
5. Entwicklung alternativer Werbestrategien
6. Festlegung der Werbekonzeption
7. Gestaltung der Werbeprogramme
8. Werbeerfolgskontrolle.

Durch die **Werbeanalyse** soll eine Bestandsaufnahme über die bisherige Erreichung der Werbeziele auf dem Auslandsmarktsegment erfolgen, wozu vor allem Aussagen über den Bekanntheitsgrad und das Produktimage gehören.

Werbeziele lassen sich aus den Unternehmenszielen bzw. den speziellen Marketingzielen ableiten. Sie sollen in quantitativer Hinsicht dazu beitragen, dass ein bestimmter Marktanteil, Umsatz oder Gewinn erreicht wird. Unter qualitativen Aspekten stehen die reinen **Kommunikationsziele** im Vordergrund. Dazu zählen

- die **Informationsziele** → Bekanntmachung von Eigenschaften, Vorteilen und Besonderheiten des Produkts
- die **Erinnerungsziele** → Erhöhung von Wertschätzung und Bekanntheitsgrad des Produkts, Aufbau eines positiven Unternehmensimages
- die **Beeinflussungsziele** → Veränderung oder Bestätigung im Verhalten oder in der- Einstellung zum Produkt, Stimulanz zur Kaufentscheidung.

Ein wichtiges Ziel ist auch die **Wirkungstiefe** der Werbung. Sie soll Aussagen darüber machen, wie viele Personen die Werbebotschaft erreicht hat, wie viele sie bewusst aufgenommen haben, wie viele sich an sie erinnern können, bei wie vielen sie Kaufinteresse geweckt hat und wie viele Personen Kaufhandlungen vollzogen haben.

Maßgeblich für die Höhe des **Werbebudgets** sollten (theoretisch) immer die Werbeziele sein, doch wird in der Praxis i. d. R. ein Prozentsatz des auf dem Auslandsmarkt angestrebten Umsatzes oder Gewinns zu Grunde gelegt, oder man orientiert sich an den Werbeausgaben der Konkurrenz.

Zielgruppe für die Auslandswerbung sind alle kaufentscheidenden und kaufbeeinflussenden Personen oder Institutionen, an die Werbeappelle gerichtet werden. Hier werden sich sowohl im Hinblick auf die unterschiedlichen Unternehmensleistungen als auch aufgrund der verschiedenen Mentalitäten, Sitten und Gebräuche große Unterschiede auf den Auslandsmärkten und ihren Segmenten ergeben.

Die **Werbestrategie** legt fest, wie die Unternehmensleistung auf dem Auslandsmarkt bekannt gemacht werden soll. Sie wird sich vorrangig an der Preispolitik (z. B. niedrige oder hohe Markteinführungspreise) und am Marktdurchdringungsgrad (z. B. Markterschließung oder Markterhaltung) orientieren, aber auch am Standardisierungsgrad. Als strategische Ausrichtung sind deshalb zu unterscheiden:

Global Advertising	Werbung weltweit standardisiert bei kulturungebundenen Produkten
Local Advertising	Werbung ländermarktbezogen differenziert
Glocal Advertising	Werbebotschaft unter Beibehaltung der Grundaussage nur ländermarktbezogen (geringfügig) angepasst

Nur bei kulturungebundenen Produkten kann in den meisten Fällen eine (kostengünstige) internationale Werbung gewählt werden. Meistens wird die Werbung jedoch nur sehr selten identische Züge auf den einzelnen Auslandsmärkten und ihren Segmenten aufweisen können, da von zu unterschiedlichen rechtlichen, wirtschaftlichen, kulturellen und sozialen Charakteristika ausgegangen werden muss.

Sowohl die Akzeptanz von Unternehmensleistungen als auch die positive Aufnahme der Unternehmensidentität hängen wesentlich von ihrer **Ausrichtung auf die jeweiligen Ländermärkte** ab. Die Einbeziehung eines auslandsmarkterfahrenen Werbespezialisten ist deshalb vor allem mittelständischen Unternehmen zu empfehlen.

In manchen Unternehmen kann sich als Mischform eine **Dachkampagnenstrategie** als sinnvoll erweisen, bei der von zentraler Stelle Rahmenelemente oder Grundthemen vorgegeben werden, die auslandsmarktbezogen umgesetzt und angepasst werden können. Eine derartige Strategie ermöglicht weltweite Produkt- und Unternehmensbekanntheit bei ländermarktspezifischer Ausrichtung und Variation.

Soll die Werbebotschaft unter Beibehaltung der Grundaussage nur ländermarktbezogen (geringfügig) angepasst werden, wird von **Glocal Advertising** gesprochen.

Die **Werbekonzeption** beinhaltet in systematischer Form die Vorgehensweise bei der Informationsgestaltung auf einem bestimmten Auslandsmarkt in einer konkreten Marktsituation im Einklang mit den Maßnahmen zur Unternehmensidentität. Zur Durchführung der Werbekonzeption können selbstständige Werbeagenturen mit besonderer Kenntnis des Auslandsmarktes eingeschaltet werden, die auch die Werbemittel und Werbemedien zeitlich auswählen und streuen sowie die Werbebotschaft gestalten.

Die **Werbebotschaft** soll der Zielgruppe die relevanten Eigenschaften und den bestimmten Produktnutzen in ansprechender Form (Werbestil) vermitteln und diesen möglichst sachlich begründen. Bei der Formulierung der Werbebotschaft sollten insbesondere die kulturellen und sprachlichen Charakteristika des Auslandsmarktes maßgeblich sein, um missverständliche Gestaltungselemente zu vermeiden. Auch sind die besonderen sozioökonomischen Eigenheiten der gewählten Zielgruppe zu beachten. Als **auslandsmarktbezogene Einflussfaktoren** auf die Werbebotschaft sind besonders hervorzuheben:

- die Schriftsysteme und die Sprache
- das Bildungsniveau
- die Religion
- die Rollenverteilung in der Familie
- die Werte, Normen und Gepflogenheiten
- die Ästhetik und die Symbole
- das Nationalbewusstsein
- die rechtlichen Rahmenbedingungen im Hinblick auf die Zulässigkeit bestimmter Werbeinhalte sowie auf Werbeselbstkontrollen.

Die **Werbemittel** gestalten die Werbebotschaft in sinnlich wahrnehmbarer meist visueller und/oder akustischer Form. Als Werbemittel können vor allem Anzeigen in Tageszeitungen (insbesondere bei Konsumgütern), Anzeigen in Exportfachzeitschriften (insb. Bei Investitionsgütern), Werbebriefe (z. B. bei erklärungsbedürftigen Angeboten), Prospekte und Kataloge (insb. bei Sortimentsofferten), Werbespots in Funk und Fernsehen (insb. bei Massenartikeln) sowie Plakate und Transparente (z. B. bei ortsbezogenen Angeboten) genannt werden.

Die **Werbeträger**, auch als Werbemedien bezeichnet, streuen die Werbebotschaft bei den gewünschten Zielgruppen. Werbeträger sind die elektronischen Medien (Film, Funk, Fernsehen), die Printmedien (z. B. Zeitungen und Zeitschriften), das Internet und die Medien der Außenwerbung (z. B. Plakate) sowie soziale Netzwerke. Ihr Einsatz hängt auch sehr von der Medienstruktur und dem Nutzungsgrad der einzelnen Werbeträger auf dem Auslandsmarkt ab sowie vom Bildungsstand der Zielgruppe (z. B. Analphabeten) und der Produktart (Konsumgüter oder Investitionsgüter).

Weltweit gesehen sind nach wie vor die Printmedien und das Fernsehen die wichtigsten Werbeträger. Für die jeweilige Wahl von Werbemitteln und Werbeträger auf einem Marktsegment werden jedoch maßgeblich sein:

- die Verfügbarkeit bei der Zielgruppe
- die Zielgruppengenauigkeit bzw. die Streuverluste
- die Reichweite
- Leistungsfähigkeit und Image des Werbeträgers
- die erwartete Wirkungsintensität des Werbemittels
- die Kosten.

Weiterhin sind bei der Gestaltung des Werbeprogramms noch das **Werbegebiet** sowie die **Werbeperiode** hinsichtlich Zeitpunkt, Intensität, Dauer und Häufigkeit der Werbeaktion festzulegen.

Die **Werbeerfolgskontrolle** soll den ökonomischen und den kommunikativen Werbeerfolg ermitteln, beschränkt sich aber wegen der problematischen Zurechenbarkeit auf die wichtigen ökonomischen Größen wie Umsatz, Marktanteil oder Gewinn auf den kommunikativen Werbeerfolg, der meistens durch Werbetests und Befragungen festgestellt wird und Informationen liefern soll über die:

- **Erinnerungswirkung**, d. h. ob die Botschaft erkannt oder wiedererkannt wurde
- **Kommunikationswirkung**, d. h. ob die Botschaft verstanden wurde
- **Überzeugungswirkung**, d. h. ob die Botschaft die Einstellung oder das Verhalten der Zielgruppe verändert hat
- **Werbeakzeptanz**, d. h. ob die Botschaft informativ, glaubwürdig und sympathisch empfunden wurde.

Beim **Sponsoring** werden international bekannte Persönlichkeiten oder Institutionen durch Geld-, Sach- und Dienstleistungen von einem Unternehmen, dem Sponsor, unterstützt. Der Gesponserte hat als Gegenleistung Unternehmens-, Marken- oder Produktnamen, Slogans oder sonstige Identitätsmerkmale in der Öffentlichkeit bekannt zu machen, wodurch der Sponsor einen positiven Imagetransfer erwartet.

Je nach Förderkreis und im Hinblick auf die Kommunikationsempfänger werden verschiedene Arten des Sponsoring unterschieden.

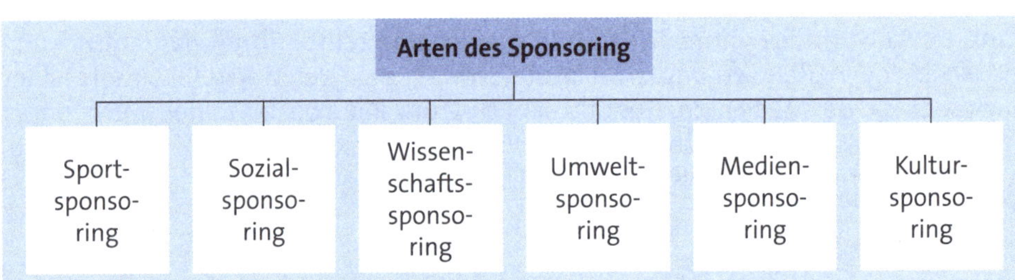

Die Erfolgswirksamkeit des Sponsoring ist nicht leicht zu erfassen; doch lassen sich verschiedene Vor- und Nachteile benennen.

Sponsoring	
Vorteile	**Nachteile**
▸ Nutzung des Bekanntheitsgrades des Gesponserten ▸ hohe internationale Reichweite ▸ hohe Akzeptanz bei den Zielgruppen ▸ i. d. R. keine (wettbewerbs-)rechtlichen Beschränkungen	▸ Risiko eines negativen Imagetransfers bei Misserfolgen des Gesponserten ▸ geringe Gestaltungsmöglichkeiten der Botschaft (meist nur der Name)

Product Placement ist die gezielte Darstellung, Verwendung oder Nennung von Produkten, Dienstleistungen oder Namen vorrangig in Filmen, TV-Sendungen und Videos.

Von einer guten Platzierung geht eine starke Werbewirkung und ein hoher Imagetransfer aus, ohne dass dies vom Zuschauer bewusst so empfunden wird. Die Darstellung des Produktes oder die Herausstellung seines Nutzens werden durch die Integration in die Filmhandlung als glaubwürdig erlebt, sodass das Produkt positiv und dauerhaft in der Zielgruppe verankert wird.

Wesentliche **Vorteile** des Product Placement sind die unbewusste Beeinflussungsmöglichkeit einer großen Zielgruppe und der positive Imagetransfer durch Leinwandidole.

Anfangs erstreckte sich das Product Placement nur auf Produkte und einige Dienstleistungen. Heute sind in zunehmender Weise auch andere, teilweise raffinierte Placements festzustellen.

Arten des Product Placement	
Product Placement i. e. S.	Anfangs nur auf Produkte und Dienstleistungen bezogen.
Corporate Placement	Auf das Unternehmenslogo bezogen.
Generic Placement	Zeigt nur die Verwendung von Produkten ohne Nennung ihres Namens.
On Set Placement	Das Produkt spielt nur eine „stille“ untergeordnete, nicht in die Handlung einbezogene Rolle.
Creative Placement	Das Produkt wird „kreativ“ vom Schauspieler verwendet, um den Produktnutzen zu betonen.

Events stellen erlebnisorientierte Ereignisse dar, die zu Mitarbeitern, Verbrauchern oder Distributionsorganen direkte Kontakte zur Information und zum Dialog herstellen sollen. Durch die einmalige Erlebnissituation sollen zur Erreichung der kommunikationspolitischen Ziele **emotionale und psychische Reize** ausgelöst werden, die die Teilnehmer individuell einbeziehen und aktivieren.

Strategische Ziele von Events sind, bei der Zielgruppe

- eine positive Einstellung zum Unternehmen und seinen Produkten,
- eine emotionale Kundenbindung und
- eine hohe Kaufbereitschaft zu erzeugen.

Richten sich Events an die breite Öffentlichkeit, vorrangig an Verbraucher und Medienvertreter, wird von **Public Events** gesprochen. An **Corporate Events** nehmen nur bestimmte meist dem Unternehmen besonders verbundene Personen teil (z. B. Mitarbeiter und Händler).

Mit der Vorbereitung und Durchführung von Events können auf das Event-Marketing spezialisierte Agenturen beauftragt werden.

Immer mehr Unternehmen öffnen sich in letzter Zeit auch der **Direktwerbung** (bzw. dem Direktmarketing), um ihre kommunikationspolitischen Ziele auf Auslandsmärkten zu erreichen. Wenn auch die Abgrenzung des Begriffs nicht einheitlich gesehen wird, steht doch im Grundsatz die **interaktive Kommunikation mit dem Kunden** im Vordergrund.

Internationale Direktwerbung kann als die direkte, persönliche und individuelle Kontaktaufnahme zwischen Unternehmen und Kunden auf Auslandsmärkten bezeichnet werden mit dem Ziel, eine messbare Kundenreaktion auszulösen als Informationsquelle für einen Markteintritt oder eine dauerhafte Kundenbeziehung.

Die unmittelbare Ansprache der Zielpersonen kann über adressierte und unadressierte Werbesendungen erfolgen.

Direktwerbung

adressiert	**unadressiert**	
▸ Direct Mailing	▸ Handzettel	mit Reaktionsmöglichkeit
▸ Versandhauskatalog	▸ Prospekte	
▸ Telefon	▸ Coupons	
▸ Fax	▸ Warenproben	
▸ E-Mail	▸ Postwurfsendungen	
▸ SMS	▸ Gutscheine	

Für eine internationale Direktwerbung lassen sich verschiedene Chancen und Risiken benennen:

Direktwerbung	
Chancen	**Risiken**
▸ direkte Messbarkeit des Werbeerfolgs ▸ persönliche Kontaktaufnahme ▸ geringe Streuverluste ▸ individuelles Eingehen auf die Bedürfnisse der Zielgruppe ▸ Testfunktion vor einem Markteintritt ▸ Erhöhung von Image und Bekanntheitsgrad auf Auslandsmärkten	▸ höherer Arbeitsaufwand bei Planung und Ausführung der Maßnahmen ▸ höhere Kosten für Datengewinnung und -pflege ▸ Kontaktaufnahme wird als Belästigung empfunden ▸ rechtliche Restriktionen auf Ländermärkten ▸ unzureichende Infrastruktur bei den Werbemedien ▸ sozio-kulturelle landesspezifische Besonderheiten

Social Media ist inzwischen auch zu einem festen Bestandteil der Kommunikationspolitik geworden. Ein direkter Austausch mit den Kunden bzw. den spezifischen Zielgruppen birgt einige Vorteile. So kann die Kommunikation individueller und direkter erfolgen. Außerdem kann eine große Reichweite erzielt werden. Die bekanntesten Plattformen sind derzeit Facebook, Twitter, YouTube, Instagram, aber auch Xing und LinkedIn. Weiterhin können auch die Messenger Dienste wie WhatsApp und Facebook Messenger dazu gezählt werden.

Social Media-Kanäle bedürfen einer dauerhaften und kontinuierlichen Pflege. Günstiger Weise handelt es sich um tagesaktuelle Inhalte. Transportiert werden Botschaften und Inhalte in Bild-, Video- oder Audioformaten.

Social Media	
Chancen	**Risiken**
▸ Zielgruppenorientierung ▸ Aktualität ▸ Interaktion mit den Usern möglich ▸ Individualisierung	▸ Arbeitsaufwand und hohe Frequenz ▸ mögliche kritische Posts und Shitstorms

6.5 Marketing-Mix-Entscheidung

Die **„richtige" Marketing-Mix-Konzeption** geht davon aus, dass die Gesamtwirkung einer Kombination von Marketinginstrumenten (erheblich) größer ist als die Summe der isolierten Wirkungen jeder „optimalen" Einzelstrategie. Ein optimales Marketing-Mix liegt danach vor, wenn durch eine andere Kombination und Intensivierung der Marketingintrumente keine Verbesserung des Gesamtergebnisses mehr erreicht werden kann.

Es steht jedoch bisher keine betriebswirtschaftliche Methode zur integrierten Erfassung aller marketingstrategierelevanter Elemente zur Verfügung, sodass sich die Entscheidung in sukzessiver Weise herausbilden muss. Auch lässt sich durch die **Wirkungsinterdependenzen** kaum ermitteln, welchen Beitrag jedes einzelne Marketinginstrument zur Erreichung der Marketing- bzw. Unternehmensziele leistet.

Probleme der optimalen Kombination bestehen bereits in der Bildung der Zielhierarchie, da bei jeder Auslandsmarkterschließung diverse quantitative und qualitative Ziele miteinander konkurrieren. Hier müssen Zielpräferenzen festgelegt werden.

Weiterhin treten Entscheidungsprobleme sowohl bei der Kombination der Elemente der einzelnen Marketinginstrumente in Form von **Submixen** als auch bei der Gesamtkombination hinsichtlich ihrer konkurrierenden, bedingenden, substituierenden und ergänzenden Interdependenzen auf. Hier muss versucht werden, die **Komplexität** der Marketing-Mix-Entscheidung durch Auswahl- bzw. Vorentscheidungen zu reduzieren.

In der Praxis werden sich auch zwangsläufig aufgrund geschäftstypischer Merkmale bestimmte denkbare Kombinationen als ungeeignet erweisen oder werden umgekehrt als von vornherein allein geeignet anzusehen sein. So kann auslandsmarktbedingt eine Dominanz eines bestimmten Instrumentalbereichs oder sogar Elements (z. B. ein ganz bestimmter Vertriebsweg oder eine Produkteigenschaft) vorliegen, die die Wahlmöglichkeiten erheblich einschränkt, und der sich andere Bereiche (z. B. die Konditionenpolitik oder die Werbung) unterzuordnen haben.

Andererseits können bestimmte Sortimente Elemente der bisherigen Konditionenpolitik überflüssig machen, bedingen aber eine neue Preispolitik, die mehr Distributionspartner als bisher erschließt. Auch können die verfügbaren Finanzmittel für die einzelnen Marketinginstrumente oder das begrenzte Länder-Knowhow eine Reihe von Kombinationselementen ausschließen (z. B. Direktexport oder Direktinvestitionen).

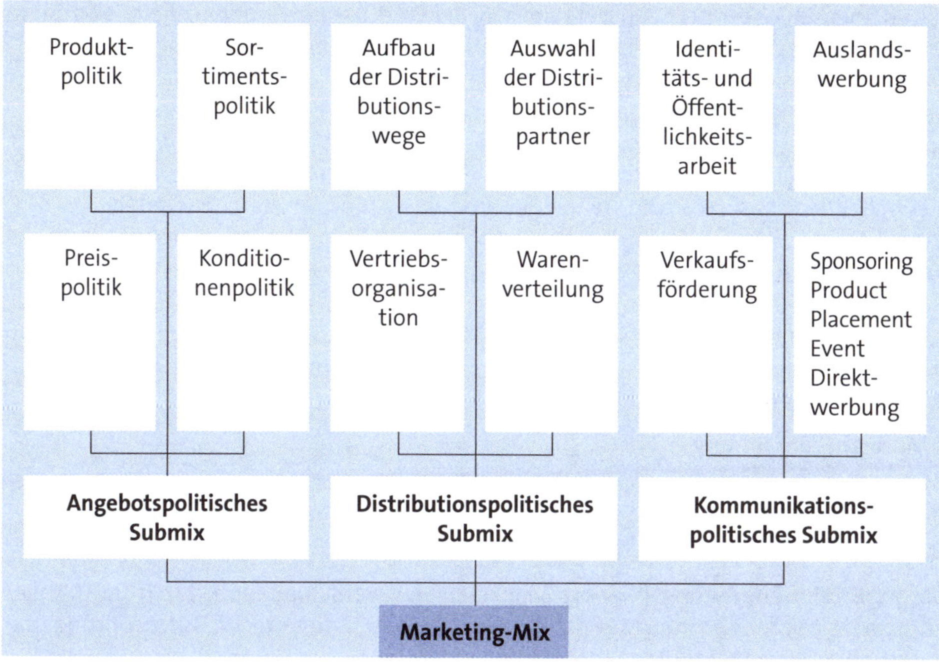

Insgesamt gesehen wird die Marketing-Mix-Entscheidung in der Praxis von weniger sinnvoll variierbaren Elementen ausgehen als theoretisch kombinierbar sind. Es werden trotzdem genügend Alternativen übrig bleiben, die systematisch zu analysieren sind. Die letztlich zu treffende Entscheidung über den zu wählenden Maßnahmenkatalog, der dann in die Marketingplanung umzusetzen ist und zur Durchführung zu gelangen hat, beinhaltet dennoch immer ein gewisses Restrisiko und verlangt insofern nach dem schwer fassbaren „unternehmerischen Fingerspitzengefühl".

7. Vorbereitung von Auslandsgeschäften

7.1 Marketingplanung

Der auslandsmarktbezogene Marketingplan umfasst auf der Basis der analysierten Auslandsmarktsituation die sich aus der gewählten Marketingstrategie ergebende **systematische Darlegung der Aktionsprogramme** zum Aufbau, zum Ausbau, zur Erhaltung und zum Abbau von Marktpositionen für eine bestimmte Unternehmensleistung. Dabei kommt der Terminierung und Budgetierung der Aktionsprogramme sowie ihrer späteren Kontrolle und ggf. anschließenden Revision im Sinne eines **rollierenden Planungssystems** besondere Bedeutung zu.

Die **Terminierung** der erforderlichen Maßnahmen auf dem Auslandsmarkt kann mittels der **Netzplantechnik** erleichtert werden. Sie soll Aufschluss darüber geben, wie lange die stufenweise vorbereitenden Aktivitäten dauern, wann spätestens einzelne Tätigkeiten abgeschlossen sein müssen, um z. B. die Produkteinführung nicht zu verzögern und welche Gesamtdauer bis zum Markteintritt zu veranschlagen ist.

Der **„kritische Weg"** ergibt dann als Summe aller Aktivitäten, die notwendigerweise nacheinander geschaltet sein müssen, die zu erwartende Gesamtdauer. Er kann ggf. durch Intensivierung oder Beschleunigung einzelner Maßnahmen verkürzt werden, wodurch allerdings i. d. R. die Kosten der Produkteinführung steigen werden.

Sämtlichen Aktivitäten sollte ein Finanzbudget zugeteilt werden.

Die Marketingplanung umfasst folgende Teilbereiche, deren Tiefe und Detaillierung vor allem vom Volumen der Außenhandelsgeschäfte und der Dauer der Auslandsmarktaktivitäten abhängt:

- Maßnahmenplanung
- Umsatzplanung
- Finanzbudget.

Die **Maßnahmenplanung** gliedert sich nach den verschiedenen durch die Marketingstrategie vorgegebenen Maßnahmen in Bezug auf ihre zeitliche Durchführung und unterteilt ggf. nach Produkten und Marktsegmenten.

Die **Umsatzplanung** gliedert sich nach abzusetzenden Unternehmensleistungen im Prognosezeitraum auf bestimmten Auslandsmärkten bzw. Marktsegmenten.

Im **Finanzbudget** werden die zur Verfügung gestellten Geldmittel für bestimmte Zeitabschnitte in Bezug auf die marketingpolitischen Maßnahmen ggf. einzelner Unternehmensleistungen auf bestimmten Märkten festgelegt.

Marketingplan für den Auslandsmarkt X									
Zeit/Währung / **Maßnahme/ Markterfolg**	**Januar**				**Februar**				**März**
	Finanzbudget		**Umsatz**		**Finanzbudget**		**Umsatz**		
	Soll	Ist	Soll	Ist	Soll	Ist	Soll	Ist	
1. Marketingpolitische Maßnahmen Produktpolitik Distributionspolitik Preispolitik Konditionenpolitik Kommunikationspolitik									
2. Markterfolg Produkt A Produkt B Produkt C									

Das **Marketingcontrolling** hat die Aufgabe der systematischen Erfassung und laufenden Kontrolle des zielgerichteten Einsatzes der Marketinginstrumente sowie die Berichterstattung über den Marketingerfolg.

Jeweils nach Ablauf einer Planungseinheit soll die Marketingplankontrolle rechtzeitig Abweichungen aufdecken. Daraufhin sind die Ursachen zu klären, und die Verantwortlichkeit ist hinsichtlich der zeitlichen und finanziellen Abweichung zuzuordnen.

Nach der Überarbeitung der Planung auf der Grundlage der Erkenntnisse der Plankontrolle ist der Planungszeitraum im Sinne eines **rollierenden Planungssystems** um die Dauer der abgelaufenen Planungseinheit zu verlängern, um einen konstanten **Planungshorizont** zu besitzen.

7.2 Geschäftsanbahnung

Nachdem die Summe der Kunden gewinnenden Marketingaktivitäten die potenziellen Abnehmergruppen auf die Unternehmensleistungen aufmerksam gemacht hat, kommt es auf der Grundlage der Marketingplanung zur konkreten Geschäftsanbahnung. Diese wird je nach Produktart vorrangig auf einer oder mehrerer der im Folgenden genannten Tätigkeiten beruhen:

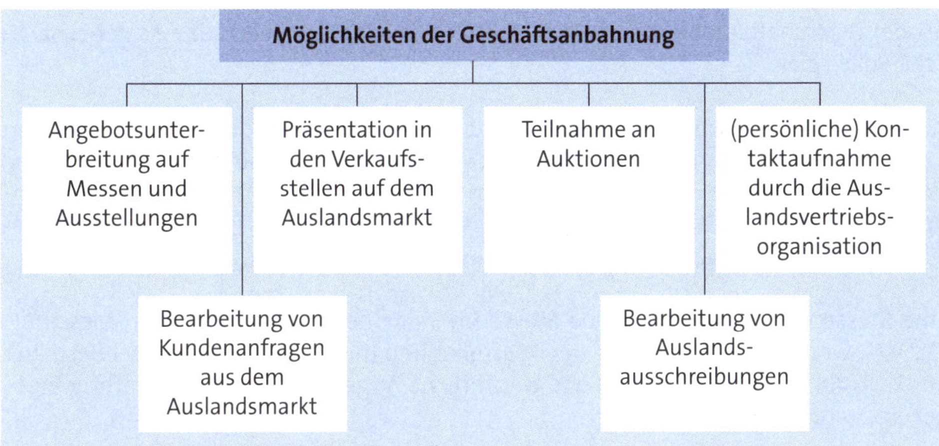

Eine oft besonderen Erfolg versprechende Maßnahme zur Kontakt- und Geschäftsanbahnung auf dem Auslandsmarkt ist die Angebotsunterbreitung auf **Messen und Ausstellungen**, da sie sowohl für die Käufer auf dem Auslandsmarkt als auch für die Exporteure eine Reihe von Vorteilen aufweist wie:

- räumliche und zeitliche Konzentration des Angebots
- bei Branchenmessen und Fachausstellungen weitgehende Vollständigkeit und große Tiefe des Angebots
- Möglichkeit zum sofortigen Vertragsabschluss

- Prüfungsmöglichkeit der Ware vor Ort, Erläuterungen durch fachkundiges Personal, Vergleichsmöglichkeiten
- Information und Kommunikation (Informationsgespräche mit ausländischen Anbietern führen oft nach dem Überdenken der angebotenen Problemlösungen zu einem Nachmessegeschäft)
- rechtzeitiges Erkennen von Exportchancen, Produktakzeptanz und Entwicklungstendenzen als Hilfestellung für folgerichtige Dispositionen
- Besichtigungs- und Erlebnischarakter erschließt neue Käuferschichten.

Obwohl die Begriffe Messe und Ausstellung oft synonym gebraucht werden, sieht der Zentralverband der deutschen Werbewirtschaft wesentliche Unterschiede. So sind **Messen** Veranstaltungen mit Marktcharakter, die ein umfassendes Angebot eines oder mehrerer Wirtschaftszweige bieten. Sie finden im Allgemeinen in regelmäßigem Turnus am selben Ort statt. Auf Messen werden Muster von Produkten gezeigt, die vorrangig der gewerblichen Nutzung oder Verwendung dienen oder zum Weiterverkauf bestimmt sind. Der Zutritt zur Messe ist vor allem dem Fachbesucher vorbehalten.

Auch **Ausstellungen** sind Schauveranstaltungen, doch dienen sie als **Fachveranstaltung** vorrangig der aufklärenden und werbenden Darstellung einzelner Wirtschaftszweige und sprechen neben den Fachkreisen auch die Allgemeinheit an, oder sie wenden sich als **allgemeine Ausstellung** werbend und aufklärend für bestimmte Wirtschaftsgebiete oder Wirtschaftsprobleme an die Allgemeinheit, wobei der Verkauf eine nebensächliche Rolle spielt.

Für eine gezielte Geschäftsanbahnung sind **Branchenmessen** oder Fachausstellungen i. d. R. geeigneter, da hier ein weitgehend vollständiges Angebot auch zu Vergleichszwecken unterbreitet wird. Während in den EU-Ländern ein deutlicher Trend zu derartigen Spezialveranstaltungen zu erkennen ist, finden besonders in den weniger industrialisierten Ländern vor allem **Universalmessen** und allgemeine Ausstellungen statt.

Eine Messe gilt als **internationale Messe** im Sinne der Ausstellungs- und Messe AG (AUMA), wenn mindestens 10 % der Aussteller und mindestens 5 % der Fachbesucher aus dem Ausland kommen und das wesentliche Angebot dieses Wirtschaftszweiges gezeigt wird.

Da die Kosten einer **Messeteilnahme** oft nicht unerheblich sind, sollte zuvor ihre Effizienz für den Exporteur vor allem im Hinblick auf Messeart, Messeeignung, Messezeitpunkt und Messeimage geprüft werden. Die Teilnahme sollte organisatorisch gut vorbereitet werden.

In vielen Fällen nehmen ausländische Anbieter die auf Messen und Ausstellungen gezeigten Produkte und verwendeten Gegenstände wieder mit, sodass **zollrechtliche Bestimmungen** zu beachten sind.

Eine **vorübergehende Verwendung** liegt vor, wenn Waren nur vorübergehend oder für bestimmte Zwecke eingeführt werden ohne eine Veränderung zu erfahren. Es ist grundsätzlich vorher eine zollamtliche Bewilligung zu beantragen; unter Umständen wird eine bestimmte Sicherheitsleistung vom Zoll verlangt.

In den meisten Fällen führt die Bewilligung der vorübergehenden Verwendung zur vollständigen Zollentlastung.

Oft findet auch das Carnet A. T. A. (Admission temporaire - Temporary Admission) als **internationales Zollpassierscheinheft** Verwendung. Es soll das vorübergehende Verbringen von Waren ins Ausland dadurch erleichtern, dass bei seiner Benutzung die Zahlung oder Hinterlegung von Zöllen und sonstigen Einfuhrabgaben entfällt und keine besonderen Zollanmeldungen in den Einfuhrländern auszufertigen sind.

Auch die Teilnahme an **Auktionen** kann besonders in der Markteinführungsphase verkaufswirksam sein. Auktionen sind öffentliche Bietungsverfahren, bei denen diverse Produkte, oft auch Rohstoffe, an einen Meistbietenden veräußert werden. Für Rohstoffe sind Auktionsplätze i. d. R. die Weltumschlagsplätze für die jeweiligen Waren.

Auktionen werden oft nach **traditionellen Handelsbräuchen** abgewickelt. Die zur Versteigerung anstehende Partie wird in einzelne Lose aufgeteilt, um die Verkaufschancen zu verbessern. Besichtigungen der Ware sind möglich, doch wird keine Qualitätsgewährleistung übernommen. Mit dem Zuschlag erhält der Importeur i. d. R. eine Schlussnote, die den Kauf dokumentiert, sowie einen Lagerschein, der zum Empfang der Ware in einem Lagerhaus oder bei der Hafenverwaltung berechtigt. Meistens muss die Ware sofort bezahlt werden.

Sind potenzielle Käufer/Importeure durch Werbemaßnahmen angesprochen worden, richten sie oft (konkrete) Anfragen an den Exporteur. Dabei sollten grundsätzlich alle **Auslandsanfragen** beantwortet werden, auch wenn an einem bestimmten Auftrag aus unterschiedlichen Motiven zurzeit kein oder nur ein geringes Interesse besteht. Sowohl das eigene **Firmenimage** als auch die weltweit ständig zunehmende Wettbewerbsintensität verlangen eine möglichst umgehende Antwort, die nicht zuletzt auch die **Lieferfähigkeit** des Exporteurs unterstreichen kann. Im Einzelfall kann jedoch der Umfang des Antwortschreibens vom Grad des Interesses am jeweiligen Auftrag abhängen.

Auslandsanfragen können in jeder **Übertragungsform** auftreten, sei es brieflich, fernschriftlich, telefonisch, telekommunikativ, per E-Mail oder mündlich. In vielen Fällen wird die Antwort in der gleichen Übertragungsform ausgeführt, doch ist aus Beweisgründen stets die Schriftform vorzuziehen.

Die Beantwortung von Auslandsanfragen sollte nach Möglichkeit auch in der **Sprache** des Anfragenden oder zumindest in einer gebräuchlichen Handelssprache abgefasst sein. Der Erhalt einer Antwort in einer für den Anfragenden geläufigen Sprache ist i. d. R. Voraussetzung für die Fortsetzung der Kaufverhandlungen. Um die Auslandsanfrage komplett und detailliert bearbeiten zu können, sind folgende materiellen Aspekte als wesentliche **Bestandteile** der Anfrage zu klären:

- die genaue Bezeichnung der gewünschten Ware oder Leistung
- die Angabe der gewünschten Menge
- die Benennung besonderer erforderlicher Eigenschaften wie Abmessung, Farbe, technische Leistung oder Qualität
- die Erfüllung bestimmter rechtlicher und/oder technischer Voraussetzungen (z. B. technische Abnahmeprüfung, Einhaltung von Normen)
- der gewünschte Zeitpunkt der Lieferung oder Leistung
- gegebenenfalls sonstige individuelle Wünsche (z. B. Gebrauchsmuster, Lieferbedingungen).

Auch in der Phase der Geschäftsanbahnung sollten unnötige Kosten vermieden werden, sodass bei **Unklarheiten** oder Unvollständigkeit hinsichtlich der zuvor genannten Aspekte beim Anfragenden zurückzufragen ist, bevor das Angebot abgegeben wird. Derartige **Rückfragen** können einerseits Enttäuschungen beim potenziellen Importeur über ein verfehltes Angebot vermeiden und andererseits zu einer Verdeutlichung der Kompetenz des Exporteurs auf diesem Gebiet beitragen.

Auslandsanfragen können auch alternativ und/oder ergänzend beantwortet werden, um auf das breite **Sortiment** des Exporteurs aufmerksam zu machen. Dabei sollte jedoch auf die unter Umständen verschiedenen Einsatzmöglichkeiten der Produkte hingewiesen werden oder z. B. auf unterschiedliche Gebindegrößen oder Verpackungsarten. Bei Massenartikeln und Gebrauchsgütern sollte der Interessent auf die Möglichkeit der Einräumung von Staffelpreisen bei bestimmten Abnahmemengen hingewiesen werden.

In gewissen Branchen oder bei bestimmten Produkten ist zu überlegen, ob dem Interessenten **Warenproben** zuzusenden oder Musterkollektionen vorzustellen sind, die ihm die Möglichkeit geben können, das Angebot hinsichtlich der gewünschten Eigenschaften zu überprüfen, bevor er sich zur Auftragserteilung entschließt. Dies sollte jedoch i. d. R. nur geschehen, wenn eine derartige Vorgehensweise geschäftsüblich, produktmäßig sinnvoll oder kostenmäßig vertretbar ist. Voraussetzung ist oft ein entsprechend organisierter Distributionsweg, insbesondere über Auslandsagenten oder Auslandsreisende.

Auslandsanfragen von interessierten Importeuren werden auch seitens der Germany Trade and Invest und im Internet veröffentlicht. Außerdem bieten zahlreiche Verbände und Kammern Geschäftsvermittlungen durch **Veröffentlichung von Exportangeboten und Importanfragen** an.

Bei der Abgabe eines Angebotes ist auch zu beachten, dass dieses als **Grundlage für den Kaufvertrag** herangezogen wird und deshalb alle wesentlichen späteren Bestandteile des Vertrages enthalten sollte. Mitunter genügt bei einer detaillierten und klaren Angebotsabgabe eine (schriftliche) Annahme des Angebotes für den Vertragsabschluss. Aus Beweisgründen sendet der Exporteur dann eine **Auftragsbestätigung** an den Importeur. Schwierigkeiten oder Verzögerungen können jedoch eintreten, wenn das Auftragsschreiben des Importeurs inhaltlich nicht mit dem Angebotsschreiben des Exporteurs übereinstimmt.

Eine besondere Form der Auslandsanfrage ist die internationale **Ausschreibung**, die vor allem bei Großprojekten, Anlagen und Warenlieferungen größeren Umfangs anzutreffen ist (siehe hierzu auch Kapitel B.2.4). Dieser Form der Auslandsanfrage bzw. Aufforderung zur Angebotsangabe bedienen sich sowohl staatliche Institutionen als auch öffentlichrechtliche und private Unternehmen. Durch den Vergleich von Preisen, Qualitäten, Lieferfristen und anderen wichtigen Aspekten bei verschiedenen Exporteuren wird versucht, das für den Interessenten günstigste Angebot herauszufinden.

Die ausschreibende Institution beschreibt in den **Ausschreibungsunterlagen** die zu erbringenden Lieferungen und Leistungen und nennt die konkreten Auftragsbedingungen. Im Hinblick auf die Vergleichbarkeit der Angebote sollte das Leistungsverzeichnis vom Auftraggeber vorbereitet werden und in gleichlautender Form an alle Interessenten versandt werden. Dabei sind folgende Bereiche besonders zu beachten:

- spätestes Einreichungsdatum für das Angebot
- Preisgestaltung und Preisgleitklauseln
- Lieferfristen
- Währung und Kursrelationen
- Zahlungsbedingungen
- Haftung und Gewährleistung
- Lieferbedingungen
- Kündigung und ihre Folgen; Folgen der Nichterfüllung
- Vertragsstrafe
- Rechtsanwendung und Regelung bei Streitigkeiten
- verbindliche Sprachregelung
- Qualitätsprüfung
- Gültigkeitsdauer des Angebots.

Die Abgabe von Angeboten auf Auslandsausschreibungen ist meistens mit hohem Arbeitsaufwand und Kosten verbunden. Daher sollte der interessierte Exporteur zunächst jede Ausschreibung einer genauen **Vorprüfung** unterziehen, die die Frage zu klären hat, ob die Ausschreibungsbedingungen aufgrund der eigenen Leistungsfähigkeit erfüllt werden können, und ob der Auftrag einen angemessenen Gewinn erwarten lässt. Als

Entscheidungshilfe für eine Angebotsabgabe kann eine Checkliste dienen, die vor allem folgende Aspekte zu bewerten hätte:

- Auftraggeber (Vertragspartner)
- Absender der Ausschreibungsunterlagen (evtl. Sponsor, Consultingfirma)
- Projektbeschreibung (Leistungsverzeichnis)
- Auftragswert
- Abrechnungswährung und Zahlungsbedingungen
- Länderrisiko
- Bonität des Auftraggebers
- Frist für die Angebotsabgabe
- Konkurrenzsituation
- Gemeinschaftsangebote bei geringer eigener Leistungsfähigkeit
- zu erwartender Ausführungszeitraum
- Bindungsfrist (insbesondere preisliche) an das Angebot.

Aufgrund des teilweise zeitaufwändigen Entscheidungsprozesses beim Auftraggeber in verschiedenen Ländern kann eine **Festschreibung des Angebotspreises** für 9 - 12 Monate mit einer Verlängerungsoption um weitere Monate in den Ausschreibungsbedingungen verlangt werden, was in der Exportkalkulation zu berücksichtigen ist.

Werden Angebote in Auslandswährung gefordert, sind Maßnahmen zur Absicherung des **Kursrisikos** zu kalkulieren. Je nach Länderrisiko und Bonität des Auftraggebers ist das **Kreditrisiko** zu beurteilen.

Hat sich der Exporteur für eine Beteiligung an der Ausschreibung entschieden, ist ein ständiges Kontakthalten zur ausschreibenden Stelle empfehlenswert, um bei zusätzlichem Informationsbedarf die benötigten Angaben schnell nachreichen zu können.

Der **persönliche Verkauf** auf Auslandsmärkten erlaubt einerseits eine besonders individuelle Geschäftsgestaltung, ist andererseits aber sehr kostenintensiv und ist deshalb vor allem bei höherwertigen, erklärungsbedürftigen und besondere Problemlösungen verlangenden Produkten anzutreffen.

Die **Kontaktaufnahme durch die Auslandsvertriebsorganisation** wird durch das Vorhandensein einschlägiger Adresskarteien sehr erleichtert. Den ausgewählten Abnehmergruppen können so zunächst schriftliche Informationen beispielsweise in Form von Prospekten oder Katalogen zugestellt werden, denen dann konkrete Fach- und Verkaufsgespräche folgen können.

Zu den wichtigen **Aufgaben des Verkäufers** zählen:

- die Informationsbeschaffung
- die Verkaufsplanung und Verkaufsvorbereitung

- die Kontakt- und Verkaufsgespräche
- die Auftragsabwicklung.

Die persönliche Kontaktaufnahme im Rahmen der Geschäftsanbahnung ist auf vielen Auslandsmärkten zwar wegen der dort bestehenden Mentalitäten von herausragender Bedeutung, doch sollten bei den Verkaufsgesprächen immer die **landestypischen Gewohnheiten, Sitten und Gebräuche** beachtet werden.

Die adäquate Auswahl einer kompetenten Persönlichkeit aus dem Abnehmerland oder dem Heimatland ist deshalb sehr wichtig, aber nicht immer leicht. Während Mitarbeiter aus dem Auslandsmarkt keine Sprachprobleme haben und den dortigen Verhandlungsstil und die kulturellen Gepflogenheiten wie Kleidung, Körpersprache oder Sitten gut kennen, wird dem Verkaufspersonal aus dem Heimatland oft eine besondere Sachkompetenz sowie Kenntnis und Einflussnahmemöglichkeit im Unternehmen zugesprochen.

Eine erhebliche akquisitorische Wirkung hat auch die richtige **Präsentation der Waren in den Verkaufsstellen**.

Manche Produkte werden von im Auslandsmarkt ansässigen Unternehmen zusammen mit anderen unter Umständen auch konkurrierenden Produkten in ihren Verkaufsräumen angeboten. Hierbei sollte der Exporteur je nach seiner Einflussnahmemöglichkeit die gewünschte Präsentation der Produkte vorschlagen oder überwachen.

		Lösung
1.	Was unterscheidet das Außenhandelsmarketing von einem traditionellen Außenhandelsgeschäft?	S. 229
2.	Definieren Sie das Exportmarketing!	S. 229
3.	Was ist der besondere Inhalt des internationalen Marketing?	S. 230
4.	Was ist das generelle Ziel des Außenhandelsmarketing?	S. 231 f.
5.	Erläutern Sie den Ablauf des Marketingprozesses!	S. 232
6.	Was beinhaltet die Auslandsmarktkonzeption?	S. 233 f.
7.	Welche Orientierungsmöglichkeiten hat ein Unternehmen bei Auslandsaktivitäten?	S. 233
8.	Erläutern Sie die Allokationsstrategie!	S. 233 f.
9.	Erläutern Sie den Aufbau einer SWOT-Analyse!	S. 246
10.	Was besagt die kalkulatorische Ausgleichsstrategie?	S. 234
11.	In welcher Weise können Wettbewerbsstrategien auf Auslandsmärkten entwickelt werden?	S. 252 f.
12.	Wie umfassend sollte die Informationsbeschaffung bei der Auslandsmarktforschung sein?	S. 235 f.
13.	Wie unterscheiden sich Marktbeobachtung und Marktanalyse?	S. 235 f.
14.	Definieren Sie den Begriff Auslandsmarktforschung!	S. 235
15.	Nennen Sie Ziele und Methoden der Auslandsmarktforschung!	S. 235
16.	Welchen Zweck hat die Marktvorauswahl?	S. 237
17.	Wie kann eine Checkliste zur Marktvorauswahl aufgebaut sein?	S. 237 f.
18.	Nach welchen Kriterien bemisst sich die Marktattraktivität im Rahmen der Marktanalyse?	S. 239 ff.
19.	Mit welchem Ergebnis endet die Marktanalyse?	S. 240 f.
20.	Welche Aufgabe hat die Marktsegmentierung?	S. 241 f.
21.	Welche Bereiche sind Gegenstand einer Prüfung der eigenen Einsatzfähigkeit auf dem Auslandsmarkt?	S. 242 f.
22.	Was ist Inhalt von Marktprognose und Absatzprognose?	S. 248 f.
23.	Wie lassen sich Auslandsmarktkapazität, Auslandsmarktvolumen und Auslandsmarktanteil definieren und errechnen?	S. 248 f.
24.	Nennen Sie Beispiele für quantitative und qualitative spezielle Marketingziele!	S. 249 f.
25.	Was wird unter einer Auslandsmarketingstrategie verstanden?	S. 250
26.	In welche Hauptgruppen werden die Marketinginstrumente zusammengefasst? Nennen Sie die Aufgaben der Teilstrategien!	S. 250 f.
27.	Welche Schritte sind bei der Entwicklung einer Auslandsmarketingstrategie zu beachten?	S. 253
28.	Welche Instrumentalstrategien sind grundsätzlich zu unterscheiden?	S. 260

		Lösung
29.	Erläutern Sie den Inhalt von Marktfeldstrategien!	S. 251
30.	Welchem Zweck dient eine Lückenanalyse?	S. 252
31.	Nennen Sie besondere Merkmale des Investitionsgütermarketing!	S. 253 f.
32.	Wie unterscheiden sich Produktqualität und Produktgestaltung?	S. 254 f.
33.	Welche Aufgaben hat eine Produktverpackung?	S. 255
34.	Was ist bei der Markierung von Auslandssendungen zu beachten?	S. 256
35.	Wie könnte die Kundendienstpolitik formuliert werden?	S. 256
36.	Was ist hinsichtlich des Produktimages auf Auslandsmärkten besonders zu beachten?	S. 256
37.	Nennen Sie die Bereiche der Sortimentsgestaltung!	S. 256
38.	Welche Vorteile kann eine Sortimentsauswahl für bestimmte Auslandsmärkte haben?	S. 256 f.
39.	Wann könnte eine Sortimentsergänzung interessant sein?	S. 257
40.	Erläutern Sie die Problematik der Sortimentsvariation!	S. 257
41.	In welcher Weise kann eine Sortimentsverbesserung erreicht werden?	S. 257
42.	Wann sollte eine Sortimentsaussonderung erfolgen?	S. 258
43.	Was versteht man unter Sortimentsbreite bzw. -tiefe?	S. 258
44.	Nennen Sie eine Reihe von kontraktstrategischen Maßnahmen auf Auslandsmärkten!	S. 261
45.	Was sollte Gegenstand einer Preisanalyse sein?	S. 261 f.
46.	Welche Probleme könnten bei räumlicher Preisdifferenzierung auftreten?	S. 263
47.	Was versteht man unter grauen Märkten?	S. 263
48.	Erläutern Sie die Vorgehensweise bei der Preisabschöpfungsstrategie!	S. 265
49.	Erläutern Sie die Vorgehensweise bei der Penetrationsstrategie!	S. 266
50.	Wann lässt sich die Penetrationsstrategie am ehesten erfolgreich durchführen?	S. 266
51.	In welcher Weise nimmt der Staat oft Einfluss auf die Preisbildung im Außenhandel?	S. 267
52.	Was versteht man i. d. R. unter Dumpingpreisen auf Auslandsmärkten?	S. 267
53.	Welche Maßnahmen zählen zur Konditionenpolitik?	S. 269 f.
54.	Erläutern Sie die Bedeutung der Liefermodalitäten!	S. 270
55.	Welche Rabattarten lassen sich im Rahmen der Konditionenpolitik unterscheiden?	S. 270 f.
56.	Welche Maßnahmen umfasst die auslandsmarktbezogene Distributionspolitik?	S. 271
57.	Welche Aufgabe hat die Distributionspolitik?	S. 271

		Lösung
58.	Welche grundsätzliche Frage ist beim Aufbau von Vertriebswegen zum Auslandsmarkt zu klären?	S. 272
59.	Was untersucht die Produktflussanalyse?	S. 272
60.	Wie lässt sich der Wirkungsgrad einer gewählten Vertriebsstrategie feststellen?	S. 272
61.	Wie unterscheiden sich Eigen- und Fremdvertrieb?	S. 272 f.
62.	Welche Bedeutung hat die jeweilige Marktdurchdringung für die Wahl von Eigen- und Fremdvertrieb?	S. 273
63.	Wovon hängt die Auswahl von Vertriebsweg und Vertriebspartner vor allem ab?	S. 273
64.	Nach welchen Kriterien kann die Eignung von Distributionspartnern bei Auslandsgeschäften beurteilt werden?	S. 273 f.
65.	Welches Ziel hat die auslandsmarktbezogene Kommunikationspolitik?	S. 276
66.	Nennen Sie die Instrumente der Kommunikationspolitik!	S. 276
67.	Erläutern Sie den Begriff Unternehmensidentität!	S. 276
68.	Welche Ziele hat die Öffentlichkeitsarbeit und wie können sie erreicht werden?	S. 276 f.
69.	Was untersucht die Situationsanalyse im Rahmen der Öffentlichkeitsarbeit?	S. 277
70.	Welche strategischen Maßnahmen können sich aus einer Situationsanalyse ergeben?	S. 277
71.	Nennen Sie Ziel und Instrumente einer auslandsmarktbezogenen Verkaufsförderung!	S. 278 f.
72.	Grenzen Sie die Werbung von der Verkaufsförderung ab!	S. 278
73.	Welche Schritte sind bei der Werbeplanung zu beachten?	S. 279
74.	Nennen Sie wesentliche Werbeziele!	S. 279
75.	Was ist die Konsumentenrente?	S. 265
76.	Wie wird das Werbebudget festgelegt?	S. 280
77.	Was ist bei der Zielgruppenbestimmung in der Auslandswerbung zu beachten?	S. 280
78.	Welche Tätigkeiten können vorrangig Werbeagenturen für den Außenhandel übernehmen?	S. 281
79.	Wie unterscheiden sich Werbemedien und Werbemittel?	S. 281
80.	Kennzeichnen Sie das Wesen einer Dachkampagnenstrategie!	S. 280
81.	Erläutern Sie Wesen und Inhalt der Marketing-Mix-Entscheidung!	S. 286
82.	Erläutern Sie einige Probleme, die bei der Marketing-Mix-Entscheidung auftreten!	S. 286
83.	Was ist Gegenstand der Marketingplanung?	S. 288 f.

		Lösung
84.	In welcher Weise kann die Netzplantechnik bei der Terminierung der marketingpolitischen Maßnahmen eingesetzt werden?	S. 288 f.
85.	Wie ist die Maßnahmenplanung im Auslandsmarketing aufzubauen?	S. 288 f.
86.	Kennzeichnen Sie das Kommunikationssystem!	S. 276
87.	Nennen Sie Vor- und Nachteile für das Sponsoring!	S. 282 f.
88.	Erläutern Sie den Ablauf der Auslandsmarketingplanung im Sinne eines rollierenden Planungssystems!	S. 289
89.	Wie können Messen und Ausstellungen voneinander abgegrenzt werden?	S. 289 f.
90.	Welche Vorteile bieten Messen und Ausstellungen?	S. 289 f.
91.	Was sind Auktionen und wie laufen sie i. d. R. ab?	S. 291 f.
92.	Welchen Inhalt sollte eine Auslandsanfrage haben?	S. 292
93.	Welche Aspekte sollte ein Anbieter/Exporteur vor einer Teilnahme an einer Ausschreibung beachten?	S. 293 f.
94.	Was ist bei einer persönlichen Kontaktaufnahme zur Geschäftsanbahnung auf Auslandsmärkten zu berücksichtigen?	S. 294 f.
95.	Welche Funktionen übernimmt die Marke?	S. 259
96.	Wodurch drückt sich die Stärke einer Marke aus?	S. 260

G. Außenhandelsrisiken

1. Risiko und Risikopolitik

Jedes Risiko hat Auswirkungen auf die Liquidität, Rentabilität und Kreditwürdigkeit des Außenhandelsunternehmens. Aufgrund der ökonomischen, juristischen, sprachlichen, kulturellen und politischen Probleme, die sich durch die Entfernungen und Besonderheiten des Auslandsmarkts ergeben, tritt eine Vielzahl von Risiken auf, die je nach Art und Umfang absicherbar oder versicherbar sind oder selbst getragen werden müssen.

Risiko ist die infolge zukünftiger Ungewissheit mit jeder wirtschaftlichen Tätigkeit verbundene Verlustgefahr, die das Unternehmen in seiner Gesamtheit oder in Teilen bedroht und damit auch das dort eingesetzte Kapital bzw. die erwarteten Gewinne aus Unternehmensleistungen.

Es ist für das Unternehmen besonders wichtig, mögliche Risiken rechtzeitig zu erkennen und zu beurteilen, welche Bedeutung diese Risiken haben, und welche Eintrittswahrscheinlichkeit zu erwarten ist. Auf dieser Grundlage ist es Aufgabe der **Risikopolitik** (→ Risk Management) sich zu entscheiden, ob das Risiko vermieden werden soll oder aktiv durch Risikosteuerungsinstrumente zu gestalten ist. Die Wirksamkeit der getroffenen Maßnahmen ist im Rahmen der Risikokontrolle kontinuierlich zu überprüfen und gegebenenfalls anzupassen. Alle erforderlichen Aktivitäten der Risikopolitik sind in der Finanzplanung und in der Außenhandelskalkulation zu berücksichtigen.

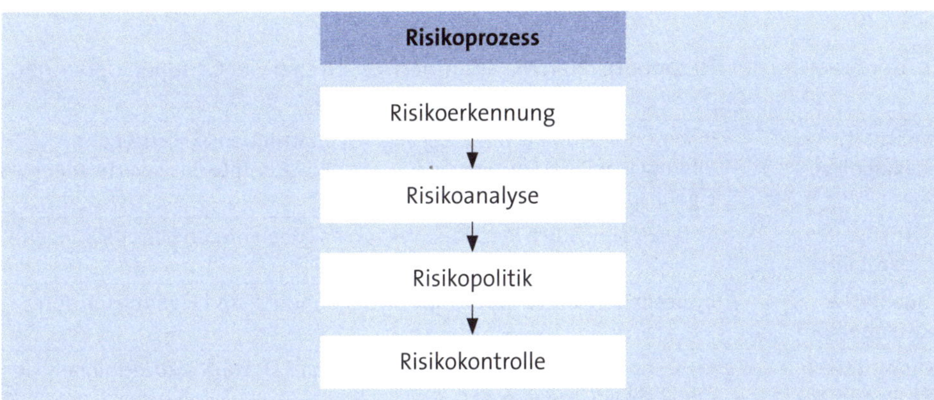

Während alle mit der Außenhandelstätigkeit verbundenen Risiken immer eine Verlustgefahr hinsichtlich des Kapitaleinsatzes bzw. der erwarteten Gewinne beinhalten, besteht bei einigen Risiken wie z. B. dem Kursrisiko und dem Preisrisiko auch eine zusätzliche Gewinnchance. Es ist deshalb in Risiko i. e. S. und Risiko i. w. S. zu unterscheiden.

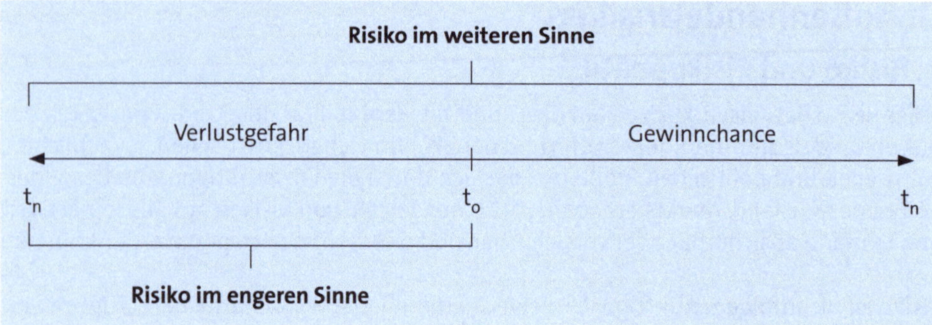

Zur Beurteilung der Eintrittswahrscheinlichkeit des Risikos (**Risikoanalyse**) können eigene Bewertungsmodelle, bei denen das Unternehmen selbst die relevanten Kriterien auswählt und gewichtet, oder fremde meist in Form von Ratings, bei denen auf spezifische Kenntnisse und Informationsbeschaffungsmöglichkeiten Dritter zurückgegriffen wird, verwendet werden.

Ein **Rating** stellt eine zweckorientierte Klassifizierung von Marktteilnehmern, Schuldnern oder Ländern im Hinblick auf ihre Bonität oder Eignung als Grundlage für unternehmerische Entscheidungen dar. Je nach Risikoart wird vor allem in Kreditrating, Emissionsrating und Länderrating unterschieden, sodass hier entweder Kreditinstitute, Kreditversicherer, internationale Ratingagenturen, Forschungsinstitute, Handelskammern oder Fachverlage tätig sind.

Bei der Auswahl der **risikopolitischen Maßnahmen** lassen sich vier Gruppen benennen:

Informatorische Risikopolitik	Insbesondere durch Verbesserung des Informationssystems oder Bildung von Risikogruppen in Bezug auf bestimmte Basiswerte wie Eigenkapital oder Umsatz
Zeitliche Risikopolitik	Insbesondere durch Verschiebung von risikobehafteten Entscheidungen
Qualitative Risikopolitik	Insbesondere durch Verbesserung der Bonitäts- und Eignungsprüfung
Quantitative Risikopolitik	Insbesondere durch Risikoumverteilung auf Dritte, Risikoverminderung und Risikokompensation

Von besonderer Bedeutung sind die Maßnahmen zur quantitativen Risikopolitik.

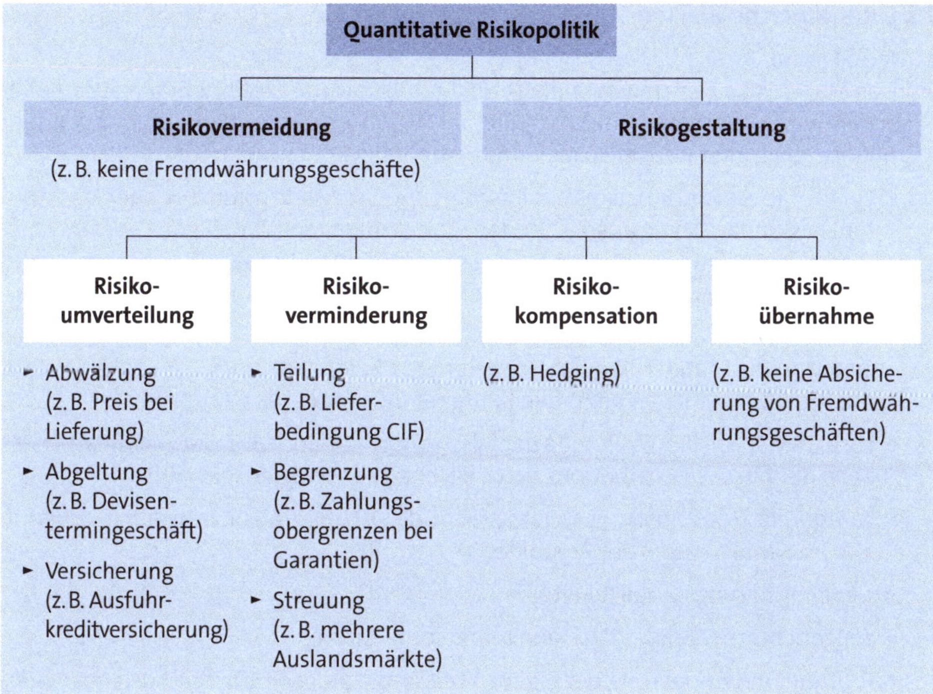

2. Risikoarten

Im Außenhandel können ökonomische Risiken und Länderrisiken auftreten. Die **ökonomischen Risiken** beziehen sich auf die mit der Außenhandelstätigkeit verbundene Verlustgefahr durch unternehmerische Fehleinschätzungen oder unbeeinflussbare wirtschaftliche Ereignisse, die den Kapitaleinsatz und die erwarteten Gewinne bedroht.

Bei den **Länderrisiken** handelt es sich um die mit der Außenhandelstätigkeit verbundene Verlustgefahr durch die besondere Situation und die Aktivitäten im Land des Vertragspartners, die den Kapitaleinsatz und die erwarteten Gewinne bedroht.

Risikoarten im Überblick:

Ökonomische Risiken

1. Marktrisiko
2. Preisrisiko
3. Kreditrisiko
4. Lieferungs-/Annahmerisiko
5. Kursrisiko
6. Transportrisiko
7. Standortrisiko

Länderrisiken

1. politisches Risiko im engeren Sinne
2. Zahlungsverbots- und Moratoriumsrisiko
3. Transfer- und Konvertierungsrisiko

(1.–3.: politisches Risiko im weiteren Sinne)

4. rechtliches Risiko
5. sozio-kulturelles Risiko

2.1 Ökonomische Risiken

1. **Marktrisiko**

   Das Marktrisiko kennzeichnet die Verlustgefahr, die das Unternehmen aus der falschen wirtschaftlichen Einschätzung der Auslandsmärkte bedroht, und kann in quantitativer, qualitativer, lokaler und temporaler Weise auftreten.

   - Quantitatives Marktrisiko: Fehleinschätzung des Marktvolumens oder Marktpotenzials, sodass keine ausreichenden Produktmengen für den jeweiligen Absatzmarkt im Ausland bzw. Beschaffungsmarkt im Inland zur Verfügung stehen und Käufer auf andere Produkte abwandern oder Preisverfall durch Überangebot eintritt.
   - Qualitatives Marktrisiko: Ein ungeeignetes Sortiment oder die schlechte Produktqualität sprechen nicht den Käufer im Ausland bzw. Inland an.
   - Lokales Marktrisiko: Es wurden der falsche Absatzmarkt/Beschaffungsmarkt oder auch der falsche Distributions- bzw. Beschaffungsweg ausgewählt.
   - Temporales Marktrisiko: Es wurde nicht der richtige Absatzzeitpunkt gewählt, z. B. im Hinblick auf neue Produkte.

   Risikoabsicherungsmöglichkeiten:

   - zielgerichtete Marktanalyse und Marktvorbereitung
   - Prüfung und Anpassung der eigenen Leistungsfähigkeit für den Auslandsmarkt
   - lfd. Marktberichterstattung durch Gebietsansässige
   - auslandsmarktbezogene Kommunikationspolitik
   - Auslandsmarktpräsenz
   - produktgemäßer Distributionsweg und geeignete Distributionspartner

2. **Preisrisiko**

   Das Preisrisiko beinhaltet die Gefahr von Preisveränderungen sowohl auf den Auslandsmärkten als auch auf dem Inlandsmarkt.

   So hat der **Importeur** vor allem ein Preissteigerungsrisiko im Hinblick auf die auf den Auslandsmärkten beschafften Produkte; andererseits ist er aber auch abhängig vom Inlandspreisniveau, sofern inländische Konkurrenzprodukte angeboten werden.

   Den **Exporteur** trifft einerseits ein Preissenkungsrisiko durch verschärften Wettbewerb auf den Auslandsmärkten oder durch staatlich subventionierte Preise von Konkurrenten und andererseits ein Preissteigerungsrisiko vor allem durch Lohnerhöhungen oder Materialverteuerungen auf der Einkaufsseite.

   Allerdings haben Exporteur und Importeur auch immer eine Chance auf für sie günstige Preisentwicklungen.

Risikoabsicherungsmöglichkeiten:

- marktsegmentbezogene Preispolitik
- Preisgleitklauseln
- Preisabsprachen, u. U. Kartelle oder Kooperationen
- Preisbindung, z. B. durch Indizes oder Inflationsrate
- Preissicherungsgeschäfte an Warenbörsen oder
- langfristige Außenhandelsverträge

3. **Kreditrisiko**
Das Kreditrisiko beinhaltet die Gefahr der **Zahlungsunwilligkeit, Zahlungsunfähigkeit** und des **Zahlungsverzugs** bei der Gewährung von Lieferantenkredit an den Importeur.

Risikoabsicherungsmöglichkeiten:

- Anzahlungen zur Mitfinanzierung des Auftrages, insbesondere während der Produktionszeit
- Kreditsicherheiten, wie Wechsel oder Garantien
- Akkreditivstellung
- Ausfuhrkreditversicherung
- Forderungsverkauf (insbesondere Exportfactoring, Forfaitierung)

4. **Lieferungs- und Annahmerisiko**
Für den Importeur besteht ein **Lieferungsrisiko** hinsichtlich der Einhaltung von Lieferfrist, Lieferqualität oder Liefermenge sowie sonstiger Vereinbarungen über die Lieferung durch den Exporteur.

Für den Exporteur besteht ein **Annahmerisiko** hinsichtlich der fristgerechten Annahme der Ware und der Unterlassung nicht berechtigter oder schwer nachprüfbarer Mängelrügen.

Risikoabsicherungsmöglichkeiten:

- Auskünfte von gewerblichen Auskunfteien, Konsulaten, Handelskammern usw.
- Bankinformationen
- Kaufvertragsgestaltung, insbesondere im Hinblick auf die Stellung einer speziellen Lieferungs- oder Gewährleistungsgarantie einer Bank
- Akkreditivstellung

5. **Kursrisiko**
Das Kursrisiko bezieht sich auf mögliche **Veränderungen von Austauschrelationen** zwischen verschiedenen Währungen im Zeitraum zwischen Vertragsabschluss und Zahlungseingang insbesondere zwischen der zu fakturierenden Währung gemäß Kaufvertrag und der Landeswährung. Das Kursrisiko beinhaltet grundsätzlich neben der Verlustgefahr auch eine Chance auf Kursgewinne.

Für den **Importeur** liegt das Kursrisiko vor allem darin, dass er bei Bezahlung mehr Geld in seiner Landeswährung aufzubringen hat als dies zum Zeitpunkt des Vertragsabschlusses der Fall gewesen wäre.

Für den **Exporteur** liegt das Kursrisiko darin, dass er bei Bezahlung weniger Geld in seiner Landeswährung erhält, als dies zum Zeitpunkt des Vertragsabschlusses der Fall gewesen wäre.

Aus der Sicht des **Importeurs** könnten zur Vermeidung des Kursrisikos Vorauszahlungen oder Barzahlungen vorgezogen werden, wenn der Wert seiner Landeswährung im Verhältnis zur fakturierten Währung sinkt; er wird ein möglichst langes Zahlungsziel anstreben, wenn der Wert seiner Währung steigt.

Der Exporteur wird dagegen zur Vermeidung eines Kursrisikos auf Barzahlung drängen, wenn der Wert der fakturierten Währung im Vergleich zu seiner Inlandswährung sinkt; er wird eher bereit sein, ein Zahlungsziel einzuräumen, wenn der Wert der fakturierten Währung steigt.

Risikoabsicherungsmöglichkeiten:

- Abschluss in inländischer Währung (dies kann jedoch nur entweder der Exporteur oder der Importeur erreichen)
- Diskontierung von Fremdwährungswechseln
- bei Zahlungsziel Kreditaufnahme in der fakturierten Währung und Tilgung des Kredites aus dem Exporterlös
- Devisentermingeschäfte zur kurzfristigen Kurssicherung
- längerfristige Kurssicherungsgeschäfte
- Devisenoptionsgeschäfte
- Swapgeschäfte

6. Transportrisiko

Das Transportrisiko ist das Risiko der **Beschädigung** oder des **Verlustes der Ware** auf dem Transportweg durch Unfall (Landwege), Havarie (Seewege), Krieg oder andere Ereignisse.

- lokales Transportrisiko: Versand an den falschen Ort
- temporales Transportrisiko: Verzögerung oder Verhinderung der Beförderung
- quantitatives Transportrisiko: Verlust oder Reduzierung der Ware
- qualitatives Transportrisiko: Verschlechterung oder Beschädigung der Ware

Risikoabsicherungsmöglichkeiten:

- Abschluss einer Transportversicherung
- Auswahl einer Lieferbedingung, die das Transportrisiko auf den Vertragspartner abwälzt (bei Exportverträgen z. B. ab Werk)

7. **Standortrisiko**
   Das Standortrisiko beinhaltet die richtige Wahl des Standortes für das Außenhandelsunternehmen im Hinblick auf seine Export- bzw. Importfähigkeit im Vergleich zu den Konkurrenzunternehmen. Das Standortrisiko kann sich beispielsweise in der Lohnstruktur, in der Arbeitsmoral, in der Infrastruktur, in der Steuergesetzgebung, in der Konkurrenzsituation oder in der Käuferstruktur ausdrücken.

   Risikoabsicherungsmöglichkeiten:

   - Direktinvestitionen im Absatzmarkt oder auf einem „billigen“ Drittmarkt
   - passiver Veredelungsverkehr
   - Lizenzfertigung
   - Kooperationen

2.2 Länderrisiken

Die Länderrisiken stellen bei Auslandsgeschäften einen beträchtlichen Unsicherheitsfaktor dar. Aus diesem Grund geben verschiedene Spezialinstitute wie Moody´s Investors Service, Standard & Poor´s Corp., Fitch, Institutional Investor´s Magazine, BERI, Hermes-Euler oder Coface in regelmäßigen Abständen Bewertungen und Gewichtungen von Länderrisiken heraus.

Diese internationalen Klassifizierungen (**Country Ratings**) bewerten ökonomische, rechtliche, soziale und politische Rahmenbedingungen in vielen Ländern nach quantitativen und qualitativen Kriterien. Ein Vergleich dieser Expertenbeurteilungen im Zeitablauf ist eine gute Möglichkeit zur Beurteilung des Länderrisikos.

1. **Politisches Risiko**
   Das politische Risiko umfasst die Verlustgefahr durch Schäden infolge von Feindseligkeiten wie Krieg, Boykott oder Blockade zwischen zwei oder mehreren Staaten oder aufgrund innenpolitischer Entwicklungen im Land des Vertragspartners wie Streik, Unruhen oder auch Bürgerkrieg. Zum politischen Risiko wird auch das Risiko der Beschlagnahme, des Verlustes der Ware oder ihre Beschädigung gezählt, sofern diese Ereignisse politisch motiviert sind.
2. **Zahlungsverbots- und Moratoriumsrisiko (ZM-Risiko)**
   Das **Zahlungsverbotsrisiko** besteht in der Möglichkeit, dass durch staatliche Maßnahmen zahlungswillige und zahlungsfähige Schuldner an der Erfüllung ihrer Verbindlichkeiten gehindert werden. Ein derartiges Zahlungsverbot kann infolge zwischenstaatlicher Konflikte aber auch aufgrund tiefgreifender Zahlungsbilanzprobleme ausgesprochen werden.

   Von einem **Moratoriumsrisiko** wird gesprochen, wenn kein grundsätzliches Zahlungsverbot vorliegt, sondern nur ein staatlich veranlasster Zahlungsaufschub, der oft in der Weise praktiziert wird, dass nur in gleicher Höhe wie Zahlungen aus dem anderen Land eingehen auch Zahlungen erbracht werden. Hierbei kann eine gewisse Reihenfolge für die Zahlungsausgänge gebildet werden, oder es werden Teilzahlungen geleistet.

3. **Konvertierungs- und Transferrisiko (KT-Risiko)**
Das **Konvertierungsrisiko** beinhaltet die Möglichkeit, dass der ausländische Staat den Umtausch seiner Währung in eine andere verbietet. Der Staat lässt dabei weiterhin die Erfüllung von Auslandsverträgen zu, doch erfolgt diese i. d. R. durch gegenseitige Verrechnung. Kompensationsgeschäfte sind oft auch die Folge eines Konvertierungsverbots.

Von einem **Transferrisiko** wird gesprochen, wenn der ausländische Staat kein grundsätzliches Konvertierungsverbot erlassen hat, sondern entweder bestimmten Schuldnern bei ihrer Bank bereits geleistete Zahlungen in inländischer Währung nicht in ausländische Währung umtauschen bzw. die inländische Währung nicht ins Ausland überweisen lassen will oder vorübergehend aus wirtschaftspolitischen Gründen einen Geldexport nicht wünscht.

Nicht selten sind ZM- und KT-Risiken eng miteinander verbunden.

Risikoabsicherung bei politischen Risiken i. w. S.:

- (staatliche) Kreditversicherung (z. B. Euler-Hermes-Kreditversicherung)
- Zahlungsgarantien
- (bestätigte) Akkreditive

4. **Rechtliches Risiko**
Rechtliche Risiken entstehen i. d. R. durch staatlich geprägte oder administrativ veranlasste Rahmenbedingungen für die Rechts- und Wirtschaftsordnung. So können insbesondere Veränderungen im Zoll- und Steuerrecht, bei den Import-/Exportregeln, im Arbeits- und Sozialrecht oder im Niederlassungsrecht sowie bei gewerblichen Schutzrechten erhebliche Auswirkungen auf die Effizienz der Auslandsaktivitäten eines Unternehmens haben. Obwohl hier inzwischen zahlreiche bilaterale Handelsverträge, die Schaffung von Wirtschaftszonen (z. B. EU oder NAFTA) sowie internationale Abkommen im Rahmen der WTO oder UNO mehr Rechtssicherheit geschaffen haben, unterliegen weiterhin viele Bereiche nationalen Regelungen.

Problematisch sind oft auch die individuelle Rechtsverfolgung und das Vollstreckungswesen.

Risikoabsicherungsmöglichkeiten:

- lfd. aktuelle landesspezifische Informationen
- Kontakte zu staatlichen Institutionen
- Kontakte zu Organen der Rechtspflege (z. B. Anwälte)

5. **Sozio-kulturelles Risiko**
Sozio-kulturelle Risiken entstehen durch die jeweilige Gesellschaftsstruktur in einem Land. Sie wird vor allem durch die Religionen des Landes, das Bildungswesen, die Traditionen und Gebräuche sowie durch soziale Konfliktpotenziale beeinflusst. Eine nicht ausreichende Beachtung dieser Faktoren erschwert erheblich den Markteintritt und birgt ein hohes Verlustpotenzial für das Unternehmen.

Die jeweilige **Kultur** ist ein Produkt kollektiven gesellschaftlichen Handelns und Denkens einzelner Menschen. Eine Kultur lässt sich deshalb vor allem durch gleiche

Kommunikation, gleiches Verhalten, gleiche Verhandlungsstile und gleiche Geschäftsusancen identifizieren.

Das Phänomen Kultur ist dabei nicht leicht zu fassen. Kultur drückt sich nach allgemeiner Auffassung durch die unterschiedliche Bedeutung folgender Komponenten in einer Gesellschaft aus:

- **Werte** → als meist religiös geprägte Einstellungen und Auffassungen zur Umwelt, zu Lebens- und Geschäftsabläufen sowie zu Produkten und Leistungen
- **Rituale** → als Verhaltensnormen meist bestimmter Gesellschaftsschichten
- **Vorbilder** → als idealisierte und nachahmenswerte Leitbilder
- **Symbole** → als meist sichtbare Zeichen unterschiedlicher Art, denen eine bestimmte Bedeutung und Aussage zukommt.

Risikoabsicherungsmöglichkeiten:

- einschlägige Vorbereitung der Auslandskontaktpersonen
- Einbeziehung von Gebietsansässigen im Auslandsmarkt
- detaillierte Landeskenntnis

Im Folgenden sollen nun die hauptsächlich verwendeten Risikoabsicherungsmöglichkeiten näher behandelt werden, sofern sie nicht an anderer Stelle bereits dargestellt werden.

3. Transportversicherung

Die Transportversicherung ist eine Schadensversicherung, die jedes in Geld schätzbare Interesse an beweglichen Sachen auf dem Transportweg gegen eine Vielzahl von Gefahren deckt und untergliedert sich in die See-, Binnen- und Lufttransportversicherung.

3.1 Seeversicherungsvertrag und Versicherungsablauf

3.1.1 Vertragsformen und Versicherungspolice

Der Abschluss einer Transportversicherung ist nicht nur zur besseren Absicherung des Transportrisikos empfehlenswert, da die Haftung des Transportunternehmens begrenzt ist, sondern wird auch bei vielen Finanzierungsalternativen im Außenhandel vom Kreditinstitut gefordert.

In Übereinstimmung mit den Haager Regeln und dem bisherigen, hierauf beruhenden § 425 HGB richtet sich mithin die Haftung des Verfrachters für Verspätungsschäden, die nicht zugleich Güterschäden darstellen, auch künftig nach den dispositiven Vorschriften des Bürgerlichen Gesetzbuchs über den Schuldnerverzug. (Der Verfrachter hat für die See- und Ladungstüchtigkeit des Schiffs zu sorgen, § 485 HGB). Die Haftungsfragen sind in den §§ 498 ff. HGB geregelt. Eine präsumtive Nichthaftung des Verfrachters entfällt bei Vorliegen der Umstände gem. § 499 HGB.

Welche Beweiskraft im Schadensfall dem Konnossement zukommt, ist in § 517 HGB geregelt. Die Haftungsgrenze ist grundsätzlich in § 504 HGB mit 666,67 SZR (1,24273 € am 06.12.2019) bestimmt, vertraglich kann gemäß § 512 HGB davon abgewichen werden.

In den §§ 426, 427, 451d HGB werden eine Reihe von möglichen **Haftungsausschlüssen** des Verfrachters genannt. Weiterhin sind in § 499 HGB Haftungsausschlüsse benannt zu denen vor allem zählen

- Havarie
- Krieg und Unruhen
- gerichtliche Beschlagnahme
- Streik und Aussperrung
- Beschlagnahme
- Handlungen und Unterlassungen des Abladers
- Bergungsmaßnahmen auf Seegewässer.

In den meisten Fällen macht der Verfrachter im Frachtvertrag von diesen Haftungsausschlüssen Gebrauch. Aufgabe der Transportversicherung ist es deshalb, vor allem diese durch Haftungsausschluss nicht gedeckten Risiken zu tragen.

Gegenstand des Versicherungsvertrages kann **jedes in Geld schätzbare Interesse** sein, dass jemand daran hat, dass die Ware ihren Bestimmungsort unbeschädigt erreicht. Eine genaue Bezeichnung über Art und Umfang des versicherten Interesses im Versicherungsvertrag ist unbedingt notwendig.

Zur Abdeckung seines Transportrisikos kann ein im Außenhandel tätiges Unternehmen zwischen folgenden Vertragsformen wählen:

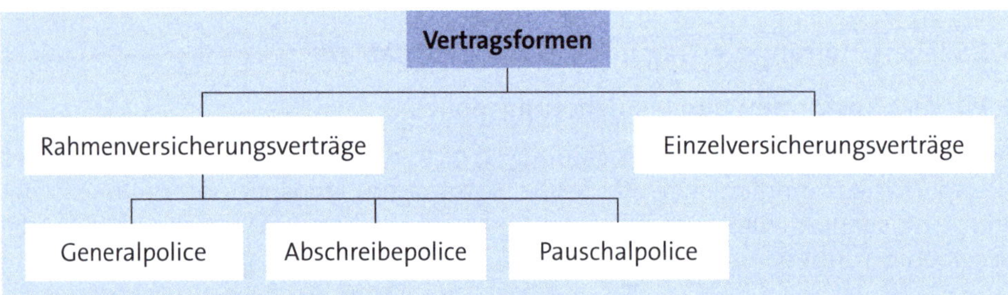

Eine **Generalpolice** wird ausgestellt, wenn regelmäßig oder häufig Transporte zu vergleichbaren Bedingungen durch einen Rahmenversicherungsvertrag versichert werden sollen. Die Generalpolice wird auch als laufende Versicherung bzw. laufende Police bezeichnet.

Die Generalpolice hat für den Exporteur den Vorteil, durch einen einmaligen Versicherungsantrag einen **längerfristigen Rahmenversicherungsvertrag** über seine Außenhandelstransporte abschließen zu können zu vergleichsweise günstigeren Konditionen, leichter Versicherungsanmeldung und schnellem Versicherungsschutz.

Der Abschluss erfolgt im Hinblick auf eine bestimmte Gruppe von Risiken für alle Waren oder Warengruppen für bestimmte Transportwege. Der Versicherungsnehmer ist verpflichtet, dem Versicherer alle unter die Police fallenden Transporte zu melden (Deklarationspflicht). Aus Vereinfachungsgründen wird oft eine wöchentliche, monatliche oder auch vierteljährliche Meldung vereinbart, die nach Transportkategorien (z. B. Importland, Transportweg, Transportmittel oder Warenart) und hinsichtlich der abgeschlossenen Prämiensätze gegliedert sein kann. Die Prämienzahlung bezieht sich nur auf die tatsächlich abgewickelten Transporte.

Versichert sind grundsätzlich alle **deklarierten Waren**, sobald sie sich auf dem Transport befinden bzw. alle Waren auf vorher vereinbarten bestimmten Transportwegen. Kommt jedoch der Versicherungsnehmer seiner Deklarationspflicht nicht ordnungsgemäß nach, wird der Versicherer von seiner Leistungspflicht befreit.

Auch nicht angezeigte **Risikoänderungen** können den Versicherer von seiner Leistungspflicht befreien. Als solche Risikoänderungen gelten z. B. eine Änderung des Bestimmungshafens, eine erhebliche Transportzeitverlängerung oder eine Seewegsabweichung. Der Versicherer kann in diesen Fällen eine Zuschlagsprämie verlangen. Er wird jedoch nicht von der Leistung frei, wenn der Versicherte trotz kaufmännischer Sorgfalt keine Kenntnis der Gefahrenänderung erhielt.

Eine weitere Form der Rahmenversicherungsverträge ist die **Pauschalpolice**, bei der **keine Deklarationspflicht** des Versicherungsnehmers besteht. Die Haftung des Versicherers bezieht sich hier auf fest umrissene Bedingungen und ein Schadensmaximum, die Prämienzahlung auf die Gesamtversicherungssumme mit einem pauschalen Prämiensatz. Es gelten alle Warensendungen bis zur vereinbarten Versicherungssumme als versichert, sofern sie genau den festgelegten Vertragsbedingungen entsprechen.

Mitunter besteht noch die Möglichkeit, eine **Abschreibepolice** zu wählen, bei der sich die Versicherungssumme ausgehend von einer Höchstsumme jeweils nach Abschluss einer Reise um den Versicherungswert dieses Transports verringert. Die Abschreibepolice bezieht sich i. d. R. auf einen kurzfristigen Zeitraum, in dem sie für Transporte mit gleichartigen Risiken auszuschöpfen ist. Sie kann aber am Ende der Laufzeit oder auch schon zwischenzeitlich bei Bedarf aufgefüllt werden. Die Verwendung der Abschreibepolice ist in der Praxis rückläufig.

Die Transportversicherungspolice dokumentiert den Versicherungsabschluss und den Versicherungsanspruch. Sie ist auf den namentlich genannten Berechtigten ausgestellt.

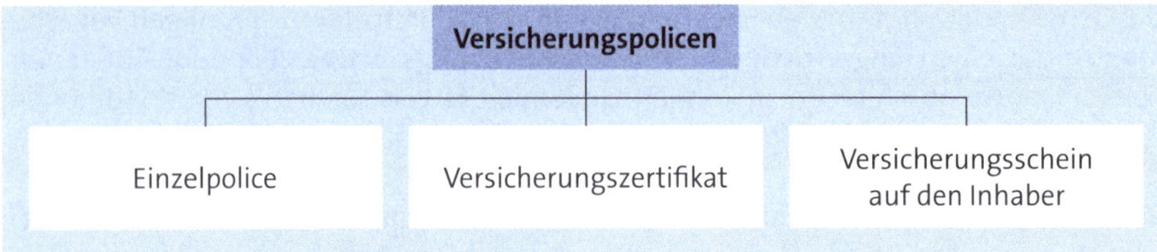

Liegt ein einmaliger Versicherungsabschluss über einen einzelnen Warentransport vor, soll hierüber eine **Einzelpolice** als gekorenes Orderpapier ausgestellt werden. Besteht dagegen ein Rahmenversicherungsvertrag kann bei Bedarf über jeden einzelnen Transport ein übertragbares **Versicherungszertifikat** (gekorenes Orderpapier) ausgehändigt werden.

Wenn im Außenhandel von der Transportversicherungspolice gesprochen wird, so sind damit i. d. R. die Einzelpolice oder das Versicherungszertifikat gemeint, die beide die gleiche rechtliche und wirtschaftliche Funktion haben. Dies wird auch dadurch besonders deutlich, dass verschiedene Versicherungsgesellschaften nur ein Formular verwenden mit der Bezeichnung „Versicherungszertifikat (Einzelpolice)". Mitunter wird aber auch die Auffassung vertreten, dass Versicherungszertifikat sei nur eine Beweisurkunde.

Schließt der Exporteur die Transportversicherung aufgrund einer Lieferbedingung zu Gunsten des Importeurs ab, die eine Versicherungsleistung beinhaltet (z. B. CIF) wird entweder der **Importeur im Ordervermerk** eingesetzt, der damit der Berechtigte wird, oder es wird **blanko-indossiert**.

Nach englischem Seeversicherungsrecht, das international von großer Bedeutung ist, ist die Versicherungspolice rechtskonstituierend, sodass alle Ansprüche nur aus ihr selbst abgeleitet werden können. Nach deutschem Recht ist es für die Rechtswirksamkeit des Versicherungsvertrages unerheblich, ob eine Police ausgehändigt worden ist (vgl. ADS § 14). Sie dient jedoch der besseren Beweisführung des Berechtigten über Art und Umfang des Versicherungsschutzes.

Alternativ können aber auch **Versicherungsscheine auf den Inhaber** ausgestellt werden. Sie sind durch die Vermerke *„...für Rechnung, wen es angeht... (for account of whom it may concern" und „...Schäden zahlbar an den Inhaber der Police (Claims payable to the holder of this certificate)"* zu erkennen.

Derartige Versicherungsscheine auf den Inhaber sind **qualifizierte Legitimationspapiere**, sodass die Versicherungsgesellschaft mit befreiender Wirkung an jeden Vorlegenden leisten kann. Andererseits kann sie die Zahlung aber auch dem Inhaber der Urkunde verweigern bzw. kann von ihr eine andere Beweisführung abgelehnt werden. Der Vorteil für die Versicherung besteht darin, dass sie im Gegensatz zu einem gekorenen Orderpapier nicht die Berechtigung des Vorlegenden (insb. durch eine geschlossene Indossamentenkette) nachprüfen muss.

Rechtsgrundlagen für den Versicherungsvertrag sind die „Allgemeinen Deutschen Seeversicherungsbedingungen (ADS)", und die „Besonderen Bestimmungen für die Güterversicherung 1973 in der Fassung von 1994".

Durch Bezugnahme auf diese Versicherungsbedingungen werden sie für jeden Seetransportversicherungsvertrag rechtsverbindlich und ersetzen dadurch weitgehend die allgemeinen Vorschriften des HGB.

In verschiedenen Ländern ist den dortigen Importeuren/Exporteuren der Abschluss einer Transportversicherung nur bei einem **einheimischen Versicherer** erlaubt, manchmal ist sogar der Versand auf „CIF-Basis" verboten. Dies gilt nach Angaben der „International Union of Marine Insurance" zzt. für etwa 40 Länder. Diese fehlende Vertragsfreiheit bedeutet für deutsche Unternehmen, dass sie bei Schäden auf die Leistungen der bonitätsmäßig unbekannten Versicherungen im Ausland angewiesen sind. Der Abschluss einer Schutzversicherung ist dann empfehlenswert (siehe Kapitel G.3.2.4).

3.1.2 Versicherungssumme und Versicherungswert

Grundlage jeder Entschädigung ist zunächst der **Versicherungswert**, also der Wert, den die Ware im unbeschädigten Zustand am Bestimmungsort gehabt hätte. Von diesem Wert wird der so genannte Krankwert, das ist der tatsächliche Wert der beschädigten Ware am Bestimmungsort, abgezogen.

Der Versicherungswert setzt sich aus dem üblichen Handelswert der Ware i. d. R. gemäß Handelsrechnung, den Fracht- und Versicherungskosten, evtl. Nebenkosten und dem **„imaginären Gewinn"** zusammen.

Diesen imaginären Gewinn schließt der Exporteur z. B. bei der Lieferbedingung CIF im Interesse des Importeurs mit einem Betrag von 10 % in die Versicherungssumme mit ein, um dadurch den vom Importeur **erwarteten Gewinn aus der Weiterveräußerung** der gekauften Waren im Schadensfall abzusichern.

Der imaginäre Gewinn kann aber nicht nur den entgangenen Gewinn ausdrücken, sondern sich auch als versichertes Interesse auf mögliche **Folgeschäden** oder **Ersatzansprüche** beziehen, die entstehen können, wenn die Ware den Bestimmungsort nicht vereinbarungsgemäß erreicht. In solchen Fällen kann der imaginäre Gewinn sehr hoch angesetzt werden.

Obergrenze jeder Entschädigung ist die Versicherungssumme. Der Versicherte sollte deshalb darauf achten, dass der Versicherungswert der Transportgüter nicht größer ist als die Versicherungssumme, da sich sonst die Entschädigung aufgrund der Unterversicherung verringert.

$$\text{Entschädigung} = \text{Schaden} \cdot \frac{\text{Versicherungssumme}}{\text{Versicherungswert}}$$

Beispiel

Beläuft sich so z. B. die Versicherungssumme bei einem Schaden von 700.000 € bei einem üblichen Versicherungwert der Ware von 1,1 Mio. € nur auf 900.000 €, beträgt die Entschädigung auch nur

$$700.000 \cdot \frac{900.000\ €}{1.100.000\ €} = \mathbf{572.727\ €}\text{, das sind } \mathbf{81{,}8\ \%}.$$

Liegt eine **Überversicherung** vor, hat der Versicherungsnehmer nur Anspruch auf den Versicherungswert.

3.1.3 Maßnahmen im Schadensfall

Im Schadensfall liegen die ordnungsgemäße und schnelle Abwicklung sowie Auszahlung der Entschädigung im besonderen Interesse des Versicherungsnehmers. Es werden deshalb allgemeine Anweisungen für den Schadensfall unter Nennung des zuständigen und mit den landestypischen Problemen besonders vertrauten **Havarie-Kommissars**, der die Schadensfeststellung vornimmt, vielfach auf der Rückseite der Versicherungspolice abgedruckt. Danach sind insbesondere folgende Maßnahmen zu ergreifen:

- sofortige Schadensüberprüfung der Waren bei Erhalt vom Frachtführer
- Sicherstellung von Ersatzansprüchen gegenüber den Frachtführern
- Verhinderung einer Ausweitung des Schadens
- Mitteilung des Schadens an die Versicherungsgesellschaft
- Heranziehung des Havarie-Kommissars, der am Ort den Schaden feststellt und darüber das Havarie-Zertifikat ausstellt
- Beachtung der Reklamationsfristen.

Die beschädigten Waren darf der Havarie-Kommissar zwar für Rechnung der Versicherung verkaufen, jedoch ist er nicht zu einer Entscheidung über die Anerkennung oder Ablehnung der Versicherungsleistung befugt.

Die **Schadensregulierung** wird meistens über einen Assekurateur auf der Grundlage des Havarie-Zertifikates vorgenommen, wozu der Assekurateur im Rahmen seines Agenturvertrages mit der Versicherung berechtigt ist. Ihm ist als Berechtigungsnachweis für die Begünstigung aus der Versicherung die Versicherungspolice vorzulegen.

Als **Schadensunterlagen** zur Berechnung der Entschädigung werden meistens verlangt:

- Versicherungspolice
- Versanddokument
- Handelsfaktura
- Unterlagen über Zahl, Maß und Gewicht am Abgangs- und Bestimmungsort
- Havarie-Zertifikat
- Korrespondenz über gegenüber dem Frachtführer geltend gemachte Ersatzansprüche
- Abtretungserklärung über die Ansprüche des aus dem Frachtvertrag Berechtigten an die Versicherung
- eigene Schadensaufstellung.

3.1.4 Aufgaben und Rechte des Assekurateurs

Der Assekurateur ist ein selbstständiger Kaufmann, der im Innenverhältnis durch seinen Agenturvertrag mit einer oder mehreren Versicherungsgesellschaften gebunden ist, im Außenverhältnis aber große Handlungsfreiheit hat und über einen guten **Marktüberblick** verfügt. Er verpflichtet die von ihm vertretene Versicherung durch seine Leistungszusage. Im Rahmen von späteren **Schadensregulierungen** kann er auch im Auftrag der Versicherer erforderliche Maßnahmen am Ort vornehmen.

Zu den Aufgaben eines Assekurateurs gehört auch die **Risikobeurteilung** und die **Prämienberechnung**. Da die Transportversicherung nicht der Versicherungsaufsicht, in Deutschland durch die Bundesanstalt für die Finanzdienstleistungsaufsicht (BAFin), unterliegt, herrscht hier Vertragsfreiheit, was einerseits bei der Prämienvereinbarung mehr Handlungsspielraum lässt, andererseits aber zu besonderer Achtsamkeit veranlassen sollte. Lediglich die Zulassung von Transportversicherungsunternehmen steht unter Aufsicht.

Aufgrund der Individualität jedes Transportes bestehen bei den Versicherern nur **Regelprämiensätze** und **Zuschlagssätze**, die vor allem abhängig sind:

- vom Wert und der Beschaffenheit der Waren
- von der Verpackung
- vom Deckungsumfang
- von der Schiffsklassifikation
- von Reiseweg und -dauer
- von der Jahreszeit.

Der Assekurateur kann für mehrere in- oder ausländische Versicherungsgesellschaften tätig sein und arbeitet auf Provisionsbasis mit Gewinnbeteiligung. Bevorzugter Sitz ist in den Seehäfen. Bei umfangreichen Transporten oder sehr hohen Risiken kann er für die Zusammenstellung eines Versicherungskonsortiums einen Versicherungsmakler einschalten.

3.1.5 Konsortialversicherung und Franchisen

Konsortialversicherungen und Franchisen sollen für die Transportversicherer die Risiken vermindern. So können zur **Risikostreuung** Konsortialversicherungen mit relativ geringen Quoten unter 10 % der Gesamtversicherungssumme durchgeführt werden, wobei jedoch keine gesamtschuldnerische Haftung übernommen wird, sodass jeder Konsorte nur bis zur Höhe der eigenen Quote haftet.

Ein Versicherungsunternehmen legt als Konsortialführer verantwortlich die Prämiensätze und Vertragsbedingungen fest, die von den Konsorten vollständig zu übernehmen sind. Bei der Unterbringung der vom Konsortialführer gezeichneten **Deckungsquote (Slip)** werden häufig Versicherungsmakler eingeschaltet.

Im Schadensfall trägt jeder Konsorte anteilig in Höhe seiner individuellen Quote zur Schadensregulierung bei. Fallen Konsorten aus, ergibt sich zunächst noch kein Problem, solange die Haftungsansprüche an die restlichen Konsorten unter ihrer Quote bleiben. Tritt jedoch ein Totalschaden ein, fehlt bei der Schadensregulierung der Anteil des ausgefallenen Konsorten. Der Versicherte erhält keine volle Entschädigung.

Damit einerseits der Versicherte nicht ohne Verschulden Schäden trotz Versicherung selbst tragen muss, und andererseits die Versicherer das Konsortialrisiko verringern können, werden in Deutschland und anderen Ländern Rückversicherungen abgeschlossen, sodass bei Ausfall von Konsorten die Rückversicherer diese Anteile in oft auch sehr kleinen Quoten übernehmen.

Rückversicherer sind i. d. R. allgemeine Versicherer, die auch diese Sparte des Versicherungsgeschäfts mitbedienen; sie decken durch die Rückversicherung den Schaden bzw. Ausfall des Erstrisikos.

Ein alter und bedeutender (Transport-) Versicherungsmarkt ist der englische Markt, der seine Ursprünge bereits in der Mitte des 17. Jahrhunderts hat. Hier waren und sind vor allem **Lloyd's Underwriter** als Zusammenschluss von zahlreichen privaten Versicherern tätig, die jedoch im Hinblick auf die Deckungsquote häufig eine gesamtschuldnerische Haftung übernommen hatten, was bei Ausfall mehrerer Konsorten nicht unproblematisch war.

Beispiel

Konsortialversicherung

	Schaden = 8 Mio. €/ Konsorte E ist ausgefallen	Totalverlust/ Konsorte E ist ausgefallen	Totalverlust/ Konsorte E ist ausgefallen
Konsorte A 2 Mio. €	Konsorte A 2 Mio. €	Konsorte A 2 Mio. €	
Konsorte B 2 Mio. €	Konsorte B 2 Mio. €	Konsorte B 2 Mio. €	
Konsorte C 3 Mio. €	Konsorte C 3 Mio. €	Konsorte C 3 Mio. €	bei Rückversicherung
Konsorte D 1 Mio. €	Konsorte D 1 Mio. €	Konsorte D 1 Mio. €	
Konsorte E 2 Mio. €			
= Deckungssumme 10 Mio. €	= Deckungssumme 8 Mio. €	= Deckungssumme 8 Mio. €	= Deckungssumme 10 Mio. €
	(jede Konsorte müsste jetzt 20 % mehr leisten als ohne Ausfall)	(ungedeckter Schaden 2 Mio. €)	

Franchisen dienen in der Versicherungswirtschaft der Risikobegrenzung. Sie bezeichnen die vertragliche Freizeichnung des Versicherers, wodurch dieser in bestimmter Höhe für Schäden nicht aufkommen muss.

Franchisen können aus der Sicht der Versicherung verwaltungsmäßig aufwändige Bagatellschäden und Kleinschäden absorbieren; aus der Sicht des Versicherten können durch eine Selbstbeteiligung geringere Prämien erlangt werden. Hierbei treten entweder prozentuale Vereinbarungen (z. B. frei von den ersten 3 %) oder absolute (z. B. 10.000 €) auf. Weiterhin sind zwei Gestaltungsmöglichkeiten zu unterscheiden:

- Bei der **Integralfranchise** besteht für den Versicherer Zahlungspflicht für den gesamten Schaden innerhalb der Deckungssumme, sobald dieser die Selbstbeteiligung übersteigt. Bei dieser Regelung werden unter Umständen Schäden aufgebauscht, um sie erstattungsfähig zu machen.
- Bei der **Abzugsfranchise** wird der Versicherte in jedem Fall in Höhe seiner Selbstbeteiligung am Schaden beteiligt. Eine Zahlungspflicht für den Versicherer besteht nur über die Selbstbeteiligungsquote hinaus bis zur Deckungssumme.

Beispiel

Abzugs- und Integralfranchise

Deckungssumme 1 Mio. € = 100 %	50.000 € oder 5 % Selbstbeteiligung	Schaden 70 % der Versicherungssumme	Schadensdeckung bei Abzugsfranchise = 65 % bzw. 650.000 €	Schadensdeckung bei Integralfranchise = 70 % bzw. 700.000 €

3.2 Deckungsformen und Versicherungsklauseln in der Seeversicherung

Der Versicherungsnehmer kann nach deutschem Recht zwischen folgenden Deckungsformen wählen:

- der vollen Deckung (Allgefahrendeckung) und
- der Strandungsfalldeckung.

3.2.1 Volle Deckung

Falls zwischen Versicherer und Versicherungsnehmer nichts anderes vereinbart ist, so gilt als Deckungsumfang immer die volle Deckung. Sie ist die am häufigsten verwendete Deckungsform. Hier leistet der Versicherer ohne Franchise Ersatz für Verlust oder Beschädigung der versicherten Güter auf dem Transportweg. Diese so genannte volle Deckung versichert jedoch nicht alle Güter gegen alle denkbaren Risiken. So sind insbesondere **ausgenommen:**

- Kriegsrisiken
- politische Risiken
- Kernenergierisiken
- Risiken durch Streiks, Aussperrungen, Unruhen und Terrorismus
- Finanzrisiken durch die Auswahl des Transporteurs.

Diese Risiken bis auf das Finanzrisiko können jedoch durch **Zusatzklauseln** des Deutschen Transportversicherungs-Verbands (DTV) abgedeckt werden:

- DTV-Kriegsklauseln
- DTV-Streik- und Aufruhrklauseln
- DTV-Kernenergieklauseln.

Gegenstand der Versicherung sind zwar „Güter aller Art“, doch sind in die Leistungspflicht des Versicherers, wenn nichts anderes vereinbart wurde, nicht einbezogen Güter wie Edelmetalle, Edelsteine, Wertpapiere, Geld, radioaktive Stoffe, explosive Güter, Waffen, lebende Tiere, Pflanzen und Drogen.

Weiterhin ist der Versicherer grundsätzlich nicht **ersatzpflichtig** bei Schäden, die verursacht wurden durch:

- eine Verzögerung der Reise
- inneren Verderb oder die natürliche Beschaffenheit der Güter
- handelsübliche Mengen-, Maß- und Gewichtsdifferenzen
- Luftfeuchtigkeit und Temperaturschwankungen
- Fehlen oder Mängel handelsüblicher Verpackung.

Beim Transport von Maschinen und Apparaten gilt immer zusätzlich die DTV-Maschinenklausel. Durch die DTV-Bergungs- und Beseitigungsklausel können Aufwendungen für die Bergung oder Vernichtung von Gütern bis zu 5 % der Versicherungssumme ersetzt werden.

Letztlich sind auch nur solche Transporte versichert, die auf einwandfreien Transportmitteln durchgeführt werden, im Seeverkehr also eine ausreichende **Klassifikation** besitzen.

Insgesamt gesehen liegt bei der vollen Deckung eine **Negativauflistung** vor, da grundsätzlich alle Risiken und Güter versichert sind, sofern sie nicht ausdrücklich ausgenommen sind.

3.2.2 Strandungsfalldeckung

Bei der Strandungsfalldeckung zählt der Versicherer die Schadensfälle auf (**Positivliste**), bei denen er die Risikoabsicherung übernimmt; in den nichtgenannten Fällen besteht keine Leistungspflicht (ADS, Besondere Bestimmungen für die Güterversicherung, Ziff. 1.2). **Versichert sind:**

- Strandung (sie liegt vor, wenn das Schiff auf Grund stößt, kentert, sinkt, scheitert, mit anderen Fahrzeugen oder Sachen zusammenstößt oder durch Eis beschädigt wird)
- Unfall eines anderen Transportmittels
- Einsturz von Lagergebäuden

- Brand, Blitzschlag, Explosion, Naturkatastrophen, Aufprall von Flugkörpern
- Überbordgehen, -spülen oder -werfen bei schwerem Wetter
- Aufopferung der Güter
- Entladen, Zwischenlagern und Verladen von Gütern in einem Nothafen
- Totalverlust ganzer Kolli, wenn der Verlust nicht infolge von Abhandenkommen oder mutwilliger Beschädigung eingetreten ist (z. B. Sabotage, Vandalismus)
- Totalverlust ganzer Kolli infolge Beschädigung beim Be- und Entladen des Transportmittels
- Havarie-Grosse-Beiträge.

In allen genannten Fällen zahlt der Versicherer ohne Franchise. Zur Senkung der Prämiensätze können jedoch Franchisen individuell vereinbart werden.

Die Strandungsfalldeckung findet vor allem bei Massengütern Verwendung, bei denen besondere Beschädigungen nicht zu erwarten sind. Für **Deckladungsgüter** gilt grundsätzlich nur die Strandungsfalldeckung. Sollte es sich jedoch um allseitig geschlossene Container oder Leichter handeln, können hier gleiche Versicherungsverträge abgeschlossen werden wie für Raumladungsgüter, sodass auch die volle Deckung möglich ist.

3.2.3 Englische Versicherungsklauseln

Im internationalen Handel werden häufig die englischen Versicherungsklauseln der International Underwriting Association of London (IUA), die sog. Institute Cargo Clauses, verwendet. Hierbei sind drei Deckungsformen zu unterscheiden.

Institute Cargo Clauses C
Hier beschränkt sich die Leistungspflicht des Versicherers auf Elementarereignisse insbesondere auf Schäden aus großer Havarie, ergänzt durch einige weitere im Einzelnen genannte Risiken. Es werden nur die benannten Gefahren (Named Perils) versichert:

- Aufopferung oder Seewurf bei großer Havarie
- Güterentladung im Nothafen
- Kollisionen von Schiff oder anderem Transportmittel
- Feuer und Explosion
- Stranden, Aufgrundlaufen oder Kentern des Schiffes
- Entgleisung oder Überschlagung des Landtransportmittels.

Wird der Kaufvertrag mit der **Lieferbedingung CIF** gemäß den Incoterms abgeschlossen, so ist der Exporteur verpflichtet, einen Versicherungsvertrag mindestens auf der Grundlage der C-Deckung abzuschließen. Die Versicherungssumme muss den CIF-Preis zuzüglich 10 % imaginären Gewinn decken.

Die deutsche Strandungsfalldeckung entspricht zwar in vielen Punkten der C-Deckung, ist aber noch umfangreicher und umfasst vor allem auch die komplette Versicherung der Landtransporte, einige Risiken im Hafen, wie z. B. den Einsturz von Lagergebäuden, Naturkatastrophen und Sabotage. Decksladungen werden i. d. R. nur in dieser Deckungsform versichert.

Institute Cargo Clauses B
Diese Klausel bietet einen umfangreicheren Versicherungsschutz als die C-Deckung. Es werden zusätzlich folgende Risiken gedeckt:

- Überbordspülen
- Eindringen von See- oder Flusswasser in das Transportmittel, den Container oder auf den Ladeplatz
- Totalverlust ganzer Kolli beim Laden oder Löschen von See- und Flussfahrzeugen
- Erdbeben, Vulkanausbruch und Blitzschlag.

Bis auf die Risiken durch das Eindringen von See- und Flusswasser ist der Deckungsumfang der deutschen Strandungsfalldeckung größer als der der B-Deckung, weil hier auch die anderen, nicht genannten Transportmittelunfälle und Naturkatastrophen sowie der Zusammenstoß mit Flugobjekten, der Einsturz von Lagergebäuden, das Überbordgehen bei schwerem Wetter und die absichtliche Beschädigung und Zerstörung (z. B. Sabotage) versichert sind.

Institute Cargo Clauses A
Der Versicherungsschutz entspricht im Wesentlichen der deutschen vollen Deckung, sodass auch hier im Prinzip eine Allgefahrendeckung vorliegt. Nicht eingeschlossen sind verschiedene Sonderrisiken wie Krieg und Aufruhr, die jedoch durch die entsprechenden Zusatzklauseln wie „Institute War Clauses", „Institute Strike Clauses", „Malicious Damage Clauses" und „Institute Commodity Trade Clauses" versicherbar sind. Gemäß den Incoterms 2020 muss bei der Lieferbedingung CIP der Exporteur die Versicherung mit der Deckung Institute Cargo Clause A abschließen.

Grundsätzlich nicht ersatzpflichtig ist der Versicherer (ähnlich wie in den ADS) bei Schäden

- durch Fehlverhalten des Versicherten
- durch gewöhnliche Leckage, Mengen- und Maßdifferenzen, Verschleiß und Gewichtsverlusten
- durch mangelhafte oder unzureichende Verpackung
- durch inneren Verderb oder durch die Beschaffenheit der Ware
- durch Reiseverzögerungen
- durch die Zahlungsunfähigkeit des Transporteurs oder
- durch die ungenügende Eignung des Schiffes, anderer Transportmittel oder der Container.

3.2.4 Schutzversicherungen

Da bei manchen Lieferbedingungen (z. B. FOB) das Risiko bereits im Land des Exporteurs auf den Importeur übergeht, der Kaufpreis aber gemäß vereinbarter Zahlungsbedingung erst nach dem Transport fällig ist (z. B. Zahlungsziel 60 Tage), weiß der **Exporteur** nicht, ob und wie der Importeur das Transportrisiko absichert, und ob bei Beschädigung oder Verlust der Ware die Bezahlung (vertragswidrig) ausbleibt. Das Transportrisiko ist dann zwar rechtlich auf den Importeur übergegangen, aber wirtschaftlich hat es u. U. der Exporteur zu tragen.

Aus der Sicht des Exporteurs kann deshalb die Vereinbarung der **DTV-Export-Schutzklausel** sinnvoll sein, die das eigene Interesse des Exporteurs an der unbeschädigten Ankunft der Ware versichert. Die Versicherung deckt dann den Schaden des Exporteurs, wenn dieser weder die fällige Kaufpreiszahlung noch die Vergütung der von ihm ggf. geleisteten Havarie-Grosse-Zahlung vom Importeur erzwingen kann. Vom Abschluss der Schutzversicherung sollte der Importeur nicht Kenntnis erlangen.

Auch aus der Sicht des deutschen **Importeurs** kann es sinnvoll sein, eine Schutzversicherung abzuschließen, wenn er Bonität, Schadensregulierungspraxis und Deckungsumfang der ausländischen Versicherung nicht kennt.

Durch Vereinbarung der **DTV-Import-Schutzklausel** wird der Importeur bei Warensendungen auf der Basis der Lieferbedingungen CIF oder CIP so gestellt, als ob er das Transportrisiko bei einem inländischen Versicherer selbst gedeckt hätte und kann mit diesem die Versicherungsleistung abrechnen.

Auch **Konditionsdifferenzen** zwischen dem ausländischen Deckungsumfang und der gewünschten (inländischen) vollen Deckung können versichert werden. Ansprüche an die vom Exporteur eingeschaltete Versicherung werden dann vom Import-Schutzversicherer durchgesetzt.

Aufgabe 12 > Seite 546

3.3 Havarie-Schäden im Seeverkehr

Rechtsgrundlage für Havarie-Schäden ist das HGB, doch werden hinsichtlich der oft sehr komplizierten Abwicklung die **York-Antwerpen-Regeln (Y. A. R.)** von 2016 als internationale Vereinbarung über die Kostenbeteiligung bei großer Havarie zu Grunde gelegt.

Große Havarie-Schäden sind Schäden, die dem Schiff und/oder der Ladung vorsätzlich i. d. R. auf Anordnung des Kapitäns zur Vermeidung weiterer Vermögensverluste bzw. zum Zwecke der Errettung beider aus oder vor einer gemeinsamen Gefahr entstanden sind, ohne dass ein Totalverlust eingetreten ist. Solche Schäden sind **gemeinsam von Schiff, Fracht und Ladung** bzw. deren Versicherer zu tragen.

Zu den großen Havarie-Schäden zählen auch die durch die notwendigen Maßnahmen zur Errettung entstandenen Kosten und die Nachfolgeschäden.

Bei großen Havarie-Schäden bilden Schiff und Ladung eine Schicksalsgemeinschaft, sodass infolgedessen bei außergewöhnlichen Ereignissen die erforderlichen Kosten zur Rettung von Schiff und/oder Ladung auch von allen Beteiligten, nämlich Reeder, Frachtschuldner und Ladungseigentümer zu tragen sind. Musste z. B. bei Schlagseite Ware über Bord geworfen werden, das Schiff vorsichtshalber auf Grund gesetzt werden, das Schiff gegen Feinde oder Seeräuber verteidigt werden, oder wurde ein Schlepper zu einem Nothafen benötigt, so sind die Schlepperkosten, die Schiffsbeschädigung oder der Warenverlust gemeinsam zu übernehmen.

Nach der Ablegung der Verklarung (Accident Report) durch den Kapitän vor der zuständigen Behörde hat der **Havarie-Sachverständige** (Dispacheur) den großen Havarie-Schaden festzustellen und nach dem Verhältnis des Wertes von Schiff, Ladung und Fracht auf die Beteiligten zu verteilen (**Dispache**). Der anteilige Beitragswert der Ladung ergibt sich aus dem Gesundwert im Bestimmungshafen (CIF-Wert zuzüglich imaginärer Gewinn) und sollte der Versicherungssumme entsprechen, bis zu der der Versicherer auch nur haftet.

Zur Gewährleistung der Übernahmeverpflichtung wird von jedem Havarie-Beteiligten ein **Havarie-Grosse-Verpflichtungsschein** (General Average Bond) ausgestellt. Bei größeren Havarie-Schäden wird zusätzlich ein Einschuss (General Average Deposit) erhoben. Beides übernimmt bei Abschluss einer Transportversicherung die Versicherungsgesellschaft.

Die **Schadenshöhe** des Einzelnen ist nicht maßgeblich für den von ihm zu tragenden Schadensanteil. So hat z. B. jeder Beteiligte einen Gesamtschaden von 10 Mio. mit seinem Beitragsanteil am Gesamtwert von Schiff, Ladung und Fracht mit 100 Mio. zu tragen. Es muss dann die Ladung mit einem Wertanteil von 15 Mio. 15 % des Schadens übernehmen, obwohl der eigentliche Ladungsschaden nur 0,6 Mio. beträgt. Unter Umständen wurde die Ladung eines Exporteurs in einem Laderaum sogar überhaupt nicht beschädigt. Dennoch hätte dieser Ladungsbeteiligte anteilmäßig den großen Havarie-Schaden mitzutragen.

Besondere Havarie-Schäden entstehen durch unmittelbare zufällige Unfalleinwirkung und sind deshalb reine Schiffs- oder Ladungsschäden, sodass sie auch immer **getrennt von Schiff und Ladung** zu tragen sind. Zu den besonderen Havarie-Schäden zählen z. B.

- Schiffskollisionen
- Strandung
- Brand
- Leckage
- innerer Verderb
- Oxydation
- Ladungsbruch
- Beschädigung.

Inwieweit diese Schäden durch die Schiffsversicherung oder die Transportversicherung gedeckt sind, hängt insbesondere hinsichtlich der Ladung von der gewählten Versicherungsklausel ab.

Besondere Havarie-Schäden können sich auch zur großen Havarie ausweiten, wenn z. B. nach einer Schiffskollision Container über Bord geworfen werden, um die restliche Ladung oder das Schiff vor dem Untergang zu retten. Die Schadenszuordnung ist dann manchmal sehr schwierig.

Kleine Havarie umfasst alle typischen Kosten der Schifffahrt auf dem Transportweg, wie Lotsen- und Hafengelder, Schlepplöhne und Kanalgebühren, die von der Reederei zu tragen sind. Sie werden i. d. R. durch Zuschläge zur Frachtrate abgewälzt.

Aufgabe 13 > Seite 546

3.4 Binnentransportversicherung

Rechtsgrundlage für die Binnentransportversicherung (Bahn, Lkw, Binnenschiff) sind die Allgemeinen deutschen Binnentransportversicherungsbedingungen (ADB). Hier sind grundsätzlich alle Gefahren versichert, wie bei der vollen Deckung der Seeversicherung. Nach § 512 HGB können abweichende Regelungen bezüglich der Haftung getroffen werden. Die Beweislast liegt i. d. R. beim Versicherer. So sind z. B. verfaulte Tomaten nicht ersatzpflichtig (Beschaffenheit der Ware); werden sie jedoch gestohlen, sind sie ersatzpflichtig, solange der Versicherer nicht beweisen kann, dass sie bereits vor dem Diebstahl verfault waren.

3.5 Lufttransportversicherung

Bei der Lufttransportversicherung gelten grundsätzlich wie auch in der Seeschifffahrt die ADS bzw. die Zusatzklauseln. Auch hier wird von der vollen Deckung ausgegangen mit Ausnahme der auch sonst nicht versicherten Risiken, wie Beschaffenheit der Ware usw.

Als besondere **gedeckte Risiken** sind hervorzuheben:

- Unfälle des Flugzeugs
- Diebstahl
- Falschauslieferung
- Erpressung
- fehlerhafte Verladung
- Verschmutzung oder
- Witterungseinflüsse.

Bei Schäden ist der Havarie-Kommissar zu verständigen oder das nächste Frachtbüro der Fluggesellschaft. Ist im Frachtbrief eine Bank als Empfänger aus Finanzierungsgründen angegeben, gilt die Versicherung bis zur Ablieferung an den in der Notify Address angegebenen Empfänger.

Es werden von den Fluggesellschaften, den Integratoren und den Transportversicherern oft Haus/Haus- und Flughafen/Flughafen-Versicherungen als All-Gefahren-Versicherung angeboten. Viele Fluggesellschaften tragen den Versicherungsabschluss in den Frachtbrief ein.

4. Preissicherung an Warenbörsen

4.1 Grundlagen des Warentermingeschäfts

Der deutsche Importeur, der insbesondere mit ausländischen Rohstoffen oder Lebensmitteln handelt oder diese verarbeitet, unterliegt einem erheblichen Preisrisiko, da die Preise dieser Waren auf dem Weltmarkt starken Schwankungen ausgesetzt sind. Je nach individueller Vertragsgestaltung wird er ein Interesse an der Absicherung dieses Preisrisikos über die Warenbörse haben, vor allem dann, wenn Festpreise nicht durchsetzbar sind. Es wird sich daher bei den Abschlüssen an der Warenbörse für den Importeur meistens um Preissicherungsgeschäfte handeln und nicht um Effektivgeschäfte.

4.1.1 Warenauswahl und Warenbörsen

An der Warenbörse werden Gattungskäufe über vertretbare Waren abgeschlossen, die nicht zur Stelle sind. Wichtige **Voraussetzungen für die Zulassung** einer Ware zum Handel sind:

1. **Standardisierter Vertrag**, d. h. es dürfen keine individuellen Abweichungen im Geschäftsablauf vorgenommen werden
2. **Einheitsqualität**, d. h. es dürfen keine Unterschiede nach Maß, Zahl, Gewicht, Qualität usw. innerhalb einer Gattung bestehen
3. **Kontrakteinheiten**, in denen die Waren gehandelt werden, wobei Mindestabschlussmenge ein Kontrakt ist. Die Kontraktgrößen sind auch vom Börsenplatz abhängig. Typische US-amerikanische Kontraktgrößen sind nachfolgend aufgeführt:

Beispiele

Weizen:	Kontrakteinheit 5.000 bushel (1 bsh = 1 Scheffel = 35,24 Liter)
Kaffee:	Kontrakteinheit 250 Sack oder 37.500 lbs (1 lb = 453,59 Gramm)
Silber:	Kontrakteinheit 1.000 Unzen (1 Unze = 28,35 Gramm)
Kupfer:	Kontrakteinheit 25.000 lbs
Kakao:	Kontrakteinheit 10 Tonnen
Baumwolle:	Kontrakteinheit 50.000 lbs
Orangensaftkonzentrat:	Kontrakteinheit 15.000 lbs

4. Fest umrissene **Kontraktdauer**, die meistens in Monaten ausgedrückt wird, z. B. Januarkontrakt, Augustkontrakt; sie sind jeweils bis zum 1. eines Monats zu erfüllen.

Die Waren werden vor allem an den großen Warenbörsen in **New York, Chicago und London** gehandelt. So beträgt der Tagesumsatz in Chicago oft mehrere 100 Mrd. US-$.

Darüber hinaus gibt es eine ganze Reihe von Warenbörsen, die regionale Bedeutung haben oder auf bestimmte Waren spezialisiert sind, wie z. B. Winnipeg (Getreide), Yokohama (Seide) oder Rotterdam (Sonnenblumenöl, Mineralöl und Sojaöl). Die deutschen Warenbörsen in Hamburg und Bremen hatten vor 1933 eine relativ hohe Bedeutung; danach waren sie nur noch Randbörsen für sehr wenige Waren, wie Baumwolle in Bremen oder Kaffee und Zucker in Hamburg und dienten vor allem dem Erfahrungsaustausch.

Warentermingeschäfte können derzeit z. B. an der Pariser MATIF (Marché à Terme International de France) gehandelt werden.

Folgende Waren können an den großen Warenbörsen gehandelt werden:

Nahrungsmittel

Kaffee	Sojabohnen	Erdnussöl	Talg
Kakao	Sojaschrot	Kokosöl	Rinder
Zucker	Raps	Maisöl	Schweine
Weizen	Leinsaat	Leinöl	Schweinebäuche
Mais	Kopra	Palmöl	Kartoffeln
Roggen	Palmkerne	Rizinusöl	Orangensaft
Gerste	Sonnenblumenöl	Fischöl	Pfeffer
Hafer	Sojaöl	Schmalz	Zucker

Rohstoffe

Kautschuk	Bauholz	Antimon	Palladium
Jute	Kupfer-Drahtbarren	Quecksilber	Platin
Sisal	Kupfer-Kathoden	Magnesium	Rohöl
Seide	Kupfer	Mangan	Heizöl
Schweißwolle	Zink	Manganerz	Gasöl
Kammzüge	Zinn	Messing	Propangas
Wolle	Nickel	Kadmium	Benzin
Baumwolle	Blei	Gold	Wismut
Häute	Aluminium	Silber	Wolfram
Sperrholz	Altblei	Kobalt	Wolframerz

Die Warenbörsen sind nicht mit den **Produktenbörsen** für landwirtschaftliche Erzeugnisse, wie Hühner, Eier, Gemüse, Futtermittel oder Hafer zu verwechseln, an denen nur Effektivgeschäfte, auch nach individuellen Vereinbarungen, abgewickelt werden. Produktenbörsen gibt es in mehreren deutschen Städten, z. B. in Mannheim, Dresden und Hamburg.

4.1.2 Funktionen der Warenbörse

Die Warenbörse hat drei Aufgaben zu erfüllen:

1. **Preisbildende Funktion**, d. h. die täglichen Notierungen sind richtungsweisend auch für die meisten Abschlüsse außerhalb der Börse (Markttransparenz).

Dabei sind Kassakurse und Terminkurse zu unterscheiden:

Kassakurse beziehen sich auf die gegenwärtige Bewertung der Waren, auf den Zeitwert gemäß Angebot und Nachfrage.

Bei einem Kassageschäft erfolgen Lieferung und Zahlung sofort; Verpflichtungsgeschäft und Erfüllungsgeschäft fallen zusammen.

Terminkurse geben die zukünftige Einschätzung des Warenwertes wieder. Dabei spielen die Kosten des Warenlagers und der Kapitalbindung eine entscheidende Rolle, sodass die Terminkurse i. d. R. über den Kassakursen liegen.

Terminkurs = Kassakurs + Lagerhaltungskosten

Durch bestimmte Erwartungsverhaltensweisen, durch wirtschaftliche oder politische Rahmenbedingungen und anderes mehr kann diese Grundaussage für die Warenterminkurse jedoch verzerrt werden.

Bei einem Termingeschäft erfolgen Lieferung und Zahlung erst zu einem späteren Zeitpunkt; das Verpflichtungsgeschäft findet heute, das Erfüllungsgeschäft später statt.

2. **Preisausgleichende Funktion**, d. h. durch Arbitragegeschäfte kommt es schnell zum Ausgleich regionaler Preisspitzen. **Arbitragegeschäfte** sind Börsengeschäfte mit Preis ausgleichender Wirkung, die auf der Ausnutzung von Kursunterschieden bei Börsenwerten an verschiedenen Börsenplätzen beruhen. Durch gleichzeitigen Kauf und Verkauf ist der Kapitaleinsatz gleich Null, doch sind Kauf- und Verkaufsprovisionen, Spesen, Courtage und Telefongebühren zu beachten, was immer zu einer gewissen arbitragefreien Bandbreite der Kurse führt. Durch den Verkaufsdruck bei der höheren Notierung und dem Kaufinteresse bei der niedrigeren kommt es dann zur Nivellierung der Kurse.

Beispiel

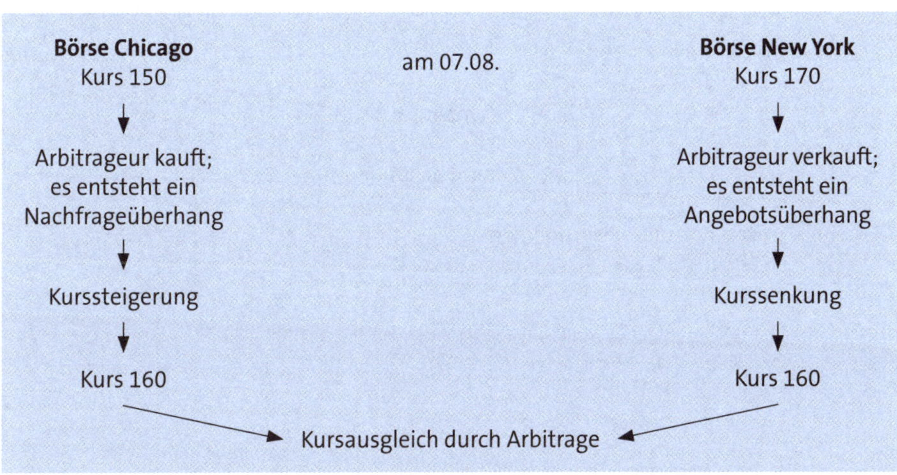

3. **Preissichernde Funktion**, d. h. durch die Kombination eines Effektivgeschäfts (in der Regel außerhalb der Warenbörse mit dem ausländischen Exporteur) und eines Termingeschäfts (an der Warenbörse) kann der Importeur Verluste im Effektivgeschäft mit Gewinnen im Termingeschäft kompensieren. Er erhält damit eine sichere Kalkulationsgrundlage. Derartige Preissicherungsgeschäfte werden **„Hedge"** oder **„Hedging"** genannt.

Die Besonderheit liegt auch darin, dass bei diesen Preissicherungsgeschäften eine tatsächliche Lieferung der Ware aus dem Terminkontrakt gar nicht beabsichtigt ist, sondern dass die Erfüllung des Kontraktes durch Barausgleich (Cash Settlement) also durch Zahlung des Unterschiedsbetrages zwischen dem vereinbarten Preis und dem am Erfüllungstag erfolgt (**Differenzgeschäft**). Die erworbenen Terminkontrakte werden daher vor dem Ende ihrer Laufzeit neutralisiert, um eine physische Lieferung zu vermeiden.

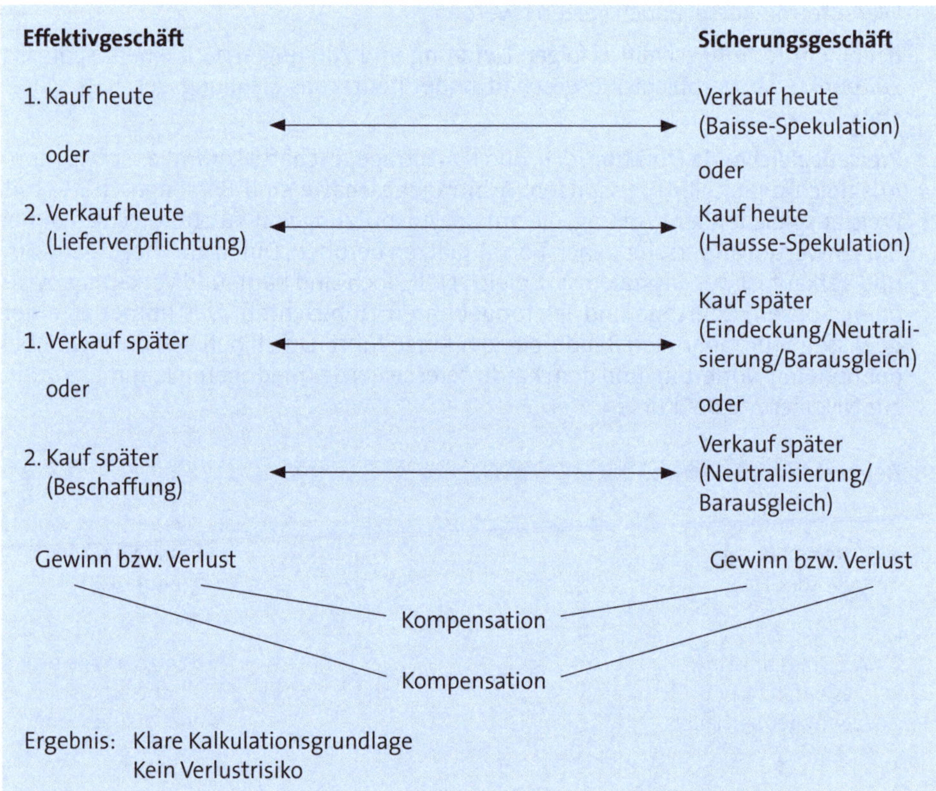

4.1.3 Kontraktpartner

Kontraktpartner an der Warenbörse sind:

- Unternehmen mit **entgegengesetzten Preisvorstellungen** für eine Ware in der Zukunft oder
- Unternehmen mit **verschiedenen Handelsinteressen** sowie
- **Spekulanten** und **Kapitalanleger**.

Die Spekulation gehört unabdingbar zum Warentermingeschäft, denn ohne die risikofreudigen, gewinnorientierten Spekulanten wären erheblich weniger Interessenten bereit, das Preisrisiko der Rohstoffe und Nahrungsmittel zu tragen.

Von besonderer Bedeutung für Teilnehmer am Terminhandel ist die **Börsenterminfähigkeit**. Termingeschäftsfähig sind Kaufleute im Sinne des HGB sowie Personen, die mit dem Börsenhandel besonders vertraut sind und deshalb nicht schutzbedürftig sind (z. B. Bankangestellte).

Insbesondere in den Artikeln 16 sowie 24 ff. der Richtlinie 2014/65/EU werden die organisatorischen Voraussetzungen und die Bestimmungen zum Anlegerschutz behandelt. Der Artikel 25 (2) der Richtlinie schreibt den Wertpapierfirmen vor, die notwendigen Informationen über die Kenntnisse und Erfahrung des Kunden einzuholen.

Grundsätzlich stehen sich im (Waren)termingeschäft immer zwei **Erwartungsmodelle** gegenüber, das des „Haussiers" und das des „Baissiers". Dabei ist es gleichgültig, ob der Unternehmer oder der Spekulant die eine oder andere Position ergreifen. Entscheidend für das Unternehmen wird seine individuelle Vertragsgestaltung sein, für den Spekulanten die Aussicht auf hohe Gewinne.

Haussier	**Baissier**
Er erwartet **Kurssteigerung**, darum: Kauf einer Ware am 01.04. per Termin 01.07. zum Terminkurs von 150 (**Verpflichtungsgeschäft**) Geht seine Erwartung in Erfüllung, steht der Kassakurs am 01.07. z. B. bei 180. Dann: 1. Realisierung des Terminkontraktes, am 01.07. zum vereinbarten Terminkurs von 150 (**Erfüllungsgeschäft**) 2. Verkauf der Ware am Kassamarkt zum Kassakurs von 180 Ergebnis: Gewinn 30	Er erwartet **Kurssenkungen**, darum: Verkauf einer Ware am 01.04. per Termin 01.07. zum Terminkurs von 150 (**Verpflichtungsgeschäft**) Geht seine Erwartung in Erfüllung, steht der Kassakurs am 01.07. z. B. bei 130. Dann: 1. Eindeckung der Ware am Kassamarkt zum Kassakurs von 130 2. Erfüllung seiner Terminverpflichtung am 01.07. zum vereinbarten Terminkurs von 150 (**Erfüllungsgeschäft**) Ergebnis: Gewinn 20

Da die Erfüllung des Termingeschäfts und die Durchführung des Kassageschäfts am gleichen Tag erfolgen können, ist der **Kapitaleinsatz** idealtypisch gleich Null und reizt zu hohem Engagement. In der Regel verlangen die Terminbörsen jedoch eine Sicherheitsleistung (Margin) bzw. einen Einschuss, die/der zu Beginn der Kontraktlaufzeit zu hinterlegen/zahlen ist und während der Kontraktlaufzeit i. d. R. der Kursentwicklung angepasst wird.

Das **Risiko** besteht darin, dass im Grunde Haussier und Baissier die Erwartungen in ein und dieselbe Ware charakterisieren, aber nur einer von beiden in seinen Erwartungen richtig liegen kann. Der Verlierer zahlt dann, vereinfachend gesehen, den Gewinn des anderen.

4.2 Preissicherung durch Hedging

Für den Importeur sind die Spekulationsrisiken nachrangig, da für ihn das Termingeschäft nur ein Ergänzungsgeschäft zur Preissicherung ist. Für ihn besteht die Gefahr des Hedging eher darin, dass die Kursveränderungen am Terminmarkt nicht immer gleich verlaufen müssen mit den Preisveränderungen im Effektivgeschäft.

An zwei Beispielen, für Rohstoffe und Nahrungsmittel, soll die Wirkungsweise eines Preissicherungsgeschäfts nun auf der Grundlage des Haussier/Baissier-Modells dargestellt werden.

4.2.1 Hedging in Nahrungsmitteln

Beispiel

Effektivgeschäft	Termingeschäft
Ein Importeur und Getreidegroßhändler kauft am 20.08. nach der Ernte Weizen zu 470 ct/bsh. Er will diesen teilweise einlagern bis zum Weiterverkauf an Mühlenbetriebe im Dezember.	Der Importeur verkauft zur gleichen Zeit am 20.08. einen Terminkontrakt Januar über Weizen zu 500 ct/bsh, um sein Preisrisiko abzuwälzen. Der Terminpreis liegt zu diesem Zeitpunkt im üblichen Abstand über dem Kassapreis, da aufgrund der normalen Ernte nicht mit zukünftigen Preissteigerungen gerechnet wird. Die Preisdifferenz spiegelt die Lagerhaltungskosten wider.
Wider anfängliche Erwartungen ist die Ernte sehr gut ausgefallen, sodass durch den Angebotsdruck der Weltmarktpreis (bzw. Kassapreis) am 08.12. auf 420 ct/bsh gesunken ist.	

Effektivgeschäft	Termingeschäft
Weiterverkauf des eingelagerten Weizens am 08.12. zum nun gültigen Weltmarktpreis von 420 ct/bsh. Verlust aus dem Effektivgeschäft: 50 ct/bsh.	Neutralisation des Januar-Kontraktes am 08.12. durch Kauf eines nun relativ billigen Januar-Kontraktes zu 450 ct/bsh. (Eine Warenlieferung erfolgt hier also nicht!) Gewinn aus dem Preissicherungsgeschäft: 50 ct/bsh.

Dadurch, dass der Importeur eine Baisse-Spekulation an der Warenbörse durchgeführt hat, hat er sich vor einem Preisverfall am Weltmarkt geschützt, der nicht vorhersehbar war. Er hat eine **klare Kalkulationsgrundlage**.

Da keine vertragsmäßige Verbindung zwischen Effektiv- und Termingeschäft besteht, könnte der Terminkontrakt auch zu einem anderen Zeitpunkt vor seiner Fälligkeit neutralisiert werden. Dies wird für den Importeur besonders dann interessant werden, wenn bei Gewinnsituation im Effektivgeschäft Verluste im Termingeschäft entstehen. Die plötzlichen Umsprünge an den Terminmärkten sollten jedoch nicht unterschätzt werden.

Tatsächlich werden die Preisentwicklungen im Effektivgeschäft nicht immer den Börsenkursen im Termingeschäft entsprechen, wie dies hier vereinfachend unterstellt worden ist, sodass im Ergebnis auch nur sehr selten eine vollständige Kompensation von Gewinn und Verlust eintreten wird.

4.2.2 Hedging in Rohstoffen

Beispiel

Effektivgeschäft	Termingeschäft
Ein Kupfer-Importeur vereinbart am 08.01. eine Kupfer-Lieferung per 25.03. Der Kupferexporteur ist dazu nur bereit, wenn als Preis der Weltmarktpreis für Kupfer bei Lieferung angesetzt wird. Der Kupferimporteur seinerseits muss im Januar aus Wettbewerbsgründen Angebote abgeben, bei denen er vom derzeitigen Weltmarktpreis von 350 ct/lb ausgehen muss.	Um die Ungewissheit aus seiner Rohstoffkalkulation auszuschließen, kauft der Importeur an der Warenbörse einen Juni-Termin-Kontrakt zu 385 ct/lb. Der Terminpreis liegt um 10 % über dem Kassakurs, da eine gewisse Unsicherheit über die zukünftigen Kupferlieferungen besteht.
Bis zum 25.03. als Lieferstichtag und Preisbasis ist der Weltmarktpreis auf 410 ct/lb gestiegen, da zwischenzeitlich einige Kupferlieferungen aus Chile wegen politischer Ereignisse ausgeblieben sind, was zwar noch nicht zu einer wesentlichen Verknappung des Angebots geführt hat, aber eine Verunsicherung der Kupferverarbeiter verursacht hat.	

Effektivgeschäft	Termingeschäft
Bezahlung der Märzlieferung des Kupferexporteurs zum Tagespreis von 410 ct/lb. Erfüllung der Verträge mit den eigenen Abnehmern auf der Basis von 350 ct/lb. Verlust aus dem Effektivgeschäft: 60 ct/lb.	Neutralisation des Termingeschäfts durch Verkauf des Juni-Kontraktes am 25.03., der jetzt mit 448 ct/lb notiert, da aufgrund der politischen Ereignisse mit weiteren Lieferschwierigkeiten gerechnet wird. Gewinn aus dem Termingeschäft: 63 ct/lb.

Der Importeur hat sich hier vor dem Preisrisiko aus dem Effektivgeschäft durch eine **Hausse-Spekulation** geschützt. Durch die plötzliche Veränderung auf dem Kupfermarkt hat er sogar durch das Termingeschäft einen Gewinn von 3 ct/lb erzielt. Hätte er auf ein Preissicherungsgeschäft verzichtet, hätte er einen Verlust von 60 ct/lb durch die für ihn ungünstigen Zahlungsbedingungen gemacht.

Da der Importeur als Hausse-Spekulant an der Börse tendenziell mit höheren Kursen gerechnet hat, war es für ihn vorteilhaft, einen Terminkontrakt mit „langer" Laufzeit zu wählen. Er hätte ihn auch erst im Mai glattstellen und so seinen Gewinn aus dem Termingeschäft u. U. weiter erhöhen können.

Aufgabe 14 > Seite 547

4.3 Kursrisiko und Gewinnchancen im Warentermingeschäft

Starke Kursschwankungen sind an den Warenbörsen keine Seltenheit. Vielmehr hat die Vergangenheit gezeigt, dass erhebliche, **unerwartete Kursschwankungen** jederzeit auftreten können. Als Gründe hierfür können vor allem genannt werden:

- erhebliche Nachfragesteigerung insbesondere nach Rohstoffen
- Missernten, Mehrernten
- Streiks mit Produktionsausfall
- wirtschaftlich begründete Lieferschwierigkeiten
- politische Gründe (z. B. Lieferstopp)
- konjunkturelle Probleme
- tatsächliche bzw. erwartete Änderungen des Preisniveaus
- Spekulation.

Größere Kursschwankungen kann ein Importeur durch einen „Sell-Stop" oder „Buy-Stop" eingrenzen, um sein Verlustrisiko zu minimieren. Bei einem Sell-Stop gibt der Importeur gleichzeitig mit dem Kauf seines Terminkontraktes den Auftrag, diesen sofort zu verkaufen (neutralisieren), wenn ein bestimmter Kurs erreicht ist. Hätte sich also der Kupferimporteur geirrt und der Kupferpreis wäre gesunken, dann hätten der Makler oder Börsenhändler in seinem Auftrag den Kontrakt sofort verkauft, wenn er den Kurs von z. B. 275 ct/lb erreicht hätte.

Bei einem **Buy-Stop** werden Börsenhändler oder Makler beauftragt, den Terminkontrakt durch Eindeckung sofort zu neutralisieren, um weitere Verluste zu vermeiden, wenn also z. B. der Weizenpreis auf 490 ct/bsh entgegen den Spekulationserwartungen des Baisiers gestiegen wäre.

Stop Orders können aber auch während der Laufzeit erteilt werden, im Extremfall sogar für jeden Börsentag neu.

Es kann jedoch vorkommen, dass die Stopps nichts bewirken, wenn die Notierung einer Ware an einem Tag ausgesetzt bzw. unterbrochen wird (**Limit up/Limit down**). Dazu kommt es, wenn sich plötzlich während der Börsenzeit infolge neuer Informationen erhebliche Kursveränderungen abzeichnen und der Börsenvorstand sich zur **Einstellung der Kursnotierungen** aufgrund der Börsenregelungen gezwungen sehen muss, weil z. B. die an amerikanischen Warenbörsen übliche Bandbreite für die maximalen täglichen Kursschwankungen überschritten wurde.

Eine schnelle Neutralisation ist dann unter Umständen nicht mehr möglich, zumal im Falle des Kupferimporteurs bei einem starken Kursverfall immer weniger Kaufinteressenten am Markt sind, die entgegen der Tagestendenz bereit sind, seinen Junikontrakt zu erwerben. Welcher Eröffnungskurs dann bei Wiederaufnahme der Notierungen genannt wird, hängt von der neuen Markteinschätzung ab.

Dennoch sind die Gewinnchancen auch bei ruhigem Geschäftsverlauf relativ hoch, da stets nicht der gesamte Kontrakt zu erwerben ist, sondern nur ein **Einschuss** als Sicherheitsleistung (Margin) gezahlt wird, mit je nach Warenwert etwa 5 - 15 % des Kontraktwertes. Der Gewinn bezieht sich aber auf den gesamten Kontraktpreis. Risikoreich ist allerdings die **Nachschusspflicht**, die verlangt, dass ein durch Buchverluste aufgezehrter Einschuss sofort wieder aufzufüllen ist. Andererseits können aufgelaufene Buchgewinne abgezogen werden.

An amerikanischen Börsen erfolgt die Abwicklung des Börsenhandels über Broker. Sie sind die eigentlichen Vertragspartner bei den Terminkontrakten und sind gegenüber dem Clearing House, bei dem auch der Einschuss zu hinterlegen ist, zur Erfüllung verpflichtet.

Beispiel

Ein Importeur kauft am 01.09. sechs Kontrakte (Januar) Sojabohnen zu 696 ct/ bsh. Jede Kontrakteinheit beinhaltet 5.000 bsh, sodass der Kontraktwert 34.800 $ beträgt. Er zahlt darauf einen Einschuss von ca. 10 % ≈ 3.500 $. Am 01.10. beträgt der Kurs 725 ct/bsh.

Kauf am 01.09. sechs Januar-Sojabohnen-Kontrakte zu 696 ct/bsh	208.800 US-$
Verkauf der sechs Kontrakte am 01.10. zu 725 ct/bsh	217.500 US-$
Erlös als ausgezahlter Differenzbetrag bei Neutralisation zwischen dem Kontraktwert bei Kauf und Verkauf.	8.700 US-$

Die Rentabilität des eingesetzten Kapitals (Einschuss) bezogen auf die Laufzeit von einem Monat beträgt dann

$$\frac{8.700 \text{ US-\$} \cdot 100}{21.000 \text{ US-\$} \cdot 1/12} = \mathbf{497\ \%\ p.\ a.}$$

Die relativ hohen Gewinne entstehen, da mit einem geringen Kapitaleinsatz als Einschuss größere Warenmengen kontrolliert werden und der Gewinn eines Kontraktes voll dem Importeur zusteht. Andererseits ist das Verlustrisiko nicht zu unterschätzen, da der gesamte Verlust aus einem Kontrakt während der Kontraktlaufzeit als Nachschuss geleistet werden muss. Wäre also die Kursentwicklung bei Sojabohnen im September umgekehrt verlaufen und der Kurs wäre auf 667 ct/bsh gefallen, hätte der Importeur 8.700 US-$ Nachschuss auf den Buchverlust leisten müssen. Er besäße jedoch die Chance, dass der Kurs bis zur Kontraktfälligkeit im Januar wieder steigt. Der Nachschuss würde dann mit steigenden Kursen allmählich wieder gutgeschrieben.

Aufgabe 15 > Seite 548

4.4 Warenterminoptionen

Warenterminoptionen sind Warentermingeschäfte mit begrenztem Risiko. Im Unterschied zu den festen Termingeschäften, die von beiden Vertragspartnern zu erfüllen sind, handelt es sich bei den Optionsgeschäften um bedingte Termingeschäfte, bei denen ein Vertragspartner, der Käufer, das Wahlrecht hat, die Option auszuüben oder verfallen zu lassen. Optionsgeschäfte können als Kaufoptionen oder als Verkaufsoptionen abgeschlossen werden.

Der wesentliche Vorteil der Optionsgeschäfte ist darin zu sehen, dass sie nur ausgeübt zu werden brauchen, wenn der Risikoabsicherungsbedarf tatsächlich eintritt. Entsteht kein Verlust sondern ein Gewinn, kann dieser realisiert werden. Andererseits sind die Kosten für Optionsgeschäfte höher als für feste Termingeschäfte, und die Optionsprämie ist sofort bei Vertragsabschluss fällig.

Bei einer **Kaufoption** hat der Käufer das Recht, einen Warenterminkontrakt während der Laufzeit (amerikanische Option) oder am Ende der Laufzeit (europäische Option) vom so genannten Stillhalter, dem Verkäufer der Kaufoption, zu einem im Voraus vereinbarten Basispreis erwerben zu können. Für dieses Recht zahlt er einen Optionspreis (Prämie).

Da der Käufer einer Kaufoption einem Hausse-Spekulanten entspricht, wird er von seinem Recht nur Gebrauch machen, wenn der Tageskurs nicht unerheblich über dem Basispreis liegt. Seine Gewinnschwelle ist erreicht, wenn die Glattstellung des Geschäfts den Basispreis, den Optionspreis und sämtliche Transaktionskosten deckt. Liegt der Kurs zwischen Basispreis und der Summe aus Basispreis und Optionspreis, wird er unter Umständen zur Verlustminimierung auch sein Recht ausüben.

Der Verkäufer der Kaufoption rechnet mit Kursstagnation oder geringer Kursveränderung und senkt durch den Optionspreis seinen Einstandspreis.

Kaufoption = Call

Käufer der Kaufoption = Long Call	Verkäufer der Kaufoption = Short Call
► Erwerbsrecht der Ware zum vereinbarten Kurs ► Zahlung des Optionspreises ► Erwartung: Kurssteigerung ► Gewinnchance: unbegrenzt ► Verlustrisiko: auf Optionspreis begrenzt ► Vorteil: günstiger Einkauf der Ware bei Kurssteigerung	► Lieferungspflicht der Ware zum vereinbarten Kurs ► erhält Optionspreis ► Erwartung: Kursstagnation ► Gewinnchance: auf Optionspreis begrenzt ► Verlustrisiko: unbegrenzt ► Vorteil: Verringerung des Einstandspreises einer sich im Eigentum befindenden Ware bei Kursstagnation

Der Käufer einer **Verkaufsoption** erwirbt das Recht, während bzw. am Ende der Laufzeit des Warenterminkontraktes diesen an den Stillhalter (Verkäufer der Verkaufsoption) zum Basispreis gegen Zahlung des Optionspreises liefern zu dürfen. Der Käufer der Verkaufsoption handelt hier als Baisse-Spekulant, denn nur wenn der Kurs fällt, wird er an den Stillhalter verkaufen.

Verkaufsoption = Put

Käufer der Verkaufsoption = Long Put	**Verkäufer der Verkaufsoption = Short Put**
▸ Lieferungsrecht der Ware zum vereinbarten Kurs ▸ Zahlung des Optionspreises ▸ Erwartung: Kursverfall ▸ Gewinnchance: kein Verlust bei Kurssenkung ▸ Verlustrisiko: auf Optionspreis begrenzt ▸ Vorteil: Schutz vor Kursverfall	▸ Abnahmepflicht der Ware zum vereinbarten Kurs ▸ erhält Optionspreis ▸ Erwartung: Kursstagnation bzw. leichte Kurssteigerung ▸ Gewinnchance: auf Optionspreis begrenzt ▸ Verlustrisiko: unbegrenzt; erwirbt die Ware zu einem ungünstigen Einstandspreis ▸ Vorteil: Gewinn ohne Kapitaleinsatz nur durch Kaufbereitschaft

Bei einem vereinbarten Basispreis für die Ware von 170 und einem Optionspreis von 15 lässt sich das Verhalten der Optionspartner bei der Kauf- bzw. Verkaufsoption ohne Berücksichtigung der anfallenden Transaktionskosten aus folgendem Grundmodell ablesen:

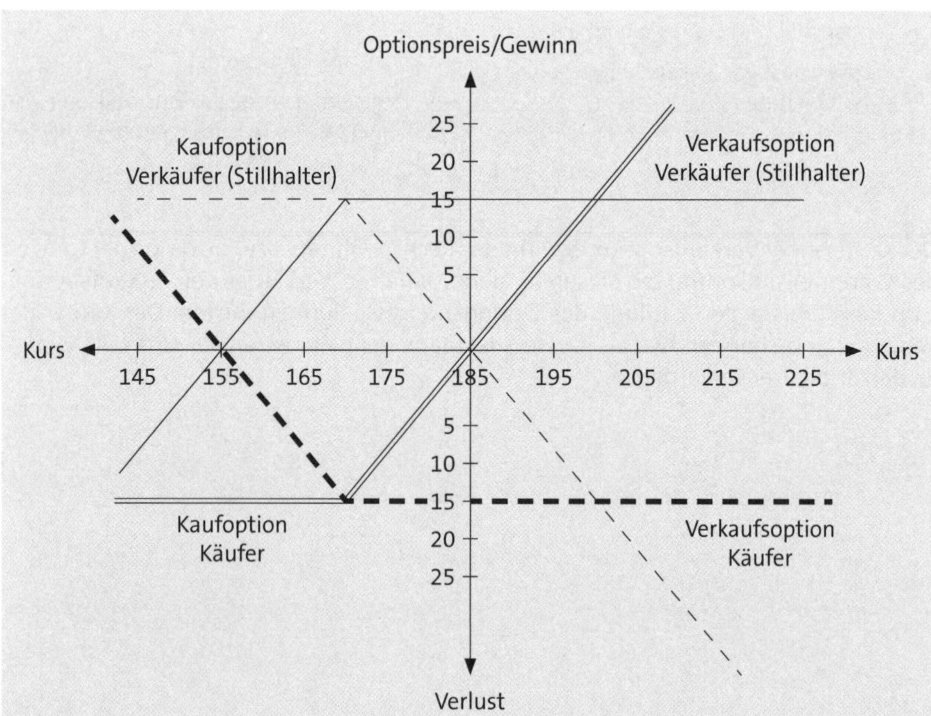

Der Optionspreis kennzeichnet für den Käufer der Option den maximalen Verlust, für den Verkäufer den maximalen Gewinn. Die Höhe des Optionspreises an der Börse schwankt daher während der Optionsfrist in Abhängigkeit von den Erwartungen der Marktteilnehmer hinsichtlich der Restlaufzeit und der Veränderungen der zu Grunde liegenden Ware.

Optionspreis = Innerer Wert + Zeitwert

Eine Kaufoption hat einen inneren Wert, wenn der aktuelle Kurs über dem Basispreis liegt; eine Verkaufsoption hat einen inneren Wert, wenn der aktuelle Kurs unter dem Basispreis liegt. Der Zeitwert kennzeichnet die verbliebenen Chancen bzw. Erwartungen bis zum Verfalltag; der Zeitwert wird i. d. R. mit sinkender Restlaufzeit abnehmen und ist zum Verfalltag nicht mehr vorhanden.

Beispiel

Beispiel für ein Hedging mit Warenterminoptionen

<table>
<tr><th>Effektivgeschäft</th><th>Optionsgeschäft</th></tr>
<tr><td>Ein Sojabohnenimporteur kauft am 07.08.2007 in den USA 50.000 bushel Sojabohnen zum Preis von 726 ct/bsh → 363.000 US-$</td><td>Kauf von 10 Verkaufsoptionen (Long Put) als amerikanische Option mit Fälligkeitstermin März 2008 zu einem Basispreis von 730 ct/bsh. Die Optionsprämie beträgt am 07.08.2007 16,4 ct/bsh → 8.200 US-$.
Optionspreis 16,4 = 0,04 Innerer Wert + 12,4 Zeitwert</td></tr>
<tr><td colspan="2">Alternative 1
Der Preis für Sojabohnen fällt wegen eines hohen Weltmarktangebotes nach guter Ernte auf 700 ct/bsh. Der Kurs für die März-Verkaufsoption steigt deshalb auf 46,4 ct/bsh, weil für die Restlaufzeit mit weiter fallenden Preisen gerechnet wird.</td></tr>
<tr><td>Verkauf der Sojabohnen am 15.11.2007 an einen Futtermittelbetrieb zum Preis von 700 ct/bsh → 350.000 US-$

<b>Verlust aus dem Effektivgeschäft</b>
26 ct/bsh Y13.000 US-$ ohne Berücksichtigung der Kosten während der Lagerdauer</td><td>▸ Verkauf der 10 März-Verkaufsoptionen am 15.11.2007 an der Börse zum Kurs von
▸ 46,4 ct/bsh → 23.200 US-$. Optionspreis 46,4 = 0,30 Innerer Wert + 16,4 Zeitwert

<b>Gewinn aus dem Optionsgeschäft</b>
30 ct/bsh → 15.000 US-$</td></tr>
</table>

Effektivgeschäft	Optionsgeschäft
Alternative 2 Der Preis für Sojabohnen steigt wegen des geringen Angebots nach schlechter Ernte auf 770 ct/bsh. Der Kurs für die März-Verkaufsoption fällt deshalb auf 1,5 ct/bsh, weil auch keine Änderung der Preisentwicklung für die Restlaufzeit erwartet wird.	
Verkauf der Sojabohnen am 15.11.2007 an einen Futtermittelbetrieb zum Preis von 770 ct/bsh → 385.000 US-$. **Gewinn aus dem Effektivgeschäft** 44 ct/bsh → 22.000 US-$	▸ Der Importeur lässt die Verkaufsoption verfallen → Totalverlust aus dem Optionsgeschäft in Höhe der Optionsprämie von 8.200 US-$ ▸ Verkauf der 10 März-Verkaufsoptionen zur Verlustminimierung am 15.11.2007 zum Kurs von 1,5 ct/bsh. Optionspreis 1,5 = 0 Innerer Wert + 1,5 Zeitwert **Verlust aus dem Optionsgeschäft** 7.450 US-$

Unabhängig vom selbstständigen Einsatz von Kauf- und Verkaufsoption als Sicherungsinstrument kann sich der Importeur auch durch den ergänzenden Abschluss einer Warenterminoption **in entgegengesetzter Weise zum festen Termingeschäft** (also doppelt) gegen das Preis/Kurs-Risiko absichern.

Der Getreideimporteur, der sich am Warenterminmarkt gegen einen Preisverfall im Effektivgeschäft durch den Verkauf eines Terminkontraktes abgesichert hat, kann nun das Risiko, den Terminkontrakt teuer eindecken zu müssen, weil der Preis gestiegen ist, durch den **Kauf einer Kaufoption** abdecken. (Der Kupferimporteur würde eine Verkaufsoption erwerben!)

Steigt der Preis im Effektivgeschäft, macht der Importeur hier bereits Gewinn. Dafür würde aber die Neutralisation des Terminkontraktes verlustbringend sein, wenn er nicht dieses Risiko durch seine Warenterminoption abgesichert hätte. Er kann jetzt seinen Terminkontrakt günstig durch die Ausübung seines Optionsrechts erfüllen.

Würde der Preis für Getreide fallen, wird das Preisrisiko durch das Termingeschäft abgedeckt. Die Warenterminoption lässt der Importeur verfallen.

In dieser Weise ist die Absicherung des Preisrisikos fast optimal; es entstehen jedoch auch Kosten für die Absicherung.

Soll mehr kostenbewusst bei mehr Risiko gehandelt werden, bietet sich für den Getreideimporteur die Spielart des **Verkäufers einer Verkaufsoption** als Ergänzung zum Termingeschäft an. Hier erhält der Importeur zunächst einmal den Optionspreis für seine Kaufverpflichtung. Steigt nun der Preis im Effektivgeschäft, macht der Importeur auch hier Gewinn. Das Termingeschäft ist aber nicht mehr abgesichert, da der Käufer der Verkaufsoption bei steigenden Kursen zur Lieferung nicht bereit sein wird. Der Importeur sollte deshalb den Terminkontrakt so bald wie möglich neutralisieren, um hier den Verlust zu begrenzen. Der Vorteil liegt dabei vor allem darin, dass der Importeur durch den Optionspreis seine Kosten aus dem Termingeschäft (über-)kompensieren kann.

Fällt der Preis im Effektivgeschäft, ist dieses Risiko zunächst noch durch den Optionspreis abgesichert. Der Käufer der Verkaufsoption wird jedoch bei sinkenden Kursen von seinem Lieferungsrecht Gebrauch machen. Der Importeur kann dann mit dem vom Optionskäufer zum Basispreis erworbenen Terminkontrakt sein Termingeschäft neutralisieren. Das Termingeschäft ist also faktisch mit dem Basispreis abgesichert. Mit stärkerem Preisverfall können die anfänglich durch den Optionspreis noch gedeckten Verluste nicht mehr kompensiert werden.

Droht eine derartige Situation einzutreten, könnte der Importeur einen weiteren Terminkontrakt verkaufen oder eine Verkaufsoption zum Ausgleich der eigenen Abnahmeverpflichtung aus der alten Verkaufsoption erwerben, damit der Terminkontrakt zur Verlustkompensation des Effektivgeschäftes herangezogen werden kann.

Schützt der Erwerb einer Kaufoption bei gewissen Kosten vollständig vor dem Verlustrisiko, kann der Verkauf einer Verkaufsoption bei stagnierenden oder steigenden Kursen zu weiteren Gewinnen führen, bei sinkenden Kursen aber weitere Maßnahmen zur Verlustbegrenzung erforderlich machen.

5. Fremdwährungsgeschäfte und Kurssicherung

In vielen Fällen lässt sich das Außenhandelsgeschäft vom deutschen Importeur oder Exporteur nicht in inländischer Währung abschließen, sodass ein Fremdwährungsgeschäft mit einem Kreditinstitut einbezogen werden muss, wenn die Währung nicht auf einem Fremdwährungskonto bereitsteht bzw. stehen bleiben soll. Da bei Außenhandelsgeschäften zwischen Vertragsabschluss und Bezahlung je nach Art des Geschäfts immer ein mehr oder weniger langer Zeitraum liegt (insbesondere durch Produktion, Transport und Zahlungsziel), besteht für beide Partner ein Kursrisiko. Dieses Kursrisiko lässt sich abwälzen, indem der Umtausch in die benötigte Währung bereits heute per Termin erfolgt oder eine Devisenoption erworben wird.

Devisenhandel und Devisentermingeschäfte haben eine zentrale Bedeutung für die Deckung des Kursrisikos und sind eng miteinander verbunden. Sie sollen deshalb geschlossen an dieser Stelle behandelt werden, obwohl einerseits der reine Devisenhandel durchaus auch zum Zahlungsverkehr zählt und andererseits Maßnahmen zur Abwälzung des Kursrisikos auch durch Finanzierungsalternativen wie die Euro-Geldmarktfinanzierung möglich sind (siehe Kapitel I.2).

5.1 Devisen und Devisenhandel

5.1.1 Devisenarten, Konvertierbarkeit

Devisen sind an ausländischen Plätzen zahlbare Zahlungsforderungen in fremder Währung, insbesondere Buchgeld, Wechsel und Schecks.

Sorten sind ausländische gesetzliche Zahlungsmittel.

Da die Zahlungsforderungen oft in der Währung des jeweiligen Auslandes bei Kreditinstituten ausgezahlt werden, spricht man im Devisenhandel auch häufig von Auszahlung (z. B. „Auszahlung New York"). Mit **Auszahlungen** sind täglich fällige Guthaben (Buchgeld) in ausländischer Währung gemeint, die gegen Guthaben in inländischer Währung getauscht werden können. Der Devisenhandel beschränkt sich unter Kreditinstituten i. d. R. auf diesen Bereich und stellt faktisch einen Handel von Fremdwährungsguthaben geben Guthaben in Inlandswährung dar.

Gegenstand des Devisenhandels können aber außerhalb des Bankensektors auch zahlbare Versicherungsleistungen, Frachten oder sonstige Zahlungsrechte in ausländischer Währung sein.

Der Devisenhandel erstreckt sich auf den Umtausch der Währungsrechte untereinander, wofür Voraussetzung deren Konvertibilität ist. Bestehen keine gesetzlichen oder sonstigen einengenden Vorschriften, also keine Kapitalverkehrskontrollen, liegt **freie Konvertibilität** vor.

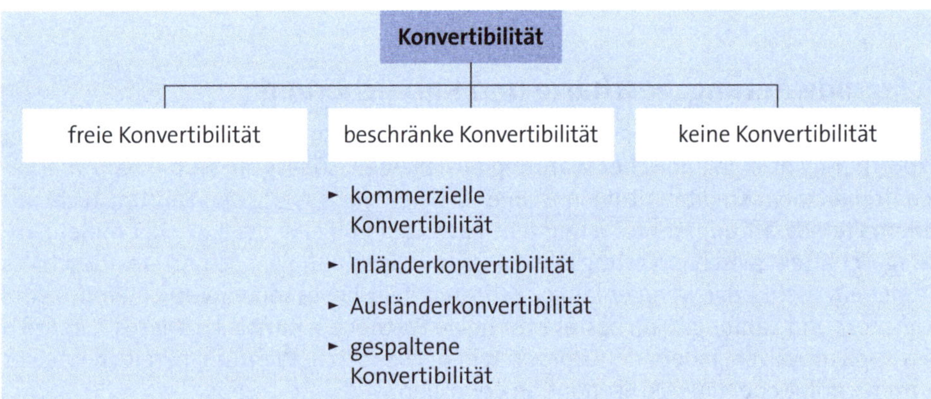

Keine Konvertibilität liegt vor bei Währungen, deren Handel am freien Devisenmarkt verboten ist (**Devisenbewirtschaftung**). Eine Verrechnung kann hier nur über die jeweiligen Notenbanken erfolgen.

Manchmal bestehen nur gewisse Einschränkungen vor allem im Hinblick auf den Verwendungszweck, Höchstbeträge, Laufzeiten oder Verfügungsberechtigung, sodass von **beschränkter Konvertibilität** gesprochen wird. So kann **Inländerkonvertibilität** vorliegen, wenn nur Gebietsansässige die Landeswährung beliebig in Fremdwährung tauschen können, **Ausländerkonvertibilität**, wenn nur Gebietsfremde die Landeswährung beliebig in Fremdwährung tauschen können. Bezieht sich die Beschränkung der Konvertierbarkeit auf alle Bereiche mit Ausnahme des Waren- und Dienstleistungsverkehrs, liegt **kommerzielle Konvertibilität** vor. Ist der Währungstausch nur bis zu bestimmten Höchstbeträgen oder nur bestimmten Personen erlaubt, wird von **gespaltener Konvertibilität** gesprochen.

Bei **Kassadevisen** erfolgen Kauf bzw. Verkauf der Devisen sofort, d. h. das vereinbarte Devisengeschäft muss innerhalb von zwei Arbeitstagen nach dem Verpflichtungsgeschäft erfüllt werden („Valuta kompensiert"). Der Käufer der Devise bekommt i. d. R. am 2. Tag den Fremdwährungsbetrag gutgeschrieben und wird mit dem Inlandswährungsbetrag belastet.

Der **Handel mit Kassadevisen** erfolgte in Deutschland bis zur Einführung des Euro sowohl an den fünf Devisenbörsen in Frankfurt, Düsseldorf, München, Hamburg und Berlin mit zentraler Kursfeststellung in Frankfurt, dem Frankfurter Fixing, als auch außerbörslich, doch hatte die Bedeutung des börslichen Devisenhandels schon vorher ständig abgenommen. Seit dem Fortfall des Frankfurter Fixing findet der Kassadevisenhandel in Deutschland nur noch außerbörslich statt. Einige Banken hatten als Ersatz das „EuroFX" eingeführt, dies wurde jedoch zum 01.04.2015 eingestellt. Aufgrund der hohen weltweiten Verflechtung kann aber „rund um die Uhr" gehandelt werden. Große internationale Devisenhandelsplätze befinden sich vor allem noch in London, New York, Singapur und Tokio.

Bei **Termindevisen** wird das heute abgeschlossene Geschäft als Kauf oder Verkauf von Devisen (Verpflichtungsgeschäft) erst zu einem späteren Zeitpunkt hinsichtlich Lieferung oder Erwerb (Erfüllungsgeschäft) ausgeführt. Dabei können die heute getroffenen Vereinbarungen für beide Vertragsparteien endgültigen Charakter besitzen (**feste Devisentermingeschäfte**), oder es können bestimmte Wahlrechte bzw. Bedingungen vereinbart werden, die während der Laufzeit oder am Ende der Laufzeit ausgeübt werden können (**bedingte Termingeschäfte**, inbesondere Optionsgeschäfte). Weiterhin sind Standardlaufzeiten (z. B. drei oder sechs Monate) und individuelle Laufzeiten zu unterscheiden.

Der **Handel mit Termindevisen** erfolgt i. d. R. nur außerbörslich, sodass die Devisenterminkurse in Deutschland und vielen anderen Ländern von den Kreditinstituten aufgrund von Angebot und Nachfrage vor allem im Telefonverkehr und über elektronische Handels- und Übertragungssysteme gebildet werden.

Einen der wenigen lokalisierten Devisenterminmärkte gibt es in Chicago. Der dortige International Monetary Market (IMM) handelt Devisen in standardisierter Form über Kontrakte, wie ihn die Warenterminbörse kennt.

5.1.2 Währungssysteme als Grundlage des Devisenhandels

In welcher Weise sich der Devisenhandel vollziehen kann, hängt im Wesentlichen vom **Währungssystem** als rechtlich-volkswirtschaftlicher Grundlage ab. So kann es einerseits gebundene Währungssysteme geben, die eine staatlich festgelegte Deckungsgrundlage (i. d. R. in Form von Gold) besitzen, und andererseits freie Währungssysteme, bei denen sich die Wechselkurse an der Leistungsfähigkeit der eigenen Volkswirtschaft bzw. der internationalen Wertschätzung eines Landes orientieren. Da gebundene Währungssysteme im Prinzip keinen bedarfsgerechten Währungstausch aufkommen lassen, freie Währungssysteme aber der Spekulation total unterworfen sind, hat es in der Vergangenheit verschiedene Abstufungsansätze gegeben.

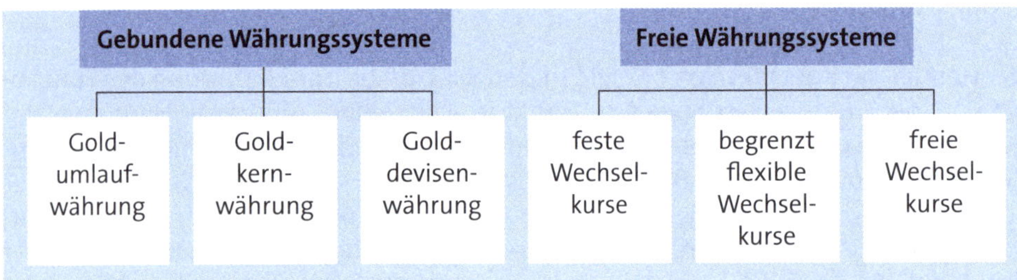

Als Möglichkeiten zur Gestaltung der Währungssysteme sind vor allem zu nennen:

- **Goldumlaufwährung**, d. h. es gilt ein festes Verhältnis zwischen Gold und Landeswährung, sodass nur das Gold uneingeschränktes internationales Zahlungsmittel ist
- **Golddevisenwährung**, d. h. es besteht nur noch eine indirekte Goldbindung über eine Leitwährung mit einer Goldumtauschverpflichtung des Leitwährungslandes
- **Goldkernwährung**, d. h. es gibt keine Umtauschverpflichtung der Notenbank in Gold und der Geldumlauf ist i. d. R. auch nicht mehr voll durch Gold gedeckt
- **feste Wechselkurse** in einem freien Währungssystem, d. h. es gilt eine starre, meistens langfristige Festlegung der Umtauschrelationen mit einer jederzeitigen An- und Verkaufsverpflichtung der Notenbank (oft hilft dann nur eine strikte Devisenbewirtschaftung vor dem Verlust der Währungsreserven)
- **freie Wechselkurse**, d. h. die Währungsrelationen können sich völlig frei ohne staatliche Beeinflussung auf der Grundlage von Angebot und Nachfrage bilden
- **begrenzt flexible Wechselkurse**, d. h. es werden meist durch mehrstaatliche Vereinbarungen bestimmte Ober- und Untergrenzen festgelegt, innerhalb derer die Wechselkurse sich frei gestalten können.

Als mehrstaatliche Vereinbarungen über die Gestaltung von Währungssystemen waren das „Abkommen von Bretton Woods" und das „Europäische Währungssystem (EWS)" von besonderer Bedeutung. Das **System von Bretton Woods** sollte auf der organisatorischen Grundlage des Internationalen Währungsfonds (IWF) Devisenbeschränkungen abbauen, die Währungen konvertibel machen und stabile Wechselkurse erreichen, indem eine Goldparität als landesspezifisches Wertverhältnis zwischen Gold und der Währungseinheit festgelegt wurde. Es lag hier anfangs ein Golddevisenwährungssystem mit dem Dollar als Leitwährung vor, doch wurde infolge der hohen Zahlungsbilanzdefizite der USA die Goldumtauschverpflichtung Anfang der 70er-Jahre aufgehoben. Die **IWF-Regelungen** lassen es seit Mitte der 70er-Jahre allen Mitgliedern frei, feste oder flexible Wechselkurse anzuwenden.

Das **Europäische Währungssystem** (EWS) war ein Versuch, begrenzt flexible Wechselkurse zwischen mehreren Ländern zu erreichen. Das EWS war ein System von festen, aber bei Bedarf anpassungsfähigen, auf ECU bezogenen Leitkursen mit festgelegten Bandbreiten, die gegenüber den Außenwährungen frei floateten. Drohte eine Überschreitung der Bandbreiten, die jeweils 2,25 % vom festgelegten Leitkurs betrugen, waren die Mitgliedsländer zur Intervention ggf. auf der Basis eines gegenseitigen Kreditsystems, zur Änderung ihrer Wirtschafts- und Währungspolitik oder auch zur Änderung der Leitkurse verpflichtet. Unterblieb die notwendige grundlegende Anpassung, sprengte früher oder später die Spekulation das System wie z. B. 1992. Danach hatten einige Länder ihre Einbindung in das EWS ausgesetzt. Durch die folgende Erhöhung der interventionsfreien Bandbreiten auf jeweils 15 % im Sommer 1993 wurde jedoch das System weiter demontiert, auch wenn einige Länder die freiwillige Aufrechterhaltung der alten Bandbreiten angekündigt hatten. Im Frühjahr 1995 nahmen nach erneuten Turbulenzen nur noch zehn Währungen (aktiv) am Wechselkursmechanismus teil. Dennoch ist das EWS als Vorstufe zur **Europäischen Währungsunion** zu sehen. Nur wenige konnten sich noch Anfang bis Mitte der 90er-Jahre das Gelingen einer Einheitswährung vorstellen, die am 01.01.1999 für zunächst zwölf Teilnehmerländer Wirklichkeit wurde (Bargeld ab dem 01.01.2002) (siehe auch Kapitel A.4.2). Aufgrund der **Währungsspekulationen 2010** im Zusammenhang mit der Schuldenkrise vor allem in Griechenland, aber auch in Portugal, Spanien, in jüngster Zeit Italien und eventuell weiteren Euroländern glauben inzwischen wieder so manche, dass die Währungsunion auf Dauer doch keinen Bestand haben kann, wenn sich die Haushaltsdisziplin der einzelnen Mitgliedsländer nicht erheblich ändert.

Die **Europäische Währungseinheit (ECU)** ist als Vorläufer des Euro zu bezeichnen. Sie war ein Währungskorb der Mitgliedsländer des EWS gewichtet nach ihrem Bruttoinlandsprodukt. Der Wert der ECU ermittelte sich börsentäglich auf der Grundlage der Währungsrelationen der Korbwährungen im Verhältnis zum Dollar.

Die ECU diente vor allem als Bezugsgröße im EWS und als Verrechnungseinheit der EG, doch hatte sich die ECU im Laufe der Jahre auch als „Währungseinheit" zur Abwicklung von Finanztransaktionen insbesondere im Außenhandel und im internationalen Bankgeschäft entwickelt. Sie wurde börsentäglich wie eine Devise gehandelt. Die Substanz der ECU wurde durch die 20 %ige Hinterlegung der Gold- und Dollarreserven der Mitgliedsländer beim Europäischen Fonds untermauert.

Mit der Errichtung der EWWU (Europäische Wirtschafts- und Währungsunion) bildete die ECU die Berechnungsgrundlage für die Festlegung der Währungsrelationen der Teilnehmerländer zum Euro.

Nachdem die Währungsunion am 01.01.1999 mit zwölf Teilnehmerländern startete, gehören ihr seit dem 01.01.2015 nunmehr 19 Länder an.

Euro-Umrechnungskurse				
Euro in Landeswährung			**Landeswährung in Euro**	
D-Mark	1,95583	100	D-Mark	51,1292
Französische Franc	6,55957	100	Franc	15,2449
Österreichische Schilling	13,7603	100	Schilling	7,26728
Italienische Lira	1.936,27	1.000	Lira	0,516457
Holländische Gulden	2,20371	100	Gulden	45,3780
Belgische Franc	40,3399	100	Belgische Franc	2,47894
Spanische Peseta	166,386	100	Peseta	0,601012
Portugiesische Escudo	200,482	100	Escudo	0,498798
Irische Punt	0,787564	100	Irische Punt	126,974
Finnmark	5,94573	100	Finnmark	16,8188
Griechische Drachmen	340,75	100	Griechische Dr.	0,293470
Slowenische Tolar	239,640	100	Slowenische Tolar	0,417293
Maltesiche Lira	0,429300	100	Maltesische Lira	232,937
Zyprische Pfund	0,585274	100	Zyprische Pfund	170,860
Slowakische Kronen	30,1260	100	Slowakische Kr.	3,31939
Estnische Kronen	15,6466	100	Estnische Kr.	6,39116
Lettische Lats	0,702804	100	Lettische Lats	142,287
Litauische Litas	3,45280	100	Litauische Litas	28,9620

5.1.3 Devisenkassakurse

Die organisierten Märkte des Devisenhandels, die Devisenbörsen, haben in den letzten Jahrzehnten immer mehr an Bedeutung verloren. Dennoch stellten die Devisenbörsen für den Markt eine wichtige Orientierung dar und kennzeichneten die Markttendenz.

Seit dem Fortfall des Frankfurter Fixing als zentraler amtlicher Kursfeststellung an der Frankfurter Devisenbörse Anfang 1999 infolge der Einführung des Euro wurden in der EURO-Zone nur noch **Devisen-Referenzkurse** täglich ermittelt. Über eine elektronische Handelsplattform gaben ausgewählte Kreditinstitute um 13:00 Uhr ihre Geld- und Briefkurse bekannt. Nach Streichung der höchsten und niedrigsten Kurse wurde aus den übrigen Notierungen ein Mittelwert gebildet (EURO-FX) und veröffentlicht. Das System wurde zum 01.04.2015 abgeschafft.

Referenzkurse werden auch von verschiedenen Institutionen und Organisationen genannt, so insbesondere von der Europäischen Zentralbank, deren Referenzkurse beispielsweise am 31.12.2019 lauteten:

Land	Währungscode	Währungs-bezeichnung	Referenzkurs EZB 31.12.2019
USA	USD	US-$	1,1234
Kanada	CAD	Kan.$	1,4598
Großbritannien	GBP	£ Sterling	0,85080
Schweiz	CHF	sfr	1,0854
Polen	PLN	Zloty	4,2568
Tschechien	CZK	Krone	25,408
Australien	AUD	A $	1,5995
Neuseeland	NZD	NZ$	1,6653
Schweden	SEK	skr	10,4468
Norwegen	NOK	nkr	9,8638
Südafrika	ZAR	Rand	15,7773
Hongkong	HKD	HK$	8,7473
Singapore	SGD	S$	1,5111
Japan	JPY	Yen	121,94
Dänemark	DKK	dkr	7,4715

Referenzkurse, insbesondere die der EZB, können quasiamtlichen Charakter besitzen und werden deshalb auch für Steuererklärungen, Jahresabschlüsse, Statistiken usw. verwendet.

Beim **Marktkurssystem**, wie es in Deutschland die Großbanken eingeführt haben, handelt es sich um ein bankinternes Fixing meistens um 13:00 Uhr, bei dem sich die Kursnotierung aus den Devisenhandelsgeschäften der Kunden im Effektenhandel und Zahlungsverkehr ergibt. Auch diese Kurse werden anschließend durch Informationsdienste (z. B. Reuters) und im Internet veröffentlicht.

Die Kursfeststellung bei Kassadevisen kann als Preisnotierung oder als Mengennotierung erfolgen. Bis zur Einführung des Euro war in Deutschland wie auch an vielen ausländischen Finanzplätzen die **Preisnotierung** üblich, d. h. welcher Betrag in inländischer Währung für eine, hundert, tausend oder mehr Einheiten einer ausländischen Währung zu zahlen ist:

Beispiel

1 US-$ = 0,82237 €
100 Yen = 0,82001 €
1 sfr = 0,90253 €
100 Kronen = 10,5545 €

Mit der Einführung des Euro wurde auch in Deutschland auf Wunsch der europäischen Bankenverbände und Empfehlung der EZB auf die **Mengennotierung** umgestellt, die auch z. B. auf dem Londoner Finanzplatz schon lange üblich ist. Der Vorteil wird vor allem im Fortfall der verschiedenen Währungsfaktoren 1, 100, 1.000 usw. gesehen. Bei der Mengennotierung wird festgestellt, welche Mengen ausländischer Währung für eine Einheit der inländischen Währung zu erbringen sind:

Beispiel

1 € = 1,2160 US-$
1 € = 121,9500 Yen
1 € = 1,1080 sfr
1 € = 9,4746 Kronen

Devisenkurse können als Mittelkurse oder als Geld- und Briefkurse festgestellt werden. Die Spanne zwischen den Geld- und Briefkursen kennzeichnet die jeweilige **Handelsspanne** der Marktteilnehmer. Jedes Devisengeschäft kann aber aufgrund der Marktstellung der Beteiligten sowohl zu abweichenden als auch zu günstigeren Geld- und Briefkursen abgeschlossen werden. Auch bei größeren Beträgen und unter Banken wird die Abrechnung zu einem individuellen Kurs durchgeführt.

Manche Marktteilnehmer nennen auch nur **Spannungskurse**, die die Bandbreite kennzeichnen, in der sie bereit sind, Geschäfte abzuschließen. Werden Spannungskurse notiert, sind sie als Schätzkurse zu bezeichnen, die sich aus der jeweiligen Marktlage als Circa-Preise ergeben, um die die tatsächlichen Abschlusskurse gestreut sind. Sie werden manchmal auch als Extremwerte für den obersten und untersten Geschäftsabschluss notiert.

Bei **Preisnotierung** stellen die **Geldkurse** immer die Ankaufskurse aus der Sicht der Bank dar, und die **Briefkurse** sind die Verkaufskurse aus der Sicht der Bank.

Da sich bei **Mengennotierung** die Betrachtung umkehrt, die Inlandswährung also die Konstante ist, wird der **Geldkurs** zum **Verkaufskurs der Bank**, sodass einem Importeur, der die Fremdwährung zur Begleichung einer Rechnung kaufen will, die Bank den gewünschten Fremdwährungsbetrag zum Geldkurs abrechnet.

Will ein Exporteur Fremdwährung aus einem Zahlungseingang an die Bank verkaufen, ist der **Briefkurs** der **Ankaufskurs der Bank**, sodass sie den Fremdwährungsbetrag zum Briefkurs abrechnet.

Beispiel

Ein Importeur will am 30.12.2019 1 Mio. Yen kaufen. Es erfolgt **Mengennotierung**.

1 € = 122,00 Geld | 123,1662 Brief Yen

Fremdwährungsbetrag : Geldkurs = Inlandswährungsbetrag

1.000.000 Yen : 122,00 = 8.196,7213 €

Es erfolgt Kontobelastung mit 8.196,72 € und Gutschrift von 1.000.000 Yen.

Ein Exporteur will am 30.12.2019 1 Mio. Yen verkaufen.

1 € = 122,00 Geld | 123,1662 Brief Yen

Fremdwährungsbetrag : Briefkurs = Inlandswährungsbetrag

1.000.000 Yen : 123,1662 = 8.119,1106 €

Es erfolgt Kontobelastung mit 1.000.000 Yen und Gutschrift von 8.119,11 €.

Die Bank hat die Fremdwährung vom Exporteur mit 8.119,11 € angekauft und an den Importeur mit 8.119,11 € verkauft. Ihre Handelsspanne beträgt 77,61 €.

Findet **Preisnotierung** statt, wäre wie folgt abzurechnen:

100 Yen = 0,8196 (72) Geld | 0,8119 (11) Brief €

Ein Importeur will 1 Mio. Yen kaufen.

Fremdwährungsbetrag • Briefkurs = Inlandswährungsbetrag

1.000.000 Yen • 0,8197/100 = 8.196,72 €

Ein Exporteur will 1 Mio. Yen verkaufen.

Fremdwährungsbetrag • Geldkurs = Inlandswährungsbetrag

1.000.000 Yen • 0,8119/100 = 8.119,11 €

Die Bank kauft auch hier die Fremdwährung vom Exporteur mit 8.119,11 € an und verkauft sie an den Importeur mit 8.196,72 €.

Am Beispiel der amerikanischen Währung am 25.11.2019 sollen die einzelnen Kurse zusammenfassend gekennzeichnet werden:

1. bei Mengennotierung

Spanne 0,0060 (von 1,0975 bis 1,1035)

1,0466	1,0975	ca. 1,0990	1,1005	ca. 1,1020	1,1035	1,1065	1,1787
Geldkurs für Sorten	Devisen-Geldkurs als Verkaufskurs der Banken an Normalkunden	gespannter Devisen-Geldkurs als Verkaufskurs an besondere Kunden z. B. andere Banken und Großkunden	Mittelkurs oder Referenzkurs	gespannter Devisen-Briefkurs als Ankaufskurs von besonderen Kunden, z. B. andere Banken und Großkunden	Devisen-Briefkurs als Ankaufskurs der Banken von Normalkunden	Scheckankaufskurs	Briefkurs für Sorten

2. bei Preisnotierung

Spanne 0,0050 (von 0,9062 bis 0,9112)

0,8484	0,9038	0,9062	ca. 0,9074	0,9087	ca. 0,9099	0,9112	0,9555
Geldkurs für Sorten	Scheckankaufskurs	Devisen-Geldkurs als Ankaufskurs der Banken von Normalkunden	gespannter Devisen-Geldkurs als Ankaufskurs von besonderen Kunden z. B. andere Banken und Großkunden	Mittelkurs oder Referenzkurs	gespannter Devisen-Briefkurs als Verkaufskurs an besondere Kunden, z. B. andere Banken und Großkunden	Devisen-Briefkurs als Verkaufskurs der Banken an Normalkunden	Briefkurs für Sorten

Für die meisten Währungen kann man das unverbindliche Kursverhältnis zum Euro von der EZB erfahren. Einige Währungen sind auch im **Freiverkehr** unter Banken erhältlich. Ihre Kurse werden von einigen Zeitungen veröffentlicht.

Devisen im Freiverkehr			
02.01.2020/Basis 1 €		**Geld**	**Brief**
China	RMB	7,6669	7,9095
Indien	Rupie	78,2105	81,4486
Israel	Schekel	3,7781	3,9511
Korea, Süd	Won	1.266,7771	1.326,7771
Kroatien	Kuna	7,2911	7,5983
Kuwait	Dinar	0,3317	0,3466
Mexiko	Peso	20,8542	21,4667
Rumänien	Ron (Lei)	4,6789	4,8847
Russland	Rubel	67,9056	70,1878
Thailand	Baht	32,9641	34,4789
Türkei	Neue Lira	6,5581	6,7711
Ungarn	Forint	324,9500	335,100
Ver. Arabische Emirate	Dirham	4,0227	4,1945

Mitgeteilt von Deutsche Bank Frankfurt/Main. Diese Kurse können nur als Anhaltspunkte dienen und haben keinen verbindlichen Charakter.

5.1.4 Devisenhandel am freien Markt

Der Devisenhandel am freien Markt umfasst vor allem die Devisengeschäfte des Interbankenhandels. Neben den Kreditinstituten sind aber in unterschiedlicher Intensität auch andere Marktteilnehmer insbesondere multinationale Großunternehmen anzutreffen. Auf dem freien Markt werden zum größten Teil Arbitragegeschäfte zur Ausnutzung von Kursunterschieden in Form einer Differenzarbitrage oder einer Ausgleichsarbitrage durchgeführt.

Eine **Differenzarbitrage** liegt vor, wenn das Kreditinstitut versucht, durch gleichzeitigen Kauf und Verkauf meistens mehrerer Währungen an verschiedenen Finanzplätzen ohne Kapitaleinsatz im Eigengeschäft einen möglichst hohen Kursgewinn aus der unterschiedlichen Notiz der Währungen zu erzielen. Alle eingegangenen Währungspositionen werden hier noch am selben Tag ausgeglichen. Sind beispielsweise drei Währungen beteiligt, spricht man von einer **Dreiecksarbitrage:**

- Verkauf von US-Dollar in Frankfurt gegen Euro
- Kauf von US-Dollar in London gegen Pfund
- Ausgleich der entstandenen Leerposition in £ durch Kauf in Hamburg gegen Euro, die aus dem US-Dollar-Verkauf stammen.

Eine **Ausgleichsarbitrage** liegt vor, wenn das Kreditinstitut entweder im Kundenauftrag oder zur Glattstellung von Leerpositionen versucht, eine Währung durch Vergleich der unterschiedlichen Notizen an den in- und ausländischen Finanzplätzen dort in die gewünschte Währung zu konvertieren, wo die vorteilhafteste Notiz besteht. Auch bei der

Ausgleichsarbitrage kann es gewinnbringend sein, zunächst eine oder zwei andere Währungen zwischenzuschalten:

- Verkauf der US-Dollar in London gegen Pfund
- Verkauf der Pfund gegen Yen in Amsterdam
- Verkauf der Yen gegen Euro in Singapur.

Inländische **Mehrwährungsarbitrage** liegt vor, wenn mehrere Kreditinstitute im Inland unterschiedliche Kurse für die angesprochenen Währungen nennen, und der Händler diese Kursunterschiede gewinnbringend ausnutzt.

Quotiert z. B. bei Preisnotierung eine Bank A eine Währung mit 1,6255 Geld/1,6264 Brief und eine andere Bank B ist bereit, zu 1,6255 an A zu verkaufen, macht A einen Arbitragegewinn, wenn er anschließend zu 1,6260 an C verkaufen kann. Je nach Markttendenz wird der Devisenhändler seine Quotierung im weiteren Verlauf verändern (z. B. auf 1,6252/1,6261 bei schwächerer Tendenz). Findet A bei fallender Tendenz keinen Käufer über 1,6255, muss er entweder unter Verlust glattstellen, oder es verbleibt eine offene Devisenposition (Leerposition).

Leerpositionen sind offene Währungsguthaben oder Währungsverbindlichkeiten als Nettobetrag an Auslandsforderungen und Auslandsverbindlichkeiten ausgedrückt in Inlandswährung. Sie können als Einzelpositionen aus jedem Devisengeschäft täglich entstehen und beinhalten ein hohes Risiko bei falscher Markteinschätzung, was letztlich auch schon zum Zusammenbruch von Banken geführt hat.

Zur Risikobegrenzung sind Kreditinstitute grundsätzlich verpflichtet, alle **bilanzwirksamen und bilanzunwirksamen Risikopositionen** täglich festzustellen und nach der Geschäftsart und dem Vertragspartner zu gewichten. Das haftende Eigenkapital der Bank muss mindestens 8 % (Solvabilitätskoeffizient) dieser gewichteten Risikopositionen erreichen. Diese Regelungen, auch als Basel I bezeichnet, wurden mit der Einführung eines freien Bankenmarktes in der EU einheitlich in Kraft gesetzt. Seit 2007 gelten verbesserte und modifizierte Regeln für die **Eigenkapitalunterlegung** und das Risikomanagement bei den Kreditinstituten (Basel II sowie Basel III).

Aufgrund des heutigen Volumens von Welthandel und internationalen Kapitalströmen aber auch infolge der umfangreichen und oft spekulativen Eigengeschäfte der Banken sind die aus dem Devisenhandel sich ergebenden Risiken nicht zu unterschätzen. Durch das Netz weltweit tätiger Banken ist zwar ein Handel „rund um die Uhr“ möglich, der allerdings auch dazu verleitet, die Risiken (bewusst) vor sich herzuschieben.

Aufgrund der weltweiten Bedeutung des Dollars wird er im Devisenhandel oft als Transportwährung genutzt, sodass die **Cross Rate über den Dollar** die Grundlage für die Abrechnungskurse zwischen zwei Drittwährungen darstellt. Die beiden Drittwährungen werden dabei nicht unmittelbar gegeneinander getauscht, sondern indirekt über den Dollar.

Wird z. B. der Devisenkurs Euro gegen Australische Dollar (A$) als **inländische Notierung (Preisnotierung)** gesucht, gilt folgende Berechnung:

Geldkurs	= (Geldkurs :	Briefkurs)	•	Währungseinheit A$
€/A$	€/US-$	A$/US-$		

Briefkurs	= (Briefkurs :	Geldkurs)	•	Währungseinheit A$
€/A$	€/US-$	A$/US-$		

Bei einer Preisnotierung €/US-$ von 0,7740/0,7780 und A$/US-$ von 1,2642/1,2715 ergeben sich dann 0,6087 Geld bzw. 0,6154 Brief € für 1 A$.

Geldkurs
€/A$ = (0,7740 : 1,2715) • 1 = 0,6087

Briefkurs
€/A$ = (0,7780 : 1,2642) • 1 = 0,6154

Soll dagegen das **inverse Kursverhältnis** A$ gegen € als **ausländische Notierung bzw. Mengennotierung** ermittelt werden, ergeben sich 1,6250 bzw. 1,6428 A$ für 1 €.

Geldkurs	= (Währungseinheit € • Währungseinheit A$) :	Briefkurs
A$/€		€/A$

Geldkurs = (1 • 1) : 0,6154 = 1,6250
A$/€

Briefkurs	= (Währungseinheit € • Währungseinheit A$) :	Geldkurs
A$/€		€/A$

Briefkurs = (1 • 1) : 0,6087 = 1,6428
A$/€

Das inverse Kursverhältnis wird oft auch als Cross Rate bezeichnet, denn es kennzeichnet den **Wert der Inlandswährung aus der Sicht der Auslandswährung**. Dies entspricht auch der jeweiligen Betrachtung als Preis- oder Mengennotierung.

Fremdwährungsnotierung aus der Sicht der Inlandswährung als Preisnotierung, d. h. welcher Betrag in Inlandswährung ist für eine Einheit ausländischer Währung zu bezahlen:

		Geld	Brief		
1 US-$	→	0,8930 €	0,8970 €	→	**Preisnotierung**

Cross Rate bzw. Fremdwährungsnotierung aus der Sicht der Auslandswährung als Mengennotierung, d. h. welcher Betrag Auslandswährung ist für eine Einheit Inlandswährung zu bezahlen:

		Geld	Brief		
1 €	→	1,1148 US-$	1,1198 US-$	→	**Mengennotierung**

Switch-Geschäfte werden als Arbitragegeschäfte durchgeführt zwischen frei konvertierbaren „harten" Währungen und beschränkt konvertierbaren „weichen" Währungen, wenn z. B. eine direkte Übertragung bei den Währungen nicht möglich ist und eine harte Währung zwischengeschaltet werden muss (Dreiecksarbitrage über den Dollar).

Aufgabe 16 > Seite 548

5.2 Feste Devisentermingeschäfte

5.2.1 Devisenterminkurse

Der **Importeur** trägt das Risiko, bei Bezahlung mehr Geld in Inlandswährung aufbringen zu müssen als bei Vertragsabschluss. Der **Exporteur** befürchtet, bei Bezahlung weniger Geld in Inlandswährung zu erhalten als bei Vertragsabschluss.

Devisentermingeschäfte dienen der Absicherung des Kursrisikos. So will ein Exporteur, der seinem Geschäftspartner einen Lieferantenkredit eingeräumt hat, das Kursrisiko für den späteren Zahlungseingang abwälzen. Der Importeur will vermeiden, dass er bei Ablauf des Lieferantenkredits mehr Geld bezahlen muss. Devisentermingeschäfte bieten deshalb eine **feste Kalkulationsbasis**. Auch bei Kreditgeschäften und Kapitalanlagen dienen Termingeschäfte der Abwälzung des Kursrisikos.

Feste Devisentermingeschäfte verhindern grundsätzlich Kursverluste. Sie entheben aber andererseits der Chance eines Kursgewinns, wenn ex-post gesehen ein Termingeschäft überflüssig war, weil sich der Kurs anders verhielt als ex-ante erwartet. Soll die Chance auf Kursgewinne erhalten bleiben, können bedingte Devisentermingeschäfte in Form von Devisenoptionen abgeschlossen werden (siehe Kapitel G.5.3).

Ist bei der fakturierten Währung mit einem Kursverfall zu rechnen, so wird der Exporteur besonderen Wert auf die Kurssicherung legen. Verkauft er deshalb seinen Exporterlös schon heute per Termin, muss er aus heutiger Sicht mit einem Abschlag, verglichen mit dem Kassakurs, rechnen. Dieser Abschlag wird **Deport** genannt. Am Fälligkeitstag liefert er dann die Fremdwährung zum vereinbarten Terminkurs an die Bank, die ihm den Gegenwert in Inlandswährung gutschreibt.

Ist bei der fakturierten Währung mit Kurssteigerungen zu rechnen, so wird der Importeur besonderen Wert auf eine Kurssicherung legen. Erwirbt er deshalb bereits heute Devisen per Zahlungstermin, muss er aus heutiger Sicht mit einem Aufschlag rechnen, der als **Report** bezeichnet wird.

Diese Auf- und Abschläge im Devisenhandel werden **Swapsätze** genannt.

Bei einem freien Devisenhandel ohne Kapitalverkehrskontrollen spielen heute allerdings das **Zinsniveau und die Zinsveränderungserwartungen** die entscheidende Rolle, wie eine Währung in der Zukunft bewertet wird. Ist das Zinsniveau im Ausland höher oder niedriger als im Inland, gleicht der Swapsatz die Zinsdifferenz aus.

Währungen mit einem höheren Zinsniveau werden deshalb mit Deport gehandelt, weil eine Geldanlage in dieser Fremdwährung mehr Zinsen erbringt als im Inland, die durch den heute vereinbarten Kursabschlag ausgeglichen werden. Der Terminkurs ist also kleiner als der Kassakurs.

Liegt das Zinsniveau im Ausland unter dem Inlandszinsniveau, bekäme man für eine Geldanlage im Ausland für den zu tauschenden Währungsbetrag für die fragliche Laufzeit weniger Zinsen, sodass diese Differenz durch einen Kurszuschlag ausgeglichen werden muss. Der Terminkurs ist also größer als der Kassakurs.

Bei frei konvertierbaren Währungen entspricht aufgrund der dominierenden Bedeutung des Zinsniveaus der Inlandswährungsbetrag zuzüglich der Inlandszinsen für die jeweilige Laufzeit dem in Auslandswährung getauschten Inlandswährungsbetrag zuzüglich der Auslandszinsen.

Beispiel

Inlandswährungsbetrag	+	Inlandszinsen	=	in Auslandswährung getauschter Inlandswährungsbetrag	+	Auslandszinsen
1.000	+	5 % p. a.	=	(1.000 - Deport)	+	8 % p. a.
1.000	+	10 % p. a.	=	(1.000 + Report)	+	8 % p. a.

Auslandszins > Inlandszins	Auslandszins < Inlandszins
Terminkurs < Kassakurs	Terminkurs > Kassakurs
Kosten der Kurssicherung	Kosten der Kurssicherung
Deport	Report

Swapsätze

Solange in Deutschland eine Preisnotierung im Devisenhandel erfolgte, bei der die Auslandswährung die Konstante (z. B. 1 US-$, 1 Yen) war und die Inlandswährung die Variable, entsprachen sich auch Notierung und inländische Perspektive. Mit der Mengennotierung ist nun die Inlandswährung zur konstanten Größe geworden, was die Betrachtungsweise umkehrt.

Der Auslandszins aus der Sicht der Fremdwährung ist bei der Mengennotierung der eigene inländische Zins, und der Inlandszins ist der Zins der Fremdwährung.

Liegt beispielsweise das japanische Zinsniveau unter dem Zinsniveau in Deutschland, wird die japanische Währung bei Mengennotierung mit Deport gehandelt, weil aus der Sicht des Yen das Auslandszinsniveau größer ist als das Inlandszinsniveau. Ist das englische Zinsniveau höher als das deutsche, wird bei Mengennotierung die englische Währung entsprechend mit Report gehandelt, da aus englischer Sicht das deutsche Zinsniveau als Auslandszinsniveau kleiner ist.

Die täglichen Kurse für feste Devisentermingeschäfte werden von den Devisenkassakursen entsprechend dem jeweiligen Zinsniveau und der Marktlage abgeleitet und von verschiedenen Informationsdiensten und Tageszeitungen veröffentlicht. Sie lauteten beispielsweise für die typischen Laufzeiten von drei und sechs Monaten an einem bestimmten Tag als Mengennotierung für einige ausgewählte Währungen:

Devisen- und Sortenkurse für 1 € (02.01.2020)								
		3 Monate[1]		**6 Monate**[1]		**Referenzkurs EZB**	**Preise am Bankschalter**[2]	
		Geld	**Brief**	**Geld**	**Brief**		**Verkauf**	**Ankauf**
USA	USD	1,122418	1,128455	1,128642	1,134762	1,1193	1,0697	1,1817
Japan	JPY	121,5683	122,058	121,6213	122,134	121,75	115,9373	128,8921
Großbritannien	GBP	0,847815	0,851932	0,850502	0,854707	0,8483	0,8103	0,8948
Schweiz	CHF	1,083386	1,087466	1,08248	1,08663	1,0865	1,0398	1,1508
Kanada	CAD	1,456374	1,468636	1,464367	1,47692	1,4549	1,3841	1,5417

1 mitgeteilt von vwd, LBBW

2 Sortenkurse aus Sicht der Bankkunden mitgeteilt von Reisebank

Devisen- und Sortenkurse für 1 € (02.01.2020)								
		3 Monate[1]		6 Monate[1]		Referenzkurs EZB	Preise am Bankschalter[2]	
		Geld	Brief	Geld	Brief		Verkauf	Ankauf
Schweden	SEK	10,477339	10,526527	10,490893	10,543647	10,4728	10,0026	11,0737
Norwegen	NOK	9,883755	9,932986	9,937139	9,991338	9,8408	9,3942	10,4061
Dänemark	DKK	7,446968	7,487893	7,439473	7,485256	7,4719	7,1299	7,8873
Australien	AUD	1,605199	1,605513	1,610297	1,611584	1,6006	1,5221	1,6969
Neuseeland	NZD	1,675696	1,676195	1,682744	1,683977	1,6718	1,5831	1,7757
Tschechien	CZK	25,46801	25,49198	25,60311	25,65682	25,411	24,0085	27,413
Polen	PLN	4,267077	4,268956	4,290421	4,293385	4,2544	3,9868	4,597
Südafrika	ZAR	16,038143	16,047444	16,319584	16,337265	15,7496	14,7496	17,2047
Hongkong	HKD	8,771343	8,779047	8,821401	8,83267	8,7203	8,1390	9,4625
Singapur	SGD	1,513864	1,515706	1,519983	1,523107	1,5084	1,4191	1,6243

Die Swapsätze werden bei Mengennotierung in Einheiten Auslandswährung für eine Einheit Inlandswährung als Differenzbetrag zum Kassakurs Geld oder Brief ausgedrückt und ergeben sich an diesem Tag wie folgt:

	Terminkurs £ (6 Monate)	Geld 0,850502	Brief 0,854707
-	Kassakurs £	Geld 0,845200	Brief 0,849200
=	Swapsatz aus der Sicht der Auslandswährung	Report + 0,005302	Report + 0,005507

Der Swapsatz für die englische Währung ist aus der Sicht dieser Währung zu diesem Zeitpunkt ein Report, da das Euro-Zinsniveau niedriger als das englische ist. Bei Verwendung der Preisnotierung kehrt sich die Perspektive um, sodass bei Berechnung des inversen Kursverhältnisses die englische Währung aus deutscher Sicht mit Deport gehandelt wird.

	Terminkurs £ (6 Monate)	Geld 1,169991	Brief 1,175776
-	Kassakurs £	Geld 1,177579	Brief 1,183152
=	Swapsatz aus der Sicht der Inlandswährung	Report + 0,007588	Report + 0,007376

Der Swapsatz für die japanische Währung ist aus der Sicht dieser Währung zu diesem Zeitpunkt ein Report, da das Euro-Zinsniveau niedriger ist als das japanische.

	Terminkurs Yen (6 Monate)	Geld 121,6213	Brief 122,1340
-	Kassakurs Yen	Geld 121,5000	Brief 121,9800
=	Swapsatz aus der Sicht der Auslandswährung	Report + 0,01213	Report + 0,01540

1 mitgeteilt von vwd, LBBW

2 Sortenkurse aus Sicht der Bankkunden mitgeteilt von Reisebank

Entsprechend wird die japanische Währung aus deutscher Sicht mit Report gehandelt.

	Terminkurs Yen (6 Monate)	Geld 0,818773	Brief 0,822224
-	Kassakurs Yen	Geld 0,819807	Brief 0,823045
=	Swapsatz aus der Sicht der Inlandswährung	Report + 0,001034	Report + 0,000821

Die Swapsätze verändern sich täglich. Eine Verringerung des Reports führt dabei aus der Sicht des Käufers zu einer Verbilligung der Termindevisen, eine Verringerung des Deports dagegen zu einer Verteuerung.

Report und Deport steigen auch oft mit zunehmender Laufzeit; das Entgelt für die Kurssicherung erhöht sich dann mit zunehmender Ungewissheit. Andererseits verringern sich die Swapsätze bei weitgehend einheitlicher Markttendenz und Zinsentwicklung.

Verbreitern sich die Kurse im Zeitablauf bei einer Währung, wird also die Spanne Geld/ Brief größer, oder ist bei einer Währung diese Spanne breiter als bei einer anderen, so kann dies ein Merkmal für eine größere Ungewissheit über die Zukunft sein oder ein Kennzeichen für die Handelsintensität dieser Devisen.

Termindevisen werden meistens in Standardfälligkeiten von 1, 2, 3, 6 und 12 Monaten notiert, die i. d. R. nicht den Zahlungsfristen aus dem Export- oder Importgeschäft entsprechen. Die Banken errechnen dann den individuellen Geld- oder Briefkurs durch Ableitung aus den Standardfälligkeiten (**gebrochene Fälligkeiten**).

Beispiel

Ein Exporteur erwartet einen Zahlungseingang gemäß Kaufvertrag am 15.10. in einer Fremdwährung, deren Risiko er nicht tragen will. Er sucht eine feste Kalkulationsbasis für sein Exportgeschäft und will sich deshalb den heutigen Gegenwert der Devisen absichern, indem er die Devisen am 05.06. per Termin an die Bank verkauft. Der Exporteur befürchtet, dass der Wert der Fremdwährung fällt.

Auf dem Finanzplatz erfolgt Mengennotierung.

Kassakurs	Terminkurs 3 Monate	Terminkurs 6 Monate
Geld 0,9384	Geld 0,9512	Geld 0,9665
Brief 0,9444	Brief 0,9572	Brief 0,9725

	Report zur oberen Fälligkeit	(0,9725 - 0,9444)	0,0281
	Report zur unteren Fälligkeit	(0,9572 - 0,9444)	0,0128
=	Reportdifferenz		0,0153
:	Tagesdifferenz der gewählten Standardfälligkeiten		90
=	Report je Tag		0,00017
•	Tagesdifferenz untere Standardfälligkeit bis Zahlungseingang (05.09. bis 15.10.)		40
=	**Zuschlag zum Report der unteren Standardfälligkeit**		**0,0068**

Ankaufkurs vom Exporteur:

Kassakurs + (Report untere Fälligkeit + Zuschlag) = individueller Terminkurs

0,9444 + (0,0128 + 0,0068) = 0,9640

Hätte der Exporteur 1 Mio. Fremdwährung an die Bank verkaufen wollen, hätte er dafür im Termin 1.037.344,40 Inlandswährung erhalten.

Fremdwährungsbetrag : Briefkurs = Inlandswährungsbetrag

1.000.000 : 0,9640 = 1.037.344,40 €

Mitunter wird bei der Berechnung von Terminkursen bei individuellen Fälligkeiten anstelle eines Zuschlags zum Report der unteren Fälligkeit auch mit einem Abschlag vom Report der oberen Fälligkeit gerechnet.

Um die **Kurssicherungskosten** als Vergleichszinssatz auf Jahresbasis festzustellen, wird der Swapsatz in Bezug auf den abzusichernden heutigen Gegenwert (Kassakurs) auf ein Jahr hochgerechnet (Abhängig von der Zinsdifferenz der beiden betreffenden Währungen kann der Terminkurs über oder unter dem aktuellen Kassakurs liegen).

Der Exporteur kann seinen Zahlungseingang in 130 Tagen zu einem bereits heute fest vereinbarten Kurs von 0,9640 zur Verfügung stellen und erhält den entsprechenden Inlandswährungsbetrag bei Fälligkeit gutgeschrieben. Es spielt für ihn keine Rolle, wie tief bis dahin der Wert der Fremdwährung fällt, und somit immer mehr Auslandswährung für eine Einheit Inlandswährung notwendig wäre. Die Kosten der Kurssicherung betragen in diesem Beispiel 5,7472 % p. a. und können ggf. im Angebotspreis berücksichtigt werden.

$$\text{Kurssicherungskosten in Prozent p. a.} = \frac{\text{Swapsatz} \cdot 100}{\text{Kassakurs} \cdot \text{Laufzeit}}$$

$$\text{Kurssicherungskosten} = \frac{0{,}9444 \cdot 130}{360} = \mathbf{5{,}7472\ \%\ p.\ a.}$$

Geht der Fremdwährungserlös nicht zum vorgesehenen Zeitpunkt ein, kann entweder unter Berichtigung des Ankaufskurses (Erhöhung des Reports) das Termingeschäft prolongiert werden, oder es ist ein Anschlussgeschäft vorzunehmen. Sollte der Zahlungseingang vom Importeur ganz ausbleiben, wird die Bank das fällige Termingeschäft durch Eindeckung am Kassamarkt glattstellen. Sofern keine besonderen Spesen anfallen, trägt der Exporteur dann als Kurssicherungskosten die Differenz zwischen dem

Brief-Terminkurs zum Zeitpunkt des Abschlusses des Termingeschäfts und dem Kassa-Geldkurs zum Zeitpunkt der Glattstellung.

Aufgabe 17 > Seite 549

5.2.2 Swapgeschäfte

Bei jedem Devisentermingeschäft überwälzt das Außenhandelsunternehmen das Kursrisiko auf das Kreditinstitut. Diese reinen Termingeschäfte mit Nichtbanken, bei denen zunächst immer erst eine Leerposition entstehen würde, solange nicht zufällig die gleiche Termindevise im Gegenzug verlangt wird, werden **Outright-Geschäfte** genannt. Um das latente Kursrisiko ihrerseits auszuschließen, führt die Bank Swapgeschäfte durch.

Ein Swapgeschäft ist ein **Risikokompensationsgeschäft**, bei dem entweder ein Termingeschäft mit einem Kassageschäft kombiniert wird, oder ein Termingeschäft mit längerer Laufzeit mit einem Termingeschäft kürzerer Laufzeit verbunden ist. Es bestehen somit vier Kombinationsmöglichkeiten:

a) Kauf von Termindevisen mit Verkauf von Kassadevisen

b) Verkauf von Termindevisen mit Kauf von Kassadevisen

c) Kauf von Termindevisen kürzerer Laufzeit mit Verkauf von Termindevisen längerer Laufzeit

d) Verkauf von Termindevisen kürzerer Laufzeit mit Kauf von Termindevisen längerer Laufzeit.

Ein Exporteur verkauft z. B. seine Fremdwährung aus einem Warengeschäft drei Monate vor ihrer Fälligkeit an seine Hausbank zu deren Ankaufssatz von 0,9572, um das Risiko aus der Fremdwährung nicht selbst tragen zu müssen.

Die Hausbank des Exporteurs führt nun ihrerseits zur Abwälzung des Kursrisikos ein Swapgeschäft durch, indem sie im Sinne von b) die Termindevisen des Exporteurs gegen Kassadevisen tauscht. Hierbei wird nur der Swapsatz gezahlt (0,0068) als Differenz für den Verkauf der Termindevisen zum Geldkurs und dem Briefkurs für den Ankauf von Kassadevisen. Bei isolierter Betrachtung wäre dieser Swapsatz ein Verlust. Dies ist jedoch abhängig von der jeweiligen Marktlage und Markttendenz.

Um auch das Risiko der Kassadevisen auszuschließen, verkauft die Hausbank nun diese zum Geldkurs von 0,9384 an einen deutschen Importeur, der diese Fremdwährung braucht. Der Gewinn der Hausbank aus dem gesamten Devisengeschäft beträgt 0,0120. Während der erste und letzte Teil dieses Geschäfts „Kundengeschäfte“ sind, ist das Swapgeschäft ein reines „Bankgeschäft“.

Zusammenfassung:

Swapsatz 0,0068 € bei Mengennotierung	Ankauf Termindevisen zum Briefkurs von	0,9572	→	1,0447 €	Swapsatz 0,0076 € bei Preisnotierung
	Verkauf Termindevisen zum Geldkurs von	0,9512	→	1,0513 €	
	Gewinn aus Termingeschäft	0,0060		0,0066 €	
	Ankauf Kassadevisen zum Briefkurs von	0,9444	→	1,0589 €	
	Verkauf Kassadevisen zum Geldkurs von	0,938	→	1,0656 €	
	Gewinn aus Kassageschäft	0,0060		0,0067 €	

Gesamtgewinn 0,0120 € bei Mengennotierung bzw. 0,0133 € bei Preisnotierung

Swapsatz 0,0068 € bei Mengennotierung bzw. 0,0076 € bei Preisnotierung

	Ankauf Termindevisen vom Exporteur zum Briefkurs	0,9572	→	1,0447 €
-	Swapsatz	0,0068	+ Swapsatz	0,0076 €
-	Verkauf Kassadevisen an Importeur zum Geldkurs	0,9384	→	1,0656 €
	Gewinn	**0,0120**		**0,0133 €**

Während bei diesem Swapgeschäft durch Verbindung eines höheren Termin-Geldkurses (0,9512) mit einem niedrigeren Kassa-Briefkurs (0,9444) ein Verlust entsteht, führt das folgende Swapgeschäft durch Kombination eines niedrigeren Kassa-Geldkurses mit einem höheren Termin-Briefkurs zu einem Gewinn.

Ein Importeur, der mit seinem ausländischen Geschäftspartner in Fremdwährung fakturiert hat, muss in sechs Monaten seine Zahlung erbringen. Im Hinblick auf seine sichere Kalkulationsgrundlage als auch auf eine möglicherweise kurzfristige Wertsteigerung der Fremdwährung kauft er die 6-Monatsdevise von seiner Bank zum Geldkurs von 8,2894. Würde die Hausbank hier ein Swapgeschäft im Sinne von a) durchführen, zu einem Swapsatz von 0,1526 und sich anschließend von einem Kassadevisen verkaufenden Exporteur eindecken, würde sie einen Gesamtgewinn von 0,0960 machen.

Kassakurs		**Terminkurs 6 Monate**	
Geld	8,1848	Geld	8,2894
Brief	8,2328	Brief	8,3374

Zusammenfassung:

Swapsatz 0,01526	Verkauf Termindevisen an Importeur zum Geldkurs von	8,2894
	Ankauf Termindevisen zum Briefkurs von	8,3374
	Gewinn aus Termingeschäft	0,0480
	Verkauf Kassadevisen zum Geldkurs von	8,1848
	Ankauf Kassadevisen von deutschem Exporteur zum Briefkurs	8,2328
	Gewinn aus Kassageschäft	0,0480

Gesamtgewinn (Termin und Kassa)	0,0960	
Ankauf Kassadevisen zum Briefkurs	8,2328	
Verkauf Termindevisen zum Geldkurs	8,2894	„Kundengeschäfte“
Verlust	0,0566	
Gewinn Swapsatz	0,1526	„Bankgeschäft“
Gesamtgewinn	0,0960	

Des Weiteren werden Swapgeschäfte auch zur **Risikoabsicherung für Geldanlagen und Kreditaufnahmen** verwendet. Dafür wird der Swapsatz, um ihn mit dem jeweiligen Zinssatz vergleichbar zu machen, als Jahreszins und nicht als Währungsbetrag ausgedrückt. Im Gegensatz zum reinen Termingeschäft (Outright-Geschäft), bei dem der heutige Gegenwert einer Fremdwährung abgesichert werden soll, ist bei Swapgeschäften der spätere Rückzahlungsbetrag der Fremdwährung abzusichern, sodass der Swapsatz auf den Terminkurs zu beziehen ist.

$$\text{Kurssicherungskosten} = \frac{\text{Terminkurs - Kassakurs}}{\text{Terminkurs} \cdot \text{Laufzeit}} \text{K} \cdot 100 = \text{Swapsatz p. a.}$$

Beispiel

Es soll eine Geldanlage für 6 Monate in einem Land mit höherem Zinsniveau als im Inland erfolgen. Dazu wird die Fremdwährung vom Investor zur Kasse gekauft (Kassa-Geldkurs der Bank) und zum Fälligkeitstag wieder verkauft (Termin-Briefkurs der Bank). An dem Devisenhandelsplatz erfolgt Mengennotierung.

Kassakurse		**Terminkurse (6 Monate)**	
Geld	1,5392	Geld	1,5677
Brief	1,5472	Brief	1,5757

$$\text{Swapsatz auf Jahresbasis} = \frac{\text{Terminbriefkurs - Kassageldkurs}}{\text{Terminbriefkurs} \cdot \text{Laufzeit}} \cdot 100$$

$$= \frac{1{,}5757 - 1{,}5392}{1{,}5757 \cdot \frac{180}{360}} \cdot 100 = + 4{,}5186\ \%\ \text{p. a.}$$

Ein negativer Prozentsatz für den Swapsatz bedeutet, dass es sich um einen Deport handelt; bei positivem Swapsatz liegt hier ein Report vor. Dies ist jedoch bei Mengennotierung der Devisenkurse immer aus der Sicht der Auslandswährung zu sehen, sodass in diesem Beispiel das (deutsche) Inlandszinsniveau das niedrigere ist und die Währung aus Fremdwährungssicht mit Report gehandelt wird.

Bei frei konvertierbaren Währungen bestimmt das Zinsniveau maßgeblich die Höhe des Swapsatzes. Bei Kapitalanlagen bzw. Kreditaufnahmen in Fremdwährung lässt sich der Swapsatz deshalb aus der **Zinsdifferenz** zwischen dem Zinsniveau im Fremdwährungsland und im Inland herleiten, da bei frei gehandelten Währungen der Swapsatz diese Zinsdiffererenzen kompensieren soll, sodass Änderungen im Zinsniveau durch Veränderungen des Swapsatzes ausgeglichen werden. Je nach Notierungsart der Devisen lässt sich der jeweilige Swapsatz wie folgt berechnen:

a) bei Preisnotierung

$$\frac{\text{Kassakurs} \cdot \text{Zinsdifferenz} \cdot \text{Laufzeit}}{1 + \text{Zinssatz Fremdwährung} \cdot \text{Laufzeit}} = \text{Deport/Report in Inlandswährung je Fremdwährungseinheit}$$

b) bei Mengennotierung

$$\frac{\text{Kassakurs} \cdot \text{Zinsdifferenz} \cdot \text{Laufzeit}}{1 + \text{Zinssatz Inlandswährung} \cdot \text{Laufzeit}} = \text{Deport/Report in Fremdwährung je Währungseinheit Inlandswährung}$$

Der für die Berechnung zu Grunde zu legende Zinssatz ergibt sich aus der Marktlage an den internationalen Finanzplätzen. Da kein vollkommener Markt vorliegt, sondern die Marktteilnehmer individuelle Möglichkeiten, Präferenzen und Informationen besitzen, bleibt häufig ein individueller Zinsvorteil bestehen, was zu Zinsarbitragegeschäften führt.

Beispiel

Beispiel bei Mengennotierung:

Individueller Zinssatz für X	im Inland	7 %
	im Ausland	12 %

Laufzeit der Kapitalanlage 3 Monate
derzeitiger Kassakurs 1,7000 je Einheit Inlandswährung

$$\text{Swapsatz} = \frac{1{,}7000 \cdot 0{,}05 \cdot \frac{90}{360}}{1 + 0{,}07 \cdot \frac{90}{360}} = 0{,}0209$$

	Kassakurs	1,7000
+	Swapsatz	0,0209
=	Terminkurs	1,7209

Der Terminkurs liegt über dem Kassakurs, die Währung wird bei Mengennotierung also mit Report gehandelt, weil das Zinsniveau im Inland aus Sicht der Fremdwährung niedriger ist als im Ausland. Ist der Unterschied im Zinsniveau nur gering, ist auch der Swapsatz niedrig, doch steigt dieser mit zunehmender Zinsdifferenz.

Aufgabe 18 > Seite 549

5.2.3 Zinsarbitrage

Kursaufschläge und Kursabschläge bei Termindevisen als Report und Deport werden heute bei frei konvertierbaren Währungen durch ein unterschiedliches Zinsniveau in den beiden Währungsländern bestimmt. Der früher unterstellte Einfluss von Kaufkraftentwicklungen und Inflationsrate, der zu auf- oder abwertungsverdächtigen Währungen führte, kommt heute nur noch indirekt durch das Zinsniveau zur Geltung.

Im Normalfall kann davon ausgegangen werden, dass beide Faktoren weiterhin übereinstimmen, sodass Länder mit einer „passiven" Zahlungsbilanz und hoher Inflationsrate eine abwertungsverdächtigte Währung haben und zum Ausgleich der Zahlungsbilanz Kapital importieren müssen, das aber nur in dieses Land fließt, wenn das Zinsniveau dort vergleichsweise hoch ist. Länder mit einer „aktiven" Zahlungsbilanz und positiver Kaufkraftentwicklung haben dagegen eine aufwertungsverdächtigte Währung und exportieren Kapital, das aber nur abfließt, wenn das Zinsniveau anderenorts höher ist.

Bei der Zinsarbitrage werden diese **Unterschiede im Zinsniveau zwischen verschiedenen Ländern** ausgenutzt. So kann es auch für ein Außenhandelsunternehmen von Interesse sein, einen Fremdwährungskredit zur Mitfinanzierung der Umsatztätigkeit aufzunehmen, wenn das Zinsniveau in dem betreffenden Land niedriger ist als im Inland. Andererseits können liquide Mittel bis zu ihrem Bedarf im Ausland angelegt werden, wenn dort ein relativ hohes Zinsniveau besteht (siehe hierzu auch Kapitel H.4 Euro-Geldmarktkredite).

Tendenziell im Wert fallende Währungen werden insbesondere Exporteure per Termin verkaufen wollen bzw. Währungen mit **höherem Zinsniveau** werden zur Kasse gesucht, um die Kapitalanlage durchführen zu können, und werden per Termin bei Fälligkeit der Kapitalanlage verkauft. Es entsteht daher ein (erheblicher) Verkaufsüberhang per Termin, sodass diese Währung aus der Sicht der Inlandswährung mit Deport gehandelt wird.

Tendenziell steigende Währungen werden insbesondere von Importeuren per Termin gekauft bzw. Währungen mit **niedrigerem Zinsniveau** werden zur Kasse verkauft, um den im Ausland aufgenommenen Kredit in Inlandswährung zu konvertieren und werden per Termin zum Rückzahlungszeitpunkt des Kredites gesucht. Es entsteht deshalb bei dieser Währung ein (erheblicher) Kaufüberhang per Termin, sodass sie aus der Sicht der Inlandswährung mit Report gehandelt wird.

Beispiel

Beträgt das Zinsniveau im Ausland 13,5 % und im Inland 7,2 %, würde ein erhebliches Interesse zur Geldanlage im Ausland entstehen. Die Fremdwährung würde zur Kasse nachgefragt und zum Fälligkeitstermin verkauft werden. Solange die Kurssicherungskosten diesen Zinsvorteil nicht kompensieren, würde risikofrei Kapital ins Ausland exportiert werden können. Zinsarbitragegeschäfte führen dann durch den Angebotsdruck per Termin und dem Nachfragesog zur Kasse zur Zinsnivellierung:

	Kapitalanlage zum ausländischen Zinsniveau	13,5 % p. a.
-	Deport als Kosten der Kurssicherung aus der Sicht der Inlandswährung	5,5 % p. a.
=	Rendite der Kapitalanlage	8,0 % p. a.
-	Vergleichszinssatz im Inland	7,2 % p. a.
=	vorübergehender) Zinsvorteil der Kapitalanlage in Fremdwährung	0,8 % p. a.
-	Erhöhung des Swapsatzes (Kurssicherungskosten) durch Zinsarbitragegeschäfte	0,8 % p. a.
=	**Quasi-Zinsparität**	**0 % p. a.**

Will eine Notenbank Kapitalanlagen in Fremdwährung, also allgemein einen Kapitalexport fördern, ist sie bemüht, durch ihre Swappolitik den Swapsatz (als Deport bei Preisnotierung) möglichst gering zu halten, um den Zinsvorteil zu vergrößern. Will sie den Kapitalexport bekämpfen, wird sie entgegengesetzte Swapgeschäfte durchführen, um den Zinsvorteil aufzuheben.

Aber auch vom Markt her besteht die Tendenz zur Aufhebung des Zinsvorteils, da durch den Verkaufsüberhang der Deport (bei Preisnotierung) weiter steigen und damit der Terminkurs fallen wird. Ein Anlageinteresse besteht jedoch nur, solange der Zinsvorteil nicht durch die Kurssicherungskosten aufgezehrt wird. Unter Umständen nimmt allerdings mit steigendem Deport auch die Bereitschaft zur Selbstübernahme des Kursrisikos zu.

Es sei auch noch betont, dass die Quasi-Zinsparität nicht für alle Marktteilnehmer zur gleichen Zeit eintritt. Ein **unvollkommener Markt** bietet jedem Marktteilnehmer individuelle Möglichkeiten, sodass Zinsarbitragegeschäfte für manche noch lohnend sind, während für andere schon Zinsparität vorliegt.

Allgemein lässt sich sagen, dass aus inländischer Sicht Länderwährungen mit einem hohen Zinsniveau einen Deport aufweisen werden, da ein Verkaufsüberhang per Termin besteht, andererseits ebenfalls aus inländischer Sicht Währungen mit einem niedrigen Zinsniveau einen Report, da ein Nachfrageüberhang per Termin besteht. Währungen mit „passiver" Zahlungsbilanz, die tendenziell fallen, werden aus inländischer Sicht einen Deport haben, da die Währung überwiegend per Termin angeboten wird. Währungen von Ländern mit Zahlungsbilanzüberschüssen steigen tendenziell, sodass sie aus inländischer Sicht per Termin überwiegend nachgefragt werden und mit einem Report gehandelt werden.

Zinsarbitragegeschäfte bewirken im Ergebnis oder zumindest tendenziell eine **Zinsparität** zwischen den einzelnen Ländern. Bei freien Kapitalströmen ist deshalb der Einfluss des Zinsniveaus auf die Devisenkurse von entscheidender Bedeutung.

Als wesentliche **Einflussfaktoren** auf die Devisenterminkurse können zusammengefasst werden:

1. die **Zinsdifferenz** zwischen den Ländern
2. die **Währungsstabilität**
3. die **Zahlungsbilanzentwicklung**
4. die **Spekulation**
5. die Notenbankpolitik (insbesondere die **Swappolitik**).

Aufgabe 19 > Seite 550

5.3 Devisenoptionsgeschäfte

Wie bei Waren oder Effekten gibt es auch Optionsgeschäfte mit Devisen. Hierbei gilt grundsätzlich zunächst das Gleiche wie bei den Warenterminoptionen (siehe Kapitel H.4.4). Der Käufer der Kauf- bzw. Verkaufsoption vereinbart mit dem Verkäufer, dass ihm das Recht zusteht, während der Optionsfrist eine Devise zu einem festen Basiskurs erwerben oder liefern zu können. Dafür zahlt er den Optionspreis. Im Gegensatz zum festen Devisentermingeschäft braucht der Käufer hier aber das Geschäft nicht zu erfüllen, sodass die Option für ihn eher den Charakter einer Risikoversicherung hat.

So kann ein **Exporteur** sein Kursrisiko absichern, indem er eine Devisen-Verkaufsoption erwirbt. Steigt der Wert der Fremdwährung, würde der Exporteur mehr Inlandswährung für seinen Zahlungseingang erhalten können (Preisnotierung) bzw. weniger Fremdwährung für den Tausch in eine Einheit Inlandswährung benötigen (Mengennotierung), sodass er die Option verfallen lässt. Sinkt dagegen der Wert der Fremdwährung, sodass weniger Inlandswährung für den Zahlungseingang erhältlich ist bzw. mehr Auslandswährung für eine Einheit Inlandswährung notwendig ist, verkauft der Exporteur die Devisen zum vereinbarten Basiskurs und beschränkt seinen Verlust auf den Optionspreis.

Ein **Importeur**, der Termindevisen benötigt, kann entsprechend als Käufer einer Kaufoption auftreten. Er wird von seinem Erwerbsrecht nur Gebrauch machen, wenn der Wert der Fremdwährung steigt, weil er sonst mehr Inlandswährung für die benötigte Fremdwährung aufwenden müsste (Preisnotierung) bzw. weniger Auslandswährung für eine Einheit Inlandswährung erhalten könnte (Mengennotierung). Fällt der Wert der Fremdwährung, könnte der Importeur mehr Fremdwährung für eine Einheit Inlandswährung erhalten und würde deshalb seine Option verfallen lassen. Er kann so den fakturierten Kaufpreis in Fremdwährung am Kassamarkt günstiger eindecken und einen Kursgewinn machen.

Kaufoption (Call)	
Käufer der Kaufoption	**Verkäufer der Kaufoption**
▸ Erwerbsrecht der Devisen durch Kauf einer Fremdwährungskaufoption (z. B. US-$ Call) oder Inlandswährungsverkaufsoption (z. B. € Put) zum vereinbarten Basispreis von z. B. 1,1100 US-$ für 1 €	▸ Lieferungspflicht der Devisen zum vereinbarten Basispreis
▸ Zahlung des Optionspreises (= Prämie) von z. B. 0,40 % auf 1 € für 1 Monat	▸ Erhalt des Optionspreises
▸ Käufer (z. B. Importeur) befürchtet Wertsteigerung der Fremdwährung gegenüber der Inlandswährung, d. h. er bekäme weniger US-$ für 1 € (z. B. nur 1,0800)	▸ Verkäufer (z. B. Bank) erwartet Kursstagnation oder leichten Wertverfall der Fremdwährung, sodass die Option nicht ausgeübt wird
▸ Ausübung der Option bei Wertsteigerung der Fremdwährung zum Basispreis	▸ Lieferungspflicht nur am Ende der Laufzeit bei so genannter europäischer Option
▸ Nichtausübung der Option bei Wertminderung der Fremdwährung	▸ Lieferungspflicht jederzeit während der Optionsfrist bei so genannter amerikanischer Option
▸ Ausübungsrecht während der Optionslaufzeit (so genannte amerikanische Option), nur am Ende der Laufzeit (so genannte europäische Option)	

Verkaufsoption (Put)	
Käufer der Verkaufsoption	**Verkäufer der Verkaufsoption**
▸ Lieferungsrecht der Devisen durch Kauf einer Fremdwährungsverkaufsoption (z. B. US-$ Put) oder Inlandswährungskaufoption (z. B. Euro Call) zum vereinbarten Basispreis von z. B. 1,10 US-$ für 1 €	▸ Abnahmepflicht der Devisen zum vereinbarten Basispreis
▸ Zahlung des Optionspreises (= Prämie) von z. B. 1,3 % auf 1 € für einen Monat	▸ Erhalt des Optionspreises
▸ Käufer (z. B. Exporteur) befürchtet Wertminderung der Fremdwährung gegenüber der Inlandswährung, d. h. er müsste mehr US-$ liefern für 1 € (z. B. 1,1400)	▸ Verkäufer (z. B. Bank) erwartet Kursstagnation oder leichte Wertsteigerung der Fremdwährung, sodass die Option nicht ausgeübt wird
▸ Ausübung der Option bei Wertminderung der Fremdwährung zum Basispreis	▸ Abnahmepflicht nur am Ende der Laufzeit bei so genannter europäischer Option
▸ Nichtausübung der Option bei Wertsteigerung der Fremdwährung	▸ Abnahmepflicht jederzeit während der Optionsfrist bei so genannter amerikanischer Option
▸ Ausübungsrecht während der Optionslaufzeit (so genannte amerikanische Option), nur am Ende der Laufzeit (so genannte europäische Option)	

Devisenoptionen können zu unterschiedlichen **Basispreisen** (Kurse) abgeschlossen werden. Je niedriger der abzusichernde Fremdwährungskurs **bei einer Kaufoption** (z. B. US-$ Call oder Euro Put) ist, d. h. je weniger Fremdwährung der Käufer für eine Einheit Inlandswährung bekommt, desto niedriger sind die Kurssicherungskosten in Form des **Optionspreises**.

Bei der **Verkaufsoption** (z. B. US-$ Put oder Euro Call) nehmen dagegen die Kurssicherungskosten mit sinkenden Basispreisen zu, d. h. je weniger Fremdwährung der Käufer der Verkaufsoption liefern muss für eine Einheit Inlandswährung, desto teurer wird es.

Da an jedem Tag i. d. R. mehrere Basispreise gehandelt werden, können Ausmaß und Kosten der Kurssicherung frei gewählt werden. Auch bei den Devisenoptionen erfolgt heute in Deutschland die Mengennotierung.

Devisenoptionen (Kursbeispiel)				
Euro/US-$; Ref.kurs 1,1128				
Euro Call	**1 Monat**	**3 Monate**	**6 Monate**	**12 Monate**
1,0900	1,64 - 1,84	2,73 - 2,93	3,50 - 3,70	4,94 - 5,14
1,1000	1,20 - 1,40	2,01 - 2,21	2,81 - 3,01	4,27 - 4,47
1,1100	0,76 - 0,96	1,39 - 1,59	2,20 - 2,50	3,64 - 3,84
1,1200	0,32 - 0,52	0,91 - 1,11	1,67 - 1,87	3,08 - 3,28
1,1300	0,18 - 0,28	0,56 - 0,76	1,24 - 1,44	2,59 - 2,79
1,1400	0,04 - 0,24	0,23 - 0,43	0,91 - 1,11	2,15 - 2,35
Euro Put	**1 Monat**	**3 Monate**	**6 Monate**	**12 Monate**
1,0900	0,00 - 0,20	0,12 - 0,32	0,34 - 0,54	0,70 - 0,90
1,1000	0,06 - 0,26	0,29 - 0,49	0,54 - 0,74	0,91 - 1,11
1,1100	0,28 - 0,48	0,57 - 0,77	0,82 - 1,02	1,18 - 1,38
1,1200	0,74 - 0,94	0,98 - 1,18	1,02 - 1,22	1,50 - 1,70
1,1300	1,20 - 1,40	1,52 - 1,72	1,65 - 1,85	1,89 - 2,09
1,1400	1,66 - 1,86	2,06 - 2,26	2,21 - 2,41	2,34 - 2,54

Prämie in Prozent vom Eurobetrag:
Zu unterscheiden sind historische und implizite Volatilität

Der Optionspreis, der mit zunehmender Optionsfrist sowie größerer Währungsunsicherheit (bzw. höherer Kursschwankung oder Volatilität) steigt, ist i. d. R. höher als die Kosten eines festen Devisentermingeschäftes. So beträgt er im Kursbeispiel bei einer US-$-Verkaufsoption bzw. einem Euro Call (drei Monate) bei einem Basispreis von 1,1100 US-$ für 1 € 1,59 % vom Eurobetrag. Wollte ein Exporteur jedoch einen Basispreis von 1,1000 US-$ für 1 € absichern, hätte er 2,21 % vom Eurobetrag als Optionspreis zahlen müssen. Dies sind dann die Kosten der Risikoversicherung. Andererseits haben Exporteur und Importeur aber weiterhin eine volle Gewinnchance, wenn der Kurs entgegengesetzt verläuft und sie das Optionsrecht nicht benötigen. Diese Gewinnchance besteht bei festen Devisentermingeschäften nicht.

Die Optionspreise ergeben sich täglich aus der Marktlage, wie sie von (bestimmten) Banken erfragt oder beobachtet bzw. veröffentlicht werden. Hierbei handelt es sich um die impliziten Volatilitäten. D. h. die Volatilitäten ergeben sich aus der Rückrechnung und sind die Volatilitäten, die die Banken bei der Optionspreisberechnung zum Ansatz bringen.

Der Optionspreis setzt sich inhaltlich aus zwei Komponenten zusammen, dem inneren Wert und dem Zeitwert. Während der innere Wert den derzeitigen Substanzwert dieses Rechts als Differenz zwischen aktuellem Devisenkurs und Basispreis darstellt, kennzeichnet der Zeitwert die zukünftigen Chancen bis zum Ende der Laufzeit der Option:

Optionspreis = innerer Wert + Zeitwert

Beispiel

Verkaufsoption (US-$ Put bzw. Euro Call)
Aktueller Devisenkurs: 1,1128 US-$ je 1 € als Referenzkurs
Währung: US-$
Laufzeit: 6 Monate
abgesicherter Basispreis 1,1000 US-$ je €
Optionspreis: 2,81 - 3,01 % -> Mittelwert 2,91 %
Optionspreis = innerer Wert + Zeitwert
für die Optionspräimie 0,0291: (1,1128 - 1,1000) + 0,01958

Ergebnis: Der innere Wert der Option beträgt an diesem Tag 0,0128 US-$; aufgrund der derzeitigen Einschätzungen der Chancen und Finanzmarktdaten während der Restlaufzeit der Option bezahlt der Käufer zusätzlich einen Zeitwert von 0,01958 US-$, sodass der Tagespreis der Option 0,03238 US-$ beträgt (0,03238 US-$/1,1128 = 0,0219 €).

Sinkt der Wert der Fremdwährung, steigt also während der Laufzeit bei einer Verkaufsoption der Kurs der Fremdwährung für eine Einheit Inlandswährung über den Basispreis, oder steigt der Wert der Fremdwährung, sodass bei einer Kaufoption der Kurs der Fremdwährung für eine Einheit Inlandswährung unter den Basispreis fällt, befindet sich die Option im Geld. Verhält es sich umgekehrt, ist die Option aus dem Geld. Sind Basispreis und aktueller Devisenkurs gleich, wird die Option zum Geld gehandelt.

Verkaufsoption (z. B. US-$ Put bzw. Euro Call)					**Kaufoption (z. B. US-$ Call bzw. Euro Put)**		
Devisenkurs		Basispreis			Devisenkurs		Basispreis
1,1800	>	1,1200	→ Option im Geld ←		1,1000	<	1,200
Devisenkurs		Basispreis			Devisenkurs		Basispreis
1,0900	<	1,1200	→ Option aus dem Geld ←		1,1500	>	1,1000
Devisenkurs		Basispreis			Devisenkurs		Basispreis
1,1128	=	1,1128	→ Option zum Geld ←		1,1200	=	1,1200

Devisenoptionen werden i. d. R. **nicht börsenmäßig** gehandelt, sondern werden von Kreditinstituten offeriert, die meistens auch selbst die Position des Stillhalters wahrnehmen. Allerdings sehen die Vorschriften der European Market Infrastructure Regulation (EMIR) vor, dass Derivate über Central Clearing Parties (CCP) gehandelt werden sollen und dass die offenen Geschäfte an ein Transaktionsregister zu melden sind. Noch sind aber nicht alle Teile von EMIR umgesetzt (Stand: Ende 2014).

Die Devisenoptionsgeschäfte als bedingte Termingeschäfte sind von den Devisen-Futures zu unterscheiden. **Devisen-Futures** sind feste Termingeschäfte über eine bestimmte Kontraktmenge Devisen zu standardisierten Bedingungen und werden an einigen ausländischen Börsen gehandelt (z. B. Chicago). Sie können zur Kurssicherung von effektiven Fremdwährungsvereinbarungen durch den entgegengesetzten Erwerb oder Verkauf von Terminkontrakten genutzt werden. Die Abwicklung eines solchen **Hedging** als Kombination von Effektiv- und Termingeschäft entspricht im Wesen der Preissicherung an Warenbörsen (siehe Kapitel G.4).

Dagegen ist das „übliche" feste Devisentermingeschäft über Banken nach individuellen Geschäftsusancen vor allem im Hinblick auf Währungsbetrag und Laufzeit als **Forward** zu bezeichnen.

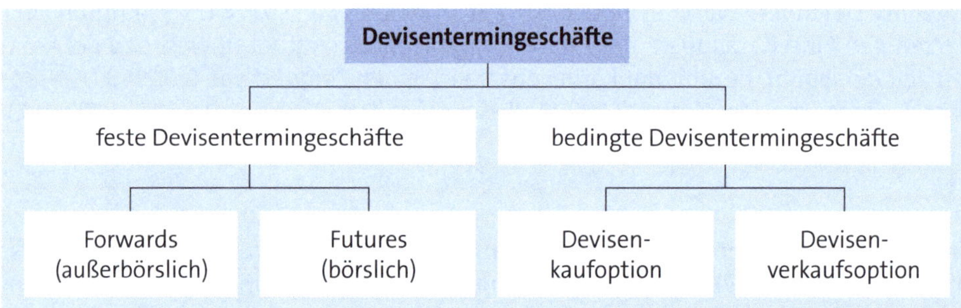

Aufgabe 20 > Seite 550

5.4 Sonstige Fremdwährungsgeschäfte

5.4.1 Längerfristige Devisentermingeschäfte

Bei Investitionsgüterlieferungen ist nicht zuletzt auch aufgrund der Wettbewerbssituation mit längerfristigen Zahlungszielen anzubieten. Die laufzeitkonforme Absicherung des Kursrisikos stellt den Exporteur dann oft vor ein schwieriges Problem.

Die Hermes-Kreditversicherungs-AG bot hier früher für Lieferantenkredite mit einer Mindestlaufzeit von zwei Jahren die langfristige Absicherung des Kursrisikos an, wobei allerdings immer schon die ersten zwei Jahre als Vorlaufzeit über den Devisenmarkt unmittelbar selbst abzudecken waren. Diese Möglichkeit ist aufgrund des Subsidiaritätsprinzips inzwischen aufgehoben worden, da auf dem freien Devisenmarkt heute eine Vielzahl von Kurssicherungsmöglichkeiten zu angemessenen Kosten erhältlich ist.

5.4.2 Währungsswaps

Auf Auslandsmärkten tätige Unternehmen können bei ihren Aktivitäten die Unterschiede auf den (internationalen) Finanzplätzen zu ihrem Vorteil nutzen. Jeder Finanzmarktteilnehmer hat gewisse **relative Stärken** insbesondere aufgrund seiner Bonität, seines Informationsstandes und seiner Marktstellung. Benötigt er Finanzrechte, zu denen er einen relativ schlechten Zugang hat, besitzt aber günstige Finanzrechte, die er für einen bestimmten Zeitraum nicht benötigt, oder kann er bestimmte Finanzrechte zurzeit günstiger beschaffen als diejenigen, die er zukünftig einsetzen will, kann er diese Rechte am **Swapmarkt** tauschen. Dabei kann es sich um den Tausch von Währungspositionen oder Zinspositionen handeln; oft liegt aber eine Kombination aus Währungs- und Zinsswap vor.

Bei einem **Währungsswap** nutzen die Marktteilnehmer ihre relative Stärke in bestimmten Währungen und tauschen ihre Finanzmittel, die sich auf gleiche Laufzeiten und Zinskonditionen begrenzen. Die getauschten Währungsbeträge werden dann während der Laufzeit ihrer jeweiligen Bestimmung zugeführt.

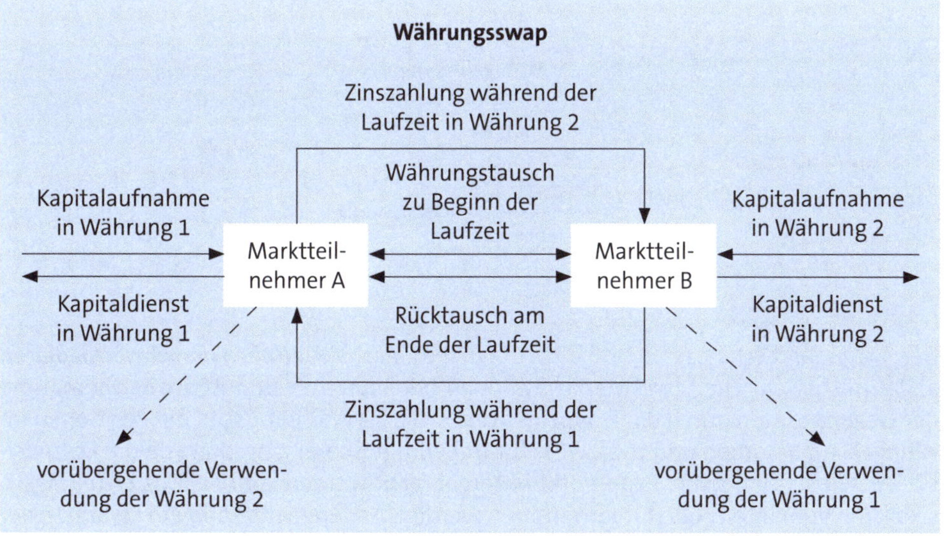

Bei einem **Zinsswap** werden die jeweiligen Zinsverpflichtungen aus Finanzierungsmitteln gleicher Laufzeit und Währung ausgetauscht. Dabei bleiben die Kapitalbeträge liquiditätsmäßig unberührt. Meistens handelt es sich bei einem reinen Zinsswap um den Tausch variabler, kurzfristiger und fester, langfristiger Zinsverpflichtungen.

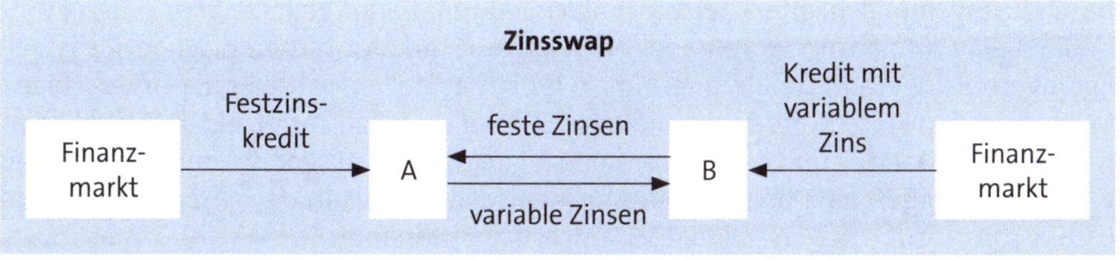

Wegen der Abhängigkeit der Währungsrelationen vom Zinsniveau finden vorrangig **kombinierte Währungs- und Zinsswaps** statt, bei denen die Marktteilnehmer für eine feste Laufzeit sowohl ihre Währungspositionen als auch ihre Zinsverpflichtungen tauschen. Dabei erfolgt der Währungstausch bei der Eingangstransaktion und bei der Ausgangstransaktion zum Kassakurs bei Vertragsabschluss. Die Nutzung der Währungsbeträge zum jeweiligen Zinsniveau fließt unmittelbar während der Laufzeit durch die Zinszahlungen den Swappartnern zu.

Bei einem **Devisenswapgeschäft** (siehe Kapitel G.5.2.2) wird dagegen bereits heute die Devise für einen späteren Zeitpunkt wieder zurückgetauscht. Es liegt also eine Kombination eines Devisenkassakurses mit einem Devisenterminkurs vor, sodass der unterschiedliche Nutzungswert der Fremdwährung im Hinblick auf das Zinsniveau im Voraus durch den Swapsatz ausgeglichen wird.

Bilanziell gesehen sind **Aktivswaps** und **Passivswaps** zu unterscheiden. Sollen Fremdwährungsforderungen getauscht werden, liegt ein Aktivswap vor; bei einem Passivswap werden dagegen Fremdwährungsverbindlichkeiten getauscht.

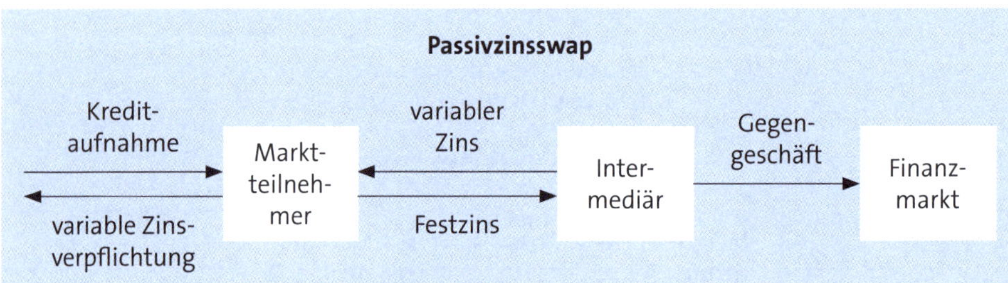

Der Swapmarkt erhält seine Liquidität durch die Einschaltung von **Finanzintermediären** als Vermittler zwischen zwei Marktpositionen, oder durch die unmittelbare Übernahme der Gegenposition durch ein Finanzinstitut. In dieser Weise müssen die Positionen im Hinblick auf Volumen und Laufzeit nicht unbedingt übereinstimmen, da die Restpositionen selbstständig am Swapmarkt untergebracht werden können. Das Erfüllungsrisiko kann vom Intermediär übernommen werden. Andererseits kann ein Swappartner auch während der Laufzeit seine Position glattstellen oder abtreten.

Beispiel

Ein Marktteilnehmer A hat eine relative Stärke in der Beschaffung von Euro-Krediten, benötigt jetzt aber einen US-Dollar-Kredit. Ein anderer Marktteilnehmer B hat günstige Beschaffungsmöglichkeiten bei US-Dollar-Krediten, benötigt jetzt aber einen Euro-Kredit. Beide können am Swapmarkt ihre relativen Stärken arbitrieren, wobei die jeweiligen Vorteile der Marktteilnehmer um so größer ausfallen, je höher die Unterschiede in den relativen Stärken bei der Kapitalbeschaffung ausfallen. Aufgrund der Unvollkommenheit des Marktes und der oft geringen eigenen Kenntnis geeigneter Swappartner wird das Swapgeschäft über einen Intermediär abgewickelt, der eine Provision von 0,25 % p. a. (0,1 % p. a. von A und 0,15 % p. a. von B) verlangt.

Kapitalbeschaffungsmöglichkeiten von A	Zinsdifferenz	Kapitalbeschaffungsmöglichkeiten von B
Euro-Kredite 6,25 % p. a. US-Dollar-Kredite 8,5 % p. a.	0,5 % p. a. 0,75 % p. a.	Euro-Kredite 6,75 % p. a. US-Dollar-Kredite 7,75 % p. a.
Ziel: US-Dollar-Kredit	1,25 % p. a.	Ziel: Euro-Kredit

Im Swapvertrag mit dem Intermediär wird folgende Regelung vereinbart:

	Zinsdifferenz aus Euro-Kredit	0,5 % p. a.
+	Zinsdifferenz aus US-Dollar-Kredit	0,75 % p. a.
=	Swapvorteil (brutto)	1,25 % p. a.
-	Vermittlungsprovision für den Intermediär	0,25 % p. a.
=	Swapvorteil (netto)	1,0 % p. a.

davon Swapvorteil für A 0,6 % p. a.
und Swapvorteil für B 0,4 % p. a.

Der Zinssatz für den Euro-Kredit für den Marktteilnehmer B beträgt demnach 6,35 % p. a. (6,75 - 0,4 % p. a.), und der Zinssatz für den US-$-Kredit für den Marktteilnehmer A beläuft sich auf 7,9 % p. a. (8,5 - 0,6 % p. a.). Die Zahlungsströme von A und B lassen sich wie folgt zusammenfassen:

Zahlungen A		Zahlungen B	
Auszahlung für Euro-Kreditaufnahme	6,25 % p. a.	Auszahlung für US-Dollar-Kreditaufnahme	7,75 % p. a.
Auszahlung für US-Dollar-Kredit an B	7,9 % p. a.	Auszahlung für Euro-Kredit an A	6,35 % p. a.
Einzahlung für Euro-Kredit von B	6,35 % p. a.	Einzahlung für US-Dollar-Kredit von A	7,9 % p. a.
Auszahlung an Intermediär	0,1 % p. a.	Auszahlung an Intermediär	0,15 % p. a.
Saldo ↳ Zinsvorteil gegenüber eigener Beschaffungsmöglichkeit 0,6 % p. a.	7,9 % p. a.	Saldo ↳ Zinsvorteil gegenüber eigener Beschaffungsmöglichkeit 0,4 % p. a.	6,35 % p. a.

Währungsswaps finden im internationalen Bereich auch **unter Konzerngesellschaften** oder verbundenen Unternehmen statt. Entsteht bei einer Direktinvestition in einem Land (A) ein Finanzmittelüberschuss in einer bestimmten Währung (z. B. Euro) und bei der Niederlassung in einem anderen Land (B) ein Finanzmittelbedarf in einer anderen Währung (z. B. US-Dollar), so können diese Positionen über einen Intermediär ohne Kursrisiko auf dem Swapmarkt gehandelt werden. Dabei erfolgt die Umrechnung der

Währungen sowohl bei der Eingangstransaktion als auch bei der Ausgangstransaktion zum gleichen festgelegten Kurs; die Zinszahlungen werden während der Swaplaufzeit währungskonform vom jeweiligen Nutzer erbracht.

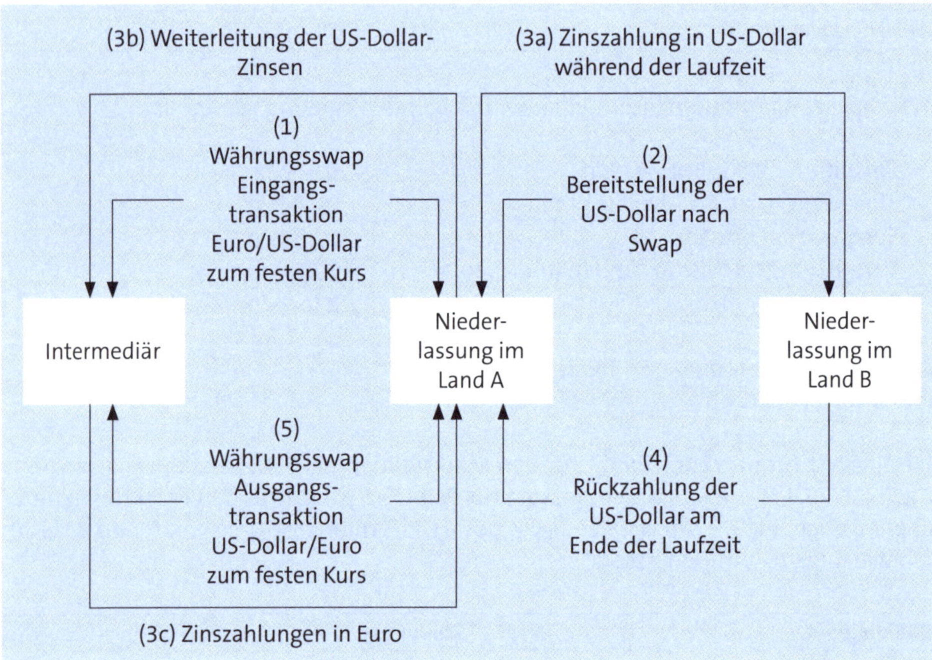

Auf dem Swapmarkt haben sich auch einige Varianten und Innovationen durchgesetzt, von denen als Sonderformen eines Währungsswaps die Swaption und der Forward Swap erwähnt sein sollen.

Bei einer **Swap-Option bzw. Swaption** werden im Sinne eines Optionsgeschäfts Wahlrechte auf eine spätere Ausübung eines Swaps gehandelt, und bei einem **Forward Swap** beginnt die Swaplaufzeit erst zu einem späteren fest vereinbarten Zeitpunkt.

Aufgabe 21 > Seite 551

6. Ausfuhrkreditversicherung

6.1 Exportförderung und Harmonisierungsbestrebungen

Durch die **Absicherung des Kreditrisikos** soll der inländische Exporteur im Rahmen der staatlichen Exportförderung unterstützt werden, weil er aufgrund der internationalen Wettbewerbslage und der besonderen Situation in Entwicklungsländern den dortigen Importeuren längerfristigen Lieferantenkredit gewähren muss. Das Kreditrisiko ist in diesen Ländern wegen der langen Kreditlaufzeit hoch und würde unter Umständen die Leistungsfähigkeit des Exporteurs übersteigen. Neben einer Reihe von Finanzierungsalternativen gehört deshalb die Ausfuhrkreditversicherung zu den traditionellen Maßnahmen der Exportförderung, insbesondere für die Investitionsgüterindustrie.

Es gibt heute wohl kaum ein Industrieland, das nicht seinen Export durch eine **Ausfuhrkreditversicherung** (Export Credit Agency = ECA) fördert. Dennoch sind der **Umfang und die Qualität der Schadensdeckung** in den einzelnen Ländern sehr unterschiedlich. So kann die Versicherungsleistung erst nach erwiesener Zahlungsunfähigkeit des Importeurs fällig werden oder bereits schon bei Ausbleiben der Zahlung am Fälligkeitstag. Während die deutsche Ausfuhrversicherung sich im Wesentlichen auf die Absicherung des Kreditrisikos beschränkt, können in manchen anderen Ländern auch z. B. das Transportrisiko, das Kursrisiko, das Preisrisiko oder sogar das Marktrisiko miteinbezogen werden.

Derartig unterschiedliche **Versicherungsbedingungen** können den Wettbewerb ähnlich verlagern wie die Kreditkosten, sodass letztlich der Exporteur den Zuschlag für sein Angebot erhält, der (u. U. bei geringerer Produktqualität) die besten „Nebenbedingungen“ bieten kann.

Auch die Inanspruchnahme der Kreditversicherung ist sehr unterschiedlich. Während die japanische Exportversicherung rd. 45 % der Ausfuhren deckt, sind es in England und Frankreich rd. 35 %, in Deutschland nur rd. 3 % und in Schweden rd. 7 %. Auch entfällt in manchen Ländern die Selbstbeteiligungsquote.

An Versuchen, die Ausfuhrkreditversicherungen zu vereinheitlichen, hat es bisher nicht gefehlt. So wurde schon 1934 die „Berner Union“ (The International Union of Credit and Investment Insurers) als Zusammenschluss weltweit tätiger privater und staatlicher Exportkredit- und Investitionsversicherer gegründet, deren Ziel es vor allem ist, die Kredit- bzw. Versicherungsmodalitäten im Export zu harmonisieren. Da jedoch immer wieder Mitglieder die Vereinbarungen unterlaufen haben, besteht heute nur noch eine Meldepflicht für versicherte Kreditlaufzeiten von mehr als fünf Jahren. Daneben erfolgt aber ein reger Erfahrungsaustausch über die Bereiche der Ausfuhrversicherung. Erwähnt sei noch das so genannte **Matching**, das es den Ausfuhrversicherern erlaubt, bei Unterlaufen von Vereinbarungen durch Versicherer eines Landes, den Exporteuren im eigenen Land die gleichen Konditionen einzuräumen.

Die **OECD** (Organization für Economic Cooperation and Development) hat jedoch einen so genannten **„Konsensus“** (Leitlinien für öffentlich unterstützte Exportkredite) zur Vermeidung eines staatlich beeinflussten Niedrigzins-Wettlaufs erarbeitet, der grundsätzlich unbefristet läuft, aber ständig überprüft wird. Dadurch konnte wirksam erreicht werden, dass Exportgeschäfte durch staatliche Versicherung oder Finanzierungshilfen dann nicht mehr gefördert werden, wenn sie gewissen **Mindest- bzw. Maximalanforderungen** bei Laufzeiten ab zwei Jahren nicht mehr genügen (siehe hierzu auch Kapitel J.3.4):

- Einhaltung eines Mindestzinssatzes der nach dem Wohlstand des Importlandes gestaffelt ist
- Einhaltung von Höchstlaufzeiten für Kredite
- Einbeziehung lokaler Kosten

- leistungsgerechte Prämiensätze
- Mindestanzahlungen von 15 % des Auftragswertes
- bei Investitionsgütern Tilgung in Halbjahresraten.

Darüber hinaus bestehen weitere Vereinbarungen innerhalb der EU, so z. B. das förmliche Konsultationsverfahren bei Ausfuhrdeckungen mit mehr als fünf Jahren Laufzeit sowie zur anteiligen Mitversicherung der Kreditversicherer jedes Landes bei Gemeinschaftsprojekten. 1999 ist ein **einheitliches Prämiensystem** für die OECD-Länder in Kraft getreten, das 2006 überarbeitet wurde. Zum gleichen Zeitpunkt trat auch eine EU-Harmonisierungsrichtlinie in Kraft, als wichtiger Schritt zur Konvergenz der Kreditversicherungssysteme im Hinblick auf Deckungsumfang, Schadensursachen, Haftungsausschlüsse und allgemeine Begriffsdefinitionen.

6.2 System der deutschen Ausfuhrkreditversicherung

6.2.1 Möglichkeiten zur Deckung des Ausfuhrkreditrisikos

Zur Absicherung des Ausfuhrkreditrisikos können private Kreditversicherer oder die staatliche Kreditversicherung gewählt werden.

Durch die staatliche Bereitschaft, das Ausfuhrkreditrisiko abzusichern, sind Exporteure in der Lage, den Wünschen vor allem von Importeuren aus Entwicklungsländern nach längerfristigen Zahlungszielen nachzukommen.

Bereits seit 1926 werden in Deutschland staatliche **Ausfuhrkreditversicherungen** zur Deckung des wirtschaftlichen und politischen Risikos angeboten. Im Englischen werden sie als Export Credit Agencies (ECA) bezeichnet. Heute sind für diesen speziellen Bereich die

- Euler-Hermes Kreditversicherungs-AG und die
- Pricewaterhouse Coopers AG Wirtschaftsprüfungsgesellschaft (PwC AG)

als **Mandatare des Bundes** tätig, wobei „Hermes“ die Geschäftsführung übernommen hat. In die heutige Euler-Hermes Kreditversicherungs-AG haben die deutsche Allianz-Gruppe und die französische AGF-Gruppe ihre weltweiten Kreditversicherungsaktivitäten eingebracht, sodass dieses Unternehmen auch in anderen Bereichen des Internationalen Forderungsmanagements tätig ist. Die Ausfuhrgewährleistungen des Bundes werden jedoch nicht in den Jahresabschluss von Euler-Hermes einbezogen, sondern alle Entgelte, Rückflüsse und Entschädigungen laufen letztlich über den Bundeshaushalt.

Hermes-Deckungen sind Fördermaßnahmen für Ausfuhren deutscher Exporteure, sodass eine wesentliche Voraussetzung für die Bewilligung eine Lieferung oder Leistung zumindest überwiegender deutscher Herkunft ist. Für den Investitionsgütersektor bestehen jedoch Absprachen mit mehreren europäischen Ländern über die gegenseitige Einbeziehung von Zulieferungen, wenn sie maximal 30 - 40 % des Auftragswertes nicht übersteigen.

Eine **private Ausfuhrkreditversicherung** kann in Deutschland vor allem bei folgenden Versicherungsgesellschaften abgeschlossen werden:

- Euler-Hermes Kreditversicherungs-AG in Hamburg bzw. Euler-Hermes S. A., Paris
- Gerling Konzern Speziale Kreditversicherungs-AG in Köln
- Allgemeine Kreditversicherung Coface (AKC) AG in Mainz
- Zürich Kautions- und Kreditversicherungs-AG in Frankfurt
- Gothaer Credit in Köln.

Diese Gesellschaften decken jedoch i. d. R. nur das wirtschaftliche Risiko in Ländern mit stabilen wirtschaftlichen und politischen Verhältnissen bis zu einer Höchstlaufzeit von fünf Jahren ab. Meistens handelt es sich jedoch um die Absicherung von kurzfristigen Handelsgeschäften bis zu zwölf Monaten Laufzeit mit Unternehmen in Europa oder Nordamerika, teilweise auch in Ostasien.

Seit 2002 werden keine kurzfristigen Ausfuhrgewährleistungen mehr gegenüber privaten und staatlichen Schuldnern in der EU und den Kernländern der OECD (USA, Kanada, Japan, Australien und Neuseeland) bei Kreditlaufzeiten unter zwei Jahren eingeräumt. Damit wird dem **Subsidiaritätsprinzip** entsprochen, da inzwischen ausreichende Absicherungsmöglichkeiten über den freien Versicherungsmarkt für marktfähige Risiken in diesen Ländern bestehen. Die nicht marktfähigen Risiken können weiterhin vom Bund gedeckt werden.

Übliche **Vertragsform** in der privaten Ausfuhrkreditversicherung ist die Manteldeckung, bei der alle Auslandsforderungen an gewerbliche Abnehmer in einer Region gegen das wirtschaftliche Risiko abgesichert sind. Importeure mit einem geringen Forderungsvolumen unterhalb einer bestimmten Anbietungsgrenze können aus der Absicherung herausgenommen werden oder im Rahmen einer vereinfachten Pauschaldeckung mitversichert werden.

Die **Prämienberechnung** erfolgt individuell und ist abhängig von Umsatz, Branche, Forderungsanzahl, Länderzahl, Bonität und Anzahl der Importeure. Auch die durchschnittliche Kreditlaufzeit und die bisherigen Zahlungsausfälle beeinflussen die Prämien.

Als Vorteile gegenüber der staatlichen Kreditversicherung können genannt werden

- die meist geringeren Prämiensätze
- die ständige intensive Bonitätsüberwachung der Importeure
- die schnelle Entschädigung im Schadensfall.

Als nachteilig können sich erweisen

- die kurzen Laufzeiten der abzusichernden Kredite
- die hohe Selbstbeteiligungsquote von i. d. R. 30 %
- der Ausschluss der politischen Risiken
- die Beschränkung auf stabile Länder (meist nur OECD-Länder).

Weiterhin kann anstelle einer Ausfuhrkreditversicherung auch eine erstklassige Bankgarantie als Kreditsicherheit dienen.

6.2.2 Ausfuhrgewährleistungen des Bundes

Jedes Jahr bestimmt das Haushaltsgesetz des Bundes die Höhe des **Ermächtigungsrahmens**, in dessen Grenzen die Mandatare Kreditversicherungen durchführen können. Entsprechend der ständigen Steigerung des deutschen Exportvolumens wurde dieser Rahmen immer wieder aufgestockt und betrug 2018 153 Mrd. €. Die Neuindeckungnahme belief sich im Jahr 2018 auf 35,1 Mrd. €. Dies kennzeichnet auch die weiterhin hohe Bedeutung der Ausfuhrrisikodeckung für viele deutsche Exporteure. Infolge der Finanzkrise wurden vorübergehend zusätzliche Förder- und Absicherungsmaßnahmen bereitgestellt.

Seit den 80er-Jahren hatte sich bei den Ausfuhrgewährleistungen ein erhebliches **kumuliertes Defizit** aus zahlreichen Inanspruchnahmen aufgebaut. Durch ein neues Entgeltsystem und ein gesunkenes Schadensaufkommen konnte der vom Bund zu tragende Fehlbetrag jedoch seit 1999 durch jährliche Überschüsse und Rückflüsse auf früher entschädigte Beträge insb. aus Russland kontinuierlich gesenkt werden.

Hierzu hat auch die Festlegung von Länderplafonds als **Höchsthaftungsgrenzen** vor allem für die problematischen Länder beigetragen. Während bei den politischen Risiken in den letzten Jahren eine rückläufige Schadensentwicklung zu beobachten war, haben die Auszahlungen für wirtschaftliche Schäden kontinuierlich zugenommen.

Anträge auf Übernahme einer Ausfuhrkreditversicherung werden von der Euler Hermes Kreditversicherungs-AG angenommen, die in vielen Städten Niederlassungen hat. Durch ein **Korrespondenznetz** ist sie mit vielen Versicherungsgesellschaften auf den meisten Auslandsmärkten vertreten und nimmt im wechselseitigen Interesse über die Korrespondenten die Bonitätsprüfung und -überwachung vor.

Nach versicherungstechnischer Bearbeitung legt Hermes den Antrag einem **interministeriellen Ausschuss** zur Entscheidung vor. Diesem Ausschuss gehören Vertreter des Bundesministerium für Wirtschaft und Energie, des Bundesministerium der Finanzen, des Bundesministerium des Auswärtigen und des Bundesministerium für wirtschaftliche Zusammenarbeit und Entwicklung an. Nicht-ministerielle Vertreter in beratender Funktion werden von der Kreditanstalt für Wiederaufbau (KfW), der Ausfuhrkredit-Gesellschaft mbH (AKA), vom Bundesrechnungshof, aus der Exportwirtschaft und dem Bankbereich entsandt.

Dieser Ausschuss tagt regelmäßig und

- beschließt zu Grundsatzfragen und zur Ausfuhrkredit-Versicherungspolitik
- entscheidet über Versicherungsanträge und Entschädigungen
- behandelt allgemeine Probleme der Exportwirtschaft.

Anträge müssen vor **Beginn des Risikos** gestellt sein; bei Großprojekten ist bereits bei Vertragsverhandlungen eine Vorabklärung zu empfehlen. Weiterhin muss der Kaufvertrag von handels- und branchenüblichen Zahlungsbedingungen ausgehen.

Wesentliche Voraussetzung für Hermes-Deckungen ist immer, dass sich das zu versichernde Exportgeschäft auf Lieferungen und Leistungen zumindest überwiegender **deutscher Herkunft** bezieht. Ausnahmen sind jedoch bei Zulieferungen und Transithandelsgeschäften möglich. So dürfen ausländische Zulieferungen im Allgemeinen bis zu 10 % des Auftragswertes betragen und bei besonderen gegenseitigen Regelungen wie z. B. bei den EU-Mitgliedsländern bis zu 40 %. Ansonsten kann unter bestimmten Bedingungen auch eine **Mitversicherung** des Auslandsanteils durch den ausländischen Kreditversicherer erfolgen.

Seit 2002 sind bei Ausfuhrgewährleistungen ab einem Auftragswert von 15 Mio. € und Kreditlaufzeiten ab zwei Jahren in besonderer Weise auch die OECD Umwelt-Leitlinien zu beachten. So sollen die möglichen Umweltauswirkungen von Exportgeschäften geprüft und bei der Entscheidung über eine Indeckungnahme berücksichtigt werden.

Gewährleistungen durch Hermes-Deckungen sind für folgende Bereiche erhältlich:

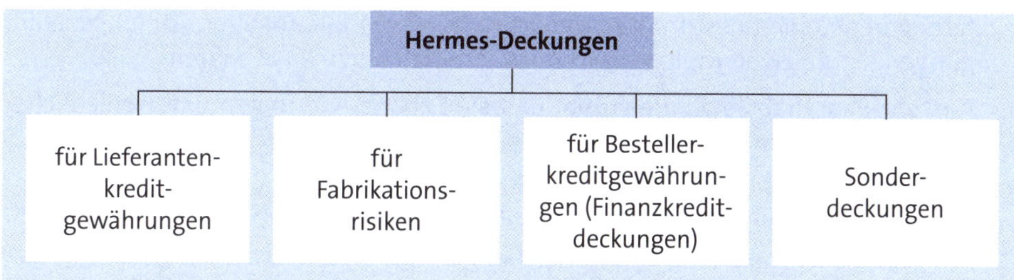

6.2.3 Lieferantenkreditdeckungen

Lieferantenkreditdeckungen dienen deutschen Exporteuren zur Absicherung der nicht marktfähigen Risiken aus kurz-, mittel- und langfristigen Forderungen bei Ausfuhrgeschäften.

Die Formen der Lieferantenkreditdeckungen sind historisch entstanden und werden in Bürgschaften und Garantien unterschieden. Bürgschaft und Garantie haben hier jedoch keinen Bezug zu ihrem akzessorischen bzw. fiduziarischen Charakter im bürgerlichen Recht. Zur rechtlichen Unterscheidung von Bürgschaft und Garantie siehe Kapitel I.5.1.

Es lassen sich folgende Formen der Lieferantenkreditdeckung unterscheiden:

Lieferantenkreditdeckungen

- **Ausfuhrgarantien** zur Deckung des Kreditrisikos nach Lieferung oder Leistung an den ausländischen privatwirtschaftlichen Besteller
- **Ausfuhrbürgschaften** zur Deckung des Kreditrisikos nach Ablieferung an eine ausländische Regierung, staatliche Stelle oder sonstige Einrichtung des öffentlichen Sektors

Exportgeschäfte an private ausländische Besteller, die vom Staat zum Warenimport beauftragt wurden, gelten als Bürgschaftsgeschäfte wie auch noch manche Geschäfte mit GUS-Ländern.

Ausfuhrgarantien sind möglich als

1. **Einzelgarantie** für eine bestimmte, einmalige Forderung aus einem Vertrag
2. **revolvierende Garantie** für aufeinander folgende Forderungen aus laufenden Lieferungen an einen bestimmten Importeur zu meist kurzfristigen Zahlungsbedingungen (bis zu zwölf Monaten, im Ausnahmefall bis zu 24 Monaten)
3. **Ausfuhr-Pauschal-Gewährleistung** für viele Exportforderungen unterschiedlicher Größenordnungen an mehrere Importeure in diversen Ländern
4. **Ausfuhr-Pauschal-Gewährleistung light** für die Absicherung der Exportforderungen kleinerer Unternehmen von max. vier Monaten. Der früher geltende Umsatzschwellenwert von 1 Mio. € deckungsfähigem Exportumsatz für die Ausfuhr-Pauschal-Gewährleistung-light (APG-light) ist seit dem 01.07.2013 aufgehoben (vgl. AGA-Report Nr. 227).

Um zu vermeiden, dass der Exporteur zu geringe Maßstäbe an die Bonität des Auftraggebers stellt, verlangt Hermes die Übernahme einer **Selbstbeteiligungsquote**, die vom Exporteur nicht abgewälzt werden darf. Sie ist der prozentual ausgedrückte Betrag, den der Exporteur selbst bei Forderungsausfall tragen muss. Es handelt sich hier um **Regel-Mindestsätze**, die nach individuellem oder ländermäßigem Risiko darüber liegen können. In wenigen Ausnahmefällen kann der Mindestsatz auch unterschritten werden.

Selbstbeteiligung

- bei wirtschaftlichen Schadensfällen 15 % das Ausfalls
- bei politischen Schadensfällen 5 % des Ausfalls

Die Lieferantenkreditdeckung schützt den deutschen Exporteur ab dem Versand der Ware bis zum Zahlungseingang gegen die Uneinbringlichkeit der Exportforderung aufgrund politischer und/oder wirtschaftlicher Risiken.

Versicherungswert ist die vertraglich vereinbarte Geldforderung bei Lieferung (also ohne Anzahlungen) zuzüglich der vom Importeur direkt oder indirekt zu tragenden Kreditkosten. Im Versicherungswert ist demnach auch der Gewinn als sog. „positives Interesse" enthalten. Verzugszinsen, Vertragsstrafen und Ähnliches sind aber nicht mitversichert. Sind Preisgleitklauseln vereinbart, kann auf Antrag der Abrechnungspreis als versichert gelten. Da die AKA auch mit variablen Zinssätzen arbeitet, kann beantragt werden, die tatsächlichen Kreditkosten in die Deckung einzubeziehen.

Bei **Ausfuhrgarantien** sind das **wirtschaftliche Risiko** der Uneinbringlichkeit der Forderung wegen Zahlungsunfähigkeit (Insolvenzrisiken) und das Risiko der Nichterfüllung der Zahlung versichert. Dieser Umstand ist durch einen der folgenden Tatbestände nachzuweisen:

- Eröffnung eines Insolvenzverfahrens
- Ablehnung eines Insolvenzverfahrens mangels Masse
- Eröffnung eines amtlichen Vergleichsverfahrens
- Abschluss eines außeramtlichen Vergleichs
- Zwangsvollstreckung ohne vollständige Befriedigung
- Unzumutbarkeit oder Aussichtslosigkeit der Zahlungseintreibung wegen nachgewiesener besonderer Umstände
- Ausbleiben des Zahlungseingangs in einem Zeitraum von i. d. R. sechs Monaten nach Fälligkeit der Forderung (Nichtzahlungstatbestand).

Der Garantiefall gilt als eingetreten am Tag des Gerichtsbeschlusses oder der fruchtlosen Vollstreckung, bei Nichterfüllung sechs Monate nach Fälligkeit.

Der **Nichtzahlungstatbestand** (Protracted Default) führt nur zu einer Versicherungsleistung, wenn sich der Exporteur nach den Regeln kaufmännischer Sorgfalt um die Beitreibung der offenen Forderung bemüht hat und den nicht fristgerechten Eingang spätestens zwei Monate nach Fälligkeit gemeldet hat. Bei Überschreiten der **Meldefrist** verlängert sich die Karenzzeit von sechs Monaten.

Nach Ablauf der Karenzfrist kann der Exporteur einen **Entschädigungsantrag** stellen, in dem er auf seine Kosten insbesondere Fälligkeit, Rechtsbeständigkeit und Ausfall der Forderung nachzuweisen hat. Innerhalb von zwei Monaten wird dann die Schadensabrechnung aufgestellt; die Auszahlung der Entschädigungssumme erfolgt innerhalb eines weiteren Monats.

In allen Garantiefällen muss der Exporteur auch nach Auszahlung der Entschädigung die weitere **Rechtsverfolgung** übernehmen und eventuelle Zahlungsbeträge abführen. So geht zwar nach Versicherungsleistung die Forderung auf den Bund über, doch ist der

Exporteur zur (gerichtlichen) Beitreibung nach Weisungen des BMWi verpflichtet. Die entstehenden Kosten teilen sich dann der Bund und der Exporteur im Verhältnis ihrer Risikoübernahme (z. B. 85 %/15 %). Hat der Prozess einen Erfolg von beispielsweise 50 % gehabt, müssen 50 % der ausgezahlten Versicherungsleistung an den Bund zurückerstattet werden.

Entschädigt wird normalerweise immer nach dem **Schadensfall**, der zuerst eingetreten ist. Bei gleichzeitigem Eintritt von wirtschaftlichem und politischem Risiko wird ein politischer Schadensfall angenommen. Liegt allerdings ein Nichtzahlungstatbestand vor, gilt die Sonderregelung, dass der politische Schaden maßgeblich ist, wenn der Exporteur innerhalb eines Jahres nach Fälligkeit der Forderung noch keinen Entschädigungsantrag gestellt hat. Droht also z. B. auch unmittelbar ein politischer Schaden, könnte der Exporteur seinen Entschädigungsantrag im Hinblick auf das wirtschaftliche Risiko hinauszögern, um nach Eintritt des politischen Schadensfalls eine höhere Leistung zu erhalten.

Bei Konventierungs- und Transferrisikoschadensfällen leistet Hermes jedoch immer eine **Nachentschädigung**, wenn zuvor ein wirtschaftliches Risiko bereits gemeldet (und Entschädigung beantragt/gezahlt) worden ist.

Bei **Ausfuhrbürgschaften** ist eine Trennung von wirtschaftlichem und politischem Risiko schwierig, da hier im Regelfall nur eine Zahlungsunwilligkeit der staatlichen Institution vorliegt. Das **wirtschaftliche Risiko** der Uneinbringlichkeit wird hier in folgenden Fällen gesehen:

- die Dokumente werden sechs Monate nach Ankunft des Schiffes nicht aufgenommen und bezahlt,
- fällige Forderungen werden binnen sechs Monaten nach Fälligkeit nicht beglichen, sodass vom Nichtzahlungstatbestand (Protracted Default) auszugehen ist.

Auch der nur drohende Nichtzahlungstatbestand kann hier zu einer Entschädigung führen, wenn nach Versand der Ware der Nichtzahlungsfall zu befürchten ist, und der Exporteur bei der im Einvernehmen mit Hermes erfolgten anderweitigen Verwertung der Ware, die sich noch in seiner Verfügungsgewalt befunden hat, Mindererlöse hinnehmen musste.

Das **politische Risiko bei der Ausfuhrgarantie und Ausfuhrbürgschaft** bezieht sich auf die Uneinbringlichkeit der Forderung aufgrund

- allgemeiner staatlicher Maßnahmen oder Notlagen, wie Beschlagnahme, Einfuhrverbot oder Enteignung
- spezieller politischer Ereignisse wie Beschädigung, Vernichtung oder Verlust der Ware durch Krieg, Unruhen, Revolution oder Streik im Importland sowie
- Maßnahmen im Zahlungsverkehr wie Zahlungsverbote und Moratorien (ZM-Risiko), Einfrieren von Landeswährung im Schuldnerland, Konvertierungs- und Transferverbote (KT-Risiko) oder sonstige Zahlungsregelungen.

Bei politischen Risiken gilt der Garantiefall sechs Monate nach Fälligkeit als eingetreten.

Das Kreditrisiko bei einer Mehrzahl von Exportgeschäften in verschiedene Länder mit unterschiedlicher Größenordnung und kurzfristigen Zahlungszielen wird von der Hermes Kreditversicherung im Rahmen der **Ausfuhr-Pauschal-Gewährleistung (APG)** abgesichert. Sie besteht aus

- den Allgemeinen Bedingungen für Ausfuhr-Pauschal-Gewährleistungen
- dem APG-Vertrag als Rahmenvertrag für alle besonderen Bedingungen dieser Deckungsform bezogen auf den Exporteur
- der Länderliste, in der die in die Risikodeckung aufgenommenen Länder verzeichnet sind
- ggf. den besonderen Länderbestimmungen und
- den Deckungsbestätigungen für die einzelnen Importeure mit dem Deckungslimit.

Es werden höchstens Kreditlaufzeiten von einem Jahr abgesichert. Eine Risikodeckung während der Produktionszeit kann gesondert durch eine Einzel-Fabrikationsrisikodeckung erfolgen.

Absicherungsgebiet sind alle Länder außerhalb der EU und der OECD sowie Chile, Israel, Korea, Mexiko, und die Türkei.

Der Katalog der einbezogenen Länder kann nach dem individuellen Absicherungsbedarf festgelegt werden (**Einbeziehungsrecht**). Ist ein Land einbezogen, müssen alle Forderungen an private Importeure in diesem Land angeboten werden (**Anbietungspflicht**), sofern der Forderungsbestand je Importeur 15.000 € überschreitet. Für darunter liegende Beträge besteht ein Wahlrecht. Forderungen an öffentliche Schuldner können eingeschlossen werden.

Das **Deckungsentgelt** ist ein individueller, risikobezogener Prozentsatz vom monatlichen abgesicherten Exportumsatz.

Die **Selbstbeteiligung** des Exporteurs beträgt bei der APG 10 % bei wirtschaftlichen und 5 % bei politischen Schadensfällen. Befristet bis Ende 2019 konnte die Selbstbeteiligung bei wirtschaftlichen Risiken unter bestimmten Voraussetzung, auf Antrag gegen Zahlung einer Zusatzprämie auf 5 % reduziert werden.

Weiterhin gilt hier der **Schadensfall** generell als eingetreten, wenn der Importeur sechs Monate nach Fälligkeit die Exportforderung noch nicht gezahlt hat bzw. wenn ein politisches Risiko eingetreten ist.

Die **laufende Abwicklung** erfolgt seit 2006 über das Internet. Dazu wird ein Online-Service-Vertrag abgeschlossen.

6.2.4 Fabrikationsrisiko-Deckungen

Bei Fabrikationsrisiko-Deckungen wird das Risiko versichert, dass bereits vor Versand der Ware Umstände eintreten, die die Abnahme bzw. Lieferung der Ware unmöglich oder unzumutbar machen.

Sie werden grundsätzlich nur bei Spezialanfertigungen oder bei längerer Herstellungsdauer gewährt, Umstände, die oft einen Weiterverkauf an Dritte erschweren. Es sind deshalb immer Einzeldeckungen.

Der **Deckungsschutz** beginnt mit der Rechtswirksamkeit des Exportvertrages und endet i. d. R. mit dem Versand. Die Fabrikationsrisiko-Deckung wird jedoch oft von einer Lieferantenkreditdeckung nach Versand der Ware ergänzt.

Bei Fabrikationsrisiko-Deckungen sind folgende wirtschaftliche und politische Risiken versichert:

- Risiko des **Vermögensverfalls**, nachgewiesen durch Insolvenz/Vergleich oder Zwangsvollstreckung beim Schuldner während der Produktionszeit oder durch die Rücknahme der Bestellung bzw. durch Umstände, die die Zahlung des Kaufpreises oder die Abnahme des bestellten Gutes unwahrscheinlich erscheinen lassen.

  Dieses wirtschaftliche Risiko entfällt bei der Fabrikationsrisiko-Bürgschaft.
- Risiko der **Unmöglichkeit** oder Unzumutbarkeit der Fertigstellung oder des Versands des bestellten Gutes aus politischen Gründen wie Krieg, Aufruhr, Embargo oder sonstige Maßnahmen ausländischer Staaten. Es erfolgt i. d. R. eine Anweisung des Bundes auf endgültige oder mehr als 6-monatige Unterbrechung der Fertigstellung oder des Versandes, sofern der Exporteur das Gut nicht an andere Interessenten angemessen veräußern kann.

Bei Fabrikationsrisiko-Deckungen entspricht der **Versicherungswert** den Selbstkosten der Lieferungen und Leistungen maximal bis zur Höhe des Auftragswertes, also ohne Gewinnmarge.

Die **Selbstbeteiligungsquote** beträgt sowohl bei wirtschaftlichen als auch politischen Risiken 5 %.

Als **Entgelt** wird ein Prozentsatz der Selbstkosten erhoben, der sich nach der Risikoeinschätzung und der Fabrikationsdauer richtet.

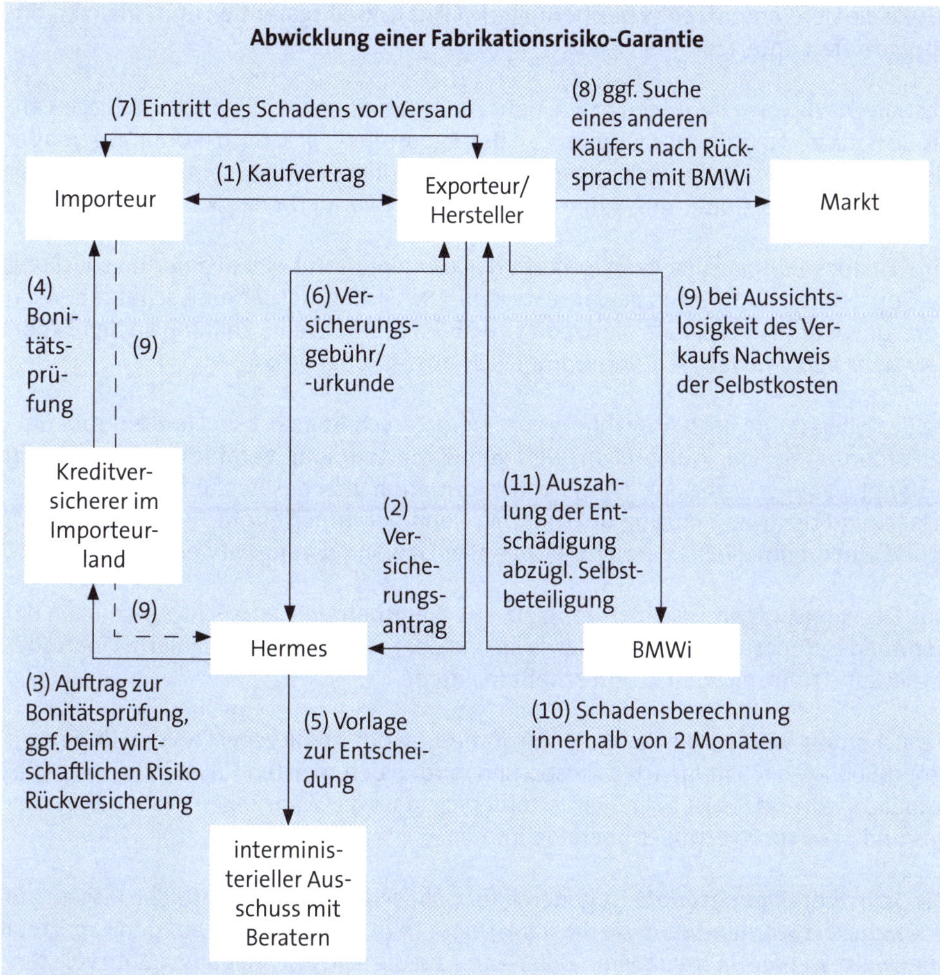

6.2.5 Bestellerkreditgewährleistungen

Bei der Gewährung von Lieferantenkredit durch den Exporteur bleibt dieser bis zum vollständigen Zahlungseingang im Obligo. Eine Kreditgewährung einer Bank an den ausländischen Importeur bei Auszahlung des Kreditbetrages an den Exporteur zur Bezahlung seiner Kaufpreisforderung würde dagegen aus dem Kreditgeschäft für den Exporteur ein Bargeschäft machen. Derartige **Bestellerkredite** von Banken haben deshalb erheblich zugenommen. Sie sind zweckgebunden und dürfen nur zur Bezahlung der Waren von deutschen Exporteuren verwendet werden (**gebundener Finanzkredit**) (siehe auch Kapitel J.1.2, J.2.4 und J.3.3).

Zur **Absicherung von Bestellerkrediten** dienen die Bestellerkreditgewährleistungen, die in den meisten Fällen auf Antrag oder Vermittlung des deutschen Exporteurs von Hermes übernommen werden; Deckungsnehmer ist die Bank. Sie werden in gleicher Weise wie die Lieferantenkreditversicherungen in **Finanzkreditgarantien** und **Finanzkreditbürgschaften** unterteilt.

Bestellerkreditversicherungen bzw. Finanzkreditdeckungen schützen die kreditgewährende Bank ab Auszahlungszeitpunkt an den Exporteur (i. d. R. nach ordnungsgemäßer Lieferung) bis zum Zahlungseingang vom Importeur gegen die Uneinbringlichkeit der Kredit- bzw. Exportforderung aufgrund wirtschaftlicher und/oder politischer Risiken.

Eine Finanzkreditdeckung kann isoliert oder kombiniert mit einer Forderungsdeckung zu Gunsten des Exporteurs gewährt werden. Die Forderungsdeckung schützt den Exporteur vor dem Risiko, dass die Kredit gewährende Bank keine Zahlung an den Exporteur nach Versand der Ware vornimmt (Nichtauszahlungsrisiko).

Da Bestellerkredite nach Auszahlung vom Exportgeschäft gelöst sind und eine abstrakte Forderung der Bank darstellen, wird vom **Exporteur** eine **Verpflichtungserklärung** verlangt, in der er sich zur vollständigen Information über das Ausfuhrgeschäft bereiterklärt und die (Mit-)Haftung übernimmt, wenn der Importeur die Rückzahlung aufgrund einer mängelbehafteten Lieferung oder Gewährleistung verweigert.

Das **Deckungsentgelt** ist ein Prozentsatz des Kreditbetrages und richtet sich nach der Bonität des Importeurs, dem Länderrisiko und der Laufzeit. Die kombinierte Finanzkreditdeckung führt nicht zu einem erhöhten Entgelt.

Versicherungswert ist die Rückzahlungsforderung des Kreditgebers an den Importeur einschließlich der vereinbarten Zinsen und wird in den meisten Fällen in Inlandswährung ausgedrückt. Es ist aber nicht erforderlich, dass die Währungen des Kreditvertrages und des Exportvertrages übereinstimmen.

Die **Selbstbeteiligungsquote** ist generell für politische und wirtschaftliche Risiken auf 5 % reduziert worden, wenn sie die Bank selbst trägt. Sie darf nicht auf den Exporteur abgewälzt werden. In besonderen Fällen kann auf die Selbstbeteiligungsquote vollständig verzichtet werden.

Das Kreditrisiko gilt bei **Finanzkredit-Garantien** als eingetreten, wenn die Uneinbringlichkeit der rechtsbeständigen und fälligen Forderung nachgewiesen ist durch:

- Eröffnung eines gerichtlichen Insolvenzverfahrens
- außenamtlichen Vergleich
- fruchtlose Zwangsvollstreckung
- aussichtslose Beitreibung der Forderung
- Nichtzahlung ein Monat nach Fälligkeit (protracted default) oder
- Nichterfüllung aufgrund politischer Ereignisse (insbesondere KT-Risiko und ZM-Risiko).

Liegen alle erforderlichen Unterlagen vor, erfolgt die **Schadensberechnung** innerhalb eines Monats und die Auszahlung der Entschädigung innerhalb von fünf Bankarbeitstagen.

Wie bei den Ausfuhrgarantien hat der Deckungsnehmer auch hier beim Nichtzahlungstatbestand eine Meldepflicht über den Nichteingang innerhalb von zwei Monaten nach Fälligkeit sowie die Verpflichtung, sich um die Forderungseinbringung zu bemühen bzw. nach Entschädigung auch die Rechtsverfolgung zu übernehmen.

Bei **Finanzkreditbürgschaften** liegt der Nichtzahlungstatbestand nach drei bzw. sechs Monaten nach Fälligkeit einer Ratenzahlung vor; bei ungünstigen Zahlungserfahrungen mit dem Schuldnerland kann diese Frist bis auf zwölf Monate hinaufgesetzt werden.

Sollten Rahmenkreditverträge z. B. der KfW oder der AKA mit ausländischen Banken bestehen, kann als Sonderformen der Finanzkreditdeckung eine **Rahmenkreditdeckung** übernommen werden, die die Rückzahlungsforderung aus jedem Einzelkredit an ausländische Importeure in Bezug auf deutsche Investitionsgüterlieferungen mit einem Auftragswert je Einzelgeschäft von max. 10 Mio. € absichert.

Bei einer Bestellerkreditversicherung könnte der Bund eine Reihe von Einreden wie Haftausschlüsse, Kündigungs-, Rücktritts-, Anrechnungs- oder Aufrechnungsrecht geltend machen, die die Kapitalmarktfähigkeit dieser Kredite stark beeinträchtigen würden. Durch eine **Verbriefungsgarantie** als ergänzende Vereinbarung zur Finanzkreditdeckung verzichtet der Bund deshalb bei größeren Krediten, insbesondere zur Finanzierung von Industrieanlagen, auf diese Einreden und öffnet so den Weg für die Bereitstellung umfangreicherer Mittel für die Finanzkreditgewährung auch durch Hypothekenbanken, Pfandbriefinstitute und andere Refinanzierungsinstitute am Kapitalmarkt.

Durch die Verbriefungsgarantie erhält das Refinanzierungsinstitut eine unkonditionierte Zahlungsgarantie des Bundes ohne Wartefristen und ohne Selbstbeteiligung.

6.2.6 Sonderdeckungen

Sonderdeckungen sind möglich im Hinblick auf z. B.:

- Leasing-Verträge
- Bauleistungen
- Vertragsgarantien
- Direktinvestitionen
- Projektfinanzierungen.

Hermes-Deckungen können auch für **Leasing-Verträge** übernommen werden im Hinblick auf die Leasing-Raten während der Grundmietzeit und umfassen dann den Gesamtbetrag der vereinbarten Leasing-Raten.

Der Deckungsschutz beginnt mit dem Versand des Leasing-Objektes und umfasst sowohl die wirtschaftlichen als auch die politischen Risiken.

Ist der Leasing-Geber Hersteller/Lieferant des Leasing-Objektes (direktes Leasing), wird die Leasing-Deckung zu den Konditionen der Lieferantenkreditdeckung insbesondere im Hinblick auf die Selbstbeteiligung und die Karenzfristen vereinbart; handelt es sich um ein indirektes Leasing über Investitionsgüter, bei dem eine deutsche Leasing-Gesellschaft zwischengeschaltet ist, erfolgt die Abwicklung zu den Konditionen der Finanzkreditdeckung.

Eine Leasing-Deckung ist sowohl für Voll- als auch für Teilamortisationsverträge erhältlich und kann zusammen mit der Leasing-Forderung an Refinanzierungsinstitute abgetreten werden.

Für Bauunternehmen ist im Ausland die Absicherung von Bau- und Montagegeräten, Baustelleneinrichtungen und Baubevorratungen von besonderem Interesse. Die **Bauleistungsdeckung** schützt Exporteure vor den typischen Risiken aus Baugeschäften im Ausland und deckt sowohl das Forderungsrisiko als auch Risiken durch politische Ereignisse wie z. B. Beschlagnahme oder Vernichtung von Baugeräten.

Exporteure müssen oft zur Absicherung von (vor-)vertraglichen Leistungen eine Garantie (z. B. Bietungs-, Liefer- oder Gewährleistungsgarantie) stellen lassen. Durch eine **Vertragsgarantiedeckung** kann sich der Exporteur vor Verlusten aus politisch bedingten oder unberechtigten Ziehungen (Unfair Calling) dieser Garantien schützen.

Ergänzend kann eine **Avalgarantie** als Sicherheit zu Gunsten des Garantieherstellers übernommen werden, wodurch dieser als Sicherheit für seine Garantiestellung einen Anspruch an den Bund auf 80 %ige Erstattung des gezogenen Garantiebetrages erhält, sodass er keine Sicherheit vom Exporteur verlangen wird.

Bei **Direktinvestitionen** in Entwicklungsländern, wozu auch Joint Ventures gehören, kann nur das politische Risiko versichert werden. Hierzu zählen vor allem

- Verstaatlichung und Enteignung
- Bruch rechtsbeständiger Zusagen staatlicher Stellen
- Krieg, Revolution und Aufruhr
- ZM- und KT-Risiken in Bezug auf Kapital und Erträge.

Bundesgarantien für Direktinvestitionen können nur über den Mandatar Pricewaterhouse Coopers AG Wirtschaftsprüfungsgesellschaft (PwCAG) beantragt werden. Voraussetzungen für die Indeckungnahme sind Förderungswürdigkeit, Neuinvestitionen und zu erwartender Rechtsschutz durch ein bilaterales Investitionsförderungsabkommen.

Das Volumen der jeweiligen Direktinvestition ist nach oben nicht begrenzt; die Garantie erstreckt sich jedoch bei Eigenkapitalbereitstellung auf 50 % und bei Fremdkapitalgewährung auf 100 % des Kapitaleinsatzes. Zusätzlich kann auch eine jährliche Ertragsdeckung von maximal 10 % einbezogen werden. Die Laufzeit beträgt i. d. R. 15 Jahre, in Ausnahmefällen 20 Jahre. Kosten für die Garantie entstehen in Höhe von 0,5 % p. a.

Im Schadensfall übernimmt der Investor eine Selbstbeteiligungsquote von 5 %.

Bei **Projektfinanzierungen** müssen sich die Betriebskosten und der Kapitaldienst aus dem Projekt selbst tragen. Der Kreditgeber kann entweder nur beschränkt oder gar nicht auf die Projektträger zurückgreifen, sodass eine sorgfältige Analyse und Bewertung der Projektrisiken notwendig ist.

Hermes übernimmt auch die Deckung des wirtschaftlichen und politischen Risikos für Exportgeschäfte, die als Projektfinanzierung strukturiert sind, wenn der Nachweis der wirtschaftlichen Tragfähigkeit des Projektes insbesondere hinsichtlich seiner Durchführbarkeit, Gesamtfinanzierung, Sicherstellung, Fertigstellung, Absatzmöglichkeiten und seines erwarteten Cashflow erbracht ist.

Grundsätzlich gelten für Projektfinanzierungen die allgemeinen Bedingungen für Ausfuhrdeckungen und die **„Flexiblen OECD-Konsensusvorschriften für Projektfinanzierungen"** (siehe Kapitel J.3.4).

6.2.7 Kosten der Hermes-Deckungen

Die Kosten für Hermes-Deckungen setzen sich aus den Bearbeitungsgebühren und den Entgelten für die Deckungsübernahme (Risikoprämie) zusammen. **Bearbeitungskosten** enstehen für die Antragsgebühr, die Verlängerungsgebühr und für die Ausfertigungsgebühr.

Die **Entgelte** waren lange Zeit für alle Länder einheitlich, also unabhängig von der Bonität des Schuldners und den Länderrisiken. Im April 1999 ist dann **ein einheitliches Prämiensystem für alle Ausfuhrkreditversicherer in den OECD-Ländern** in Kraft getreten und 2006 überarbeitet worden. Ziel dieser Vereinbarung ist einerseits der weitere Abbau von Subventionsmechanismen und andererseits die Schaffung von mehr Wettbewerbsgleichheit für die Exporteure, sodass wieder der eigentliche Produktpreis und die Produktqualität bei Exportlieferungen in den Vordergrund treten. Dieses risikobasierte Prämiensystem gilt prinzipiell für alle Hermes-Deckungen mit Ausnahme der APG und der Sonderdeckungen und ist durch folgende Merkmale gekennzeichnet:

- Klassifizierung der Länderrisiken in acht Kategorien von 0 bis 7, wobei die Kategorie 0 die geringsten Länderrisiken kennzeichnet
- gemeinsame Mindestprämien für jede Kategorie gestaffelt nach Laufzeit und Importeurbonität
- regelmäßige Überprüfung der Angemessenheit der Risikoprämien
- Schaffung eines wechselseitigen Informationsaustauschsystems
- Festlegung von fünf Käuferkategorien
- Unterscheidung in Laufzeiten unter zwei Jahren und über zwei Jahren.

Als Entgeltsatz wird ein bestimmter Prozentsatz vom gedeckten Forderungsbetrag ohne Zinsen bzw. von den gedeckten Selbstkosten in Abhängigkeit von Länderrisiken erhoben. Daneben sind spezielle **Käuferzuschläge** zu beachten:

- staatlicher Besteller/Garant (Zentralbank oder Finanzministerium = ‚Sovereign Risk') → Gruppe SOV
- sonstige staatliche Besteller/Garanten → Gruppe SOV-
- privater Besteller ohne Bankgarantie → Gruppe CC 0 - CC 5

} jeweils gestaffelt nach den Länderkategorien

Ausgewählte Berechnungsformeln für die Entgeltsätze bei Forderungsdeckungen mit Laufzeiten von mindestens zwei Jahren und 95 %-Deckungen

Länderkategorie	**Gruppe SOV/CC 0**	**Gruppe SOV-**	**Gruppe CC 2**
1	0,0897 • RLZ + 0,3488	0,0987 • RLZ + 0,3837	0,2890 • RLZ + 0,3488
2	0,1987 • RLZ + 0,3478	0,2186 • RLZ + 0,3826	0,4094 • RLZ + 0,3478
3	0,3448 • RLZ + 0,3448	0,3793 • RLZ + 0,3793	0,5645 • RLZ + 0,3448
4	0,5404 • RLZ + 0,3439	0,5944 • RLZ + 0,3783	0,7703 • RLZ + 0,3439
5	0,7271 • RLZ + 0,7369	0,7998 • RLZ + 0,8106	0,9688 • RLZ + 0,7369
6	0,8820 • RLZ + 1,1760	0,9702 • RLZ + 1,2936	1,1349 • RLZ + 1,1760
7	1,0780 • RLZ + 1,7640	1,1858 • RLZ + 1,9404	1,3436 • RLZ + 1,7640

Beispiel

- gedeckter Forderungsbetrag als Bemessungsgrundlage 1.700.000 €
- Risikolaufzeit (RLZ)
  Vorlaufzeit bis Betriebsbereitschaft 5 Monate
  davon zu berücksichtigen 1/2 → 0,20833 Jahre
  Kreditlaufzeit → 8,5 Jahre
  } 8,70833 Jahre
- Selbstbeteiligung 5 %, d. h. Deckungsquote 95 %
- Länderkategorie 7
- Importeur ist privater Käufer ohne Bankgarantie, Käuferkategorie CC 2
- Berechnung:
  1,3436 • 8,70833 + 1,764 = 13,464512 %
  Entgeltsatz (gerundet auf zwei Stellen nach dem Komma) 13,46 %
- Entgelt → 1.700.000 € • 11,33 % = 228.820 €.

		Lösung
1.	Definieren Sie den Risikobegriff!	S. 301
2.	Kennnzeichnen Sie den Risikoprozess!	S. 301
3.	Nennen Sie verschiedene Möglichkeiten der Risikopolitik!	S. 302
4.	Wie unterscheiden sich ökonomische Risiken und Länderrisiken?	S. 303
5.	Was ist unter dem Preisrisiko zu verstehen? Welche Möglichkeiten zur Risikoabsicherung können Sie nennen?	S. 304 f.
6.	Welche Maßnahmen könnte ein deutscher Exporteur zur Abwälzung des Kreditrisikos ergreifen?	S. 305
7.	Erläutern Sie das Lieferungs- und Annahmerisiko!	S. 305
8.	Wie zeigt sich das Kursrisiko für den Exporteur bzw. Importeur? Nennen Sie Maßnahmen zur Risikoabsicherung!	S. 305 f.
9.	In welcher Weise kann das Transportrisiko eintreten?	S. 306
10.	Wie kann das Standortrisiko für ein Exportunternehmen verringert werden?	S. 307
11.	Geben Sie einen Überblick über die Länderrisiken!	S. 307 f.
12.	Was versteht man unter Country Rating?	S. 307
13.	Was ist Gegenstand des Transportversicherungsvertrages?	S. 309
14.	Welche Vorteile bietet eine Generalpolice in der Transportversicherung?	S. 310 f.
15.	Welche Besonderheiten weisen die Abschreibepolice und die Pauschalpolice auf?	S. 311
16.	Was ist ein Versicherungszertifikat? Welchen Inhalt hat es?	S. 312
17.	Wie kann die Versicherungspolice auf den Importeur übertragen werden?	S. 312
18.	Was ist bei Risikoänderungen im Rahmen einer Transportversicherung zu beachten?	S. 311
19.	Welche Rechtsgrundlagen sind jeweils für die See-, Binnen- und Lufttransportversicherung maßgeblich?	S. 313
20.	Erläutern Sie die Problematik der Unterversicherung!	S. 313 f.
21.	Welche Bedeutung hat der „imaginäre Gewinn“?	S. 313
22.	Welche Maßnahmen sind vom Versicherungsnehmer im Schadensfall zu veranlassen?	S. 314 f.
23.	Welche Aufgaben hat der Havarie-Kommissar?	S. 314
24.	Welche Aufgaben und Rechte hat ein Assekurateur?	S. 315 f.
25.	Was ist eine Rückversicherung?	S. 316
26.	Wie unterscheiden sich Integral- und Abzugsfranchise?	S. 318
27.	Welche Deckungsformen kennen die deutschen Seeversicherer?	S. 318
28.	Umfasst die Deckungsform „volle Deckung“ alle Risiken auf dem Transportweg?	S. 318 f.

		Lösung
29.	Wie unterscheiden sich volle Deckung und Strandungsfalldeckung?	S. 318 f.
30.	Welche Bedeutung hat die C-Deckung der Institute Cargo Clauses für den deutschen Versicherungsnehmer?	S. 320
31.	Welchen Deckungsumfang bieten die Institute Cargo Clauses A und B?	S. 321
32.	Warum werden des öfteren Schutzversicherungen abgeschlossen?	S. 321 f.
33.	Welchem Zweck dient die DTV-Import-Schutzklausel?	S. 322
34.	Erläutern Sie den Sachverhalt der kleinen, großen und besonderen Havarie!	S. 322 ff.
35.	Was ist ein Havarie-Grosse-Verpflichtungsschein?	S. 323
36.	Wie ermittelt sich der Schadensanteil der Havarie-Grosse-Beteiligten?	S. 323
37.	Welche Voraussetzungen muss eine Ware für ihre Zulassung an der Warenbörse erfüllen?	S. 325
38.	Nennen Sie Standorte von international bedeutenden Warenbörsen! Gibt es auch in Deutschland Warenbörsen?	S. 325 f.
39.	Welche drei Funktionen hat die Warenbörse zu erfüllen?	S. 326 f.
40.	Wie bilden sich die Kassakurse und die Terminkurse an den Warenbörsen?	S. 327
41.	Erläutern Sie die Grundzüge eines Arbitragegeschäftes!	S. 327
42.	Worin liegt die Besonderheit des Hedging?	S. 328
43.	Beschreiben Sie die grundsätzlichen Handlungsweisen eines Haussiers und eines Baissiers!	S. 329 f.
44.	Erläutern Sie das Waren-Hedging anhand eines Beispiels (z. B. Kakao oder Silber)!	S. 330 ff.
45.	Nennen Sie einige wichtige Gründe für Kursschwankungen an der Warenbörse!	S. 332 f.
46.	Welche Wirkung haben Stop-Orders? Was bedeutet „Limit down"?	S. 333
47.	Warum sind Gewinnchance und Verlustrisiko an der Warenbörse so groß?	S. 333
48.	Wodurch unterscheiden sich feste und bedingte Warentermingeschäfte?	S. 334 f.
49.	Erläutern Sie die Erwartungen eines Käufers einer Kaufoption!	S. 335
50.	Welche Erwartungen hat der Käufer einer Verkaufsoption?	S. 335 ff.
51.	Welche Pflichten und Vorteile haben die Stillhalter bei Warentermingeschäften?	S. 335 f.
52.	Worin liegt die besondere Bedeutung einer Verbindung von Hedging und Warenterminoptionen?	S. 338
53.	Warum bzw. wann sollten ein Exporteur oder Importeur ein Kurssicherungsgeschäft abschließen?	S. 339

		Lösung
54.	Definieren Sie: Devisen, Sorten und Auszahlungen im Devisenhandel!	S. 340
55.	Erläutern Sie den Umstand der freien und beschränkten Konvertibilität!	S. 340 f.
56.	Wie unterscheiden sich Kassa- und Termindevisen?	S. 341
57.	Wie unterscheiden sich freie und gebundene Währungssysteme?	S. 342
58.	Welche Bedeutung hatte die ECU?	S. 343
59.	Für welche Währungen ermittelt die EZB Referenzkurse?	S. 344 f.
60.	Wie erfolgt die Kursfeststellung bei Kassadevisen?	S. 345
61.	Charakterisieren Sie die Geld- und Briefkurse im Devisenhandel!	S. 346
62.	Wie unterscheidet sich die Preis- von der Mengennotierung im Devisenhandel?	S. 346
63.	Was sind Spannungskurse (gespannte Kurse)?	S. 346
64.	Wie kann man das Kursverhältnis zum Euro für weniger intensiv gehandelte Währungen erfahren?	S. 350 f.
65.	Warum können Leerpositionen für ein Kreditinstitut so gefährlich werden?	S. 350
66.	Wie unterscheiden sich Differenzarbitragen und Ausgleichsarbitragen?	S. 349 f.
67.	Welche Währungs- bzw. Zinssituationen werden von Deport und Report charakterisiert?	S. 352 f.
68.	Was ist unter einer „ex-post" und einer „ex-ante" Betrachtung zu verstehen?	S. 352
69.	Wie können die Kosten der Kurssicherung auf Jahresbasis errechnet werden?	S. 357
70.	Wie können gebrochene (individuelle) Fälligkeiten aus den Standardfälligkeiten abgeleitet werden?	S. 356
71.	Welche Bedeutung hat die Cross Rate zweier Währungen im Devisenhandel?	S. 350
72.	Was ist das inverse Kursverhältnis?	S. 351
73.	Was sind bzw. wie entsteht der Bedarf nach Swapgeschäften?	S. 358
74.	Welche Kurse sind bei einem Swapgeschäft miteinander verbunden?	S. 358
75.	Warum benötigt man einen Swapsatz auf Jahresbasis? Wie wird er errechnet?	S. 360
76.	Welchen Einfluss hat das Zinsniveau auf die Devisenterminkurse?	S. 361
77.	Wie kann eine Notenbank das Interesse von Investoren und Unternehmen an der Kapitalaufnahme bzw. -anlage im Ausland über den Devisenhandel beeinflussen?	S. 362
78.	Was heißt „Quasi-Zinsparität" bei zwei Währungen?	S. 363

		Lösung
79.	Wann werden Währungen mit Report gehandelt?	S. 353 f.
80.	Nennen Sie die wesentlichen Einflussfaktoren auf die Devisenterminkurse!	S. 353
81.	Was versteht man unter einem Switch-Geschäft?	S. 352
82.	Wie unterscheiden sich Devisenoptionsgeschäfte von den festen Devisentermingeschäften?	S. 352, 364
83.	Kann man in Deutschland auch ein längerfristiges Kursrisiko (z. B. acht Jahre) absichern?	S. 368 f.
84.	Wovon hängt bei einer Devisenoption der Optionspreis ab?	S. 366 f.
85.	Wann ist eine Devisenoption im Geld und wann aus dem Geld?	S. 367
86.	Wie unterscheiden sich Forwards und Futures?	S. 368
87.	Charakterisieren Sie eine Währungsswap!	S. 369
88.	Was geschieht bei einem Zinsswap?	S. 369 f.
89.	Wann liegt ein Aktiv- und wann ein Passivswap vor?	S. 370
90.	Welche Funktionen übernimmt auf dem Swapmarkt der Finanzintermediär?	S. 370
91.	Erläutern Sie die Einsatzmöglichkeiten von Währungsswaps bei verbundenen Unternehmen!	S. 371 f.
92.	Was ist eine Swaption?	S. 372
93.	Worin liegt die Problematik der Exportförderung? In welcher Weise dient der OECD-Konsensus der Harmonisierung der Exportförderung?	S. 373
94.	Welche Möglichkeiten bestehen zur Absicherung des Ausfuhrkreditrisikos?	S. 374 f.
95.	Wie erfolgt die Antragstellung und Bearbeitung von Hermes-Deckungen?	S. 376
96.	Welche Risiko-Deckungen bietet die Hermes-Kreditversicherung im Außenhandel als Mandatar des Bundes an?	S. 377
97.	Wie unterscheiden sich Ausfuhrgarantien und Ausfuhrbürgschaften?	S. 378 f.
98.	Wie hoch ist der Versicherungswert bei Hermes-Deckungen?	S. 379
99.	Für welche Zwecke können Ausfuhr-Pauschal-Gewährleistungen abgeschlossen werden?	S. 381
100.	Wann können Fabrikationsrisiko-Deckungen bei Hermes abgeschlossen werden?	S. 382
101.	Ist bei allen Hermes-Deckungen eine Selbstbeteiligungsquote erforderlich? Wie hoch ist sie?	S. 382 ff.
102.	Für welche Außenhandelsgeschäfte können Bestellerkreditgewährleistungen beantragt werden?	S. 383

		Lösung
103.	Welche Sonderdeckungen werden von „Hermes“ angeboten?	S. 385
104.	Was versteht man unter Matching in der Ausfuhrversicherung?	S. 373
105.	Wie erfolgt die Absicherung des Ausfuhrkreditrisikos durch die privaten Kreditversicherer in Deutschland?	S. 374
106.	Wie unterscheidet sich die Prämienberechnung der privaten Kreditversicherer vom Kostensystem bei Hermes?	S. 375, 387
107.	Nennen Sie Vorteile und Nachteile der privaten Ausfuhrversicherer!	S. 375
108.	Können Hermes-Deckungen auch für Leasing-Verträge übernommen werden?	S. 385
109.	Durch welche Tatbestände ist der Eintritt des wirtschaftlichen Risikos bei Ausfuhrgarantien nachzuweisen?	S. 379
110.	Welche Verpflichtungen hat der Exporteur, damit der Nichtzahlungstatbestand zur Versicherungsleistung führt?	S. 379
111.	Durch welche Ereignisse gilt das politische Risiko bei Lieferantenkreditgewährleistungen als eingetreten?	S. 380 f.
112.	Wie hoch ist der Versicherungswert bei Besteller-Kreditgewährleistungen?	S. 384
113.	Welche Besonderheiten sind bei einer Absicherung von Projektfinanzierungen zu beachten?	S. 385 f.

H. Finanzdisposition im Außenhandel

1. Finanzwirtschaftlicher Prozess

1.1 Überblick und Managementkonzeption

Der finanzwirtschaftliche Prozess umfasst in kontinuierlichem Verlauf sämtliche finanzwirtschaftlichen Aktivitäten, um den Fortbestand und die Weiterentwicklung des Unternehmens auf dem Inlandsmarkt und den Auslandsmärkten zu gewährleisten.

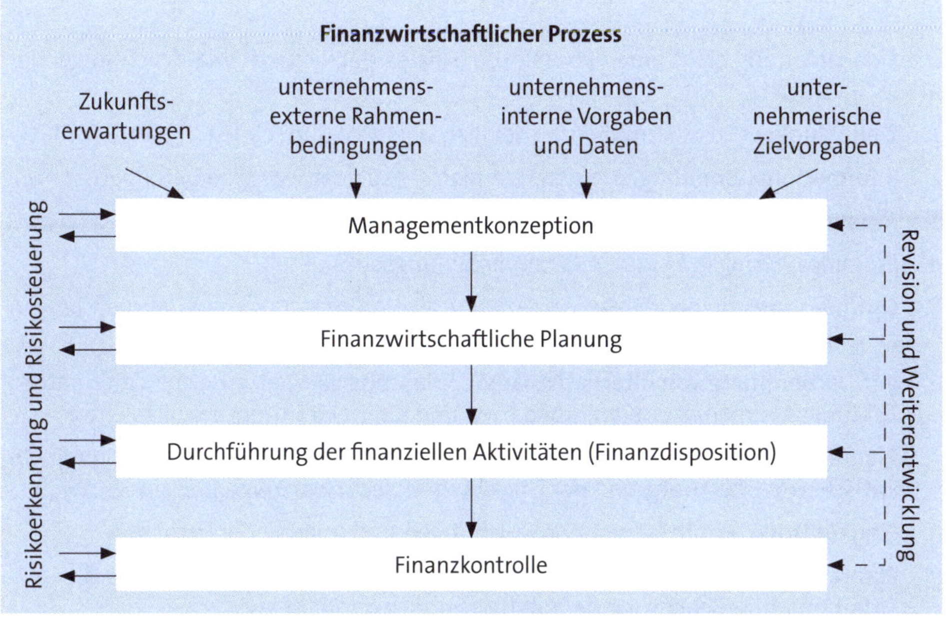

Sämtliche Zukunftserwartungen, unternehmensexterne und -interne Informationen und Zielvorstellungen müssen in eine einheitliche Willensbildung in der Unternehmensleitung einmünden. Die so getroffenen Entscheidungen bilden dann die **Managementkonzeption**. Sie stellt die systematische, anlassbezogene Zusammenfassung der planungsfähigen Unternehmensleitlinien unter Beachtung der unternehmensexternen Rahmenbedingungen dar.

In der Managementkonzeption kommen die häufig zahlreichen Zielvorstellungen der Unternehmensführung zum Ausdruck. Dabei ist zunächst jedes Ziel eindeutig nach Inhalt, Zeit und Ausmaß zu charakterisieren.

Selten wird es nur ein Unternehmensziel schlechthin geben, sondern die einzelnen (realisierbaren) Zielvorstellungen werden in einer gewissen Beziehung zueinander stehen und zur Bildung eines **Zielsystems** führen.

1.2 Finanzplanung

Auf der Grundlage der Managementkonzeption ist die **finanzwirtschaftliche Planung** als eher strategische Rahmenplanung für einen längerfristigen Zeitraum und als eher taktische Detailplanung für die kurzfristige Periode zu erstellen. Sie hat die für die Erreichung der Managementkonzeption erforderlichen längerfristigen finanzwirtschaftlichen Aktivitäten zu erfassen, insbesondere die zielgerichtete Auswahl der Investitionsprogramme und ihren Kapitalbedarf sowie die Abstimmung der Finanzierungsalternativen mit dem Kapitalbedarf, sowie alle mit der Unternehmenstätigkeit verbundenen kurzfristigen finanziellen Transaktionen zu prognostizieren.

Die Finanzplanung stellt einen komplexen Prozess dar, dessen **Ablauf** sich folgendermaßen gestaltet:

1. **Zielbildung:** präzise Formulierung der Planungsziele und Festlegung von Prioritäten
2. **Informationssammlung:** umfassende, planungsobjektbezogene Datenbeschaffung
3. **Aufbereitung:** Übertragung der Informationen in Finanzgrößen
4. **Prognose:** Ermittlung der erwarteten Zahlungsströme
5. **Optimierung:** zielgerichtete Einbeziehung von Anpassungsmaßnahmen bei Ungleichgewichten und Fehlentwicklungen
6. **ggf. Vorbereitung von Alternativplänen:** Erfassung von zielkonformen alternativen Zahlungsströmen bzw. Kapitalbedarfen und Kapitaldeckungsmöglichkeiten
7. **Planfeststellung:** Entscheidung für eine Alternative unter Berücksichtigung von kritischen Werten aufgrund der Unsicherheit der Erwartungen
8. **Plankontrolle:** Ermittlung der Abweichungen und Analyse der Ursachen
9. **Planrevision:** nach Ablauf einer Teilperiode Anpassung der Planung an die neue Situation unter Beachtung der Interdependenz der Teilpläne
10. **Planfortschreibung:** Fortschreibung der Planung jeweils nach Ablauf einer Teilperiode (rollierende Planung), sodass der Planungshorizont immer konstant ist.

Die Finanzplanung kann sich auf eine unterschiedliche Reichweite beziehen.

Nach dem **Prognosezeitraum** lassen sich folgende Finanzplanungen unterscheiden:

- Der **langfristige Finanzplan** ist eine Grobplanung für die langfristige Strategie der Unternehmung im finanziellen Bereich.

  Prognosezeitraum: bis zu zehn Jahre; Planungseinheit: Halbjahre oder Jahre

- Der **mittelfristige Finanzplan** umreißt Teilziele der langfristigen Unternehmensstrategie und dient Unternehmen als Vorschauplan, in dem die erwarteten Kapitalbedarfe im Hinblick auf die gestellten Unternehmensziele den Kapitaldeckungsmöglichkeiten gegenübergestellt werden. Er stellt als Rahmenplan die Ausgangsbasis für die detaillierte kurzfristige Planung dar.

  Prognosezeitraum: 6 - 48 Monate; Planungseinheit: der Monat oder das Quartal

- Der **kurzfristige Finanzplan** ist eine passive Planung, die für kurze Teilperioden auf der Grundlage der längerfristigen Finanzplanung eine Vorschau über die zukünftige Zahlungsbereitschaft des Unternehmens geben soll. Sie leitet sich als Prognoseplanung einerseits aus der gegenwärtigen Unternehmenssituation ab und zeigt auf, wie die Einnahmen und Ausgaben daraufhin in der nächsten Teilperiode verlaufen werden. Andererseits konkretisiert sie aber auch die längerfristige Finanzplanung für die kurzfristige Teilperiode.

  Prognosezeitraum: 3 - 6 Monate; Planungseinheit: eine Woche

- Der **Liquiditätsstatus** dient zur tagesgenauen Überwachung der Zahlungsströme mit dem Ziel der täglichen Zahlungsbereitschaft und hat eine hohe Bedeutung für multinational tätige Unternehmen, die täglich erhebliche Finanztransaktionen in unterschiedlicher Währung abzuwickeln haben und auf den inländischen und internationalen Geldmärkten als Marktteilnehmer auftreten.

  Prognosezeitraum: 1 - 2 Wochen; Planungseinheit: ein Tag

Wichtiger Bestandteil der kurzfristigen Planung sind die Anpassungsmaßnahmen, die die Aufgabe haben, bei Überdeckung vorübergehende Verwendungsmöglichkeiten von liquiden Mitteln aufzuzeigen und bei Unterdeckung Steuerungsalternativen bei den Zahlungsströmen oder kurzfristige Liquiditäts- oder Finanzreserven zu benennen. Während die Beeinflussung der Zahlungsströme durch eine Verzögerung oder Verminderung der Auszahlungen oder eine Beschleunigung oder Erhöhung der Einzahlungen erfolgen kann, sind die gesamten finanziellen Reserven des Unternehmens in ihrer Höhe determiniert durch:

- die verfügbaren liquiden Mittel (Kassenhaltung) } Liquiditätsreserven
- die Liquidierbarkeit von Vermögensgegenständen } Liquiditätsreserven
- die Beschaffbarkeit von Eigen- oder Fremdkapital → Finanzreserve

Gliederungsschema für einen kurzfristigen Finanzplan

		1. Woche				2. Woche usw.
		Vergleichsperiode	Planzahlen	Istzahlen	Plankorrektur	
1.	**Auszahlungen**					
1.1	**Auszahlungen für lfd. Umsatztätigkeit**					
1.1.1	Rohstoffe					
1.1.2	Hilfsstoffe, Betriebsstoffe					
1.1.3	unfertige Erzeugnisse					
1.1.4	Fertigerzeugnisse					
1.1.5	Löhne					
1.1.6	Gehälter					
1.1.7	soziale Leistungen					
1.1.8	Provisionen					
1.1.9	Frachten					
1.1.10	Steuern und Abgaben					
1.1.11	Rechtsanwalt, Gericht, Steuerberatung					
1.1.12	Versicherungen					
1.1.13	Werbung					
1.1.14	Garantieleistungen					
Summe 1.1						
1.2	**Auszahlungen für Investitionen**					
1.2.1	Sachinvestitionen					
1.2.1.1	Gebäude					
1.2.1.2	Maschinen					
1.2.1.3	Büroeinrichtung					
1.2.1.4	Fuhrpark					
1.2.2	Finanzinvestitionen					
1.2.2.1	Beteiligungen					
1.2.2.2	börsengängige Wertpapiere					
1.2.3	immaterielle Werte					
1.2.3.1	Patente, Marken					
1.2.3.2	Lizenzen, Urheberrechte					
Summe 1.2						
1.3	**Auszahlungen im Finanzverkehr**					
1.3.1	Kreditzinsen					
1.3.2	Kredittilgung					
1.3.2.1	Bank A					
1.3.2.2	Bank B					
1.3.3	Akzepteinlösung					
1.3.4	Eigenkapitalverminderung					
1.3.5	Geldanlagen					
Summe 1.3						
Summe Auszahlungen						

		1. Woche				2. Woche usw.
		Vergleichsperiode	**Planzahlen**	**Istzahlen**	**Plankorrektur**	
2. **2.1** 2.1.1 2.1.2 2.1.3 2.1.4	**Einzahlungen** **Einzahlungen aus lfd. Umsatztätigkeit** Begleichung von Inlandsforderungen Barverkäufe Begleichung von Auslandsforderungen aus Dienstleistungen					
Summe 2.1						
2.2 2.2.1 2.2.2 2.2.3	**Einzahlungen aus Desinvestitionen** Verkäufe von Sachanlagen Auflösung von Finanzinvestitionen Verkauf von immateriellen Werten					
Summe 2.2						
2.3 2.3.1 2.3.2 2.3.3 2.3.4 2.3.5 2.3.6 2.3.7	**Einzahlungen im Finanzverkehr** Zinsen Dividenden Beteiligungserträge Eigenkapitalerhöhungen Fremdkapitalerhöhungen Auflösung von Geldanlagen Lizenzgebühren, Mieten					
Summe 2.3						
Summe Einzahlungen						
3.	**Unterdeckung/Überdeckung** Summe Einzahlungen - Summe Auszahlungen + Zahlungsmittelbestand der Vorperiode = Zahlungsmittelendbestand der Planperiode					
4. **4.1** 4.1.1 4.1.2 4.1.3 **4.2** 4.2.1 4.2.2	**Anpassungsmaßnahmen** **bei Unterdeckung** Kreditaufnahme Eigenkapitalerhöhung Auflösung von Liquiditätsreserven **bei Überdeckung** zusätzliche Kredittilgung Anlage von liquiden Mitteln					
5.	**Zahlungsmittelbestand nach Anpassungsmaßnahmen**					

Die Finanzplanung ist im Grunde unbefristet, lässt sich jedoch zweckmäßigerweise in Teilzeiträume (z. B. für ein umfassendes Auslandsinvestitionsprogramm) begrenzen.

Die Kontinuität des Prozesses wird besonders durch die **laufende Revision und Fortschreibung der Finanzplanung** betont. Dies führt auch zu einem ständigen Überdenken der Managementkonzeption.

Damit der **Planungshorizont** immer gleich weit gesteckt ist, sollten nach Ablauf einer Teilperiode sowohl eine Planüberarbeitung (Planrevision) aus den Gegenwartserkenntnissen heraus (Finanzkontrolle) als auch eine Planfortschreibung um den Zeitraum der abgelaufenen Teilperiode erfolgen. Eine solche, sich ständig ergänzende Planung wird rollierende Planung genannt:

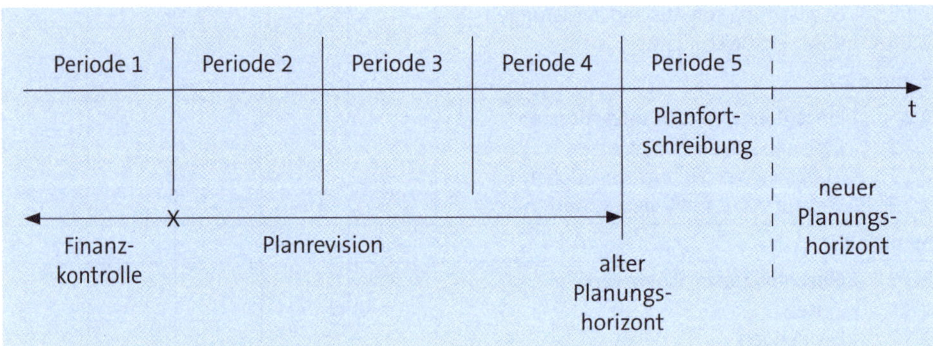

1.3 Finanzkontrolle

Durch die Finanzkontrolle soll die Einhaltung der finanzwirtschaftlichen Planung und damit der Managementkonzeption überwacht werden. Um Abweichungen frühzeitig feststellen zu können, ist eine laufende Finanzkontrolle in kurzen Periodenabständen durchzuführen. Ergeben sich Abweichungen, sind die Ursachen zu klären und die Verantwortlichen zu identifizieren.

Daraus ergeben sich folgende Tätigkeitsfelder:

- Feststellung der Abweichungen
- Berichterstattung
- Klärung der Ursache
- Überarbeitung der Planung und
- Ergänzung der Planung auf den neuen Planungshorizont.

Die Bedeutung einer rechtzeitigen Finanzkontrolle wächst mit der Verengung des finanziellen Spielraums. Sind die Liquiditäts- oder Finanzreserven weitgehend ausgeschöpft, sind Veränderungen der Zahlungsströme sehr viel risikoreicher als bei finanzieller Entspannung. In jedem Fall ermöglicht eine gute zeitnahe Finanzkontrolle eine Reduzierung der Vorsichtskasse und steigert somit die Rentabilität des Kapitaleinsatzes.

1.4 Finanzdisposition

Die Durchführung der finanziellen Aktivitäten ist von der Finanzdisposition zu steuern. Sie hat vor allem die **zeitliche, betragsmäßige und währungskonforme Abwicklung des Finanzverkehrs** unter Beachtung der finanzwirtschaftlichen Entscheidungskriterien wahrzunehmen und das Risikomanagement zu betreiben.

Die Finanzdisposition soll auf der Basis der Prognosezahlen der Finanzplanung zur Sicherung der jederzeitigen Liquidität die Ausführung der folgenden **finanziellen Aktivitäten** übernehmen:

- Durchführung des Zahlungsverkehrs
- Abwicklung des Kreditverkehrs
- Steuerung der Kapitalstruktur
- bedarfsgerechte Anlage von Finanzmittelüberschüssen
- Vornahme notwendiger oder zweckmäßiger Anpassungsmaßnahmen
- Ergreifung konkreter risikopolitischer Maßnahmen.

Liquidität ist die zwingende Voraussetzung für den Fortbestand des Unternehmens. Sie muss deshalb zu jedem Zeitpunkt vorliegen. Dennoch kann der Grad der Zahlungsfähigkeit aus wirtschaftlicher Sicht unterschiedlich hoch sein. So kann ein Unternehmen einerseits erhebliche finanzielle Überschüsse besitzen (Überliquidität), die die Rentabilität beeinträchtigen, andererseits kann auch Unterliquidität vorliegen, sodass das Unternehmen (vorübergehend) seine Marktchancen nicht voll nutzen kann. Aufgabe der Finanzdisposition ist deshalb die Erzielung einer **optimalen Liquidität**.

Eine optimale Finanzdisposition ist erreicht, wenn auf der Informationsbasis der Finanzplanung die Liquiditätsüberschüsse möglichst rentabel im Unternehmen oder auf dem Finanzmarkt eingesetzt werden können und der Liquiditätsbedarf möglichst günstig vom Finanzmarkt oder durch Auflösung von Liquiditätsreserven gedeckt werden kann.

Während sich die internationale Finanzdisposition im **kurzfristigen Bereich** neben der allgemeinen Liquiditätssicherung vor allem auf das Währungs-, Kredit- und Zinsmanagement bezieht, steht im **langfristigen Bereich** eine sich international orientierende Kapitalstrukturpolitik im Vordergrund. Diese sollte sich möglichst nicht nur auf eine einzelgeschäftsbezogene Finanzierung beschränken, sondern auch auf eine optimale Kombination der verschiedenen Eigen- und Fremdkapitalquellen von nationalen und internationalen Finanzmärkten, eine dauerhafte Erhaltung der Beteiligungs- und Kreditwürdigkeit sowie die grundlegende Steuerung der Auslandsrisiken erstrecken.

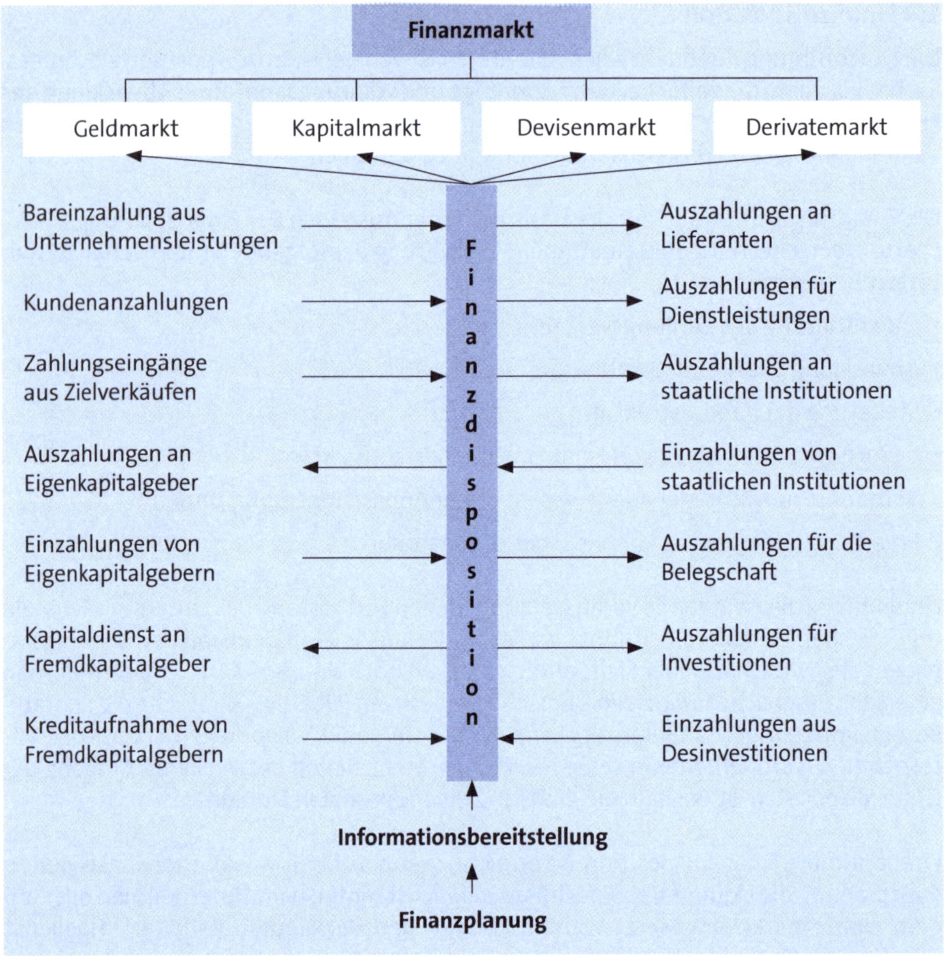

Finanzielle Risiken ergeben sich einerseits aus der Ungewissheit der Erwartungen über die tatsächliche Höhe und den wirklichen Zeitpunkt der **zukünftigen Einzahlungs- und Auszahlungsströme**. Die Ursachen der Risiken können dabei im finanzwirtschaftlichen oder güterwirtschaftlichen Bereich liegen.

Finanzielle Risiken entstehen andererseits aus der Ungewissheit der Erwartungen über die **Entwicklung auf den Finanzmärkten**, insbesondere als Zinsänderungsrisiken und Kursrisiken sowie aufgrund der Bonität der Kunden und deren Heimatländer als Bonitätsrisiko oder Länderrisiko.

Die Steuerung der Finanzdisposition kann mit zunehmender Unternehmensgröße am besten durch einen tagesgenauen Liquiditätsstatus als Grundlage für die Entscheidungen des Cash-Managements erfolgen. Nach der Realisierung der finanziellen Aktivitäten sind diese in der Finanzkontrolle zu erfassen und bei Abweichungen von den Planwerten sind der Liquiditätsstatus und/oder die kurzfristige Finanzplanung zu revidieren und um die abgelaufene Teilperiode fortzuschreiben.

Ein enger Kontakt zu Kreditinstituten kann wesentlich zur Effizienz der Finanzdisposition beitragen. So bietet eine Mehrzahl von Kreditinstituten zur Unterstützung der betrieblichen Finanzdisposition **Cash-Management-Systeme** an, die unterschiedlich umfangreiche Dienstleistungen beinhalten.

Die angebotenen Cash-Management-Systeme haben vor allem folgende **rentabilitätsbezogene Ziele**:

- Minimierung der Kosten der Kassenhaltung
- Minimierung der kurzfristigen Finanzierungskosten
- Minimierung der Transaktionskosten
- Minimierung der Zinsänderungs- und Währungsrisiken
- Maximierung der Geldanlageerlöse.

In vielen Fällen bilden international tätige Unternehmen einen **Konzern**, sodass die einzelnen Gesellschaften zwar als rechtlich selbstständige Einheiten auf der Basis der jeweiligen nationalen Rahmenbedingungen geführt werden, aber in enger wirtschaftlicher Beziehung zur Muttergesellschaft stehen. Die rechtliche Selbstständigkeit auf den Auslandsmärkten bedingt auch eine eigene Liquiditätsverantwortung, doch unterliegen die richtungsweisenden Finanzentscheidungen sowie die Zahlungsfähigkeit des Konzerns einem Gesamtheitsanspruch.

Eine Zentralisierung der Finanzdisposition kann bei Konzernen wesentliche **finanzwirtschaftliche Synergieeffekte** hervorrufen, vor allem durch

- eine einheitliche Zielsetzung
- einen internen Liquiditätsausgleich
- eine zentrale Steuerung der Währungsrisiken
- eine gemeinsame Haltung einer Vorsichtskasse
- eine Nutzung der stärkeren Marktposition bei der Anlage von Finanzüberschüssen.

Konzerne haben infolge der verschiedenen Standorte auch relative Stärken auf bestimmten Finanzmarktsegmenten und können die landesspezifischen Finanzmarktverfassungen besonders im Hinblick auf mehrere Währungen besser ausschöpfen.

Außerdem können Konzerngesellschaften auch intern gegenseitige Finanztransaktionen vornehmen, sei es in Form eines offenen **Kapitaltransfers** oder bei wechselseitigen Lieferungen durch „Verrechnungspreise“ als verdeckten Kapitaltransfer.

Die Forderungen und Verbindlichkeiten der Konzernunternehmen untereinander haben meistens feste Zahlungstermine. Durch **Leading und Lagging** können jedoch diese Termine bewusst verschoben werden. Beim Leading wird die Zahlung auf einen früheren Termin vorgezogen; beim Lagging wird die Zahlung auf einen späteren Termin verlegt.

Beim **Cash-Pooling** werden die täglichen Liquiditätsüberschüsse aller Konzernteile auf einem zentralen Konto, dem Cash-Pool, zusammengefasst, um einen weitgehenden konzerninternen Liquiditätsausgleich zu erreichen. Der Finanzmarkt wird nur für Mehr- oder Minderbeträge in Anspruch genommen, über die die einzelnen Konzernunternehmen selbstständig entscheiden können.

Die Effizienz des Cash-Pooling hängt sehr von der Qualität der Informationssysteme sowie der Aktualität und Genauigkeit der Liquiditätsplanung ab, doch sind erhebliche Vorteile durch die geringe zentrale Kassenhaltung und die günstigen internen Kreditbedingungen zu erwarten.

Bei Konzernunternehmen kann das Cash-Management auch durch ein **Netting** zur periodenbezogenen Aufrechnung konzerninterner wechselseitiger Zahlungsverpflichtungen verbessert werden, um das Volumen der tatsächlichen Zahlungsvorgänge zu reduzieren und Transfer- und Konvertierungskosten einzusparen. Es werden dann nur die jeweiligen Nettopositionen überwiesen.

Beim **Devisennetting** erfüllt eine bestimmte Konzerngesellschaft alle Verbindlichkeiten in einer bestimmten Währung und erhält auch alle Zahlungen in dieser Währung.

Sollte eine zentrale autonome Finanzdisposition in Form einer rechtlich selbstständigen Finanzdienstleistungsgesellschaft (sog. Finanzholding) gewählt werden, wird sie sich bevorzugt in Standorten niederlassen, die attraktive Rahmenbedingungen vor allem in steuerlicher und finanzmarktbezogener Hinsicht aufweisen.

Bei einer zentralen Finanzdisposition dürfen gewisse **Nutzeneinschränkungen** nicht übersehen werden, die insbesondere entstehen bei

- Akzeptanzproblemen bei einzelnen Konzernunternehmen vor allem bei unterschiedlicher Finanzkraft
- Behinderungen durch rechtliche und staatliche Rahmenbedingungen
- hohen Kosten des umfassenden Informationssytems und
- unterschiedlicher Unternehmensphilosophie.

2. Auslandszahlungsverkehr

Zum Auslandszahlungsverkehr gehören grundsätzlich alle Zahlungen zwischen Wirtschaftssubjekten in unterschiedlichen Währungsgebieten. Abweichend hiervon kann es jedoch zu besonderen Situationen und Regelungen kommen, wenn das Währungsgebiet nicht mit dem Staatsgebiet übereinstimmt. So können mehrere Staaten zwar die gleiche Währung besitzen, den Zahlungsverkehr untereinander oder zu Drittstaaten aber bestimmten oder unterschiedlichen Vorschriften unterwerfen.

2.1 Zahlungszweck und Zahlungsmeldung

Der Anlass für den Zahlungsverkehr mit dem Ausland (Zahlungszweck) entscheidet in den meisten Fällen über seine Zulässigkeit. Nach dem Zahlungszweck sind zu unterscheiden:

1. Warenverkehr
2. Dienstleistungsverkehr
3. Kapitalverkehr (insbesondere Effektenhandel, Direktinvestitionen, Kredite)
4. Kapitaldienst (insbesondere Zinsen, Gewinne, Mieten)
5. Geldverkehr (insbesondere Auslandseinkommen und Auslandsübertragungen)
6. Reiseverkehr (insbesondere Sorten, Reiseschecks, Kreditbriefe).

Je nach dem Grad seiner Leistungsfähigkeit und seiner Zahlungsbilanzprobleme sowie auch aufgrund bestimmter politischer Absichten wird ein Land das Ausmaß seiner **Kapitalverkehrskontrollen** bemessen. Dabei ist es nicht selten, dass manche Zahlungsanlässe eher begünstigt und andere unter Umständen auch mit zunehmender Höhe beschränkt oder verboten werden. Weltweit gesehen kann jedoch mit einer weiter zunehmenden Liberalisierung des Zahlungsverkehrs gerechnet werden.

Der Zahlungsverkehr innerhalb der Europäischen Union ist vollständig liberalisiert. Die Bundesrepublik Deutschland gehört jedoch zu den (wenigen) Ländern, in denen es aus ihrer Sicht schon lange **keine Beschränkungen** des Zahlungsverkehrs mit dem Ausland gibt.

Nach §§ 67 ff. AWV besteht für den Auslandszahlungsverkehr grundsätzlich eine **Meldepflicht** aus statistischen Gründen und zur Erstellung der Zahlungsbilanz für alle Zahlungen zwischen Inländern und Ausländern. Meldepflichtig ist stets der Inländer. Dabei ist es unmaßgeblich, wo sich der Sitz der Konto führenden Bank befindet. So ist einerseits die Zahlung eines Inländers an einen anderen Inländer auf ein ausländisches Bankkonto nicht meldepflichtig, andererseits ist die Zahlung eines Inländers von einem deutschen Bankkonto auf ein deutsches Bankkonto eines Ausländers meldepflichtig.

Gegenstand der Meldung sind vor allem:

- Name, Konto und Anschrift des Inländers
- Name, Konto und Anschrift des Ausländers
- Zahlungszweck
- Empfängerland bzw. Land des Auftraggebers
- Angaben zur Zahlungsdurchführung
- Währungsbetrag.

Nicht alle Zahlungsbewegungen mit dem Ausland werden auf diese Weise erfasst, sondern werden entweder anders ermittelt (z. B. über die Zollanmeldung) oder gehen als

Schätzgröße der „nicht erfassten Posten und statistischen Ermittlungsfehler" in die Zahlungsbilanz ein. So sind **nicht meldepflichtig:**

- Kleinzahlungen bis 12.500 € (die Meldefreigrenze gilt nicht für Zahlungen, die mittels Anlage Z 8, Z 11, Z 12 oder Z 13 zu melden sind)
- Zahlungen für die Wareneinfuhr oder die Warenausfuhr (bzw. Verbringung von Waren ins Ausland)
- Zahlungen im kurzfristigen Kapitalverkehr aus Krediten und Guthaben mit einer Laufzeit oder Kündigungsfrist von höchstens zwölf Monaten (die Freistellung bezieht sich jedoch nicht auf die damit verbundenen Zinsen).

Die Meldung der Zahlungsvorgänge aus Import- und Exportgeschäften kann unterbleiben, da bereits die Warenbewegung über die Grenze erfasst wird und unmittelbar vom Unternehmen über das statistische Erhebungsverfahren INTRASTAT an das Statistische Bundesamt gemeldet wird.

Mit Inkrafttreten der AWV-Änderungen zum 01.09.2013 sind grundsätzlich alle außenwirtschaftlichen Meldungen von Unternehmen, Banken, öffentlichen Stellen und Privatpersonen elektronisch bei der Deutschen Bundesbank einzureichen. Privatpersonen können ihrer Meldepflicht telefonisch über die Telefonnummer 0800-1234-111 nachkommen. Über diese Telefonnummer können auch inhaltliche Fragen zum Meldewesen gestellt werden.[1] Die bei der Deutschen Bundesbank abrufbaren Meldeformulare dienen generell nur der Ansicht. Davon sind vor allem zu nennen:

Z 4 für alle sonstigen ausgehenden und eingehenden Zahlungen einschließlich Dienstleistungs- und Kapitalzahlungen über Auslandsbanken sowie SEPA-Überweisungen über 12.500 € (Zahlungen im Außenwirtschaftsverkehr)

Z 5/Z 5a für Forderungen und Verbindlichkeiten aller Art gegenüber Gebietsfremden von mindestens 5 Mio. €, jedoch nicht bei wertpapiermäßiger Verbriefung; Forderungen und Verbindlichkeiten mit gebietsfremden Banken aus Finanzbeziehungen (Z 5), Forderungen und Verbindlichkeiten mit gebietsfremden Nichtbanken und aus Waren- und Dienstleistungsverkehr (Z 5a)

Z 8 für Einnahmen und Ausgaben der Seeschifffahrt

Z 10 für alle ein- und ausgehenden Zahlungen in Bezug auf Wertpapiergeschäfte und Finanzderivate

Z 11 für Zins- und Dividendenzahlungen auf inländische Wertpapiere an Gebietsfremde durch Banken

Z 12/Z 13 Zahlungseingänge und Zahlungsausgänge im aktiven und passiven Reiseverkehr (insbesondere Karten-Umsätze und Sorten)

Z 14/Z 15 Zinseinnahmen von Gebietsfremden und Zinsausgaben an Gebietsfremde (ohne Wertpapiererträge).

Die Z 4-Meldung ist bis zum 7. Kalendertag eines jeden Monats für den vorangegangen Monat zu melden und bis zum 5. des nächsten Monats bei Z 10.

---

1 Hilfe für Allgemeines Meldeportal Statistik: https://www.bundesbank.de/resource/blob/611564/aef6c94e291e6fc890a8e4edfcd442cf/mL/hilfe-fuer-ams-2018-data.pdf

Mit der Errichtung der EWWU am 01.01.1999 ist ein vereinfachtes, aber nicht entfallendes Meldewesen gegenüber den Teilnehmerländern der EWWU in Kraft getreten. Für die Nichtteilnehmer gelten jedoch die gleichen Anforderungen an das Meldewesen wie vorher.

Direktinvestitionen im Ausland oder von Ausländern im Inland sind im Hinblick auf die Jahresendstände auf den Formularen K 3 und K 4 zu melden. Die laufenden Kapitalbewegungen werden ohnehin durch die Zahlungsmeldungen erfasst.

Bei **Transithandelsgeschäften** sind beide Seiten des Warenverkehrs meldepflichtig. Die Zahlungseingänge und die Zahlungsausgänge können jedoch in einer Meldung (Z 4) zusammengefasst werden (§ 68 AWV).

Verstöße gegen die Meldepflicht führen zu Bußgeldzahlungen (Verjährungsfrist 3 Jahre).

2.2 Zahlungsweg

Jeder Zahlungsweg benötigt Zeit, doch liegt es sowohl im Interesse des Zahlungsempfängers, möglichst schnell sein Geld zu erhalten, also auch im Sinne des Zahlungspflichtigen, den Kapitalbedarf so spät wie möglich entstehen zu lassen. Die Kapitalbindungsfrist im Auslandszahlungsverkehr hängt dabei vor allem von der Qualität des Zahlungsweges ab.

Zur Beschleunigung des Zahlungsverkehrs ist ein möglichst **direkter Zahlungsweg** anzustreben, der durch ein weitverzweigtes weltweites Korrespondenzbankennetz auch für viele Zahlungen erreicht werden kann. Die Wahl seiner Außenhandelsbank sollte ein Unternehmen daher vor allem auch an der Dichte des Korrespondenzbanknetzes ausrichten.

Bei den Korrespondenzbanken wird zwischen **Konto- und Briefkorrespondenten** unterschieden. Bei Briefkorrespondenten muss der Zahlungsverkehr über dritte Banken erfolgen, doch besteht der Vorteil der Ortsverbindung gerade auch im Hinblick auf spezielle Informationen. Kontokorrespondenten unterhalten i. d. R. gegenseitig zwei Konten jeweils in der eigenen und der fremden Währung, manchmal auch (zusätzlich) in einer „internationalen" Währung wie dem Dollar.

Als **Vorteil** für das Unternehmen können **bei einem guten Korrespondenzbanknetz** genannt werden:

1. direkter und schneller Zahlungsverkehr
2. Informationen über den Geschäftspartner und den Markt
3. wechselseitige Abstimmung der Gebühren unter den Korrespondenten und Mitteilung an den Bankkunden
4. Ermöglichung der Zahlungssicherung durch gegenseitige Bereitschaft, vor allem zur Akkreditivbestätigung, Wechselakzeptierung, Negoziierung oder Garantieabgabe
5. wechselseitige Einräumung von Postlaufkrediten und anderen Facilitäten.

Der gegenseitige **Postlaufkredit** ermöglicht es jeder Bank, bereits Zahlungsaufträge auszuführen, bevor Deckung von der Korrespondenzbank eingegangen ist, diese aber bereits avisiert sind. So wird z. B. eine telefonische Überweisung bereits ausgeführt, ohne den Betrag zuvor auf dem Konto abzuwarten. Oder teilt bei einem Inkasso die Auslandsbank den Zahlungseingang vom Importeur mit, schreibt die Inlandsbank den Betrag dem Exporteur bereits gut, ohne die schriftliche Bestätigung abzuwarten. Nach dem Prinzip der Gegenseitigkeit der Kreditgewährung hat hier normalerweise kein Kreditinstitut einen Nachteil. Inzwischen werden von den Banken auch sog. Instant Payments bzw. Realtime Payments angeboten (innerhalb Europas SEPA Instant Credit Transfer für Beträge bis 15.000 € und SWIFT's „global payments innovation" – kurz SWIFT gpi – taggleiche z. T. minutengleiche Durchführung von Zahlungen in € und $).

Durch Anwendung der **elektronischen Fernübertragung** sind im Auslandszahlungsverkehr wesentliche Beschleunigungen und Verbesserungen auf dem Zahlungsweg erreicht worden. Durch die bereits 1977 erfolgte Einführung des **SWIFT-Systems** (Society for Worldwide Interbank Financial Telecommunication), das inzwischen mehrfach weiter verbessert worden ist und dem zzt. bereits über 10.500 international tätige Banken in über 215 Ländern angeschlossen sind, können standardisierte Nachrichten aus dem Bankgeschäft unabhängig vom geographischen Standort in kürzester Zeit elektronisch übertragen werden. Die jeweilige Nachricht wird an den regionalen Konzentrator übertragen und von dort an ein SWIFT-Kontrollzentrum weitergeleitet, das seinerseits dann die Übertragung an die Empfängerbank veranlasst. Der Zugang zu diesem System wird durch einen speziellen Code (Bank Identifier Code/BIC) erreicht. Der Hauptvorteil dieses Systems liegt in der Sicherheit, Standardisierung und Schnelligkeit dieses Zahlungsweges. Es überträgt jedoch nur die Informationen selbst; die buchungstechnische Abwicklung auf den Korrespondenzbankkonten kann in manchen Ländern noch konventionell mit entsprechender zeitlicher Verzögerung erfolgen.

2.3 Zahlungsarten

2.3.1 Überweisungen

Die Überweisung ist ein Geschäftsbesorgungsauftrag des Zahlungspflichtigen an seine Konto führende Bank, zu Lasten seines Kontos einen bestimmten Betrag einem Dritten bei einer benannten Bank gutschreiben zu lassen. Die Überweisung erfolgt als bargeldlose Zahlung an Erfüllungsstatt.

Zur Ausführung von Auslandsüberweisungen können spezielle Vordrucke verwendet werden, die vom Zahlungspflichtigen ausgefüllt werden (Payment Order). Meldepflichten sind durch Abgabe der Meldung gemäß Anlage Z4 zu erfüllen.

Steht die Zahlung weder mit einem Inkassoauftrag noch mit einem Akkreditiv in Verbindung, spricht man von einem „Clean Payment" (nicht dokumentäre Zahlungen).

Überwiegend, wenn auch regional unterschiedlich, erfolgen Überweisungen durch das elektronische Fernübertragungssystem SWIFT unter Verwendung der internationalen Bankleitzahl BIC (Bank Identifier Code) und der internationalen Kontonummer IBAN (International Bank Account Number). Dadurch soll weltweit, insbesondere aber in der EU, die Heterogenität im Zahlungsverkehr aufgrund uneinheitlicher Standards und Systeme sowie Überweisungsträger, die in der Vergangenheit zu oft hohen Kosten wegen manueller Bearbeitung geführt hat, beendet werden.

Beispiel

Land	**Prüfziffer**	**Bankleitzahl**	**Kontonummer**		
DE	73	59010066	0003576661	→	IBAN
(2 Stellen)	(2 Stellen)	(8 Stellen)	(10 Stellen)		

PBNKDE FF (SWIFTCODE der Postbank
BIC COBA DE HD (SWIFTCODE der Commerzbank) } BIC

Der grenzüberschreitende Überweisungsverkehr innerhalb der EU wird durch das **Überweisungsgesetz** (in Deutschland die §§ 675a - 676c BGB) und die **EU-Preisverordnung** für Überweisungen geregelt. Für den Zahlungsverkehr mit Drittländern gelten diese Regelungen jedoch nur eingeschränkt.

Für alle Beteiligten in der Überweisungskette sind danach besonders zu beachten:

- die **Informationspflichten** der Banken über Preise, Umrechnungskurse und Laufzeiten
- das **Abzugsverbot** von Entgelten vom Überweisungsbetrag, wenn eine Überweisung mehrere Banken durchläuft
- die **Haftung** der die Überweisung annehmenden Bank bis zu 12.500 € (sog. Money-back-Garantie)
- die **Ausführungsfristen** für Überweisungen (5 Tage innerhalb der EU, drei Tage im Inland, ein Tag innerhalb einer Bank)
- **abweichende Regelungen** sind nur bei Beträgen über 75.000 € erlaubt
- die **Kosten** für Überweisungen innerhalb der EU sind auf Inlandskostenniveau zu senken (für Beträge bis 12.500 € seit 01.07.2003 und für Beträge bis 50.000 € seit 01.07.2006. Inzwischen allgemein ohne Betragsgrenze).

Seit 2008 gilt die **EU-Richtlinie SEPA** (Single Euro Payment Area), die ein einheitliches System für Überweisungen, Bankeinzug und Kartenzahlungen innerhalb der EU sowie in der Schweiz, in Liechtenstein, Norwegen und Island gebracht hat, sodass nun auch grenzüberschreitende Lastschriften möglich sind. Seit dem 01.02.2014 erfolgt die Gutschrift beim Zahlungsempfänger innerhalb eines Bankarbeitstages. Inzwischen gibt es mit SEPA Instant auch die Möglichkeit der sofortigen Ausführung (i.d.R. innerhalb 10 Sekunden).

In den meisten Fällen unterhalten die Korrespondenzbanken gegenseitige Kontoverbindungen in beiden Landeswährungen und können so den Zahlungsverkehr direkt ausführen. Dabei führt jede Bank das **Konto in der Inlandswährung als Loro-Konto**, das in der **Auslandswährung als Nostro-Konto**. Zusätzlich oder auch ausschließlich können aber auch die Konten in einer Drittwährung geführt werden (z. B. US-Dollar). Müssen unter Umständen weitere Banken eingeschaltet werden, verlängert das die Überweisungsdauer und erhöht oft die Kosten.

Auslandszahlungsaufträge können in Inlandswährung oder Fremdwährung erfolgen. Bei Euro-Aufträgen wird das Euro-Konto der Korrespondenzbank (Loro-Konto) bei der Inlandsbank erkannt (Buchung 1), daraufhin kann die Auslandsbank den Euro-Betrag dem ausländischen Zahlungsempfänger gutschreiben (Buchung 2). Bei Fremdwährungsaufträgen wird das Währungskonto der Inlandsbank bei der Auslandsbank (Nostro-Konto) erkannt (Buchung 1) und zur Zahlungsausführung an den Exporteur belastet (Buchung 2). Der Devisenhändler der Inlandsbank beschafft die Fremdwährung und rechnet mit dem Unternehmen bei Mengennotierung zum Geldkurs ab.

Kontoführung aus deutscher Sicht:

Zahlungsauftrag in Euro von deutschem Importeur

Importeur-Konto bei Inlandsbank		Loro-Konto in Euro		Exporteur-Konto bei Auslandsbank	
1.000.000 (1)		1.000.000 (2)	1.000.000 (1)		1.000.000 (2)

Zahlungsauftrag in US-Dollar von deutschem Importeur

Importeur-Konto bei Inlandsbank		Nostro-Konto in US-Dollar		Exporteur-Konto bei Auslandsbank	
1.000.000 (1)		1.000.000 (2)	1.000.000 (1)		1.000.000 (2)

Zahlungseingänge für einen deutschen Exporteur, die **auf Inlandswährung** lauten, werden unmittelbar gutgeschrieben, wobei als Gegenkonto das Euro-Konto der deutschen Bank (Lorokonto) belastet wird (Buchung 2). Aus der Sicht der amerikanischen Bank ist dieses Euro-Lorokonto ihr in Fremdwährung geführtes Nostrokonto, das nach Zahlung durch den Importeur erkannt wurde (Buchung 1).

Zahlungseingänge in Fremdwährung können einem Fremdwährungskonto des Exporteurs gutgeschrieben werden, was vor allem dann zur Vermeidung der Konvertierungskosten führt, wenn laufende Auslandszahlungen in dieser Währung selbst zu erbringen sind. Ansonsten kauft die Bank die Fremdwährung bei Mengennotierung zum Briefkurs an und schreibt den Euro-Betrag gut. Bei Zahlungseingängen in Fremdwährung wird das Währungskonto der Inlandsbank (Nostro-Konto) von der Auslandsbank erkannt (Buchung 3). Darauf schreibt die Inlandsbank den Exporterlös zu Lasten ihres Nostro-Kontos dem Exporteur gut (Buchung 4).

Zahlungseingang in Euro

Buchungen der deutschen Bank

Loro-Konto in Euro	
1.000.000 (2)	

Exporteur-Konto	
	1.000.000 (2)

Buchungen der US-Bank

Importeur-Konto	
1.000.000 (1)	

Nostro-Konto der US-Bank in Euro = Loro-Konto der deutschen Bank	
	1.000.000 (1)

Zahlungseingang in US-Dollar

Buchungen der deutschen Bank

Nostro-Konto in US-Dollar	
1.000.000 (4)	

Exporteur-Konto	
	1.000.000 (4)

Buchungen der US-Bank

Importeur-Konto	
1.000.000 (3)	

Loro-Konto der US-Bank in US-Dollar = Nostro-Konto der deutschen Bank in US-Dollar	
	1.000.000 (3)

Internationale Zahlungsverkehrsabwicklung durch Überweisung (Payment Order)

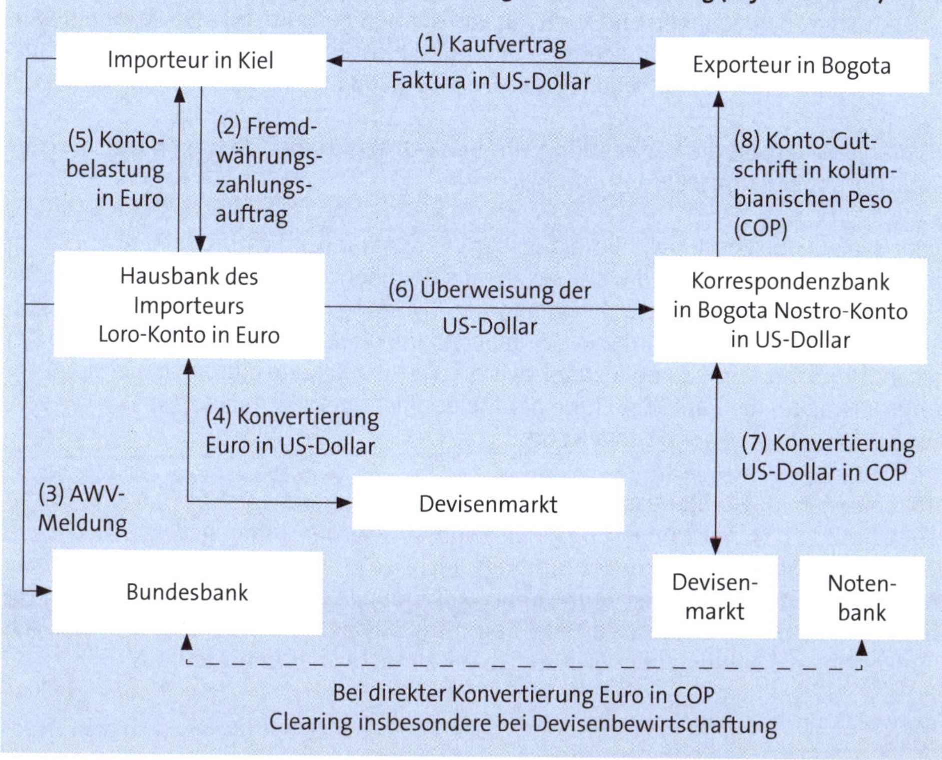

2.3.2 Scheckzahlungen

Der Scheck ist eine Anweisung an ein Kreditinstitut, zu Lasten des Kontos des Ausstellers einen bestimmten Betrag an den berechtigten Scheckeinreicher zu zahlen. Da die Zahlungsverpflichtung des Schuldners erst erlischt, wenn die Bank den Scheck einlöst, erfolgt eine Scheckzahlung nur erfüllungshalber. Rechtsgrundlage ist das Scheckgesetz.

Schecks werden vor allem im Auslandszahlungsverkehr mit den USA verwendet, wenn der Zahlungsempfänger kein Konto bei der Korrespondenzbank hat bzw. wenn im Land des Empfängers kein Kontokorrespondent ist, oder wenn die Bankverbindung des Zahlungsempfängers unbekannt ist. Scheckzahlungen sind keine SEPA-Zahlungen und insofern gelten hier auch für die Gebühren die SEPA-Regeln nicht.

Im Scheckverkehr sind folgende Scheckarten zu unterscheiden:

- Bei einem **Barscheck** kann der Einreicher zwischen Barauszahlung und Gutschrift wählen.
- Ein **Verrechnungsscheck** kann nur zur Gutschrift auf ein Konto eingereicht werden.
- Ein **Inhaberscheck** kann von jedem Inhaber zum Inkasso vorgelegt werden („*Zahlen Sie gegen diesen Scheck 10.000 € an Fa. X oder Überbringer*").
- Ein **Rektascheck** kann nur vom namentlich in der Urkunde Genannten zum Inkasso vorgelegt werden („*Zahlen Sie gegen diesen Scheck 10.000 € an Fa. X nicht an Order*").
- Ein **Orderscheck** (auch Namensscheck genannt) wird mittels Indossament auf den Begünstigten übertragen und kann nur von demjenigen zum Inkasso vorgelegt werden, der sich als letzter Berechtigter einer geschlossenen Indossamentenkette ausweisen kann („*Zahlen Sie gegen diesen Scheck 10.000 € an Fa. X oder Order*").

Empfehlenswert ist die Verwendung von **Bank-Orderschecks**, da nur so die sofortige Gutschrift oder Barauszahlung ermöglicht wird.

Beim Bank-Orderscheck zieht die Inlandsbank des Zahlungspflichtigen einen Scheck auf die Korrespondenzbank und weist sie an, aus dem Konto der Inlandsbank an den Begünstigten oder dessen Order den genannten Währungsbetrag auszuzahlen oder gutzuschreiben. Der Scheck wird von der Inlandsbank direkt an den Zahlungsempfänger gesandt und der Korrespondenzbank avisiert. Der Bankkunde gibt auch hier den Zahlungsauftrag an die Bank (Erfüllung der Meldepflicht gemäß Anlage Z4). Die Verrechnung erfolgt wie bei der Überweisung.

Stellt dagegen der Zahlungspflichtige den Scheck selbst aus, wird die Bank des Exporteurs diesen i. d. R. nur zum Einzug hereinnehmen, was den Zahlungseingang sehr verzögern kann (**Scheckinkasso**). Der Zahlungspflichtige würde wie üblich diesen Verrechnungsscheck dem Exporteur unmittelbar zusenden; der Exporteur gibt den Scheck dann seiner Bank zum Inkasso, die erst überprüft, ob das Konto Deckung aufweist; erst dann erfolgt die Zahlung über die Exportbank zu Lasten des Importeurs.

Grundsätzlich kauft ein Kreditinstitut auch Bank-Orderschecks nur **„Eingang vorbehalten“** an, doch erfolgt i. d. R. sofortige Gutschrift oder Auszahlung, da hier der Eingang der Zahlung vom bezogenen Kreditinstitut als gesichert gilt. Dies wird jedoch letztlich von der Bonität des zahlungspflichtigen Kreditinstituts abhängen.

Bei **Zahlungseingängen** mittels Scheck in Fremdwährung kauft die Bank den Scheck zum Scheckankaufskurs (Sichtkurs) an, der den Zinsverlust für die Dauer des Einzugs von der ausstellenden Bank decken soll. Der Scheckankaufskurs liegt daher bei Mengennotierung der Devisen über dem Briefkurs für die Fremdwährung.

Manchmal wird auch zum Briefkurs abgerechnet, wobei dann tatsächliche Zinsen bis zum Zahlungseingang berechnet werden oder pauschale Laufzeiten für den Zahlungseingang zu Grunde gelegt werden (z. B. für europäische Schecks fünf Tage, außereuropäische 10 Tage).

Bei **Zahlungsausgängen** in Fremdwährung kauft der Zahlungspflichtige den Fremdwährungsscheck zum Geldkurs (bei Mengennotierung) von der Bank und lässt ihn an den ausländischen Exporteur senden. Je nach Bonität des Zahlungspflichtigen und Geschäftsgewohnheiten kann die Bank sein Konto sofort bei Ausstellung des Schecks oder erst nach Einlösung belasten.

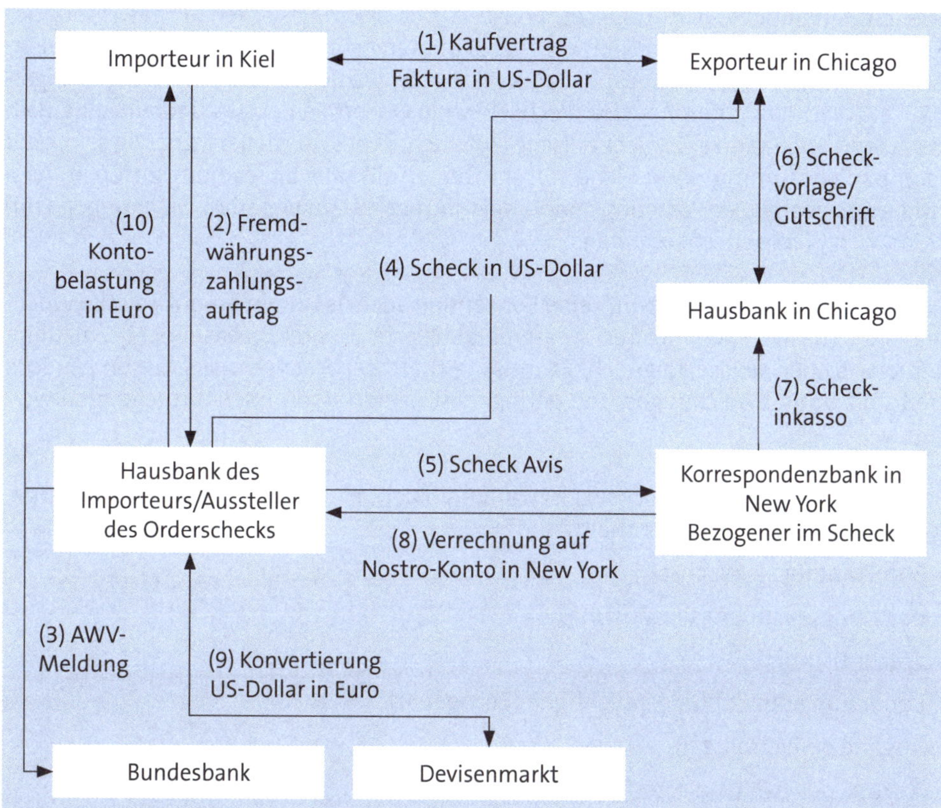

2.3.3 Wechselzahlungen

Auch Wechsel werden im Auslandszahlungsverkehr verwendet, doch sind sie meistens mit einem Kredit verbunden (siehe Kapitel I.2.2).

Der Wechsel ist ein Wertpapier, das eine Wechselverbindlichkeit verbrieft, die unabhängig ist vom Rechtsbestand des zu Grunde liegenden Handelsgeschäftes und eine gute Übertragbarkeit besitzt.

Als **Vorteile** der Wechselzahlung sind zu nennen:

- vom Handelsgeschäft losgelöstes Zahlungsversprechen
- wertpapiermäßige Verbriefung der Forderung
- im Wesentlichen einheitliche, international gültige Rechtsvorschriften
- schnelles und vereinfachtes Gerichtsverfahren nach Protest
- Finanzierungsinstrument für Importeure und Exporteure
- relativ niedrige Finanzierungskosten
- hohe Geldmarktfungibilität.

Rechtsgrundlage ist das als international geltende Wechselrecht (Genfer Abkommen über das einheitliche Wechselgesetz von 1930), doch kann es durchaus gewisse nationale Unterschiede aufweisen. So muss z. B. in manchen Ländern die Orderklausel im Wechsel enthalten sein, da er sonst als Rektapapier anzusehen ist. Auch ist die „Angstklausel", d. h. die Weitergabe des Wechsels ohne Obligo, keinesfalls überall einheitlich ausgelegt. Auch kann eine mechanische Unterschrift des Ausstellers zulässig sein, oder es müssen bestimmte steuerliche Vorschriften erfüllt sein. Bei Zahlungsorten im Ausland muss deshalb der Zahlungsempfänger immer mit gewissen Abweichungen vom deutschen Wechselrecht rechnen.

Der Versuch der UNCITRAL durch eine Konvention auch das anglo-amerikanische Wechselrecht in das von den meisten Staaten praktizierte „Genfer Wechselrecht" einzubinden war bisher nicht erfolgreich. Es muss deshalb bei Wechseln aus diesen Ländern weiterhin von Abweichungen und geringeren Formerfordernissen ausgegangen werden.

Bei der Ausstellung des Wechsels ist darauf zu achten, dass er alle **gesetzlich vorgeschriebenen Bestandteile** enthält:

- Bezeichnung als Wechsel
- unbedingte Zahlungsanweisung
- Wechselsumme
- Benennung des Zahlungspflichtigen (Bezogener)
- Angabe der Verfallszeit
- Angabe des Zahlungsortes

- Wechselnehmer (Aussteller oder Dritter gemäß Ordervermerk)
- Ort und Tag der Ausstellung
- Unterschrift des Ausstellers (Trassant).

Bis zur Akzeptierung des Wechsels durch den Bezogenen haftet der Aussteller (und der Indossant) für Annahme und Zahlung. Derartige Wechsel, die noch nicht die Unterschrift des Bezogenen tragen, werden als **Tratte** bezeichnet. Hat der Bezogene den Wechsel angenommen, spricht man vom **Akzept**.

Seine Wechselansprüche kann nur derjenige geltend machen, der sich durch eine geschlossene **Indossamentenkette** ausweisen kann. Ein auf der Rückseite des Wechsels geschriebenes Indossament hat z. B. folgenden Wortlaut:

Für uns an die Order
der Fa. X in Rom (Indossatar)

Hamburg, den 15.02.2010

Fa. Y in Hamburg (Indossant)

Unterschrift

Im Außenhandel werden Wechsel häufig mit **Blankoindossament** übertragen. Dadurch kann ein vorübergehender Wechselinhaber seine Haftung ausschließen (z. B. die Banken auf dem Inkassoweg). Erst derjenige, der die Wechselansprüche gegenüber dem Zahlungspflichtigen geltend machen will, trägt sich in das Indossament als Indossatar ein.

Je nach wirtschaftlichem Verwendungszweck können folgende **Wechselarten** benutzt werden (Art. 33 ff. WG):

- **Sichtwechsel:** Fälligkeit des Wechsels bei Vorlage.

  Sichtwechsel beinhalten normalerweise kein Zahlungsziel und werden spätestens bei Warenankunft präsentiert. Sie finden meistens Verwendung, wenn aufgrund bestimmter Einfuhrregelungen Auslandszahlungen nur auf Wechselbasis erfolgen dürfen.
- **Nach-Sicht-Wechsel:** Fälligkeit des Wechsels nach einer bestimmten Frist nach Sicht, i. d. R. nach Annahmeerklärung (z. B. 90 Tage nach Sicht).
- **Dato-Wechsel:** Die Wechsellaufzeit bezieht sich auf eine bestimmte Frist nach Ausstellung (z. B. 120 Tage dato).
- **Tag-Wechsel:** Fälligkeit des Wechsels an einem bestimmten Tag (z. B. 07.08.2010).
- **Sola-Wechsel** (Art. 75 WG): Unbedingtes Versprechen des Ausstellers, zu einem bestimmten Zeitpunkt an den im Ordervermerk Benannten den Wechselbetrag zu zahlen.
- **Gezogener Wechsel:** Unbedingte Anweisung des Ausstellers an den Bezogenen, eine bestimmte Geldsumme an den im Ordervermerk Benannten zu zahlen.

- Bei **Fremdwährungswechseln** ist auf Kosten-, Zins- und Kurssicherungsklauseln zu achten. So kann z. B. ein **fester Umrechnungskurs** für den Verfalltag benannt sein (1 € = 1 US-$). Fällt der Kurs, muss der Bezogene dennoch zu diesem Kurs zahlen. Nebenkosten wie Spesen, Auslagen u. a. können auch zu Lasten des Bezogenen gehen. **Zinsen** können bei angelsächsischen Wechseln für die Laufzeit des Wechsels als Aufschlag zur Wechselsumme verlangt werden. Dies ist nach deutschem Wechselrecht nur bei Sicht- und Nachsichtwechseln möglich (Art. 5 WG).
- Die **Meldepflicht** gemäß AWV entsteht bei Wechselzahlungen immer erst bei deren Fälligkeit bzw. Einlösung.

Aufgabe 22 > Seite 551

2.4 Zahlungssicherung

Die Zahlungssicherung beinhaltet den Schutz vor einem der größten Risiken im Außenhandel, dem Zahlungs- und Kreditrisiko. Aufgrund der großen räumlichen Entfernungen und der sehr unterschiedlichen Rahmenbedingungen in jedem Auslandsmarkt kommt der Aushandlung der Zahlungssicherung eine hohe Bedeutung zu. Letztlich wirkt sich die Zahlungssicherung auch nicht unwesentlich auf den Gesamtpreis der Ware aus.

Als Zahlungssicherung können gewählt werden:

Zahlungssicherung				
Zahlungsbedingungen	**Kreditsicherheiten**	**Forderungsverkauf**	**Forderungsversicherung**	**Zahlungsgarantien**
► kurzfristige ► längerfristige	► dingliche ► schuldrechtliche	► Exportfactoring ► Forfaitierung ► Asset Backed Securities	► staatliche Ausfuhrkreditversicherung ► private Kreditversicherer	► von Banken ► von staatlichen Institutionen

3. Zahlungsbedingungen (Terms of Payment)

3.1 Wesen und Übersicht

Bei Außenhandelsgeschäften sind die Interessen von Exporteur und Importeur hinsichtlich der Zahlungsbedingungen sehr unterschiedlich. So möchte der Exporteur die Zahlung teilweise oder vollständig möglichst frühzeitig schon vor oder bei Lieferung erhalten, während der Importeur möglichst spät nach Lieferung und nach Ablauf eines Zahlungsziels erst zahlen möchte. Zu sehen ist die Vereinbarung bestimmter Zahlungsbedingungen deshalb stets vor dem Hintergrund der

- Finanzkraft von Exporteur und Importeur
- Zahlungsgewohnheiten der Branche und/oder des Auslandsmarktes
- Dauer der Geschäftsverbindung, Vertrauenswürdigkeit
- politischen und wirtschaftlichen Rahmenbedingungen (insbesondere bei langfristigen Kreditverträgen)
- Marktstellung des Exporteurs bzw. Importeurs (insbesondere ob Käufer- oder Verkäufermarkt).

Hauptaufgabe der Zahlungsbedingungen ist es, die Zahlungsabwicklung und Zahlungssicherung im Hinblick auf diese Faktoren so zu vollziehen, dass der Exporteur sein Zahlungseingangsrisiko (Kreditrisiko), der Importeur sein Lieferungseingangsrisiko nach Zahlung (Lieferrisiko) minimiert. Daneben haben die Zahlungsbedingungen aber auch die Aufgabe, die Kredit- und Zahlungskosten klar zu verteilen und den Zahlungsweg und die Zahlungsart festzulegen. Untrennbar verbunden ist dadurch in vielen Fällen auch die Wahl einer bestimmten Finanzierungsform, die bei den längerfristigen Zahlungsbedingungen besonders stark in den Vordergrund tritt.

Die üblichen **kurzfristigen Zahlungsbedingungen** sind:

- Vorauszahlung/Anzahlung
- Zahlung durch Nachnahme
- Zahlung gegen einfache Rechnung
- Dokumente gegen Zahlung (d/p Inkasso)
- Dokumente gegen Akzept (d/a Inkasso)
- Dokumente gegen Zahlung auf Akkreditivbasis (d/p Credit)
- Dokumente gegen Akzept auf Akkreditivbasis (d/a Credit).

Die wesentlichen **langfristigen Zahlungsbedingungen** sind:

- Lieferantenkredit mit Refinanzierung durch AKA oder KfW
- Bestellerkredit von AKA, KfW oder Geschäftsbanken
- gebundene Finanzkredite von supranationalen Spezialinstituten
- Export-Leasing
- Forfaitierung[1].

3.2 Vorauszahlungen/Anzahlungen

Die vollständige Vorauszahlung des Kaufpreises (Cash Before Delivery oder Advance Payment) würde für den Exporteur die beste Zahlungssicherung sein, für den Importeur jedoch die schlechteste. Eine Vorauszahlung oder zumindest Anzahlung (Payment on Account), als teilweise Vorauszahlung wird deshalb für den Exporteur vor allem nur

[1] Die Forfaitierung ist keine Zahlungsbedingung im engen Sinn.

dann erreichbar sein, wenn sie **branchenüblich** ist, wenn er eine relativ gute Marktstellung hat (Verkäufermarkt), wenn eine lange Produktionszeit bzw. Lieferzeit vorliegt oder wenn es sich um Erstgeschäfte handelt.

Beispiele

Beispiel aus dem Schiffsbau:

1. Rate bei Vertragsabschluss
2. Rate bei Kiellegung
3. Rate bei Stapellauf
4. Rate bei Ausbauten
5. Rate nach Ablieferung

Beispiel aus dem Maschinenbau:

1. Rate bei Vertragsabschluss
2. Rate bei Fertigungsbeginn
3. Rate bei Fertigstellung
4. Rate nach Aufstellung und Montage
5. Rate nach Ablauf der Gewährleistungsfrist

Aus der **Sicht des Exporteurs** stellen Voraus- und Anzahlungen gerade bei hohem Kapitalbedarf und/oder langer Kapitalbindungsfrist einen **Beschaffungskredit** dar zur Mitfinanzierung der Herstellungskosten und zur Sicherung der Abnahme durch den Importeur. Unter Umständen verlangt der Importeur zur Gewährleistung seiner Anoder Vorauszahlungen eine **Anzahlungsgarantie** einer namhaften Bank.

Aus der **Sicht des Importeurs** verringern die Voraus- und Anzahlungen den Gesamtpreis, da sonst der Zinsaufwand während der Kapitalbindungsfrist abgewälzt worden wäre. Auch wenn die Währung des Importeurs abwertungsverdächtig ist gegenüber der fakturierten Währung, können für ihn Vorauszahlungen oder Anzahlungen vorteilhaft sein.

Oft verhilft eine Anzahlung zur **Hebung der Zahlungsmoral**, sodass i. d. R. mit einem ordnungsgemäßen Geschäftsablauf zu rechnen ist.

3.3 Zahlung durch Nachnahme

Die Vereinbarung von Nachnahmezahlungen (Cash on Delivery) zeigt im Allgemeinen ein geringes Vertrauen in den Importeur an und ist im Außenhandel auf **Land- und Lufttransporte** beschränkt, bei denen ein Frachtbrief ausgestellt wird.

Die Ware wird dem benannten Empfänger ohne weiteren Berechtigungsnachweis am Bestimmungsort zugestellt. Die Nachnahmezahlung wird **bei Auslieferung vom Spediteur oder Frachtführer eingezogen**. Bei (noch) unbekannten Importeuren kann auf diese Weise der Zahlungseingang sichergestellt werden.

Nachnahmesendungen im Luftverkehr sind nur mit den Ländern möglich, die gemäß Tarif am COD-Verfahren teilnehmen. Der vom Empfänger zu zahlende Betrag wird im COD-Feld des Luftfrachtbriefes vermerkt.

Anstelle des direkten Nachnahmeverfahrens, bei dem die Zahlung immer unmittelbar bei Lieferung zu erfolgen hat, können auch ein Frachtbrief-Inkasso oder die Auslieferung der Ware gegen Bankbestätigung vereinbart werden.

Bei der Bedingung **„Auslieferung der Ware gegen Bankbestätigung"** darf der Spediteur nur abladen, wenn ihm eine bankbestätigte Zahlungsanweisung vom Importeur vorgelegt wird (z. B. die Kopie des Zahlungsauftrags).

Bei einem **Frachtbrief-Inkasso** werden die Bank oder der Spediteur als Empfänger eingetragen. Aufgrund der mit dem Frachtbrief verbundenen Dispositionsrechte kann die Zustellung der Ware vor Bezahlung durch den Importeur verhindert werden. Nach Bezahlung wird der Importeur als berechtigter Empfänger benannt. Dabei ist aber zu bedenken, dass bei kleineren Entfernungen die Zustellung der Ware im Eisenbahn- oder Straßengüterverkehr schneller erfolgen kann als die Einlösung des von der Bank präsentierten Frachtbriefs durch den Importeur, sodass Lagerkosten, Wagenstandgelder und ähnliche Kosten zusätzlich entstehen.

3.4 Zahlung gegen einfache Rechnung

Die Zahlung gegen einfache Rechnung (Clean Payment) stellt aus der Sicht des Exporteurs den Verzicht auf jegliche Zahlungssicherung dar. Er wird dazu nur bei **hoher Vertrauenswürdigkeit des Importeurs** bereit sein, da er nicht nur das Kreditrisiko und die Kreditkosten trägt, sondern auch noch die Verfügungsgewalt über die Ware vollständig aufgibt.

Sofern der Exporteur auch keine Wechselziehung durchsetzen kann, sollten solche Forderungen entweder in seine Kreditversicherung einbezogen oder an eine Factoring-Gesellschaft verkauft werden.

Die Vereinbarung eines **Eigentumsvorbehalts** ist bei Außenhandelsgeschäften unzweckmäßig und meist erfolglos, da dieses (deutsche) Sicherungsinstrument im Ausland entweder unbekannt ist oder abweichend geregelt wird, was vor allem für den verlängerten Eigentumsvorbehalt gilt. Auch ist die physische Durchsetzung des Herausgabeanspruchs im Ausland sehr problematisch.

3.5 Dokumente gegen Zahlung

Dokumente gegen Zahlung (auch Kasse gegen Dokumente genannt) bedeutet immer ein Zug-um-Zug-Geschäft, bei dem die Aushändigung der die Ware verkörpernden Dokumente nur gegen vollständige Bezahlung erfolgen darf. **Zahlungs- und Erfüllungsort** sind daher beim Inkasso immer der **Bestimmungsort der Ware**.

Das Annahmerisiko ist für den Exporteur hoch, da die Zahlungssicherheit nur in der Verfügungsgewalt über die Ware besteht. Damit der Exporteur die Verfügungsgewalt über die Ware aber nicht vor Erhalt der Zahlung aufgeben muss, wird er die Dokumente nicht unmittelbar dem Importeur zusenden, sondern sie ihm über ein Kreditinstitut andienen lassen. Die Finanzierung der Transportdauer, zumindest bis zur Einlösung der Dokumente, muss der Exporteur übernehmen.

Da es sich bei dieser Zahlungsbedingung um einen Geschäftsbesorgungsauftrag ohne eigene Verpflichtung der Bank handelt, sollte dies durch den Zusatz „Inkasso“ hinter der sonst gleichlautenden Zahlungsbedingung auch für das Akkreditiv hervorgehoben werden (Documents against Payment/d/p Inkasso).

3.6 Dokumente gegen Akzept

Bei der Zahlungsbedingung Documents against Acceptance/d/a Inkasso verpflichtet sich der Importeur Zug-um-Zug gegen Übergabe der Dokumente einen Wechsel zu akzeptieren, der ihm von dem zum Zahlungseinzug beauftragten Kreditinstitut vorgelegt wird.

Der Exporteur finanziert hier immer den gesamten Transportweg und ist bereit, dem Importeur ein **wechselgesichertes Zahlungsziel** einzuräumen.

Der Exporteur verliert die Verfügungsgewalt über die Ware zwar vor der Zahlung durch den Importeur, doch kann er bei Nichteinlösung des Wechsels eine Wechselklage anstrengen, ohne auf das Handelsgeschäft Bezug nehmen zu müssen.

Der **Vorteil** des d/a Inkasso liegt **für den Exporteur** in der guten Refinanzierungsfähigkeit seiner Kreditgewährung.

Der **Vorteil für den Importeur** besteht in der Verwendungsmöglichkeit oder dem Weiterverkauf der Ware vor Bezahlung. Der Lieferantenkredit ermöglicht ihm eine bankunabhängige Finanzierung.

3.7 Dokumente gegen Zahlung auf Akkreditivbasis

Es handelt sich auch bei dieser Zahlungsbedingung (Documents against Payment/d/p Credit) um ein Zug-um-Zug-Geschäft, bei dem allerdings **Zahlungs- und Erfüllungsort im Versandland** beim eingeschalteten Kreditinstitut liegen.

Die Zahlungssicherung und damit auch die Vermeidung des Annahmerisikos erfolgen beim Akkreditiv aufgrund einer **Zahlungszusage eines Kreditinstituts** bereits eine gewisse Zeit vor Versand der Ware. Erfüllt der Exporteur die im Akkreditiv gestellten Bedingungen, erhält er bei Vorlage der Versanddokumente Zahlung und gibt damit die Verfügungsgewalt über die Ware auf.

Aus der Sicht des Exporteurs ist dieses Akkreditiv dem d/p Inkasso vorzuziehen, da er hier bereits Zahlung nach Versand der Ware von einem Kreditinstitut erhält.

Die Finanzierung der Transportdauer trägt der Importeur. Sein **Lieferungsrisiko** kann er dadurch einschränken, dass er im Akkreditiv genaue Angaben über die vertragsgerechte Ware macht. Entspricht der Inhalt der Dokumente nicht den Akkreditivbedingungen, werden sie vom beauftragten Kreditinstitut zurückgewiesen. Damit erhält er allerdings keine Zahlung aus dem Akkreditiv.

3.8 Dokumente gegen Akzept auf Akkreditivbasis

Will der Exporteur dem Importeur einen Lieferantenkredit einräumen, ohne auf eine gute Zahlungssicherung zu verzichten, kann er die Zahlungsbedingung „Dokumente gegen Akzept auf Akkredtivbasis" (Documents against Acceptance/d/a Credit) vereinbaren.

Der Exporteur finanziert hier wie beim d/a Inkasso sowohl die Transportdauer als auch das Zahlungsziel an den Importeur. Er ist hinsichtlich der Zahlungssicherung aber besser gestellt, da er schon **vor Versand der Ware eine Akzeptzusage der Akkreditivbank** erhält.

Erfüllt der Exporteur die Akkreditivbedingungen, bekommt er nach Versand der Ware ein Wechselakzept. Mit der Akzeptleistung und Übergabe der Dokumente verliert der Exporteur die Verfügungsgewalt über die Ware. Aufgrund der Wechselforderung kann der Exporteur seine Lieferantenkreditgewährung gut refinanzieren.

Die Zahlungsbedingung d/a Credit charakterisiert eine recht ausgewogene Interessenlage.

Vorteile für den Exporteur:

- Zahlungssicherung über ein Kreditinstitut
- kein Annahmerisiko
- gute Refinanzierungsmöglichkeiten

Vorteile für den Importeur:

- Vertragskontrolle durch Akkreditivbedingungen
- keine Finanzierung der Transportdauer
- Zahlungsziel

3.9 Lieferung mit längerfristigen Zahlungsbedingungen

Je nach Marktlage und Geschäftsart kann sich der Exporteur veranlasst sehen, seinem Vertragspartner ein längerfristiges Zahlungsziel einzuräumen. Dies erstreckt sich, besonders in der **Investitionsgüterindustrie**, auf Laufzeiten bis zu zehn Jahren und auch manchmal darüber hinaus. Der Abschluss von Kreditverträgen mit detaillierten Zins- und Tilgungsvereinbarungen ist unumgänglich. Wenn auch im Einzelfall hier viele Details zu klären sind, lässt sich folgende Regelung als **Grundform** für eine langfristige Zahlungsbedingung bezeichnen:

- 10 % bei Auftragserteilung
- 10 % bei Lieferung
- 80 % zu x gleichen Halbjahresraten beginnend sechs (oder zwölf) Monate nach Lieferung.

In den meisten Fällen werden die Kreditvereinbarungen mit den **refinanzierenden Kreditinstituten** abgestimmt, da solche langfristigen Zahlungsziele die Finanzkraft des Exporteurs stark anspannen oder übersteigen würden. Nicht selten ist letztlich die Qualität der langfristigen Lieferantenkreditgewährung entscheidend für die Hereinnahme eines Auftrages.

Der Bereich der langfristigen Zahlungsbedingungen hat einerseits aufgrund der Struktur des deutschen Außenhandels eine hohe Bedeutung; andererseits drängen wegen ihrer hohen Verschuldung viele Entwicklungsländer auf immer längere Zahlungsziele und verbesserte Finanzierungsinstrumente. Neben den verschiedenen Abwicklungsmöglichkeiten der traditionellen Lieferanten- und Bestellerkredite von AKA und KfW werden deshalb auch andere Finanzierungsinstrumente wie Forfaitierung, Export-Leasing oder Kredite über supranationale Institute genutzt. Bei der Erstellung großer Industrieanlagen spielt auch die Projektfinanzierung eine wichtige Rolle.

In vielen Fällen gehört zu den langfristigen Zahlungsbedingungen die Einbeziehung einer ergänzenden **Absicherung des Kreditrisikos**. Dies kann vor allem durch eine Kreditversicherung oder eine Zahlungsgarantie erfolgen.

Aufgabe 23 > Seite 552

4. Dokumenteninkasso

4.1 Wesen

Beim Dokumenteninkasso beauftragt der Exporteur seine Hausbank, den Gegenwert für die eingereichten Dokumente vom Zahlungspflichtigen einzuziehen bzw. durch eine Bank in dessen Land einziehen zu lassen oder gegen Akzeptleistung des Importeurs diesem die Dokumente auszuhändigen und am Verfalltag den Wechsel zu präsentieren. Die Bank haftet nicht für die Richtigkeit der Dokumente oder deren Einlösung; sie darf jedoch die Dokumente nicht vor Zahlung oder Akzeptleistung aushändigen.

Die Erteilung des Inkassoauftrags bestätigt die Bank dem Exporteur und sendet dann den Auftrag an die im Ausland ansässige Korrespondenzbank mit den entsprechenden Weisungen. Erhält eine deutsche Bank einen Inkassoauftrag eines ausländischen Exporteurs, benachrichtigt sie den deutschen Importeur und fordert ihn zur Zahlung auf.

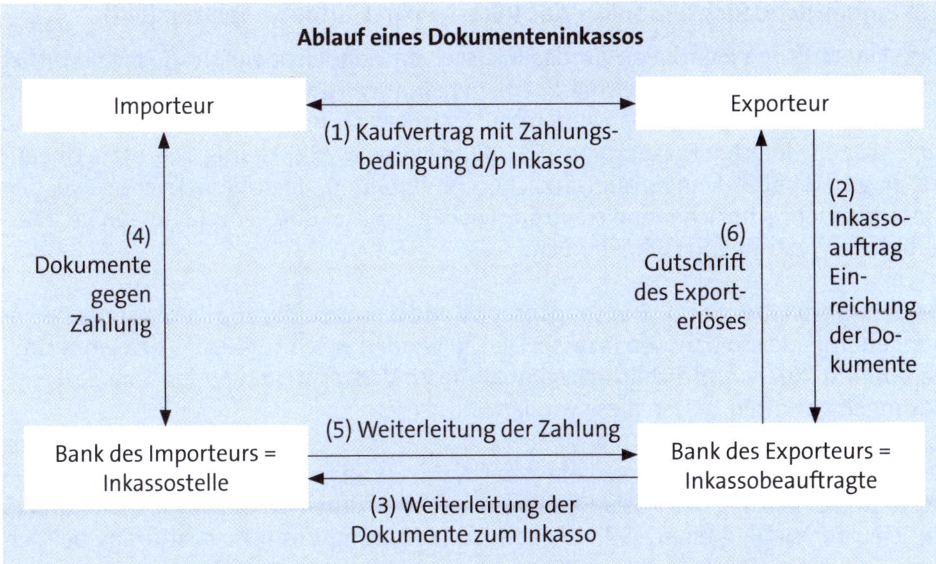

Das Dokumenteninkasso hat folgende **Merkmale:**

- Zug-um-Zug-Geschäft: der Exporteur händigt die Ware, die durch die Dokumente verkörpert wird, nur bei Gegenleistung aus
- Einschaltung von Kreditinstituten zur Zahlungsabwicklung
- Geschäftsbesorgungsauftrag des Exporteurs gem. § 675 BGB
- die Inkassobanken prüfen nur die Aufnahmefähigkeit der Dokumente, sie haften nicht für deren Richtigkeit
- Zugrundelegung der „Einheitlichen Richtlinien für das Inkasso von Handelspapieren" (ERI), Revision 1996 der Internationalen Handelskammer in Paris
- Gutschrift der Forderung entweder im Rahmen eines Exportkredits bei Einreichung der Dokumente, wobei dann der Exporteur die Kreditkosten bis zum Zahlungseingang trägt oder Gutschrift erst bei Zahlungseingang vom Importeur, wobei dann der Exporteur einen eigenen, nicht refinanzierten Lieferantenkredit für die Transportdauer bis zum Zahlungseingang gewährt
- Zahlungs- und Erfüllungsort im Bestimmungsland der Ware
- Risiko aus der Sicht des Importeurs in der Bezahlung der Ware vor Besichtigung und Überprüfung
- Risiko für den Exporteur in der Aufnahmeverweigerung oder -verspätung der Dokumente durch den Importeur.

Wird die Ware nicht durch ein Traditionspapier verkörpert, lehnen Banken i. d. R. einen Inkassoauftrag ab, wenn der Importeur auch ohne Dokumente die Ware bereits ausgehändigt bekommt. Deshalb wird meistens anstelle derartiger Frachtbriefsendungen ein Akkreditiv empfohlen.

4.2 Einheitliche Richtlinien für das Inkasso von Handelspapieren (ERI)

Die „Einheitlichen Richtlinien für das Inkasso von Handelspapieren" (ERI) sind bisher von den wesentlichen Handelsnationen anerkannt worden oder werden von den Banken dort zu Grunde gelegt. Sie wurden von der IHK, Paris, erstmals 1956 aufgestellt und sind in der revidierten Fassung von 1996 (Publikation Nr. 522) gültig. Die letzte Überarbeitung beinhaltet keine grundsätzlichen Änderungen, doch berücksichtigt sie den Einsatz neuer technischer und elektronischer Hilfsmittel und Veränderungen im internationalen Text- und Sprachgebrauch.

Der Inhalt der ERI wird i. d. R. Vertragsgegenstand bei Vereinbarung der Zahlungsbedingungen d/p Inkasso bzw. d/a Inkasso. Die ERI werden somit für beide Parteien **rechtsverbindlich durch ausdrückliche Bezugnahme im Vertragstext**. Werden Sondervereinbarungen getroffen, gelten diese vor den ERI.

Die Bedeutung der ERI liegt vor allem in der Vermeidung unterschiedlicher Terminologie bei der Vereinbarung des Auslandszahlungsverkehrs durch die Vertragspartner und in der Gewährleistung einer einheitlichen Durchführung des Inkassoauftrags bei den Kreditinstituten. Der **Inhalt der ERI** bezieht sich auf folgende Punkte:

- Allgemeine Regeln und Begriffsbestimmungen (Art. 1 - 3)
- Form und Gliederung von Inkassi (Art. 4)
- Form der Vorlegung der Dokumente (Art. 5 - 8)
- Haftung und Verantwortlichkeit (Art. 9 - 15)
- Zahlung (Art. 16 - 19)
- Zinsen, Gebühren und Auslagen (Art. 20 - 21)
- Andere Regeln (Art. 22 - 26)
- Akzeptleistung (Art. 22)
- Solawechsel, Quittungen und andere ähnliche Dokumente (Art. 23)
- Protest, Notadresse und Schutz der Ware (Art. 24)
- Benachrichtigungen (Art. 26).

4.3 Ablauf von d/p Inkasso und d/a Inkasso

Dokumenteninkassi können als Zahlungsinkasso (d/p Inkasso) und als Akzept- bzw. Wechselinkasso (d/a Inkasso) auftreten.

Beim **d/p Inkasso** darf die Inkassostelle im Lande des Importeurs die Dokumente nur gegen Zahlung aushändigen, doch ist es bei vertrauenswürdigen Kunden nicht selten, dass die Bank die Dokumente „zu getreuen Händen" dem Importeur aushändigt, damit er sie überprüfen kann. Ein **Prüfungsrecht** der Ware selbst steht ihm jedoch nicht zu.

Beim **d/a Inkasso** liegt eine eigene Lieferantenkreditgewährung des Exporteurs auf der Basis eines Handelswechsels vor. Der Importeur erhält die Dokumente sofort nach Akzeptleistung, also meistens vor Ankunft des Transportmittels. Eine Zahlungssicherung besteht dann für den Exporteur nur noch in der Strenge des Wechselrechts.

Wenn die Dokumente bei einem Zahlungsinkasso bei größeren Entfernungen durch den Postversand viel eher am Bestimmungsort sind als die Ware, würde der Exporteur die Transportdauer nur teilweise finanzieren, wenn dem Importeur die Dokumente nach Eintreffen sofort zur Einlösung präsentiert werden. Die Vertragspartner können deshalb auch die Bezahlung der Dokumente auf einen späteren Zeitpunkt verschieben, indem vereinbart wird **„zahlbar bei Ankunft der Ware“** oder „zahlbar 20 Tage nach Vorlage“. Dadurch bleibt das Zug-um-Zug-Geschäft erhalten; der Exporteur finanziert die gesamte Transportdauer.

Soll die Einlösung der Dokumente erst bei Schiffsankunft erfolgen, wird manchmal die Sonderform „Zahlung gegen Dokumente ... Tage nach Sicht“ vereinbart. Der Importeur akzeptiert hier eine Nachsichttratte, die mit den anderen Dokumenten per Post an die Inkassostelle zur Zahlungssicherung geschickt worden ist. Er bezahlt jedoch die Ware erst bei Ankunft des Transportmittels gegen Aushändigung der Dokumente und Rückgabe des Wechsels. Die Wechsellaufzeit wird i. d. R. so gewählt, dass sie der Transportdauer entspricht.

Der Unterschied dieser Sonderform zum d/a Inkasso besteht darin, dass hier keine Aushändigung der Dokumente bei Akzeptleistung vorgenommen wird, und der Importeur kein Zahlungsziel nach Empfang der Ware erhält.

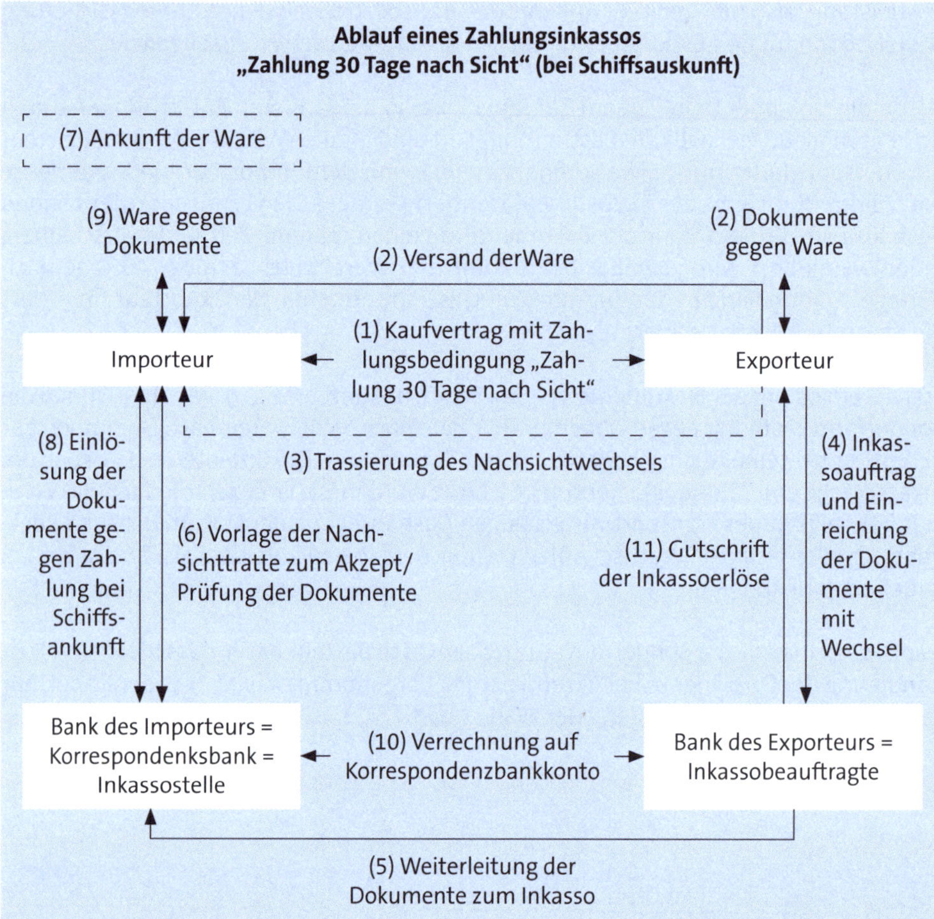

Von dieser Sonderform zu unterscheiden ist die in manchen Ländern häufig geforderte **Beifügung einer Sichttratte**. Diese unterstreicht für die Vertragspartner zwar nur die Zahlungsaufforderung, hat aber für die Einfuhrbehörden dieser Länder eine besondere Bedeutung. Akzeptiert der Importeur bei einem d/p Inkasso eine Sichttratte, so soll er damit wechselmäßig zur Einhaltung bestimmter Einfuhrbedingungen verpflichtet werden.

Bei jedem Dokumenteninkassoauftrag sollte der Exporteur folgende Punkte klarstellen, um sich vor **Abwicklungs- und Einlösungsproblemen** zu schützen:

- Einbeziehung einer Inkassostelle am Ort des Importeurs und Festlegung, wer die Inkassospesen zu tragen hat
- Vereinbarung, ob Zahlung/Akzeptleistung bei Präsentation der Dokumente oder bei Ankunft des Transportmittels erfolgen soll
- Klärung, ob die Abnahme von Teilpartien erlaubt sein soll

- Festlegung von Art und Reihenfolge der Maßnahmen bei Nichteinlösung: z. B. Einlagerung, Rücksendung, Versicherung, Verkauf oder Versteigerung
- Maßnahmen bei einem Wechselinkasso hinsichtlich Aufbewahrung des Wechsels im Depot, Diskontierung sowie Protesterhebung mangels Annahme oder Zahlung
- Zahlungsweg (z. B. Angabe, ob Gutschrift auf einem Fremdwährungskonto bei einer bestimmten Bank oder Konvertierung in die Inlandswährung).

Die Kosten für ein Dokumenteninkasso belaufen sich je nach Abwicklungsumfang auf etwa 1/8 - 1/2 % des Auftragswertes.

Aufgabe 24 > Seite 553

5. Dokumentenakkreditive

5.1 Wesen

Ein Dokumentenakkreditiv ist eine von einem Kreditinstitut (Akkreditivbank) im Auftrag des Importeurs übernommene Verpflichtung, entweder aus einem Guthaben oder Kredit des Auftraggebers (Akkreditivsteller) innerhalb einer bestimmten Frist dem Exporteur (Akkreditierter) gegen Übergabe von bestimmten Dokumenten einen währungsgemäßen Geldbetrag auszuzahlen bzw. gutzuschreiben, gegen Übergabe der Dokumente eine Wechselverpflichtung einzugehen oder die Dokumente anzukaufen.

Danach lassen sich zwei Zahlungsbedingungen unterscheiden:

Zahlungsbedingungen auf Akkreditivbasis	
Dokumente gegen Zahlung (Documents against Payment) (d/p Credit)	**Zahlung nach Versand der Ware von einem Kreditinstitut** Zahlungs- und Erfüllungsort im Versandland
Dokumente gegen Akzept (Documents against Acceptance) (d/a Credit)	**Akzeptzusage der Akkreditivbank vor Versand der Ware** Zahlungsziel an den Importeur

Rechtlich ist der Akkreditivauftrag ein **Geschäftsbesorgungsauftrag** seitens des Importeurs an eine Bank im Sinne des § 675 BGB. Das Akkreditiv ist ein selbstständiges Rechtsgeschäft und beeinträchtigt nicht die Ansprüche aus dem Kaufvertrag, auch wenn oft eine Bezugnahme im Kaufvertrag formuliert wird. Bei Weiterleitung des Akkreditivs an eine Akkreditivstelle zur ortsnahen Ausführung liegt auch ein Geschäftsbesorgungsauftrag zwischen der Akkreditivbank und der Akkreditivstelle vor.

Die **Akkreditivstelle** ist streng an die Weisungen der Akkreditivbank gebunden und kann nur in deren Namen handeln. Die Akkreditivstelle prüft die eingereichten Dokumente jedoch eigenverantwortlich. Ihre Entscheidung über die Aufnahmefähigkeit der Dokumente bindet dann auch die Akkreditivbank; es entsteht keine eigene Zahlungsverpflichtung der Akkreditivstelle. Durch die Akkreditivavisierung entsteht auch kein eigenes Vertragsverhältnis zwischen Akkreditivstelle und Exporteur.

Infolge des Akkreditivauftrags gibt die Akkreditivbank dem Exporteur gegenüber ein abstraktes Schuldversprechen im Sinne des § 780 BGB ab. **Konstitutives Wesensmerkmal** eines Akkreditives ist immer dieses abstrakte Schuldversprechen eines Kreditinstituts, das dieses bei Vorlage ordnungsgemäßer Dokumente zur Leistung verpflichtet. Dabei ist es unerheblich, ob sich zwischenzeitlich die Kreditwürdigkeit und Zahlungsfähigkeit des Importeurs verschlechtert haben.

Bei einem **bestätigten Akkreditiv** (Confirmed Credit) gibt die Akkreditivstelle jedoch ihrerseits ein weiteres abstraktes Schuldversprechen ab, unabhängig von der Zahlungsfähigkeit der anderen Beteiligten. Hier entsteht ein selbstständiges Rechtsverhältnis zum Exporteur.

Ablauf eines Dokumentenakkreditivs

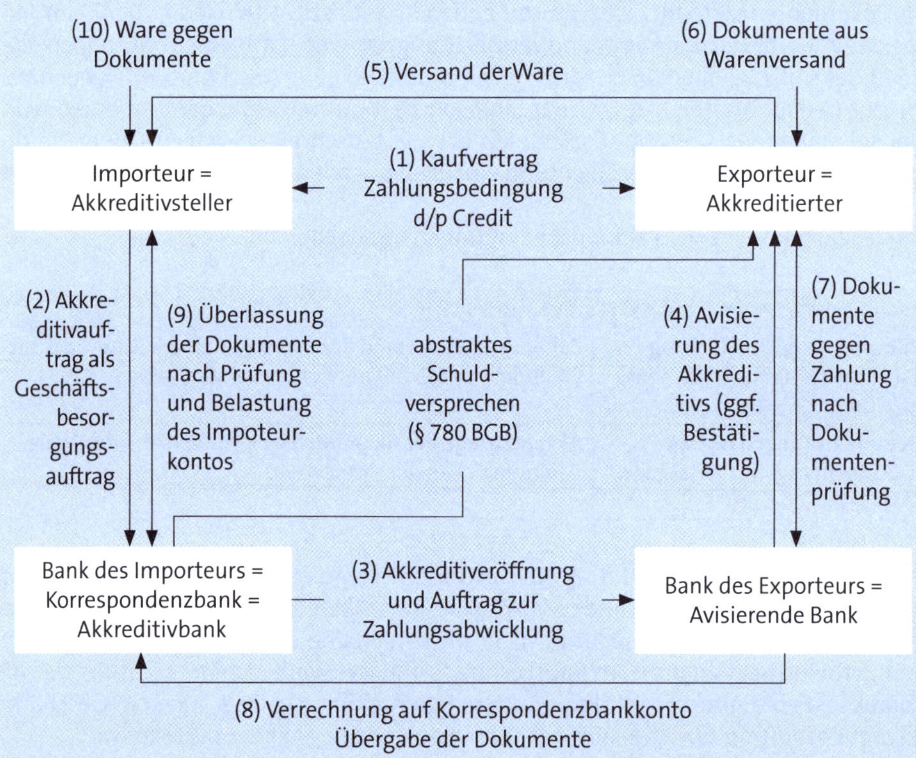

Das Dokumentenakkreditiv beinhaltet folgende **Funktionen:**

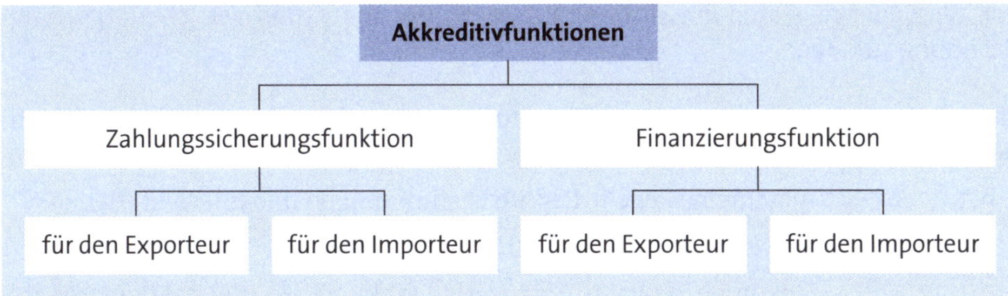

Zahlungssicherungsfunktion	Der Exporteur versendet die Ware erst nach Vorlage des Akkreditivs und sichert so seine Forderung. Er reduziert sein Annahmerisiko sowie sein Zahlungseingangsrisiko erheblich, da er bei Erfüllung der im Akkreditiv genannten Bedingungen Leistung von der Bank erhält. Der Importeur kann seinerseits im Akkreditivauftrag Art, Umfang, Inhalt und Aufmachung der Dokumente festlegen, sodass die Akkreditivbank die Dokumente nur bei erwiesener Übereinstimmung mit der Ware einlöst. Ein Schutz gegen Qualitätsmängel, die sich nach Erhalt der Ware herausstellen, ist damit jedoch nicht verbunden. Der Importeur vermindert dennoch erheblich sein Lieferrisiko.
Finanzierungsfunktion	Beim d/p Credit erhält der Exporteur Zahlung sofort bei Einreichung der Dokumente, trägt also nicht die Finanzierung der Transportdauer. Bei frühzeitiger Avisierung kann das Akkreditiv auch als Kreditsicherheit für den Wareneinkauf eingesetzt werden (Exportvorfinanzierung). Damit begünstigt hier die Finanzierungsfunktion den Exporteur. Beim d/a Credit zahlt der Importeur erst nach Ablauf des Zahlungsziels. Hier begünstigt die Finanzierungsfunktion den Importeur. Andererseits kann der Exporteur sein Zahlungsziel auf Wechselbasis kostengünstig refinanzieren.

5.2 Einheitliche Richtlinien und Gebräuche für Dokumentenakkreditive (ERA)

Rechtsgrundlage sind i. d. R. die von den meisten Staaten anerkannten „Einheitlichen Richtlinien und Gebräuche für Dokumentenakkreditive" (ERA) in der letzten revidierten Fassung von 2007 (Publikation Nr. 600), die seit dem 01.07.2007 gilt. Diese Richtlinien sind nicht gesetzlich verankert, sondern sie werden entweder grundsätzlich von allen Banken eines Landes kollektiv angewendet oder aber zumindest von mehreren bedeutenderen Banken zu Grunde gelegt, wenn keine ausdrücklichen Weisungen entgegenstehen.

Ihre **Rechtsverbindlichkeit** erreichen die ERA jedoch nur durch ausdrückliche Bezugnahme im Akkreditivtext.

Durch die regelmäßige Revision erhalten die ERA eine flexible Anpassung an die Veränderungen der internationalen Wirtschaftspraxis. Ziel der letzten Revision war deshalb vor allem, der neuesten Entwicklung im Bank-, Transport- und Versicherungswesen Rechnung zu tragen.

Der **Inhalt** der von 49 auf nun 39 Artikel reduzierten Richtlinien bezieht sich auf folgende Bereiche:

- Art. 1 - 3: Allgemeine Regeln, Begriffsbestimmungen und Interpretationen
- Art. 4 - 16: Abwicklung, Haftung und Verantwortlichkeit
- Art. 17 - 28: Dokumentenarten, wie Verladedokumente, Seekonnossemente, Frachtbriefe, Versicherungspolicen, Handelsrechnungen usw.
- Art. 29 - 37: Verschiedene Regeln, wie Teilverschiffungen, Gültigkeit, Zeitbestimmungen, Präsentation, Gebührenregelung und Postlaufrisiko
- Art. 38 - 39: Übertragungs- und Abtretungsvorschriften.

5.3 Dokumentenprüfung

Nachdem die Akkreditivstelle das von der Akkreditivbank eröffnete Akkreditiv dem Exporteur avisiert hat, kann dieser die Ware versenden und die Dokumente der Akkreditivstelle zur Einlösung vorlegen. Die Akkreditivstelle prüft gemäß den Weisungen von Importeur und Akkreditivbank die Aufnahmefähigkeit der Dokumente innerhalb von längstens fünf Bankarbeitstagen. Bei der **Akkreditivkonformität** der Dokumente ist vor allem zu beachten, ob

- alle vom Importeur gewünschten Dokumente vorliegen
- die Dokumente die erforderlichen Angaben enthalten
- die Dokumentensätze übereinstimmen und vollständig sind
- das Akkreditiv nicht „stale" ist, also fristgerecht ausgenutzt wurde und ob
- das Kreditinstitut neben der obligatorischen Prüfung der Versanddokumente, Versicherungspapiere und der Handelsrechnung auch freiwillig weitere Dokumente überprüfen will (i. d R. werden solche Dokumente so hereingenommen, wie sie präsentiert werden).

Bei den **Versicherungspapieren** ist insbesondere zu prüfen, ob

- die Versicherungsleistung in der Währung des Akkreditivs erfolgt
- der geforderte Deckungsumfang vorliegt (z. B. Allgefahrendeckung)
- der Name des Versicherungsagenten für den Schadensfall angegeben ist
- die Versicherungsprämie bezahlt ist und
- wann der Versicherungsschutz beginnt (spätestens zum Versandtermin).

Transportdokumente **werden nur aufgenommen**, wenn

- sie durch den Frachtführer oder seinen namentlich benannten Agenten ausgestellt sind
- die Verladung an Bord eines namentlich benannten Schiffes bzw. die Übernahme zum Versand auf anderen Transportmitteln bescheinigt wird
- sie aus einem einzigen Original oder einem vollen Satz an den Absender ausgestellter Originale bestehen
- sie den im Akkreditiv vorgeschriebenen Verladeort und Bestimmungsort ausweisen und
- alle anderen Akkreditivbestimmungen erfüllt sind (z. B. Blankoindossament).

Transportdokumente **werden zurückgewiesen**, wenn

- sie einem Chartervertrag unterliegen und nicht die Anforderungen an die Gleichwertigkeit mit den Seekonnossementen gewährleisten können (siehe auch Kapitel D.3.5.2); eine Prüfung des Chartervertrages durch die Bank erfolgt jedoch nicht
- sie die Beförderung mit einem Segelschiff ausweisen
- sie von einem Spediteur ausgestellt sind, der nicht im Auftrag eines namentlich genannten Frachtführers oder Multimodal Transport Operators oder als dieser selbst (Art. 19 ERA) handelt oder
- das Schiff unter Vorbehalt benannt wird („Intended Vessel").

Transportdokumente **können aufgenommen werden**, wenn

- bei Umladungen der gesamte Transport durch dasselbe Dokument gedeckt ist
- der Frachtführer sich das Recht für Umladungen vorbehalten hat
- der Bestimmungshafen/-ort vom Löschungshafen/-ort und/oder der Übernahmehafen/-ort vom Versandhafen/-ort abweicht
- der Übernahme- oder Löschungshafen mit „intended" (geplant) bezeichnet wird
- die Ladung in Containern oder auf Paletten, in Anhängern oder Leichtern versandt wird
- die Dokumentenüberschrift auf einen kombinierten Transport schließen lässt
- die Transportkosten noch nicht bezahlt sind
- der Absender der Ware und der Akkreditivbegünstigte nicht übereinstimmen
- die Ware an Deck verladen ist oder verladen sein könnte.

Wegen der Vielfältigkeit der Akkreditivprüfung empfiehlt es sich, nach einer Checkliste vorzugehen, um der geforderten angemessenen Sorgfaltspflicht zu entsprechen.

Grundsätzlich ist bei jeder Akkreditivprüfung zu beachten, dass das Kreditinstitut nicht das Warengeschäft selbst zu begutachten hat. Es übernimmt keine **Haftung für die Echtheit und die Rechtswirksamkeit** der Dokumente oder für Mengenangaben, Beschaffenheit der Ware, Qualitätsbezeichnungen, Verpackung, Leistungsvermögen der Frachtführer oder Übermittlungsfehler und anderes mehr. Die Haftung richtet sich im Wesentlichen nach den Grundsätzen der Art. 4 - 16 ERA.

Sind die Dokumente akkreditivkonform, wird das Akkreditiv von der Akkreditivstelle gegenüber dem Exporteur erfüllt, was wiederum die Zahlungsverpflichtung der Akkreditivbank gegenüber der Akkreditivstelle auslöst.

Ergeben sich bei den Dokumenten Mängel, die nicht mehr zu beheben sind, wird u. U. nach telefonischer Klärung der Betrag „unter Vorbehalt" ausgezahlt. Andernfalls wird die Zahlstelle die Dokumente nur zum Inkasso hereinnehmen.

5.4 Inhalt des Akkreditivauftrages

Der Inhalt des Dokumentenakkreditivs wird durch die Weisungen des Importeurs (1) i. d. R. auf der Basis des Kaufvertrages und der ausgehandelten Zahlungsbedingung bestimmt. Die Ausführung des Akkreditivauftrages durch die eingeschalteten Banken erfolgt auf der Grundlage der ERA. Dabei sind folgende Inhalte und Maßgaben neben der Art des **Akkreditivs** (2) und der vollständigen **Anschrift des Begünstigten/Beneficiary** (3) von besonderer Bedeutung (siehe Formular: die dort umkreisten Zahlen entsprechen dieser Reihenfolge).

5.4.1 Akkreditivbetrag und Währung (4)

Der **Akkreditivbetrag** muss den Gesamtpreis einschließlich der vom Importeur zu tragenden Nebenkosten decken. Die Währung muss dem Kaufvertrag und der Handelsrechnung entsprechen. Fehlt eine derartige Festlegung, ist eine Abweichung von 5 % zulässig. Sind der Akkreditivbetrag oder die Warenmenge „genau" oder „bis zu" angegeben, dürfen sie nicht überschritten werden. Stehen Akkreditivbetrag, Warenmenge oder Preis in Verbindung mit „etwa" oder „circa", bedeutet dies eine **Abweichungsmöglichkeit** nach oben oder unten bis zu 10 %, wenn der genaue Warenwert noch nicht feststeht (Art. 30 ERA).

Die Kosten des Akkreditivs bemessen sich i. d. R. am Akkreditivbetrag. Sie betragen für beide Banken ungefähr 3 - 4 % (bei kleineren Akkreditivbeträgen gibt es üblicherweise eine Minimumgebühr) und sind i. d. R. von der jeweiligen Partei zu zahlen (Gebührenteilung). Es besteht jedoch auch die Möglichkeit das der Importeur oder der Exporteur die Kosten der beiden Banken trägt.

An die (eröffnende Bank)

Volksbank Lübeck eG
Klingenberg 1-5

23522 Lübeck

Auftrag zur Akkreditiv-Eröffnung | Nummer

Datum und Ort des Verfalls des Akkreditivs (10)

Auftraggeber (1)	Begünstigter (3)
Das Akkreditiv ist zu eröffnen: ☐ unwiderruflich ☐ widerruflich ☐ übertragbar (2) ☐ brieflich (14) ☐ per Telekommunikation ☐ mit Voravis per Telekommunikation	Betrag (4)

Bank des Begünstigten (falls bekannt) – Sie sind berechtigt, das Akkreditiv dem Begünstigten auch über eine Korrespondenzbank Ihrer Wahl zuzuleiten. – (11)

Verladung von nach (9) nicht später als

Teilverladung ☐ gestattet ☐ nicht gestattet (8) | Umladung ☐ gestattet ☐ nicht gestattet

Akkreditiv benutzbar bei

☐ durch SICHTZAHLUNG ☐ durch HINAUSGESCHOBENE ZAHLUNG PER ☐ durch AKZEPTLEISTUNG ☐ durch NEGOZIIERUNG
gegen Vorlage der nachstehend genannten Dokumente

☐ und der Tratte(n) des Begünstigten per
gezogen auf (Name der Bank) (13)

Ware (kurze Bezeichnung) (6)	☐ FOB ☐ CFR ☐ CIF (7) andere Bedingungen

Vom Begünstigten vorzulegende Dokumente

☐ Handelsrechnung_________ fach, davon_________ Originale

☐ Voller Satz reiner An-Bord-Seekonnossemente ☐ ausgestellt an Order

☐ blanko indossiert ☐ mit dem Vermerk „Fracht bezahlt" ☐ mit dem Vermerk „Fracht zahlbar am Bestimmungsort"

☐ *zu benachrichtigen:* (Name und Anschrift) (5)

☐ Eisenbahn-Dublikatfrachtbrief ☐ Internationaler Frachtbrief (CMR) (Exemplar für Absender) ☐ Posteinlieferungsschein/Postversandbescheinigung

☐ Luftfrachtbrief (Original for shipper) ☐ Multimodales Transportdokument ☐ Kurierempfangsbestätigung

Adressiert an:

☐ Andere(s) Transportdokument(e) *(zu spezifizieren):* ☐ Spediteur-Übernahmebescheinigung *Adressiert an:*

☐ Voller Satz des/der Versicherungspolice/-zertifikats, deckend

☐ Andere(s) Dokument(e) (zu spezifizieren):

Zusätzliche Bedingungen (z.B. zu Aussteller, Inhalt, Unterzeichnung von Dokumenten; ggf. unter Angabe des als Erfüllungsnachweis vorzulegenden Dokuments)

Die Dokumente sind innerhalb von Tagen nach Verladedatum vorzulegen, jedoch innerhalb der Gültigkeitsdauer des Akkreditivs (9)

Das Akkreditiv ist durch die Auslandsbank zu avisieren (12)
☐ per Telekommunikation ☐ brieflich ☐ ohne Bestätigung ☐ mit Bestätigung ☐ Mit Bestätigung auf Wunsch des Begünstigten

Fremde Bankspesen gehen ☐ *zu unseren Lasten* ☐ *zu Lasten des Begünstigten*	Versicherung ☐ *wird durch uns gedeckt* ☐ *ist vom Begünstigten zu decken*

Wir bitten Sie, für unsere Rechnung ein Akkreditiv gemäß den obigen Bedingungen (Zutreffendes ist angekreuzt) zu eröffnen. Für die Ausführung des Auftrags gelten die von der Internationalen Handelskammer veröffentlichten „Einheitlichen Richtlinien und Gebräuche für Dokumenten-Akkreditive" (ERA 600), Publikation Nr. 600. Die gemäß § 59 AWV notwendige Meldung wird von uns erstattet. (15)

Wir ermächtigen Sie, unser Konto Nr. zu belasten.

Ort und Datum der Auftragserteilung Stempel und Unterschrift(en) (1)

Ausfertigung für die Bank

– Einreichung zweifach erbeten – 1

5.4.2 Dokumentation des Akkreditivs (5)

In der Akkreditiveröffnung ist genau anzugeben, gegen welche **Dokumente** aus dem Akkreditiv geleistet werden soll. Die Zahl und Art der Dokumente richtet sich im Einzelfall nach dem Handelsbrauch, nach den Lieferbedingungen (Incoterms), nach dem Transportmittel, nach den Zollbestimmungen und nach den individuellen Vereinbarungen des Importeurs.

Beispiel

- dreifache Handelsrechnung unterschrieben in spanischer Sprache
- zweifaches Inspektionszertifikat
- zweifaches Ursprungszeugnis
- Versicherungspolice blanko-indossiert über 110 % des CIF-Wertes, zweifach
- reine Bordkonnossemente, blanko-indossiert mit Frachtvermerk und Benachrichtigungsadresse, drei Originale (Full Set).

Das Akkreditiv wird nicht eingelöst, wenn geforderte Dokumente fehlen oder unvollständig sind. Handelsrechnungen müssen gemäß Art. 18 ERA nicht unterschrieben werden, doch wird dies von den Einfuhrbestimmungen vieler Länder verlangt. Sofern kein übertragenes Akkreditiv vorliegt, muss die Handelsrechnung auf den Namen des Akkreditivauftraggebers lauten.

5.4.3 Art, Menge und Preis der Ware (6)

Alle Einzelheiten aus dem Kaufvertrag können im Akkreditivauftrag nicht übernommen werden. Es kommt vielmehr auf eine **präzise Kurzfassung** an, die die Überprüfung der Vertragseinhaltung erlaubt, also eine akkreditivkonforme Dokumenteneinlösung. Dabei ist die **richtige Warenbezeichnung** sehr wichtig. Die Beschreibung der Ware in der Handelsrechnung muss mit der Beschreibung im Akkreditiv übereinstimmen (Art. 4, 5 ERA). Steht in der Handelsrechnung z. B. „lingua bovina", im Akkreditiv aber „carne bovina", ist das nicht akkreditivkonform, obwohl Ochsenzunge auch Ochsenfleisch ist.

Eine Qualitäts- oder Bestandsprüfung erfolgt nicht, sodass Einreden wegen der Beschaffenheit der Ware seitens der Akkreditivbank(-stelle) gegenüber dem Exporteur weder erhoben werden können noch sollen.

Auch bei **Mengenangaben** sind Abweichungen zulässig (Art. 30 ERA). Sofern im Akkreditiv eine Abweichung von der festen Mengenangabe nicht untersagt ist, darf die Menge um 5 % differieren, wenn dadurch der Akkreditivbetrag nicht überschritten wird (z. B. Mengenangabe von 50 t erlaubt auch eine tatsächliche Lieferung zwischen 47,5 und 52,5 t). Eine Mengenangabe von „ungefähr" bzw. „circa" oder „etwa" erlaubt auch eine Abweichung bis zu 10 %.

Angaben wie „angeblicher Inhalt 100 Liter" oder „soll enthalten 100 Liter" (said to contain 100 l) führen i. d. R. nicht zur Zurückweisung der Dokumente.

5.4.4 Lieferbedingungen (7) (8)

Die Lieferbedingung sollte im Akkreditiv genau bezeichnet werden, insbesondere dann, wenn sie nicht den Incoterms entspricht. Bei ungewöhnlichen Lieferbedingungen sollte zur Klarstellung aufgeführt werden, wer die Transport-, Versicherungs- und Nebenkosten zu tragen hat.

Sollen Teilinanspruchnahmen aus dem Akkreditiv aufgrund von Teilverladungen oder Umladungen auf dem Transportweg nicht erfolgen, so muss dies ausdrücklich festgelegt werden, vgl. Art. 31, 32 ERA.

5.4.5 Verladefrist (9)

Die Benennung von Verladefrist und Bestimmungsort gibt dem Importeur die Sicherheit des rechtzeitigen Versands. Endet die Verladefrist kurz vor Ablauf des Akkreditivs, so kann der Importeur einen gewissen Druck auf die Einhaltung des Liefertermins ausüben. Die Verladefrist sollte jedoch nicht mit der Akkreditivfrist zusammenfallen, um dem Exporteur eine angemessene Frist zur Vorlage der Dokumente und ggf. zur Vervollständigung zu lassen.

Als Verladedatum gilt i. d. R. das Ausstellungsdatum des Transportdokuments. Es kann eine Präsentationsfrist für die Dokumente nach Verladung festgelegt werden.

Wird anstelle einer festen Frist eine Bezeichnung wie „prompt", „unverzüglich" oder „baldmöglichst" verwendet, kann dies von der Akkreditivbank als eine zulässige Verladefrist von 30 Tagen ab Datum der Akkreditiveröffnung ausgelegt werden. Nach den ERA sollten jedoch derartige Bezeichnungen unterbleiben; sie müssen von den Banken nicht beachtet werden.

Fristen wie „Anfang", „Mitte" oder „Ende" eines Monats bedeuten jeweils vom 1. bis 10., vom 11. bis 20. oder vom 21. bis Ultimo. Bei genauen Daten wie „am 07.08." oder „um den 07.08." läuft die zulässige Frist über einen Zeitraum von 10 Tagen um den genannten Termin (also vom 02.08. bis 12.08. einschließlich) (vgl. hierzu auch Art. 3 ERA).

5.4.6 Laufzeit des Akkreditivs (10)

Alle Akkreditive müssen ein **Verfalldatum** tragen, selbst dann, wenn eine Verladefrist genannt ist (vgl. Art. 6d ERA). Ist der Verfalltag ein Feiertag, verlängert sich die Frist bis zum nächsten Arbeitstag. Musste die Akkreditivbank(-stelle) ihre Geschäftstätigkeit aus Gründen unterbrechen, die sie nicht zu vertreten hat, wie Streik oder Krieg, so ist sie zur Einlösung nach Ablauf der Frist nur nach ausdrücklicher Aufforderung durch den Importeur zur Aufnahme der Dokumente verpflichtet.

Für die Bearbeitung und Dokumentenprüfung steht der Bank eine Frist von fünf Bankarbeitstagen zu. Bis zum Ablauf dieser Frist hat sie zu entscheiden, ob sie die Dokumente aufnehmen oder zurückweisen will.

Macht der Importeur keine Angaben über die **Einreichungsfrist** nach Verschiffung, nimmt die Akkreditivbank(-stelle) diese nach Ablauf von 21 Tagen nicht mehr herein (vgl. Art. 14c ERA), um dem Risiko vorzubeugen, dass die Ware vor den Dokumenten am Bestimmungsort ist.

5.4.7 Akkreditiverfüllung (11) (12) (13)

Zunächst sollte der Importeur festlegen, ob das Akkreditiv bei der Akkreditivbank oder bei einer Akkreditivstelle am Ort des Exporteurs erfüllt werden kann. Bei relativ unbekannten Akkreditivbanken wird der Exporteur eine Bestätigung durch eine inländische Akkreditivstelle verlangen, was jedoch höhere Kosten verursacht. Einerseits könnte er aber so zwischen zwei Erfüllungsverpflichteten wählen, andererseits entfällt das Länderrisiko. Zumindest sollte der Exporteur aber eine **inländische Akkreditivstelle** verlangen, da er sonst erst viel später Zahlung erhält.

Das Akkreditiv kann gemäß Art. 6 ERA je nach Art erfüllt werden durch:

- Zahlung der eröffnenden Bank
- Zahlung der avisierenden/bestätigenden Bank
- Akzeptierung einer der beiden Banken oder einer dritten Bank
- Negoziierung der Dokumente durch eine der beteiligten Banken oder durch eine dritte Bank oder
- verantwortliche Hereinholung und Einlösungsgewährleistung eines Importeurakzepts durch eine der beteiligten Banken.

Der **Akkreditivgegenwert** muss bei der Akkreditiverfüllung vom Importeur angeschafft werden. Erfolgte der Akkreditivauftrag auf Kreditbasis, dienen die Dokumente als Kreditsicherheit. Bei einer Akkreditiveröffnung in Fremdwährung kann es für den Importeur ratsam sein, den Betrag sofort anschaffen zu lassen, um ein eventuelles Kursrisiko zu vermeiden, oder per Termin die Devisen zu kaufen.

5.4.8 Akkreditivübermittlung (14)

Akkreditive können brieflich oder telekommunikativ übermittelt werden. In manchen Fällen kann zur Klarstellung der Zahlungssicherung auch ein (verbindliches) Voravis gewünscht werden. Sofern nicht-briefliche Akkreditiveröffnungen (z. B. per Telefon oder elektronische Fernübertragung durch SWIFT) keinen Verweis auf eine schriftliche Bestätigung enthalten, werden sie als rechtsverbindlich angesehen. Zur Sicherheit dient unter den Korrespondenzbanken der Austausch von Sicherheitscodes. Bei frühzeitiger Eröffnung wird aus Beweisgründen i. d. R. die briefliche Übermittlung vorgezogen.

5.4.9 Rechtsvorschriften (15)

Für die Ausführung von Akkreditivaufträgen gelten im Wesentlichen weltweit die ERA als Rechtsgrundlage.

Auch bei Akkreditivzahlungen besteht aus deutscher Sicht grundsätzlich eine **Meldepflicht** gem. § 67 AWV. Danach sind Akkreditive vom Importeur nicht bei Eröffnung zu melden, sondern erst bei Ausnutzung im Hinblick auf die geleisteten Zahlungen mit dem Vordruck Z 4. Gutschriften aus Akkreditiven sind vom Exporteur als Exporterlöse zu behandeln und über INTRASTAT zu melden.

5.5 Arten

5.5.1 Überblick

Nach den ERA ist der Begriff des Dokumentenakkreditivs sehr weit gefasst. Er umfasst eine Mehrzahl von Akkreditivarten, wobei die beteiligten Banken entweder zur Auszahlung oder Gutschrift des Akkreditivbetrages, zur Akzeptleistung selbst oder zur Hereinholung eines Importeurakzepts oder auch zur Negoziierung der Dokumente beauftragt werden können.

Arten der Dokumentenakkreditive

Auszahlungsakkreditive (d/p Credit)

- Zahlung bei Eingang der Dokumente = **Sichtakkredditiv**, d. h. Akkreditiverfüllung bei Sicht der Dokumente
- Zahlung nach Eingang der Dokumente (z. B. bei Schiffsankunft) = **Deferred Payment Akkreditiv**, d. h. Akkreditiv mit hinausgeschobener Zahlung

Wechselakkreditive (d/a Credit)

- Zahlung nach Ablauf des Zahlungsziels aus Wechselbasis/Akzeptleistung von Kreditinstituten = **Remboursakkreditiv**
- Zahlung nach Ablauf des Zahlungsziels auf Wechselbasis/Akzeptleistung des Importeurs = **Negoziationsakkreditiv**

Nachsichtakkreditive
d. h. Zahlung auf Akkreditivbasis erst nach Ablauf einer Frist nach Sicht der Dokumente und ggf. Akzeptleistung

Alle Auszahlungs- und Wechselakkreditive lassen sich nach folgenden Kriterien unterteilen:

- Widerruflichkeit (widerrufliche und unwiderrufliche Akkreditive, wobei die ERA 600 keine widerruflichen mehr kennen)
- Bestätigung (bestätigte und unbestätigte Akkreditive)
- Übertragbarkeit (übertragbare und nicht übertragbare Akkreditive)
- Revolvierbarkeit (revolvierende und nicht revolvierende Akkreditive)
- Akkreditiverfüllung (Sichtakkreditive und Nachsichtakkreditive).

Daneben gibt es noch Sonderformen.

5.5.2 Sichtakkreditive

Bei Sichtakkreditiven kann der Exporteur sofort nach Vorlage der ordnungsgemäßen Dokumente von der Akkreditivstelle Zahlung verlangen. Es stellt also ein **beim Exporteur abzuwickelndes Bargeschäft** dar, gekennzeichnet durch die Worte *„benutzbar gegen folgende Dokumente zur Zahlung"* (*„available against the following documents for payment"*).

5.5.3 Nachsichtakkreditive

Beim Nachsichtakkreditiv gewährt der Exporteur ein Zahlungsziel, sodass Zahlung nicht bei Einreichung der Dokumente sondern erst nach Ablauf des Lieferantenkredits je nach Art des Nachsichtakkreditivs erfolgt. Mit dem Nachsichtakkreditiv ist also ein **Außenhandelskredit** verbunden, sodass eine strenge Trennung von Zahlungsabwicklung und Kreditgewährung nicht möglich ist.

5.5.3.1 Deferred Payment-Akkreditiv

Beim Deferred Payment-Akkreditiv wird das Akkreditiv durch die Bank bei Ablauf des häufig auf die Transportdauer begrenzten Zahlungsziels erfüllt. Es handelt sich hier um ein **Auszahlungsakkreditiv mit hinausgeschobener Zahlung**, das für den Zeitraum des Transports oder auch darüber hinaus ein offenes wechselfreies Zahlungsziel durch ein abstraktes Schuldversprechen der Akkreditivbank absichert. In der Regel wird ein Deferred Payment-Akkreditiv vereinbart, wenn eine Refinanzierung auf Wechselbasis nicht benötigt wird.

Kennzeichnend für ein Deferred Payment-Akkreditiv sind die Worte *„benutzbar gegen folgende Dokumente ... Tage nach Einreichung"*. Vereinbart also z. B. ein Exporteur *„Zahlung 90 Tage nach Einreichung (Sicht) der Dokumente"*, so wird er nach Versand der Ware die Dokumente der Akkreditivstelle vorlegen, und diese zahlt dann 90 Tage später den Akkreditivbetrag aus. Der Importeur wird erst zu diesem Zeitpunkt aus dem Akkreditiv belastet, erhält die Dokumente i. d. R. aber sofort ausgehändigt.

5.5.3.2 Remboursakkreditiv

Beim Remboursakkreditiv (auch Akzeptakkreditiv genannt) erhält der Exporteur bei Vorlage der akkreditivkonformen Dokumente zunächst ein **Bankakzept**, das von der Akkreditivbank, der Akkreditivstelle oder einer dritten Bank gewährt werden kann. Die Zahlung erfolgt dann bei Präsentation des fälligen Wechsels. Da ein Remboursakkreditiv aber vor allem gewährt wird, wenn der Exporteur zwar dem Importeur ein Zahlungsziel einräumen will, selbst jedoch eine gute Refinanzierungsquelle erschließen will, wird das Bankakzept meistens gleichzeitig diskontiert.

Die Vorteile des Remboursakkreditivs gegenüber dem Deferred Payment-Akkreditiv liegen in der **kostengünstigen Refinanzierung** und der hohen Geldmarktfungibilität.

Kennzeichnend für ein Remboursakkreditiv sind die Worte wie z. B. *„benutzbar gegen folgende Dokumente zur Akzeptierung durch uns“* (*„available against following documents for acceptance with us“*/*„available against 90 days draft drawn on us“*).

Das Remboursakkreditiv ist als direktes und als indirektes Remboursakkreditiv anzutreffen. Weiteres siehe Kapitel I.2.4 Rembourskredite.

5.5.3.3 Negoziationsakkreditiv

Beim Negoziationsakkreditiv verpflichtet sich die Akkreditivbank bei Vorlage akkreditivkonformer Dokumente diese hereinzunehmen, eine **auf den Importeur gezogene Tratte** diesem zum Akzept vorzulegen und bei Fälligkeit des Wechsels aus dem Akkreditiv durch Belastung des Importeurs zu zahlen. Das Negoziationsakkreditiv ist nur bei einer bestimmten Bank ausnutzbar.

Der **Nachteil** des Negoziationsakkreditivs besteht darin, dass ein Regress auf den ausstellenden Exporteur grundsätzlich nicht auszuschließen ist und die Geldmarktfungibilität gering ist, wenn der Importeur unbekannt ist. Die Akkreditivverpflichtung der Bank erhöht jedoch in gewissem Umfang die Refinanzierungsfähigkeit.

Kennzeichnend für ein Negoziationsakkreditiv sind die Worte, wie z. B. *„benutzbar gegen folgende Dokumente zur Negoziierung/Wechsel gezogen auf den Käufer“* (*„available by negotiation of your draft drawn on the buyer“*).

5.5.4 Widerrufliche, unwiderrufliche und bestätigte Akkreditive

Gemäß ERA war bei allen Akkreditiven eindeutig anzugeben, ob sie widerruflich oder unwiderruflich sein sollen. Falls eine genaue Angabe fehlt, gelten sie bereits seit der Revision 1993 als unwiderruflich. Widerrufliche Akkreditive sind in den ERA 600 von 2007 nicht mehr geregelt bzw. vorgesehen. Sie können jedoch mit dem Einverständnis aller Beteiligten weiterhin vereinbart werden.

Widerrufliche Akkreditive (Revocable Credit) sind selten, denn sie bieten dem Exporteur wenig Sicherheit, da das Zahlungsversprechen jederzeit widerrufen oder abgeändert werden kann. Der Widerruf gilt als erfolgt, wenn er der Akkreditivstelle zugegangen ist, bevor sie die Dokumente ordnungsgemäß aufgenommen hat; hat jedoch die Akkreditivstelle die Dokumente bereits erhalten und geleistet, bleibt das abstrakte Schuldversprechen der Akkreditivbank bestehen.

Widerrufliche Akkreditive finden aus folgenden Gründen Verwendung:

- Nimmt eine Bank einen Akkreditivauftrag an, ist der Importeur zumindest zu diesem Zeitpunkt als kreditwürdig anzusehen (**Standingbeweis**).
- Zahlungsort ist die **Zahlstelle im Land des Exporteurs** (Zahlungsbeschleunigung gegenüber Inkasso).
- **Ausfuhr-/Einfuhrbestimmungen** können verlangen, dass Ware nur ausgeführt bzw. eingeführt werden darf bei akkreditivmäßiger Zahlungssicherung.

Unwiderrufliche Akkreditive gelten als fest vereinbart. Änderungen oder Annullierungen können nur mit dem Einverständnis aller Beteiligten erfolgen. Unwiderrufliche Akkreditive können unbestätigt oder bestätigt sein.

Bei **unbestätigten** Akkreditiven führt die avisierende Zahlstelle nur die Weisungen der Akkreditivbank durch; sie gilt nicht als Beteiligte.

Beim **unwiderruflichen bestätigten** Akkreditiv (Irrevocable confirmed Credit) ist auch die Akkreditivstelle Beteiligte. Da auch sie ein abstraktes Schuldversprechen abgibt, kann der Exporteur zwischen zwei Banken wählen. Dies ist von besonderer Bedeutung, wenn der Exporteur die ausländische Bank nicht kennt oder das politische Risiko groß ist (Art. 8 ERA).

Die **Bestätigung** ist erfolgt, wenn die Akkreditivbank die Zahlstelle gemäß Akkreditivauftrag des Importeurs zur Abgabe einer Bestätigung auffordert, und die Zahlstelle diesem Verlangen unter Mitteilung an den Exporteur nachkommt.

5.5.5 Übertragbare Akkreditive

Ein übertragbares Akkreditiv berechtigt den Erstbegünstigten (Exporteur), seine Akkreditivansprüche (Zahlung, Akzept oder Negoziierung) ganz oder teilweise einem oder mehreren **Zweitbegünstigten** verfügbar zu machen (vgl. Art. 38 ERA).

Das übertragbare Akkreditiv ermöglicht dem Exporteur eine **Zwischenfinanzierung**, ohne selbst Kredit aufnehmen zu müssen, weil er die vom Hersteller oder einem anderen Händler bezogene Ware zunächst noch nicht zu bezahlen braucht. Er überträgt seine Akkreditivbegünstigung in Höhe seiner Zahlungsverpflichtung an seinen Zulieferanten, der dadurch die vollen Rechte des Erstbegünstigten erhält. Der Zulieferer seinerseits erhält so eine ausgezeichnete Kreditsicherheit.

Das übertragbare Akkreditiv muss unbedingt als solches von der eröffnenden Bank gekennzeichnet sein (Transferable Credit), da sonst eine Übertragung nicht zulässig ist. Der Antrag des Erstbegünstigten bei der Akkreditivstelle auf Übertragung kann ohne Angabe von Gründen abgelehnt werden. Bei Annahme wird je nach Bonität und Risiko eine Bearbeitungsgebühr verlangt, die der Erstbegünstigte zu zahlen hat.

Ohne besondere Weisungen kann ein Akkreditiv **nur einmal übertragen** werden. Sollten jedoch Teillieferungen zulässig sein, kann jede Teillieferung an einen anderen Zweitbegünstigten übertragen werden (z. B. bei wechselnden Zulieferern); derartige Übertragungen gelten insgesamt als eine Übertragung.

Bei der Akkreditivübertragung dürfen die **Akkreditivbedingungen** in folgenden Punkten **geändert** werden, um den wirtschaftlichen Belangen des Erstbegünstigten zu genügen:

- Akkreditivbetrag und Einzelpreis dürfen ermäßigt werden, um die Handels- und Gewinnspanne des Erstbegünstigten zu berücksichtigen.
- Die Gültigkeitsdauer und/oder die Verladefrist sowie der Einreichungszeitraum für die Dokumente können entsprechend den Vereinbarungen mit dem Hersteller bzw. Lieferanten herabgesetzt werden.
- Der Name des Erstbegünstigten kann an die Stelle des Auftraggebers (Importeur) gesetzt werden, um die Geschäftsverbindung nicht offen zu legen.
- Die Akkreditiverfüllung kann für den übertragenden Teil an den Ort des Zweitbegünstigten verlegt werden.
- Der Erstbegünstigte ist berechtigt, die Rechnungen und Tratten des Zulieferers gegen seine eigenen zu tauschen sowie die Versicherungsdeckung dem Originalakkreditiv anzupassen.

Bei Zustimmung teilt die Akkreditivstelle ihrer Korrespondenzbank am Ort des Zweitbegünstigten die Übertragung mit und bittet um Avisierung. Bei Vorlage der erforderlichen Dokumente durch den Zweitbegünstigten bei seiner Akkreditivstelle bekommt er seinen Akkreditivanteil ausbezahlt. Den Differenzbetrag zum Akkreditivbetrag des Importeurs bekommt der Exporteur nach Rechnungstausch vergütet.

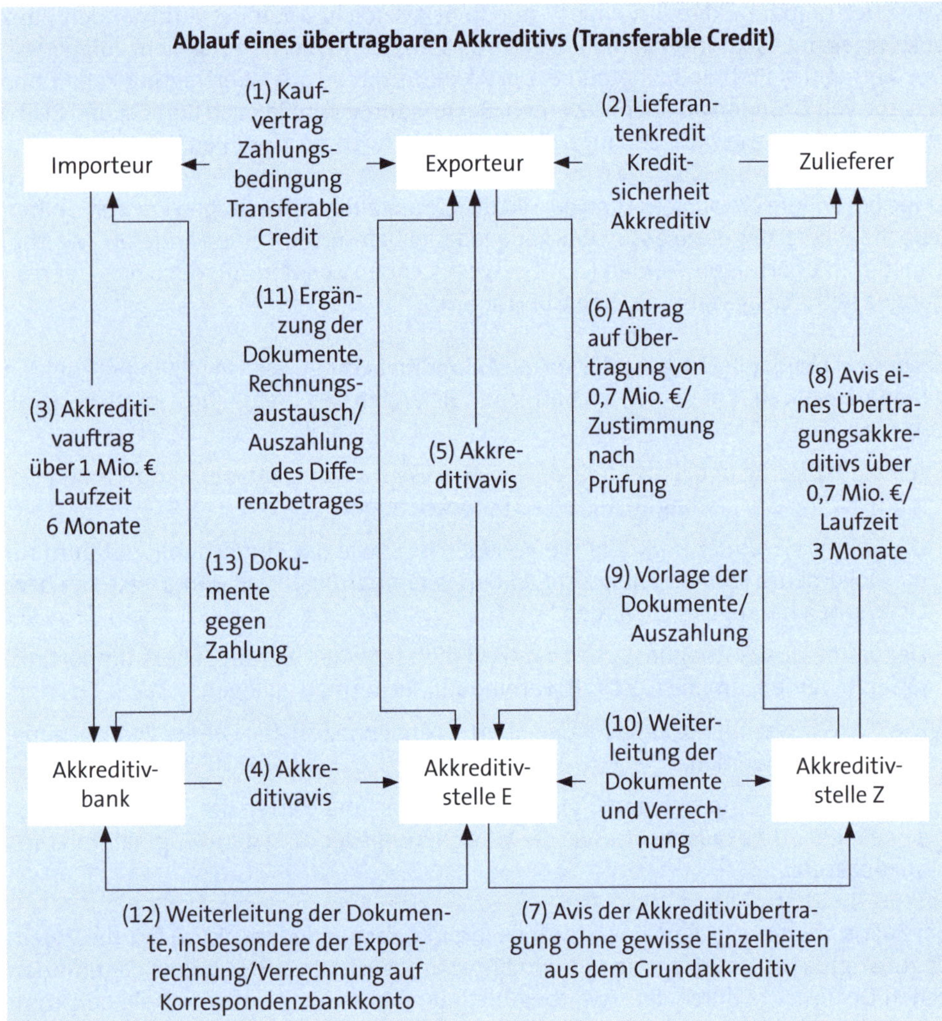

5.5.6 Revolvierende Akkreditive

Bei regelmäßiger Geschäftsbeziehung mit einem Exporteur kann der Importeur seine Bank beauftragen, ein revolvierendes Akkreditiv zu jeweils gleichen Grundbedingungen zu eröffnen, bei dem ein Akkreditivteilbetrag nach Ablauf einer festgelegten Frist immer wieder auflebt, bis der Akkreditivgesamtbetrag ausgeschöpft ist. Nichtausgenutzte Teile verfallen dann.

Beispiel

Ein Gesamtakkreditiv von maximal 10.000.000 € ist revolvierend ausnutzbar mit jeweils 500.000 € über einen Zeitraum von 20 Monaten. Hat der Exporteur in einer monatlichen Teillieferung nur Waren im Wert von 300.000 € versandt, verfallen die restlichen 200.000 € für diesen Monat.

Ist dagegen ein **revolvierendes kumulatives Akkreditiv** vereinbart, so können nicht ausgenutzte Teilbeträge einer Zeiteinheit auf spätere übertragen werden; d. h. in dem Beispiel könnte der Exporteur im folgenden Monat für 700.000 € liefern.

Der Vorteil für den Importeur liegt in der einmaligen Akkreditivantragstellung für eine Mehrzahl von Dauergeschäften.

5.5.7 Gegenakkreditive (Back-to-Back-Credit)

Beim Gegenakkreditiv wird ein rechtlich selbstständiges Akkreditiv im Auftrag des Exporteurs von seiner Bank zu Gunsten des Herstellers oder Lieferanten der Ware eröffnet, doch steht dieses **Einkaufsakkreditiv wirtschaftlich stets im Zusammenhang mit dem Verkaufsakkreditiv**, das der Exporteur von der Bank seines Importeurs erhalten hat.

Ein Gegenakkreditiv wird vor allem verwendet, wenn das Verkaufsakkreditiv nicht übertragbar ist, und der Zwischenhändler auf das Zahlungsziel seines Lieferanten nicht verzichten kann. Das Verkaufsakkreditiv dient dann dem Zwischenhändler als Kreditsicherheit für das Einkaufsakkreditiv. Der Lieferant seinerseits vermeidet so im Gegensatz zum übertragbaren Akkreditiv das Risiko von Einreden aus dem Verkaufsakkreditiv und kann in seinem Akkreditiv Inlandswährung verlangen, wenn das Verkaufsakkreditiv in Fremdwährung lautet.

Mitunter verlangt der Lieferant auch dann ein Gegenakkreditiv, wenn das Verkaufsakkreditiv unbestätigt ist und die Akkreditivbank relativ unbekannt ist.

Besonders im **Transithandel** eignen sich Gegenakkreditive, wenn der Transithändler auf der Basis unterschiedlicher Lieferbedingungen abschließen muss (z. B. Einkauf FOB/ Verkauf CIF). Beim Gegenakkreditiv hat der Lieferant isolierte neue Rechtsbeziehungen zur Akkreditivbank des Transithändlers, sodass die Verwendung einer **anderen Währung, abweichende Lieferbedingungen** und **andere Zahlungsbedingungen** problemlos in die neuen Handels-, Versand- und Versicherungsdokumente eingehen können.

Der **Versand der Ware** kann **unter Deckadresse** über einen Spediteur unmittelbar vom Lieferanten an den Importeur erfolgen, nachdem der Lieferant ein Akkreditivavis aus dem Einkaufsakkreditiv der Akkreditivbank des Transithändlers erhalten hat. Der Spediteur reicht die Versanddokumente aus dem Einkaufsakkreditiv der Akkreditivbank des Transithändlers ein, die gleichzeitig Akkreditivstelle aus dem Verkaufsakkreditiv ist. Sicherheit für das Einkaufsakkreditiv ist das Verkaufsakkreditiv. Nach Vervollständigung bzw. Austausch der Dokumente aus dem Einkaufsakkreditiv durch den Transithändler erkennt ihn seine Bank in Höhe des Differenzbetrages zwischen Einkaufs- und Verkaufsakkreditiv. In Höhe des Restbetrages aus dem Verkaufsakkreditiv (= Betrag des Einkaufsakkreditivs) hatte die Akkreditivstelle die Akkreditivbank des Transithändlers bei Zahlung an den Lieferanten belastet.

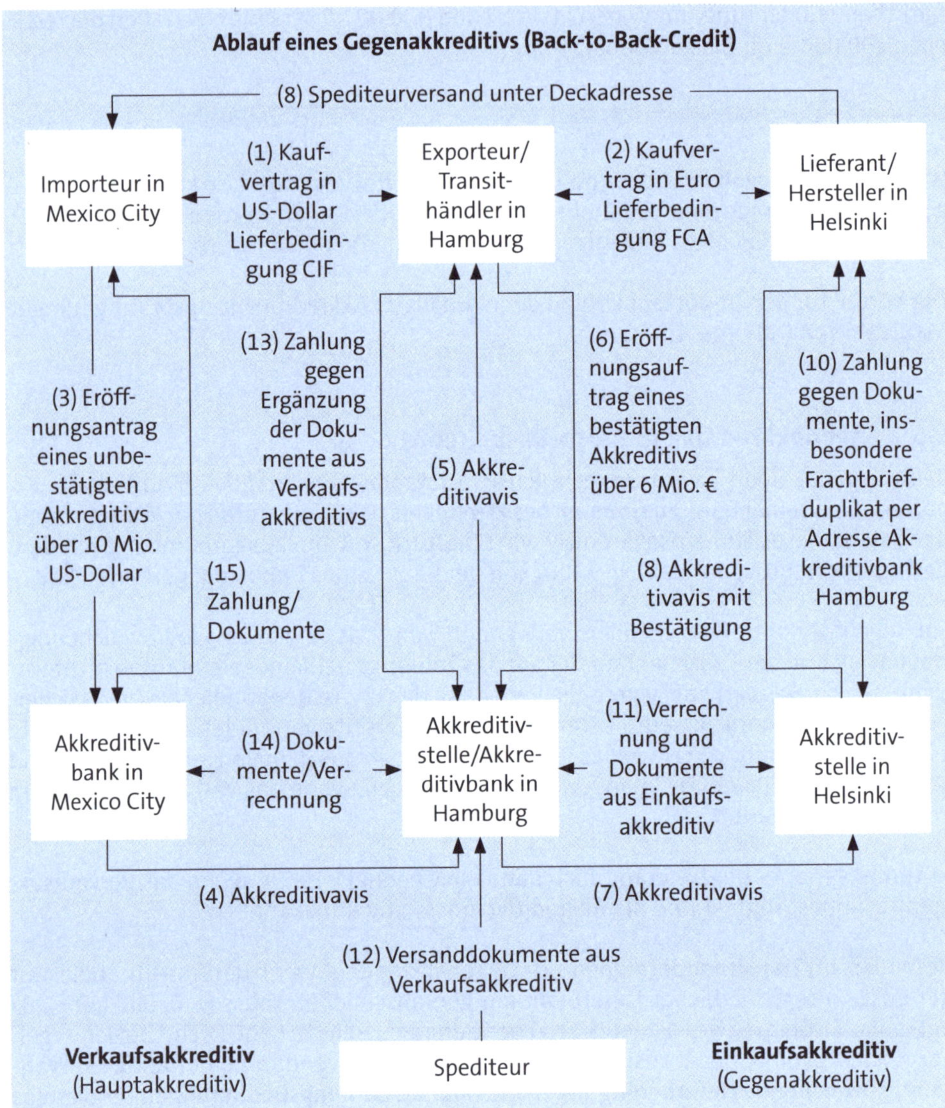

5.5.8 Vorschussakkreditive (Packing Credits)

Bei dieser Akkreditivsonderform erhält der Exporteur einen **Barvorschuss** nach Akkreditiveröffnung.

Bei einem „Packing Credit" ermächtigt der Importeur bei Stellung des Akkreditivauftrages die Akkreditivstelle, dem Exporteur unter der Haftung der Akkreditivbank Vorschüsse zur Finanzierung des Einkaufs, der Herstellung oder des Transports auszuzahlen.

Packing Credits werden bisweilen im Rohstoffhandel (Rohmetall, Wolle, Kaffee, Felle, Reis usw.) verwendet, in Nordamerika und manchmal auch in anderen Ländern aber auch für sehr unterschiedliche Waren.

Die **Ermächtigungsklauseln** wurden früher in roter oder grüner Schrift in der Akkreditiveröffnung verzeichnet, sodass bis heute die „Red Clause“ und die „Green Clause“ zu unterscheiden sind. Bei der Verwendung der Klauseln ist jedoch der regionale Handelsbrauch zu beachten, da die beiden Klauseln sehr uneinheitlich gesehen werden und nicht selten die „Farben“ auch entgegengesetzt ausgelegt werden.

Häufig ist mit der **Red Clause** die Akkreditivstelle berechtigt, Vorschüsse bereits gegen eine einfache Verpflichtungserklärung zur termingerechten Nachlieferung/Einreichung der Dokumente zu leisten. Bei Vorlage nach Versand werden dann die Vorschüsse verrechnet, sie werden also „ungesichert“ geleistet.

Bei der **Green Clause** darf in vielen Fällen die Vorschussleistung nur gegen Einreichung von Lagerscheinen, gegen Sicherungsübereignung oder andere vergleichbare Sicherheiten geleistet werden.

Aufgrund der unterschiedlichen Farbauslegung ist die Bezeichnung als „gesicherter“ oder „ungesicherter“ Barvorschuss vorzuziehen.

5.5.9 Commercial Letter of Credit (Kreditbrief), CLC

Nach den ERA wird der CLC als Akkreditiv angesehen, obwohl er einige Besonderheiten aufweist. Er wird vor allem im angelsächsischen Raum verwendet.

Der Kreditbrief ist nach deutschem Recht ein i. d. R. von Kreditinstituten ausgestellter **kaufmännischer Verpflichtungsschein** im Sinne des § 363 HGB als gekorenes Orderpapier, der die Verpflichtung des Ausstellers verbrieft, dem Begünstigten Teilbeträge bis zur genannten Höchstsumme oder den Gesamtbetrag in einer Summe auszuzahlen. Der Kreditbrief findet in manchen Ländern noch als Reisekreditbrief Verwendung.

Im Außenhandel wird der CLC vor allem wegen seiner guten **Übertragbarkeit** gewählt. Er wird im Auftrag des Importeurs von dessen Bank unmittelbar oder über eine Korrespondenzbank dem Exporteur zugesandt und verbrieft entweder die Ermächtigung, **dokumentäre Tratten auf die Importbank** zu ziehen, oder die Verpflichtung, die **Verantwortung für die Akzeptleistung** und Wechseleinlösung durch den Importeur bei Fälligkeit zu übernehmen.

Der Exporteur oder jeder durch geschlossene Indossamentenkette Berechtigte können den CLC **irgendeiner Bank zur Einlösung** vorlegen. Sind alle Teilbeträge durch Eintragung auf der Rückseite der Urkunde ausgeschöpft, wird der Brief an den Aussteller zurückgeschickt. Zahlungseinzug erfolgt jedoch durch die jeweilige gewählte Zahlstelle getrennt und unmittelbar bei Fälligkeit für jede Teilsumme.

Die Übertragbarkeit sowie die Einlösungswilligkeit durch jedes Kreditinstitut wird durch die so genannte **„Bona-fide-Klausel"** gewährleistet, durch die der Aussteller jedem gutgläubigen Einreicher Zahlung verspricht:

„We hereby engage with drawers and/or bona fide holders that drafts drawn and negotiated in conformity with the terms of this credit will be duly honoured on presentation and that drafts accepted within the terms of this credit will be duly honoured at maturity. The amount must be endorsed on the back of this Letter of Credit by the negotiating bank".

Ohne diese ausdrückliche Erklärung, die ein klares **abstraktes Schuldversprechen** beinhaltet, liegt kein Akkreditiv vor, sondern ein Drawing Authorization ohne konkrete Zahlungsverpflichtung. Siehe zur Drawing Authorization auch Kapitel I.2.5.

Ablauf eines Commercial Letter of Credit (CLC)

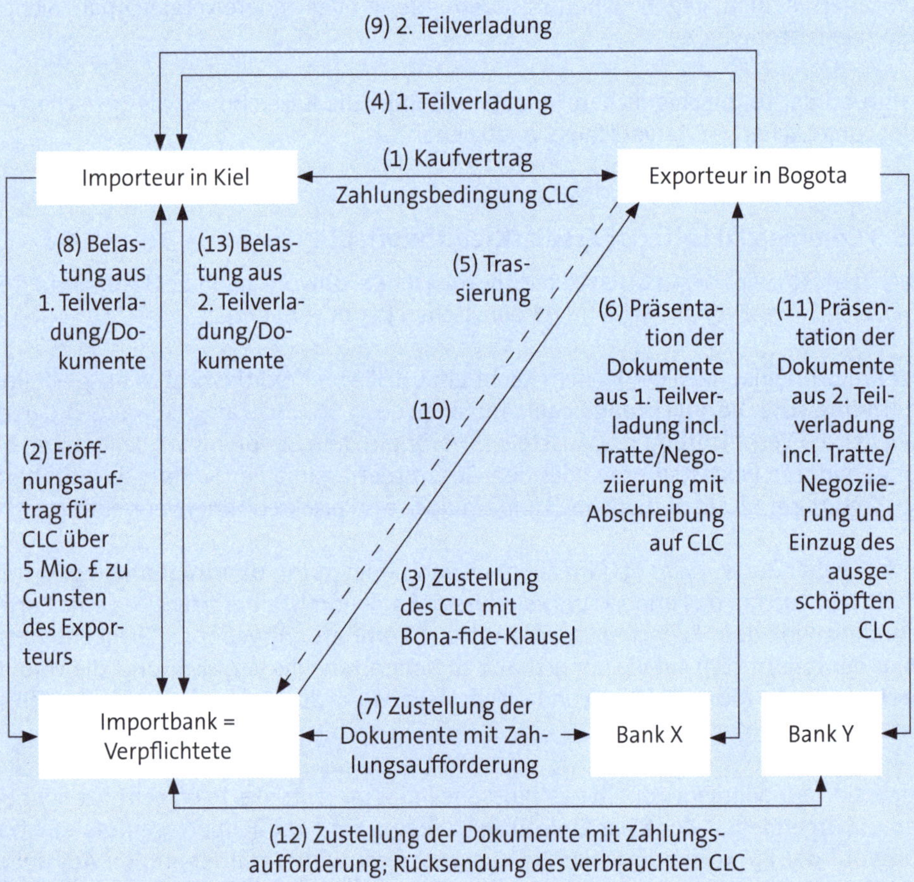

Seitdem die ERA auch den CLC als Akkreditiv ansehen und die angelsächsischen Länder diese Richtlinien zu Grunde legen, haben sich die wesentlichen Unterschiede beider Formen zunehmend verwischt. So ist einerseits z. B. auch beim Akkreditiv durchaus die Vorlage der Dokumente zur Negoziierung bei einer beliebigen Bank zulässig, die sie dann der verpflichteten Bank zur Einlösung vorlegt, andererseits wird beim CLC die freie Wahl der negoziierenden Kreditinstitute ausgeschlossen, wie beim Restricted CLC.

Grundsätzlich lassen sich jedoch folgende Unterscheidungsmerkmale aufführen:

CLC

- Kaufmännischer Verpflichtungsschein im Sinne von § 363 HGB
- Zustellung an den Begünstigten
- frei übertragbar durch Indossament
- Einlösungsstelle frei wählbar
- Teilausnutzungen sind Regelfall
- immer auf Wechselbasis
- Negoziierungsprovision i. d. R. höher als Akkreditiveinlösungsprovision

Akkreditiv

- Geschäftsbesorgungsauftrag im Sinne von § 675 BGB
- Zustellung an Einlösungsstelle
- nur einmal übertragbar, sofern vereinbart
- Einlösungsstelle festgelegt
- vergleichbar mit dem revolvierenden Akkreditiv
- nur bei d/a auf Wechselbasis

Aufgabe 25 > Seite 553
Aufgabe 26 > Seite 554

5.5.10 Zusammenfassende Übersicht über die Akkreditivarten

Die Übersicht beinhaltet zur besseren Abgrenzung auch einige kurzfristige Kreditarten, die im Kapitel I. näher erläutert werden. Sie beschränkt sich auf die Kernmerkmale.

Sichtakkreditiv	sofortige Zahlung bei Vorlage der Dokumente
Nachsicht-akkreditive	Zahlung erst nach Ablauf einer bestimmten Frist nach Vorlage der Dokumente
Deferred Payment-Akkreditive	wechselfreies Zahlungsziel nach Eingang der Dokumente i. d. R. begrenzt auf die Transportdauer
Rembours-akkreditiv	Zahlungszielgewährung des Exporteurs nach Vorlage der Dokumente bei Wechselziehung auf eine Bank (ohne Refinanzierung des Exporteurs)
Rembourskredit	Diskontierung eines Bankakzepts auf Akkreditivbasis durch den Exporteur
Negoziations-akkreditiv	Zahlungszielgewährung des Exporteurs nach Vorlage der Dokumente bei Wechselziehung auf den Importeur mit Einlösungszusage einer bestimmten Bank (ohne Refinanzierung des Exporteurs)
Commercial Letter of Credit (CLC)	übertragbare Verpflichtungserklärung einer Bank an Order gemäß Bonafida-Klausel bei Vorlage der Dokumente zu leisten (Trassierung auf eine Bank, Zahlstelle frei wählbar)

Negoziationskredit	Ankauf von Tratte und Dokumenten auf der Basis eines Negoziationsakkreditivs, eines CLC oder eines Inkassos
Drawing Authorizations	Authority to purchase: Trattenziehungsvorschlag auf Dokumentenbasis ohne Einlösungsverpflichtung (kein Addreditiv) Order to negotiate: Trattenankaufskredit auf CLC-Basis
Exportvorschuss/ Importvorschuss	Lombardkredit der Export-/Importbank durch Beleihung von Dokumenten (insbesondere beim Inkasso und Clean Payment) kein Akkreditiv
Vorschussakkreditiv (Packing Credit)	gesicherter oder ungesicherter Barvorschuss für den Exporteur aus einem Akkreditiv zum Wareneinkauf
Übertragenes Akkreditiv	teilweise Übertragung von Akkreditivansprüchen auf einen Zulieferer des Exporteurs zur Sicherstellung von dessen Lieferung (begrenzte Möglichkeiten zur Akkreditivanpassung)
Gegenakkreditiv	Verbindung eines rechtlich selbstständigen Einkaufsakkreditivs mit einem Verkaufsakkreditiv
Revolvierendes Akkreditiv	in Teilbeträgen kumulativ oder nicht kumulativ ausnutzbares Gesamtakkreditiv bei Dauergeschäften und Folgelieferungen
Widerrufliches Akkreditiv	jederzeit widerrufbares abstraktes Schuldversprechen einer Bank; in den ERA 600 nicht mehr geregelt
Unwiderrufliches Akkreditiv	nicht widerrufbares abstraktes Schuldversprechen einer Bank während der Laufzeit
Bestätigtes Akkreditiv	Abgabe eines 2. unwiderruflichen abstrakten Schuldversprechens durch die Akkreditivstelle

		Lösung
1.	Welche Aufgaben hat die Finanzdisposition?	S. 401
2.	Sind Auslandszahlungen genehmigungspflichtig und/oder meldepflichtig?	S. 405
3.	Warum unterhalten Banken Konto- und Briefkorrespondenzen in allen Teilen der Welt?	S. 407
4.	Welche Vorteile bringt die Einräumung eines Postlaufkredits und die Nutzung des Swift-Systems für Exporteur und Importeur?	S. 408
5.	Welche Zahlungsarten sind im Außenhandel zu unterscheiden?	S. 408 ff.
6.	Wie veranlasst ein Unternehmen eine Überweisung ins Ausland?	S. 408
7.	Nennen Sie wichtige Regelungen des sog. Überweisungsgesetzes!	S. 409
8.	Charakterisieren Sie das Nostro-Konto und das Loro-Konto zweier Korrespondenzbanken!	S. 410
9.	Erläutern Sie den Buchungsvorgang bei einem Zahlungseingang in Fremdwährung aus deutscher Sicht!	S. 410 f.
10.	Wie unterscheiden sich die fünf verschiedenen Scheckarten?	S. 412
11.	Welche Vorteile hat ein Banken-Orderscheck im Auslandszahlungsverkehr?	S. 412
12.	Zu welchem Kurs kauft die Bank einen Fremdwährungsscheck an?	S. 413
13.	Wie unterscheiden sich Sichtwechsel, Nachsichtwechsel und Datowechsel?	S. 415
14.	Auf welche Besonderheiten sollte man bei Auslandswechseln achten?	S. 414 f.
15.	Was ist ein Sola-Wechsel?	S. 415
16.	Wie lautet im Allgemeinen ein Wechselindossament?	S. 415
17.	Nennen Sie einige Vorteile der Wechselzahlung!	S. 414
18.	Welche Aufgabe hat die Zahlungssicherung im Außenhandel? Welche Möglichkeiten bestehen?	S. 416
19.	Nennen Sie die üblichen kurzfristigen und langfristigen Zahlungsbedingungen!	S. 417
20.	In welchen Bereichen des Außenhandels sind Anzahlungen üblich oder zu erwarten?	S. 418
21.	In welcher Weise können Nachnahmezahlungen vereinbart werden?	S. 418 f.
22.	Was verstehen Sie unter einem „Clean Payment“?	S. 419
23.	Wie unterscheiden sich die Zahlungsbedingungen d/p Inkasso und d/a Inkasso?	S. 420
24.	Wie unterscheiden sich die Zahlungsbedingungen d/p Inkasso und d/p Credit?	S. 420 f.
25.	Wie unterscheiden sich die Zahlungsbedingungen d/a Inkasso und d/a Credit?	S. 420 f.

		Lösung
26.	Warum wird die Zahlungsbedingung d/a Credit häufig als ausgewogen bezeichnet?	S. 421
27.	Wann sind langfristige Zahlungsbedingungen im Außenhandel zu erwarten? Wie lautet die Grundform?	S. 421 f.
28.	Erläutern Sie die Inkasso-Sonderform „Zahlung gegen Dokumente 30 Tage nach Sicht“!	S. 421 f.
29.	Warum verlangen manche Staaten beim d/p Inkasso eine Sichttratte?	S. 422
30.	Welchen Inhalt sollte ein Inkassoauftrag haben, um vor Einlösungsproblemen zu schützen?	S. 426 f.
31.	Welche Funktionen hat das Dokumentenakkreditiv?	S. 429
32.	Wie ist das Dokumenten-Akkreditiv rechtlich einzuordnen? Welche Rechtsbeziehungen entstehen zwischen den Beteiligten?	S. 427 f.
33.	Wie viele Akkreditivbeteiligte sind erforderlich; wie viele sind es i. d. R.? Welche Tätigkeiten übernehmen sie?	S. 428
34.	Was hat ein Kreditinstitut bei der Prüfung der Akkreditivkonformität der eingereichten Dokumente zu beachten?	S. 430
35.	Wofür übernimmt die Bank im Rahmen eines Akkreditivauftrags keine Haftung?	S. 431
36.	Wie kann beispielsweise ein Akkreditiv dokumentiert sein?	S. 434
37.	Welche Wirkung haben Akkreditivbezeichnungen wie „circa“, „Anfang“, „Mitte“, „Ende“, „prompt“ oder „am 07.08.2021“?	S. 435
38.	Wann endet die Einlösungsfrist bei einem Akkreditiv für den Exporteur?	S. 435 f.
39.	Welche Regelung gilt, wenn ein Akkreditiv „unbefristet“ ausgestellt worden ist?	S. 435 f.
40.	Wie kann das Akkreditiv erfüllt werden? Wo muss die jeweilige Erfüllungsart festgelegt werden?	S. 436
41.	Besteht auch bei Akkreditiven für den Importeur eine Meldepflicht bei der Bundesbank?	S. 437
42.	Welche Akkreditivarten lassen sich unterscheiden?	S. 438 ff.
43.	Wie unterscheiden sich Sicht- und Nachsichtakkreditive?	S. 438
44.	Durch welche typische Formulierung ist das Deferred Payment-Akkreditiv gekennzeichnet?	S. 438
45.	Wie unterscheiden sich das Remboursakkreditiv und das Negoziationsakkreditiv? Welche Gemeinsamkeiten haben beide Akkreditivarten?	S. 439
46.	Wann verwendet man manchmal widerrufliche Akkreditive?	S. 440

		Lösung
47.	Im Akkreditivauftrag bzw. -avis wurde keine Mitteilung über die Widerruflichkeit gemacht. Wie ist ein solches Akkreditiv einzustufen?	S. 439 f.
48.	Wann ist die Bestätigung eines Akkreditivs rechtswirksam?	S. 440
49.	Wann liegt ein übertragbares Akkreditiv vor? Welche Akkreditivbestandteile dürfen bei Übertragung geändert werden?	S. 440 f.
50.	Erläutern Sie die Verwendungsmöglichkeit eines kumulativ revolvierenden Akkreditivs?	S. 443
51.	Bei welcher Akkreditivart spricht man von einem Einkaufs- und einem Verkaufsakkreditiv?	S. 443
52.	Welches Akkreditiv wird oft im Transithandel verwendet? Welche Vorteile hat es?	S. 443
53.	Wie ist der Kreditbrief rechtlich einzuordnen?	S. 445
54.	Warum findet der CLC im Außenhandel besondere Verwendung?	S. 445
55.	Was besagt die Bona-fide-Klausel auf dem CLC?	S. 446
56.	Welche Einschränkungen besitzt ein Restricted CLC?	S. 447
57.	Wie wird der CLC von den ERA eingestuft?	S. 447
58.	Was ist unter einem „Packing Credit" zu verstehen?	S. 444 f.
59.	Woher kommt die Bezeichnung „Green Clause" bzw. „Red Clause"? Was wird heute damit ausgedrückt?	S. 445
60.	Wie soll die Heterogenität im internationalen Zahlungsverkehr abgebaut werden?	S. 408
61.	Charakterisieren Sie den finanzwirtschaftlichen Prozess!	S. 395
62.	Was beinhaltet eine Managementkonzeption?	S. 395
63.	Erläutern Sie den Ablauf der finanzwirtschaftlichen Planung!	S. 396
64.	Welche Finanzplanungsarten lassen sich nach dem Prognosezeitraum unterscheiden?	S. 396 f.
65.	Welche finanziellen Aktivitäten umfasst die Finanzdisposition?	S. 401
66.	Was bedeutet optimale Liquidität?	S. 401
67.	Welche Ziele verfolgen Cash-Management-Systeme?	S. 403
68.	Beschreiben Sie das Cash-Pooling!	S. 404
69.	Was bedeutet „Netting"?	S. 404

I. Kurzfristige Außenhandelsfinanzierung

1. Wesen

1.1 Importfinanzierung

Bei der kurzfristigen Importfinanzierung werden dem Importeur Finanzierungsmittel für einen kurzfristigen Zeitraum zur Finanzierung des Wareneinkaufs oder zum Erwerb von Dienstleistungen und Rechten zur Verfügung gestellt.

Die Importfinanzierung beginnt im Warengeschäft vielfach für den Importeur mit der Beauftragung eines Kreditinstituts zur Eröffnung eines Akkreditivs zu Gunsten des Exporteurs. Bei kreditwürdigen Kunden verzichtet die Bank auf die Bereitstellung des Akkreditivgegenwertes und gewährt somit dem Importeur ein ungesichertes Kreditleihgeschäft.

Bei einem **Kreditleihgeschäft** gibt die Bank im Auftrag ihres Kreditnehmers auf der Grundlage ihrer Bonität und eigenen Kreditwürdigkeit ein Zahlungsversprechen zu Gunsten eines Dritten ab, das sie verpflichtet zu leisten, wenn bestimmte Voraussetzungen erfüllt sind (z. B. Vorlage akkreditivkonformer Dokumente). Die Bank erleichtert so die Geschäftsabwicklung und sichert mit ihrem guten Ruf die Einlösung der Dokumente, stellt aber keine liquiden Mittel zur Verfügung, da der Importeur entsprechend dem Auszahlungstermin belastet wird.

Beim **Geldleihgeschäft** stellt die Bank dagegen Buchgeld oder Zahlungsmittel mit einer festgelegten Rückzahlungsvereinbarung zur Verfügung (z. B. Kontokorrentkredit, Lombardkredit).

Die **Importvorfinanzierung** umfasst den Zeitraum des Kreditleihgeschäfts von der Akkreditiveröffnung bis zur Einlösung der Dokumente während oder nach Beendigung des Transports. Sie kann auch die Refinanzierung von An- und Zwischenzahlungen des Importeurs für den Wareneinkauf miteinbeziehen. Diese Vorleistungen selbst sind Importeurkredite als Beschaffungskredite an den Exporteur, die der Refinanzierung des Exporteurs dienen.

Häufig wünscht der Importeur auch eine **Anschlussfinanzierung** nach Vorlage der Dokumente bis zum Weiterverkauf der Ware, sofern sich diese nicht schon aus den Zahlungsbedingungen ergibt. Die Importanschlussfinanzierung wird so vielfach auf einem Lieferantenkredit des Exporteurs beruhen. Gewährt der Exporteur jedoch kein Zahlungsziel, kann das Kreditinstitut die gesamte Importfinanzierung übernehmen.

Eine weitere Möglichkeit der Importfinanzierung stellt das *Finetrading* dar. Beim Finetrading kauft das Finetradingunternehmen die Ware auf eigene Rechnung vom Exporteur. Die Ware wird jedoch an den eigentlichen Importeur geliefert. Die Konditionen und ggfs. Skonto hat der eigentliche Importeur mit dem Exporteur vereinbart. Der Finetrader bezahlt den Exporteur und erhält nach einer Laufzeit von 30 bis 180 Tagen wiederum das Geld vom Importeur. Voraussetzung ist die positive Kreditprüfung des Importeurs durch den Finetrader.

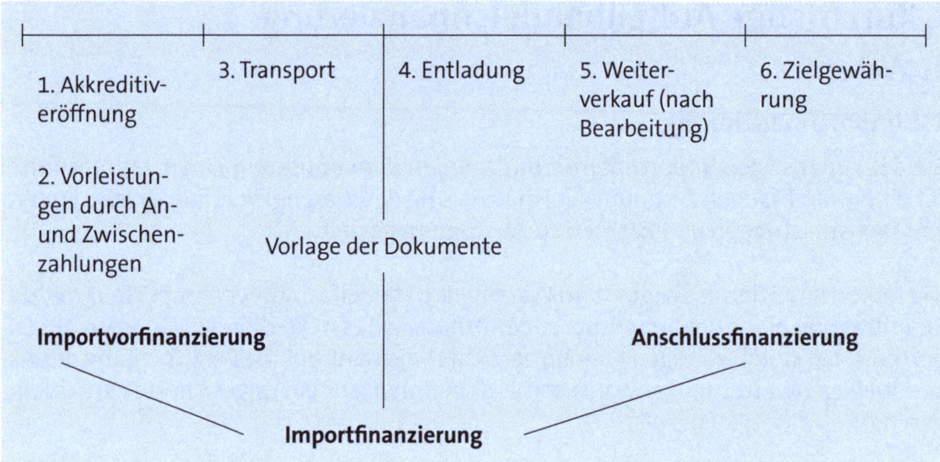

1.2 Exportfinanzierung

Bei der kurzfristigen Exportfinanzierung werden dem Exporteur Finanzierungsmittel für einen kurzfristigen Zeitraum zur Finanzierung der Exportleistung bis zum Zahlungseingang vom Importeur bereitgestellt.

Die Exportfinanzierung im weiteren Sinne beginnt bereits mit der Herstellung bzw. dem Einkauf der zu exportierenden Ware durch den Exporteur und umfasst dann anschließend die Finanzierung der Transportdauer und des Zahlungsziels an den Importeur. Zur Exportfinanzierung gehören auch die Risikodisposition und die Refinanzierung des Exportkredites.

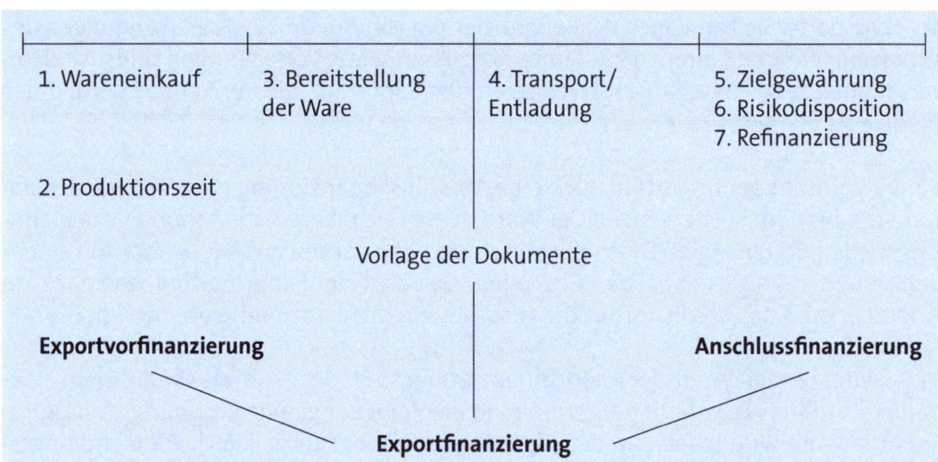

2. Traditionelle Formen der kurzfristigen Außenhandelsfinanzierung

2.1 Wechselkredit und Wechseldiskontkredit

Der **Wechselkredit** ist ein i. d. R. kurzfristiger Kredit im Hinblick auf eine Warenlieferung oder Leistung, bei dem die spätere Zahlung durch die besondere rechtliche Ausgestaltung der Forderungsverbriefung gesichert wird, und der so vielfältige Anwendungsmöglichkeiten im internationalen Wirtschaftsverkehr sowie eine gute Übertragbarkeit erlaubt.

Wechselkredite können als reine Lieferantenkredite vorkommen, bei denen die **Exportforderung wechselrechtlich abgesichert** werden soll. Der Exporteur finanziert dann die Kreditlaufzeit selbst und präsentiert den Wechsel bei Fälligkeit dem Importeur zur Zahlung. In den meisten Fällen wird jedoch der Exporteur eine Refinanzierung seines gewährten Zahlungsziels durch einen Wechseldiskontkredit bei einer Bank anstreben.

Der **Wechseldiskontkredit** ist ein kurzfristiger Kredit von Banken, der dem Wechselinhaber durch den Ankauf von Wechseln vor Fälligkeit bis zum vereinbarten **Wechselobligo** gewährt wird. Der Ankaufsbetrag ergibt sich durch einen prozentualen Abschlag (Diskont) auf die Wechselsumme bezogen auf die Restlaufzeit.

Da der Wechsel ein geborenes Orderpapier ist, das die unbedingte Anweisung des Ausstellers an den Bezogenen enthält, die im Wechsel genannte Geldsumme an die genannte Person oder deren Order zu zahlen, ist der Wechsel ein **abstraktes Forderungspapier**, sodass die Einholung der Wechselsumme unabhängig von der Forderung aus dem Warengeschäft ist.

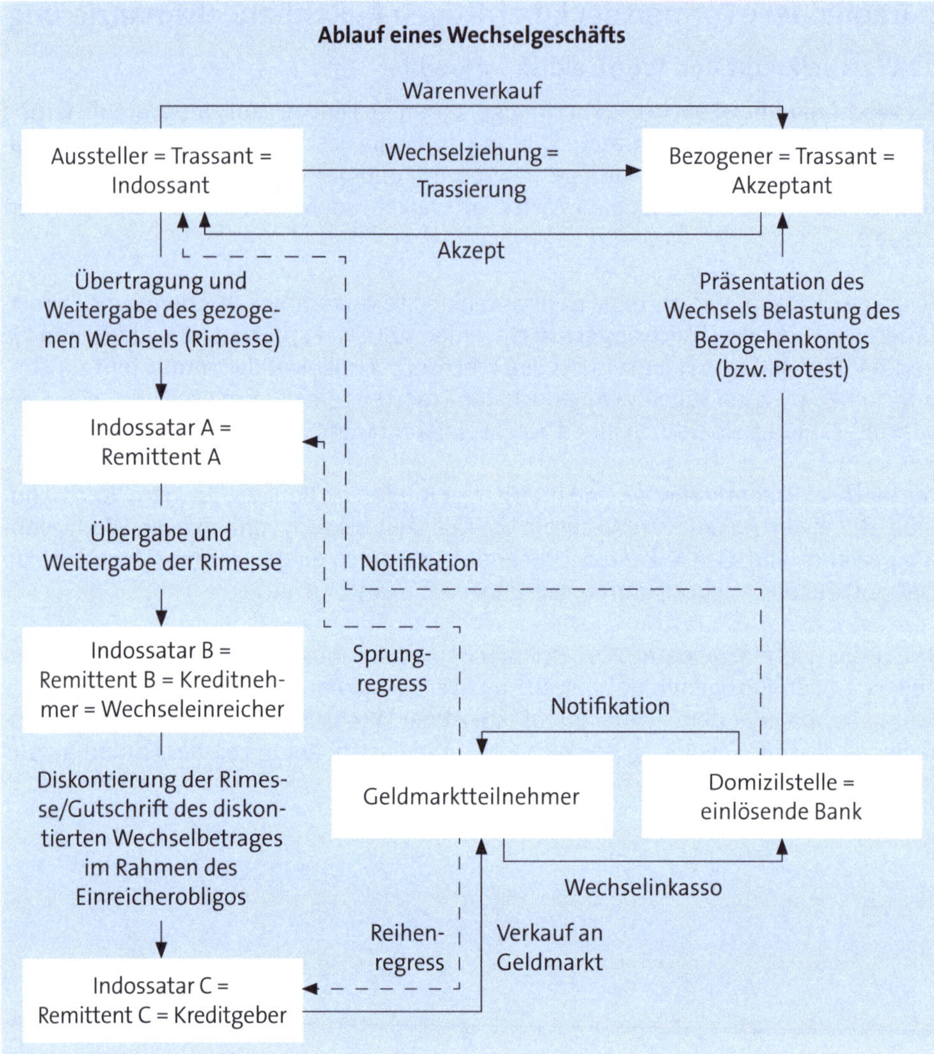

Der Wechsel ermöglicht einerseits dem Importeur ein Zahlungsziel, und andererseits bietet er dem Exporteur eine günstige **Refinanzierungsmöglichkeit**. Aufgrund der internationalen Wechselusancen kann mit einer reibungslosen Abwicklung des Wechselgeschäfts in den meisten Fällen gerechnet werden.

In Deutschland gibt es die Möglichkeit der **Rediskontierung von Wechseln** bei der Bundesbank, wenn bestimmte Voraussetzungen erfüllt sind. Mit dem Übergang der Geldpolitik auf die Europäische Zentralbank Anfang 1999 hat die Bundesbank zwar ihre langjährige Rediskontpolitik eingestellt, doch können Wechsel weiterhin im Rahmen des Refinanzierungsgeschäfts im Europäischen System der Zentralbanken (ESZB) als **Kategorie-2-Sicherheiten** mit besonderer Bedeutung für die nationalen Finanzmärkte zu individuellen Diskontsätzen hereingenommen werden. Auch können Wechsel jederzeit am Geldmarkt gehandelt werden, sodass sie für Banken weiterhin eine rentable Geldanlage und Liquiditätsreserve darstellen können. Die Bedeutung des Wechseldiskontkredites hat jedoch in Deutschland durch diese Neuregelungen erheblich abgenommen.

Im Auslandsgeschäft haben der Wechsel und der Wechseldiskontkredit in vielen Ländern eine wichtige Funktion behalten. Ist der Wechsel in Fremdwährung ausgestellt, kann der Exporteur durch den Wechseldiskontkredit auch gleichzeitig sein Kursrisiko abwälzen.

Für die Festsetzung des **Diskontsatzes** für Wechsel seitens der ankaufenden Geschäftsbank in Bezug auf Auslandsgeschäfte sind vor allem maßgeblich:

- die Kreditwürdigkeit und der Bekanntheitsgrad vom einreichenden Exporteur
- die Kreditwürdigkeit und der Bekanntheitsgrad des Bezogenen
- die Restlaufzeit
- die Wechselsumme
- die Währung
- das Zinsniveau auf dem Interbankenmarkt
- der Ort der Zahlbarstellung
- die Wechselart (Handelswechsel/Finanzwechsel).

Bei **Auslandswechseln** kann der Exporteur wählen, ob er je nach Zinsniveau und Währung den Wechsel nach Akzeptierung von der ausländischen Bank des Importeurs oder von seiner Hausbank diskontieren lassen will. Soll seine Hausbank diskontieren, sind jedoch Postlaufzeiten für den Wechselversand zu berücksichtigen. Unter Umständen bietet sich auch ein Diskont in einem Drittland an.

Die **Berechnung des auszuzahlenden Wechseldiskontkredits** lässt sich wie folgt ermitteln:

$$K_0 = K_n \left(1 - \frac{P}{100} n\right)$$

K_0 = diskontierter Wechselbetrag
K_n = Wechselsumme
p = Diskontsatz in % p. a.
n = Restlaufzeit in Jahren

Beispiel

Ein deutscher Exporteur legt einen Wechsel über 1 Mio. € vor, den er auf einen überseeischen Importeur gezogen hat, und den dieser akzeptiert hat. Die Bank nennt einen Diskontsatz von 6 % p. a. und würde in diesem Fall als so genannte **Respekttage** für den Einzug und als Pauschale für den Inkassoweg zehn Tage zur Laufzeit hinzurechnen. Der Wechsel hat eine Restlaufzeit von sechs Monaten; Kreditwürdigkeit liegt vor.

$$K_0 = 1.000.000 \left(1 - \frac{6}{100} \cdot \frac{190}{360}\right) = \mathbf{968.333,33\ €}$$

Ohne Berücksichtigung von Nebenkosten und Inkassospesen für die Bank, würde sich die nachschüssige **Effektivverzinsung** auf 6,54 % p. a. belaufen.

$$r_{eff} = \frac{(K_n - K_0 + W) \cdot 100}{K_0 \cdot n}$$

$$= \frac{31.666,67 \cdot 100 \cdot 360}{968.333,33 \cdot 180} = \mathbf{6,54\ \%\ p.\ a.}$$

W = sonstige Kosten und Spesen

Die hohe Effektivverzinsung liegt besonders an den zehn Respekttagen (vgl. der beiden Formeln in denen einmal mit 190 Tagen und einmal mit 180 Tagen gerechnet wird. Werden beide mit 180 Tagen gerechnet, ergibt sich ein Effektivzins von 6,19 %).

Der Unterschied zwischen dem Diskontsatz von 6 % und dem höheren Effektivzins von 6,19 % ist durch die vorfällige Zahlung der Zinsen verursacht.

Da der Wechsel bereits nach sechs Monaten fällig ist, kann die **Unterjährigkeit** mittels folgender Formel berücksichtigt werden:

$$\left[\left(1 + \frac{i}{m}\right)^n - 1\right] \cdot 100 = r_u = \text{Effektivzinssatz bei Berücksichtigung der Unterjährigkeit}$$

$$i = \frac{r_{eff}}{100}$$

m = Anzahl der unterjährigen Perioden im Jahr

$$r_u = \left[\left(1 + \frac{0{,}0619}{2}\right)^2 - 1\right] \cdot 100 = \mathbf{6{,}2858\ \%\ p.\ a.}$$

2.2 Akzeptkredit

Der Akzeptkredit ist ein kurzfristiger Kredit von Banken, der dem Kreditnehmer durch **Akzeptierung von auf die Bank gezogenen Wechseln** unter der Bedingung gewährt wird, dass der Gegenwert des Akzeptkredites vor Fälligkeit (i. d. R. zwei Banktage) dem Kreditgeber zur Verfügung gestellt wird. Liegt dem Akzeptkredit ein Handelsgeschäft zu Grunde, spricht man von einem Handels- oder Kreditakzept, sonst von einem Finanzakzept.

Der Akzeptkredit ist ein **Kreditleihgeschäft**, da die Bank zur besseren Geschäftsabwicklung ihre eigene Kreditwürdigkeit und ihren Bekanntheitsgrad zur Verfügung stellt.

Die Bedeutung des Akzeptkredits liegt im Rahmen der Exportfinanzierung vor allem darin, dass erst durch das Bankakzept der Exporteur in der Lage ist, einen Wechseldiskontkredit zu erhalten, wenn es sich um unbekannte Importeure handelt; Außenhandelswechsel werden darum bevorzugt auf die Bank des Importeurs gezogen und nicht auf diesen selbst, weil damit die **Geldmarktfungibilität** des Wechsels erheblich steigt.

Der Akzeptkredit kann auch zur Importfinanzierung verwendet werden, indem der Importeur den auf seine Bank gezogenen Wechsel selbst bei dieser oder einer anderen (zinsgünstigen) Bank diskontieren lässt und aus dem Diskonterlös den Exporteur sofort bezahlt. Durch den Verzicht auf den Lieferantenkredit des Exporteurs kann der Importeur ggf. einen günstigeren Kaufpreis erreichen.

Die **Akzeptprovision** beträgt ca. 0,5 - 3 % p. a. je nach Handelsgeschäft und Bonität des Akzeptkreditnehmers. Andererseits verbilligt sich aber auch der Wechseldiskontkredit um etwa 2 - 4 % p. a., da Bankakzepte aufgrund ihrer Bonität zu niedrigen Diskontsätzen gehandelt werden.

Nicht selten diskontiert die akzeptleistende Bank die Wechsel gleich selbst und schreibt dem Begünstigten den Betrag gut.

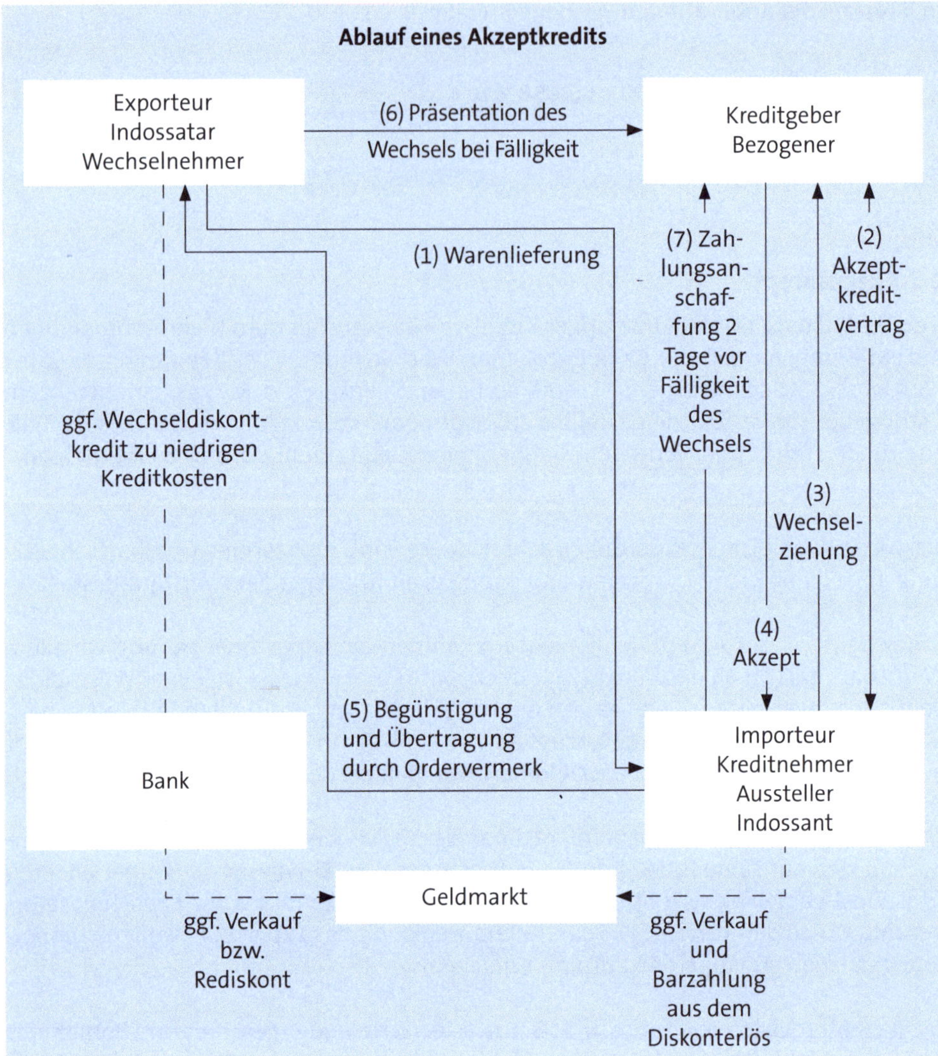

2.3 Lombardkredit

Der Lombardkredit ist ein kurzfristiger, auf einen festen Betrag lautender Kredit, der durch **Verpfändung marktgängiger beweglicher Sachen** oder durch Verpfändung von Rechten gesichert wird. Es handelt sich hier um einen Buchkredit ohne Prolongation und wechselnde Inanspruchnahme, der in Bezug auf ein fest abgeschlossenes Handelsgeschäft eingeräumt wird. Seine Höhe ist abhängig vom Beleihungswert des Pfandgegenstandes.

Das Hauptproblem des Warenlombards ist die Verwirklichung des Faustpfandprinzips, also die dingliche Übergabe, sodass heute an seine Stelle vielfach die Sicherungsübereignung getreten ist. Dennoch hat der Warenlombard eine gewisse Bedeutung in den Fällen behalten, in denen **handelsrechtliche Orderpapiere** die Ware verkörpern. Hier kann an die Stelle der Besitzübergabe die Aushändigung der Urkunde treten.

Durch ein Indossament auf einem Traditionspapier zu Gunsten des Kreditgebers (Pfandindossament gem. § 1292 BGB) wird die körperliche Besitzverschaffung vermieden. Häufig wird aber auch blanko-indossiert.

Beim Importgeschäft wählt man den Lombardkredit häufig bei Getreide, Kaffee, Tabak, Kupfer, Zink und anderen Rohstoffen. Beim **Importvorschuss** im Rahmen der Importgesamtfinanzierung durch eine Bank kann eine Beleihung der Dokumente bis zu 100 % des Einstandspreises bei guter Marktgängigkeit und Preisfestigkeit der Ware erfolgen. Transportdauer und Einlagerung bis zum Weiterverkauf können so finanziert werden. Sicherheit für die Bank ist dann der Differenzbetrag zum Verkaufspreis des Importeurs als handelsüblicher Preis im Inland. Als Kreditsicherheit dient während der Transportdauer das Konnossement und später bis zum Verkauf der Lagerschein.

Beim **Transithandel** gibt der Transithändler die jeweiligen Dokumente aus dem Wareneinkauf und später aus dem Versand als Sicherheit für die Transithandelsfinanzierung.

Die **Befriedigung** bei börsengängigen Rohstoffen und Nahrungsmitteln ist relativ einfach durch freihändigen Verkauf gem. § 1221 BGB möglich. Ansonsten ist eine öffentliche Versteigerung erforderlich. Voraussetzung für die Verwertung ist immer die Androhung des Verkaufs mit Nennung der offenen Forderungshöhe (Pfandreife § 1234 BGB) und eine Wartefrist von einem Monat nach Androhung.

Beim **Exportvorschuss** erhält der Exporteur bei Einreichung der Dokumente nach Warenversand einen Lombardkredit bis zur Bezahlung durch den Importeur. Der Exportvorschuss ist vor allem bei Inkassodokumenten anzutreffen, wobei die Hausbank die blanko-indossierten Dokumente entweder im Rahmen eines **Globalvorschusses** oder als **Einzelvorschuss** beleihen kann. Beim Globalvorschuss wird im Rahmen einer Kreditlinie bis zu 85 % des Inkassobestandes bevorschusst, während die Abwicklung beim Einzelvorschuss im Rahmen eines einmaligen Lombardkredites erfolgt.

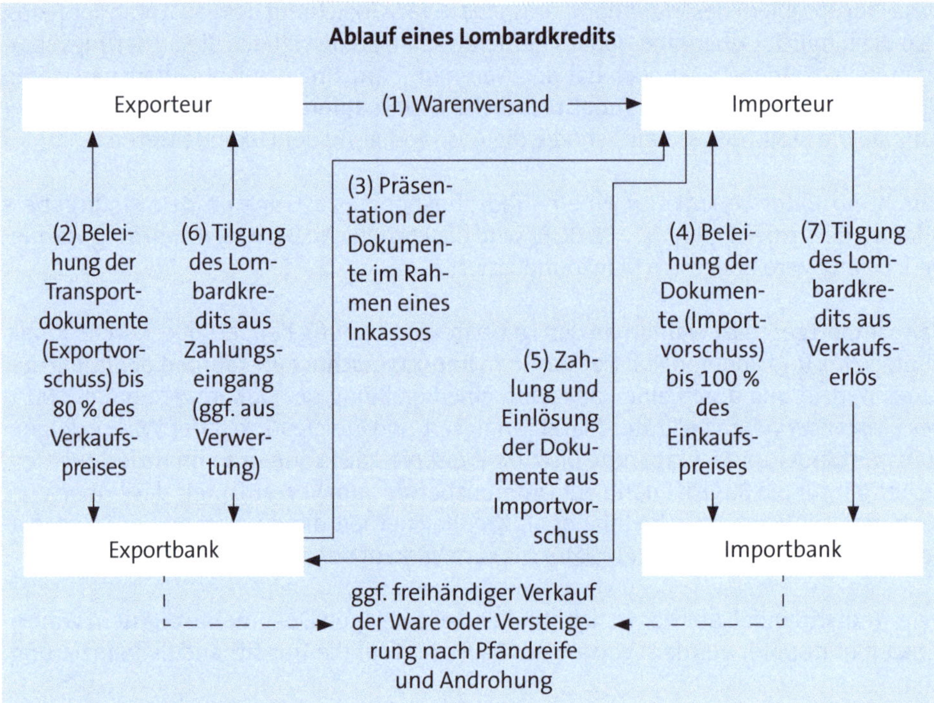

2.4 Rembourskredit

Der Rembourskredit ist ein **kurzfristiger Akzeptkredit auf Dokumentenbasis** im Außenhandel, den ein Kreditinstitut im Rahmen eines Akkreditivs dem Importeur unter eigenem Obligo oder dem einer dritten Bank (Remboursbank) gegen Übergabe akkreditivkonformer Dokumente gewährt mit der Bereitschaft, dem Exporteur **unter Diskontierung dieses Wechsels** den Gegenwert auszuzahlen. Der Rembourskredit ist somit eine Kombination aus

- Akkreditiv
- Akzeptkredit
- Wechseldiskontkredit.

Rembourskredite haben die besondere Eigenschaft, das Außenhandelsgeschäft sowohl für den Importeur als auch für den Exporteur zu finanzieren. Sie finden in verschiedenen Varianten zur Finanzierung des gesamten Außenhandelsgeschäfts bis zum Zahlungseingang vom Importeur Verwendung und dienen dem Exporteur sowohl zur Zahlungssicherung als auch zur Refinanzierung seines dem Importeur eingeräumten Zahlungsziels. Rembourswechsel stellen für die Geldmarktteilnehmer aufgrund ihrer hohen Bonität eine gute Liquiditätsreserve dar.

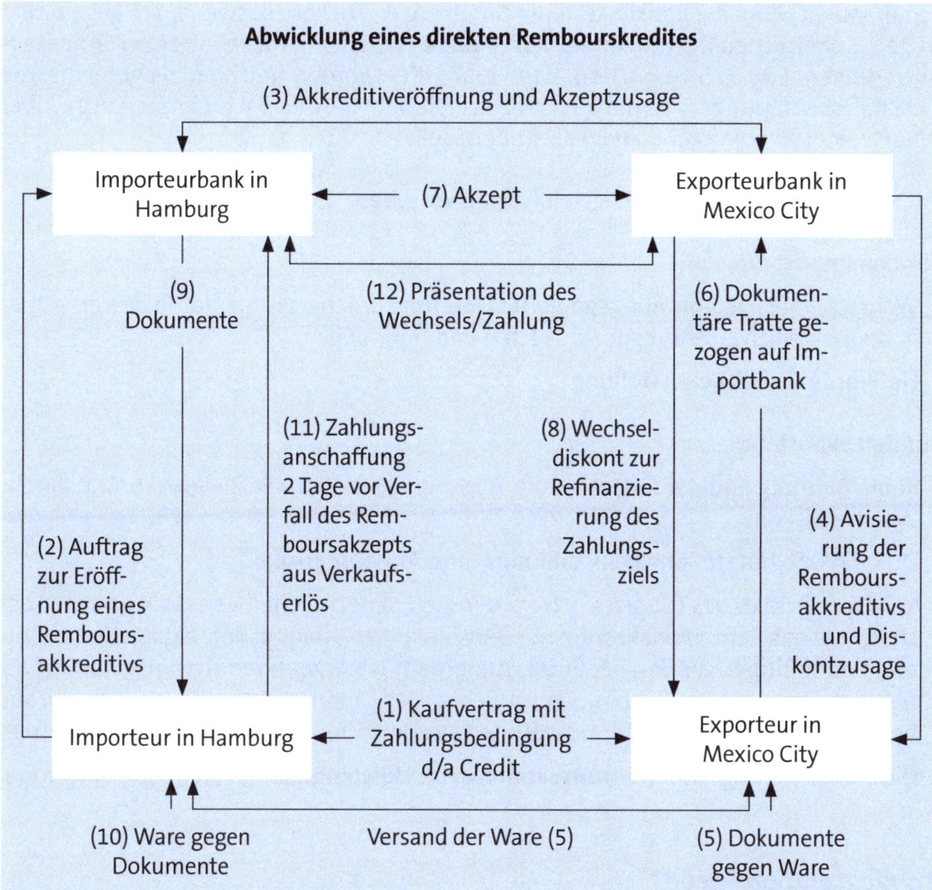

Der Rembourskredit ist als **direkter** Rembourskredit mit vier Beteiligten und als **indirekter** Rembourskredit mit fünf oder sechs Beteiligten anzutreffen. Ein 5. Beteiligter wird als **Remboursbank in einem Drittland** benötigt, wenn zwischen den beteiligten Hausbanken von Exporteur und Importeur keine Kontokorrespondenzverbindungen bestehen oder die Bank des Importeurs im Exportland unbekannt, nicht ausreichend kreditwürdig oder durch politische Risiken nicht unbedingt zahlungsfähig ist.

Der indirekte Rembourskredit findet auch dann Verwendung, wenn in Drittwährung fakturiert wurde (z. B. deutscher Exporteur schließt einen Kaufvertrag mit einem mexikanischen Importeur auf US-Dollar-Basis, Remboursplatz New York).

Durch Einschaltung eines 6. Beteiligten als Diskontbank in einem dritten Land, können dort herrschende niedrige Zinsverhältnisse in Anspruch genommen werden. Früher wählte man deshalb London gerne als **Diskont- und/oder Remboursplatz**, doch können heute alle wichtigen Finanzplätze diese Funktionen übernehmen.

Bei der Einbeziehung von Remboursbanken und Zahlstellen im Zusammenhang mit Akkreditiven hat sich im Laufe der Zeit ein einheitlicher Regelungsbedarf für die Geschäftsabwicklung der Banken untereinander ergeben. Diese notwendigen Regeln sind in den **Einheitlichen Richtlinien für Rembourse** zwischen Banken unter Dokumentenakkreditiven (ERR 725 vom 01.10.2008) erarbeitet worden und sind als gemeinsame Geschäftsbedingungen für die Banken zu verstehen, die die ERA ergänzen sollen, aber ihnen keineswegs vorgehen oder sie ändern sollen.

Für Rembourskredite ergeben sich folgende **Vorteile:**

Für den Importeur:

- Wahrscheinlichkeit **ordnungsgemäßer Lieferung** durch dokumentären Beweis seiner in der Akkreditiveröffnung formulierten Bedingungen.
- **Lieferantenkreditbereitstellung**.

Für den Exporteur:

- **Keine Bindung liquider Mittel** für die Transportdauer und die Zielgewährung durch-Wechseldiskont.
- Durch Akkreditivstellung **kein Zahlungs- und Annahmerisiko**.
- **Kein Kreditrisiko** des Exporteurs trotz der wechselrechtlichen Verpflichtung als Aussteller, da das Remboursakzept einer Bank auch bei Zahlungsunfähigkeit des Importeurs endgültige Zahlung bedeutet. Außerdem ist Akzeptkreditnehmer der Importeur. Ist die Remboursbank noch im Besitz der Dokumente, kann sie sich daraus befriedigen, ansonsten unter Umständen aus dem Kreditvertrag mit dem Importeur.
- Die **Diskontierung** kann **währungskonform** und **kostengünstig** durchgeführt werden.

2.5 Negoziationskredit

Der Negoziationskredit ist ein **kurzfristiger Trattenankaufskredit** einer Bank, die sich aufgrund der von der Importbank im Auftrag des Importeurs gegebenen Ermächtigung zur Wechselziehung (auf sie) bzw. Verpflichtung zur Akzepteinholung vom Importeur bereit erklärt, vom Exporteur ausgestellte Tratten mit den entsprechenden Dokumenten zu negoziieren (anzukaufen). Die Exportbank gewährt diesen Kredit aufgrund der Verpflichtungserklärung der Importbank, die Tratten von jedem gutgläubigen Inhaber zu honorieren.

Der Negoziationskredit baute ursprünglich auf dem Commercial Letter of Credit auf. Er bringt dem Exporteur den Vorteil, nicht nur Tratten ziehen zu dürfen und auf den Zahlungseingang zu warten, sondern gleich die dokumentäre Tratte verkaufen zu können unter Abzug einer **Negoziierungsprovision** für die Bank.

Seitdem der CLC in die ERA einbezogen worden ist, gleicht sich vor allem die banktechnische Abwicklung von Negoziationskredit und Rembourskredit immer mehr an. Zunehmend sind Banken auch im Rahmen eines Rembourskredits bereit, die Tratte vor Akzeptleistung der Remboursbank anzukaufen. Andererseits verliert der Negoziationskredit durch seine Bestätigung bei einer Bank im Land des Exporteurs i. d. R. seine freie Negoziierbarkeit.

Heute kann sich im Allgemeinen ein Negoziationskredit auf den **Ankauf von Außenhandelsdokumenten mit oder ohne Tratte** und **unabhängig von der Zahlungsbedingung** beziehen. So kann ein Kreditinstitut bei der Zahlungsbedingung d/p Inkasso ebenso bereit sein zur Negoziierung der Dokumente wie bei einem d/a Credit. Die Negoziierung im weiteren Sinne ist zu einem relativ unabhängigen Exportkredit geworden ohne erforderlichen Bezug zur Einlösungszusage der Importbank.

Es ist grundsätzlich zu beachten, dass gemäß ERA ein **Negoziationskredit auf Akkreditivbasis** (Negoziationsakkreditiv oder CLC), wie er dem Rembourskredit vergleichbar ist, nur vorliegt, wenn ein abstraktes Schuldversprechen einer Bank vorliegt, auf sie oder den Importeur gezogene Tratten unwiderruflich zu honorieren (vgl. Art. 1, 2 ERA).

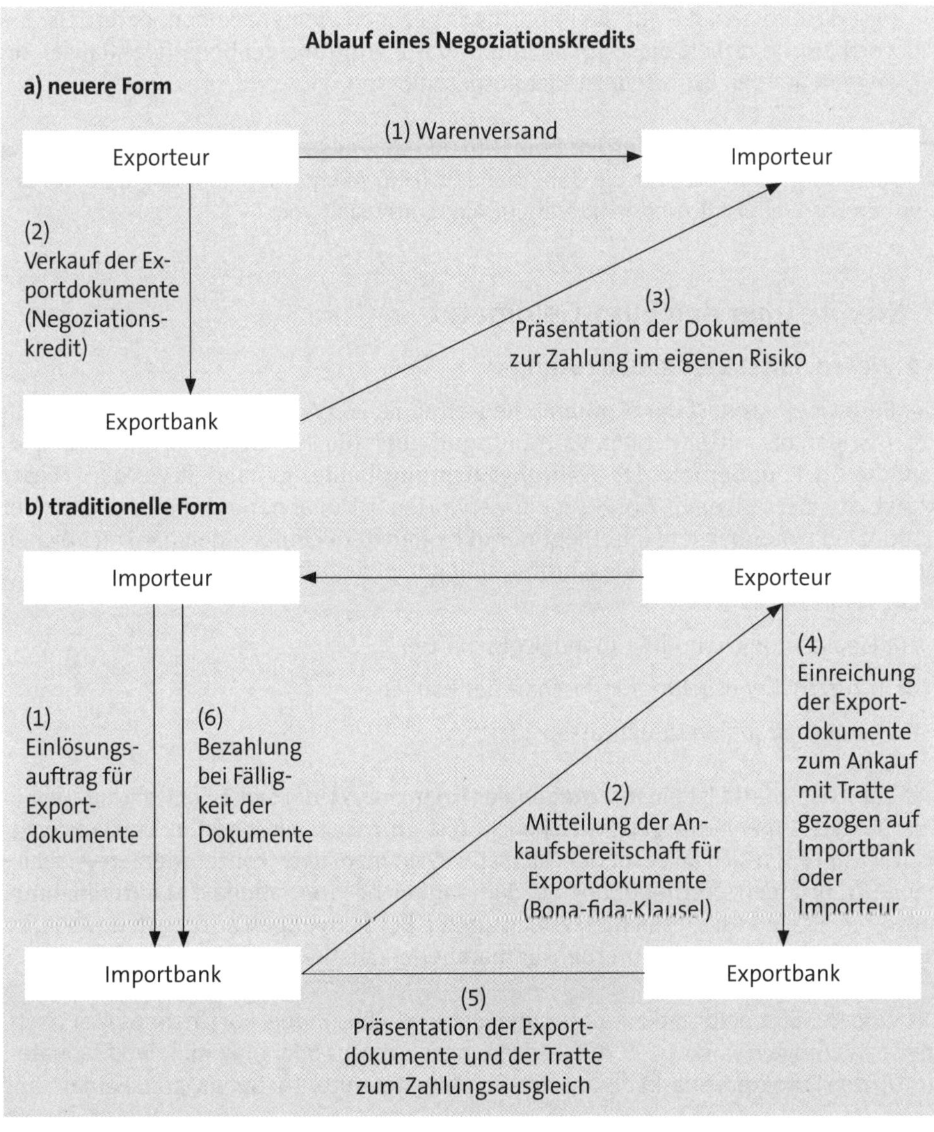

Negoziationskredite werden auch als **Drawing Authorizations** bezeichnet, doch beinhalten diese **Ziehungsermächtigungen** oft nur die Bereitstellung eines Zahlungsweges bzw. einer Refinanzierungsmöglichkeit für den Exporteur, ohne eine konkrete Zahlungsverpflichtung in der Art eines abstrakten Schuldversprechens seitens der Banken zu beinhalten. Es sind im Wesentlichen zwei Formen zu unterscheiden:

1. **Authority to purchase** (Letter of Authority)
   Die Importbank ermächtigt den Exporteur (widerruflich), Tratten auf den Importeur zu ziehen, die eine Bank im Land des Exporteurs im eigenen Risiko negoziieren kann. Der Exporteur bleibt hier oft auch selbst im Risiko.

2. **Order to negotiate**
   Die Importbank verpflichtet sich i. d. R. im Rahmen eines CLC vom Exporteur ausgestellte Tratten, die auf die Importbank gezogen werden, zu honorieren. Die Exportbank negoziiert diese dokumentäre Tratte aufgrund der Bona-fide-Klausel. Ein Regress auf den Exporteur ist hier ausgeschlossen.

Während es sich bei der ersten Form nur um den Hinweis auf einen Zahlungsweg ohne Verpflichtungscharakter für die Bank handelt (kein Akkreditiv), liegt dagegen bei der zweiten Form ein Negoziationskredit auf Akkreditivbasis vor.

3. Kredite über den Euro-Geldmarkt

3.1 Wesen, Entstehung, Bedeutung

Der Euro-Geldmarkt ist der ökonomische Treffpunkt von Angebot und Nachfrage nach kurzfristigen bis mittelfristigen Währungsguthaben (Buchgeld) und Geldmarktpapieren, die i. d. R. **außerhalb des Währungsursprungslandes** gehandelt werden. Dieser Markt ist einem eigenen Zinsgefüge unterworfen, ist unabhängig von der Politik der nationalen Notenbanken, unterliegt nur in begrenztem Umfang den bankrechtlichen und aufsichtsbehördlichen Vorschriften und genießt umfangreiche Steuervorteile. Er dient vor allem

- zur Finanzierung von Außenhandelsgeschäften
- dem kurzfristigen Geldmarktgeschäft der Banken
- dem internationalen Liquiditätsausgleich.

Der Euro-Geldmarkt ist ein **internationaler Finanzmarkt**, der seine Entstehung zwar in Europa hatte, aber heute geografisch nicht fest umrissen werden kann. Er ist ein weltweiter Markt, der sich an besonders attraktiven Finanzplätzen konzentriert, in verschiedenen Währungen stattfindet und auf dem zahlreiche internationale Marktteilnehmer auftreten. Es sind für diesen Markt auch andere Bezeichnungen anzutreffen wie Euro-Dollar-Markt, Xeno-Markt, Interbankenmarkt oder Offshore-Markt.

Oft wird der Eurogeldmarkt weiter unterteilt in ein besonders kurzfristiges Marktsegment als Eurogeldmarkt i. e. S. mit Laufzeiten bis zu sechs oder maximal zwölf Monaten und in den **Eurokreditmarkt** als anschließendes eher mittelfristiges Marktsegment mit

Laufzeiten bis zu vier Jahren. Daneben gibt es noch den Euro-Kapitalmarkt als langfristiges Marktsegment.

Auf dem Euro-Geldmarkt werden Währungsguthaben außerhalb des Währungsursprungslandes gehandelt. Als Euro-Dollar (bzw. Euro-Franken, Euro-Yen usw.) werden deshalb Dollar-Währungsguthaben bezeichnet, die auf Finanzplätzen außerhalb des US-amerikanischen Währungsgebietes als i. d. R. kurzfristige Kredite von ausländischen, aber auch amerikanischen Banken inländischen oder ausländischen Kreditnehmern angeboten werden. US-Dollar werden zu **Euro-Dollar**, wenn sie in ausländischen Besitz kommen und zum Gegenstand eines regelmäßigen Handels werden.

Werden die Fremdwährungsguthaben mehrmals übertragen, wird von einer **Eurokreditkette** gesprochen, die erst endet, wenn das Guthaben zu Zahlungszwecken abgerufen wird oder die Beträge in das Währungsursprungsland zurückfließen. Da es sich bei diesen Transaktionen um reine Buchungsvorgänge handelt, wird der Eurogeldmarkt auch als **Kontenmarkt** bezeichnet.

Beispiel

Ausgangsbasis ist die Lieferung eines deutschen Exporteurs an einen amerikanischen Importeur fakturiert in Dollar. Die Devisen aus diesem Geschäft als Forderung an eine amerikanische Bank tauscht der Exporteur bei einer deutschen Bank in Inlandswährung. Dadurch erhält die deutsche Bank die Dollarforderung an die amerikanische Bank. Die deutsche Bank legt nun ihre auf Dollar lautende Forderung an die Bank in New York als Termineinlage bei einer französischen Bank an, die einen Teil des Dollarbetrages einer schweizer Bank überträgt. Die Schweizer Bank gibt schließlich die Dollarforderung an einen schweizer Importeur weiter, der damit seine Verbindlichkeiten aus einem Warengeschäft mit einem amerikanischen Unternehmen begleicht.

Kennzeichnend ist dabei, dass die Dollar die USA nie tatsächlich verlassen haben, sondern dass lediglich Buchforderungen übertragen worden sind.

Verbindlichkeiten des US-Importeurs	
Bezahlung der Rechnung 100 (2)	Verbindlichkeiten gegenüber dem deutschen Exporteur 100 (1)

Forderungen des deutschen Exporteurs	
Forderung an US-Importeur 100 (1)	Begleichung der Forderung des US-Importeurs 100 (3)
Forderung an US-Bank 100 (3)	Abtretung der US-Dollar-Forderung an eine deutsche Bank 100 (4)
Forderung an deutsche Bank 100 (4) ggf. konvertiert	

US-Bank

	Guthaben des deutschen Exporteurs 100 (2)

Forderungen des deutschen Exporteurs

Dollar-Forderung an US-Bank 100 (5)	Guthaben des deutschen Exporteurs 100 (5)
Terminforderung an französische Bank, ggf. konvertiert 100 (6)	Übertragung der Dollar-Forderung an französische Bank 100 (6)

französische Bank

Dollar-Forderung an US-Bank 10 (7)	Termineinlage der deutschen Bank 100 (7)
Terminforderung an schweizer Bank 60 (8)	Übertragung der Dollar-Forderung an schweizer Bank 60 (8)

schweizer Bank

Dollar-Forderung an US-Bank 60 (9)	Termineinlage der französischen Bank 60 (9)
Kredit an schweizer Importeur 60 (10)	Übertragung der Dollar-Forderung an schweizer Importeur 60 (10)

schweizer Importeur

Dollar Forderung an US-Bank 60 (11)	Verbindlichkeiten an schweizer Bank ggf. konvertiert 60 (11)
Bezahlung der Rechnung 60 (13)	Dollar-Verbindlichkeit an US-Exporteur 60 (12)
	Übertragung der US-Dollar-Forderung an US-Exporteur 60 (13)

US-Exporteur

Dollar-Forderung an schweizer Importeur 60 (12)	Rechnungseingang vom schweizer Importeur 60 (14)
Dollar-Guthaben bei US-Bank 60 (14)	

Endsituation:

Guthaben des deutschen Exporteurs (bei der deutschen Bank)	100
Verbindlichkeiten der US-Bank nach mehrfachem Gläubigerwechsel	100
Dollarforderung der französischen Bank	40
Verbindlichkeiten der französischen Bank aus der Termineinlage der deutschen Bank	40
Kreditaufnahme des schweizer Importeurs	60
Dollar-Guthaben des US-Exporteurs	60

Die Dollarguthaben der französischen Bank und des US-Exporteurs entsprechen der Dollar-Verbindlichkeit der US-Bank. Verfügbare Eurodollar hat nur noch die französische Bank in Höhe von 40.

Der **Ursprung des Euro-Geldmarktes** wird verschiedenen Ursachen zugesprochen, die insgesamt gesehen die heutige Bedeutung dieses Marktes hervorgerufen haben:

- Die USA hatten als Weltreservewährungsland seit Ende der 50er-/Anfang der 60er-Jahre ein zunehmendes Handelsbilanzdefizit, was zu erheblichen Dollarguthaben von Ausländern führte.
- Europäische Banken boten den Inhabern dieser Dollarguthaben höhere Zinsen verglichen mit dem US-Markt, weil in den USA Zinshöchstgrenzen auf der Basis der so genannten Regulation Q staatlich festgesetzt worden waren.
- Aus politischen Gründen ließen die Russen ihre US-Dollar-Guthaben auf eigens dafür gegründete Banken in Europa übertragen und liehen sie von dort als Dollarkredite wieder aus (Banque Commerciale pour l'Europe du Nord, Paris und Moscow Narodny Bank, London).

Auch heute noch sind die **USA** ein **Handelsbilanzdefizitland**. Die Bestände an Dollarforderungen bei Ausländern, vor allem auch in China und Japan, sind weiter angestiegen. Daneben gibt es aufgrund der internationalen Banktätigkeit eine **Vielzahl von Fremdwährungskonten**, nicht zuletzt um die Auslandstätigkeit der Unternehmen zu verbessern, sodass eine Fremdwährungskreditgewährung heute zum Tagesgeschäft gehört. Seine große Bedeutung hat der Euro-Geldmarkt jedoch vor allem durch die besonders günstigen Rahmenbedingungen auf verschiedenen Finanzplätzen erreicht.

Wichtigster **Finanzplatz** ist immer noch der internationale Finanzplatz London. Eine sehr große Bedeutung hat auch Luxemburg. Daneben sind wichtige Plätze Zürich, Brüssel, Paris, Frankfurt und Amsterdam. Auch außereuropäische Finanzplätze haben große Bedeutung wie insbesondere Hongkong, Tokio und Singapur (Asia-Dollarmarkt) oder die Bahamas, Bermuda, Barbados, Niederländische Antillen u. a. (Offshore-Finanzplätze) sowie New York.

London bezieht seine Bedeutung vor allem aus der traditionellen Konzentration von zahlreichen Finanzinstituten in der „City of London", die früher vorrangig aus den ehemaligen Kolonialgebieten stammten, heute aber auch aus vielen anderen Ländern kommen, sowie aus dem Umstand einer schon sehr frühzeitigen Freizügigkeit im Geld- und Kapitalverkehr für Gebietsfremde. Wie sich der Finanzmarkt London aufgrund des Brexits entwickeln wird, ist noch nicht abzusehen. Einige Banken werden oder haben ihr Geschäft schon auf andere Finanzplätze verlagert.

Der Finanzplatz **Luxemburg** ist erst in den letzten vier Jahrzehnten wegen seiner großzügigen Bankbestimmungen (keine Mindestreserven, strenges Bankgeheimnis, Niederlassungsfreiheit für Finanzinstitute, freier Geld- und Kapitalverkehr, niedrige Steuersätze) gewachsen und hatte sich im Laufe der Zeit vor allem auch zu einem Euro-EUR-Finanzplatz entwickelt, dessen Zukunft schwer abzusehen ist.

Die **Offshore-Finanzplätze** wie z. B. die Bahamas sind teilweise aufgrund der Verlagerungen von US-amerikanischen Finanzgeschäften infolge innerstaatlicher Restriktionen entstanden, teilweise aber auch aufgrund der dortigen günstigen Rahmenbedingungen.

Offshore-Finanzplätze werden aber auch die **monetären Freihandelszonen** vor allem in den USA, in Japan und einigen anderen asiatischen Staaten genannt. Die begriffliche Abgrenzung ist hier nicht sehr scharf, sodass all diese Märkte insgesamt, wo auch immer sie sich geographisch befinden, als Euro-Geldmarkt bzw. Euro-Finanzmarkt oder internationaler Finanzmarkt bezeichnet werden.

Das **Volumen** dieser Finanzplätze ist wegen der wechselseitigen Verflechtung der Banken und der internationalen Aktivitäten großer Konzerne nicht leicht zu messen. Die Bank für internationalen Zahlungsausgleich (BIZ) in Basel führt seit langem Untersuchungen über diesen Markt durch und beziffert das Volumen auf mehrere Billionen US-Dollar. **Hauptwährung** ist danach weiterhin der US-Dollar. Daneben werden aber auch verschiedene andere Währungen, vor allem Euro, Yen, sfrs und Pfund gehandelt.

Auf dem Euro-Geldmarkt sind heute vor allem die multinationalen Unternehmen, die international tätigen Banken, Staaten meist über ihre Notenbank, große regionale Investoren, Sonderinstitute und supranationale Institute tätig. Ein wesentlicher Teil des europäischen Außenhandels wird über diesen Markt refinanziert.

3.2 Euro-Geldmarktkredite zur Export- und Importfinanzierung

3.2.1 Kurzfristige Euro-Geldmarktkredite

Euro-Geldmarktgeschäfte werden grundsätzlich ohne Sicherheiten und meistens formlos abgewickelt. Reichen die Bonität und das Standing eines Marktteilnehmers nicht aus, übernehmen Banken zu seinen Gunsten eine Garantie (Avalkredit). Bei Unternehmen sind aber auch Negativerklärungen oder bei Töchtern von multinationalen Konzernen Patronatserklärungen anzutreffen.

Kurzfristige Kreditmöglichkeiten sind:

- **Tagesgeld:** Kreditlaufzeit i. d. R. nur ein Tag von 12 Uhr mittags bis 12 Uhr mittags (auch als Overnight-Money bezeichnet)
- **Festgeld:** Kreditlaufzeit festgelegt für einen Zeitraum von üblicherweise höchstens zwei Jahren, in Ausnahmefällen aber auch länger; häufig Vereinbarung von Standardlaufzeiten von 1, 2, 3, 6, 12 oder 18 Monaten
- **Kündigungsgeld:** unbefristete Kreditlaufzeit mit unter Umständen individuellen Kündigungsfristen (auch als Callmoney bezeichnet).

Zur Refinanzierung von Außenhandelsgeschäften dient vor allem das Festgeld als Kredit für die gesamte Kapitalbindungsfrist, z. B. für die Dauer des vom Exporteur eingeräumten Lieferantenkredits, oft verbunden mit einem Devisengeschäft.

Anstelle eines Festzinssatzes für die gesamte Laufzeit können auch **variable Zinssätze** für den Kreditnehmer vereinbart werden, bei denen in kurzen Teilperioden durch den Kreditgeber eine Zinsanpassung erfolgt. Hierbei werden dann nur die Bankenmarge und der Anpassungszeitraum festgelegt. Die jeweilige Anpassung erfolgt dann zum vereinbarten Referenzzinssatz zu Beginn der neuen Teilperiode.

Beispiel

- vereinbarte Bankenmarge 0,5 % p. a.
- Währung US-Dollar
- maßgeblicher Finanzplatz London → LIBOR
- Kreditlaufzeit zwei Jahre
- Zinsanpassung nach jeweils sechs Monaten

LIBOR am 02.03.18 +0,5 % p. a. = 2,725 % p. a.

LIBOR am 03.09.18 +0,5 % p. a. = 3,035 % p. a.

LIBOR am 01.03.19 +0,5 % p. a. = 3,182 % p. a.

LIBOR am 02.09.19 +0,5 % p. a. = 2,524 % p. a.

Grundlage für die **Zinsberechnung bei Euro-Geldmarktkrediten** sind die Angebotssätze unter Banken auf den internationalen Finanzplätzen wie z. B. die „London Interbank Offered Rate (LIBOR)“[1] als kurzfristiger Angebotszins (Briefkurs) auf dem Londoner Finanzplatz, zu dem die Bankenmarge je nach Bonität des Kreditnehmers aufgeschlagen wird. Die Nachfragesätze (Geldkurs) werden als „London Interbank Bid Rate“ (LIBID) bezeichnet, der Mittelkurs aus beiden Sätzen LIMEAN.

Neben der Londoner Notierung gibt es an anderen Finanzplätzen ähnliche Notierungen, die sich aus Angebot und Nachfrage am jeweiligen Tag ergeben (z. B. TIBOR für den Finanzplatz Tokio, SIBOR für den Finanzplatz Singapur oder FIBOR für den Finanzplatz Frankfurt). Mit dem Beginn der EWWU zum 01.01.1999 wurde der FIBOR-Satz vom EURIBOR (European Interbank Offered Rate) abgelöst.

Der EURIBOR ist ein gemeinsamer Referenzsatz der an der EWWU teilnehmenden Länder. Er wird ähnlich ermittelt wie früher der FIBOR-Satz, indem bestimmte (derzeit 18) repräsentative Geschäftsbanken aus der Euro-Zone (darunter 2 deutsche Banken) ihre Briefsätze für verschiedene Laufzeiten an einen Informationsanbieter meldeten, der nach gewissen Modalitäten einen Durchschnittssatz errechnet und veröffentlicht wurde. Darüber hinaus stellt die Europäische Zentralbank eine „Overnight Rate“ auf der Grundlage der effektiven Zinssätze der Referenzbanken für Tagesgeld fest.

So betrugen beispielsweise am 12.01.2007 die Euro-Geldmarktsätze für die regelmäßig notierten Währungen für die Standardlaufzeiten von 1, 2, 3, 6 und 12 Monaten:

[1] Der Libor wird möglicherweise bis Ende 2021 auf alternative Referenzzinssätze umgestellt.

Euro-Geldmarktsätze unter Banken (in Prozent)						
12.01.2007	**Tagesgeld**	**1 Monat**	**2 Monate**	**3 Monate**	**6 Monate**	**12 Monate**
Euro	3,4400 - 3,5400	3,5500 - 3,6300	3,5900 - 3,6700	3,7100 - 3,7700	3,8100 - 3,8700	3,9800 - 4,0800
US $	5,2100 - 5,3300	5,2600 - 5,3400	5,2700 - 5,3300	5,3000 - 5,3600	5,3200 - 5,3700	5,2900 - 5,3700
Pfund	5,2800 - 5,3300	5,3700 - 5,4300	5,3900 - 5,4600	5,4400 - 5,5100	5,6100 - 5,7100	5,7200 - 5,7900
sfr	1,7800 - 1,9000	2,0100 - 2,0900	2,0400 - 2,1200	2,0900 - 2,1700	2,1900 - 2,2700	2,4000 - 2,4900
YEN	0,3000 - 0,4100	0,4300 - 0,5100	0,4800 - 0,5600	0,5200 - 0,6000	0,6000 - 0,6500	0,7400 - 0,7900
kan $	4,1800 - 4,2200	4,2100 - 4,2900	4,2100 - 4,2900	4,2100 - 4,2900	4,2000 - 4,3000	4,2200 - 4,3000
A $	6,0300 - 6,2800	6,1700 - 6,3200	6,2400 - 6,3600	6,2900 - 6,4100	6,3900 - 6,5100	6,5600 - 6,6800
NZ $	7,2000 - 7,5000	7,4700 - 7,5700	7,5200 - 7,6200	7,5700 - 7,6700	7,7000 - 7,8000	7,8500 - 7,9500
HK $	3,6000 - 3,7000	3,8700 - 3,9500	3,8600 - 3,9600	3,8500 - 4,0000	3,9700 - 4,0700	4,0500 - 4,1500
Zloty	3,9100 - 4,0700	3,9500 - 4,1000	3,9500 - 4,1100	3,9500 - 4,1500	4,0600 - 4,2600	4,2600 - 4,4600
SG $	2,6250 - 2,9370	3,4100 - 3,5300	3,4200 - 3,5300	3,4000 - 3,5000	3,4200 - 3,5200	3,1250 - 3,3750
Rand	8,7500 - 9,7500	9,0500 - 9,2500	9,2000 - 9,4000	9,3000 - 9,5000	9,4800 - 9,6800	9,7300 - 9,9300
tsch. Krone	2,4000 - 2,5000	2,4600 - 2,5400	2,4600 - 2,5400	2,5100 - 2,5900	2,6100 - 2,6600	2,7900 - 2,8400
$ = 24 Monate 5,1950 - 5,2250, 36 Monate 5,1350 - 5,1650, € = 24 Monate 4,1360 - 4,1660, 36 Monate 4,1380 - 4,1680, Eonia (Euro) = 3,52 % (11.1.2007), Euribor (Euro) = 1 Mon. 3,61 %, 2 Mon. 3,648 %, 3 Mon. 3,745 %, 6 Mon. 3,876 %, 12 Mon. 4,052 %, Euro-Libor (Euro) = 1 Mon. 3,61 %, 2 Mon. 3,64663 %, 3 Mon. 3,74375 %, 6 Mon. 3,87825 %, 122 Mon. 4,05213 %, Libor ($) = 1 Mon. 5,32 %, 2 Mon. 5,345 %, 3 Mon. 5,36 %, 6 Mon. 5,38313 %, 12 Mon. 5,3675 %						

Ein Euro-Geldmarktkredit wäre z. B. für einen **deutschen Exporteur** vorteilhaft, der einen Lieferantenkredit in Fremdwährung eingeräumt hat und mit der Refinanzierung seiner Kreditgewährung die Absicherung des Kursrisikos verbinden will. Er würde seine Hausbank zur Vermittlung und Garantieübernahme beauftragen, die den Euro-Kredit dann über ihre Tochtergesellschaft auf einem attraktiven Finanzplatz bereitstellt. Der aufgenommene Fremdwährungskredit würde dann zum Kassadevisenkurs konvertiert, wodurch aus dem Termingeschäft ein Bargeschäft wird. Die Rückzahlung des Euro-Kredits erfolgt dann nach Ablauf des Lieferantenkredits aus dem Zahlungseingang in Fremdwährung vom Importeur. Ein Kursrisiko besteht für den Exporteur nach Verkauf der Fremdwährung nicht mehr. Ein Devisentermingeschäft entfällt. Darüber hinaus sind die Euro-Geldmarktzinssätze oftmals günstiger als die Inlandszinssätze. Infolge der Finanzkrise sind die Zinssätze am Euro-Geldmarkt bis Ende 2019 extrem gesunken und lauteten für die wichtigsten Währungen am 24.01.2020 wie folgt:

Eurogeldmarktsätze unter Banken in %												
24.01.2020	**Tagesgeld**		**1 Monat**		**2 Monate**		**3 Monate**		**6 Monate**		**12 Monate**	
EUR	0,00	0,00	-0,32	-0,22	-0,30	-0,20	-0,27	-0,17	-0,22	-0,12	-0,01	0,09
USD	1,65	1,75	1,52	1,77	1,63	1,88	1,65	1,90	1,67	1,92	1,89	2,105
GBP	0,40	0,60	0,59	0,79	0,59	0,79	0,61	0,81	0,63	0,83	0,68	0,88
CHF	-1,00	-0,85	-0,73	-0,58	-0,70	-0,55	-0,70	-0,55	-0,68	-0,53	-0,65	-0,5
JPY	-0,40	-0,25	-0,22	-0,07	-0,19	-0,04	-0,23	-0,08	-0,23	-0,03	-0,21	-0,01
CAD	1,30	1,55	1,68	1,93	1,71	2,00	1,72	1,97	1,69	1,94	1,69	1,935
AUD	0,50	0,70	0,65	0,85	0,70	0,90	0,74	0,94	0,76	0,96	0,88	1,08
NZD	0,50	0,70	0,86	1,06	0,95	1,15	1,01	1,21	1,08	1,28	1,24	1,44
PLN	0,90	1,10	1,13	1,33	1,25	1,45	1,35	1,55	1,48	1,68	1,64	1,84
SGD	1,00	1,25	1,13	1,38	1,14	1,39	1,15	1,40	1,16	1,41	1,19	1,44
ZAR	6,00	6,25	6,29	6,54	6,35	6,60	6,49	6,74	6,59	6,84	6,67	6,92
CZK	1,00	1,25	1,37	1,62	1,42	1,67	1,45	1,70	1,55	1,80	1,58	1,83

Ablauf eines Euro-Geldmarktkredits zur Exportfinanzierung

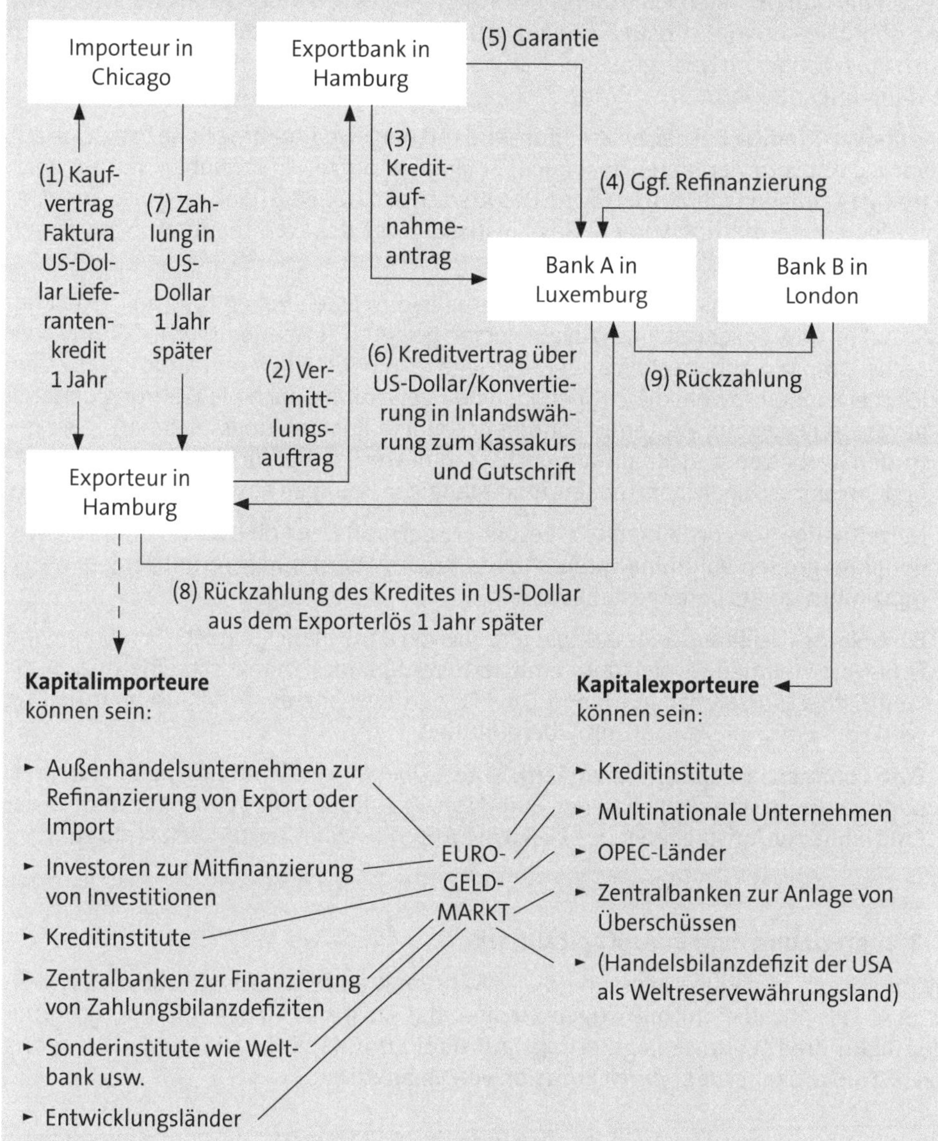

Euro-Geldmarktkredite können auch für einen deutschen Importeur vorteilhaft sein. Fakturiert er in einer weichen Währung, nimmt er zur Bezahlung des Bargeschäfts einen Euro-Geldmarktkredit auf, den er aus dem späteren eigenen Verkaufserlös in harter Inlandswährung zu einem günstigeren Devisenkurs zurückzahlen kann.

Aufgabe 27 > Seite 554

3.2.2 Mittelfristige Euro-Geldmarktkredite

Neben den kurzfristigen Finanzierungsformen gibt es am Euro-Geldmarkt eine Reihe von überwiegend mittelfristigen Finanzierungsmöglichkeiten, die im Einzelfall jedoch auch kurzfristiger oder langfristiger Natur sein können. Hierbei handelt es sich vor allem um folgende Formen:

- **Roll-over-Kredite:** Bei diesen Krediten wird mit dem Kreditnehmer eine feste Laufzeit von i. d. R. bis zu vier Jahren aber auch für längere Laufzeiten vereinbart, die aus kurzfristigen Einlagen refinanziert wird. Das Kreditrisiko trägt die Bank, sie muss für rechtzeitige Refinanzierung sorgen. Das Zinsrisiko trägt der Kreditnehmer, er muss den Marktzins bei Ablauf der Teilzeit akzeptieren.

  Der Kreditnehmer hat bei dieser Finanzierungsform einen hohen Grad an Flexibilität. So hat er die Möglichkeit, nach Ablauf der festgelegten Zinsperiode von i. d. R. drei oder sechs Monaten entsprechend der Marktlage eine neue Zinsvereinbarung zu treffen. Hierbei können sowohl die Zinsperioden neu gewählt als auch die Währung optional gewechselt werden. Weiterhin können besondere Rückzahlungsvereinbarungen getroffen werden oder ein Kreditrahmen bestimmt werden, der für eine jeweilige Zinsperiode zu unterschiedlichen, runden, marktgängigen Beträgen ausgenutzt werden kann.
- Mittelfristige **Konsortialkredite** inbesondere bei größeren Roll-over-Krediten, die wegen ihrer großen Volumina von mehreren Kreditgebern durch Vermittlung eines Finanzintermediärs bereitgestellt werden.
- **Euro-Notes-Facilities:** Geldmarktpapiere, die von Banken für staatliche Schuldner und Großunternehmen revolvierend emittiert werden, und so faktisch eine mittel- bis langfristige Laufzeit haben können. Das Platzierungsrisiko der Anschlussfinanzierung wird vom Emissionskonsortium übernommen.
- **Euro Commercial Paper, Medium Term Notes:** Überwiegend mittelfristige Geldmarktpapiere, die im Unterschied zu den Euro-Notes-Facilities kostengünstiger sind, da der Emittent bzw. Auftraggeber das Risiko der Anschlussfinanzierung selbst trägt.

3.3 Abgrenzung zum Euro-Kapitalmarkt

Während auf dem Euro-Geldmarkt die gewährten Kredite kurzfristig refinanziert werden, sodass auch bei mittelfristigen Krediten das Zinsrisiko zu den Anpassungsterminen beim Kreditnehmer liegt, erfolgt auf dem Euro-Kapitalmarkt die Finanzierung i. d. R. **Laufzeitkongruent durch Emission von Finanztiteln**.

Der Euro-Kapitalmarkt ist ein **internationaler Kapitalmarkt**, auf dem überwiegend langfristige Kredite und begrenzt auch Beteiligungen nationalen und multinationalen Unternehmen und Institutionen durch ein internationales Emissionskonsortium in einer oder mehrerer Währungen auf Finanzplätzen außerhalb des Währungsursprungslandes gewährt werden.

Die Verbriefung der Kredite erfolgt in den meisten Fällen durch fungible, börsengängige **Euro-Bonds** als Schuldverschreibungen mit Laufzeiten zwischen i. d. R. zwei und 15 Jahren, doch sind auch sehr lange Laufzeiten von über 20 Jahren möglich (siehe auch Kapitel J.1.2.5).

4. Zessionskredit und Factoring im Außenhandel

4.1 Zessionskredit

4.1.1 Wesen

Der Zessionskredit ist ein i. d. R. kurzfristiger Bankkredit, bei dem der Exporteur/Lieferant als Gläubiger einer Forderung diese sicherheitshalber an eine Bank als Zessionar überträgt. Rechtsgrundlagen sind die §§ 398 ff. BGB.

Der Zessionskredit findet im Außenhandel vor allem Verwendung, wenn aus Warengeschäften keine Transportdokumente oder Wechsel zur Verfügung stehen sowie bei grenzüberschreitenden Dienstleistungen. Besondere Beachtung widmen die Banken hierbei

- der Abtretbarkeit der Forderung
- der Bonität des Schuldners
- der Durchsetzbarkeit der Forderung auf dem Rechtsweg im Ausland
- dem Inkasso der Forderung bei Fälligkeit.

Die Kredithöhe ist abhängig vom fakturierten Wert der Leistung abzüglich einer Sicherheitsmarge von ca. 20 - 40 %. Besteht eine Ausfuhrkreditversicherung, entspricht die Marge der Höhe der Selbstbeteiligungsquote.

4.1.2 Abtretungsarten

Ein Zessionskredit kann im Hinblick auf eine einmalige Forderung (Einzelzession) oder für viele Forderungen eingeräumt werden (Rahmenzession); außerdem kann die Abtretung still oder offen erfolgen.

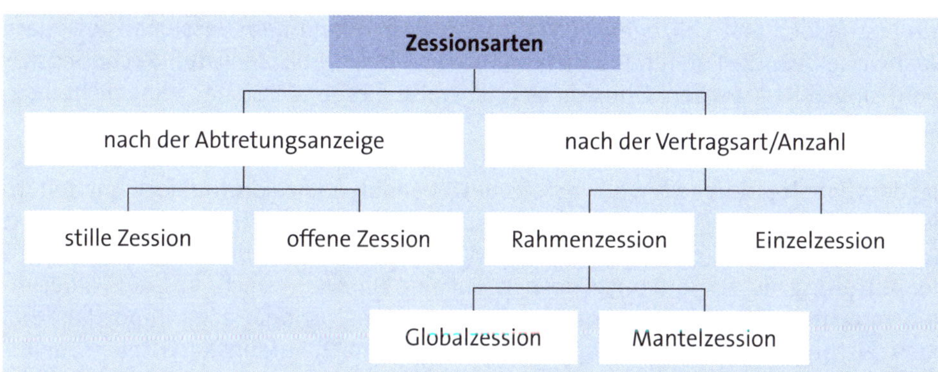

Bei den **offenen Zessionen** teilt der Zessionar die Forderungsabtretung dem Schuldner mit, sodass dieser mit befreiender Wirkung nur noch an den Zessionar leisten kann. Der Kreditgeber kann jedoch auch auf die Benachrichtigung des Schuldners zunächst verzichten und lässt sich zur Vorsicht vom Zedenten **Blankoabtretungsanzeigen** unterschreiben, die er dann bei Bedarf ergänzen und absenden kann.

Bei der **stillen Zession** erfolgt keine Mitteilung an den Schuldner, sodass dieser weiter mit befreiender Wirkung an seinen Lieferanten zahlen kann.

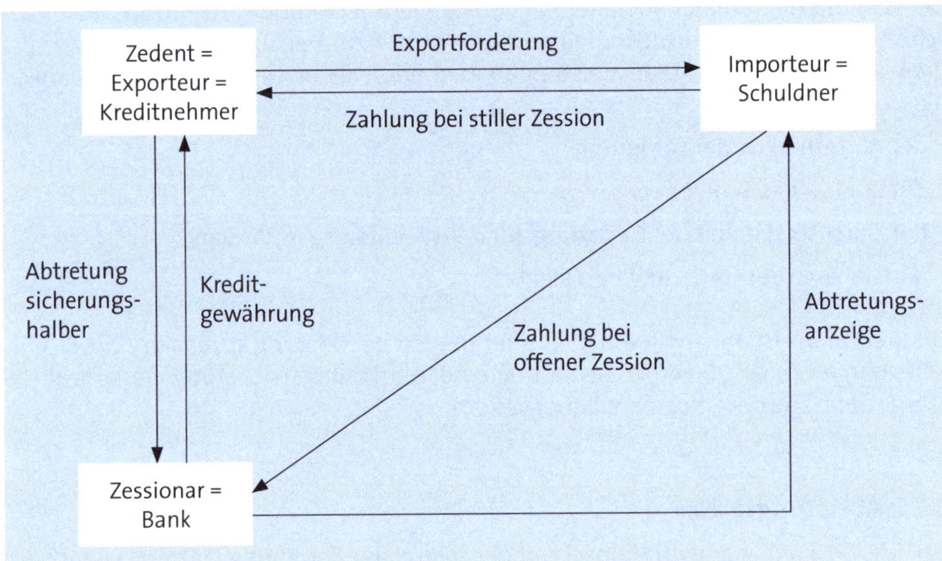

Bei der **Mantelzession** verpflichtet sich der Zedent, regelmäßig Forderungen in Höhe von ca. 130 - 150 % des eingeräumten Kredits an den Zessionar abzutreten. Die Abtretung ist jedoch erst vollzogen und rechtswirksam, wenn dem Zessionar geeignete Nachweise über die Entstehung von Forderungen (z. B. Debitorenlisten, Rechnungskopien) eingereicht werden. Ohne diese Nachweise hat der Zessionar keine Sicherheit, sodass diese rechtskonstitutiv sind.

Bei der **Globalzession** gelten alle bereits bestehenden und zukünftig noch entstehenden Forderungen des Zedenten in einem fest umrissenen Umfang schon im Zeitpunkt ihrer Entstehung als abgetreten. Weitere Maßnahmen sind für die Rechtswirksamkeit der Abtretung nicht erforderlich, doch ist auf eine klare Kennzeichnung der Forderungen zu achten. Die Bestimmbarkeit erfolgt meistens regional nach Importländern, nach Leistungsarten, Produktgruppen oder lediglich nach Anfangsbuchstaben der Importeure.

4.2 Factoring

4.2.1 Begriff und Abgrenzung zum Zessionskredit

Bei Dauergeschäftsverbindungen mit regelmäßigen Lieferungen gegen offenes Zahlungsziel an eine Mehrzahl von Importeuren sowie bei Dienstleistungsgeschäften und bei Erstgeschäften, um ein Akkreditiv zu vermeiden, bietet sich als kurzfristige Außenhandelsfinanzierungsform auch das Factoring an.

Exportfactoring ist auf der Basis eines längerfristigen Vertrages der regelmäßige **Verkauf von kurzfristigen Exportforderungen** aus Warenlieferungen und Dienstleistungen auf der Basis einer Globalzession unter Einschaltung eines Korrespondenzfactors im Schuldnerland zur Refinanzierung des dem Importeur gewährten Lieferantenkredits.

Die Factoring-Gesellschaft übernimmt meistens folgende **Leistungen:**

- Dienstleistungsfunktion (Verwaltungsfunktion)
- Delkrederefunktion (Kreditversicherungsfunktion) und
- Finanzierungsfunktion.

Das Factoring unterscheidet sich vom Zessionskredit durch folgende Merkmale:

Factoring

1. kein bilanzieller Forderungsausweis beim Exporteur
2. Forderungsverkauf (Kaufvertrag)
3. hoher Finanzierungsgrad mit ca. 90 %
4. Übernahme von Dienstleistungen
5. keine Regresspflicht
6. umsatzkongruente Finanzierung
7. keine Selbstbeteiligung bei Forderungsausfall
8. lfd. Bonitätsüberwachung der Importeure durch den Factor
9. auf Globalzessionsbasis

Zessionskredit

1. bilanzieller Forderungsausweis beim Exporteur
2. anteilige Beleihung sicherheitshalber (Kreditvertrag)
3. Beleihungsgrenze bei ca. 60 %
4. keine Dienstleistungen
5. Regresspflicht des Exporteurs
6. keine umsatzkongruente Finanzierung
7. bei Abschluss einer Warenkreditversicherung ca. 30 % Selbstbeteiligung
8. keine Bonitätsüberwachung der Importeure durch den Kreditgeber
9. oft auf Mantelzessionsbasis

4.2.2 Dienstleistungsfunktion

Die Dienstleistungsfunktion soll das Außenhandelsunternehmen insbesondere von der Führung der **Debitorenbuchhaltung** und der Abwicklung des Inkasso- und Mahnwesens freistellen. Dadurch ist meistens mit Personaleinsparungen zu rechnen.

Zur Dienstleistungsfunktion zählt auf Wunsch des Exporteurs auch die Übernahme von **Sonderleistungen**, wie eine markt- und branchenmäßige Beratung, die Erstellung von Statistiken über den Auslandsmarkt, Provisionsabrechnungen oder Mehrwertsteuermeldungen. Auch kann das EDV-System des Exporteurs mit dem des Factors verbunden werden, um den Informationsfluss zu verbessern (Online-Factoring).

Da Factoring auf der Basis einer Globalzession erfolgt, wird der Importeur vom Gläubigerwechsel in Kenntnis gesetzt (**offenes Factoring**). Aus Vereinfachungsgründen teilt der Factor den betreffenden Importeuren mit, dass für einen bestimmten Zeitraum alle Forderungen des Exporteurs aus Finanzierungsgründen an ihn abgetreten sind, und die Begleichung über den Korrespondenzfactor mit befreiender Wirkung erfolgt.

Eine derartige **formelle Abtretungserklärung** sollte nicht als Bonitätsverlust für den Exporteur angesehen werden, da Exportfinanzierungen üblich sind, und für den Importeur eine gute, fristgerechte Finanzierung durch den Lieferanten wichtiger ist als der Name des Finanzierungsinstituts.

Aus der Sicht des Exporteurs kann der Forderungsverkauf an die Factoring-Gesellschaft dazu beitragen, dass das offene Zahlungsziel weniger überschritten wird, da der Korrespondenzfactor im Importland auf eine pünktliche Zahlung achten wird, was bei der häufig anzutreffenden erheblichen Überschreitung der Zahlungsziele zu einer wesentlichen Rentabilitäts- und Liquiditätsverbesserung führen wird. In den meisten Fällen wird heute bei Auslandsgeschäften das offene Factoring gewählt.

Beim **halboffenen Factoring** wird der Importeur nur allgemein von der Factoring-Geschäftsverbindung in Kenntnis gesetzt, ohne dass ihm eine formelle Abtretung angezeigt wird. Es bleibt dem Importeur dann überlassen, ob er an den Exporteur oder an den Factor zahlt. Dies wird ihm jedoch manchmal gar nicht bewusst, wenn der Factor auf den Rechnungsformularen des Exporteurs fakturiert und als alleinige Kontoverbindung die Kontonummer des Factors bei einer Bank nennt.

Ablauf des Exportfactoring

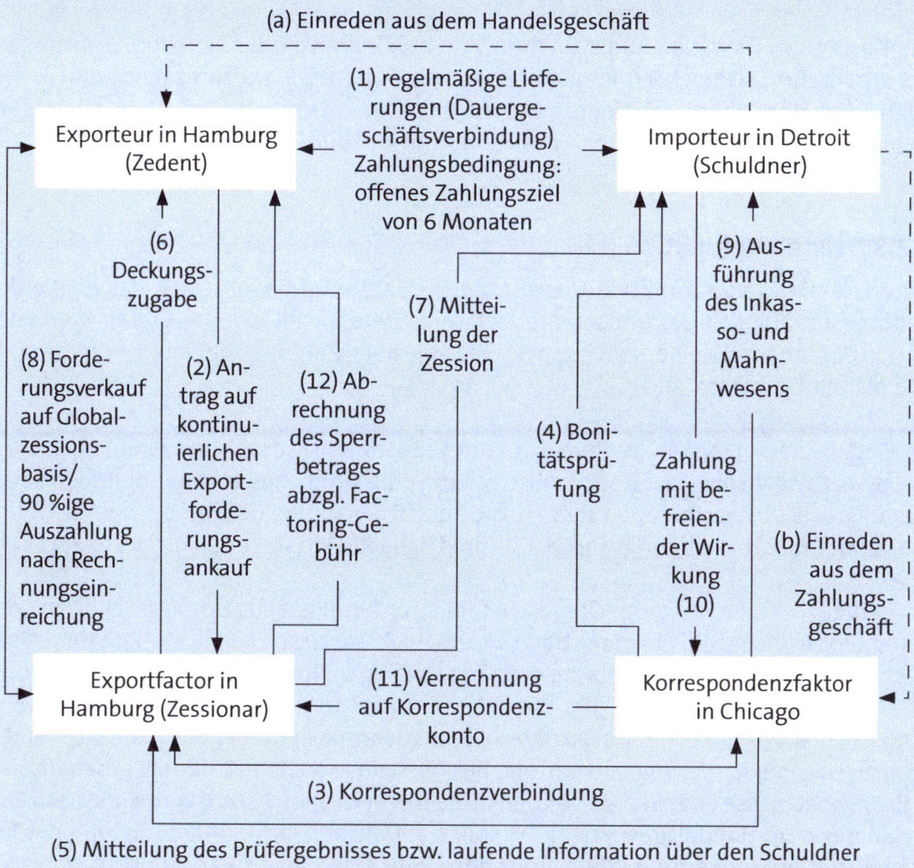

Da beim Exportfactoring immer die rechtlichen und wirtschaftlichen Gegebenheiten von zwei Ländern zu berücksichtigen sind, soll die **Internationale Factoring Konvention**, die bereits 1989 von 56 Ländern verabschiedet worden ist, zur Vereinheitlichung, Klarstellung und Vereinfachung in der Abwicklung zwischen Export- und Importland beitragen. Für die Rechtsgültigkeit der Konvention ist jedoch die Ratifizierung in den einzelnen Ländern erforderlich (in Deutschland 1998).

Der Regelungsbereich der Konvention erstreckt sich vor allem auf die Form der Abtretung, die Wirksamkeit des Zahlungsanspruchs und das Abtretungsverbot. Letzteres soll im grenzüberschreitenden Waren- und Dienstleistungsverkehr grundsätzlich unwirksam sein.

Im internationalen Factoring-Geschäft sind weltweit tätige **Kooperationen** anzutreffen, die in den jeweiligen Ländern wechselseitig als Korrespondenzfactor auftreten. Dazu zählen vor allem

- die FCI-Kette (Factors Chain International), die in Deutschland z. B. durch die Deutsche Factoring Bank in Bremen als Institut der Landesbanken und Sparkassen vertreten ist

- die IFG-Kette (International Factors Group) in Deutschland IFN Finance GmbH, Köln
- GE Capital Bank AG, Mainz.

Die **Kosten** der Dienstleistungsfunktion sind abhängig von der Zahl der Rechnungen, der durchschnittlichen Rechnungshöhe, von der Höhe des Exportumsatzes, vom jeweiligen Land, der Zahl und Art der Importeure und dem Umfang der Sonderleistungen. Sie liegen zwischen 0,5 und 2,5 % des Forderungsankaufs.

4.2.3 Delkrederefunktion

Durch die Delkrederefunktion übernimmt die Factoring-Gesellschaft das **Risiko der Zahlungsunfähigkeit** des Importeurs. Der Delkrederefall gilt als eingetreten, wenn der Importeur innerhalb einer gewissen Nachfrist je nach Zahlungszieldauer nicht bezahlt (Nichtzahlungstatbestand).

Im Gegensatz zur Warenkreditversicherung leistet der Factor ohne einen speziellen Nachweis, wie Insolvenz, Zwangsvollstreckung oder Ähnliches, und es entstehen keine Kosten der Rechtsverfolgung für den Exporteur. Die Zahlung des Factors geschieht immer **ohne Selbstbeteiligungsquote**. Das **politische Risiko** ist jedoch nicht abgedeckt.

Bevorzugt kauft die Factoring-Gesellschaft alle Forderungen aus Exportgeschäften oder zumindest in Bezug auf ein Importland an, um ihr Risiko zu streuen. Vor Übernahme aber auch später werden die Importeure einer regelmäßigen Bonitätsprüfung unterzogen.

Zum Ausgleich von Rechnungsabzügen durch die Importeure behält der Factor einen **Sperrbetrag** bei Forderungsankauf ein. Bei Abzügen aus dem **Zahlungsgeschäft**, wie z. B. Preisnachlässe oder Skonti, werden diese mit dem Sperrbetrag verrechnet. Bei **Einreden aus dem Handelsgeschäft** im Hinblick auf die vertragsmäßige Leistung des Exporteurs, wie Mängelrüge oder Rücksendungen, sind diese zwar grundsätzlich zwischen den Vertragspartnern zu klären, doch wird bei ausreichendem Volumen der Sperrbetrag auch im Hinblick auf die nicht übernommenen Gewährleistungsrisiken herangezogen. Bei Nichtbedarf wird er am Ende der Forderungslaufzeit gutgeschrieben oder mit den Factoring-Kosten verrechnet.

Durch die Delkrederefunktion hat der Exporteur folgende **Vorteile:**

- endgültiger Forderungsverkauf
- sinkender Kapitalbedarf im Umlaufvermögen
- keine Rückstellungen für dubiose Forderungen
- laufende Bonitätsüberwachung der Importeure.

Die **Kosten** der Delkrederefunktion betragen je nach Risikostreuung 0,3 - 1,0 % des Forderungsankaufs.

4.2.4 Finanzierungsfunktion

Durch die Übernahme der Finanzierungsfunktion erhält der Exporteur eine Refinanzierung der Lieferantenkreditgewährung. Zwei Varianten stehen hier zur Wahl:

- Die Auszahlung des Forderungsgegenwertes erfolgt **zum durchschnittlichen Fälligkeitstermin** der eingereichten Forderungen. Diese „unechte Finanzierungsfunktion" wählen Unternehmen, die Factoring vor allem wegen der ersten beiden Funktionen abschließen und über ausreichende Liquidität verfügen.

Beispiel

Inkassoklasse	Rechnungsbetrag	ø Zahlung nach Tagen	Gewichtung	Fälligkeitstag
1	600.000	60	36.000.000	
2	200.000	40	8.000.000	
3	100.000	30	3.000.000	
4	100.000	20	2.000.000	
5	400.000	10	4.000.000	
	1.400.000		53.000,000	38

Bei der angenommenen Streuung des erwarteten Zahlungseingangs ist der durchschnittliche Fälligkeitstermin nach 38 Tagen.

- Die Auszahlung des Gegenwertes erfolgt **wenige Tage nach Forderungseinreichung-** nach Prüfung und Rechnungserstellung unter Abzug eines Sperrbetrages von z. B. etwa 10 %. Die Kosten bestehen i. d. R. aus einer Factoringgebühr und Zinsen. Die Factoringgebühr enthält auch die Absicherung gegen einen Ausfall der Forderung. Sie wird auf den Gesamtumsatz berechnet und die Kreditzinsen auf den offenen Forderungsbetrag. Für die Kreditlaufzeit werden Kontokorrentkreditzinsen in banküblicher Höhe berechnet. Die Kreditlaufzeit endet mit dem Zahlungseingang vom Importeur spätestens jedoch mit dem Eintritt des Delkrederefalls, also nach Ablauf der mit dem Exporteur vertraglich vereinbarten individuellen oder generellen Nachfrist.

Die Finanzierungsfunktion hat für den Exporteur den Vorteil, dass sie sich ohne besondere Formalitäten den jeweiligen Umsatzänderungen anpasst. So erreichen besonders junge oder expandierende Unternehmen eine kapitalbedarfsorientierte Refinanzierung ihres Lieferantenkredites.

4.2.5 Beurteilung des Exportfactoring

Die Vorteilhaftigkeit des Exportfactoring lässt sich nur individuell für jedes Unternehmen feststellen, sodass zunächst immer eine **Kosten-Nutzen-Kalkulation** aufzustellen ist, in der die verschiedenen Gebühren des Factors den Einsparungen durch die Verkürzung der Kapitalbindungsfrist, die Ausgliederung von Unternehmensfunktionen und die Abwälzung des Delkredererisikos gegenüberzustellen sind.

Für manchen Exporteur wird sich das Exportfactoring als attraktiv erweisen, weil unabhängig von den nicht quantifizierbaren Größen die Factoring-Kosten niedriger sind als die Einsparungen. Exportfactoring führt aber unter Umständen nicht nur durch Kostensenkungen zur Erhöhung des Gewinns und zur Verbesserung der Umsatzrendite, sondern ermöglicht auch durch Kapitalfreisetzung eine höhere Kapitalumschlagshäufigkeit. Durch eine Verbesserung beider Faktoren erhöht sich die **Gesamtkapitalrentabilität** ROI (Return on Investment) erheblich.

Für das Exportfactoring lassen sich folgende **Vorteile** hervorheben:

- hohe Refinanzierung des gewährten Lieferantenkredits
- Abwälzung des Delkredererisikos
- Übertragung des Forderungsmanagements auf Spezialisten
- lfd. Bonitätsüberwachung des Importeurs durch Korrespondenzfactor im Schuldnerland
- Hebung der Zahlungsmoral der Importeure (weniger Zielüberschreitung)
- Geschäftsabwicklung für beide Seiten mit dem jeweiligen Factor im Inland in der Landessprache
- Steigerung der Rentabilität durch Reduzierung der Kapitalbindungsfrist
- keine Rückstellungen wegen dubioser Forderungen
- Abwälzung des Kursrisikos bei Fakturierung in Fremdwährung.

Als **Nachteil** können unter Umständen die Höhe der Factoring-Kosten und die Abhängigkeit vom Factor gesehen werden. Bei Unzufriedenheit und Vertragsbeendigung können organisatorische und personelle Anpassungsschwierigkeiten bei der Wiedereingliederung der vom Factor übernommenen betrieblichen Tätigkeiten entstehen.

Mit dem Europäischen Binnenmarkt, der EU-Erweiterung und der Einführung des Euro wird voraussichtlich das Factoring-Geschäft erheblich wachsen, da vor allem mittelständische Unternehmen den Vorteil der Absatzmarkt- und Kundennähe bei umsatzkongruenter Finanzierung des Factors nutzen werden, zumal die traditionellen Formen der kurzfristigen Außenhandelsfinanzierung wie das Akkreditiv innerhalb der EU-Länder an Bedeutung verlieren werden. Liefert der Exporteur gegen offenes Zahlungsziel, gewinnt die Übernahme des Delkredererisikos durch den Factor besondere Bedeutung, da der in Deutschland übliche Eigentumsvorbehalt als Kreditsicherheit im Ausland nur schwer durchsetzbar, abweichend geregelt oder unbekannt ist.

Aufgabe 28 > Seite 555

5. Bankgarantien

Bankgarantien stellen eine Besicherungsform von Außenhandelsgeschäften dar, die das Ziel hat, die Einhaltung von Vertragspflichten zu gewährleisten, den Bonitäts- bzw. Bekanntheitsgrad des Vertragspartners zu erhöhen und umständliche Rechtsauseinandersetzungen zu vermeiden, indem eine Bank ein **abstraktes Zahlungsversprechen** abgibt. Je nach Geschäftszweck können unterschiedliche Erscheinungsformen auftreten.

5.1 Avalkredit

Bankgarantien werden auf der Grundlage eines Avalkredites bereitgestellt. Beim Avalkredit wird zwischen dem Kreditnehmer als Schuldner einer Leistung einem Dritten gegenüber und dem Kreditinstitut als Avalgeber ein Vertrag geschlossen, in dem sich die Bank verpflichtet, zu Gunsten des Gläubigers der Leistung ein Aval abzugeben.

Durch das Aval übernimmt das Kreditinstitut die Haftung für bestimmte Verpflichtungen oder Leistungen des Avalkreditnehmers, wodurch für den Avalgeber eine Eventualverbindlichkeit entsteht. Die Bank muss zahlen, wenn der Avalkreditnehmer seine Verpflichtungen nicht erfüllt. Der Gläubiger der Leistung hat den Vorteil, dass für ihn eine Bonitätsprüfung des Schuldners entfallen kann.

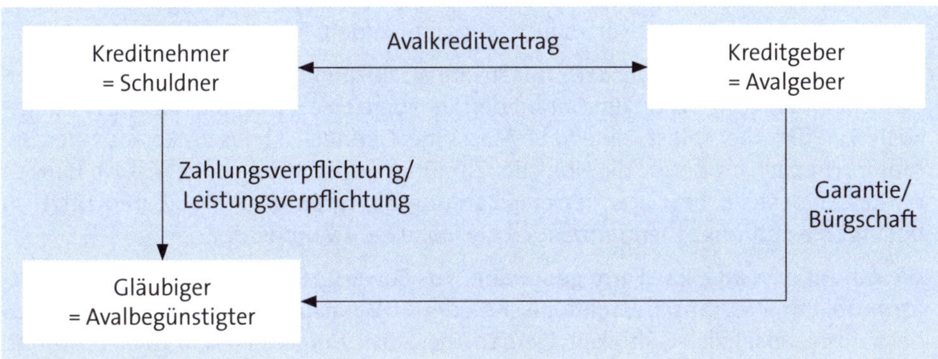

Avale finden in Form von Bürgschaften und Garantien Verwendung.

Die **Garantie** ist ein einseitiger Vertrag, in dem sich der Garant verpflichtet, unabhängig vom Bestehen einer Zahlungsverpflichtung für einen bestimmten zukünftigen Erfolg bzw. ein Verhalten einzustehen und/oder das Risiko eines zukünftigen Schadens zu tragen. Die Garantie ist rechtlich und wirtschaftlich grundsätzlich von der Bürgschaft zu trennen und ist ein eigenständiges Zahlungsversprechen.

Die **Bürgschaft**, gem. §§ 765 ff. BGB und §§ 349 ff. HGB, ist ein einseitig verpflichtender Vertrag, durch den sich der Bürge dem Gläubiger eines Dritten gegenüber verpflichtet, für die Verbindlichkeiten des Dritten (meistens aus einem Kreditgeschäft) einzustehen, wenn dieser nicht leistet.

Bürgschaften sind im Außenhandel normalerweise nicht gebräuchlich.

5.2 Wesensmerkmale der Garantie

Für die Garantie lassen sich im Einzelnen folgende Merkmale nennen:

- Die Garantie ist **nicht gesetzlich geregelt**. Sie ist aus der Wirtschaftspraxis entstanden und von der Rechtsprechung geformt worden. Die Vorschriften über die Bürgschaft dürfen nicht analog angewendet werden. Geht aus der Urkunde nicht eindeutig hervor, dass eine Garantie vorliegt, ist eine Bürgschaft anzunehmen. Dazu genügt jedoch nicht allein das Wort Garantie.
- Der Avalbegünstigte kann **Zahlung** aus der Garantie verlangen, **wenn der Umstand eingetreten ist**, für den sie abgegeben worden ist (z. B. Nichterfüllung, Fristüberschreitung).
- Die Garantie wird grundsätzlich **selbstschuldnerisch** gegeben, in den meisten Fällen auf erste Anforderung. Da hier keine bestimmte Forderung zu sichern ist, entfallen i. d. R. alle Einredemöglichkeiten.
- Die Garantie stellt eine selbstständige, unabhängige Verpflichtung des Garanten für das Zustandekommen einer Leistung dar. Der Rechtsbestand irgendeiner Forderung hat keinen Einfluss auf sie. Sie ist deshalb **fiduziarisch**. Die Bürgschaft ist dagegen akzessorisch, da sie an den Rechtsbestand der zu Grunde liegenden Forderung gebunden ist.
- Durch die Garantieleistung erwirbt der Garant **keine Hauptforderung** an den Schuldner. Dies kann jedoch u. U. vertraglich geregelt werden.
- Die Garantie verpflichtet die Bank nur zu einer Geldzahlung. Funktioniert die Maschine nicht einwandfrei, trägt der Garant den Schadensersatz oder die Nachbesserungskosten, liefert aber selbst keine neue Maschine. Dennoch ist das Risiko aus einer Garantie erheblich größer, da die Höhe der Zahlungsverpflichtung ungewiss ist. Banken versuchen deshalb, bei Garantien eine **Zahlungsobergrenze** zu vereinbaren. Letztlich bedingt die Zahlungsobergrenze auch die Höhe der Avalprovision.
- Die Garantie ist **an keine Form gebunden**. Aus Beweisgründen ist jedoch die Schriftform üblich. Telegrafische, telefonische oder EDV-nachrichtliche Garantien haben deshalb grundsätzlich Gültigkeit, werden aber i. d. R. umgehend schriftlich bestätigt.

Bankgarantien sollen den Importeur oder Exporteur vor Verlusten schützen, die durch die **Nichteinhaltung vertraglicher Vereinbarungen** entstehen. Manchmal würde an ihrer Stelle eine **Konventionalstrafe** genügen, doch hat sie den erheblichen Nachteil, dass sie auf viele Einreden stoßen kann. Die Bankgarantie stellt dagegen das befristete, unwiderrufliche, selbstschuldnerische, fiduziarische Zahlungsversprechen eines Zahlungsfähigen dar, der auf erstes Anfordern leisten muss, wenn die Bedingungen vorliegen oder die Voraussetzungen erfüllt sind.

Manchmal werden Garantien missbräuchlich durch den Garantiebegünstigten benutzt (**Unfair Calling**), in dem z. B. der Garantiefall als eingetreten erklärt wird, ohne dass dies aus der Sicht des Garantieauftraggebers oder internationaler Usancen tatsächlich der Fall ist. Der Nichteintritt des Garantiefalls muss dann dem Begünstigten auf dem Prozesswege nachgewiesen werden.

Zur Absicherung dieses Risikos bietet die Euler-Hermes-Kreditversicherung als Mandatar des Bundes **Vertragsgarantiedeckungen** an, durch die sich der Exporteur vor Verlusten aus politisch bedingten oder unberechtigten Ziehungen von Garantien schützen kann.

Bei **direkten Garantien** gibt die inländische Bank unmittelbar gegenüber dem ausländischen Begünstigten ihr Zahlungsversprechen ab, wobei allerdings eine Korrespondenzbank zur besseren Abwicklung eingeschaltet werden kann. Manche Länder verlangen jedoch ausschließlich **indirekte Garantien**, bei denen eine Bank im Lande des Begünstigten ausdrücklich die Garantie der Auslandsbank durch ihre eigene Haftung gemäß den staatlichen Vorschriften ergänzt.

Besondere Aufmerksamkeit sollte der **Befristung** der Garantie gewidmet werden, da einerseits Auftraggeber und Begünstigter unterschiedliche Zielvorstellungen haben und andererseits die rechtlichen Rahmenbedingungen in den einzelnen Ländern erheblich voneinander abweichen können. Für die Ausbuchung der Garantieverpflichtung durch die Bank ist es für einige Länder notwendig, die Originalgarantie zurückzubekommen. Teilweise genügt in bestimmten Ländern auch eine Haftungsfreistellung des Begünstigten.

5.3 Einheitliche Richtlinien für Vertragsgarantien (ERV) und einheitliche Richtlinien für auf Anforderung zahlbare Garantien (ERG)

Zur Vereinheitlichung des Garantiewesens hat die IHK, Paris, 1978 (Revision 1989, Publikation Nr. 325) „Einheitliche Richtlinien für Vertragsgarantien“ (ERV) herausgegeben, die grundsätzlich für alle Verpflichtungs- oder Haftungserklärungen gelten können und angewendet werden sollten. Bei der inhaltlichen Fassung sollte im Interesse aller Beteiligten dabei auf folgende Punkte besonders geachtet werden:

- Klare Nennung der **Währung**, in der zu zahlen ist. Im Zweifel gilt die Währung des Preises.
- **Höchstbetrag** bis zu dem der Garant haftet; fehlt dieser, haftet der Garant unbegrenzt für den Schadensersatz.
- Festlegung der **Laufzeit**; fehlt dies, gilt die Bietungsgarantie sechs Monate nach Ausstellung als verfallen, die Lieferungsgarantie sechs Monate nach Liefertermin, die Gewährleistungsgarantie einen Monat nach Ablauf der Gewährleistungsfrist und die Anzahlungsgarantie sechs Monate nach Fertigstellung.
- **Zahlungsfrist des Garanten**; lautet die Garantie auf 1. Anfordern, hat der Garant sieben Arbeitstage ab Anforderung Zahlungsfrist; ansonsten beträgt die Frist 30 Tage, es sei denn, der Garantieauftraggeber teilt dem Garanten innerhalb dieser Frist mit, dass er gerichtliche Schritte einleiten will. Dann verlängert sich die Frist auf drei Monate, nach deren Ablauf unbedingt zu zahlen ist, wenn der Auftraggeber nicht den urkundlichen Nachweis der erfolgten Anrufung eines ordentlichen Gerichts oder des Schiedsgerichts der IHK Paris erbringt.

- Vereinbarung einer **Rechtsanwendungsklausel**; empfehlenswert ist die Schiedsgerichtsbarkeit der Internationalen Handelskammer in Paris. Mangels Angabe gilt meistens das Recht am Sitz des Garanten, da dort der Schwerpunkt des Vertragsverhältnisses liegt.
- Nachweis der **Voraussetzungen** für die Zahlungspflicht; ist kein spezieller urkundlicher Nachweis festgelegt, so genügt eine eindeutige Erklärung über das Leistungsversäumnis und Bestätigung der nicht fristgerechten Nachbesserung durch den Lieferanten.

Diese Einheitlichen Richtlinien für Vertragsgarantien fanden jedoch nur eine begrenzte Zustimmung der Banken, sodass die Internationale Handelskammer 1992 als Alternative die Einheitlichen Richtlinien für auf Anforderung zahlbare Garantien (ERG), Publikation Nr. 458, vorschlug, die mehr die übliche Bankpraxis reflektierten. Beide Richtlinien können heute wahlweise zu Grunde gelegt werden, wobei ihre jeweilige Gültigkeit nur durch ausdrücklichen Bezug im Garantietext vereinbart werden kann, sofern der Garantiebegünstigte oder eine andere beteiligte Bank bei indirekten Garantien dieser Festlegung nicht unverzüglich widerspricht.

Der aus dem anglo-amerikanischen Bereich stammende „Standby Letter of Credit“ kann in der Praxis als Garantie aber auch als Akkreditiv gesehen und verwendet werden. Wegen seiner formalen Aufmachung wie ein Akkreditiv wird er in den ERA berücksichtigt.

5.4 Garantieformen im Außenhandel

5.4.1 Bietungsgarantie (Bid Bond)

Bei einer Bietungsgarantie verpflichtet sich der Garant, Schadensersatz bis zu einer bestimmten Summe zu leisten, falls der Teilnehmer an einer öffentlichen Ausschreibung, der den Zuschlag zur Erstellung des Objektes erhalten hat, die Ausschreibungsbedingungen nicht einhält, die Ausführbarkeit unwahrscheinlich erscheinen lässt (aufgrund seiner wirtschaftlichen Leistungsfähigkeit) oder von seinem Angebot zurücktritt.

Die Bank gibt also eine Garantie für die **Ausführbarkeit des Auftrages** ab und verpflichtet sich, eine „Konventionalstrafe“ für nicht eingehaltene Angebote zu zahlen. Die Garantieleistung soll die Kosten einer Neuausschreibung bzw. den Schadensersatz decken und beläuft sich i. d. R. auf 2 - 5 % des Auftragswertes; sie kann aber auch durch einen festen absoluten Betrag ausgedrückt werden. Durch die Stellung der Garantie soll auch die Ausführwilligkeit des Bietenden dokumentiert werden.

Unabhängig vom Verfalldatum erlöschen alle Bietungsgarantien der Mitbietenden bei Erteilung des Zuschlags.

5.4.2 Anzahlungsgarantie (Advance Payment Bond)

Bei der Anzahlungsgarantie verpflichtet sich der Garant gegenüber dem Importeur, die geleisteten Anzahlungen zurückzuzahlen, wenn der Exporteur nicht vertragsgemäß liefert bzw. herstellt. Die Anzahlungsgarantie kommt damit dem berechtigten Interesse des Importeurs auf Absicherung seiner geleisteten Anzahlung nach.

Anzahlungsgarantien werden vor allem bei langen Liefer- oder Herstellungsfristen bzw. bei hohem Auftragswert oder Spezialanfertigungen verlangt. Sie sollten erst rechtswirksam werden, wenn der Anzahlungsbetrag auf dem Konto des Exporteurs eingegangen ist bzw. sich mit geleisteten Teillieferungen reduzieren.

Die Höhe der Anzahlungsgarantie hängt von der vereinbarten Anzahlung ab und liegt meistens zwischen 10 und 30 % des Auftragswertes. Anzahlungsgarantien können auch eine Zinsforderung für die verauslagte Anzahlung einbeziehen.

5.4.3 Zahlungsgarantie (Payment Guarantee)

Die Zahlungsgarantie wird zu Gunsten des Exporteurs im Auftrag des Importeurs abgegeben. Sie soll die Zahlung des (Rest-)Kaufpreises gewährleisten, falls der Importeur nicht (mehr) zahlungsfähig oder zahlungswillig ist.

Zahlungsgarantien können auch an die Stelle von Akkreditiven oder Kreditversicherungen treten.

Mit einer Zahlungsgarantie kann auch eine **Transfergarantie** verbunden sein, mit der eine staatliche Institution den Zahlungstransfer bei nicht frei konvertierbaren Währungen genehmigt. In der Transfergarantie verpflichtet sich der Garant, die Zahlung in die vereinbarte Währung zu konvertieren oder den Währungsbetrag zu überweisen.

Muster einer

Zahlungsgarantie

An ....
(Garantiebegünstigter = Exporteur)

Die Firma ....
(Garantieauftraggeber = Importeur) hat am .... mit Ihnen einen Liefervertrag über die Lieferung und Errichtung einer ....
im Auftragswerte von Euro .... abgeschlossen.

Gemäß Artikel ....der Zahlungsbedingungen des obigen Vertrages sollen........ % des Auftragswertes in folgenden Raten gezahlt werden:

Beträge	**Fälligkeiten**
....	....
....	....
....	....

einschließlich .... % p.a. Käuferzinsen.

Wir, die ....
(Garantiebank) verpflichten uns hiermit unwiderruflich und bedingungslos auf Ihre erste Anforderung zur Zahlung der obigen Beträge, soweit sie fällig sind und ohne Abzug eventueller Steuern.

Diese Garantie ist abtretbar zum Zwecke der Refinanzierung, die Abtretung ist uns anzuzeigen.

Der Betrag dieser Garantie reduziert sich automatisch um die jeweils vom Garantieauftraggeber und/oder von uns gezahlten Beträge.

Eine Transfergenehmigung liegt vor bzw. sie ist nach den Gesetzen unseres Landes nicht erforderlich.

Diese Garantie ist gültig ab Datum ihrer Ausstellung bis 30 Tage nach Bezahlung der letzten Raten, spätestens bis zum ....

Die Urkunde ist nach Verfall unverzüglich und unaufgefordert an uns zurückzugeben.

............................., den ....
(Garantiebank)

5.4.4 Lieferungs- und Leistungsgarantie (Performance Bond)

Bei der Lieferungsgarantie gewährleistet der Garant die **vertragsgerechte Erfüllung** und die termingerechte Lieferung der Ware. Die Leistungsgarantie bezieht sich entsprechend auf die Bereitstellung einer Dienstleistung, Bauleistung, Montage oder Ähnliches. Bei Nichterfüllung, verspäteter Lieferung oder Schlechterfüllung hat der Garant Schadensersatz zu leisten.

Die Lieferungs- und Leistungsgarantie beträgt i. d. R. bis zu 20 % des Auftragswertes. Es kommen aber auch Garantien bis zu 100 % des Auftragswertes vor. Die Laufzeit ist bei vertragsgerechter Ablieferung beendet.

Der Vorteil für den Importeur (Garantiebegünstigter) liegt vor allem in der Abstraktheit der Forderung, unabhängig von der wirtschaftlichen Lage des Exporteurs. Kann der Exporteur nicht liefern, erhält der Importeur Schadensersatz vom Garanten. Diese Garantie findet häufig Verwendung, da sie erheblich wirksamer als eine Vertragsstrafe ist, bei der Zahlungspflichtiger wieder der Exporteur wäre. Gerade bei Nichterfüllung wegen schlechter Geschäftslage oder Insolvenz bleibt die Garantie bestehen.

Deckt die Lieferungs- und Leistungsgarantie die gesamte Vertragserfüllung insbesondere einschließlich der Übernahme der Gewährleistungsrisiken ab, spricht man von **(Vertrags-)Erfüllungsgarantien**.

5.4.5 Sonderformen der Lieferungs- und Leistungsgarantie

- Die **Gewährleistungsgarantie** kann in die Lieferungs- und Leistungsgarantie einbezogen werden, wie es häufig bei Investitionsgütern und Industrieanlagen erfolgt. Für sich gesehen garantiert hier die Bank eine technisch einwandfreie Ware und die **vertragsgerechte Funktionstüchtigkeit** während einer vereinbarten Gewährleistungsfrist, da Mängel oft noch nicht bei Lieferung festgestellt werden können, sondern erst später mit Gebrauch der Sache.

  Die Garantiezeit beginnt mit der Betriebsbereitschaft und endet u. U. erst nach mehreren Jahren. Bis zu 20 %, oft aber auch nur 5 % des Warenwertes leistet die Bank Schadensersatz, wenn die Mängel nicht ordnungsgemäß beseitigt werden (Regressansprüche).

  Gewährleistungsgarantien können entweder vom Exporteur gestellt werden, wenn er volle Zahlung bereits bei Lieferung erhalten hat, oder vom Importeur, wenn er einen Teil des Kaufpreises bis zum Ende der Gewährleistungsfrist noch einbehält.

- **Konnossementsgarantien** sollen den Anspruchsberechtigten vor missbräuchlicher Verwendung der Konnossemente schützen.

  Die Garantie umfasst mindestens den Warenwert, wird aber i. d. R. über 150 % ausgestellt, da, wenn ein Nichtberechtigter aufgrund der Originale die Ware erhält, neue Ware erst später zur Verfügung steht, und so ein größerer Schaden als nur der Warenwert zu erwarten ist. Auftraggeber können der Exporteur oder der Importeur sein. Ist Auftraggeber der Exporteur, verpflichtet sich das Kreditinstitut gegenüber dem

Importeur, für alle Schadensersatzansprüche aufzukommen, die dem Importeur dadurch entstehen können, dass nicht alle Originalkonnossemente (rechtzeitig) vorliegen oder sogar keine Dokumente nach Verlust vorliegen.

Eine Konnossementsgarantie kann aber auch von der Bank zu Gunsten der Reederei abgegeben werden, wenn der Importeur die Ware ohne Dokumente entgegennimmt, weil diese abhanden gekommen sind, weil das Schiff früher als die Dokumente eingetroffen ist, oder weil der zur Abholung beauftragte Spediteur die Dokumente nicht zur Verfügung hat. In diesen Fällen verpflichtet sich die Bank, den Schadensersatz des Reeders zu tragen, wenn er an den (unberechtigten) Importeur ausgeliefert hat. Auftraggeber ist hier der Importeur.

Das Risiko beider Garantien ist relativ gering, sodass trotz hoher Garantiesumme die Provision niedrig ist.

- Entsprechen die im Inkassoweg vorgelegten Dokumente nicht den Zahlungsbedingungen (bzw. Kaufvertrag), weil z. B. einige Dokumente fehlen, oder entspricht der Lieferumfang nicht dem Vertrag, so ist der Importeur nur zur Aufnahme der Dokumente und Zahlung bereit, wenn im Auftrag des Exporteurs eine **Unstimmigkeitsgarantie** abgegeben wird, die ihm entsprechenden Schadensersatz gewährt, wenn die fehlenden Dokumente nicht nachgereicht werden oder die Fehlmengen umgehend nachgeliefert werden. Die Garantiehöhe hängt hier sehr vom Umfang der Unstimmigkeit ab.
- Der Importeur ist zunächst bei Vorlage der Inkassodokumente verpflichtet, den vollen Fakturenbetrag zu bezahlen. Stellt sich nach Abholung der Ware und Prüfung heraus, dass Gewichtsdifferenzen oder Qualitätsminderungen (z. B. durch Fäulnis) vorliegen, ist der Garant nach Vorlage eines einschlägigen Zeugnisses verpflichtet, den gerechtfertigten Preisabschlag aus der **Qualitäts- und Gewichtsgarantie** zu ersetzen. Die Garantie wird vom Exporteur im Zusammenhang mit dem Inkasso-Auftrag über den vollen Warenwert erteilt.
- Bei der **Rücklieferungsgarantie** trägt der Garant den Schadensersatz im Auftrag des Importeurs beim Lohnveredelungsverkehr, wenn die Ware nicht vertragsgerecht zugesandt wird. Die Garantie wird in Höhe des Auftragswertes vor allem bei Neugeschäften abgegeben.

		Lösung
1.	Erläutern Sie die Kreditleihe! Bei welchen Kreditarten liegt ein Kreditleihgeschäft vor?	S. 453
2.	Welchen Zeitraum umfasst die Importvorfinanzierung bzw. die Importanschlussfinanzierung?	S. 453
3.	Geben Sie einen schematischen Überblick über die Exportvorfinanzierung und Exportanschlussfinanzierung!	S. 454
4.	Welches sind die traditionellen Formen der kurzfristigen Außenhandelsfinanzierung?	S. 455 ff.
5.	Durch welche rechtlichen Merkmale ist der Wechsel gekennzeichnet?	S. 455
6.	Welche Vorteile hat der Wechseldiskontkredit für den Exporteur?	S. 456
7.	Nennen Sie die wesentlichen Bestimmungsfaktoren für die Festlegung des Diskontsatzes beim Wechseldiskontkredit!	S. 457
8.	Was ist unter so genannten Respekttagen zu verstehen?	S. 458
9.	Erläutern Sie die Wechselbegriffe Trassat und Remittent!	S. 456
10.	Wie unterscheiden sich Sprung- und Reihenregress?	S. 456
11.	Wie ermittelt sich der auszuzahlende Wechselbetrag bei einem Wechseldiskontkredit?	S. 457 f.
12.	Wie kann bei Wechseldiskontkrediten die Effektivverzinsung festgestellt werden?	S. 458
13.	Wie kann man einen Zinssatz bei unterjähriger Zahlungsweise ermitteln?	S. 458
14.	Wo kann der Exporteur bei Auslandsgeschäften den Wechsel diskontieren lassen?	S. 457
15.	Was ist ein Akzeptkredit?	S. 459 f.
16.	Wann muss der Akzeptkreditnehmer den Wechselbetrag anschaffen?	S. 459
17.	Worin liegt die besondere Bedeutung des Akzeptkredits in der Außenhandelsfinanzierung?	S. 459
18.	In welcher Weise kann ein Importeur einen Akzeptkredit zur Bezahlung seiner Verbindlichkeiten einsetzen?	S. 459
19.	Erläutern Sie die Grundproblematik des Lombardkredites!	S. 460
20.	Wann findet der Lombardkredit heute überwiegend Verwendung?	S. 461
21.	Welche Bedeutung haben Beleihungsgrenzen beim Lombardkredit? Wie hoch ist sie i. d. R. beim Importvorschuss?	S. 461
22.	Wann darf der im Rahmen eines Lombardkredits verpfändete Gegenstand verwertet werden?	S. 461 f.
23.	Welche Formen des Exportvorschusses gibt es?	S. 461
24.	Welche Kreditarten umfasst der Rembourskredit?	S. 462
25.	Wie unterscheiden sich der direkte und der indirekte Rembourskredit?	S. 463

		Lösung
26.	Muss der Exporteur bei Verwendung eines Rembourskredites mit einem Wechselregress rechnen?	S. 464
27.	Fördert der Rembourskredit die Bereitschaft zur Lieferantenkreditgewährung?	S. 464
28.	Wo würden Sie als Exporteur einen Rembourswechsel diskontieren?	S. 464
29.	Welche grundsätzlichen Merkmale hat der Negoziationskredit?	S. 464
30.	Wie weit wird heute oftmals die Negoziierung ausgelegt? Wann liegt jedoch grundsätzlich nach den ERA nur ein Negoziationskredit vor?	S. 464 f.
31.	Wie unterscheiden sich im Ablauf die traditionelle und die neuere Form des Negoziationskredits?	S. 465
32.	Wie sind Drawing Authorizations zu bewerten? Welche Hauptformen sind vor allem anzutreffen?	S. 466
33.	Was bedeuten LIBOR und LIBID?	S. 471
34.	Definieren Sie den Euro-Geldmarkt!	S. 466 f.
35.	Wie unterscheiden sich der Euro-Geldmarkt i. e. S. und der Euro-Kreditmarkt?	S. 466 f.
36.	Was ist eine Eurokreditkette? Wann endet sie?	S. 467
37.	Warum wird der Euro-Geldmarkt auch als Kontenmarkt bezeichnet?	S. 467
38.	Wie ist der Euro-Geldmarkt entstanden?	S. 469
39.	Nennen Sie einige wichtige Finanzplätze und Währungen des Euro-Geldmarktes!	S. 469 f.
40.	Wie ist es zur Entstehung von monetären Freihandelszonen insbesondere in New York und Tokio gekommen?	S. 470
41.	Welches Volumen hat der Euro-Geldmarkt heute etwa? Wer stellt es fest?	S. 470
42.	Wer tritt als Anbieter und Nachfrager auf dem Euro-Geldmarkt auf?	S. 470
43.	Wie erfolgt die Sicherstellung von Euro-Krediten?	S. 470
44.	Muss der deutsche Exporteur ein Devisentermingeschäft bei Aufnahme eines Euro-Kredites abschließen?	S. 470
45.	Auf welcher Grundlage werden die Euro-Kreditzinssätze ermittelt?	S. 471
46.	Was bedeutet die Bezeichnung EURIBOR?	S. 471
47.	Erläutern Sie den Einsatz von Euro-Krediten anhand eines Beispiels!	S. 472
48.	Was sind Roll-over-Kredite? Worin liegt ihr besonderes Risiko?	S. 474
49.	Grenzen Sie den Euro-Geldmarkt vom Euro-Kapitalmarkt ab!	S. 474
50.	Was sind Euro-Notes-Facilities?	S. 474
51.	Was sind Euro-Bonds?	S. 474
52.	Wann finden Zessionskredite im Außenhandel Verwendung?	S. 475

		Lösung
53.	Wie unterscheiden sich stille und offene Zession?	S. 476
54.	Wie unterscheiden sich Mantel- und Globalzession?	S. 476
55.	Definieren Sie den Begriff Factoring!	S. 477
56.	Grenzen Sie das Factoring vom Zessionskredit ab!	S. 477
57.	Welche Funktion bieten die Factoring-Institute bei Anschluss eines Vertrages an?	S. 478
58.	Wie erfolgt i. d. R. die Abtretung der Forderung und deren Anzeige an die Forderungsschuldner?	S. 478
59.	Welche Aufgaben hat der Korrespondenzfactor im Ausland beim Exportfactoring?	S. 479
60.	Wozu soll die Internationale Factoring Konvention beitragen?	S. 479
61.	Welche Vorteile bietet die Delkrederefunktion im Rahmen eines Factoring-Vertrages?	S. 480
62.	Welche Aufgabe hat der Sperrbetrag beim Factoring?	S. 480
63.	Was ist unter der „unechten" bzw. „echten Finanzierungsfunktion" beim Factoring zu verstehen?	S. 481
64.	Welche Probleme können bei Beendigung eines Factoring-Vertrages entstehen?	S. 482
65.	Wie kann man am besten die Vorteilhaftigkeit einer Factoring-Finanzierung feststellen?	S. 481 f.
66.	Welche Aufgabe haben Bankgarantien im Außenhandel?	S. 483
67.	Was ist ein Avalkredit? Erläutern Sie seine Bedeutung für den Schuldner und den Gläubiger der Leistung!	S. 483
68.	Was ist unter „Unfair Calling" bei Garantien zu verstehen?	S. 484
69.	Definieren Sie Bürgschaft und Garantie!	S. 483
70.	Nennen Sie die wesentlichen Merkmale der Garantie!	S. 484
71.	Warum werden im Außenhandel nur Garantien verwendet und keine Bürgschaften?	S. 484
72.	Würden Sie als Importeur eine Garantie oder eine vertraglich vereinbarte Konventionalstrafe vorziehen?	S. 484
73.	Wie erfolgt die Garantieleistung der Bank? Gibt es Obergrenzen?	S. 484
74.	Wie unterscheiden sich direkte und indirekte Garantien?	S. 485
75.	Welche Aufgabe haben die ERV? Was wird beispielsweise in ihnen geregelt?	S. 485 f.
76.	Welche Bedeutung haben die ERG? Wie verhalten sie sich zu denn ERV?	S. 485
77.	Erläutern Sie die Bietungsgarantie!	S. 486
78.	Wann werden Zahlungsgarantien verwendet?	S. 487
79.	Welche Aufgabe hat eine Transfergarantie?	S. 487

		Lösung
80.	Erläutern Sie die Lieferungs- und Leistungsgarantie!	S. 489
81.	Welche Besonderheiten beinhaltet die Gewährleistungsgarantie?	S. 489
82.	Warum werden des öfteren Unstimmigkeitsgarantien vertraglich vereinbart?	S. 490
83.	Was sichert eine Qualitäts- und Gewichtsgarantie ab?	S. 490
84.	Wann und zu wessen Gunsten werden Anzahlungsgarantien vereinbart?	S. 487
85.	Bei welchem Zollverkehr treten Rücklieferungsgarantien auf?	S. 490
86.	Wann und zu wessen Gunsten werden Konnossementsgarantien beantragt?	S. 489 f.

J. Mittel- und langfristige Außenhandelsfinanzierung

1. Wesen

1.1 Besonderheiten

Zwischen kurzfristiger und mittel- und langfristiger Außenhandelsfinanzierung besteht ein erheblicher Unterschied, der vor allem durch die Art des Außenhandelsgeschäfts und die Kapitalquellen begründet ist.

Vielfach wird der Beginn der mittelfristigen Außenhandelsfinanzierung bei einer **Laufzeit von mindestens zwölf Monaten** gesehen, nicht selten aber auch erst bei 18 oder 24 Monaten. Die Unterteilung in mittel- und langfristig erfolgt zwar oft aus Bilanzierungsgründen gemäß §§ 268 und 285 HGB bei einer Restlaufzeit von fünf Jahren, doch ist dies in der Außenhandelsfinanzierung ohne praktische Bedeutung.

Mittel- und langfristige Außenhandelskredite stehen i. d. R. im Zusammenhang mit dem Export bzw. Import von langlebigen Investitionsgütern und Industrieanlagen, aber auch von Großanlagen im Dienstleistungsbereich und Investitionen zur Verbesserung der Infrastruktur. Auf diesem Sektor besteht einerseits zwischen den Industrienationen ein scharfer Wettbewerb, andererseits ist ein großer Teil der Importeure vor allem aus Entwicklungsländern nicht in der Lage, die Güter und Leistungen sofort zu bezahlen. Infolgedessen verlagert sich die Kaufentscheidung sehr oft auf den finanziellen Bereich; es erhält der Exporteur den Zuschlag, der die besten Zahlungsbedingungen einräumt. Da aber auch fundierte Unternehmen nur selten in der Lage sind, aus eigener Kraft eine Kapitalbindungsfrist bei Forderungen von fünf, zehn und mehr Jahren hinzunehmen, verlangt der mittel- und langfristige Lieferantenkredit im Außenhandel besondere Finanzierungsalternativen und Kapitalquellen und wird von den meisten Industriestaaten mehr oder weniger gefördert.

Als wichtige Kriterien der mittel- und langfristigen Außenhandelsfinanzierung können deshalb genannt werden:

- **Finanzierung von Investitionsgütern**, Industrieanlagen und sonstigen Großanlagen
- **Abschluss eines Kreditvertrages** (häufig als Abschnitt des Kauf-/Liefervertrages) mit festen Tilgungs- und Zinsvereinbarungen
- **Refinanzierung bei Spezialkreditinstituten** und sonstigen Finanzinstituten
- staatliche **Exportförderung**, insbesondere durch Bereitstellung spezieller Kapitalquellen, Einräumung günstiger Zinssätze und Gewährung einer langfristigen Kreditversicherung
- zunehmende Nutzung auch von **internationalen Finanzmärkten**
- zunehmende **Finanzierungsberatung**, die durch die Kombination der Finanzmittel, die Export- oder Investitionsprüfung und die Kapitalbindungsfrist erforderlich wird.

Das Hauptproblem in der mittel- und langfristigen Außenhandelsfinanzierung liegt in der Finanzierungsdauer selbst und den damit verbundenen Kosten und Risiken. Da aber diese Faktoren wesentlich zum Erfolg des Außenhandelsgeschäfts beitragen, spielt die Wahl der richtigen Refinanzierung eine bedeutende Rolle.

1.2 Kapitalquellen

1.2.1 Spezialkreditinstitute in Deutschland

Hauptträger der mittel- und langfristigen Außenhandelsfinanzierung sind in Deutschland neben den Geschäftsbanken die **Ausfuhrkredit-Gesellschaft mbH (AKA)** und die **Kreditanstalt für Wiederaufbau (KfW)**. Während sich die Geschäftstätigkeit der AKA im Wesentlichen auf die Kreditgewährung bei Exportgeschäften beschränkt, erfüllt die KfW neben der Bereitstellung von langfristigen Außenhandelskrediten und der Mitfinanzierung von Auslandsprojekten umfangreiche inländische Finanzierungsaufgaben.

Beide Institute unterscheiden bei Exportgeschäften in Bestellerkredite bzw. Finanzkredite und in Lieferantenkredite, wobei die AKA im Neugeschäft keine Lieferantenkredite mehr gewährt.

Beim **Bestellerkredit bzw. Finanzkredit** erfolgt die Kreditanbahnung zunächst durch den Exporteur, die Kreditabwicklung nach einwandfreier Lieferung jedoch unmittelbar zwischen Importeur und Spezialkreditinstitut. Das Kreditrisiko liegt bei der Kredit gewährenden Bank, sodass sie eine Risikoabsicherung anstreben wird. Der Kredit wird zur Deckung der Kaufpreisforderung direkt an den Exporteur ausgezahlt und darum auch als gebundener Finanzkredit bezeichnet.

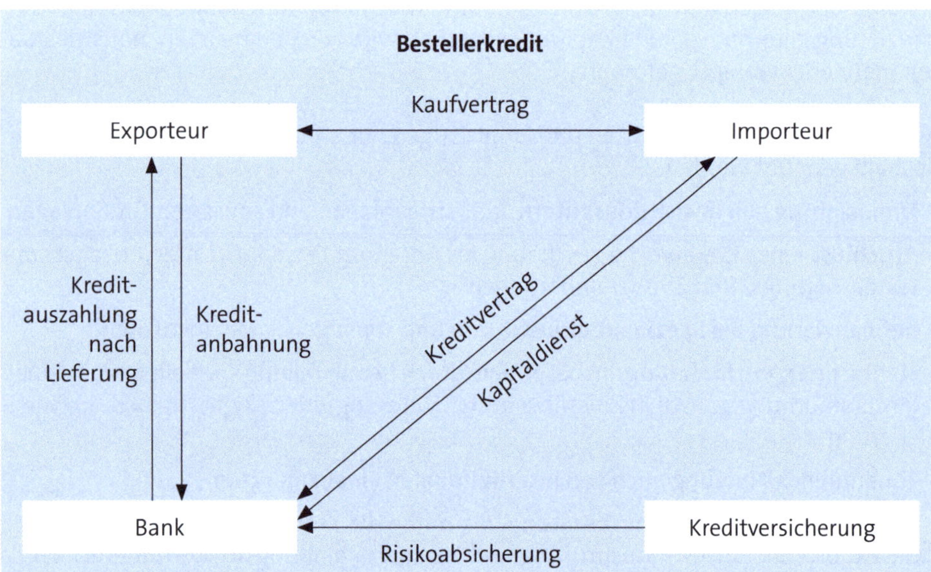

Beim **Lieferantenkredit** ist der Exporteur Kreditnehmer der Refinanzierungsstelle, sodass der Lieferantenkredit im engeren Sinne zwischen Exporteur und Importeur weiterhin unmittelbar eingeräumt und abgewickelt wird. Die Kreditbedingungen für die Refinanzierung als Lieferantenkredit im weiteren Sinne gehen jedoch i. d. R. in die Vereinbarungen über die Lieferantenkreditgewährung mit dem Importeur ein. Das Ausfuhrkreditrisiko liegt hier beim Exporteur, sodass die Kreditversicherung zu seinen Gunsten abzuschließen ist.

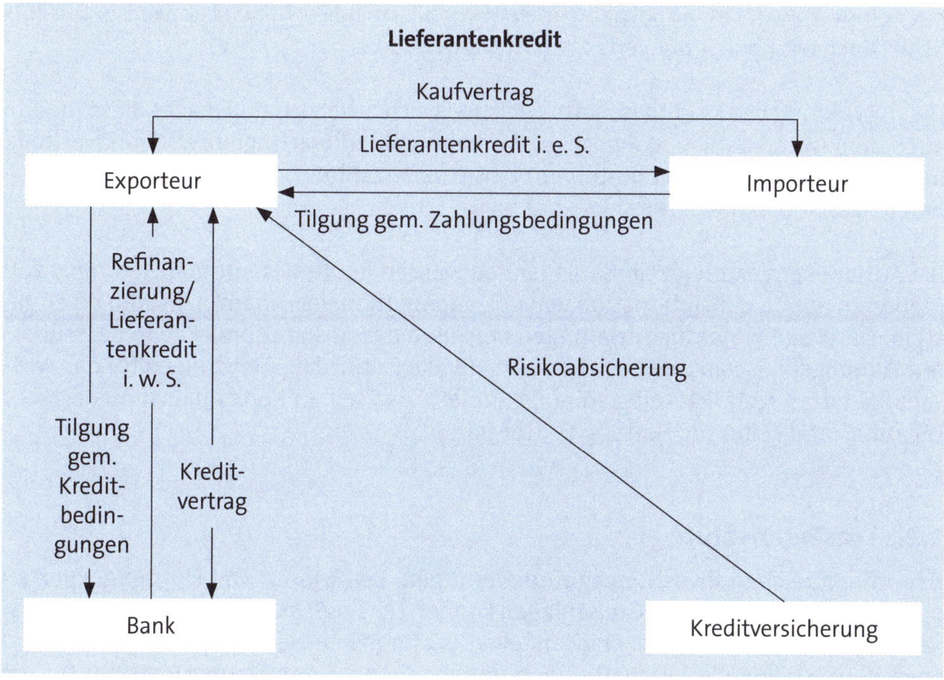

Sowohl AKA als auch KfW bemühen sich, mit immer mehr Ländern Rahmenkreditverträge abzuschließen, die für den deutschen Exporteur zu vereinfachter Dokumentation und Abwicklung führen können.

1.2.2 Deutsche Geschäftsbanken

Aus bankpolitischen Risikoerwägungen hatten sich die deutschen Geschäftsbanken lange Zeit auf die kurzfristige Außenhandelsfinanzierung beschränkt. Lediglich auf Konsortialbasis engagierten sich einige Banken über die AKA als Spezialkreditinstitut. Durch die zunehmende Internationalisierung des Bankgeschäfts gehen deutsche Banken inzwischen dazu über, auch allein und unmittelbar langfristige Außenhandelskredite zu gewähren oder vor allem bei Auslandsprojekten im Großanlagenbau auf internationaler Basis Gesamtfinanzierungen (→ Financial Engineering) anzubieten.

Bei den von deutschen Geschäftsbanken unmittelbar gewährten Außenhandelskrediten handelt es sich vor allem um **Bestellerkredite**, die in ihrer Abwicklung den Bestellerkrediten von AKA und KfW sehr ähnlich sind. Sie können jedoch im Einzelfall flexibler gehandhabt werden insbesondere im Hinblick auf die Finanzierung der Vorauszahlungen, der „Local Costs" im Importland, der Zinsgestaltung und der Refinanzierung, da sie nicht den Richtlinien der Spezialkreditinstitute unterliegen.

Voraussetzungen für die Kreditgewährung sind i. d. R. neben der vom Exporteur zu tragenden Hermes-Deckung eine bedingungslose, unwiderrufliche Zahlungsgarantie einer Bank im Importland sowie eine Legal Opinion, einem Rechtsgutachten einer Bank oder eines Anwalts im Importland, in dem vor allem die Rechtswirksamkeit und rechtliche Durchsetzbarkeit der Verträge bestätigt werden.

Die Abwicklung des Kreditgeschäfts erleichtert sich erheblich und macht diese Kredite auch dem Mittelstand zugänglich, wenn **Rahmenkreditverträge** bzw. Grundverträge mit Banken im Importland bestehen, wie sie recht zahlreich seitens der KfW und AKA bereits geschlossen worden sind.

Bei Auslandsprojekten im Großanlagenbau werden heute Gesamtfinanzierungen von mehreren nationalen, internationalen und supranationalen Finanzinstituten bereitgestellt. Derartige **Projektfinanzierungen** begleiten das Auslandsprojekt von der frühesten Planungsphase an und beziehen sich auf alle Finanzdienstleistungen für das wirtschaftlich und rechtlich selbstständige Projekt, das seinen Kapitaldienst aus eigener Leistungsfähigkeit ohne Haftung Dritter trägt.

1.2.3 Leasing-Institute

Bei umfangreichen Investitionsgüterlieferungen, bei Schiffs- und Flugzeugexporten oder bei der Erstellung von **Großanlagen** können Leasing-Finanzierungen eine interessante Alternative oder Ergänzung darstellen. Leasing-Finanzierungen werden i. d. R. von speziellen Leasing-Gesellschaften angeboten, die als Finanzierungsinstitute für die Produkte eines bestimmten Herstellers (**direktes Leasing**) auftreten oder als ungebundene Unternehmen im Prinzip jedes Wirtschaftsgut bereitstellen können (**indirektes Leasing**).

Leasing-Gesellschaften können sowohl für den Exporteur als auch für den Importeur als Käufer des Leasing-Objektes eingeschaltet werden, sodass einerseits der Exporteur ein risikoarmes Bargeschäft durchführen kann, und andererseits der Importeur eine 100 %-ige Fremdfinanzierung mit im Wesentlichen uneingeschränkten Nutzungsrechten erhält. Höhe und Laufzeit der Leasing-Raten richten sich vor allem nach steuerlichen und betriebswirtschaftlichen Gegebenheiten am Investitionsort.

Leasing-Finanzierungen können aus deutscher Sicht in die staatliche Exportförderung durch Gewährung von Hermes-Deckungen oder Refinanzierungen im Rahmen der Spezialkreditinstitute einbezogen werden.

1.2.4 Supranationale Finanzinstitute

1.2.4.1 Weltbankgruppe

Zur Weltbankgruppe in Washington/USA zählen:

- die Weltbank (International Bank for Reconstruction and Development)
- die IFC (International Finance Corporation)
- die IDA (International Development Association)
- die MIGA (Multilateral Investment Guarantee Association)
- die ICSID (International Centre for Settlement of Investment Disputes).

Die **Weltbank** wurde nach Ende des 2. Weltkriegs zur Förderung des Wiederaufbaus gegründet und befindet sich heute im Eigentum von über 185 Staaten. Den größten Anteil des Eigenkapitals haben die westlichen Industrieländer gezeichnet (insb. USA, Japan, Deutschland und Frankreich). Die Höhe der Kapitaleinlage entscheidet dabei über die Anzahl der Stimmrechte.

Fremdkapital wird auf verschiedenen Finanzmärkten durch die Emission von Schuldverschreibungen aufgenommen.

Die Weltbank beteiligt sich vor allem an **Auslandsinvestitionen** durch eigene Kredite, Projektplanungen/-beratungen und Zusammenstellung der Gesamtfinanzierung. Jeder Investitionsplan muss ökonomische, finanzielle, soziale und umweltgerechte Aspekte enthalten.

Bei der **Kreditgewährung** wird in Investment Loans, die der Unterstützung der ökonomischen und sozialen Entwicklung des Landes durch die Förderung der Herstellung von Gütern dienen sollen, und in Development Policy Loans unterschieden, die die Umsetzung von Reformen im öffentlichen Sektor finanzieren sollen. Die Tilgung der eigenen Kredite beginnt oft erst nach zehn Freijahren und kann Laufzeiten bis zu 30 Jahren erreichen.

Häufig treten die Investitionsländer selbst als Schuldner oder Garanten bzw. (spätere) Projektkäufer auf. Weltbankengagements können von den Projektinitiatoren, den Investitionsländern oder von der Weltbank selbst vorgeschlagen werden.

Die **IFC** wurde 1956 zur Förderung der weniger entwickelten Länder gegründet; ihre Mitglieder sind auch Miteigentümer der Weltbank. Sie hat sich auf die Projektfinanzierung privater Investoren in diesen Entwicklungsländern spezialisiert und erstellt vor ihrer Entscheidung ausführliche **Feasibility-Studies** (Wirtschaftlichkeitsanalysen) im Hinblick auf Management, Märkte, technische Realisation, Finanzierung, staatliche Unterstützung, Risiko, Terminierung und Kapital-/Gewinntransfer, ohne jedoch die Projektführung zu übernehmen.

Das Eigenengagement beschränkt sich kapitalmäßig auf 25 % der Projektkosten, doch schließt die IFC häufig Unterverträge, um weitere Kapitalgeber mit vollem Eigenrisiko einzubeziehen.

Für die ca. 40 ärmsten Entwicklungsländer gewährt die **IDA** seit 1960 sehr langfristige, zinslose Investitionskredite, aus denen auch Exportlieferungen/-leistungen bezahlt werden können.

Die **MIGA** wurde erst 1988 gegründet, um insbesondere für Auslandsprojekte und Direktinvestitionen in Entwicklungsländern **Garantien** für politische Risiken zu gewähren mit dem Ziel, das Investitionsengagement in diesen Ländern zu erhöhen.

ICSD ist eine Einrichtung der Weltbankgruppe der Schiedsgerichtsbarkeit und zur Schlichtung für Auseinandersetzungen bei Auslandsinvestitionen.

1.2.4.2 Europäische Investitionsbank (EIB)

Die Europäische Investitionsbank wurde 1958 mit eigener Rechtspersönlichkeit gegründet. Ihr Sitz ist seit 1968 Luxemburg. Träger sind die Mitgliedsländer der EU, die ein Eigenkapital von zzt. 243 Mrd. € (nach der Erhöhung zum 01.07.2013) mit unterschiedlichen Quoten gezeichnet haben. Diese Kapitalausstattung ist von zentraler Bedeutung für den Umfang der Geschäftstätigkeit der EIB, da die jeweils ausgelegten Darlehen und Bürgschaften der Bank 250 % des gezeichneten Kapitals nicht überschreiten dürfen.

Hauptaufgabe der EIB ist die Bereitstellung von **langfristigen Finanzierungsmitteln**, durch die eine reibungslose und ausgewogene Entwicklung des Gemeinsamen Marktes und der wirtschaftliche und soziale Zusammenhalt der Mitgliedstaaten gefördert wird.

Darüber hinaus beteiligt sich die EIB an der entwicklungspolitischen Zusammenarbeit der Europäischen Union mit Drittstaaten, vor allem den AKP-Staaten und den Mittelmeerländern.

Die EIB ist eine Finanzinstitution der Gemeinschaft und ihre Tätigkeitsbereiche sind Bestandteil des Gründungsvertrages der Europäischen Gemeinschaft. Mit EIB-Darlehen werden in der Europäischen Union hauptsächlich Projekte finanziert, die zur Verwirklichung folgender Ziele beitragen:

- Förderung der Wirtschaftsentwicklung in den schwach entwickelten Regionen der EU
- Ausbau der transeuropäischen Netze für Verkehr, Telekommunikation und Energieübertragung
- Verbesserung der internationalen Wettbewerbs- und Innovationsfähigkeit
- Förderung der entwicklungspolitischen Zusammenarbeit mit den Partnerländern der EU
- Bereitstellung von Risikokapital an kleinere und mittlere Unternehmen
- Schutz der Umwelt, Bewahrung der Lebensqualität
- Sicherung der Energieversorgung; Ausbau erneuerbarer Energiequellen.

Durch die Besonderheit der **Globaldarlehen** über ein zwischengeschaltetes regionales Kreditinstitut können auch relativ kleine Beträge als Einzeldarlehen an den Mittelstand bereitgestellt werden.

Zur Refinanzierung ihrer Aufgaben emittiert die EIB in erheblichem Umfang Schuldverschreibungen in verschiedenen Wärungen.

1.2.4.3 Sonstige Finanzinstitute

Neben den grundsätzlich weltweit tätigen supranationalen Finanzinstituten gibt es eine Reihe von **regionalen Entwicklungsbanken**, die sich vor allem bei Projektgesellschaften in ihrer Region engagieren, aber auch bei Investitionsgüterlieferungen als Kreditgeber gegenüber dem dortigen Importeur auftreten. Tätigkeitsbereiche und Anschriften sind bei Germany Trade and Invest – Gesellschaft für Außnwirtschaft und Standortmarketing (gtai) erhältlich.

1.2.5 Euro-Kapitalmarkt, internationale Kapitalmärkte

Als weitere Kapitalquellen haben sich in unterschiedlicher Intensität der Euro-Finanzmarkt sowie weitere internationale Finanzmärkte herausgebildet, die sich in ein kurz- und mittelfristiges Marktsegment und ein **langfristiges Marktsegment** unterteilen lassen.

Auf dem Eurokapitalmarkt und den anderen internationalen Kapitalmärkten werden vorrangig langfristige Schuldverschreibungen (**Bonds**), aber teilweise auch Beteiligungspapiere (**Equities**) von internationalen Emissionskonsortien auf den Finanzplätzen erstmalig emittiert (**Primärmärkt**), die anschließend unter Umständen in verschiedener Ausgestaltung an Börsen und außerbörslich gehandelt werden (**Sekundärmarkt**).

Da es sich beim Export von Investitionsgütern und Großanlagen um eine eher langfristige Kapitalbindung handelt, ist eine **fristenkongruente Refinanzierung** über die Kapitalmärkte anzustreben. Bei mittelfristiger Kapitalbindung oder im Rahmen einer Gesamtfinanzierung von Auslandsprojekten können aber auch mittelfristige Kredite vom Geldmarkt (insbesondere Roll-over-Kredite) einbezogen werden.

Als **Motive** für die Inanspruchnahme des Euro-Kapitalmarktes und anderer internationaler Kapitalmärkte sind zu nennen:

- günstigere Zinskonditionen als auf dem Inlandsmarkt bzw. im Investitionsland
- keine direkte Abhängigkeit von nationaler Notenbankpolitik
- großes, verfügbares Kapitalvolumen
- sehr lange Laufzeiten von 20 bis 30 Jahren möglich
- steuerliche Aspekte für Gläubiger und/oder Schuldner
- hohe Fungibilität der Schuldverschreibungen

- im Prinzip freie Wahl der Emissionswährung
- gleichzeitige Emission auf verschiedenen Finanzplätzen
- differenzierte Ausgestaltungsmöglichkeiten (→ Finanzinnovationen).

Märkte, die sich weitgehend staatlicher Restriktionen entziehen, bieten schnell teilnehmergerechte, innovative (Finanz-)leistungen, sodass hier zur Finanzierung längerfristiger Auslandsinvestitionen vor allem neben den traditionellen Straight Bonds mit regelmäßiger Zinszahlung folgende **Finanzierungsalternativen** zu erwähnen sind, die im Rahmen einer optimalen Außenhandelsfinanzierung berücksichtigt werden können:

- **Floating Rate Bonds** → kurz- bis mittelfristige Zinsbindung auf der Basis eines Referenzzinssatzes (z. B. LIBOR) mit dem Vorteil einer fristenkongruenten langfristigen Finanzierung zu jeweils marktkonformen Zinssätzen.
- **Zero Bonds** → anstelle einer laufenden Verzinsung Zinszahlung insgesamt am Ende der Laufzeit mit der Kapitalrückzahlung (Aufzinsungspapier) oder als Abzinsungspapier, bei dem der Auszahlungskurs (Erwerbspreis) weit unter pari liegt; beides kann zu steuerlichen Vorteilen führen.
- **Currency Bonds** → es können in unterschiedlichen Erscheinungsformen Kapitalaufnahme und -rückzahlung sowie die Verzinsung in verschiedenen Währungen erfolgen, wobei die jeweiligen Währungen entweder bei Emission festgelegt oder später durch Option wählbar sind.
- **Convertible Bonds** → der Gläubiger erhält entweder ein Wandlungsrecht in Anteilscheine des emittierenden Unternehmens (Wandelschuldverschreibung) oder zusätzlich zur Schuldverschreibung Anwartschaftsrechte (Warrents) auf den Erwerb von Anteilsscheinen (Optionsschuldverschreibung), was das Interesse des Schuldners auf spätere Eigenkapitalbereitstellung kennzeichnet.
- **Emissionen in Verbindung mit Währungs- und Zinsswaps** → besitzen zwei Marktteilnehmer entgegengesetzte Währungsbedürfnisse, können sie den Emissionsbetrag und/oder die Zinszahlungen austauschen; ebenso können kurzfristige, variable und langfristige, feste Zinsvereinbarungen getauscht werden.

Aufgabe 29 > Seite 557

Neben den genannten, vor allem für Direktinvestitionen im Ausland benutzbaren Finanzierungsalternativen ist noch die **Forfaitierung** als regressloser Ankauf von Außenhandelsforderungen zu nennen, die sich als internationale Finanzmarktfinanzierung bei Investitionsgüterlieferungen bewährt hat. Eine Zuordnung zum kurzfristigen oder längerfristigen Marktsegment ist schwierig, da einerseits die Konditionen fest für die gesamte Laufzeit von bis zu zehn Jahren vereinbart werden können, andererseits die Refinanzierung meistens auf Wechselbasis in kurzfristigen Tranchen erfolgt. Aufgrund ihrer Bedeutung im Rahmen der mittel- bis langfristigen Außenhandelsfinanzierung wird auf die Forfaitierung im Kapitel J.4 näher eingegangen.

2. Kredite der Ausfuhrkredit-Gesellschaft mbH (AKA)

2.1 Überblick und Historie

Die AKA wurde 1952 auf Initiative der Bank deutscher Länder von am Export besonders interessierten Banken zur Bereitstellung langfristiger Exportkredite gegründet. Zurzeit wird sie von 19 Banken in der Rechtsform der GmbH getragen. Konsortialführerin ist die Deutsche Bank AG. Die AKA bietet **mehrere Kreditlinien** zur Finanzierung von Exportgeschäften an.

Der Plafond A diente der **Herstellerfinanzierung**, der dem Exporteur zur Refinanzierung seines dem Importeur eingeräumten langfristigen Zahlungsziels gewährt wurde, wobei eine Mitfinanzierung der Produktionszeit möglich war. Daneben bot die AKA früher noch den Plafond B zur Herstellerfinanzierung an. Diese Rediskontlinie der Deutschen Bundesbank wurde 1995 aufgehoben.

Die Plafonds C und D dienten der **Bestellerfinanzierung** und wurden dem Importeur gewährt.

Der Plafond C bestand seit 1973 und war lange Zeit bei deutschen Exporteuren sehr beliebt. Um dem Wunsch nach **Margenkrediten** nachzukommen, wurde 1993 ein neuer Plafond D geschaffen, der vorrangig für Forderungsankäufe aus Exportlieferungen bestimmt war.

Im Jahr 2000 hat die AKA eine Neuausrichtung hin zu zu einem modernen Anbieter von Finanzierungen und Dienstleistungen im mittel- und langfristigen Exportfinanzierungsgeschäft beschlossen. Der Tätigkeitsbereich umfasst deshalb vorrangig die Bereitstellung von Margenkrediten, Finanzierungen unter Rahmenkreditvereinbarungen, Risikoübernahmen und Kreditverwaltungen.

2.2 Produkte der AKA

Inzwischen sind die Produkte ECA gedeckter Finanzierungen als „Small Ticket“ und „Projektfinanzierung“, FI-Desk Geschäfte, Strukturierte Finanzierungen und Syndicated Trade Loans bekannt. Bei FI-Desk-Geschäften handelt es sich um Financial Institutions-Geschäfte der AKA. Es sind Beteiligungen an Bankrisiken – und zwar ausschließlich auf stiller Basis. Dabei handelt es sich um Letter of Credits (L/Cs), Standby-L/Cs, Bankgarantien sowie L/C-nahe Produkte (zu den Produkten der AKA vgl. https://www.akabank.de/de/unsere-leistungen/).

Eines der Produktangebote ist der **Bestellerkredit mit ECA-Deckung** (i. d. R. Hermes-Deckung):

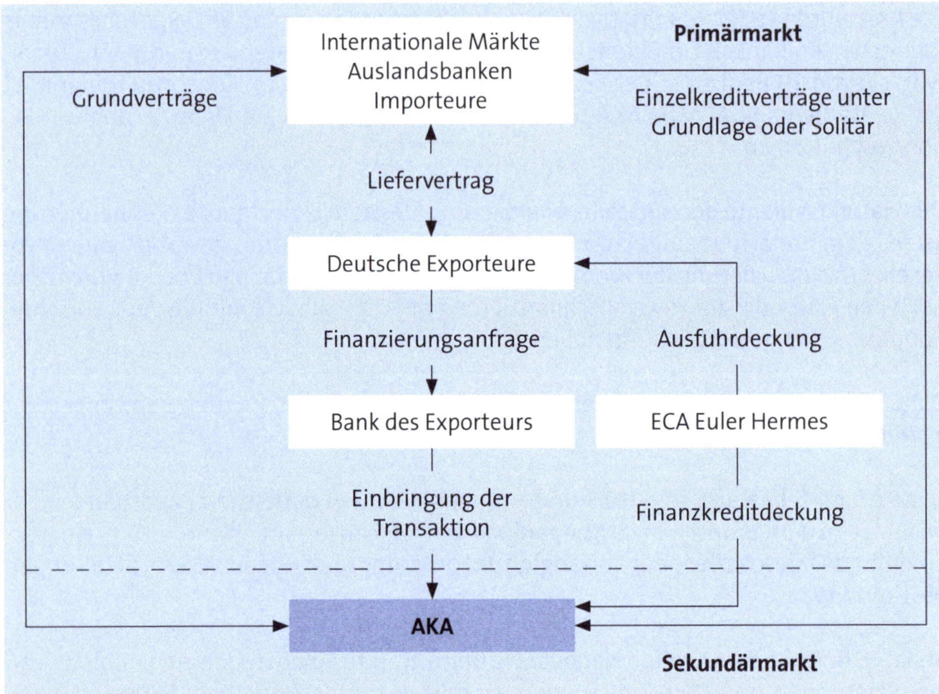

AKA-Ausfuhrkreditgesellschaft mbH
(https://www.akabank.de/de/unsere-leistungen/eca-gedeckte-finanzierungen/#c906)

Ohne ECA Deckung werden von der AKA im Zusammenhang mit **Akkreditiven** z. B. Bestätigungen und Ankaufszusagen angeboten. Ebenso werden **synidizierte Handelskredite** für Banken und Unternehmen abgewickelt (z. B. zur Finanzierung von Rohstofflieferungen).

Die AKA ist ein Spezialkreditinstitut im Sinne des KWG mit engem Tätigkeitsfeld. Gesellschafter ist seit 2011 auch die KfW IPEX-Bank. Die AKA betreibt im Wesentlichen nur das Exportkreditgeschäft und muss deshalb die von ihr gewährten Kredite bei den Konsorten refinanzieren. Seit einiger Zeit greift die AKA aber auch zunehmend auf Geld- und Kapitalmarktmittel zurück.

Die meisten Verträge haben eine Laufzeit von mehr als zwei Jahren, sind also mittel- bis langfristig. Die AKA finanziert grundsätzlich nur Exportwaren- und -dienstleistungsgeschäfte an ausländische Auftraggeber, aber keine Transithandelsgeschäfte.

Ein **Kreditantrag** an die AKA sollte Folgendes beinhalten:

- Importeurbeschreibung
- Darlegung der wirtschaftlichen Verhältnisse des Exporteurs und nach Möglichkeit auch des Importeurs anhand von Jahresabschlüssen

- Beschreibung des Exportgeschäfts
- Gesamt-Auftragswert und Währung
- Zahlungsbedingungen
- Liefertermine
- Exportvertrag (ggf. Auszüge) oder Exportvorvertrag zum Nachweis des Geschäftsabschlusses
- Kreditversicherungsantrag oder -vertrag
- Bezeichnung der ausländischen Sicherheiten
- gewünschter Kreditbetrag und Plafond
- Kopie einschlägiger Genehmigungen, wie evtl. Einfuhrlizenz, Ausfuhrgenehmigung.

3. Kredite der Kreditanstalt für Wiederaufbau (KfW)

3.1 Aufgaben der KfW

Die Kreditanstalt für Wiederaufbau besteht seit 1948. Ihr Gesellschaftskapital liegt zu 80 % beim Bund und zu 20 % bei den Ländern. Sie ist kein Kreditinstitut im Sinne des Kreditwesengesetzes (§ 2 KWG) und steht unter der Aufsicht der Bundesregierung (BMWi).

Ursprünglich beschränkten sich die Aufgaben der KfW darauf, den Wiederaufbau der deutschen Wirtschaft zu finanzieren und zu fördern. Sie wurde so eines der drei Hauptleihinstitute für ERP-Kredite neben der damaligen Lastenausgleichsbank und der Berliner Industriebank AG.

Seit der deutschen Einheit wurden die freigesetzten ERP-Mittel sowie sonstige KfW-Mittel auch besonders zur Finanzierung von ostdeutschen Unternehmen verwendet.

Heute zählt die KfW zu den größten Banken Deutschlands und sieht ihre Aufgaben als Förderbank des Bundes einerseits in der **Förderung der deutschen Wirtschaft**, vorrangig des Mittelstandes, in den Bereichen

- der längerfristigen Investitionsfinanzierung
- der längerfristigen Finanzierung von Exportgeschäften
- der Förderung von Innovationen und Beteiligungen
- der Finanzierung von Maßnahmen des Umweltschutzes und
- der Finanzierung von Maßnahmen der Wohnungswirtschaft und zur Infrastruktur

sowie andererseits in der **Zusammenarbeit mit Entwicklungsländern** im Hinblick auf dortige Finanzierungs-, Beratungs- und Betreuungsaufgaben.

Zur Erfüllung ihrer Aufgaben hat sich die KfW 2004 neu strukturiert:

- KfW – Mittelstandsbank → für Finanzierung, Existenzgründung und Innovation
- KfW – IPEX-Bank → für Exportfinanzierung und Auslandsprojekte
- KfW – Entwicklungsbank → für die Zusammenarbeit in Entwicklungsländern
- KfW – DEG → für privatwirtschaftliche Investitionen in Entwicklungsländern
- KfW – Förderbank → für Bauen, Wohnen, Infrastruktur, Bildung und Soziales.

Zur Finanzierung dieser Tätigkeitsbereiche emittiert die KfW-Gruppe Schuldverschreibungen, nimmt Kredite am Finanzmarkt auf und setzt zinsgünstige **ERP-Mittel** ein.

3.2 Das ERP-Sondervermögen

Um nach Kriegsende die schweren Versorgungsprobleme der Bevölkerung in Europa zu mildern, beschlossen die USA mehrere Unterstützungsprogramme. Diese unsystematische Nothilfe brachte jedoch nicht den gewünschten Erfolg, da insbesondere Deutschland aufgrund der Demontage der Industrie nicht in der Lage war, die (vor allem aus den USA) gekauften Waren aus eigenen Exporten zu bezahlen. Die europäischen Länder hatten 1947 ein Zahlungsbilanzdefizit gegenüber den USA von rd. 14 Mrd. US-$.

Als Folge der Truman-Doktrin vom 12.03.1947 (Wirtschaftshilfe für politisch und wirtschaftlich bedrängte Staaten) legte am 05.06.1947 der Staatssekretär Marshal mit seiner Rede an der Harvard-Universität in Boston den Grundstein für die ERP-Hilfe (**European Recovery Program = Europäisches Wiederaufbauprogramm**).

Dieser Plan sollte für ganz Europa gelten. Die Russen lehnten jedoch eine Einbeziehung Osteuropas in die Hilfsleistungen ab und initiierten ein eigenes Hilfsprogramm, aus dem dann der Rat für gegenseitige Wirtschaftshilfe (Comecon = Council for mutual economic aid) entstand.

Am 12.07.1947 versammelten sich in Paris Vertreter von 16 europäischen Staaten und gründeten den Ausschuss für europäische Wirtschaftshilfe (CEEC), eine Organisation, aus der später die OECD entstand (Organization for Economic Cooperation and Development). Es wurde ein Programm erarbeitet, das die Grundlage für das „Gesetz über wirtschaftliche Zusammenarbeit“ (ECA = Economic Cooperation Act of 1948) bildete. Dieses Gesetz wurde dann die Rechtsgrundlage für das ERP. Das Volumen sollte sich (verteilt auf vier Jahre) auf rd. 15 Mrd. US-$ belaufen (ca. 80 US-$ je US-Bürger).

Ziele des ERP waren:

1. Beseitigung von Kriegsschäden
2. politische Einigung Europas
3. Wettbewerbsfähigkeit und Integration der Wirtschaft
4. Abwehr des Kommunismus.

Nach 1952 ging diese Wirtschaftshilfe in die Rüstungshilfe über. Dieses Programm wurde die Grundlage der Nato.

Großbritannien beendigte seine ERP-Hilfe bereits am 01.01.1951, weil es glaubte, aufgrund gestiegener Währungsreserven „genesen" zu sein und sich aus der amerikanischen Abhängigkeit lösen wollte. Die USA leisteten jedoch im Rahmen der Rüstungshilfe weiter. Die Verwendung der 3,4 Mrd. US-$ erfolgte fast ausschließlich zur Tilgung von Kriegsanleihen und zur Bekämpfung der Inflation.

Frankreich benutzte seine 2,8 Mrd. US-$ vor allem für die Entwicklung seiner Kolonialgebiete und den Indochinakrieg. Nur anfangs dienten die Mittel zur Finanzierung von Anlageinvestitionen und zum kleinen Teil zur Tilgung von Kriegsanleihen. Eine Rückzahlung seitens der Begünstigten war auch hier grundsätzlich nicht vorgesehen.

Deutschland erhielt rd. 1,5 Mrd. US-$ ERP-Mittel, das waren zum damaligen Kurs rd. 6 Mrd. DM. Die Besonderheit und der Vorteil in der deutschen Verwendung der ERP-Mittel lag im System der **Schwerpunktförderung**, der **Anteilsfinanzierung** (nur in Ausnahmen bis 100 % ERP) und in der **Verzinsungs- und Rückzahlungspflicht** seitens der Kreditnehmer.

Die Rückzahlung der amerikanischen Nachkriegswirtschaftshilfe wurde im Rahmen des **Londoner Schuldenabkommens** von 1953 geregelt. Deutschland musste 1,2 Mrd. US-$ in 60 Halbjahresraten (30 Jahre bis 1983) mit 2,5 % p. a. Zinsen zurückzahlen. Diese Rückzahlung erfolgte jedoch vorzeitig in den Jahren 1961 und 1966 durch die Bundesbank, sodass daraufhin nur eine interne Verrechnung mit dem ERP-Sondervermögen zu erfolgen hatte.

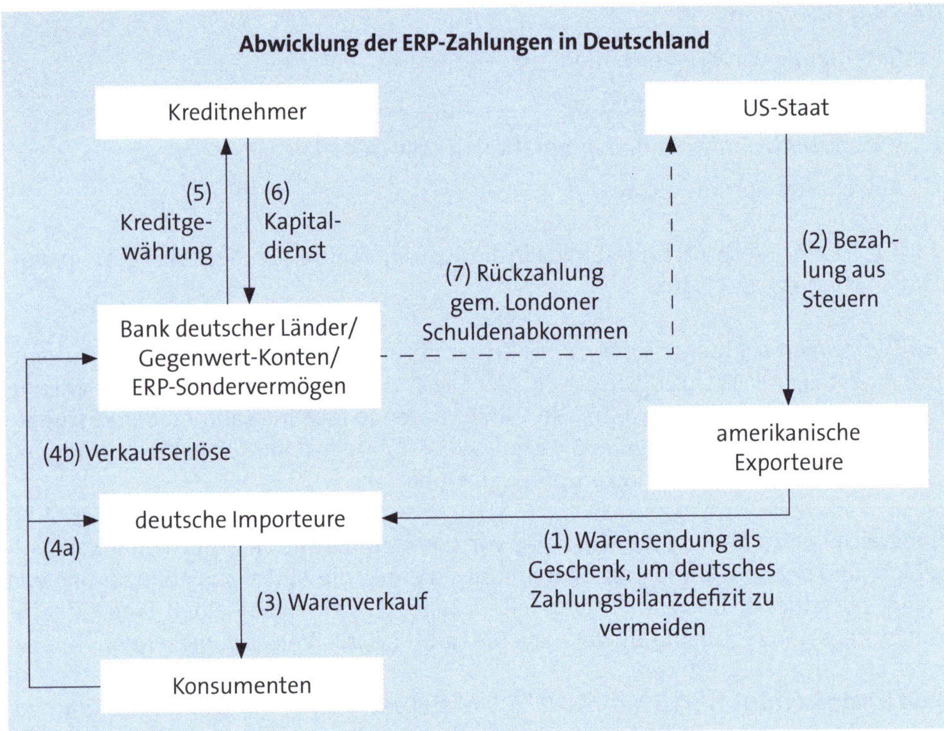

Das ERP-Vermögen ist heute ein **Sondervermögen des Bundes** mit eigener Rechtspersönlichkeit und wird auf der Basis des Kapitalrückflusses immer wieder zur Neukreditgewährung eingesetzt. Da dieses System von Anfang an angewendet wurde, und ERP-Kredite zu verzinsen sind, ist der ursprüngliche Bestand der US-Wirtschaftshilfe immer weiter angewachsen. Aufgrund des laufenden Kapitaldienstes stehen heute jährlich mehrere Mrd. Euro zur Kreditgewährung zur Verfügung, die zur inländischen und ausländischen Wirtschaftshilfe mit unterschiedlicher Gewichtung eingesetzt werden können.

3.3 Bestellerkredite

Ein Bestellerkredit ist ein langfristiger Kredit eines Kreditinstituts an einen ausländischen Importeur von Investitionsgütern anstelle des Zahlungsziels des Exporteurs, der dem Exporteur unmittelbar nach ordnungsgemäßer Lieferung zur Abdeckung seiner Exportforderung ausbezahlt wird.

Die KfW finanziert **förderungswürdige Investitionsgüterexporte und Dienstleistungen nur in Entwicklungsländer**, die in der jeweils gültigen DAC-Liste der OECD im Teil 1 aufgeführt sind und von Deutschland Entwicklungshilfe beziehen. Diese **liefergebundenen Finanzkredite bzw. Bestellerkredite** der KfW **aus dem ERP** sind besonders gefragt, da sie einerseits die Abwicklung des Kreditgeschäfts (mit Ausnahme der Anbahnung) durch den Importeur ermöglichen und andererseits bei sehr niedriger Selbstbeteiligungsquote und günstigem Festzinssatz eine sehr lange Laufzeit bieten.

Außerdem verfügt die KfW über zahlreiche **Rahmenkreditverträge** mit ausländischen Banken und Regierungen, auf deren Grundlage die Einzelkredite in einem vereinfachten Verfahren abgewickelt werden können. Oft kommt es in diesem Zusammenhang auch zu sog. **Bank-zu-Bank-Krediten**, bei denen die ausländische Bank als Kreditnehmer der KfW auftritt und den Kredit „intern" an den Importeur weiterleitet.

Darüber hinaus können **Avalkredite** gewährt werden, um deutschen Exporteuren durch die Gewährung einer Bürgschaft oder Garantie den Zugang zu Kapitalmarktmitteln von Banken zu erleichtern.

Die **Kredithöhe** ist jeweils die bei Auszahlung des Kredites noch **offene Exportforderung**. Die KfW legt darüber hinaus jedoch folgende Auftragswertgrenzen für die Kreditbemessung zu Grunde:

- Bei Auftragswerten bis 25 Mio. € gilt dieser jeweils als Kreditgrundlage abzüglich der An- und Zwischenzahlungen von mindestens 15 %.
- Bei Auftragswerten von 25 bis 50 Mio. € gelten als Auftragswert 25 Mio. €, auf den die An- und Zwischenzahlungen von mindestens 15 % anzurechnen sind (→ 21,25 Mio. €).
- Bei Auftragswerten über 50 Mio. € gelten 50 % des tatsächlichen Auftragswertes als Grundlage ebenfalls gekürzt um die An- und Zwischenzahlungen; das maximale Finanzierungvolumen beträgt zzt. 85 Mio. €.
- Größere Auftragswerte werden nur begrenzt mit KfW/ERP-Mitteln finanziert, doch ist die KfW bereit, sich an der Restfinanzierung durch den Einsatz von Kapitalmarktmitteln zu beteiligen.

Antragsteller ist oft der deutsche Exporteur; antragsberechtigt sind aber auch der ausländische Importeur oder die ausländische Bank. Anträge sind beim Bestellerkredit direkt an die KfW zu richten und sollten möglichst während der Vertragsverhandlungen jedoch spätestens unmittelbar nach Liefervertragsabschluss gestellt werden. Für die Antragsbearbeitung sind folgende **Unterlagen** erforderlich:

- Beschreibung des Exportgeschäfts
- Nachweis der vorläufigen Hermes-Deckungszusage
- Geschäftsberichte des Exporteurs über die drei letzten Geschäftsjahre
- Angaben über den Importeur möglichst auch mit Geschäftsberichten
- Vorlage des Ausfuhrvertrages.

Die **Auszahlung** erfolgt ohne Abzug einer risikomäßigen Selbstbeteiligung mit 100 % des Kredites entweder nach Lieferfortschritt, nach Ablieferung oder nach Ablauf der Gewährleistungsfrist an den Exporteur.

Es werden i. d. R. nur Exportforderungen an Importeure in Entwicklungsländern auf Euro- oder Dollar-Basis finanziert.

Die **Laufzeit** ist identisch mit dem vorgesehenen Zahlungsziel und nach oben nicht begrenzt, sofern eine Hermes-Deckung erhältlich ist. Im Hinblick auf den Verwendungszweck wird jedoch eine Mindestlaufzeit von vier Jahren ab Lieferung bzw. Betriebsbereitschaft erwartet.

Die **Rückzahlung** des Bestellerkredits erfolgt durch den ausländischen Importeur.

Grundlage für den Tilgungsbeginn ist der **„Starting Point“**, z. B. die Betriebsbereitschaft, der mittlere gewogene oder letzte Liefertermin. Häufig beginnt die Rückzahlung sechs Monate nach dem Starting Point in Halbjahrestranchen gemäß einem zu vereinbarenden Tilgungsplan. Eine Spätestklausel wird in den Kreditvertrag übernommen.

Die Sicherstellung des Kredits kann als (zusätzliche) ausländische Besicherung durch eine abstrakte **Zahlungsgarantie** einer erstklassigen Bank oder eines staatlichen Kreditversicherers des Importlandes erfolgen. Voraussetzung hierfür ist i. d. R. ein Rückversicherungsabkommen mit der Hermes Kreditversicherung.

In den meisten Fällen wird (nur) eine **Hermes-Deckung** als inländische Besicherung abgeschlossen. Hier besteht die Möglichkeit, bei Hereinnahme einer 95 %igen Bestellerkreditgewährleistung zu Gunsten der KfW eine für die Bank nicht abwälzbare Selbstbeteiligung von 5 % festzulegen, für die die KfW keine Risikoprämie mehr dem Exporteur in Rechnung stellt.

Die Haftung für Schäden bis zum Ablauf der Gewährleistungsfrist und für die Kosten der Hermes-Deckung hat der Exporteur immer zu tragen. Diese **Exporteurgarantie** ist u. U. durch weitere Sicherheiten zu ergänzen. Der Kreditvertrag unterliegt immer deutschem Recht.

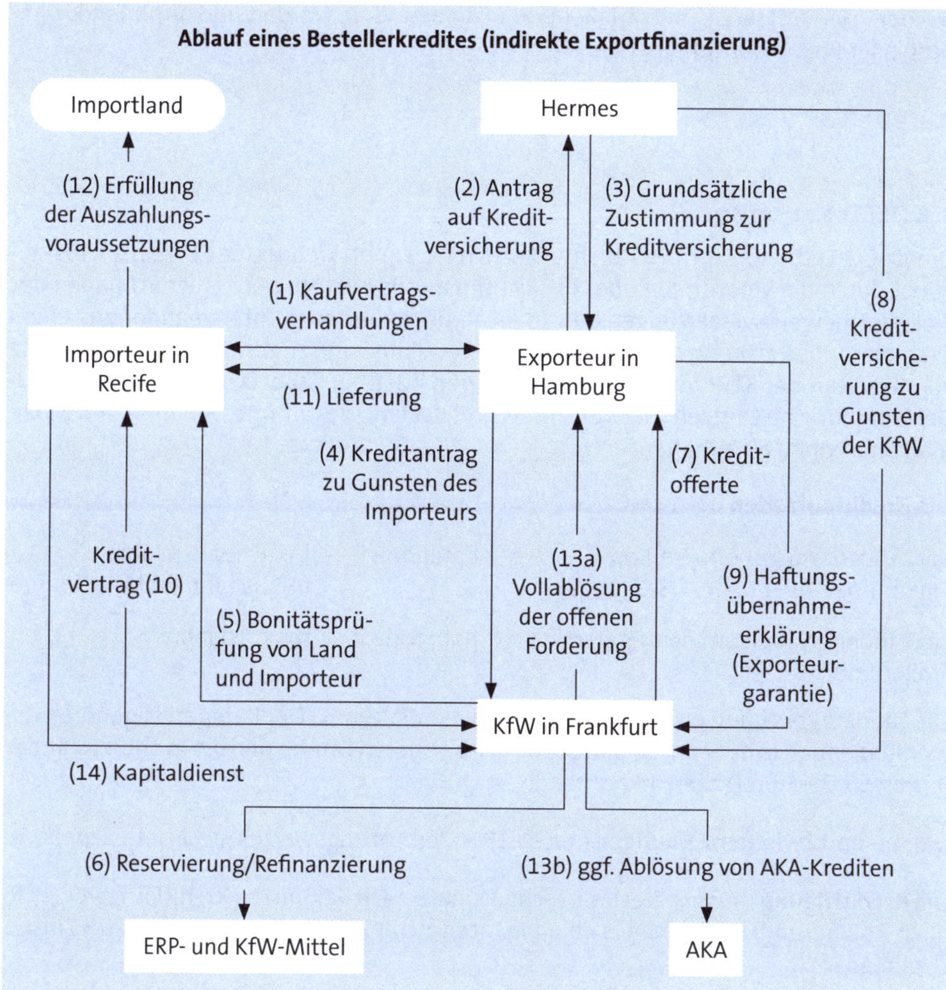

Beim Einsatz von **Fördermitteln** wird der **Zinssatz als Festzins** für die gesamte Laufzeit individuell nach Auftragswert, Marktlage und Förderungswürdigkeit festgelegt. Seine Höhe orientiert sich am maßgeblichen Referenzzinssatz CIRR und wird in regelmäßigen Zeitabständen neu festgelegt. Hierbei ist der OECD-Konsensus zu beachten (Kapitel J.3.4). Diese Förderkredite an Importeure in Entwicklungsländern werden deshalb auch als **CIRR-Kredite** bezeichnet.

Die **Reservierungsprovision** beträgt 1 ‰ für eine Laufzeit bis zu vier Monaten. Eine **Zusageprovision** wird für noch nicht ausgezahlte Beträge ab Unterzeichnung des Kreditvertrages in Höhe von 0,375 % p. a. berechnet.

Wird die Kreditvergabe durch **Finanzmarktmittel** refinanziert, ist der OECD-Konsensus nicht maßgeblich, sofern keine Hermes-Deckung vereinbart worden ist. Diese Kredite können für Exportgeschäfte in Entwicklungsländer und Industrieländer verwendet werden. Der Zinssatz kann variabel und fest vereinbart werden und auf Inlandswährung oder Fremdwährung lauten.

Aufgabe 30 > Seite 558

3.4 OECD-Konsensus

Die OECD-Leitlinien für öffentlich unterstützte Exportkredite (OECD-Konsensus) ergänzt durch die Verordnung über die Richtlinien für Ausfuhrkredite der EU haben das Ziel, Wettbewerbsverzerrungen im Verhältnis der Exporteure untereinander und einen Finanzierungswettbewerb zu Lasten staatlicher Haushalte zu verhindern. Beim Einsatz von **Krediten der KfW aus dem ERP-Vermögen** oder bei **Exportkrediten mit Hermes-Deckung** für eine Laufzeit ab zwei Jahren sind deshalb bestimmte Minimal- und Maximalkonditionen einzuhalten.

Die **Kreditlaufzeiten** betragen

bei Ländern mit einem Pro-Kopf-Einkommen über 6.465 US-$ (2009)	Kategorie I	i. d. R. max. 5 Jahre in Ausnahmen bis 8,5 Jahre
bei Ländern mit einem niedrigeren Einkommen	Kategorie II	max. 10 Jahre

Die Länderzuordnung erfolgt jährlich durch die Weltbank. Der Kategorie I gehören die wohlhabenden Länder an, der Kategorie II die ärmeren Länder und die mittleren Länder (bis 6.465 US-$ pro-Kopf-Einkommen).

Die **An- und Zwischenzahlungen** dürfen 15 % des Auftragswertes nicht unterschreiten.

Die **Kredittilgung** muss spätestens sechs Monate nach Beginn der Kreditlaufzeit (i. d. R. nach Ablieferung) in gleichen Halbjahresraten zuzüglich degressiv berechneter Zinsen beginnen.

Als Mindestzinssätze sind immer **Referenzzinssätze** zu Grunde zu legen, die das Inlandsmarktzinsniveau der jeweiligen Währung für erstklassige Schuldner widerspiegeln sollen. In den Ländern der Euro-Zone gilt deshalb ein einheitlicher CIRR-Satz.

Der Commercial Interest Reference Rate (CIRR) ist ein Referenzzinssatz, den die OECD ihren Mitgliedstaaten als Mindestzinssatz für staatlich geförderte Finanzierungen von Investitionsgüterexporten in Entwicklungsländer vorgibt und wird jeweils auf der Basis der Kreditkosten erster inländischer Adressen zuzüglich einer Marge von 1 % p. a. am 15. eines Monats festgelegt und gilt dann bis zum 14. des Folgemonats für alle Vertragsabschlüsse in diesem Zeitraum. Der CIRR betrug z. B. je nach Laufzeit für Kredite in Euro vom 15.01. bis 14.02.2010 zwischen 0,38 und 0,61 % p. a. (CIRR-Sätze, vgl. http//www.oecd.org/trade/topics/export-credits/arrangement-and-sector-understandings/financing-terms-and-conditions/).

Unter diese Bestimmungen fallen nicht Exportkredite unter zwei Jahren Laufzeit und Kredite zur Finanzierung der Produktionszeit.

Weiterhin müssen bestimmte Regeln beim Ansatz der „örtlichen Kosten (Local Costs)" eingehalten werden. Als **Local Costs** gelten alle Aufwendungen im Landes des Importeurs, die wesentlicher Bestandteil der Ausführung des Exportauftrags sind (z. B. Zulieferungen örtlicher Subunternehmen).

Die Prämienzahlungen sollen nach dem **Prinzip der Selbsttragung** die Kosten und Entschädigungen der Kreditversicherer tragen.

Bei Schiffen, Flugzeugen, erneuerbaren Energien und Wasserprojekten sowie bei Kernkraftwerken gelten etwas abweichende OECD-Bedingungen. Seit 2005 gelten für Projektfinanzierungen und strukturierte Finanzierungen flexibilisierte Zahlungsbedingungen.

Die **„Flexiblen OECD-Konsensusvorschriften für Projektfinanzierungen"** erlauben anstelle des starren Rückzahlungsprofils Zahlungsbedingungen, die sich enger an der individuellen Erlöserwartung des Projektes ausrichten, wenn die wirtschaftliche Situation dies erfordert:

- Rückzahlungsbeginn innerhalb von zwei Jahren nach Betriebsbereitschaft (Starting Point) mit mindestens 2 % des Kreditbetrages
- Tilgungsraten innerhalb von sechs Monaten maximal 25 % des gesamten Kreditbetrages
- Zinsraten mindestens jährlich, erstmalig spätestens sechs Monate nach Betriebsbereitschaft
- maximale Kreditlaufzeit 14 Jahre
- durchschnittliche Kreditlaufzeit 7,25 Jahre
- Rückzahlung degressiv, annuitätisch, progressiv oder variabel.

Die Anwendung der flexiblen Konsensusvorschriften ist von den Mitgliedstaaten zu notifizieren und zu überprüfen. Bei staatlich unterstützten Projektfinanzierungen findet der CIRR Anwendung; bei Laufzeiten über zwölf Jahren ist der CIRR um 20 Basispunkte zu erhöhen.

3.5 Sonstige Auslandsfinanzierungen

Neben den Programmen zur Finanzierung von Exportlieferungen bietet die KfW auch verschiedene Programme zur **Finanzierung von Auslandsprojekten** und sonstigen Auslandsaktivitäten an. Hinzu zählen vor allem:

- Projektfinanzierung
- Unternehmensfinanzierung
- Asset-basierte Finanzierungen
- Pre-Export Finanzierung
- Borrowing Base Finanzierung
- Forfaitierung

- Zins- und Währungsabsicherung
- Avalkredite.

Im Auftrag des Bundes finanziert die KfW diverse Auslandsprojekte in Entwicklungsländern insb. zur Verbesserung der Infrastruktur und im produktiven Sektor. Diese Bundesmittel zur finanziellen Zusammenarbeit (**FZ-Mittel**) werden von der KfW nach einer umfassenden Studie des geplanten Projekts entweder dem deutschen Exporteur, der infolge einer Ausschreibung den Auftrag erhalten hat, unmittelbar nach Lieferung/ Leistung ausgezahlt oder dem ausländischen Importeur/Investor nach Bezahlung des Lieferanten erstattet.

Weiterhin können als **Verbund- oder Mischfinanzierung** FZ-Mittel des Bundes mit KfW-Kapitalmarktmitteln kombiniert werden und zur langfristigen Finanzierung deutscher Lieferungen und Leistungen an Entwicklungsländer ohne erkennbare Verschuldungsprobleme vergeben werden. Die Laufzeit des FZ-Mittelanteils beträgt max. 40 Jahre, des KfW-Anteils i. d. R. zehn Jahre.

Ungebundene Finanzkredite sind nicht an deutsche Lieferungen und Leistungen gebunden. Es besteht aber ein besonderes deutsches oder europäisches Interesse, sodass sich diese Finanzierungen vor allem auf Rohstoffprojekte und Maßnahmen zur europäischen Infrastruktur beziehen. Sie können unter Umständen durch eine Bundesgarantie abgesichert werden.

Auch Schiffs- und Flugzeugexporte, oftmals auf der Basis von **Leasing-Verträgen**, können finanziert werden.

Als deutsches Spezialinstitut zur Mitfinanzierung von Auslandsprojekten, Gemeinschaftsunternehmen (Joint Ventures) oder Direktinvestitionen tritt die **Deutsche Investitions- und Entwicklungsgesellschaft, Köln (DEG)**, auf. Sie wurde 1962 von der Bundesrepublik als alleiniger Gesellschafterin zur Förderung der deutschen Wirtschaft bei Investitionen in Entwicklungsländern gegründet und ist heute unter dem Dach der KfW tätig. Ihr Leistungsprogramm beinhaltet:

- Gewährung **langfristiger Kredite** mit einer Laufzeit bis zu zwölf Jahren, die auf dem Auslandsvermögen abgesichert werden, verbunden mit einem vertraglichen Mitspracherecht. Die Kredithöhe ist begrenzt durch die Höhe des Engagements des deutschen Investitionspartners.
- Bereitstellung von **Risikokapital** für das Auslandsobjekt für einen begrenzten Zeitraum mit Übertragungsangebot an die anderen Investitionspartner.
- Übernahme von Länderrisiken durch Einräumung von **Garantien** vor allem im Rahmen von Projektfinanzierungen.
- **Vermittlung** von zusätzlichen nationalen, internationalen oder supranationalen Finanzierungen.
- Umfangreiche **Beratung** auf der Basis der eigenen Länder- und Investitionserfahrung beginnend bereits mit der Projektplanung.

4. Forfaitierung

4.1 Wesen

Forfaitierung ist der **regresslose Ankauf/Verkauf** von i. d. R. mittel- bis langfristigen großen Einzelforderungen im Außenhandel. Der Begriff stammt aus dem Französischen („à forfait“) und bedeutet „in Bausch und Bogen“; ein Verkauf à forfait ist also ein regressloser Verkauf.

Die Forfaitierung ist meistens eine **Wechselfinanzierung**, da sie abstrakt und nicht an das Handelsgeschäft gebunden ist. Die Forfaitierung kann sowohl zur Export- als auch zur Importfinanzierung verwendet werden. Für den Exporteur ist sie **Refinanzierung seines Lieferantenkredits** durch Verkauf der Wechselforderung gegenüber dem Importeur an einen Forfaiteur. Nach Ablauf des Zahlungsziels präsentiert der Forfaiteur oder ein späterer Forderungsinhaber dem Importeur den Wechsel. Die Kosten der Forfaitierung (Diskont) trägt der Exporteur, doch werden diese üblicherweise bereits in den Kaufpreis einbezogen.

Für den **Importeur** ermöglicht die Forfaitierung die Durchführung eines **Bargeschäfts**. Durch Verkauf eines Sola-Wechsels an einen Forfaiteur kann er ohne Einbeziehung des Exporteurs in das Finanzierungsgeschäft seinen Import aus dem Diskonterlös bar bezahlen. Die Kosten der Forfaitierung trägt hier der Importeur unmittelbar.

Werden **Buchforderungen** forfaitiert, ist eine abstrakte Zahlungserklärung des Importeurs und eine Zahlungsgarantie einer Bank zu erbringen.

Gelegentlich sind auch eher kurzfristige Forfaitierungsgeschäfte anzutreffen, bei denen vor allem wechselfreie **Akkreditive** (z. B. Deferred Payment-Akkreditiv) finanziert werden nach Bestätigung der Akkreditivbank, dass die Dokumente vorbehaltlos vom Importeur aufgenommen worden sind.

Es können grundsätzlich Außenhandelsgeschäfte über Investitionsgüter oder andere langlebige Wirtschaftsgüter mit Vertragspartnern in allen Ländern finanziert werden, doch ist es für manche Länder schwierig oder ausgeschlossen, einen Forfaiteur zu finden, da er neben dem Kreditrisiko auch das politische Risiko und das Transferrisiko übernimmt.

Die Forfaitierung stellt eine interessante Alternative zur Finanzierung über Spezialkreditinstitute dar. Sie ist eine Finanzmarkt-Finanzierung ohne jegliche Außenhandelsförderung. Ihre Konditionen richten sich nach Angebot und Nachfrage auf dem **Euro-Finanzmarkt** oder anderen internationalen Finanzmärkten.

Die Entstehung dieser Finanzierungsform wird den Russen zugeschrieben, die in den Endsechzigern Weizenlieferungen aus den USA mit mittelfristigen Wechseln der russischen Außenhandelsbank unter Wechselgarantie des russischen Staates nach Diskontierung bei westeuropäischen Banken bezahlten.

4.2 Ablauf und Form der Forderungsverkörperung

Bereits während der Vertragsverhandlungen sollte der Exporteur Kontakt zu einem Forfaiteur aufnehmen, um die Finanzierungsmöglichkeiten und -kosten beim Kaufvertrag berücksichtigen zu können. Häufig wird die Exportbank nicht selbst die Forfaitierung übernehmen, sondern einen Forfaiteur an einem internationalen Finanzplatz einschalten.

Der **Wechsel** hat sich bei Forfaitierungsgeschäften als besonders geeignete Forderungsverkörperung erwiesen, weil

- die Wechselansprüche schnell durchsetzbar sind
- die Wechselforderung abstrakt ist ohne Bezug auf das zu Grunde liegende Handelsgeschäft
- die Fungibilität der Forderung durch Indossament problemlos möglich ist
- das Wechselgeschäft/Wechselrecht international geregelt ist und praktiziert wird
- die Stückelung der Forderung gemäß den Tilgungsraten erfolgen kann
- der Wechselinhaber den Wechselbürgen in Anspruch nehmen kann, ohne vorher gegen den Wechselschuldner gerichtlich vorgehen zu müssen.

Grundsätzlich können gezogene Wechsel und Solawechsel (Promissory Note) zur Forfaitierung verwendet werden.

Dient die Forfaitierung der Exportfinanzierung, würde der Exporteur beim **gezogenen Wechsel** immer als Aussteller des Handelswechsels auftreten und könnte nach dem Wechselgesetz seine Haftung nicht ausschließen. Auch durch eine Haftungsausschlusserklärung des Forfaiteurs kann der Aussteller seine **wechselrechtliche Haftung** nicht verhindern. Sollte ein späterer Inhaber des Wechsels diesen mangels Zahlung dem Aussteller unmittelbar präsentieren (Sprungregress), müsste dieser zahlen, denn eine wechselrechtliche Rückbefriedigung des Ausstellers auf den Forfaiteur als Indossanten ist nicht möglich.

Sowohl für die Import- als auch für die Exportfinanzierung ist deshalb der Sola-Wechsel vorzuziehen, da er immer vom Schuldner (Importeur) ausgestellt wird. Benennt der Importeur nun den Exporteur als Wechselnehmer im Ordervermerk, könnte dieser seine Haftung als Indossant durch die Angstklausel gem. Art. 15, 1 WG ausschließen. Dies ist jedoch wegen der Internationalität der Forfaitierung problematisch, da nicht alle Länder die Angstklausel kennen. Am günstigsten wird es deshalb sein, wenn der Importeur einen **Sola-Wechsel** an die eigene Order ausstellt, **mit einem Blankoindossament** versieht und an den Exporteur weiterleitet, der ihn dann zum Diskont dem Forfaiteur vorlegt.

Sowohl bei einer Exportfinanzierung als auch bei einer Importfinanzierung wird der Importeur aus Abwicklungs- und Haftungsgründen als Zahlungspflichtiger auf dem Wechsel erscheinen. Forfaitierungswechsel können aber am Finanzmarkt nur gehandelt werden, wenn der Wechselschuldner über einen hohen internationalen Bekanntheitsgrad und eine einwandfreie Bonität verfügt. Ansonsten wird es für ihn notwendig sein, ein **Bankaval** einer namhaften Garantiebank als Sicherheit einzuholen.

Es lassen sich nur Wechsel forfaitieren, die in einer **frei konvertierbaren Währung** ausgestellt sind. Infolgedessen wird der Markt vom Dollar, Euro, dem Schweizer Franken und dem Yen beherrscht. Mit einer angemessenen Sicherstellung sind aber auch andere Währungen handelbar. Der Ort der Zahlbarstellung sollte in einem Land ohne Kapitalverkehrskontrollen liegen. Ist das nicht möglich, ist für die Fungibilität eine Devisentransfergenehmigung erforderlich.

Sollen **Buchforderungen** forfaitiert werden, müssen sie im Prinzip die gleiche Qualität wie Wechselforderungen erreichen, was häufig verwaltungsintensiv, rechtsproblematisch und teurer ist. So muss vor allem vorliegen:

- eine Erklärung von Exporteur und Importeur über den unstrittigen Rechtsbestand der Forderung
- eine Forderungsabtretung des Exporteurs an den Forfaiteur mit Zustimmung des Importeurs
- eine Verpflichtungserklärung des Importeurs über die ausschließliche Schuld befreiende Zahlung an den Forfaiteur oder seinen Rechtsnachfolger
- eine unbeschränkt übertragbare, unwiderrufliche Zahlungsgarantie einer namhaften Bank.

Da bei **Akkreditiven** bereits ein abstraktes Zahlungsversprechen einer Bank vorliegt, genügt i. d. R. die Bestätigung der Akkreditivbank (und ggf. der Akkreditivstelle), dass die Dokumente vom Importeur aufgenommen worden sind.

An die Stelle eines Bankavals auf dem Wechsel oder einer abstrakten **Zahlungsgarantie** bei Buchforderungen kann auch eine **Hermes-Deckung** treten. Dies wird vor allem bei Entwicklungsländern vorkommen. Die Abtretung der Exportforderung kann still oder offen erfolgen; die Abtretung der Ansprüche aus der Hermes-Deckung kann nur einmalig an den Forfaiteur vorgenommen werden und bedarf der Zustimmung des Bundes, wobei das Rechtsverhältnis zwischen dem Exporteur und dem Bund bestehen bleibt.

Als **Forfaitierungsinstitute** treten vor allem Tochtergesellschaften von international tätigen Kreditinstituten auf, die ihren Sitz bevorzugt auf Finanzplätzen mit attraktiven Rahmenbedingungen wie London, Zürich oder Singapur haben.

Bei **Fälligkeit** wird der Forfaitierungswechsel dem zahlungspflichtigen Importeur vom Wechselinhaber präsentiert. Sollte er nicht zahlen (können), kann unmittelbar auf den Wechselavalgeber zurückgegriffen werden.

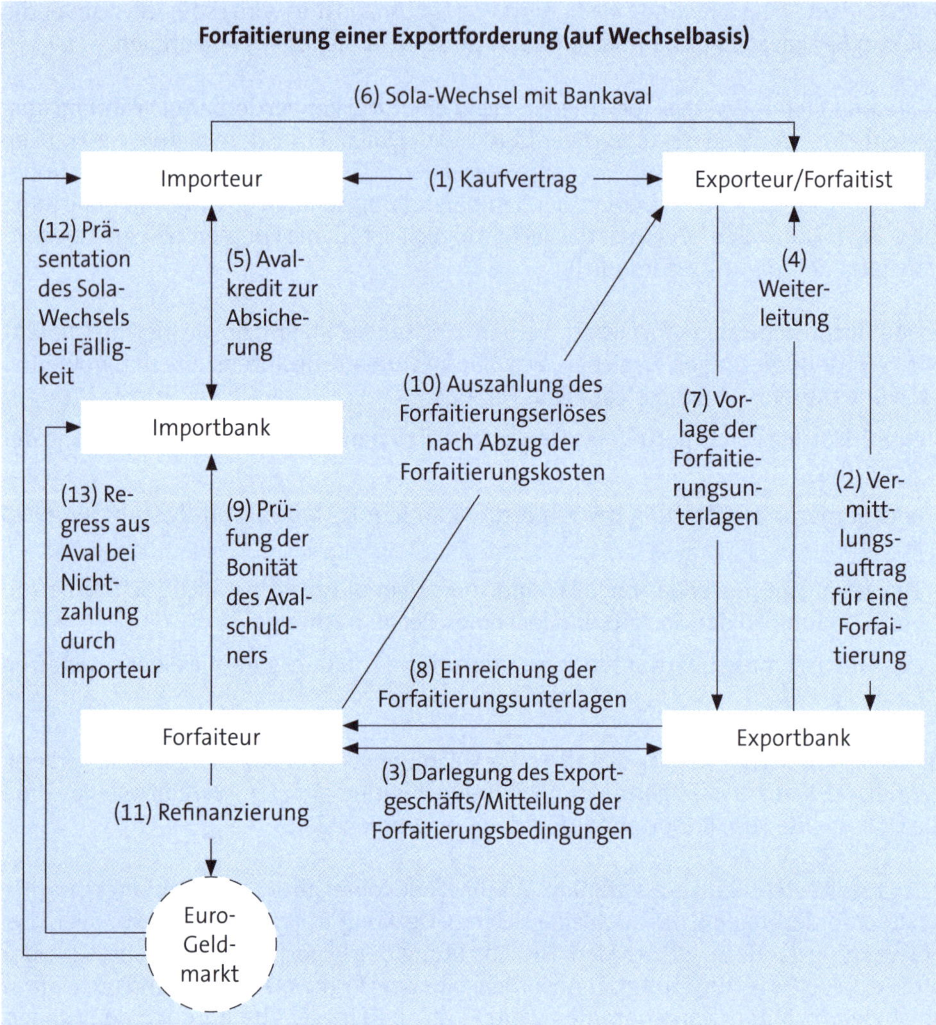

4.3 Länderrisiko, Laufzeit und Kosten

Das Schuldnerland spielt bei der Beurteilung des Forfaitierungsmaterials eine große Rolle und bestimmt wesentlich die Forfaitierungssätze (Kosten) und die Forfaitierungslaufzeit.

Für die Beurteilung des Länderrisikos sind die **binnenwirtschaftliche Situation** (gemessen z. B. am BIP/Kopf als Leistung der Volkswirtschaft), die **außenwirtschaftliche Situation** (gemessen insbesondere an der Zahlungsbilanz, den Währungsreserven, der Bonität der Währung und der Außenhandelstätigkeit) und die **politische Situation** (gemessen insbesondere an der Gesellschaftsstruktur, an den Machtverhältnissen oder an der Staatsform) entscheidend. Da diese Faktoren nicht immer konstant sind, schwanken auch die Konditionen bei den einzelnen Ländern.

Ein **Länderrating** wird von verschiedenen Institutionen regelmäßig ermittelt wie zum Beispiel vom Institutional Investor‘s Magazine in New York. Daneben gibt es den „Beri Index" vom College of Business and Economics der Universität von Delaware, den „World Political Risk Forecast" von der Firma Frost and Sullivan und die Ratings von Standard & Poor´s und von Moody. Aber auch von Kreditinstituten und Handelskammern werden Länderbeurteilungen herausgegeben.

Als beste Schuldnerländer gelten z. B. die Schweiz, die Bundesrepublik Deutschland, die USA, die Niederlande und Frankreich. Je nach Einschätzung des Länderrisikos staffeln sich die Forfaitierungssätze dann bis zu 7 % über dem besten Satz. Schlechtere Einschätzungen sind i. d. R. nicht handelbar.

Auch die **Höchstlaufzeiten** sind vom Länderrisiko geprägt. Nur Länder mit geringen und überschaubaren Risiken haben Laufzeiten von maximal sieben und manchmal sogar zehn Jahren. Andere Länder haben niedrigere Höchstlaufzeiten. Auch bei gleichen Laufzeiten liegen nicht unerhebliche Unterschiede im Diskontsatz. Infolge der Finanzkrise 2008/2009 wurde es zunehmend schwerer, Forfaitierungsmaterial am Markt unterzubringen. Inzwischen hat sich dies wieder normalisiert.

Ist eine ratenweise Rückzahlung des Kredites vorgesehen, mindert sich durch die **mittlere Laufzeit** auch das Kreditrisiko. Solches Forfaitierungsmaterial ist i. d. R. zinsgünstiger unterzubringen.

Beispiele für Laufzeiten und Risikoprämie

Land	maximale Laufzeit	Risikoprämie in Prozent p. a.
USA	5	1 - 2
Japan	3	1 - 2
Kanada	5	1 - 2
China	5	1 - 2
Indien	5	2 - 5
Marokko	3	2 - 5
Ungarn	2	3 - 5
Brasilien	3	3 - 5
Peru	5	5 - 7
Uruguay	2	4 - 7
Russland	1	4 - 7

Quelle für maximale Laufzeiten: London Forfaiting, Stand Januar 2020

Die **Forfaitierungskosten** werden als Diskont im Zeitpunkt der Forfaitierung abgezogen und beziehen sich auf die gesamte Laufzeit des Wechsels/der Forderung bzw. auf die jeweilige Restlaufzeit der einzelnen Wechsel/Forderungen bei Ratentilgung. Durch diesen Diskont deckt die Forfaitierungsgesellschaft ihre Kosten für die Geldbeschaffung und die Risikoübernahme ab.

Die Höhe des **Diskonts** richtet sich daher nach

- der Intensität von Angebot und Nachfrage
- dem Länderrisiko
- der fakturierten Währung
- der Laufzeit der fristenkongruenten Refinanzierung
- den Sicherheiten (Bankaval, Zahlungsgarantie).

Ist die Forderung nicht am Ort des Forfaiteurs zahlbar gestellt, ist ein unterschiedlich langer Inkassoweg zu erwarten. Als Entgelt für diese Transferzeit werden **Respekttage** berechnet, die je nach Schuldnerland zwischen 2 und 20 Tagen liegen können.

Bei der **Zinsberechnung** wird die deutsche Zinsmethode mit 30/360 Tagen oder die sog. Eurozinsmethode mit 365/360 Tage angewandt, bei der die Zinstage kalendermäßig genau berechnet werden. Daneben wird auch die englische Methode mit 365/365 Tage benutzt.

Da sich die Forfaitierung über mehrere Jahre erstreckt, der Diskont aber im Voraus abgezogen wird, weicht die Effektivverzinsung nicht unerheblich vom Diskontsatz ab. Der **Effektivzins** wird hier als Yieldsatz bezeichnet. Der Yieldsatz lässt sich anhand folgender Formel berechnen:

$$\text{Yield} = \left(\sqrt[n]{\frac{K_n}{K_0}} - 1\right) \cdot 100 \quad \text{oder} \quad \text{Yield} = \left(\sqrt[n]{\frac{100}{100 - (D \cdot n)}} - 1\right) \cdot 100$$

K_n = Endwert (Wechselsumme)
K_0 = Barwert (Auszahlung)
n = Forderungslaufzeit
D = Diskontsatz

Beispiel

Eine Forderung ist in acht gleichen Halbjahresraten bei einem Diskontsatz von 6 % p. a. zu tilgen.

$$\text{mittlere Laufzeit} = \text{Freijahre} + \frac{\text{Tilgungsjahre} + 1}{2}$$

$$\rightarrow \; 0 + \frac{4{,}25 + 0{,}5}{2} = 2{,}25$$

$$\text{Yield} = \left(\sqrt[2,25]{\frac{1.000.000}{864.250}} - 1\right) \cdot 100 = 6,7\ \%\ \text{p. a.}$$

oder

$$\text{Yield} = \left(\sqrt[2,25]{\frac{100}{100 - (6 \cdot 2,25)}} - 1\right) \cdot 100 = 6,7\ \%\ \text{p. a.}$$

Bereitstellungsprovision fällt an, wenn der Forfaiteur während der Vertragsverhandlungen eine feste Zusage für den Ankauf des Forfaitierungsmaterials macht. Er ist dann für einen bestimmten Zeitraum an diesen Diskontsatz gebunden. Die Provision für die Festofferte beträgt dann bis 1 % p. a. und kann entweder auf die Summe der Kaufpreisraten oder den auszuzahlenden Forfaitierungserlös berechnet werden.

Alternativ kann auch eine Offerte mit Rücktrittsrecht des Exporteurs (Option) zu einer etwas höheren **Optionsgebühr** angeboten werden.

Vermittlungsprovision fällt an, wenn die Hausbank einen Forfaiteur vermitteln muss und nicht selbst ankauft. Diese Provision beträgt etwa 1/8 % p. a. und wird häufig in den Forfaitierungssatz einbezogen!

Die **Avalprovision** ist i. d. R. vom Importeur zu tragen und beträgt etwa 1 - 1,5 % p. a.

4.4 Vorteile der Forfaitierung

Aus den genannten Merkmalen lassen sich zusammenfassend folgende **Vorteile** für die Forfaitierung erkennen:

- für den Exporteur Refinanzierung eines längerfristigen Lieferantenkredits ohne wirtschaftliches und politisches Delkredererisiko und ohne Selbstbeteiligungsquote
- für den Importeur Einräumung eines längerfristigen Importkredites bei Barzahlung an den Exporteur
- kein Regress auf den Exporteur
- Liquiditätsverbesserung durch 100%ige Fremdfinanzierung
- keine Bilanzierung als Forderung oder Eventualverbindlichkeit für den Exporteur; Verbesserung der Kreditwürdigkeit
- einfache und einmalige Abwicklung vor Forderungsverkauf und damit kein Verwaltungsaufwand während der Laufzeit
- günstiger Euro-Finanzmarkt-Zinssatz als Festzins für die gesamte Laufzeit
- kein Wechselkursrisiko bei Fakturierung in Fremdwährung.

4.5 Beispiel für die Forfaitierung einer Exportforderung

Ein deutscher Exporteur hat einen Vertrag über eine Maschinenlieferung nach Kanada im Juni 2019 mit einem Auftragswert von 6 Mio. € abgeschlossen. Zur Sicherstellung der Finanzierung hat er während der Vertragsverhandlungen im April eine Festofferte einer Schweizer Forfaitierungsgesellschaft eingeholt. Im Kaufvertrag wurden folgende Bedingungen vereinbart:

- Anzahlung 10 % bei Vertragsabschluss, 20 % gegen Vorlage der Versanddokumente.
- Liefertermin Februar 2020; die dann noch offenen 70 % des Auftragswertes sind in zehn Halbjahresraten von je 420.000 € zuzüglich der in den Gesamtpreis der Maschine eingehenden Käuferzinsen von 8 % p. a. zu erbringen.
- Fakturierter Betrag zum Liefertermin 5.124.000 €, der sich aus der Addition der Restkaufpreisforderung und den Käuferzinsen bezogen auf die mittlere Laufzeit von 2 3/4 Jahren ergibt.
- Der Importeur stellt die Sola-Wechsel an die eigene Order blanko-indossiert aus und reicht sie mit dem Aval seiner dem Forfaiteur bekannten Hausbank dem Exporteur zum Liefertermin gestückelt ein.

  So beläuft sich die 1. Rate nach 6 Monaten auf 588.000 €:

	420.000	Tilgungsrate 1
+	168.000	8 % p. a. Käuferzinsen auf Restschuld von 4.200.000 €
	588.000	

  Die 2. Rate nach 12 Monaten beträgt 571.200 €:

	420.000	Tilgungsrate 2
+	151.200	8 % p. a. Käuferzinsen auf Restschuld von 3.780.000 €
	571.200	

  Die 3. Rate nach 18 Monaten beträgt 554.400 €:

	420.000	Tilgungsrate 3
+	134.400	8 % p. a. Käuferzinsen auf Restschuld von 3.360.000 €
	554.400	

  Die folgenden Raten werden entsprechend ermittelt.

- Die Forfaitierungskosten trägt der Exporteur mit dem derzeitigen Diskontsatz für Kanada von 7 % p. a., ebenso die Bereitstellungsprovision aufgrund der Festofferte. Die Forfaitierungskosten werden im Voraus fällig (d. h. bei Forderungsankauf).

  So beträgt der Forfaitierungserlös für die 1. Rate 566.848,33 €:

$$K_0 = K_n \left(1 - \frac{D}{100} n\right)$$

$$= 588.000 \left(1 - \frac{7}{100} \cdot \frac{185}{360}\right) = \mathbf{566.848,33\ €}$$

► Die Diskontierung erfolgt unter Berücksichtigung von fünf Respekttagen.

Abrechnung nach kaufmännischer Diskontierung				
Fälligkeiten nach Tagen		Wechselbeträge in €	Diskontbetrag in €	Forfaitierungserlös in €
1.	185	588.000,00	21.151,67	566.848,33
2.	365	571.200,00	40.539,33	530.660,67
3.	545	554.400,00	58.751,00	495.649,00
4.	725	537.600,00	75.786,67	461.813,33
5.	905	520.800,00	91.646,33	429.153,67
6.	1.085	504.000,00	106.330,00	397.670,00
7.	1.265	487.200,00	119.837,67	367.362,33
8.	1.445	470.400,00	132.169,33	338.230,67
9.	1.625	453.600,00	143.325,00	310.275,00
10.	1.805	436.800,00	153.304,67	283.495,33
		5.124.000,00	942.841,67	4.181.158,33

	Wechselbeträge insgesamt	5.124.000,00 €
-	Diskont 7 % p. a.	942.841,67 €
=	Barwert bei Forfaitierung	4.181.158,33 €
+	Anzahlungen 30 %	1.800.000,00 €
=	Gesamterlös des Exporteurs	5.981.158,33 €

Die Effektivverzinsung (Yield) beläuft sich bei dieser Forfaitierung auf 7,67 % p. a.

$$\text{Yield} = \left(\sqrt[2{,}75]{\frac{5.124.000}{4.181.158{,}33}} - 1\right) \cdot 100 = 7{,}67\ \%\ \text{p. a.}$$

$$\text{mittlere Laufzeit} = \text{Freijahre} + \frac{\text{Tilgungsjahre} + 1}{2}$$

$$\rightarrow\ 0 + \frac{5 + 0{,}5}{2} = 2{,}75$$

An weiteren Kosten hat der Exporteur die Bereitstellungsprovision von 1 ‰ p. M. für Kanada zu tragen, das sind für die Laufzeit der Festofferte von zehn Monaten 34.842,99 € (15.04.2019 - 14.02.2020). Das Beispiel ist mit der deutschen Zinsmethode und fünf Respekttagen gerechnet.

Aufgabe 31 > Seite 558

4.6 Vergleich der Forfaitierung mit dem Exportfactoring

In vielen Fällen wird der deutsche Exporteur die Entscheidung zu treffen haben, ob er seine langfristige Lieferantenkreditgewährung durch eine Kreditaufnahme bei der AKA refinanzieren oder seine Exportforderung forfaitieren soll. Beide Finanzierungsalternativen sind oft substituierbar, doch weisen sie erhebliche Unterschiede im Einzelnen auf.

Das Exportfactoring ist eine kurzfristige Finanzierungsalternative. Da es sich jedoch auch hier wie bei der Forfaitierung um einen Forderungsverkauf handelt, soll das Exportfactoring aus Abgrenzungsgründen in der Gegenüberstellung der wichtigsten Unterscheidungskriterien von Forfaitierung und AKA-Finanzierung mit einbezogen werden. Es sei aber betont, dass eine Substituierung von Forfaitierung und Exportfactoring nur bei Laufzeiten zwischen 1/2 und 1 Jahr denkbar ist.

	Forfaitierung	**Exportfactoring**
1. Finanzierungsart:	meistens Wechselfinanzierung durch Sola-Wechsel des Importeurs, aber auch Ankauf von Buchforderungen und Akkreditiven	Buchforderungsverkauf aus offenem Zahlungsziel
2. Verwendungszweck:	i. d. R. nur Investitionsgüter	grundsätzlich alle Exportwaren- und Dienstleistungsgeschäfte
3. Verzinsungsmodalitäten:	Festzinssatz für die gesamte Laufzeit als Diskont	Kontokorrentkreditverrechnung
4. Kosten:	Kosten abhängig von Länderrisiko, Laufzeit und Bonität der Schuldner	Kosten abhängig vom Umfang der Factoring-Funktionen
5. Verwaltungsaufwand:	Verwaltungsaufwand nur vor Forderungsankauf	betriebliche Ausgliederung der Verwaltungsfunktionen
6. Laufzeit:	Laufzeit max. zehn Jahre, überwiegend mittelfristig	Laufzeit kurzfristig, i. d. R. längstens 180 Tage
7. Selbstbeteiligung:	regressloser Forderungsankauf ohne Selbstbeteiligung	Forderungsankauf ohne Selbstbeteiligung durch Übernahme der Delkrederefunktion
8. Forderungsqualität:	abstrakte Wechselforderung oder Buchforderung mit Zahlungsgarantie	Verbundenheit von Forderung und Handelsgeschäft, Globalzession
9. Bilanzierung:	keine Bilanzierung, hebt die Kreditwürdigkeit	keine Bilanzierung, hebt die Kreditwürdigkeit
10. Länderbezug:	hohe Nachfrage bei niedrigem Länderrisiko zu günstigen Zinssätzen	Verwendung nur in Industrieländern mit Korrespondenzfaktor, überwiegend bei Dauergeschäften
11. Refinanzierung:	Refinanzierung am Euro-Geldmarkt und anderen internationalen Finanzmärkten	Refinanzierung vor allem bei Muttergesellschaften

5. Leasing im Außenhandel

5.1 Wesen

Leasing ist die Überlassung von Realkapital und stellt in den verschiedenen Erscheinungsformen eine besondere Kreditart dar, bei der der Kapitaldienst durch Zahlung von regelmäßigen Leasing-Raten und durch die für einen späteren Zeitpunkt vertraglich vereinbarte Rückgabe des Leasing-Objektes erfolgt.

Wesentliche **Merkmale** des Leasing sind:

- 100 %ige Fremdfinanzierung, also kein Eigenkapitalbedarf
- i. d. R. steuerliche Berücksichtigung der Leasing-Raten als Aufwand
- i. d. R. keine Bilanzierung von Leasing-Objekt und Leasing-Finanzierung
- kein Eigentumserwerb am geleasten Wirtschaftsgut
- häufig Einbeziehung von Dienstleistungen
- vielfältige Erscheinungsformen mit unterschiedlicher Vertragsgestaltung
- die Vorteilhaftigkeit des Leasing lässt sich nur individuell ermitteln, da sie von einer Mehrzahl von Einflussfaktoren abhängt, die für jedes Unternehmen unterschiedlich sein können.

Leasing ist international nicht einheitlich geregelt. Auch in der EU sind trotz verschiedener Harmonisierungsbestrebungen noch sehr unterschiedliche (steuer-)rechtliche Rahmenbedingungen anzutreffen, wozu vor allem die Regelungen zur Eigentumszurechnung, die Bilanzierungsrichtlinien, die steuerliche Absetzbarkeit der Leasing-Raten, die Behandlung des Leasing als Kreditgeschäft und die bankrechtliche Aufsicht über die Leasing-Gesellschaften zählen.

Sowohl die Interessenvertretung der europäischen Leasing-Gesellschaften (LEAS EUROPE) in Brüssel hat jedoch inzwischen zu einer besseren internationalen Kooperation beigetragen als auch die Ratifizierung des **UNIDROIT-Übereinkommens** von Ottawa aus dem Jahr 1988, das allgemeine Grundregeln für das Cross-Border-Leasing in immer mehr Staaten (z. B. in Deutschland seit 1998) festlegt.

Im Grundsatz haben auch Leasing-Gesellschaften im europäischen Binnenmarkt Niederlassungsfreiheit, doch müssen sie besonders dann, wenn sie im Aufnahmeland nicht als Niederlassung eines Kreditinstituts gelten, die landesspezifischen Leasing-Vorschriften einhalten.

5.2 Verwendung im Export

Leasing hat heute im Inlandsgeschäft eine feste Marktposition. Auch im Export von Investitionsgütern findet Leasing als Finanzierungsform vor allem im Ausland zunehmend Verwendung, da in vielen Ländern die (steuer)rechtlichen Rahmenbedingungen günstiger sind als in Deutschland. Der Exporteur verkauft das Investitionsgut an eine Leasing-Gesellschaft im Exportland, wodurch das Exportgeschäft für ihn zum **Inlands-Bargeschäft** wird und vermeidet alle mit dem Exportgeschäft verbundenen Risiken. Die Inlands-Leasing-Gesellschaft überlässt dann das Investitionsgut über eine **Niederlassung oder Korrespondenz-Leasing-Gesellschaft** dem ausländischen Leasing-Nehmer (Importeur) gegen Zahlung von Leasing-Raten.

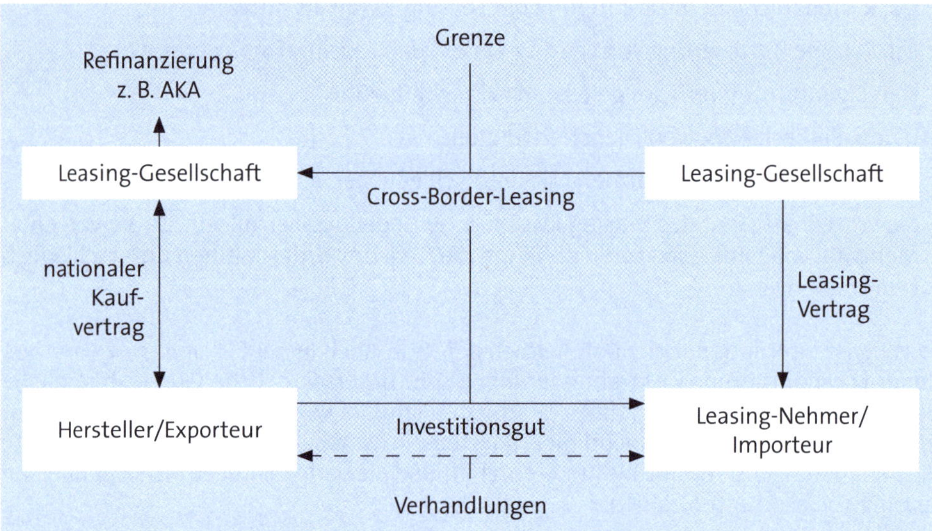

Alternativ kann der deutsche Exporteur auch an eine **ausländische Leasing-Gesellschaft** liefern, wenn diese besondere steuerliche Vergünstigungen im Importland nutzen kann; oder es wird ein unmittelbarer Kaufvertrag zwischen Exporteur und Importeur geschlossen, wobei der Importeur nur eine Anzahlung erbringt und den Restbetrag durch eine Leasing-Gesellschaft finanzieren lässt (Sale-lease-back). Beim **Sale-lease-back-Verfahren** verkauft der Importeur das Investitionsobjekt wieder an eine Leasing-Gesellschaft im Importland und least es gleichzeitig von ihr zur eigenen Nutzung. Der Kaufpreis der Leasing-Gesellschaft dient zur Ablösung des Restkaufpreises an den Exporteur.

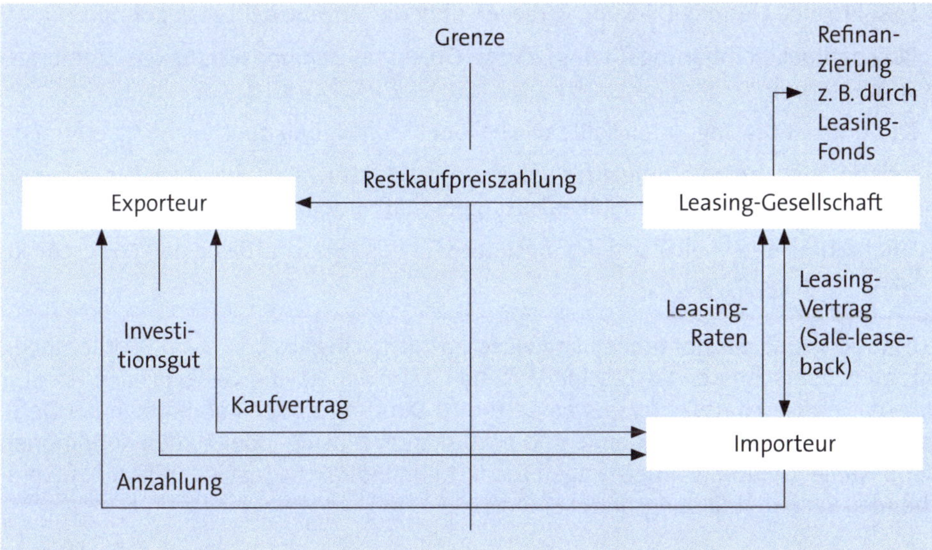

Leasing-Verträge können auch **forfaitiert** werden, sofern die Abstraktheit der Forderung gewährleistet ist und eine einwandfreie Sicherheit (z. B. Zahlungsgarantie, Hermes-Deckung) vorliegt. Der Forfaitierungserlös der Leasing-Gesellschaft ist dann der Barwert der Leasing-Raten.

Export-Leasing wird bisher vor allem bei Maschinen, Nutzfahrzeugen, Flugzeugen, Transportmitteln und Anlagen der Kommunikationstechnik und des Nachrichtenwesens verwendet, doch bietet sich hier auch bei Industrieanlagen und anderen Großanlagen ein weites Feld. Es hat für den Exporteur vor allem folgende **Vorteile** gegenüber der traditionellen Finanzierung:

- langfristiges Exportgeschäft wird zum (Inlands)-Bargeschäft
- keine Selbstbeteiligung für den Exporteur, weder liquiditätsmäßig noch haftungsmäßig
- kein wirtschaftliches und politisches Risiko
- interessantes Finanzierungskonzept für den Importeur
- Abwicklung über Leasing-Gesellschaft mit Spezialkenntnissen
- kein Wechselkursrisiko.

Leasing-Geschäfte können über die **KfW** und die **AKA** mitfinanziert werden. Antragsteller ist i. d. R. die deutsche Leasing-Gesellschaft, wobei neben den allgemeinen Voraussetzungen dieser Institute folgende **Bedingungen** erfüllt sein sollten:

- Die Summe der Leasing-Raten während des Überlassungszeitraums sollte mindestens den Selbstkosten des Investitionsgutes entsprechen, um eine angemessene Tilgung zu gewährleisten.
- Kein Eigentumserwerb durch den Leasing-Nehmer während der Kreditlaufzeit, es sei denn bei außerplanmäßiger Rückzahlung.

- Es sollte eine Hermes-Deckung vorliegen über die Summe der Leasing-Raten.
- Rücknahmevereinbarung für das Leasing-Objekt bei Zahlungsverzug oder Zahlungsverweigerung.
- Zahlung der Leasing-Raten sollte wie bei der Kredittilgung quartalsmäßig erfolgen.
- Indeckungsnahme vorrangig für Vollamortisationsverträge, aber auch für Teilamortisationsverträge und Immobilienleasinggeschäfte möglich.
- Übernahme einer Selbstbeteiligungsquote für das wirtschaftliche und politische Risiko.

Zur **Absicherung des politischen und wirtschaftlichen Risikos** bei Leasing-Forderungen aus grenzüberschreitenden Leasing-Verträgen kann der Leasing-Geber je nach Struktur des Leasing-Geschäfts entweder eine Hermes-Deckung zu den Konditionen der Lieferantenkreditgewährleistungen (i. d. R. bei direktem Leasing) oder zu den Konditionen der Bestellerkreditgewährleistungen (i. d. R. beim indirekten Leasing) mit der entsprechenden Selbstbeteiligungsquote einholen.

Export-Leasing findet sowohl mit Industrieländern als auch mit Entwicklungsländern statt. In manchen Bereichen haben sich zur Refinanzierung der Leasing-Gesellschaft vor allem aus steuerlichen Gründen **Leasing-Fonds** bewährt. Auch die wertpapiermäßige **Verbriefung von Leasing-Forderungen** über eine Zweckgesellschaft mit anschließender Emission auf dem Finanzmarkt gewinnt als Refinanzierungsmöglichkeit an Bedeutung (→ Asset-Backed-Securities).

5.3 Verwendung im Import

Leasing-Verträge können auch für den deutschen Importeur vorteilhaft sein, wenn er Investitionsgüter aus anderen Industrieländern bezieht. Für ihn ist es deshalb von Wichtigkeit zu wissen, welche **Erscheinungsformen** des Leasing bestehen, und wie ein finanzwirtschaftlicher Belastungsvergleich zwischen Leasing und Kauf individuell für sein Unternehmen aussehen würde.

Vertragspartner für den deutschen Importeur wird anstelle des Exporteurs die deutsche (Korrespondenz-)Leasing-Gesellschaft, die den Exporterlös an den Exporteur im Wege des Kaufes bezahlt hat. Das Finanzierungsgeschäft wickelt sich dann für den Importeur nach deutschem Recht nur zwischen ihm und dem Leasing-Geber ab.

Beim **indirekten Leasing** ist eine Leasing-Gesellschaft zwischengeschaltet, die grundsätzlich jedes Investitionsgut von jedem Exporteur dem deutschen Importeur finanzieren kann. Die deutschen Leasing-Geber sind oft Kreditinstituten nahestehende Unternehmen, die sich auch bei diesen refinanzieren.

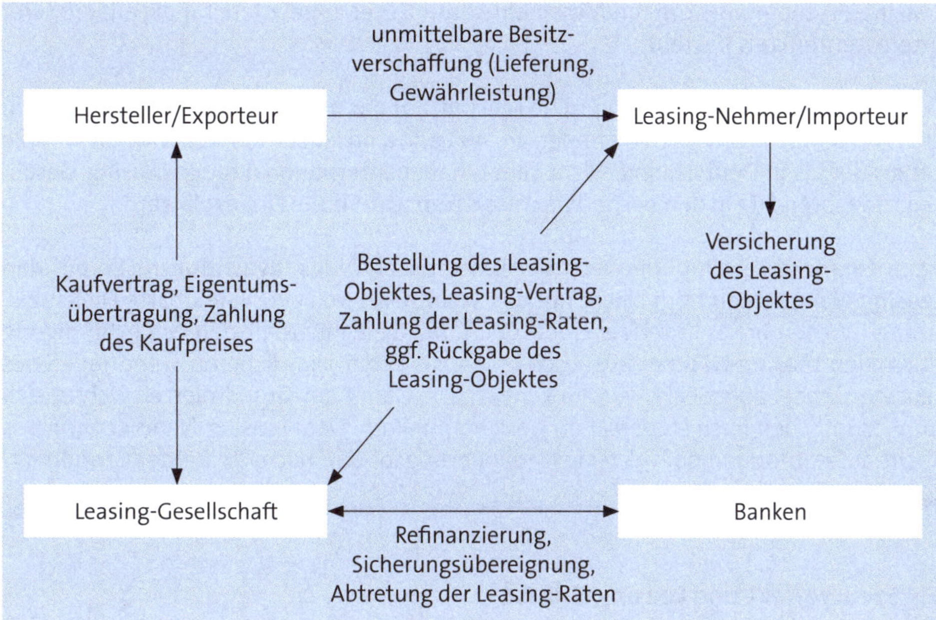

In manchen Fällen kann ein enges Verhältnis zwischen Hersteller/Exporteur und Leasing-Nehmer/Importeur besonders wünschenswert sein, wenn z. B. spezielle Dienstleistungen im Exportvertrag vorgesehen sind.

Beim **direkten Leasing** wird der Leasing-Vertrag unmittelbar zwischen dem Hersteller/Exporteur und dem Importeur abgeschlossen, wobei vor allem absatzpolitische Gründe und gewisse Dienstleistungen, wie Wartung oder Programme, im Vordergrund stehen. Das direkte Leasing wird häufig bei Büromaschinen, Baumaschinen und Baufahrzeugen verwendet. Eine Sonderform des direkten Leasing ist das Kfz-Leasing.

Während der **Vorteil** des direkten Leasing vor allem in der Einbeziehung von Dienstleistungen und dem engen Kontakt zwischen Importeur und Hersteller/Exporteur liegt, können beim indirekten Leasing i. d. R. alle Investitionsgüter bezogen und 100 %ig leasing-finanziert werden.

Ein wesentlicher Gesichtspunkt bei der Entscheidung Kauf oder Leasing wird auch für den Importeur die Frage nach der **steuerlichen Berücksichtigung der Leasing-Raten** sein. Hier ist das Operating-Leasing vom Financial-Leasing zu unterscheiden.

Auf das **Operating-Leasing** finden die steuerlichen Spezialvorschriften keine Anwendung, doch wird diese Finanzierungsform dennoch als Leasing-Form betrachtet, weil sie in den meisten Fällen im Gegensatz zur Miete eine Reihe von mietuntypischen Dienstleistungen beinhaltet, wie z. B. die Übernahme von Betriebskosten, die Stellung von Fachpersonal oder die regelmäßige Wartung. Darüber hinaus sind Operating-Leasing-Verträge jederzeit unter Einhaltung einer relativ kurzen Kündigungsfrist kündbar. Da dadurch das **Investitionsrisiko beim Leasing-Geber** bleibt, werden bei dieser

Leasing-Erscheinungsform im Allgemeinen nur Güter angeboten, für die ein größerer Interessentenkreis besteht.

Das Financial-Leasing ist das typische Leasing, auf das auch die erwünschten steuerlichen Vorschriften Anwendung finden. Im Ausland sind jedoch die steuerlichen Vorteile oft größer als in Deutschland. Nicht selten haben international tätige Leasing-Gesellschaften ihren Sitz in den besonders attraktiven (Off-Shore) Finanzplätzen.

Beim **Financial Leasing** überwälzt der Leasing-Geber das **Investitionsrisiko auf den Leasing-Nehmer** und trägt selbst nur das Kreditrisiko und evtl. vereinbarte Dienstleistungen. Wesentliches Kriterium ist die Grundmietzeit, innerhalb derer eine Kündigung durch den Leasing-Nehmer ausgeschlossen ist, damit sämtliche Aufwendungen des Leasing-Gebers abgedeckt werden können. Die Dauer der Grundmietzeit richtet sich im Wesentlichen nach steuerlichen Gesichtspunkten. Dem Leasing-Nehmer kann das Recht auf Kaufoption oder Vertragsverlängerungsoption nach Ablauf der Grundmietzeit eingeräumt werden.

5.4 Steuereffekt und Leasing-Erlasse

Da die Leasing-Raten voll als Aufwand in der Gewinn- und Verlust-Rechnung berücksichtigt werden können, eröffnete dies früher für den Leasing-Nehmer erhebliche **Steuerstundungen**, wenn er ein Leasing-Objekt bereits im Jahr des Vertragsabschlusses voll absetzte, obwohl die betriebsgewöhnliche Nutzungsdauer wesentlich länger war. In der einjährigen Leasing-Zeit wurden alle Kosten des Leasing-Gebers abgedeckt, sodass er danach nur noch eine Anerkennungsgebühr als Kaufpreis verlangte. Der Leasing-Nehmer stand sich so erheblich besser als der Käufer, der nur verteilt auf die Nutzungsdauer abschreiben durfte.

Durch den Leasing-Erlass des Bundesfinanzministers vom 19.04.1971 infolge eines BGH- Urteils sollte dieser Steuerstundungseffekt dann vermindert und begrenzt werden, ohne jedoch den „Nerv“ des Leasing abzutöten.

Die Mindestlaufzeit der **Grundmietzeit** ist danach bei Leasing-Verträgen auf 40 % der betriebsgewöhnlichen Nutzungsdauer angehoben worden, um eine zu schnelle Absetzung (verdeckter Kauf) zu verhindern.

Um zu vermeiden, dass der Leasing-Nehmer über die Leasing-Raten erheblich mehr absetzen kann als ein Käufer, und da normalerweise ein Rückgabewert für den Leasing-Geber gegen Ende der Nutzungsdauer nicht mehr vorhanden ist, wurde die Höchstlaufzeit auf 90 % der Nutzungsdauer begrenzt. Least ein Unternehmer ein Objekt über 98 % seiner Nutzungsdauer, so ist er einem Käufer gleichzustellen.

Erfolgt die Ausübung einer Kaufoption oder Verlängerungsoption, soll der angemessene Zeitwert für die Berechnung zu Grunde gelegt werden und keine Anerkennungsgebühr. Ertragsteuerliche **Zurechnung des Leasing-Objektes** nach dem Erlass vom 19.04.1971:

1. **Optionslose Verträge:**

Grundmietzeit in Prozent der betriebsgewöhnlichen Nutzungsdauer	**Zurechnung beim:**
kürzer als 40	Leasing-Nehmer
40 bis einschließlich 90	Leasing-Geber
länger als 90	Leasing-Nehmer

2. **Verträge mit Kauf- oder Verlängerungsoption:**

(sofern die Grundmietzeit 40 % bis einschließlich 90 % der betriebsgewöhnlichen Nutzungsdauer beträgt):

Kaufoption	**Verlängerungsoption**	**Zurechnung beim:**
Ist der Kaufpreis für das Leasing-Objekt	Ist die Summe der Anschlussmietraten	
höher als der Restbuchwert unter Anwendung der linearen Abschreibung oder diesem gleich bzw. höher als der niedrigere gemeine Wert im Zeitpunkt der Veräußerung oder diesem gleich	größer als der Wertverzehr im Zeitraum der Anschlussmiete unter Anwendung der linearen Abschreibung oder diesem gleich	Leasing-Geber
niedriger als Restbuchwert oder gemeiner Wert	kleiner als der Wertverzehr	Leasing-Nehmer

Ist das Leasing-Objekt speziell auf die Verhältnisse des Leasing-Nehmers zugeschnitten und nur von ihm sinnvoll zu nutzen, gilt der Leasing-Nehmer grundsätzlich als Käufer. Entscheidend ist nicht eine Wunsch- oder Sonderanfertigung, sondern die Ausschließlichkeit der Verwendung in diesem Unternehmen (**Spezial-Leasing**).

Verrechnet die Leasing-Gesellschaft alle Kosten des Investitionsobjektes während der Grundmietzeit über die Leasing-Raten, liegt ein **Vollamortisationsvertrag** vor; werden die Kosten nur teilweise, auf die Nutzungsdauer bezogen, verrechnet, gilt der Teilamortisationserlass, der in drei Varianten durchführbar ist:

Teilamortisationserlass vom 22.12.1975

Vertragsmodell mit Kündigungsrecht nach 40 % der Nutzungsdauer
Restamortisation > 90 % des Verkaufserlöses
Abschlusszahlung des Leasing-Nehmers in Höhe des Fehlbetrages

Restamortisation < 90 % des Verkaufserlöses
Eigentümergewinn des Leasing-Gebers

Vertragsmodell mit Andienungsrecht des Leasing-Gebers
Zeitwert < Kalkulierter Restwert
Kaufverpflichtung des Leasing-Nehmers zum Restwert

Zeitwert > Kalkulierter Restwert
Verkaufsrecht des Leasing-Gebers an Dritte

Vertragsmodell mit Aufteilung des Mehrerlöses
Verkaufserlös > Restamortisation
Aufteilung des Mehrerlöses mit mindestens 25 % für den Leasing-Geber

Verkaufserlös < Restamortisation
Nachzahlungspflicht des Leasing-Nehmers

(Restamortisation = Gesamtkosten des Leasing-Gebers - Leasing-Raten in der Grundmietzeit)

Grundsätzliche Merkmale beim Teilamortisationsvertrag sind:

- Unkündbare Grundmietzeit von 40 % bis 90 % der betriebsgewöhnlichen Nutzungsdauer.
- Es werden die Kosten des Leasing-Gebers in der Grundmietzeit nur teilweise gedeckt.
- Der Leasing-Geber erhält die Wertsteigerung, der Leasing-Nehmer trägt die Wertminderung.

Aus steuerlichen Gründen beschränkt sich das Financial-Leasing heute normalerweise auf die Zurechnungsbereiche beim Leasing-Geber. Die **Bilanzierung** erfolgt dann problemlos wie beim Käufer (Leasing-Geber) und Mieter (Leasing-Nehmer). Erfolgt jedoch die Zurechnung beim Leasing-Nehmer, fallen formal-juristisches Eigentum und wirtschaftlich/steuerliches Eigentum auseinander, wie bei der Sicherungsübereignung und dem Eigentumsvorbehalt. Der Bilanzausweis erfolgt dann wie bei einer Kreditfinanzierung unter Offenlegung der Verschuldung und Aufteilung der Leasing-Raten in einen Tilgungsanteil und in einen Zins- und Kostenanteil.

Bei Leasing-Geschäften über Immobilien galten gemäß dem Immobilien-Leasing-Erlass von 1972 im Prinzip die gleichen Zurechnungskriterien. Durch den **Immobilien-Leasing-Erlass vom 23.12.1991** ist jedoch die 40 %-ige Untergrenze entfallen, sodass grundsätzlich die **Zurechnung** bei Immobilien immer beim Leasing-Geber erfolgt, es sei denn, es handelt sich um folgende **Ausnahmen**, bei denen die Zurechnung beim Leasing-Nehmer erfolgt:

- **Spezialleasingverträge**
- bei **Verträgen mit Kaufoption**, wenn die Grundmietzeit über 90 % der betriebsgewöhnlichen Nutzungsdauer liegt oder der Kaufpreis geringer ist als der Restbuchwert
- bei **Verträgen mit Mietverlängerungsoption**, wenn die Grundmietzeit über 90 % der betriebsgewöhnlichen Nutzungsdauer liegt oder die Anschlussmiete ≤ 75 % der ortsüblichen Vergleichsmiete ist.

Nach dem BGH-Urteil vom 08.10.1975 sind Leasing-Verträge als spezielle Pacht- oder Mietverträge einzustufen, auf die die BGB-Vorschriften im Prinzip anwendbar sind, sofern nicht im Leasing-Vertrag ein anderes bestimmt ist. Dies ist jedoch meistens der Fall.

5.5 Beurteilung

Die **Leasing-Raten** werden meistens prozentual oder absolut auf Monatsbasis berechnet und beziehen sich dann auf die Objektkosten als Bemessungsgrundlage. Nicht selten werden Abschlussgebühren verlangt. Die Höhe der Leasing-Rate wird von folgenden Komponenten bestimmt:

- dem Tilgungsanteil für den Kapitaleinsatz
- der Abschlussgebühr bei Vertragsbeginn
- dem Restwert am Ende der Vertragslaufzeit
- der Verzinsung für den Kapitaleinsatz
- der Risikoprämie
- dem Gewinnanteil der Leasing-Gesellschaft
- dem Entgelt für bereit gestellte Dienstleistungen.

Eine Entscheidung für oder gegen die Finanzierung durch Leasing lässt sich nur durch einen Belastungsvergleich zwischen Kauf und Leasing sinnvoll herbeiführen, bei dem **alle unterschiedlichen Einflussfaktoren** insbesondere auch auf dem Auslandsmarkt durch günstigere steuerliche Rahmenbedingungen zu berücksichtigen sind. Gleiche Faktoren wie Transport oder Montage können jedoch eliminiert werden.

Ein Belastungsvergleich geht von stets ausreichenden Einzahlungen aus und ermittelt die **unterschiedliche Belastung bei alternativen Finanzierungen**. Vorteilhafter ist dann die Finanzierung mit den insgesamt niedrigeren Belastungen während des Betrachtungszeitraums. Dabei sollten die Zahlungstermine so genau wie möglich berücksichtigt werden, da das Ergebnis nicht unwesentlich von der Divergenz der Zahlungsströme abhängt.

Ein sehr wesentlicher **Vorteil des Leasing** zeigt sich im Nichtbedarf von Eigenkapital und der Bereitstellung von abnehmerorientierten Dienstleistungen. Dennoch bleibt die Leasing-Finanzierung sehr individuell und sollte grundsätzlich auch nur fallbezogen nach folgenden Kriterien entschieden werden:

1. Höhe der möglichen Fremdfinanzierung beim Kauf
2. Struktur des Kapitaldienstes für den Bankkredit beim Kauf
3. Eigenkapitalverzinsung
4. Möglichkeiten der Eigenkapitalbereitstellung
5. Bonität des Gebrauchtgütermarktes
6. Steuerbelastung
7. Abschreibungsmodalitäten beim Kauf
8. Verzinsung der alternativen Kapitalanlage beim Belastungsvergleich
9. steuerliche Zurechnung beim Leasing-Geber
10. Umfang und Qualität der angebotenen Dienstleistungen
11. günstige (steuer)rechtliche Rahmenbedingungen im Export- oder Importland oder im Land der Leasing-Gesellschaft.

		Lösung
1.	Welche typischen Merkmale weist die längerfristige Exportfinanzierung im Vergleich zur kurzfristigen auf?	S. 495
2.	Welche Spezialkreditinstitute sind Kapitalquellen der längerfristigen Exportfinanzierung?	S. 496
3.	Was ist unter einem Bestellerkredit im Rahmen der längerfristigen Exportfinanzierung zu verstehen?	S. 497 f.
4.	Welches Leistungsprogramm bietet die EIB?	S. 500
5.	Nennen Sie Motive für die Inanspruchnahme des Euro-Kapitalmarktes!	S. 501 f.
6.	Was sind Floating Rate Bonds, Currency Bonds und Convertible Bonds?	S. 502
7.	Wie erfolgt die Verzinsung bei Zero Bonds?	S. 502
8.	Welche Finanz(dienst)leistungen bieten die supranationalen inanzinstitute bei Auslandsprojekten?	S. 501 ff.
9.	In welcher Weise können Leasing-Finanzierungen im Außenhandel eingesetzt werden?	S. 498
10.	In welche Grundformen unterteilen die Spezialkreditinstitute ihre Finanzierungsangebote?	S. 496
11.	Welchen Inhalt sollte ein Kreditantrag an die AKA haben?	S. 504 f.
12.	Was finanziert die AKA?	S. 504
13.	Wie erfolgt die Refinanzierung der AKA?	S. 504 f.
14.	Schildern Sie einen Bestellerkredit mit ECA-Deckung!	S. 504
15.	Welche Produkte bietet die AKA ohne ECA-Deckung?	S. 504
16.	Über welchen Plafond finanziert die AKA?	S. 503
17.	Wer ist Gesellschafter der AKA?	S. 503
18.	Welche Sicherheiten verlangt die AKA beim Bestellerkredit?	S. 504
19.	Was ist eine Legal Opinion?	S. 498
20.	Welche Finanzierungsarten können im Plafond E eingebracht werden?	S. 503
21.	Welchen Zweck haben Rahmenkreditvereinbarungen der KfW?	S. 509
22.	Welche Besonderheiten hat der Plafond E der AKA?	S. 503
23.	Was heißt ERP? Wie ist das ERP entstanden?	S. 506
24.	Wie erfolgte die Rückzahlung des ERP?	S. 507
25.	Wofür werden heute vor allem ERP-Mittel eingesetzt?	S. 507
26.	Warum hat Deutschland auch heute noch die Möglichkeit, ERP-Kredite zu gewähren?	S. 508
27.	Welche Laufzeit können Bestellerkredite der KfW maximal haben? Wann werden sie getilgt?	S. 510
28.	Wie erfolgt die Auszahlung bei Bestellerkrediten der KfW?	S. 509

		Lösung
29.	Wie werden Bestellerkredite der KfW sichergestellt?	S. 510
30.	Was bedeutet CIRR bei KfW-Krediten?	S. 511
31.	Hat der OECD-Konsensus auch Einfluss auf die KfW-Kredite?	S. 512
32.	In welcher Weise übernimmt die KfW die Finanzierung von Auslandsprojekten?	S. 513 f.
33.	Was heißt Forfaitierung?	S. 515
34.	Welche Einsatzmöglichkeiten bieten sich für die Forfaitierung im Außenhandel?	S. 515
35.	Warum erfolgt die Forderungsverkörperung bei der Forfaitierung meistens durch Wechsel?	S. 515
36.	Wie kann der wechselrechtliche Haftungsausschluss des Exporteurs bei einem Forfaitierungswechsel am besten gewährleistet werden?	S. 516
37.	Wann können auch Buchforderungen forfaitiert werden?	S. 517
38.	Welchen Einfluss hat das Länderrisiko auf die Forfaitierungskosten?	S. 518
39.	Welche Höchstlaufzeiten sind typisch für die Forfaitierung?	S. 519
40.	Wann benötigt der Forfaitierungswechsel ein Bankaval?	S. 516 f.
41.	Welche Sicherheiten können anstelle eines Bankavals bei der Forfaitierung treten?	S. 517
42.	Nennen Sie einige wichtige Vorteile der Forfaitierung!	S. 521
43.	Zu welchem Zweck ermittelt man den Yieldsatz?	S. 520
44.	Wie wird die mittlere Laufzeit ermittelt?	S. 523
45.	Schildern Sie den Ablauf einer Forfaitierung auf Wechselbasis!	S. 518
46.	Wie werden die Wechselabschnitte bei Ratentilgung berechnet?	S. 522
47.	Wie erfolgt die Diskontierung der Wechselabschnitte beim Forfaiteur?	S. 522
48.	Wie können die Käuferzinsen bei den Forfaitierungswechseln berücksichtigt werden?	S. 522
49.	Welche Gemeinsamkeiten haben Exportfactoring und Forfaitierung?	S. 524
50.	Geben Sie eine allgemeine Definition für Leasing!	S. 525
51.	Welche Vorteile hat eine Leasing-Finanzierung im Export?	S. 527
52.	Schildern Sie zwei Möglichkeiten für den Ablauf eines Cross-Border-Leasing!	S. 526 f.
53.	Ist das Leasing international einheitlich geregelt?	S. 525
54.	Können Leasing-Finanzierungen refinanziert und staatlich gefördert werden?	S. 528
55.	Was bedeutet „Sale-lease-back"?	S. 526
56.	Können Leasing-Finanzierungen auch im Importgeschäft verwendet werden?	S. 528

		Lösung
57.	Wie unterscheiden sich direktes und indirektes Leasing?	S. 528 f.
58.	Was verstehen Sie unter dem Operating-Leasing? Welche Gegenstände werden hier geleast?	S. 529 f.
59.	Nennen Sie die wesentlichen Merkmale des Financial-Leasing!	S. 530
60.	Wann erfolgt die ertragsteuerliche Zurechnung beim Leasing-Geber bei optionslosen Verträgen?	S. 531
61.	Wann erfolgt die ertragsteuerliche Zurechnung bei Leasing-Verträgen mit Mietverlängerungsoption beim Leasing-Geber?	S. 531
62.	Wie unterscheiden sich Voll- und Teilamortisationsverträge?	S. 531 f.
63.	Welche Vertragsmodelle lässt der Teilamortisationserlass zu?	S. 532
64.	Wann entsteht eine Nachzahlungspflicht für den Leasing-Nehmer?	S. 532
65.	Wie sind Leasing-Zahlungen zu bilanzieren?	S. 532
66.	Nennen Sie wichtige Entscheidungskriterien für das Auswahlproblem Leasing/Kauf!	S. 534

Aufgabe 1: Indirekter Export

Ein mittelständisches Unternehmen aus Schleswig-Holstein, das Fahrzeuge und Geräte zur Grundstücks- und Gebäudereinigung und -pflege herstellt, beabsichtigt, einen Teil seiner Produktion nach Nordamerika zu exportieren. Längerfristig ist auch an einen weltweiten Export gedacht.

Wie könnte die Distribution im indirekten Export ablaufen?

Lösung s. Seite 559

Aufgabe 2: Direkter Import und Einkaufsgemeinschaft

Ein deutsches Unternehmen benötigt für seine Produktion regelmäßig größere Mengen Kupfer. Da es in letzter Zeit häufiger Schwierigkeiten in der Belieferung durch die drei Kupferimporteure, mit denen bereits eine längere Geschäftsverbindung bestand, gegeben hatte, beabsichtigt das Unternehmen, durch Direktimport seinen Rohstoffbedarf zu stabilisieren und langfristig zu gewährleisten.

Erläutern Sie einen möglichen, der Situation angepassten Einkaufsweg im direkten Import!

Lösung s. Seite 560

Aufgabe 3: Transithandel und Veredelungsverkehr

Ein in Hamburg ansässiges Außenhandelsunternehmen ist auch stark im Transithandel engagiert. Dem Unternehmen liegt ein Angebot über eine größere Menge von blauem Jeansstoff aus Spanien vor. Diese günstige Einkaufspartie würde jedoch bei einem Weiterverkauf im unverarbeiteten Zustand an ein Textilunternehmen in einem Industrieland wegen der hohen Schneidereikosten einen wesentlich geringeren Gewinn bringen als im fertigen Zustand.

Das Außen- und Transithandelsunternehmen entschließt sich daher, den Stoff zunächst nach China zu verschiffen, um die Hosen dort schneidern zu lassen.

Nach der Fertigstellung werden die Hosen dann im Hamburger Lager umverpackt und umetikettiert und anschließend an Handelsunternehmen in Moskau, Oslo und Zürich verkauft.

Erläutern Sie den Warenweg! Welche Außenhandelsformen treten hier auf?

Lösung s. Seite 561

Aufgabe 4: Außenhandelsformen

Welche Erscheinungsform des Außenhandels liegt jeweils den folgenden Sachverhalten aus deutscher Sicht zu Grunde?

1. Ein westdeutsches Handelshaus bezieht Teppiche aus dem Orient über einen im Auslandsmarkt ansässigen Importkommissionär.
2. Ein Flensburger Rumhändler kauft Rum in Jamaika, verschneidet ihn in seinem Betrieb und verkauft ihn anschließend an Handelsketten in verschiedenen Auslandsmärkten.
3. Ein schwäbischer Textilfabrikant liefert Stoffe nach Polen an eine Schneiderei und verkauft die Fertigprodukte anschließend in Deutschland.
4. Ein Hamburger Unternehmen kauft diverse Werkzeugarten in Hongkong und stellt sie in ansprechenden, verkaufsgerechten Sets zum Hausgebrauch in einer Verpackung zusammen. Danach bietet er die Sets Warenhäusern in Skandinavien an.
5. Eine deutsche Baumarktkette bezieht Motorsägen von der Niederlassung eines kanadischen Branchenspezialisten in Hamburg und bietet sie in ihren Läden zum Kauf an.
6. Ein deutscher Kaffeeröster importiert Rohkaffee aus Kolumbien und verkauft den Fertigkaffee teilweise an eine Einkaufsniederlassung eines ausländischen Kaffeehändlers in Bremen und teilweise an eine Bremer Vertriebsgesellschaft für Kaffee- und Teeprodukte.
7. Ein Berliner Unternehmen bezieht Waren aus Südafrika und lässt diese von einer Spedition direkt an seinen Prager Geschäftspartner senden.
8. Ein japanisches Unternehmen beauftragt einen Dresdner Händler, seine technischen Geräte in einem Auslieferungslager bereitzuhalten, um sowohl schnell liefern als auch die Waren vor Ort vorführen zu können.
9. Ein New Yorker Unternehmen verkauft 24,9 % seines Aktienkapitals an einen Frankfurter Investor.
10. Ein deutsches Betreiberkonsortium plant, errichtet, finanziert und versichert eine Spanplattenfabrik in Rußland, die eine Leasing-Gesellschaft für den russischen Staat nach einigen Jahren kaufen soll.
11. Ein bayerischer Maschinenhersteller liefert mehrere Maschinen nach Nigeria und erhält eine veräußerbare Abnahmeverpflichtung über eine bestimmte Menge pflanzlicher Produkte.
12. Ein Rostocker Unternehmen beliefert seine Abnehmer in den USA über einen amerikanischen Vertragspartner, der den dortigen Markt gut kennt und die Verträge nur zu den Bedingungen des Exporteurs abschließt.

Lösung s. Seite 562

Aufgabe 5: Zollwesen

Ein deutsches Unternehmen importiert hochwertige Waren aus Kanada auf dem Luftweg von Vancouver nach Frankfurt mit der Lieferbedingung FCA Vancouver. Der Fakturenwert beträgt 150.000 US-$, die Frachtrate 12.000 US-$ und der Zollsatz als Wertzollsatz 12 %. Gemäß Anhang 25 der Zollkodex-DVO sind 78 % der Frachtrate im Zollwert zu berücksichtigen.

Der Exporteur gewährt dem Importeur ein Zahlungsziel von 40 Tagen oder räumt Skonto von 3 % bei Zahlung innerhalb von 10 Tagen ein.

Der Importeur hat für die Vermittlung des Geschäfts bereits 4 % Maklercourtage an einen New Yorker Makler bezahlt. Die Versicherungsprämie für die Transportversicherung beträgt 1.000 US-$. Der maßgebliche Umrechnungskurs für die Fremdwährung beträgt bei Mengennotierung 1,2850.

a) Ermitteln Sie den Zollwert und die Zollschuld für dieses Importgeschäft!

b) Wie hoch sind die Einfuhrabgaben, wenn es sich bei der Ware um Veredelungsprodukte handelt, die im Vorproduktzustand einen Zollsatz von 5 % verursacht hätten? Der Ausfuhrwert beträgt 80.000 €.

c) Wie hoch sind die Einfuhrabgaben, wenn die Ware auf ein Zolllager genommen werden soll?

d) In einem weiteren Fall geht es um den Import von Gin.Wie hoch wäre die Zollschuld, wenn es sich bei der Ware um 43 %igen Gin in 38.000 Flaschen zu je 0,7 l gehandelt hätte? Für Gin gilt ein Zollsatz für 0,7 Liter-Gebinde von 1 € je 100 l je % vol. Alkohol zuzüglich 5 € je 100 l. Muss der Warenwert dabei berücksichtigtv werden?

Lösung s. Seite 563

Aufgabe 6: Transportkostenvergleich

Ein Hamburger Maschinenbauunternehmen beabsichtigt, zehn Spezialmaschinen mit einem Gewicht von insgesamt 10,8 t und einem Volumen von ca. 25 cbm CIF Kalkutta zu versenden. Der Auftragswert je Maschine beträgt 600.000 €. Mit der Transportabwicklung wird eine namhafte Spedition beauftragt, die dem Exporteur folgende Transportangebote unterbreitet:

1. Seefracht Hamburg - Kalkutta inkl. Versicherung und Nebenkosten 25.719 €

   Versanddauer 24 Tage

2. Luftfracht Hamburg - Kalkutta inkl. Versicherung und Nebenkosten 62.111 €

   Versanddauer 2 Tage

3. Kombinierter Bahn-/Schiffstransport über Odessa inkl. Versicherung und Nebenkosten 21.311 €

   Versanddauer 38 Tage

a) Für welche Transportart würden Sie sich unter reinen Transportkostengesichtspunkten entscheiden?

b) Wäre unter der Voraussetzung, dass die Maschinen bei Ankunft am Bestimmungsort gemäß Zahlungsbedingungen sofort zu bezahlen sind und das Unternehmen mit einem durchschnittlichen Kapitalkostensatz von 12 % p. a. arbeitet, eine andere Entscheidung zu treffen?

c) Welche weiteren Faktoren, die sich nicht unmittelbar in einer Frachtrate niederschlagen, könnten die Entscheidung beeinflussen?

Lösung s. Seite 564

Aufgabe 7: Außenhandelsdokumente

Ein Exporteur in Hamburg bereitet den Versand einer schweren Maschine nach Chicago vor. Im Kaufvertrag wurde die Lieferbedingung „CIF Chicago" vereinbart.

a) Welchen Transportweg und welche Transportart würden Sie empfehlen?

b) Welche Dokumente sind normalerweise hierfür zu beschaffen bzw. vorzulegen?

c) Welchen Inhalt sollte die gut aufgemachte Faktura haben?

Lösung s. Seite 566

Aufgabe 8: Lieferbedingungen

Ein deutscher Importeur von Waren aus Kanada hat zwei Angebote vorliegen mit unterschiedlichen Lieferbedingungen.

Angebot 1
Angebotspreis 650.000 €
Lieferbedingung DDP Hamburg

Angebot 2
Angebotspreis 500.000 €
Lieferbedingung FOB Montreal

Die Transpostkosten Montreal/Hamburg benennt eine Spedition pauschal mit 24.000 €; darin enthalten sind 1.000 € für Inlandsfrachtkosten vom Hafen (Zollgrenze) bis zum Unternehmen des Importeurs. Die Versicherungskosten betragen 3.000 €. Für einen kanadischen Handelsmakler werden in Montreal 3 % Courtage fällig. Die Ware unterliegt einem Einfuhrzoll von 7,5 % und einer Einfuhrumsatzsteuer von 19 %. Auf dem Transportweg fallen noch Nebenkosten für die Beschaffung einschlägiger Dokumente insbesondere für die Einfuhr nach Deutschland in Höhe von 1.000 € an, die die Spedition nicht übernimmt.

a) Für welches Angebot sollte sich der Importeur entscheiden?

b) Bei der Ware aus Kanada soll es sich um ein Vorprodukt handeln, das der Importeur in Hamburg vor dem Weiterverkauf erst noch bearbeiten will. Hätte er die Ware als Endprodukt eingeführt, hätte er einen Transaktionswert als Zollwert in Hamburg von 680.000 € zu Grunde legen müssen. Der (nominale) Zollsatz hätte dann 17 % betragen.

   Ermitteln Sie den effektiven Zollsatz und kennzeichnen Sie dadurch den wirklichen Schutz der inländischen Wertschöpfung aus dieser Weiterverarbeitung!

Lösung s. Seite 567

Aufgabe 9: Exportkalkulation

Ein Hamburger Außenhandelsunternehmen erhält eine Anfrage nach einer Offerte über 100 elektrotechnische Geräte von einem Importhändler in Sydney. Als Zahlungsbedingung soll Kasse gegen Dokumente bei Schiffsankunft gelten. Die Transportdauer beträgt normalerweise 32 Tage.

Daraufhin holt das Außenhandelsunternehmen von verschiedenen Herstellern Angebote ein und wählt das günstigste mit folgenden Bedingungen aus:

Verkaufspreis für 100 elektrotechnische Geräte ab Lager Dortmund, seemäßig verpackt und markiert 400.000 €. Der Hersteller ist bereit, einen Mengenrabatt von 5 % zu gewähren und bei Barzahlung innerhalb von 10 Tagen 2 % Skonto.

Das Außenhandelsunternehmen arbeitet mit einer Handelsspanne von 16 % und hat durchschnittliche Kapitalkosten von 15 % p. a.

Für den Warentransport nach Sydney ermittelt das Außenhandelsunternehmen folgende Kosten:

- Transportdurchführung von einer Spedition, die die Geräte in Dortmund übernimmt und in Sydney wieder ausliefern lässt, zu einem Preis von 18.660 €. Transportnebenkosten fallen in Höhe von 2.150 € an.
- Für die Ausfuhr- und Zollabfertigung sowie die Bereitstellung von Dokumenten werden 870 € veranschlagt.
- Eine Transportversicherung bietet Versicherungsschutz bei einer C-Deckung zuzüglich einer CIF-Schutzversicherung zu einer Versicherungsprämie von 3.100 € an.

a) Ordnen Sie die einzelnen Posten in ein Exportkalkulationsschema ein und ermitteln Sie den Barverkaufspreis des Importhändlers in Sydney!

   Welcher Preis in Australien ergibt sich, wenn der Importeur auf den CIF-Angebotspreis seine Handelsspanne von 12 % aufschlagen möchte?

b) Welche Beträge könnten bei einem Direktexport entfallen?

Lösung s. Seite 569

Aufgabe 10: Importkalkulation

Ein deutscher Weinimporteur erhält über einen Handelsmakler ein interessantes Angebot über 25.000 l eines marokkanischen Qualitäts-Rotweins zum Gesamtpreis von 31.724 US-$ in Fässern abgefüllt frei Plantage netto Kasse zuzüglich 4 % Maklercourtage.

Marokkanischer Rotwein dieser Qualitätsstufe ist auf dem deutschen Markt wettbewerbsfähig, wenn er je 0,7 Liter-Flasche unter einem Verkaufspreis von 2,50 € bleibt.

Der Importhändler ermittelt deshalb zunächst die Kosten bis zu seinem Weinlager in Hamburg. Von einer Spedition erhält er ein Angebot für einen Seetransport Rabat/Hamburg einschließlich der Übernahme des Vortransports von der Plantage zum Hafen und des Nachtransports vom Hamburger Hafen zum Weinlager über insgesamt 6.522 €.

Bei einer Versicherungsgesellschaft kann der Importeur einen Transportversicherungsvertrag mit voller Deckung zu einer Prämie von 625 € abschließen. Die Versicherungssumme bezieht sich auf den Einstandspreis Lager Hamburg.

Transportnebenkosten fallen in Höhe von 730 € an, Kosten für das Ausfuhrverfahren in Marokko, das Einfuhrverfahren in Deutschland und für die Dokumentenbeschaffung in Höhe von 3.215 €.

Weitere Kosten, insbesondere für die gesundheitsamtliche Prüfung des Weins, entstehen mit 2.480 €.

Im Lager Hamburg stellt der Importeur einen Einlagerungsschwund von 400 l fest.

Im Hamburger Weinlager werden die Fässer in Flaschen zu 0,7 l umgefüllt, mit Etikett, Halsschleife und Banderole versehen, verkorkt und in Kartons zu je 6 Flaschen verpackt. Dafür entstehen Kosten einschließlich der zu kaufenden Flaschen in Höhe von 10.375 €, wobei sich Bruch und Abfüllverluste von durchschnittlich 1,2 % der Gesamtmenge nicht vermeiden lassen. Die anteiligen Lagerkosten bis zum Verkauf betragen 2.100 €.

Der Importeur kalkuliert mit einem Gewinnzuschlag auf den Selbstkostenpreis von 25 %, gewährt seinen Großabnehmern 5 % Mengenrabatt und 2 % Skonto und hat durchschnittliche Kapitalkosten von 14 % p. a.

Die Transportdauer von der Plantage beträgt 14 Tage bis zum Lager Hamburg, die Kapitalbindungsfrist vom Wareneingang bis zur Verkaufsreife 20 Tage und die durchschnittliche Lagerzeit der Flaschen 36 Tage.

Der Kassakurs notierte am Kalkulationstag bei Mengennotierung mit 1,2493/1,2553 US-$ für 1 €.

a) Wie hoch ist der Einstandspreis der Weinlieferung im Hamburger Lager? Ordnen Sie die Posten in einer Bezugskalkulation!

b) Schließen Sie eine Absatzkalkulation an und ermitteln Sie den Zielverkaufspreis des Importhändlers für die gesamte Lieferung und je 0,7 Liter-Flasche.

Lösung s. Seite 569

Aufgabe 11: Preisgleitklauseln

Ein deutscher Exporteur möchte mit einem nordamerikanischen Importeur einen Kaufvertrag über eine Warenlieferung mit einem Auftragswert von 6.500.000 € abschließen. Da aufgrund der großen Nachfrage nach dem Produkt von längeren Lieferfristen mit zzt. 16 Monaten auszugehen ist, bietet der Exporteur drei Alternativen an:

1. Es wird im Kaufvertrag eine Einseitigkeitsklausel dergestalt vereinbart, dass der Gegenwert in Euro bei Lieferung mindestens 7.000.000 € betragen muss. Durch diesen Preisaufschlag sollen die erwarteten Lohn- und Materialpreissteigerungen in den nächsten 16 Monaten aufgefangen werden.
2. Es wird eine Preisgleitklausel vereinbart, die die Lohn- und Materialpreissteigerungen insgesamt mit ihrem jeweiligen Anteil am Produkt berücksichtigt.
   - Lohnanteil 50 %
   - Materialanteil 38 %
   - fixer Preisbestandteil 12 %.

Weiterhin gilt ein fester Wechselkurs (Kassamittelkurs bei Vertragsschluss). Steigt oder fällt der Kurs um mehr als 3 %, teilen sich Exporteur und Importeur den Gewinn/Verlust.

3. Der Importeur leistet eine Anzahlung bei Vertragsschluss in Höhe von 50 % des Auftragswertes. Die restlichen 50 % sind bei Lieferung fällig. Die Zahlungen erfolgen in Euro; Preisveränderungen bleiben unberücksichtigt.

Für welche Alternative würde sich der Importeur entscheiden, wenn er mit einer Lohnverbesserung von 8 % und einer Materialpreissteigerung von 10 % rechnet? Der Exporteur arbeitet mit einem durchschnittlichen Kapitalkostensatz von 15 % p. a., der Importeur kann im Rahmen eines Importvorschusses einen Kredit zu 9 % p. a. erhalten.

Lösung s. Seite 570

Aufgabe 12: Transportversicherung

Ein deutscher Exporteur liefert auf CIF-Basis an einen brasilianischen Importeur. Der Handelswert der Ware beträgt lt. Faktura 1,2 Mio. €. Nebenkosten verschiedener Art, die gemäß Kaufvertrag vom Exporteur zu tragen sind, fallen in Höhe von 25.000 € an. Die Frachtrate beträgt 31.000 €, die Versicherungsprämie für die „volle Deckung" 8 ‰ = ca. 12.000 €. Die kalkulatorische Handelsspanne des Importeurs beläuft sich auf 18 %.

a) Über welche Versicherungssumme sollte der Exporteur ggf. in Abstimmung mit dem Importeur den Versicherungsvertrag abschließen?

b) Der Schaden auf dem Transportweg beträgt 300.000 €. Wie hoch wäre die Entschädigung, wenn der Transportversicherungsvertrag über 1 Mio. € abgeschlossen worden wäre, um den Prämienbetrag zu senken?

c) Welche Kosten hätte der Exporteur nach der Auslegung der Incoterms einsparen können?

d) Es wurde eine Selbstbeteiligungsquote in Höhe von 5 % der Versicherungssumme vereinbart. Der Schaden beträgt

   - 60.000 €
   - 200.000 €

   In welchem Falle ist die Abzugsfranchise/Integralfranchise vorteilhafter?

Lösung s. Seite 571

Aufgabe 13: Havarie-Schaden

Ein deutscher Exporteur hat eine Schiffsladung an seinen südamerikanischen Geschäftspartner auf der Lieferbasis „CIF" versandt. Nahe der brasilianischen Küste gerät das Schiff in eine Untiefe und bekommt Schlagseite. Um Schlimmeres zu verhindern, wird auf Anordnung des Kapitäns ein Teil der Ladung über Bord geworfen. Verschiedene Manöver, mit eigener Kraft wieder frei zu kommen, bleiben trotzdem erfolglos und führen sogar zu einem Ruderbruch und einem Riss in der Außenwand, sodass das Schiff in einen Nothafen geschleppt werden muss. Dort werden alle durch die Havarie-Grosse entstandenen Kosten vom Dispacheur gesondert wie folgt aufgelistet:

Schäden am Schiff:	Ruderschaden, Maschinenschaden, Schäden an Kiel und Wandungen		2.100.000 €
Schäden an der Ladung:	Ladungswurf, eingedrungenes Seewasser		300.000 €
Bergungskosten:	Schleppkosten, Schleppmaterial, Nothafenkosten u. a.		1.300.000 €
Frachtreduzierung:	entgangene Fracht durch Ladungswurf	15.000 €	
	vermiedene Löschkosten	2.000 €	13.000 €
Dispachekosten:	insb. Honorar für Dispacheur		8.000 €
Gesamtkosten aus Havarie-Grosse-Schaden			**3.721.000 €**

Im Nothafen wird weiterhin der Wert des beschädigten Schiffes auf 32.000.000 € taxiert, der Wert der beschädigten/reduzierten Ware auf 9.000.000 € und der Wert der Fracht im Risiko auf 150.000 .

a) Wie hoch ist das jeweilige Beitragskapital der an der Havarie-Grosse Beteiligten, auf dessen Basis sie an dem entstandenen Gesamtschaden partizipieren?

b) Wie hoch ist die Beitragsquote?

c) Wie viel müssen Schiffseigentümer (Schiff), Verfrachter (Fracht) und Exporteur/Transportversicherer (Ladung) in die Havarie-Kasse zahlen?

d) Vergleichen Sie die Leistung der Transportversicherung aufgrund der vorliegenden Gefahrengemeinschaft bei großer Havarie mit dem tatsächlichen Ladungsschaden!

e) Wie hoch wäre die Zahlungsverpflichtung der Transportversicherung, wenn aufgrund starker Schlagseite fast die gesamte Ladung (9.000.000 €) hätte über Bord geworfen werden müssen? Die vermiedenen Löschkosten sollen in diesem Fall 19.000 € und die verbliebene Fracht im Risiko 11.000 € betragen. Wäre mit Unterversicherung zu rechnen?

Lösung s. Seite 573

Aufgabe 14: Hedging in Rohstoffen

Ein Außenhandelsunternehmen ist im Silbergeschäft tätig und schließt mit mehreren kleineren, industriellen Silberverarbeitern einen Jahresvertrag über die kontinuierliche Belieferung von Silberteilmengen zu einem festen Preis von 15 US-$ je Feinunze frei Lager Besteller ab. Die Handelsspanne des Außenhandelsunternehmens beträgt 1,25 US-$ je Feinunze.

Um einerseits die jeweiligen Lieferungen zu gewährleisten und andererseits sich vor steigenden Silberpreisen zu schützen, die für das Außenhandelsunternehmen zu einem Verlustgeschäft führen würden, schließt der Silberimporteur Terminkontrakte ab. Der Maiterminkontrakt notiert am 25.08. mit 1334 ct/Feinunze und am 12.02. des folgenden Jahres mit 1412 ct/Feinunze.

Am 25.08. notiert Silber mit einem Kassakurs von 1311 ct/Feinunze; am 12.02. beträgt der Kassakurs 1385 ct/Feinunze.

a) Schildern Sie den Ablauf eines Hedging, durch das sich der Silberimporteur vor dem Kursrisiko für die im Februar fällige Teillieferung an einen Industriebetrieb absichern will.

b) Wie schließt das Geschäft ab?

Lösung s. Seite 574

Aufgabe 15: Kursrisiko im Warentermingeschäft

Ein Spekulant möchte an der Warenterminbörse viel Geld verdienen. Er glaubt aufgrund seiner frühzeitigen, direkten Informationen über eine sehr gute Ernte, dass der Kaffeepreis durch den Angebotsüberhang sinken wird. Er beabsichtigt deshalb, mit zehn Termin-Kontrakten einzusteigen. Kaffee-März-Kontrakte notieren am 15.10. mit 180 ct/lb. Der Einschuss je Kontrakt beträgt 8 %.

a) In welcher Weise müsste wohl der Spekulant tätig werden?

b) Wie viel Geld benötigt der Spekulant zunächst als Einsatz für das Warentermingeschäft?

c) Wie hoch ist die Effektivverzinsung auf das eingesetzte Kapital, wenn der Kaffeepreis tatsächlich während der Kontraktdauer auf 150 ct/lb sinkt, und der Spekulant alle Kontrakte zu diesem Kurs am 27.01. neutralisiert?

d) Wie würde das Ergebnis lauten, wenn der Kaffeepreis plötzlich wider Erwarten steigt, weil Teile der Ernte durch ein schweres Unwetter in Brasilien vernichtet worden sind? Aufgrund einer Buy-Stop-Order konnte sich der Spekulant gerade noch am 20.12. zu 190 ct/lb eindecken.

Lösung s. Seite 575

Aufgabe 16: Cross Rate

Ein schweizer Importeur beauftragt seine Bank, für ihn 10 Mio. Kanadische Dollar zu kaufen, die er zur Bezahlung einer Rechnung an einen kanadischen Exporteur benötigt. Der Importeur nennt ein Kurslimit von 1,3420 sfr/Can$. Der Ankauf der Kanadischen Währung soll innerhalb der nächsten 48 Stunden erfolgen, sodass die Bank den Auftrag ggf. an ihre amerikanische Niederlassung in New York oder ihre japanische Niederlassung in Tokio weiterleitet, wenn der Auftrag bis Geschäftsschluss in Zürich noch nicht ausgeführt werden konnte. Es soll überall Preisnotierung erfolgen.

Am nächsten Tag werden folgende Kurse erreicht:

New York:	US-$/sfr	0,6331/0,6363
	US-$/Can$	0,8492/0,8516
Tokio:	Yen/sfr	0,8811/0,8834
	Yen/Can$	1,1822/1,1850
Zürich	sfr/Can$	1,3393/1,3473

a) Zu welchem Kurs sfr/Can$ könnte die Bank den Auftrag des Importeurs an den drei Finanzplätzen ausführen? Ist damit sein Limit erreicht?

b) Wie hoch müsste die sfr in New York gegenüber dem US-Dollar steigen, damit das Importeurlimit erreicht wird, wenn der kanadische Dollar seinen Wert hält?

c) Könnte der Importeur auch die Devisen innerhalb seines Limits erhalten, wenn der Yen in Tokio um 0,0027 gegenüber dem kanadischen Dollar steigt?

Lösung s. Seite 576

Aufgabe 17: Devisenterminkurse

Am 07.04. lesen Sie in einer Tageszeitung, dass der Kassakurs für eine Fremdwährung in Mengennotierung 1,5411 Geld und 1,5491 Brief beträgt. Die Swapsätze für die Terminkurse werden als Deport wie folgt veröffentlicht:

1 Monat:	89
3 Monate:	245
6 Monate:	490

Sie wollen zur Risikoabsicherung einer Verbindlichkeit aus einem Importgeschäft, die am 10.08. fällig ist, die Fremdwährung heute, am 07.04, von der Bank per Termin kaufen. Auf dem Finanzplatz erfolgt Mengennotierung.

a) Welche Bedeutung haben die Geld- und Briefkurse im Devisenhandel? Wann werden Währungen mit Deport per Termin gehandelt?

b) Wie groß ist der jeweilige Terminkurs der Fremdwährung für ein, drei und sechs Monate?

c) Zu welchem Kurs wird die Bank die Termin-Devisen bereitstellen?

Lösung s. Seite 578

Aufgabe 18: Swapgeschäfte

Ein deutscher Exporteur hat aus einer Warenlieferung eine Exportforderung in Fremdwährung, die in sechs Monaten zahlbar ist. Er vermutet, dass diese Fremdwährung kurzfristig an Wert verlieren wird. Zur Absicherung seines Kursrisikos will der Exporteur deshalb die Fremdwährung per Termin verkaufen.

Der Kassakurs für die Fremdwährung beträgt 1,2456/1,2536; als Swapsatz wird für sechs Monate ein Deport von 500 genannt. Es erfolgt Mengennotierung.

a) Zu welchem Kurs wird die Bank die Termindevisen hereinnehmen?

b) Wie wälzt die Bank ihrerseits das Kursrisiko aus den Termindevisen ab?

c) Macht die Bank bei diesem Devisengeschäft einen Verlust oder einen Gewinn? Wie hoch ist er?

Lösung s. Seite 579

Aufgabe 19: Zinsarbitrage

Ein deutsches Unternehmen möchte anstelle eines kurzfristigen Festkredites bei einer deutschen Bank, die zzt. einen Zinssatz von 9 % p. a. verlangt, einen Fremdwährungskredit auf dem Euro-Geldmarkt aufnehmen. Hier kostet der 3-Monats-Kredit nur 2,25 % p. a. Um sich vor unerwarteten Kursverläufen zu schützen, will das Unternehmen gleichzeitig ein Devisentermingeschäft abschließen. Damit soll das Risiko aus der Rückzahlung des Fremdwährungskredits abgesichert werden.

Der Kassakurs für die Fremdwährung beträgt 108,3900/108,8700; der 3-Monats-Terminkurs 107,2400/107,7200. Auf dem Finanzplatz erfolgt Mengennotierung.

a) In welcher Weise wird hier eine Zinsarbitrage durchgeführt?

b) Wie können die Kosten des Swapgeschäftes mit den Zinskosten vergleichbar gemacht werden?

c) Wie groß ist der augenblickliche Zinsvorteil für das Unternehmen? Womit muss daraufhin voraussichtlich gerechnet werden?

Lösung s. Seite 580

Aufgabe 20: Devisenoptionsgeschäfte

Ein deutscher Exporteur erwartet aus einer Exportlieferung vom 18.04. einen Zahlungseingang am 18.10. in Höhe von 1,5 Mio. US-$. Die Absicherung des Kursrisikos könnte entweder über ein festes Devisentermingeschäft oder ein Devisenoptionsgeschäft erfolgen.

Der Kassakurs am 18.04. beträgt 1,0970 Geld und 1,1030 Brief, der Terminkurs für sechs Monate 1,1130 Geld und 1,1190 Brief. Es erfolgt eine Mengennotierung.

Die Optionsprämie für die Fremdwährung beläuft sich am 18.04. bei einer 6-monatigen Verkaufsoption (US-$ Put oder € Call) und einem Basispreis von 1,1030 auf 4,12 % vom Eurobetrag.

a) Ermitteln Sie die Kosten der Kurssicherung in absoluter Höhe und auf Jahresbasis in Prozent sowohl für das feste als auch das bedingte Devisentermingeschäft!

b) Interpretieren Sie das Ergebnis, wenn über das Optionsgeschäft nur ein Basispreis von 1,1340 zu einem Optionspreis von 1,74 % vom Eurobetrag abgesichert werden soll!

c) Interpretieren Sie das Ergebnis, wenn der Exporteur als Verkäufer einer Kaufoption (US-$ Call oder € Put) zu einem Optionspreis von 3,2 % vom Eurobetrag einen Basispreis von 1,1030 vereinbart!

Lösung s. Seite 581

Aufgabe 21: Währungsswap

Ein amerikanisches Unternehmen (A) hat die Möglichkeit auf dem Finanzplatz New York zu günstigen Konditionen einen US-Dollar-Kredit aufzunehmen. Für Auslandsaktivitäten in Japan benötigt es jedoch einen Yen-Kredit, für den es relativ hohe Zinsen zahlen müsste. Ein deutsches Unternehmen (B) kann über seine Niederlassung in Tokio günstige Yen-Kredite erhalten, benötigt aber derzeit US-Dollar, zu denen es einen schlechten Marktzugang hat.

Kapitalbeschaffungsmöglichkeiten:

	Unternehmen A	**Unternehmen B**
US-Dollar-Kredit	9,25 % p. a.	10 % p. a.
Yen-Kredit	5 % p. a.	4,4 % p. a.

Das Swapgeschäft wird über einen Intermediär abgewickelt, der eine Vermittlungsprovision von 0,3 % p. a. verlangt. Der Swapvorteil für A soll 0,48 % p. a. betragen und für das Unternehmen B 0,57 % p. a.

Ermitteln Sie die Höhe der zu zahlenden Kreditzinsen für die beiden Swappartner und stellen Sie tabellarisch die Zahlungsströme gegenüber! Von der Provision für den Intermediär trägt A 0,18 % p. a. und B 0,12 % p. a.

Lösung s. Seite 583

Aufgabe 22: Auslandszahlungsverkehr

Ein deutscher Exporteur erhält eine US-Dollar-Zahlung per Bank-Orderscheck im Auftrag seines US-amerikanischen Importeurs über 300.000 US-$. Diesen Scheck legt er einer Bank zum Ankauf vor. Der Kassakurs beträgt heute 1,1019/1,1099 und in vier Monaten 1,1280/1,1360.

a) Zu welchem Kurs kann der Exporteur den Orderscheck an eine Bank verkaufen?

b) Wäre es für den Exporteur vorteilhafter, die Devisen seinem mit 9 % p. a. verzinsten Fremdwährungskonto zunächst gutschreiben zu lassen, weil er diesen Betrag in vier Monaten zur Bezahlung einer Importrechnung wieder benötigt? Der Zinssatz für den Inlandswährungskredit beträgt 6 % p. a.

c) Der Exporteur erwartet eine Wertsteigerung der Fremdwährung, die auch tatsächlich in vier Monaten mit 1,0730/1,0810 notiert. Wäre in diesem Falle das Fremdwährungskonto vorteilhafter gewesen?

d) Der deutsche Exporteur hat anstelle des Bank-Orderschecks einen Fremdwährungswechsel über 300.000 US-$ zuzüglich 12,5 % p. a. Zinsen erhalten und erwartet aufgrund der Lage am Devisenmarkt eine Wertsteigerung der Fremdwährung. Wäre es unter dieser Annahme für den Exporteur günstiger, den Wechsel bis zur Fälligkeit zu behalten und aus dem Einlösungsbetrag in vier Monaten die Importrechnung zu bezahlen? Es würden für die Wechseleinlösung Inkassospesen von 600 € anfallen; der Kassakurs beträgt in vier Monaten 1,0640/1,0720.

Lösung s. Seite 584

Aufgabe 23: Zahlungsbedingungen und Refinanzierung eines Importgeschäfts

Ein Hamburger Importeur kann eine Warensendung gleicher Art und Qualität von zwei Exporteuren zu unterschiedlichen Konditionen erhalten:

Angebot 1

Lieferbedingung:	Frachtfrei versichert Hamburg (CIP)
Zahlungsbedingungen:	20 % bei Warenankunft am 03.04. 40 % nach 3 Monaten am 03.07. 40 % nach 6 Monaten am 03.10.

Angebotspreis 400.000 €

Angebot 2

Lieferbedingung:	FOB New York am 03.04.
Zahlungsbedingung:	d/p Credit (unwiderruflich, bestätigt) Akkreditivkosten der Akkreditivbank zu Lasten des Importeurs (es gelten die Akkreditivgebühren der Aufgabe 25).

Angebotspreis 400.000 US-$.

Welches Angebot ist für den Importeur vorteilhafter, wenn desweiteren folgende Bedingungen gelten?

- Transportdauer New York - Hamburg 15 Tage
- Postlaufzeit der Dokumente vier Tage, Prüfdauer durch Bank fünf Tage
- Seefracht und Versicherung New York - Hamburg 9.000 €
- Transportnebenkosten 1.000 €
- Transport-, Versicherungs- und Akkreditivkosten sind bei Versand fällig
- Refinanzierung für maximal 180 Tage über einen Akzeptkredit einer deutschen Bank in Euro und anschließendem Wechseldiskont zu 7 % p. a. einschließlich Akzeptprovision und Bearbeitungsgebühr

- weitere Finanzierungsmöglichkeit über einen Euro-Geldmarktkredit für maximal sechs Monate zum Festzinssatz von 8,5 % p. a. in Inlandswährung
- Kassakurs für US-$ 1,1080/1,1160
- fünf Respekttage für den Inkassoweg.

Lösung s. Seite 585

Aufgabe 24: Dokumenteninkasso

Aus Wettbewerbsgründen hat ein deutscher Exporteur mit seinem mexikanischen Importeur die Zahlungsbedingung d/a Inkasso vereinbart. Da ihm der Mexikaner jedoch bisher weitgehend unbekannt ist, möchte er den Inkassoauftrag möglichst präzise fassen, um Probleme zu vermeiden. Als Lieferbedingung gilt CIF-Veracruz. Der Auftragswert beträgt 1 Mio. €.

a) Welchen Inhalt sollte der Inkassoauftrag an die Hausbank haben?

b) Welche Sondervereinbarung müsste der Exporteur treffen, um möglichst frühzeitig eine Refinanzierung des Wechsels zu erreichen?

c) Wie groß ist die Zinsdifferenz zwischen einer Diskontierung des Wechsels über 1 Mio. € sofort nach Ankunft der Dokumente in Mexiko fünf Tage nach Versand der Ware und einer Diskontierung erst bei Schiffsankunft 40 Tage nach Versand, wenn mit einem durchschnittlichen Kapitalkostensatz von 12 % p. a. im Exportunternehmen kalkuliert wird? Der Diskontsatz beträgt 6 % p. a.

d) Enstehen dem Importeur durch die frühzeitige Akzeptleistung Nachteile?

Lösung s. Seite 586

Aufgabe 25: Dokumentenakkreditiv

Ein deutscher Importeur vereinbart mit dem ausländischen Exporteur im Kaufvertrag die Zahlungsbedingung unwiderrufliches, bestätigtes Nachsichtakkreditiv (d/a Credit). Sämtliche Akkreditivkosten gehen zu Lasten des Akkreditivstellers.

Der Exporteur räumt ein Zahlungsziel von 90 Tagen ab Versand der Ware ein, dessen Kosten er zu tragen hat. Die Transportdauer beträgt 30 Tage.

Es handelt sich um eine Warensendung mit einem Auftragswert von 800.000 €.

In Zusammenarbeit mit einer Korrespondenzbank am Ort des Exporteurs unterbreitet die Hausbank dem Importeur folgendes Angebot für eine Akkreditivstellung:

► Eröffnungsgebühr	3 %
► Dokumentenaufnahmegebühr der Akkreditivbank	2 %
► Dokumentenaufnahmegebühr der Akkreditivstelle	1 %
► Avisierungsgebühr	0,5 %
► Bestätigungsgebühr	1 %

- Akzeptprovision 1,5 %
- Negoziierungsprovision 3 %

a) Wie hoch ist die Belastung für den Importeur aus der Akkreditivverpflichtung bei Festlegung einer Zahlstelle?

b) Wäre es für den Importeur vorteilhafter, auf den Lieferantenkredit des Exporteurs zu verzichten und die Zahlungsbedingung Kasse gegen Dokumente bei Schiffsankunft zu vereinbaren, wenn er bei der Hausbank einen Importvorschuss im Rahmen eines Lombardkredites aufnehmen kann? Die Hausbank wäre zu einer 100 %igen Beleihung des Fakturawertes zu einem Zinssatz von 7,5 % bereit. Als Sicherheit dient ein Order-Lagerschein.

c) Wie würden Sie entscheiden, wenn als Alternative zum Importvorschuss ein Akzeptkredit mit anschließendem Wechseldiskontkredit von der Hausbank zu einem Gesamtdiskontsatz einschließlich Akzeptprovision und Gebühren von 4,5 % p. a. angeboten wird?

Lösung s. Seite 587

Aufgabe 26: Vergleich Dokumenteninkasso und Dokumentenakkreditiv

Ein Exporteur schließt einen Kaufvertrag über eine Warensendung mit einem Auftragswert von 1,8 Mio. € ab. Über die Zahlungsbedingungen konnte man sich jedoch noch nicht einigen, da der Exporteur spätestens bei Schiffsankunft im Bestimmungshafen Zahlungen erhalten will, der Importeur dagegen wenigstens ein Zahlungsziel von 30 Tagen nach Ankunft der Ware eingeräumt erhalten möchte, dafür aber auch bereit ist, ein Akkreditiv zu Gunsten des Exporteurs zu eröffnen.

Somit bieten sich als Zahlungsbedingung entweder ein d/p Inkasso oder ein d/a Credit (mit Bestätigung durch eine Bank am Ort des Exporteurs) an.

Die Transportdauer beträgt 40 Tage. Der Exporteur entrichtet zzt. für seinen Kontokorrentkredit 9 % p. a. Zinsen und zahlt als Wechseleinreicher für gute Exportwechsel einen Diskont von 5 % p. a.

a) Worin liegt der wesentliche Unterschied zwischen dem d/p Inkasso und dem bestätigten d/a Credit?

b) Für welche Zahlungsbedingung sollte sich der Exporteur unter Finanzierungsaspekten entscheiden?

Lösung s. Seite 588

Aufgabe 27: Euro-Geldmarktkredit

Ein Unternehmen erwartet aus einem Exportgeschäft einen US-Dollar-Erlös in Höhe von 5 Mio. in sechs Monaten. Der Exporteur ist aufgrund seiner Liquiditätsverhältnisse zur Refinanzierung seines Lieferantenkredits verpflichtet. Es bieten sich ihm drei Handlungsalternativen, wobei als Mengennotierung die Fremdwährung heute wie folgt gehandelt wird:

Kassakurs		**Terminkurs sechs Monate**	
Geld 1,1042	Brief 1,1112	Geld 1,1365	Brief 1,1445

- Refinanzierung in US-Dollar durch Aufnahme eines Dollar-Kredits auf dem Euro-Geldmarkt für sechs Monate zum Zinssatz von 10 % p. a. und Konvertierung der Fremdwährung in Inlandswährung
- Refinanzierung in Inlandwährung durch Erhöhung des Kontokorrentkredits für sechs Monate zum Zinssatz von 8 % p. a. und Abschluss eines Devisentermingeschäfts zur Absicherung des Kursrisikos
- Wechselziehung auf den Importeur und Diskontierung dieses Fremdwährungswechsels mit einer Laufzeit von sechs Monaten zum Diskontsatz von 6 % p. a. bei einem Wechselankaufskurs einer Bank von 1,1200.

Ermitteln Sie für jede Alternative den verfügbaren Euro-Betrag und treffen Sie eine Entscheidung. Würde die Entscheidung anders lauten, wenn US-Dollar-Kredite auf dem Euro-Geldmarkt nur 7 % p. a. kosten würden?

Lösung s. Seite 589

Aufgabe 28: Exportfactoring

Ein exportierendes Unternehmen steht vor der Entscheidung, ob es seine Exportforderungen im Rahmen eines Factoring-Vertrages verkaufen sollte. Der Exportumsatz, der fast ausschließlich mit Importeuren in europäischen und nordamerikanischen Ländern abgewickelt wird, belief sich in den letzten drei Jahren auf durchschnittlich 15 Mio. €, die durchschnittlichen Außenstände auf 3,9 Mio. €. Das eingeräumte Zahlungsziel beträgt laut „Allg. Zahlungsbedingungen" 60 Tage, die durchschnittliche Lieferantenkreditgewährung jedoch tatsächlich 95 Tage. Die Waren werden aufgrund ihres geringen Gewichts überwiegend per Luftfracht/-post, nach europäischen Ländern teilweise auch per Lkw befördert.

$$\frac{\text{Debitoren} \cdot \text{Zeit}}{\text{Umsatz}}$$

$$= \frac{3.900.000 \cdot 365}{15.000.000} = 94{,}9 \approx 95 \text{ Tage}$$

Weitere Daten des Unternehmens im Durchschnitt der letzten drei Jahre:

Anzahl der Importeure (Debitoren)	800
Anzahl der Rechnungen im Jahr	3.000
durchschnittlicher Rechnungsbetrag	5.000 €
durchschnittliche Forderungsausfälle	0,4 % des Umsatzes
Wareneinkauf für Exportlieferungen	8 Mio. €
Skontosatz auf Wareneinkauf	3 %
Bankzins für Kontokorrentkredit	8 % p. a.

Folgende Kosten fallen unmittelbar im Zusammenhang mit den Exportforderungen an:

- ein Debitorenbuchhalter Bruttogehalt 2.500 € im Monat
- zwei Bürokräfte 3.000 € im Monat
- das Unternehmen kalkuliert mit 60 % Sozialleistungen
- Büromaterial und Einrichtungsgegenstände 3.000 €
- Mietkosten für 20 qm zu 280 €/qm im Jahr
- wegen der säumigen Zahlweise 600 Mahnungen im Jahr/zu 3 €
- 100 Auskünfte zu 50 € im Jahr (d. h. durchschnittlich jeder Kunde alle acht Jahre)
- Gerichts- und Rechtsanwaltskosten wegen dubioser Forderungen 10.000 € im Jahr.

Die zusammengefasste Bilanz des Exporteurs vor Factoring sieht wie folgt aus:

AKTIVA			PASSIVA
	T€		T€
Anlagevermögen	3.000	Eigenkapital	1.400
Vorräte	1.400	Fremdkapital langfristig	1.750
Exportforderungen	3.900	Warenverbindlichkeiten	1.800
liquide Mittel	100	Bankverbindlichkeiten (mittelfristig)	900
		Bankverbindlichkeiten (kurzfristig)	2.550
Summe Aktiva	8.400	Summe Passiva	8.400

Ein Factoring-Institut unterbreitet dem Exporteur folgendes Angebot:

- Dienstleistungsgebühr 1 % auf die verwalteten Forderungen im Jahr
- Delkrederegebühr 0,4 % auf die angekauften Forderungen
- Finanzierungskosten 8,5 % p. a. auf die durchschnittliche Inanspruchnahme hinsichtlich der angekauften Forderungen abzüglich einem Sperrbetrag von 10 %
- Zusage, die durchschnittlichen Außenstände des Exporteurs um 300.000 € auf 3,6 Mio. € zu senken.

a) Um wie viel Tage verkürzt sich die tatsächliche Lieferantenkreditgewährung, wenn die Außenstände um 300.000 € auf 3,6 Mio. € reduziert werden können? Wie hoch wäre die Kapitalfreisetzung, wenn das vertragliche Zahlungsziel eingehalten würde?

b) Erstellen Sie eine finanzwirtschaftliche Vergleichsrechnung!

c) Wie würde sich die zusammengefasste Bilanz des Exporteurs bei Abschluss eines Factoring-Vertrages verändern? Ändert sich die Eigenkapitalquote?

d) Errechnen Sie die Kennzahl ROI vor und bei Factoring! Die Umsatzrendite aus dem Exportgeschäft betrug bisher 4 %.

Lösung s. Seite 590

Aufgabe 29: Finanzierung über den Euro-Kapitalmarkt

Ein deutsches Unternehmen will eine Direktinvestition auf einem Auslandsmarkt über den Euro-Kapitalmarkt finanzieren. Der Kapitalüberlassungszeitraum soll 30 Jahre betragen und das Emissionsvolumen in Nennwerte von 1.000 € gestückelt sein. Man entscheidet sich für einen Zero-Bond, um Anleger vor allem aus steuerlichen Gründen für eine derartig lange Laufzeit zu gewinnen. Das Disagio, das den Zins für die gesamte Laufzeit ausdrückt, wird mit 86,597 % berechnet.

a) Welche Rendite kann ein Erwerber dieses Zero-Bonds erzielen? (Zur Berechnung siehe Formelansatz zum Yieldsatz in Kapitel J.4.3)

b) Als Alternative könnte das Unternehmen auch eine Emission von Floating-Rate-Bonds wählen, da hier für den Anleger die lange Laufzeit durch eine Anpassung an das jeweilige Zinsniveau nicht als nachteilig unter Umständen sogar bei der Erwartung langfristig steigender Zinsen als attraktiv empfunden wird. Wie wäre bei einem Floating-Rate-Bond die Zinsvereinbarung zu gestalten, und wie hoch wäre der Zinssatz z. B. für den Anleger für die neue Zinsperiode ab 12.01., wenn Sie die Tabelle auf Seite 469 für US-Dollar sechs Monate zu Grunde legen?

c) Die Direktinvestition befindet sich auf dem amerikanischen Markt, sodass eine währungskonforme Finanzierung über die Emission von Currency-Bonds erreicht werden soll. Bei derartigen Emissionen können für den Anleger Optionsrechte im Hinblick auf die Auswahl der Währung sowohl für die Zinszahlungen als auch für die Rückzahlung bzw. die Tilgungsleistungen vereinbart werden.

   Die Emission erfolgt in US-Dollar zu folgenden Bedingungen:

Nennwertstückelung:	10.000 US-$
Laufzeit:	30 Jahre
Optionswährungen:	Euro und US-Dollar
Optionsrecht:	ausübbar vor jeweiligem Zinstermin
Zinssatz:	6 % p. a.
fester Umrechnungskurs:	1 US-$ = 1 €

   Würde sich der Anleger beim nächsten Zinstermin für eine Zinszahlung in US-Dollar oder in Euro entscheiden, wenn zu diesem Termin der US-Dollar bei 0,90 je Euro bzw. bei 1,15 je Euro steht?

Lösung s. Seite 592

Aufgabe 30: Langfristige Exportfinanzierung von AKA und KfW

Ein deutscher Maschinenexporteur erhält eine Anfrage von einem westafrikanischen Unternehmen nach einer Offerte über zehn Spezialmaschinen zur Kunststoffverarbeitung. Der westafrikanische Importeur möchte gern ein möglichst langes Zahlungsziel zu einem Festzinssatz eingeräumt bekommen. Der Auftragswert beträgt 18.000.000 €, worauf Anzahlungen bei Vertragsschluss mit 15 % erfolgen sollen.

Sie sind als Exporteur grundsätzlich auch mit einer langfristigen Lieferantenkreditgewährung einverstanden, wenn darauf eine möglichst hohe Refinanzierung erhältlich ist.

a) Nennen Sie die wichtigsten Grundsätze für die Refinanzierung einer langfristigen Lieferantenkreditgewährung, mit denen auch der ausländische Importeur einverstanden sein muss!

b) Welche Möglichkeiten zur Refinanzierung lassen sich im Rahmen der Herstellerfinanzierung nennen?

c) Welche besonderen Bedingungen sind bei einer Bestellerfinanzierung zu beachten?

d) Würden Sie sich in diesem Fall als Exporteur für die Hersteller- oder die Bestellerfinanzierung entscheiden?

Lösung s. Seite 593

Aufgabe 31: Forfaitierung

Ein Exporteur von Investitionsgütern schließt einen Kaufvertrag über 8.000.000 € mit einem ausländischen Importeur, die in zehn Halbjahresraten beginnend sechs Monate nach Lieferung zu erbringen sind. Die Verzinsung des Kaufpreises durch den Importeur beginnt mit dem Zeitpunkt der Lieferung und ist halbjährlich zu bezahlen. Die bankavalierten Solawechsel sind in gleicher Höhe zu stückeln und nach der mittleren Laufzeit zu verzinsen. Der Forfaiteur ist bereit, die Wechsel zu 8 % p. a. zu diskontieren ohne Berücksichtigung von Respekttagen, da sie bei ihm domiziliert sind.

a) Welchen Zinssatz muss der Exporteur in den Kaufpreis einrechnen, um nach Abwicklung des Finanzierungsgeschäfts den Lieferwert von 8.000.000 € vollständig zu erhalten?

b) Ermitteln Sie den Betrag für die Solawechsel!

c) Wie müssen die Wechselbeträge des Importeurs lauten, wenn er mit der Tilgung erst 18 Monate nach Lieferung beginnen will, und Importeurzinsen in gleicher Höhe wie der Diskont des Forfaiteurs mit 8 % p. a. auf die jeweilige Restschuld berechnet werden sollen? Ermitteln Sie den Forfaitierungserlös mithilfe von Zinszahlen, um die unterschiedliche Laufzeit und Wechselsumme zu berücksichtigen!

d) Welchen Kaufpreis müsste der Exporteur dem Importeur berechnen, damit der Forfaitierungserlös bei sonst gleichen Bedingungen wie c) dem Lieferwert entspricht? Wie lauten dann die Wechselbeträge?

e) Im Kaufvertrag wird eine Anzahlung von 20 % des Kaufpreises bei Lieferung vereinbart. Ermitteln Sie den Multiplikator für den Lieferwert bei sonst gleichen Bedingungen wie c) und d), und machen Sie eine Proberechnung!

Lösung s. Seite 595

Lösung zu 1: Indirekter Export

Bei kleineren Exportmengen und vor allem dann, wenn das Unternehmen auf dem Auslandsmarkt noch ein „Newcomer" ist, empfiehlt es sich, auf die Erfahrungen und Verbindungen von Außenhandelsunternehmen zurückzugreifen. Gerade für mittelständische Unternehmen ist der Aufbau einer eigenen Exportabteilung und eines eigenen Distributionsnetzes oft aus Kosten- und Mengengründen nicht durchführbar.

Das Unternehmen beschließt daher, seine Exportprodukte an ein Außenhandelsunternehmen im Inland zu liefern und damit die Exportfunktion auszugliedern. Nach Informationen bei der Industrie- und Handelskammer und der deutsch-amerikanischen Auslandshandelskammer wird die Geschäftsverbindung dann mit einem Außenhändler eingegangen, der bereits in dieser Branche mit besonderer Gewichtung des nord- und südamerikanischen Marktes tätig ist und die Produkte des Unternehmens in seine Angebotspalette ergänzend einbeziehen kann. Durch diese Strategie hofft das Unternehmen auf gute Absatzchancen mit gleichzeitigem Einstieg auch in den südamerikanischen Markt.

Sollte in Zukunft eine größere Produktionssteigerung möglich sein, und haben sich die Produkte auf den amerikanischen Märkten bewährt, besteht die Möglichkeit, den Absatz über das Außenhandelsunternehmen, evtl. unter Einbeziehung von Handelsmittlern in einigen Ländern, weltweit auszudehnen.

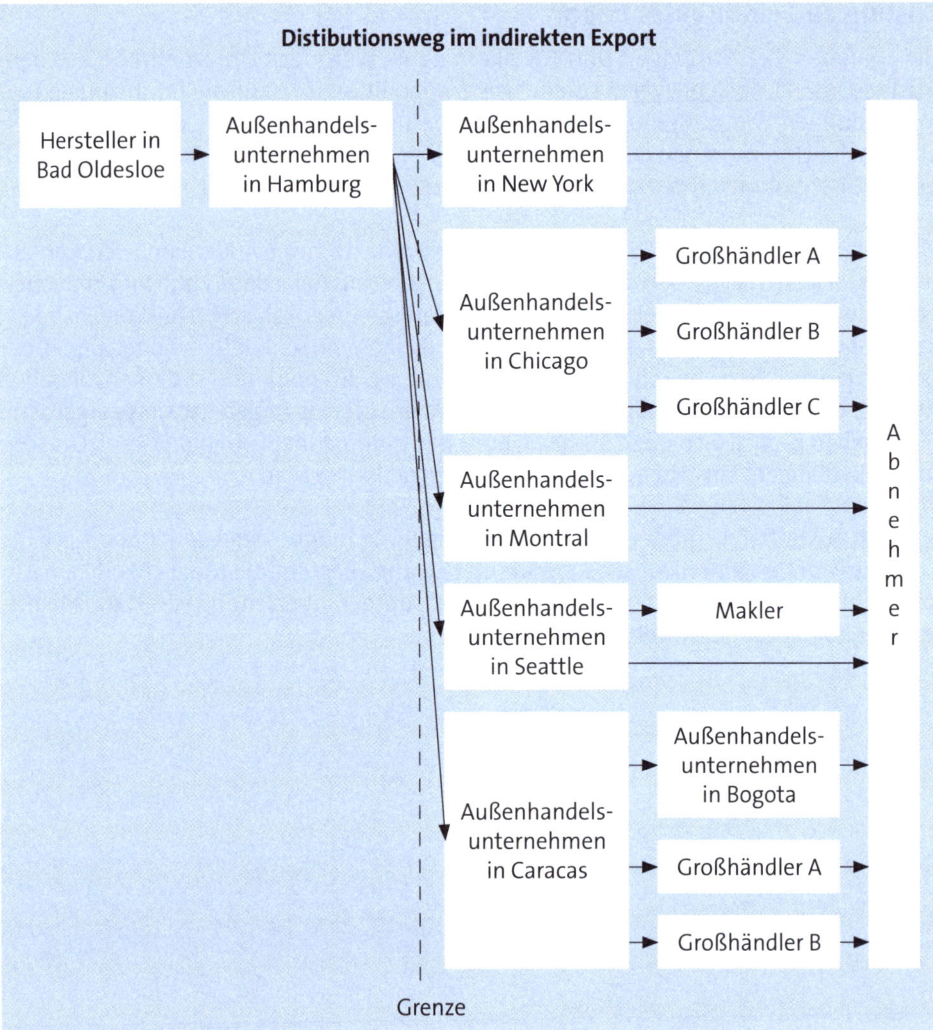

Lösung zu 2: Direkter Import und Einkaufsgemeinschaft

Der Kupferimporteur sollte sich, da er regelmäßig und eher in steigenden Mengen Kupfer als Rohstoff benötigt, unmittelbar an Kupferhersteller(-exporteure) in den wichtigen Kupferförderländern Australien, Kongo und Chile wenden. Es sollten möglichst längerfristige Lieferverträge vereinbart werden. Um sich darüber hinaus vor zukünftigen Förderengpässen oder -ausfällen zu schützen, sollte der Aufbau eines Importlagers in den Förderländern geplant werden.

Längerfristig sollte ein Zwischenlager für die Importe aus den drei Ländern in einem neutralen dritten Staat eingerichtet werden, um das Risiko infolge einer Beschlagnahme oder eines politisch motivierten Exportverbots von Kupfer aus einem der Länder zu verringern.

Importlager und Zwischenlager können auch im Wege einer Kooperation im Kupfereinkauf zusammen mit anderen Kupferverarbeitern genutzt werden. Eine derartige Einkaufsgemeinschaft, die sich nur auf die gemeinsame Lagerkapazitäts- und Transportmittelnutzung beziehen soll, um die Unabhängigkeit der einzelnen Kooperationsteilnehmer nicht zu beeinträchtigen, könnte wesentlich zur Reduzierung der Lager- und Transportkosten beitragen.

Unter Umständen ist allerdings auch ein gemeinsamer Kupfereinkauf zu empfehlen, wenn sich daraus wesentliche Vorteile ergeben sollten.

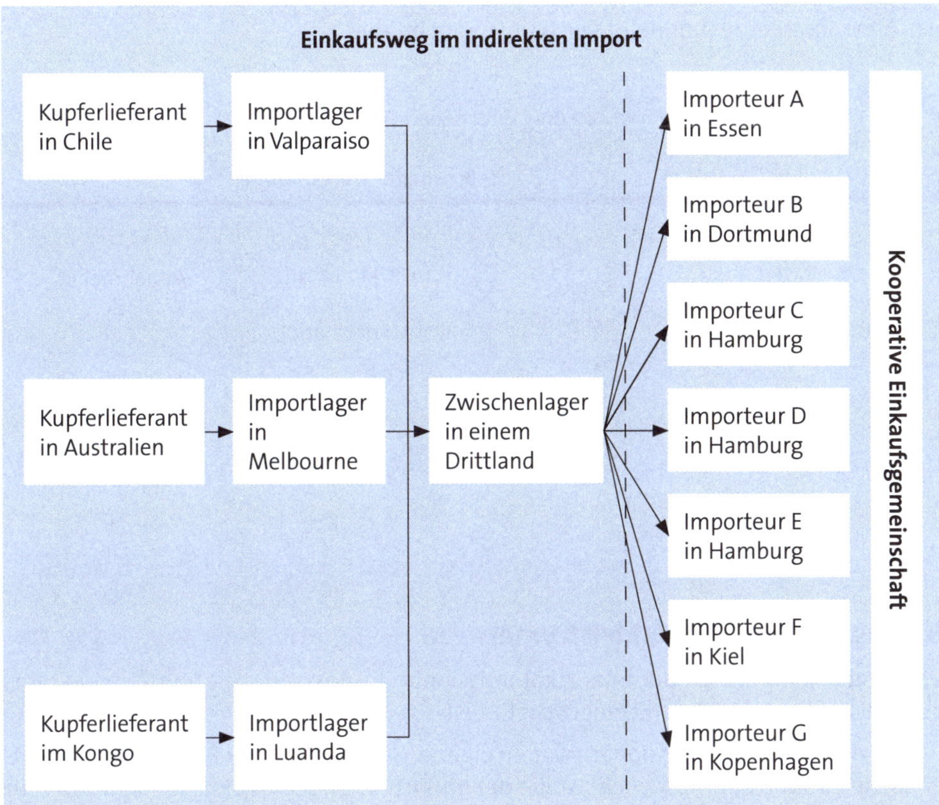

Lösung zu 3: Transithandel und Veredelungsverkehr

Bei Versand der Ware in ein Niedrig-Lohn-Land wie China ist zunächst das Verhältnis von zusätzlichen Transportkosten von Spanien aus und wieder zurück nach Deutschland sowie die gesamte Kostenersparnis bzw. Gewinnsteigerung zu prüfen. Auch müssen die einschlägigen Zollvorschriften Chinas bekannt sein, da es sich dort um einen **aktiven Veredelungsverkehr** handelt. Aus der Sicht der Zollbehörden in China werden Waren aus einem Drittland zur Verarbeitung eingeführt und anschließend in ein anderes Land wieder exportiert.

In Hamburg werden die Hosen nach der Seereise im Freihafen, oder u. U. auch außerhalb, für den anschließenden Landtransport per Lkw nach Oslo, Moskau und Zürich umverpackt bzw. in die jeweiligen Mengen aufgeteilt. Bei den nach Moskau verkauften Hosen müssen weiterhin noch die Jeans-Etiketten in russischer Sprache aufgenäht werden. Nach Übereinstimmung mit den deutschen Zollbehörden handelt es sich bei diesen Tätigkeiten nicht um einen Veredelungsverkehr, sondern um einen **aktiven, gebrochenen Transithandel,** da die Waren aus einem Drittland lediglich nach Umverpackung wieder in ein anderes Land versandt werden.

Aus der Sicht des spanischen Unternehmens liegt ein **Exportgeschäft** vor, aus der Sicht der Abnehmerländer handelt es sich um einen **Import**.

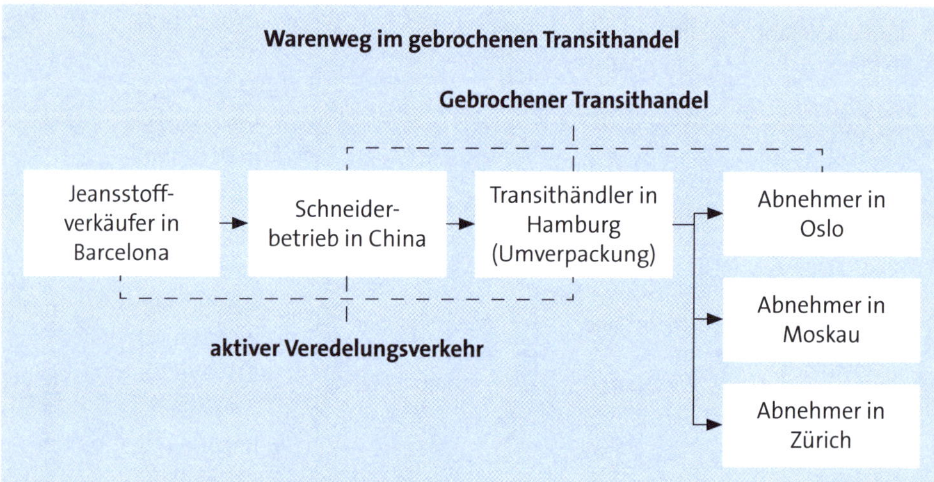

Lösung zu 4: Außenhandelsformen

1. **Direkter Import**, da der Importkommissionär im Ausland sitzt und kein weiteres Einkaufsorgan im Inland eingeschaltet ist.

   Da der Importkommissionär zwar im eigenen Namen aber für Rechnung des deutschen Importeurs abschließt, sollte der Importeur unbedingt Preisobergrenzen für die Teppiche festlegen.

2. **Aktiver Veredelungsverkehr**; da der Rum aus dem Ausland kommt und nach der Veredelung wieder ins Ausland geht. Es sind keine Einfuhrabgaben zu erbringen.

3. **Passiver Veredelungsverkehr**; da es sich um ein deutsches Vorprodukt handelt, erfolgt nur eine Differenzverzollung des Mehrwertes durch die Schneiderarbeiten in der Türkei.

4. **Gebrochener Transithandel**; solange die Ware nur umsortiert und neu verpackt wird, liegt noch keine Veredelung vor.

5. **Indirekter Import**; die Niederlassung des kanadischen Exporthändlers in Deutschland ist eine selbstständige Distributionsstufe im Inland.

6. **Direkter Import** und anschließend indirekter Export; kein Veredelungsverkehr, da der Kaffee von der Rösterei an selbstständige Distributeure im Inland verkauft wird.
7. **Direkter Transithandel**; will der Berliner Unternehmer vermeiden, dass der Prager Käufer den Namen des Exporteurs erfährt, lässt er den Warenversand unter Deckadresse abwickeln.
8. **Exportkommissionsgeschäft**; das Dresdner Unternehmen bietet die japanischen Waren vom Konsignationslager im eigenen Namen aber für Rechnung des japanischen Exporteurs an.
9. **Direktinvestition**; der deutsche Investor erwirbt eine Unternehmensbeteiligung im Ausland von mehr als 10 %.
10. **Auslandsprojektgesellschaft**; das Auslandsengagement des deutschen Betreiberkonsortiums ist befristet, der spätere Käufer steht bereits fest.
11. **Kompensationsgeschäft**; die Bezahlung des nigerianischen Importeurs erfolgt durch eine Gegenlieferung; ist diese Abnahmeverpflichtung des bayerischen Exporteurs veräußerbar, liegt ein Parallelgeschäft vor.
12. **Direkter Export**; da der eingeschaltete amerikanische Auslandsagent im Namen und für Rechnung des Rostocker Exporteurs handelt, liegt keine selbstständige Distributionsstufe (im Inland) vor.

Lösung zu 5: Zollwesen

a) Zollwert ist der individuelle Transaktionswert der eingeführten Ware, wobei dieser gegebenenfalls um bestimmte Größen zu berichtigen ist. Maßgeblich für die Transportkosten ist immer der Verbringungsort. Ist der Transaktionwert in ausländischer Währung ausgedrückt, ist in Inlandswährung umzurechnen. Skonto wird aus Vereinfachungsgründen i. d. R. immer berücksichtigt, sollte Skonto nicht angemeldet werden, aber tatsächlich in Anspruch genommen worden sein, kann er nachträglich zu einer Erstattung führen.

	Fakturenwert	150.000 US-$
+	Maklercourtage 4 %	6.000 US-$
+	Versicherungsprämie	1.000 US-$
+	anteilige Frachtrate 78 % gemäß Anhang 25 zur Zollkodex DVO	9.360 US-$
-	Skonto 3 % auf 150.000 US-$	4.500 US-$
=	**Zollwert in Fremdwährung**	**161.860 US-$**

umgerechnet zum maßgeblichen Kurs von 1,2850 →	125.961 €
darauf Zollsatz von 12 % →	15.115 €

Der Zollwert beträgt 125.961 €; darauf ist eine Zollschuld von 15.115 € zu entrichten.

b) In diesem Fall liegt ein passiver Veredlungsverkehr vor, bei dem eine Differenzverzollung in Höhe des Mehrwerts nach Veredelung der Ware erfolgt.

Zollwert der veredelten Ware 125.961 €, darauf 12 % Zollsatz	15.115 €
fiktiver Zollwert des Vorprodukts 80.000 €, darauf 5 % Zollsatz	- 4.000 €
Zollschuld	**11.115 €**

Zu den Einfuhrabgaben zählen neben den Zollabgaben die Einfuhrumsatzsteuer, die Abschöpfungsabgaben und die Verbrauchsteuern. Die Einfuhrumsatzsteuer ist auf den vollen Zollwert zu beziehen, da Veredelungsverkehr zu keiner umsatzsteuerlichen Vergünstigung führt.

	Zollwert der veredelten Ware	125.961 €
+	Zollschuld	5.115 €
=	**Einfuhrumsatzsteuerwert**	**141.076 €**

darauf 19 % Einfuhrumsatzsteuer 26.804 €
(die bei Weiterverkauf der Ware im Rahmen des Vorsteuerabzugs verrechnet werden kann)

Die Einfuhrabgaben für die veredelten Waren betragen 37.919 €.

c) Bei einer Zollgutlagerung wird die Ware zollrechtlich noch nicht eingeführt, sodass auch noch keine Einfuhrabgaben anfallen können. Allerdings ist die Ware vor bzw. bei Einlagerung zu gestellen und ihr Zollwert zu ermitteln. In welcher Höhe Einfuhrabgaben auf der Basis dieses Zollwertes bei Entlagerung zu entrichten sind, hängt von der dann gültigen Gesetzgebung ab (Höhe der Umsatzsteuer, Art und Höhe des Zollsatzes).

d) Es handelt sich hier um einen spezifischen Zollsatz, bei dem der Alkoholgehalt der Ware besonders berücksichtigt werden soll. Diese Zollsätze werden in Euro ausgedrückt.

38.000 Flaschen zu 0,7 l	26.600 l
26.600 l zu 1 € je 100 l bei 43 % Alkoholgehalt	11.438 €
26.600 l zu 5 € je 100 l	1.330 €

Die Zollschuld beträgt 12.768 €. Der Transaktionswert insbesondere der ausgehandelte Warenpreis mit dem Exporteur ist bei dieser Berechnung unerheblich.

Lösung zu 6: Transportkostenvergleich

a) Unter reinen Transportkostengesichtspunkten müsste sich der Exporteur für den kombinierten Bahn-/Schiffstransport entscheiden.

b) Bei Vereinbarung der Lieferbedingung CIF und einer Zahlungsbedingung Kasse bei Transportmittelankunft muss der Exporteur die Transportdauer finanzieren. Je kürzer die Transportdauer ist, umso eher erhält er die Zahlung. In den Vergleich sind also neben der Frachtrate auch die Kapitalkosten für die Kapitalbindung während der Transportdauer einzubeziehen:

1. Kapitalkosten während des Seetransports

$$\frac{6\text{ Mio.} \cdot 12 \cdot 24}{100 \cdot 360} = \mathbf{48.000\ €}$$

2. Kapitalkosten während des Lufttransports

$$\frac{6\text{ Mio.} \cdot 12 \cdot 2}{100 \cdot 360} = \mathbf{4.000\ €}$$

3. Kapitalkosten während des kombinierten Transports

$$\frac{6\text{ Mio.} \cdot 12 \cdot 38}{100 \cdot 360} = \mathbf{76.000\ €}$$

Gesamtkosten Seefracht	Gesamtkosten Luftfracht	Gesamtkosten kombinierter Transport
25.719 €	62.111 €	21.311 €
48.000 €	4.000 €	76.000 €
73.719 €	**66.111 €**	**97.311 €**

Unter Einbeziehung der Kapitalkosten für die Finanzierung der Transportdauer wäre unter den gestellten Bedingungen die Luftfracht am vorteilhaftesten.

c) Weitere Entscheidungskriterien für eine Transportart, die sich nicht unmittelbar in der Frachtrate niederschlagen, könnten jeweils sein:

- Termineinhaltung der Transportmittel
- Schnelligkeit der Transportmittel
- Service- und Nebenleistungen der Frachtführer
- Sicherheit der Transportmittel und Transportwege
- Eignung der Transportmittel für die zu versendende Ware
- Transportkapazität
- Lebensdauer der Ware
- Empfindlichkeit der Ware.

Letztlich könnte auch die verbleibende Lieferfrist die Entscheidung beeinflussen, vor allem dann, wenn bei Fristüberschreitung mit Schadensersatzansprüchen und Konventionalstrafen seitens des Importeurs zu rechnen ist.

Lösung zu 7: Außenhandelsdokumente

a) Da es sich um eine schwere Maschine handelt, bietet sich der Seetransport an, wobei zwei Transportwege im Vordergrund stehen:

- Versand der Maschine per Seeschiff von Hamburg nach New York mit dortiger Umladung und Weiterbeförderung per Eisenbahn nach Chicago oder
- Versand der Maschine per Seeschiff über den St.-Lorenz-Strom bis in den Michigan-See nach Chicago.

Im zweiten Fall würde sich als besondere Transportart das Lash-System anbieten, zumal die Schiffsgröße auf diesem Transportweg begrenzt ist.

Neben einer Kostengegenüberstellung bei den beiden Transportwegen ist die längere Versandzeit bei der Wahl der zweiten Alternative zu beachten (Kapitalbindungsfrist).

b) Es werden für diesen Transport Versand-, Versicherungs-, Zoll- und Handelsdokumente benötigt.

Versanddokumente:

- Konnossement für den Seetransport bis New York bzw. Chicago (das Konnossement muss clean sein, den Frachtvermerk „Freight prepaid" tragen und als Bordkonnossement in einem finanzierungsfähigen „Full Set" ausgestellt sein).
- Eisenbahnfrachtbrief für die Beförderung New York - Chicago.
- Sollte ein Spediteur mit der Transportabwicklung als Spezialist für Schwerguttransporte eingeschaltet werden, so könnte auch ein Spediteurdokument ausgestellt werden insbesondere das Multimodale Transportkonnossement (FBL).

Versicherungspapiere:

- Abschluss einer Transportversicherung bis zum Bestimmungsort mit der Mindestdeckung „C" der Institute Cargo Clauses, ggf. als übertragbare Einzelpolice blanko-indossiert

Zollpapiere:

- Ausfuhrerklärung bzw. Versand-Ausfuhrerklärung für die deutschen Zollbehörden
- Handelsfaktura u. U. gemäß Vorschriften der amerikanischen Zollbehörden
- auf Wunsch des Importeurs spezielle Dokumente des Ausfuhrlandes für die amerikanischen Zollbehörden

Handelspapiere:

- Inspektionszertifikat oder Werkstatttest über die Funktionstüchtigkeit der Maschine
- Nachweis über die Einhaltung bestimmter Normen
- Gewichtszertifikat
- Handelsfaktura für den Importeur

c) Eine gut aufgemachte Handelsfaktura sollte folgenden Inhalt haben:
- Name und Anschrift des Exporteurs
- Name und Anschrift des Importeurs
- Nummer und Datum des Auftrags (Auftragsbestätigung)
- Ausstellungsdatum und -ort der Handelsrechnung
- Benachrichtigungsadresse (Notify Address), insbesondere bei Spediteurempfang
- Angaben über Reederei- und Schiffsnamen, ggf. Abfahrts- und Ankunftsdatum
- bei mehreren Transportmitteln Angabe des Transportwegs
- Art, Menge und Beschaffenheit der Ware
- Einzelpreis, Gesamtpreis
- Rabatte
- Lieferbedingungen
- Zahlungsbedingungen
- Anzahl der Kolli, ggf. Markierungshinweise
- Packlistenverweis
- Ursprungsbezeichnung der Waren
- Zolldienliche Hinweise, wie z. B. Nr. der Importlizenz
- Zahlungsweg (insbesondere Bankverbindung)
- Erfüllungsort und Gerichtsstand
- Schiedsklausel
- Unterschriften des Exporteurs.

Lösung zu 8: Lieferbedingungen

a) Bei der Lieferbedingung DDP hat der kanadische Exporteur die Ware zum vereinbarten Zeitpunkt dem Importeur am benannten Lieferort in Hamburg bereitzuhalten und alle Kosten und Risiken bis zur dortigen Übergabe zu tragen. Er hat auch sowohl die Ausfuhrabfertigung in Kanada als auch die Einfuhrabfertigung in Deutschland durchzuführen. Zu den Einfuhrabgaben zählen die Zölle, die Verbrauchsteuern, die Abschöpfungsabgaben und die Einfuhrumsatzsteuer.

Bei der Lieferbedingung FOB sind Kosten- und Risikoübergang bereits in Montreal im Hafen, wenn die Ware die Reling des Schiffes überschreitet, sodass der deutsche Importeur alle weiteren Kosten des Transportweges und vor allem auch die Einfuhrabgaben in Hamburg zu übernehmen hat.

Es ergibt sich somit folgende Gegenüberstellung:

Angebot 1	**Angebot 2**		
Angebotspreis in Hamburg 650.000 €		Angebotspreis in Montreal	500.000 €
	+	Transportkosten bis Entladehafen als Verbringungsort (Zollgrenze)	23.000 €
	+	Versicherungskosten	3.000 €
	+	Handelsmaklercourtage 3 %	15.000 €
	+	Nebenkosten	1.000 €
	=	Transaktionswert als Zollwert (Bemessungsgrundlage für Zoll)	542.000 €
	+	Zoll 7,5 %	40.650 €
	+	Transportkosten bis zum ersten inländischen Bestimmungsort	1.000 €
	=	Bemessungsgrundlage für Einfuhrumsatzsteuer	583.650 €
	+	Einfuhrumsatzsteuer 19 %	110.893 €
			694.543 €

Das Angebot 1 hat vor allem folgende Vorteile:

- Der Einstandspreis in Hamburg verzollt und versteuert ist um rd. 44.543 € niedriger.
- Der Risikoübergang ist erst bei Warenübergabe in Hamburg.
- Es ist weniger arbeitsintensiv, da die Transportabwicklung vom Exporteur zu übernehmen ist.
- Die Einfuhrabfertigung und die damit unter Umständen verbundenen Probleme und Risiken trägt der Exporteur.

b) Nominale Zollsätze kennzeichnen nicht in ausreichender Weise den protektionistischen Schutz des Importlandes. Das wirkliche Ausmaß der Schutzmaßnahmen zu Gunsten einer inländischen Weiterverarbeitung lässt sich jedoch ermitteln, wenn man den Wertzuwachs durch die Verarbeitung ins Verhältnis zur Zollmehrbelastung setzt.

Zollsatz für Vorprodukt 7,5 % → Zollschuld 40.650 €

Zollsatz für Endprodukt 17,0 % → Zollschuld 115.600 €

$$\text{Effektivzoll} = \frac{\text{Zollmehrbelastung in €}}{\text{Wertzuwachs in €}} \cdot 100$$

$$54{,}31\ \% = \frac{115.600\ € - 40.650\ €}{680.000\ € - 542.000\ €} \cdot 100$$

Durch die hohe Effektivzollbelastung von 54,31 % wird die inländische Weiterverarbeitung protektionistisch gefördert. Diese Begünstigung fällt umso größer aus, je niedriger der Zollsatz für die importierten Waren ist, was vorrangig bei Rohstoffen der Fall ist. Die Wettbewerbsfähigkeit ausländischer Anbieter von Fertigprodukten auf dem Inlandsmarkt sinkt dadurch erheblich.

Lösung zu 9: Exportkalkulation

a) Zielverkaufpreis des Herstellers

	Ab Lager Dortmund, seemäßig verpackt	400.000 €
-	Mengenrabatt 5 %	20.000 €
-	Skonto 2 %	7.600 €
=	Bareinstandspreis des Exporteurs ab Lager Dortmund	372.400 €
+	Handels- und Gewinnspanne des Exporteurs 16 %	59.584 €
=	Verkaufspreis des Exporteurs ab Lager Dortmund	431.984 €
+	Transportkosten Dortmund - Sydney	18.660 €
+	Transportnebenkosten (z. B. Hafengebühren, Umschlagskosten, Spedition)	2.150 €
+	Kosten der Ausfuhr- und Zollabfertigung, Kosten für Dokumentenbeschaffung	870 €
+	Seeversicherungsprämie bei C-Deckung und CIF-Schutzversicherung	3.100 €
=	Barverkaufspreis des Exporteurs CIF Sydney ohne Finanzierungskosten	456.764 €
+	Finanzierungskosten des Exporteurs bei Zahlungsbedingung d/p Inkasso bei Schiffsankunft (32 Tage zu 15 % p. a.)	6.090 €
=	Einstandspreis des Importhändlers in Sydney (CIF)	462.854 €
+	Handels- und Gewinnspanne des Importhändlers 12 %	55.542 €
=	**Barverkaufspreis des Importhändlers in Sydney für 100 Geräte**	**518.396 €**

b) Der Vorteil des Direktexports liegt in der Ausschaltung des Exporthändlers, der für sich mit einer Handels- und Gewinnspanne von 59.584 € kalkuliert. Könnte dieser Betrag entfallen, verkürzt sich auch die Berechnungsbasis für manche anderen Posten, sodass der Barverkaufspreis erheblich niedriger ausfallen würde. Der Exporthändler muss deshalb sehr darauf achten, dass der Importhändler nicht Namen und Adresse des Herstellers erfährt und beim nächsten Mal das Geschäft als Direktimport durchführt.

Lösung zu 10: Importkalkulation

a) **Bezugskalkulation**

	Bareinstandspreis des Importeurs ab Plantage für 25.00 l	31.724 US-$
+	Maklercourtage 4 %	1.269 US-$
		32.993 US-$
	Devisenkauf von einer Bank zu 1,2493 US-$ für 1 €	
	Bareinstandspreis ab Plantage, maklervermittelt	26.409 €
+	Transportkosten Plantage Marokko/Lager Hamburg	6.522 €
+	Transportnebenkosten	730 €
+	Transportversicherungsprämie für volle Deckung	625 €
+	Kosten des Ausfuhr-, Einfuhr- bzw. Zollverfahrens und der Dokumentenbeschaffung	3.215 €
+	Gesundheitsprüfung	2.480 €
=	Bareinstandspreis Lager Hamburg ohne Finanzierungskosten	39.981 €
+	Finanzierungskosten für die Transportdauer von 14 Tagen	218 €
=	**Bareinstandspreis des Importeurs Lager Hamburg, finanziert**	**40.199 €**

b) **Absatzkalkulation**

		Gesamtpreis	**Preis je 0,7 l**
	Bareinstandspreis des Importeurs Lager Hamburg, finanziert	40.199 €	1,1439 €
	(Im Hamburger Lager treffen 24.600 l ein; daraus könnten 35.143 Flaschen zu 0,7 l abgefüllt werden.)		
+	Kosten für Abfüllung, Verkorkung, Verpackung usw.	10.375 €	0,2952 €
+	Finanzierungskosten bis Verkaufsreife (20 Tage)	393 €	0,0112 €
=	Selbstkosten des Importeurs vor Lagerung	50.967 €	1,4503 €
	(Wegen der Bruch- und Abfüllverluste von 1,2 % = 422 Flaschen werden tatsächliche nur 34.721 Flaschen eingelagert, was den Preis/Flasche erhöht)		
=	Selbstkosten des Importeurs bei Einlagerung	50.967 €	1,4679 €
+	Kosten der Einlagerung	2.100 €	0,0605 €
+	Finanzierungskosten für die durchschnittliche Lagerdauer	714 €	0,0206 €
=	Selbstkostenpreis des Importeurs bei Lagerentnahme	53.781 €	1,5490 €
+	Gewinnzuschlag des Importeurs 25 %	13.445 €	0,3872 €
=	Barverkaufspreis ab Importeurlager verpackt	67.226 €	1,9362 €
+	Mengenrabatt 5 %	3.361 €	0,0968 €
=	Barverkaufspreis an Großabnehmer ab Lager, verpackt	63.865 €	1,8394 €
+	Skonto 2 % vom Zielverkaufspreis	1.303 €	0,0375 €
=	**Zielverkaufspreis des Importeurs ab Lager Hamburg** an Großabnehmer	65.168 €	1,8769 €

Lösung zu 11: Preisgleitklauseln

Bei der **1. Alternative** erhält der Exporteur in 16 Monaten 7.000.000 €, gleichgültig, wie sich die Preis- und Kursveränderungen vollzogen haben.

Für diese Möglichkeit würde sich der Importeur entscheiden, wenn er mit erheblichen Preis- und Lohnschüben im Exportland rechnet. Er erwartet auch eher einen Wertverlust des Euro gegenüber dem Dollar, sodass für ihn so ein Kursrisiko nicht mehr besteht, und er voraussichtlich weniger Dollar für den Euro aufwenden muss.

Unter diesen Aspekten glaubt der Importeur, sich noch einen relativ guten Preis gesichert zu haben, für den er bei Fälligkeit weniger Dollar aufzubringen hat als heute.

Bei der **2. Alternative** erhält der Exporteur unter den erwarteten Veränderungen nach 16 Monaten 7.007.000 €.

$$P = P_0 \left(a \frac{M}{M_0} + b \frac{L}{L_0} + c \right)$$

Materialbestand = 6.500.000 • 38 % = 2.470.000 €
Lohnanteil = 6.500.000 • 50 % = 3.250.000 €
Materialpreissteigerung = 2.470.000 • 10 % = 247.000 €
Lohnanstieg = 3.250.000 • 8 % = 260.000 €

$$P = 6.500.000 \left(0{,}38 \frac{2.717.000}{2.470.000} + 0{,}5 \frac{3.510.000}{3.250.000} + 0{,}12\right) = \mathbf{7.007.000\ €}$$

Für diese Möglichkeit würde sich der Importeur entscheiden, wenn er glaubt, dass die Lohn- und Preisveränderungen im Exportland wahrscheinlich doch geringer ausfallen werden, weil die Tarifpartner gemäßigt sind, und die Wirtschaftspolitik gut ist. Dagegen erachtet der Importeur das Kursrisiko als bemerkenswert und erwartet eher einen Kursverfall des Dollars.

Bei der **3. Alternative** trägt der Exporteur das Preisrisiko und der Importeur das Kursrisiko. Treten die erwarteten Lohn- und Materialkostensteigerungen tatsächlich ein, hätte der Exporteur Mehrkosten von 507.000 € gemäß Gleitklausel. Da der Exporteur jedoch 50 % des Kaufpreises bereits bei Vertragsabschluss erhält, kann dieser Betrag zum durchschnittlichen Kapitalkostensatz für 16 Monate im Unternehmen arbeiten und die Mehrkosten überkompensieren:

$$\frac{3.250.000 \cdot 15 \cdot 480}{100 \cdot 360} = \mathbf{650.000\ €}$$

Wenn der Exporteur nicht erhebliche Lohn- und Preisveränderungen befürchtet, würde er diese Alternative bevorzugen, weil sie für ihn den größten Ertrag unter Ausschluss des Kursrisikos bringt.

Der Importeur kann von einer Bank einen Importvorschuss zu 9 % p. a. aufnehmen. Dafür entstehen Zinskosten in Höhe von 390.000 €:

$$\frac{3.250.000 \cdot 9 \cdot 480}{100 \cdot 360} = \mathbf{390.000\ €}$$

Der Gesamtaufwand für den Importeur beläuft sich bei dieser Alternative dann nur auf 6.890.000 €. Wenn er nicht mit nur unerheblichen Preisveränderungen im Exportland rechnet, und die Absicherung des Kursrisikos zu normalen Konditionen möglich ist, wird sich auch der Importeur für diese Alternative entscheiden. Sie bedeutet für ihn den günstigsten Einkaufspreis.

Lösung zu 12: Transportversicherung

a) Die Versicherungssumme sollte nicht kleiner sein als der Versicherungswert, um eine Unterversicherung zu vermeiden. In den Versicherungswert sind deshalb folgende Beträge einzubeziehen:

	Handelswert der Ware lt. Faktura	1.200.000 €
+	Nebenkosten	25.000 €
+	Frachtrate	31.000 €
+	Versicherungsprämie 8 % i. d. R. auf die Versicherungssumme	ca. 12.000 €
=	Zwischensumme	1.268.000 €
+	imaginärer Gewinn 18 %	228.240 €
	Versicherungswert	**1.496.240 €**

Der Exporteur sollte die Transportversicherung in Abstimmung mit dem Importeur über eine Versicherungssumme von rd. 1,5 Mio. € abschließen.

b)

$$\text{Entschädigung} = \frac{\text{Versicherungssumme}}{\text{Versicherungswert}} \cdot \text{Schadenshöhe}$$

Bei einem Ladungsschaden von 300.000 € beträgt die Entschädigung nur:

$$\frac{1.000.000}{1.500.000} \cdot 300.000 = \mathbf{200.000\ €}$$

da eine erhebliche Unterversicherung vorliegt.

c) Nach der Auslegung der Lieferbedingung „CIF" hätte der Exporteur den Versicherungsabschluss nur auf der Basis der englischen Versicherungsklausel „C" durchzuführen brauchen unter Einschluss eines imaginären Gewinns von 10 % in die Versicherungssumme. Er hätte also sowohl die Mehrkosten für den Versicherungsvertrag mit „voller Deckung" einsparen können als auch die Versicherungssumme um 8 % imaginären Gewinns kürzen können.

Es wäre in diesem Fall zu prüfen, ob der entstandene Schaden unter den Versicherungsumfang der C-Deckung fällt. Nur wenn dies vorliegt, müsste der Exporteur das Risiko aus der Unterversicherung übernehmen.

Auch wäre aus der Sicht des Importeurs zu überdenken, ob eine „CIF-Schutzversicherung" abgeschlossen werden sollte, da er nach der Auslegung der Lieferbedingung CIF bereits im Verschiffungshafen das volle Risiko übernimmt, und der Exporteur auf der Basis der CIF- Klausel sich lediglich zur Zahlung der Frachtrate und der Versicherungsprämie für die C-Deckung verpflichtet.

d) Bei einer Versicherungssumme von 1,5 Mio. € beträgt die Selbstbeteiligungsquote 75.000 € (= 5 %).

Hat der Exporteur eine Abzugsfranchise vereinbart, so muss er im ersten Fall den vollen Schaden von 60.000 € tragen, im zweiten Fall hat er 75.000 € zu tragen.

Hat der Exporteur dagegen eine Integralfranchise vereinbart, so muss er im ersten Fall ebenso wie bei der Abzugsfranchise den vollen Schaden von 60.000 € übernehmen, im zweiten Fall muss dagegen der Versicherer den gesamten Schaden bezahlen.

Lösung zu 13: Havarie-Schaden

a) Ermittlung des Beitragskapitals

Das Beitragskapital der Havarie-Grosse-Beteiligten ist die Summe aus dem Zeitwert des beschädigten Gegenstandes und der Vergütung infolge des Havarie-Schadens (gemäß Regel XVII der Y. A. R. der CIF-Wert im Bestimmungshafen):

	Wert des Schiffes gemäß Taxe im beschädigten Zustand	32.000.000 €
+	Vergütung aus Havarie-Grosse	2.100.000 €
=	**Beitragskapital des Schiffes**	**34.100.000 €**

	Wert der Ladung gemäß Taxe im beschädigten/reduzierten Zustand	9.000.000 €
+	Vergütung aus Havarie-Grosse	300.000 €
=	**Beitragskapital der Ladung**	**9.300.000 €**

	Wert der Fracht im Risiko (gewöhnliche Fracht)	150.000 €
+	Vergütung aus Havarie-Grosse	13.000 €
=	**Beitragskapital der Fracht**	**163.000 €**

b) **Ermittlung der Beitragsquote**

$$\text{Beitragsquote} = \frac{\text{Schäden aus Havarie-Grenze} \cdot 100}{\text{Beitragskapital}}$$

$$\text{Beitragsquote} = \frac{3.721.000\text{ €} \cdot 100}{43.563.000\text{ €}} = \mathbf{8,54165232\ \%}$$

c) Ermittlung der Zahlungsverpflichtung der Havarie-Grosse-Beteiligten (Beitragskapital • Beitragsquote)

Zahlungsverpflichtung Schiff:
34.100.000 € • 8,54165232 % = **2.912.703,440 €**

Zahlungsverpflichtung Ladung:
9.300.000 € • 8,54165232 % = **794.373,666 €**

Zahlungsverpflichtung Fracht:
163.000 € • 8,54165232 % = **13.922,894 €**

d)

Leistung der Transportversicherung	794.373,67 €
reiner Ladungsschaden lt. Taxe	300.000,00 €
zusätzliche Leistung der Transportversicherung aufgrund der Gefahrengemeinschaft bei Havarie-Grosse	**494.373,67 €**

e) Unterversicherung bei hohem Ladungsschaden?

Schaden am Schiff:			2.100.000 €
Schaden an der Ladung:			9.000.000 €
Bergungskosten:			1.300.000 €
Frachtreduzierung:	entgangene Fracht durch Ladungswurf	154.000 €	
	vermiedene Löschkosten	19.000 €	135.000 €
Dispachekosten			8.000 €
Gesamtkosten aus Havarie-Grosse-Schaden			**12.543.000 €**

$$\text{Beitragsquote} = \frac{12.543.000\ € \cdot 100}{43.535.000\ €} = \mathbf{28{,}811301\ \%}$$

Die Zahlungsverpflichtung der Transportversicherung beträgt in diesem Falle infolge großer Havarie nur **2.679.450,90 €**, obwohl der Warenschaden 9.000.000 € beträgt. Eine Unterversicherung ist also auch in diesem Falle nicht zu befürchten. Aufgrund der Gefahrengemeinschaft muss sogar ein wesentlicher Teil des Ladungsschadens von den anderen Beteiligten übernommen werden, da er insbesondere zur Errettung aller aus der gemeinsamen Gefahr entstanden ist.

Die Fracht wird allerdings nicht in die Havarie-Gemeinschaft aufgenommen, wenn keine „gewöhnliche Fracht“, bei der die Frachtzahlung vom ordnungsgemäßen Erreichen des Bestimmungshafens abhängt („Fracht im Risiko“), vorliegt, sondern eine endgültig bezahlte Fracht. Der CIF-Wert der Ladung beinhaltet dann auch den Wert der Fracht.

Lösung zu 14: Hedging in Rohstoffen

a) Da der Silberimporteur auch mit steigenden Silberpreisen rechnen muss, spekuliert er an der Warenterminbörse als Haussier. Ein fallender Silberpreis hätte für ihn keinen Nachteil, da er mit seinen Abnehmern zu einem festen Preis abgeschlossen hat.

Steigt der Silberpreis tatsächlich, so kann der Silberimporteur die Preissteigerung im Effektivgeschäft durch den Gewinn im Termingeschäft kompensieren.

Effektivgeschäft	**Termingeschäft**
Lieferverpflichtung während der Vertragsdauer zu 15 US-$/Feinunze Silbernotierung am 25.08. Kassa 1311 ct/Feinunze	Kauf von Terminkontrakten, bezogen auf die jeweiligen Lieferverpflichtungsdaten (z. B. Maikontrakt, der am 25.08. mit 1334 ct/Feinunze notiert)
Eindeckung der Teilmengen vor den jeweiligen Lieferdaten zum Weltmarktpreis Kassa 1385 ct/Feinunze am 12.02.	Verkauf (Neutralisation) des Mai-Terminkontrakts am 12.02. zum Kurs von 1412 ct/Feinunze (es wird mit weiteren Kurssteigerungen gerechnet).

b) Das Effektivgeschäft schließt für diese Teilmenge mit einem Verlust von 74 ct/Feinunze, bezogen auf den Kassakurs bei Vertragsabschluss, ab. Bezogen auf den ausgehandelten Festpreis von 15 US-$ und unter Berücksichtigung der Handelsspanne von 1,25 US-$ je Feinunze beläuft sich der Verlust auf 10 ct/Feinunze.

Das Termingeschäft schließt dagegen mit einem Gewinn von 78 ct/Feinunze ab.

Effektivgeschäft	**Termingeschäft**
Kassakurs am 25.08. 1311 ct/Feinunze (Festpreis 15 $/Feinunze)	Terminkurs am 25.08. 1334 ct/Feinunze
Kassakurs am 12.02. 1385 ct/Feinunze	Terminkurs am 12.02. 1412 ct/Feinunze
Verlust 74 Ct/Feinunze	Gewinn 78 ct/Feinunze
saldierter Gewinn:	4 ct/Feinunze

Ausgehend vom Festpreis von 15 US-$ unter Berücksichtigung der Handelsspanne von 1,25 US-$/Feinunze hätte der Silberimporteur also durch das Termingeschäft zur Kurssicherung trotz Preissteigerung keinen Verlust, sondern einen Gewinn von 68 ct/Feinunze gemacht.

	Verkaufspreis	1500 ct/Feinunze
-	Einstandspreis am 12.02.	1385 ct/Feinunze
-	Handelsspanne	125 ct/Feinunze
+	Gewinn aus Terminkontakt	78 ct/Feinunze
=	**Gewinn**	**68 ct/Feinunze**

Lösung zu 15: Kursrisiko im Warentermingeschäft

a) Der Spekulant wird als Baissier an der Terminbörse operieren. Da er mit fallenden Kursen rechnet, wird er heute per Termin verkaufen, um den Terminkontrakt dann später während der Laufzeit günstig einkaufen (neutralisieren) zu können.

b) Ein Kaffeekontrakt bezieht sich auf 250 Sack oder 37.500 lbs. Da der Kurs zzt. 180 ct/lb beträgt, kostet ein Kontrakt 67.500 US-$, 10 Kontrakte 675.000 US-$. Bei einem Einschuss von jeweils 8 % je Kontrakt muss der Spekulant insgesamt (zunächst nur) 54.000 US-$ als Einsatz aufbringen.

c)

Verkauf am 15.10. per Termin von 10 März-Kontrakten zu 180 ct/lb	675.000 US-$
Kauf (Neutralisation) am 27.01. von 10 März-Kontrakten zu 150 ct/lb	562.500 US-$
erlöster Differenzbetrag	**112.500 US-$**

Rentabilität des eingesetzten Kapitals:

$$\frac{\text{Gewinn} \cdot 100}{\text{eingesetztes Kapital} \cdot \text{Laufzeit}} = n\,\%\text{ p. a.}$$

$$\frac{112.500\text{ US-\$} \cdot 100 \cdot 360}{54.000\text{ US-\$} \cdot 102} = \mathbf{735\,\%\text{ p. a.}}$$

Der Spekulant erlöst, abgesehen von Makler- und sonstigen Gebühren, 112.500 US-$ und erhält seinen Einschuss zurück; die Rentabilität des eingesetzten Kapitals beträgt für diese Laufzeit 735 % p. a.

d) Verkauf am 15.10. per Termin von 10 März-Kontrakten zu 180 ct/lb — 675.000 US-$
Kauf (Neutralisation) am 20.12. durch Buy-Stop-Order von 10 März-Kontrakten zu 190 ct/lb — 712.500 US-$

Verkauf am 15.10. per Termin von 10 März-Kontrakten zu 180 ct/lb	675.000 US-$
Kauf (Neutralisation) am 20.12. durch Buy-Stop-Order von 10 März-Kontrakten zu 190 ct/lb	712.500 US-$
Verlustdifferenz	**37.500 US-$**

Negative Rentabilität des eingesetzten Kapitals:

$$\frac{37.500 \text{ US-\$} \cdot 100 \cdot 360}{54.000 \text{ US-\$} \cdot 65} = \mathbf{385\ \%\ p.\ a.}$$

Der Spekulant hätte, abgesehen von der Maklercourtage und anderen Gebühren, bei einer Kursveränderung von nur 10 Punkten von seinem Einschuss lediglich 16.500 US-$ wiederbekommen. Rentabilitätsmäßig gesehen beträgt der Verlust 385 % p. a.

Lösung zu 16: Cross Rate

a) Über den Finanzplatz Zürich könnte der Importeur die Devisen zum Kurs von 1,3473 erhalten. Dieser Kurs liegt jedoch über seinem Limit von 1,3420.

Über den Finanzplatz New York könnte der Importeur die Devisen zum Kurs von 1,3451 erwerben, doch liegt auch dieser Kurs über seinem Limit.

inverses Kursverhältnis sfr/US-$ bzw. Can$/US-$:

$$\text{Briefkurs}_{\text{sfr/US-\$}} = \frac{\text{WE}_{\text{US-\$}} \cdot \text{WE}_{\text{sfr}}}{\text{Geldkurs}_{\text{US-\$/sfr}}}$$

$$1{,}5795 = \frac{(1 \cdot 1)}{0{,}6331}$$

$$\text{Geldkurs}_{\text{Can\$/US-\$}} = \frac{\text{WE}_{\text{US-\$}} \cdot \text{WE}_{\text{Can\$}}}{\text{Briefkurs}_{\text{Can\$}}}$$

$$1{,}1743 = \frac{(1 \cdot 1)}{0{,}8516}$$

Cross Rate:

$$\text{Briefkurs}_{\text{sfr/Can\$}} = \frac{\text{Briefkurs}_{\text{sfr/US-\$}}}{\text{Geldkurs}_{\text{Can\$/US-\$}}} \cdot \text{WE}_{\text{Can\$}}$$

$$1{,}3451 = \frac{1{,}5795}{1{,}1743} \cdot 1$$

Über den Finanzplatz Tokio könnte der Importeur die Devisen zum Kurs von 1,3448 erhalten. Auch hier konnte der Auftrag nicht ausgeführt werden.

Inverses Kursverhältnis sfr/Yen bzw. Can$/Yen:

$$\text{Briefkurs}_{\text{sfr/Yen}} = \frac{\text{WE}_{\text{Yen}} \cdot \text{WE}_{\text{sfr}}}{\text{Geldkurs}_{\text{Yen/sfr}}}$$

$$1{,}1349 = \frac{(1 \cdot 1)}{0{,}8811}$$

$$\text{Geldkurs}_{\text{Can\$/Yen}} = \frac{\text{WE}_{\text{Yen}} \cdot \text{We}_{\text{Can\$}}}{\text{Briefkurs}_{\text{Yen/Can\$}}}$$

$$0{,}8439 = \frac{(1 \cdot 1)}{1{,}1850}$$

Cross Rate:

$$\text{Briefkurs}_{\text{sfr/Can\$}} = \frac{\text{Briefkurs}_{\text{sfr/Yen}}}{\text{Geldkurs}_{\text{Can\$/Yen}}} \cdot \text{WE}_{\text{Can\$}}$$

$$1{,}3448 = \frac{1{,}1349}{0{,}8439} \cdot 1$$

b) Das Kursverhältnis US-$/sfr in New York müsste auf 0,6346 steigen, damit der Devisenauftrag des Importeurs ausgeführt werden kann (bzw. müsste der US-Dollar aus schweizer Sicht auf 1,5759 fallen).

$$\text{Briefkurs}_{\text{sfr/Can\$}} = \frac{X}{\text{Geldkurs}_{\text{Can\$/US-\$}}} \cdot \text{WE}_{\text{Can\$}}$$

$$1{,}3429 = \frac{X}{1{,}1743} \cdot 1$$

$X = \text{Briefkurs}_{\text{sfr/US-\$}} = 1{,}5759$

oder aus amerikanischer Sicht als inverses Kursverhältnis:

$$\text{Geldkurs}_{\text{US-\$/sfr}} = \frac{\text{WE}_{\text{sfr}} \cdot \text{WE}_{\text{US-\$}}}{\text{Briefkurs}_{\text{sfr/US-\$}}}$$

$$0{,}6346 = \frac{(1 \cdot 1)}{1{,}5759}$$

c) Der Importeur kann die Kanadischen Devisen zu 1,3418 sfr/Can$ erhalten und bleibt damit unterhalb seines Limits, wenn der Yen in Tokio gegenüber dem Can$ um 0,0027 Yen steigt, ohne dass dadurch eine Veränderung des Kursverhältnisses zwischen sfr und Can$ verbunden sein muss.

alter Kurs Yen/Can$ 1,1822/1,1850

Yen steigt um 0,0027 → **neuer Kurs** 1,1795/1,1823

$$\text{Geldkurs}_{\text{Can\$/Yen}} = \frac{\text{WE} \cdot \text{WE}_{\text{Can\$}}}{\text{Briefkurs}_{\text{Yen/Can\$}}}$$

$$0{,}8458 = \frac{(1 \cdot 1)}{1{,}1823}$$

$$\text{Briefkurs}_{\text{sfr/Can\$}} = \frac{\text{Briefkurs}_{\text{sfr/Yen}}}{\text{Geldkurs}_{\text{Can\$/Yen}}} \cdot \text{WE}_{\text{Can\$}}$$

$$1{,}3418 = \frac{1{,}1349}{0{,}8458} \cdot 1$$

In diesem Fall verkauft also die Bank für den Importeur die sfr zum konstanten Kurs von 1,1349 gegen Yen (inverses Kursverhältnis Yen/sfr als Geldkurs 0,8811) in Tokio, die sie dann gegen Can$ zum Briefkurs von 1,1823 Yen (als inverses Kursverhältnis 0,8458 Can$) konvertiert.

Lösung zu 17: Devisenterminkurse

a) Die Geld- und Briefkurse werden im Devisenhandel immer aus der Sicht der Bank benannt. Dabei stellt der Geldkurs bei Mengennotierung den Verkaufskurs der Bank und der Briefkurs den Ankaufskurs der Bank dar. Die Spanne zwischen Geld- und Briefkurs ist dann die Handelsspanne der Bank.

Fremdwährungen werden mit Deport gehandelt, wenn das Zinsniveau im Ausland höher ist als im Inland, um die Zinsdifferenz auszugleichen. Bei Mengennotierung werden die Zinsniveaus jedoch nicht aus deutscher Sicht, sondern aus der Sicht des Auslandes betrachtet. Ist aus ausländischer Sicht das deutsche Zinsniveau höher als das dortige Inlandszinsniveau, wird die Fremdwährung mit Deport gehandelt.

b) Die jeweiligen Terminkurse ermitteln sich aus der Subtraktion der Swapsätze von den Kassakursen, wenn es sich bei den Swapsätzen um einen Deport handelt. Daher ergeben sich folgende Terminkurse:

	1 Monat		**3 Monate**		**6 Monate**	
	Geld	**Brief**	**Geld**	**Brief**	**Geld**	**Brief**
Kassakurs	1,5411	1,5491	1,5411	1,5491	1,5411	1,5491
Swapsatz (Deport)	0,0089	0,0089	0,0245	0,0245	0,0490	0,0490
Terminkurs	1,5322	1,5402	1,5166	1,5246	1,4921	1,5001

Die Bank kauft also z. B. die 6-Monats-Termindevise zu 1,5001 an, d. h. ein Exporteur müsste für 1 € 1,5001 Fremdwährung liefern, und sie verkauft die Termindevisen zu 1,4921, d. h. ein Importeur würde für 1 € 1,4921 Fremdwährung erhalten.

c) Die veröffentlichten Terminkurse beziehen sich meistens auf die Standardfälligkeiten von 1, 3, 6 und 12 Monaten; manchmal werden auch 2-Monats-Sätze genannt.

Um den genauen Terminkurs zu errechnen, muss man die Swapsätze zwischen zwei Standardfälligkeiten auf den benötigten Zeitraum beziehen. Da es sich bei diesem Termingeschäft für den Importeur um den Kauf von Devisen von der Bank handelt, die Kurse aber aus der Sicht der Bank notiert werden, ist vom jeweiligen Geldkurs auszugehen.

	Swapsatz (Geld) obere Fälligkeit	490
-	Swapsatz (Geld) untere Fälligkeit	245
=	Swapsatzdifferenz (Geld)	245
:	Tagesdifferenz der Standardfälligkeiten	90
	Tagesdifferenz zwischen Zahlungseingang und oberer Standdardfälligkeit	57
=	Abschlag von der oberen Fälligkeit	155,17

Der Verkaufskurs der Bank für diese Termindevisen an den Importeur per 10.08. würde demnach am 07.04. 1,5076 betragen.

Kassakurs - (Deport obere Fälligkeit - Abschlag) = individueller Terminkurs

1,5411 - (0,0490 - 0,0155) = 1,5076

Lösung zu 18: Swapgeschäfte

a) Der Terminkurs ergibt sich in diesem Fall aus der Subtraktion des Swapsatzes vom Kassakurs. Da die Termindevisen vom Exporteur an die Bank verkauft werden, die Kurse aber aus der Sicht der Bank notiert werden, wird für die Berechnung der Briefkurs als Ankaufskurs der Bank bei Mengennotierung benötigt.

	Kassakurs (Geld)	1,2456		Kassakurs (Brief)	1,2536
-	Swapsatz (Deport)	0,0500	-	Swapsatz (Deport)	0,0500
=	Terminkurs (Geld)	1,1956	=	Terminkurs (Brief)	1,2036

Die Bank kauft die Termindevisen vom Exporteur zum Kurs von 1,2036 je Einheit Inlandswährung.

b) Die Bank schließt dem Kundengeschäft ein Swapgeschäft an. Da sie nun die Termindevisen besitzt, wählt sie ein Swapgeschäft, bei dem sie diese Termindevisen gegen Kassadevisen verkauft. Kontraktpartner könnte hier eine Bank sein, die ihrerseits Termindevisen an einen Importeur verkauft hat und ebenfalls das Kursrisiko durch ein entgegengesetztes Swapgeschäft abwälzen will.

Im Anschluss an das Swapgeschäft können beide Banken jeweils wieder durch Kundengeschäfte die Kassadevisen kaufen bzw. verkaufen.

c)

Ankauf der Termindevisen zum Briefkurs	1,2036	→	Kundengeschäft
Verkauf der Termindevisen zum Geldkurs	1,1956	↘	
= Gewinn aus Termingeschäft	0,0080		Swapgeschäft
Ankauf von Kassadevisen zum Briefkurs	1,2536	↗	
Verkauf der Kassadevisen zum Geldkurs	1,2456	→	Kundengeschäft
= Gewinn aus Kassageschäft	0,0080		

Gesamtgewinn 0,0160

Ankauf Termindevisen vom Exporteur zum Briefkurs	1,2036
Verkauf Kassadevisen an Importeur zum Geldkurs	1,2456
Verlust aus Kundengeschäften	0,0420
Gewinn aus Swapgeschäft	0,0580
Gesamtgewinn	0,0160

Lösung zu 19: Zinsarbitrage

a) Zinsarbitragegeschäfte dienen der Ausnutzung von Zinsunterschieden.

Liegt das Zinsniveau im Ausland oder auf dem Euro-Geldmarkt für die Fremdwährung erheblich niedriger als in Deutschland, kann das Unternehmen (über die Bank) dort einen Kredit aufnehmen und die Devisen von der Bank sofort per Kasse in Inlandswährung konvertieren lassen, sodass das Unternehmen wie im Inland einen Inlandswährungkredit ausbezahlt bekommt (Ankauf der Devisen durch die Bank zum Kassabriefkurs).

Da am Ende der Laufzeit der Kredit in Fremdwährung zurückgezahlt werden muss, und um auch gleichzeitig das Kursrisiko aus dem Kredit- und Devisengeschäft zu nehmen, hatte die Bank bei Kreditaufnahme die Fremdwährung im Rahmen einer Zinsarbitrage nicht nur per Kasse in Inlandswährung konvertiert, sondern gleichzeitig per Termin wieder bereitgestellt. Die Bank verkauft also dem Unternehmen die Devisen zu ihrem Termingeldkurs für die Kredittilgung.

b) Die jeweiligen Kosten eines Swapgeschäfts sind durch die Höhe von Report oder Deport bestimmt und müssen zum Zinsvergleich auf das Jahr umgerechnet werden. Da bei Swapgeschäften immer der spätere Rückzahlungsbetrag der Fremdwährung entweder zur Kredittilgung oder aus der Kapitalanlage abzusichern ist, müssen sich die Kosten des Swapgeschäfts auf den Terminkurs beziehen. Da in diesem Falle das Unternehmen zur Kredittilgung die Fremdwährung braucht, sichert es den Kurs ab, zu dem die Bank die Devisen per Termin bereitstellt (Termingeldkurs).

$$\text{Swapsatz auf Jahresbasis} = \frac{\text{Termingeldkurs - Kassabriefkurs}}{\text{Termingeldkurs} \cdot \text{Laufzeit}} \cdot 100$$

$$\text{Swapsatz auf Jahresbasis} = \frac{107{,}2400 - 108{,}8700}{107{,}2400 \cdot \frac{90}{360}} \cdot 100 = \mathbf{-\,6{,}08\ \%\ p.\ a.}$$

Der Swapsatz auf Jahresbasis beträgt in diesem Fall als Deport 6,08 % p. a.

Dies ist jedoch bei Mengennotierung der Devisenkurse immer aus der Sicht der Auslandswährung zu sehen, sodass das (deutsche) Inlandszinsniveau das höhere ist und die Währung aus Fremdwährungssicht mit Deport gehandelt wird.

c) Der augenblickliche Zinsvorteil für das Unternehmen beträgt 0,69 % p. a. Zur Ausnutzung dieses Vorteils wird weitere Zinsarbitrage entstehen, sodass von Marktteilnehmern die Fremdwährung verstärkt zur Kasse angeboten und per Termin nachgefragt wird. Dadurch wird der Swapsatz steigen bis Quasi-Zinsparität vorliegt.

	Kosten des Fremdwährungskredits	2,25 % p. a.
+	Swap. atz für Kosten der Kurssicherung (aus der Sicht der Fremdwährung als Deport)	6,08 % p. a.
=	Gesamtkosten des Fremdwährungskredits	8,33 % p. a.
	Kosten des Festkredits im Inland	9,00 % p. a.
-	Gesamtkosten des Fremdwährungskredits	8,33 % p. a.
=	Zinsvorteil	0,67 % p. a.
-	Kostenerhöhung durch Swap. atzsteigerung	0,67 % p. a.
=	Quasi-Zinsparität	0 % p. a.

Lösung zu 20: Devisenoptionsgeschäfte

a) Der Exporteur befürchtet, zukünftig mehr Fremdwährung für eine Einheit Inlandswährung bereitstellen zu müssen. Aufgabe der Kurssicherung bei tendenziell im Wert sinkenden Währungen ist deshalb für den Exporteur, sich den heutigen noch vergleichsweise günstigen Gegenwert der Fremdwährung zu sichern. Bezugsbasis für die Berechnung der Kurssicherungskosten ist dann der Kassakurs. Da die Fremdwährung an die Bank verkauft werden soll, ist jeweils der Briefkurs als Ankaufskurs der Bank zu Grunde zu legen.

1. Festes Devisentermingeschäft

$$\text{Kurssicherungskosten in Prozent p. a.} = \frac{(\text{Swapsatz}) \cdot 100}{\text{Kassabriefkurs} \cdot \text{Laufzeit}}$$

$$= \frac{(1{,}1190 - 1{,}1030) \cdot 100}{1{,}1030 \cdot \frac{180}{360}} = \mathbf{2{,}90\ \%\ p.\ a.}$$

1,5 Mio. US-$ zu 1,1030 (Kassakurs)	1.359.927,47 €
1,5 Mio. US-$ zu 1,1190 (Terminkurs)	1.340.482,57 €
Kosten der Kurssicherung (absolut)	**19.444,90 €**

2. Devisenoptionsgeschäft

$$\text{Kurssicherungskosten in Prozent p. a.} = \frac{\text{Optionsprämie} \cdot 100}{\text{Kassabriefkurs} \cdot \text{Laufzeit}}$$

$$= \frac{0{,}0412 \cdot 100}{1{,}1030 \cdot \frac{180}{360}} = \mathbf{7{,}47\ \%\ p.\ a.}$$

Kosten der Kurssicherung (absolut):

abgesicherter Währungsbetrag • Optionsprämie = Kostenbetrag

1.359.927,47 € • 4,12 % = 56.029,01 €

3. Ergebnis

   Das Kursverlustrisiko wird in beiden Fällen qualitativ gleichwertig abgesichert. Die Kurssicherungskosten sind jedoch beim Optionsgeschäft wesentlich höher. Dafür hat der Exporteur weiterhin beim Optionsgeschäft die Chance auf Kursgewinne.

b) Wäre der Exporteur bereit, auch etwas mehr Fremdwährung je Einheit Inlandswährung zu liefern, wäre er also mit einem geringeren Gegenwert des Exporterlöses in Inlandswährung zufrieden, könnte er auch einen höheren Basispreis von z. B. 1,1340 absichern. Es entsprächen die Kurssicherungskosten für die Optionsprämie dann etwa dem Swapsatz. Steigt nun jedoch der Kurs über den Basispreis, sodass der Exporteur die Option ausüben will, erhöht sich der Verlust in Bezug auf den Liefertermin der Ware um den nicht abgesicherten Differenzbetrag.

Kosten der Kurssicherung (absolut):
1,5 Mio. US-$ zu 1,1340 • 1,74 % → **23.015,87 €**

	1,5 Mio. US-$ zum Kurs am Liefertermin (1,1030)	1.359.927,47 €
-	Verkauf der Fremdwährung zum Basispreis (1,1340)	1.322.751,32 €
=	Verlust aus nicht abgesichertem Differenzbetrag	37.176,15 €
+	Kosten der Kurssicherung (Optionsprämie)	23.015,87 €
=	**Gesamtverlust**	**60.192,02 €**

Liegt der Tageskurs unter dem Basispreis von 1,1340 (z. B. bei 1,0400), wird der Exporteur sein Optionsrecht nicht ausüben, sondern den Zahlungseingang zur Kasse konvertieren. Dabei wird er jedoch erst einen tatsächlichen Kursgewinn machen, wenn auch die Kurssicherungskosten kompensiert sind.

	1,5 Mio. US-$ zum Kurs bei Lieferung (1,1030)	1.359.927,47 €
-	Verkauf der Fremdwährung zur Kasse (1,0400)	1.442.307,69 €
=	Bruttokursgewinn	82.380,22 €
-	Optionspreis (Kosten der Kurssicherung)	23.015,87 €
=	**Nettogewinn**	**59.364,35 €**

c) Der Exporteur könnte auch als Verkäufer einer Fremdwährungskaufsoption (US $ Call) bzw. einer Inlandswährungsverkaufsoption (EUR Put) tätig werden. Diese Stillhalterposition, bei der er den Optionspreis erhält, würde er einnehmen, wenn er keine wesentlichen Kursveränderungen erwartet. Tritt diese Erwartung ein, macht er ohne Kursveränderung einen Gewinn in Höhe des Optionspreises.

	1,5 Mio. US-$ zum Kurs bei Lieferung (1,1030)	1.359.927,47 €
-	Bereitstellung der Devisen aus der Exportlieferung zum Basispreis von 1,1030	1.359.927,47 €
=	kein Gewinn/kein Verlust	0 €
+	Optionspreis 1,5 Mio. US$ zu 1,1030 • 3,2 %	43.517,68 €
=	**Spekulationsgewinn**	**43.517,68 €**

Fällt jedoch der Tageskurs unter den Basispreis, und der Käufer der Kaufoption macht von seinem Erwerbsrecht Gebrauch, bleibt der „Kursgewinn“ für den Exporteur auf den Optionspreis begrenzt. Er muss jedoch die Fremdwährung aus seinem Exportgeschäft zu einem ungünstigen Kurs liefern.

Steigt der Kurs, wird der Käufer der Kaufoption sein Optionsrecht nicht ausüben. Der Exporteur hat jedoch selbst keine Absicherung des Kursrisikos über den erhaltenen Optionspreis hinaus.

	1,5 Mio. US-$ zum Kurs bei Lieferung (1,1030)	1.359.927,47 €
-	Verkauf der Fremdwährung bei Zahlungseingang zur Kasse (1,1450)	1.310.043,67 €
=	Kursverlust (brutto)	49.883,80 €
-	Optionspreis	43.517,68 €
=	**Kursverlust (netto)**	**6.366,12 €**

Lösung zu 21: Währungsswap

Das amerikanische Unternehmen A nimmt den US-Dollar-Kredit zu 9,25 % p. a. auf, und das deutsche Unternehmen beschafft den Yen-Kredit zu 4,4 % p. a. Bei einem Swapvorteil für A von 0,48 % p. a. gemäß Swapvereinbarung und einem Swapvorteil für B von 0,57 % p. a. hat das amerikanische Unternehmen für den benötigten Yen-Kredit 4,52 % p. a. zu zahlen unter Berücksichtigung der Vermittlungsprovision von 0,18 % p. a. und das deutsche Unternehmen für den US-Dollar-Kredit 9,43 % p. a.

	Zinsdifferenz aus US-Dollar-Kredit	0,75 % p.a.
+	Zinsdifferenz aus Yen-Kredit	0,60 % p.a.
=	Swapvorteil (brutto)	1,35 % p.a.
-	Vermittlungsprovision	0,30 % p.a.
=	**Swapvorteil (netto)**	**1,05 % p.a.**

US-Dollar-Kredit → Zinssatz B - Swapvorteil = 10 % p. a. - 0,57 % p. a. = 9,43 % p. a.
Yen-Kredit → Zinssatz A - Swapvorteil = 5 % p. a. - 0,48 % p. a. = 4,52 % p. a.

Zahlungen A		**Zahlungen B**	
Auszahlung für US-Dollar-Kreditaufnahme	9,25 % p. a.	Auszahlung für Yen-Kreditaufnahme	4,40 % p. a.
Auszahlung für Yen-Kredit an B	4,52 % p. a.	Auszahlung für US-Dollar-Kredit an A	9,43 % p. a.
Einzahlung für US-Dollar-Kredit von B	9,43 % p. a.	Einzahlung für Yen-Kredit von A	4,52 % p. a.
Auszahlung an Intermediär	0,18 % p. a.	Auszahlung an Intermediär	0,12 % p. a.
Saldo	4,52 % p. a.	Saldo	9,43 % p. a.
↳ Zinsvorteil gegenüber eigener Beschaffungsmöglichkeit 0,48 % p. a.		↳ Zinsvorteil gegenüber eigener Beschaffungsmöglichkeit 0,57 % p. a.	

Lösung zu 22: Auslandszahlungsverkehr

a) Banken kaufen Fremdwährungsschecks i. d. R. zum Scheckankaufskurs an, bei dem neben dem Ankaufskurs der Bank zusätzlich eine Pauschale für den Zahlungseinzug (Scheckinkasso) berechnet wird. Diese wird bei Preisnotierung vom Geldkurs abgezogen und bei Mengennotierung zum Briefkurs zugeschlagen.

	Geldkurs für Fremdwährung bei Preisnotierung (1/1,1099)	0,9075
-	Spanne Mittelkurs/Geldkurs (0,0040)	0,0040
	Scheckankaufskurs	**0,9035**
	Briefkurs für Fremdwährung bei Mengennotierung	1,1099
+	Spanne Mittelkurs/Briefkurs als Pauschale (0,0040)	0,0040
	Scheckankaufskurs	**1,1139**

Das Ergebnis für den Scheckankaufskurs weicht in Geld- und Preisnotierung leicht voneinander ab, da die Spanne von 0,0040 ein unterschiedliches Gewicht in den beiden Notierungen hat.

Manchmal werden die Tage bis zum Zahlungseingang aber auch konkret abgerechnet oder Zinslaufzeitpauschalen (z. B. zehn Tage für amerikanische Schecks) zu Grunde gelegt.

b) Der Exporteur erhält bei einem Zinssatz von 9 % p. a. für seine 300.000 US-$ einen Zinsertrag von 9.000 US-$, den er am Ende der Laufzeit nach vier Monaten in Euro konvertiert. Die Bank kauft den Zinsertrag am Ende der Laufzeit in Fremdwährung zu 1,1360 an.

$$\frac{300.000 \cdot 9 \cdot 1}{100 : 3} : 1{,}1360 = \mathbf{7.922{,}54\ €}$$

Die 300.000 US-$ stehen dann voll in vier Monaten wieder zur Verfügung.

Bei Verkauf des Fremdwährungsschecks an die Bank erhält der Exporteur einen Gegenwert von 269.324,00 €. Dieses Geld kann bis zur Fälligkeit der Importverbindlichkeit zur Reduzierung des Inlandswährungskredites dienen. In vier Monaten müssen dann die Devisen wieder zum Geldkurs von der Bank gekauft werden.

$$\frac{269.324{,}00 \cdot 6 \cdot 1}{100 \cdot 3} = \mathbf{5.386{,}48\ €\ Zinsminderung}$$

Rückkauf 300.000 US-$ zum Geldkurs von 1,1280		265.957,45 €
	Verkauf 300.000 US-$ (Scheck)	269.324,00 €
+	Zinsminderung Inlandswährungskredit	5386,48 €
-	Ankauf von US-$ für Importrechnung	265.957,45 €
	Überschuss	**8.753,03 €**

Obwohl der Zinsertrag aus dem Fremdwährungskonto größer ist als der Zinsertrag aus dem Inlandswährungskonto, ist es aufgrund der günstigen Kurssituation für den Exporteur vorteilhafter, den Scheck zunächst zu verkaufen und den Fremdwährungsbetrag später zurückzukaufen. Das Fremdwährungskonto wäre hier nicht vorzuziehen, da dem Zinsertrag aus dem Fremdwährungskonto von 7.922,54 € ein Überschuss von 8.753,03 € gegenübersteht.

c) Steigt der Wert der Fremdwährung, wird der günstige Rückkaufeffekt überkompensiert. Es entsteht insgesamt ein Zinsnachteil, sodass dann das Fremdwährungskonto vorteilhafter wäre:

	Verkauf Scheck über 300.000 US-$	269.324,00 €
+	Zinsminderung Kontokorrentkredit	5386,48 €
-	Ankauf von US-$ für Importrechnung zu 1,0730	279.589,93 €
	Unterdeckung	**-4.879,4581 €**

Während der Exporteur beim Fremdwährungskonto einen Zinsertrag von 9.414 € erzielt, schließt der Rückkauf der Fremdwährung mit einem Verlust von 8.287 € ab. Der Zinsvorteil für das Fremdwährungskonto beträgt insgesamt 17.701 €.

d) Behält der Exporteur den Fremdwährungswechsel bis zur Fälligkeit im Portefeuille, kann er aus dem Wechselerlös bei Fälligkeit den Fremdwährungsbetrag bestreiten, den er für die Importrechnung benötigt und braucht kein Kursrisiko aus der Fremdwährung zu befürchten.

Der Fremdwährungswechsel ist vom Importeur nach vier Monaten mit 312.500 US-$ einzulösen. Die Zinsen in Höhe von 12.500 US-$ entsprechen einem Betrag von 11.660,45 € und sind sowohl höher als der Zinsertrag aus dem Fremdwährungskonto als auch höher als der Zinsvorteil bei Scheckverkauf und anschließendem Rückkauf der Fremdwährung.

$$\frac{300.000 \text{ US-\$} \cdot 12{,}5 \cdot 4}{100 : 12} : 1{,}0720 = \mathbf{11.660{,}45\ €}$$

Nach Abzug der Inkassospesen für die Wechseleinlösung von 600 € verbleibt ein Betrag von 11.060,45 €.

Lösung zu 23: Zahlungsbedingungen und Refinanzierung eines Importgeschäftes

Zur Vergleichbarkeit der beiden Angebote sind jeweils zum Angebotspreis die weiteren Kosten bis zum 03.10. als Stichtag hinzuzurechnen. Dabei ergibt sich für

Angebot 1:

	1. Zahlungsrate fällig am 03.04.	80.000,00 €
+	Finanzierungskosten bis 03.10. über den Wechseldiskontkredit	2.877,78 €
+	2. Zahlungsrate fällig am 03.07.	160.000,00 €
+	Finanzierungskosten bis 03.10. über den Wechseldiskontkredit	2.955,56 €
=	**Gesamtkosten in Hamburg am 03.10.**	**405.833,34 €**

$$K_0 = K_n \left(1 - \frac{P}{100} n\right)$$

$$K_0 = 80.000 \left(1 - \frac{7}{100} \cdot \frac{185}{360}\right) = \mathbf{77.122{,}22\ €} \rightarrow$$ **Finanzierungskosten für 1. Rate 2.877,78 €**

$$K_0 = 160.000 \left(1 - \frac{7}{100} \cdot \frac{95}{360}\right) = \mathbf{157.044{,}44\ €} \rightarrow$$ **Finanzierungskosten für 2. Rate 2.955,56 €**

Angebot 2:

	Einstandspreis in New York vor Versand zum Kassakurs von 1,1080	361.010,83 €
+	Fracht- und Versicherungskosten	9.000 €
+	Transportnebenkosten	1.000 €
+	Akkreditivgebühren (Eröffnungs- und Dokumentenaufnahmegebühr) 5 ‰ auf 400.000 US-$ zum Kassakurs von 1,1080	1805,05 €
	Kosten nach Versand der Ware	372.815,88 €
+	Finanzierungskosten ab Einlösung der Dokumente für 171 Tage vom 12.04. bis 03.10. über den Euro-Geldmarkt	15.052,44 €
=	**Gesamtkosten in Hamburg am 03.10.**	**387.868,33 €**

$$\frac{372.815{,}88 \cdot 8{,}5 \cdot 171}{100 \cdot 360} = \mathbf{15.052{,}44\ €}$$

Bei Angebot 2 hat der Importeur einen Vorteil bezogen auf den Stichtag 03.10. von 17.965,01 €, sodass er dieses annehmen sollte. Die Ware steht ihm aber erst aufgrund der Transportdauer von 15 Tagen am 18.04. in Hamburg zur Verfügung.

Lösung zu 24: Dokumenteninkasso

a) Der Inkassoauftrag sollte folgenden Inhalt haben:

- Zugrundelegung der ERI
- Einbeziehung einer Inkassostelle am Ort des Importeurs
- Klarstellung über die Kostenaufteilung für das Inkasso
- Vereinbarung über den Zeitpunkt der Präsentation der Dokumente
- Maßnahmenkatalog bei Nichteinlösung der Dokumente im Hinblick auf die Gegebenheiten am Ort
- Klarstellung über die Erlaubnis von Teilabnahmen oder Einlagerung
- Angabe des Zahlungsweges
- Fälligkeit des Wechsels
- Maßnahmen bei Nichteinlösung des Wechsels
- Dokumentation des Inkassos.

b) Da die Dokumente auf dem Postwege (Luftpost) erheblich schneller sind als die Ware auf dem Seeweg, wäre es für den Exporteur vorteilhaft, Akzeptleistung bei Eingang der Dokumente zu vereinbaren. Dadurch kann er erreichen, dass der Importeur schon vor Warenankunft eine wechselrechtliche Verpflichtung eingeht. Das Annahmerisiko kann so verringert werden.

Diesen Wechsel kann der Exporteur dann entweder sofort bei der Inkassostelle in Mexiko diskontieren lassen oder in seinem Auftrag einer dritten Bank in einem Land mit günstigem Zinsniveau zustellen lassen oder zur Diskontierung nach Deutschland zurücksenden lassen.

c) Wenn der Exporteur nicht auf eine Wechseldiskontierung bereits fünf Tage nach Versand der Ware zurückgreifen kann, muss er die gesamte Transportdauer zunächst anderweitig finanzieren. Dadurch erhöhen sich die Kosten für seine Transportfinanzierung auf das Doppelte. Diskontbetrag = Kosten der Transportfinanzierung = 5.833 €

$$K_0 = 1 \text{ Mio. €} \left(1 - \frac{6}{100} \cdot \frac{35}{360}\right) = \mathbf{994.167\ €}$$

Diskontbetrag = Kosten der Transportfinanzierung = 5.833 €

$$\frac{1 \text{ Mio. €} \cdot 12 \cdot 35}{100 \cdot 360} = \mathbf{11.667\ €}$$ (Kosten der Transportfinanzierung ohne Wechselrefinanzierung)

d) Dem Importeur entstehen durch die frühzeitige Akzeptleistung keine Nachteile. An dem ihm eingeräumten Lieferantenkredit ändert sich weder zeitlich noch kostenmäßig etwas. Er hat sogar die Möglichkeit, noch vor Warenankunft die Dokumente auf ihre Richtigkeit zu prüfen und Unstimmigkeiten zu klären. Bei einer Vereinbarung „Akzeptleistung bei Schiffsankunft" hätte der Importeur einerseits auch kein vorheriges Besichtigungsrecht der Ware und die Dokumente würden andererseits sogar bis zur Ankunft der Ware im Depot der Inkassostelle bleiben.

Auch hinsichtlich der Lieferbedingung erfolgt keine Schlechterstellung des Importeurs, da bei CIF der Risikoübergang unabhängig von der Zahlungsbedingung bereits im Verschiffungshafen liegt.

Lösung zu 25: Dokumentenakkreditiv

a) Bei einem Auftragswert von 800.000 € hätte der Importeur folgende Kosten zu tragen:

▸ Eröffnungsgebühr	2.400 €
▸ Dokumentenaufnahmegebühr der Akkreditivbank	1.600 €
▸ Dokumentenaufnahmegebühr der Akkreditivstelle	800 €
▸ Avisierungsgebühr	400 €
▸ Bestätigungsgebühr	800 €
▸ Akzeptprovision	1.200 €
Gesamtakkreditivkosten	**7.200 €**

Die Gesamtkosten für die Akkreditivverpflichtung des Importeurs betragen 7.200 €.

b) Bei Vereinbarung der Zahlungsbedingung Kasse gegen Dokumente bei Schiffsankunft müsste der Importeur das Zahlungsziel von 60 Tagen im Anschluss an die Transportdauer selbst finanzieren. Dafür würden Finanzierungskosten für den Importvorschuss in Höhe von 10.000 € entstehen.

$$\frac{800.000 \cdot 7{,}5 \cdot 60}{100 \cdot 360} = \mathbf{10.000\ €}$$

Diese Zahlungsbedingung wäre in diesem Fall unvorteilhafter, zumal neben den Finanzierungskosten auch noch anteilige Kosten für das Dokumenteninkasso anfallen können.

c) Wenn die Bank bereit ist, das Importgeschäft durch Akzeptierung eines vom Importeur auf sie gezogenen Wechsels zu finanzieren, hätte der Importeur bei einem Gesamtkostensatz für den Wechseldiskont einschließlich der Akzeptprovision von 4,5 % p. a. lediglich einen Zinsaufwand von 6.000 €.

$$K_0 = 800.000 \left(1 - \frac{4{,}5}{100} \cdot \frac{60}{360}\right) = \mathbf{794.000\ €}$$

Sollte der Exporteur aus Zahlungssicherungsgründen auf einem Akkreditiv bestehen, müsste der Importeur versuchen, Teile der Akkreditivkosten (z. B. Akzeptprovision oder Bestätigungsgebühr) auf diesen abzuwälzen oder das Zahlungsziel zu verlängern.

Lösung zu 26: Vergleich Dokumenteninkasso und Dokumentenakkreditiv

a) Bei der Zahlungsbedingung d/p Inkasso handelt es sich um einen Inkassoauftrag des Exporteurs ohne verbindliche Leistungszusage einer Bank im Land des Importeurs und im Land des Exporteurs. Der Exporteur reicht die erforderlichen Dokumente seiner Bank zur Weiterleitung an eine Korrespondenzbank im Land des Importeurs ein, die sie dann dem Importeur zur Einlösung präsentiert. Der Exporteur trägt insbesondere das Risiko der Annahmeverweigerung durch den Importeur.

Bei der Zahlungsbedingung d/a Credit mit Bestätigung handelt es sich um ein Wechselakkreditiv, bei dem sich sowohl die Bank im Land des Importeurs als auch eine bestimmte Bank am Ort des Exporteurs im Auftrag des Importeurs verpflichten, bei Vorlage akkreditivkonformer Dokumente diese gegen Akzeptleistung einzulösen. Das Akzept wird dann nach Ablauf des Lieferantenkredits 30 Tage nach Schiffsankunft fällig.

b) Beim d/p Inkasso erhält der Exporteur Zahlung bei Schiffsankunft, sodass er (nur) die Transportdauer finanzieren muss. Hierfür steht ihm ein Exportkreditrahmen auf Kontokorrentkreditbasis zu einem Zinssatz von 9 % p. a. zur Verfügung. Die Kapitalbindung während der Transportdauer verursacht somit Kosten in Höhe von 18.000 €.

$$\frac{1{,}8\ \text{Mio. €} \cdot 9 \cdot 40}{100 \cdot 360} = \mathbf{18.000\ €}$$

Beim d/a Credit erhält der Exporteur bereits bei Vorlage der akkreditivkonformen Dokumente bei der benannten Bank am Ort des Exporteurs ein Wechselakzept, das er gleichzeitig im Rahmen seines Wechselobligos diskontieren lassen kann. Durch den Wechsel bietet sich für den Exporteur eine zinsgünstige Refinanzierung seines dem Importeur eingeräumten Lieferantenkredits. Darüber hinaus braucht er kein Annahmerisiko zu tragen, da er bereits vor Versand der Ware unbedingte Zahlungsversprechen zweier Banken erhalten hat.

Der Lieferantenkredit einschließlich der Finanzierung der Transportdauer verursacht folgende Kosten für den Exporteur:

$$K_0 = 1{,}8 \text{ Mio.} \left(1 - \frac{5}{100} \cdot \frac{70}{360}\right) = \mathbf{1.782.500\ €}$$

Diskontbetrag: 17.500 €

Abgesehen von besonderen Zahlungsabwicklungskosten sind die Finanzierungskosten in diesem Fall bei beiden Zahlungsbedingungen etwa gleich hoch, sodass der Exporteur das Akkreditiv vorziehen sollte. Es sichert so einerseits seinen Zahlungseingang optimal ab und gewährt andererseits dem Importeur sogar noch ein Zahlungsziel, was dem weiteren Geschäftsklima zugute kommen wird.

Lösung zu 27: Euro-Geldmarktkredit

Alternative 1:
Durch Aufnahme eines US-Dollar-Kredits in Höhe des Exporterlöses entstehen Zinskosten von 250.000 US-$, die am Ende der Laufzeit zu zahlen sind. Um ein Kursrisiko hierfür zu vermeiden, wird der Zinsbetrag bereits heute per Termin von einer Bank zum Kurs von 1,1365 gekauft. Der Gegenwert der Kreditaufnahme von 5.000.000 US-$ beträgt zum Kurs von 1,1112 4.499.640,03 €, sodass dem Exporteur insgesamt 4.279.666,43 € zur Verfügung stehen. Die Kreditrückzahlung erfolgt dann in 6 Monaten aus dem Zahlungseingang vom Importeur.

$$\frac{5.000.000 \text{ US-\$} \cdot 10 \cdot 1}{100 \cdot 2} : 1{,}1365 = \mathbf{219.973{,}60\ €}$$

	5.000.000 US-$ zum Kassa-Briefkurs von 1,1112	4.499.640,03 €
-	Kreditkosten zum Termin Geldkurs von 1,1365	219.973,60 €
	verfügbarer Refinanzierungsbetrag	**4.279.666,43 €**

Alternative 2:
Der Exporteur verkauft die Termindollar zum Terminkurs von 1,1445 heute an eine Bank und erhält dann bei Fälligkeit von sechs Monaten als Gegenwert 4.368.719,97 €. Damit hat er das Kursrisiko auf die Bank abgewälzt. Zur Refinanzierung nimmt der Exporteur einen Inlandswährungskredit in Höhe des Termingegenwertes zum Zinssatz von 8 % p. a. für sechs Monate auf. Insgesamt stehen dem Exporteur bei dieser Alternative 4.193.971,17 € zur Verfügung.

	Verkauf der 6-Monats-Devisen an die Bank zum Briefkurs von 1,1445	4.368.719,97 €
-	Kreditkosten für 4.368.719,97 €	174.748,80 €
	verfügbarer Refinanzierungsbetrag	**4.193.971,17€**

Alternative 3:
Der Exporteur diskontiert den Fremdwährungswechsel bei einer Bank zum Diskontsatz von 6 % p. a., die ihn zu ihrem Wechselankaufskurs von 1,1200 abrechnet. Unter Berück-

sichtigung von sechs Respekttagen für den Inkassoweg stehen dem Exporteur bei dieser Alternative 4.845.000 € zur Verfügung.

$$K_0 = K_n \left(1 - \frac{P}{100} \cdot n\right)$$

$$K_0 = 5.000.000 \left(1 - \frac{6}{100} \cdot \frac{186}{360}\right) = \mathbf{4.845.000\ US\text{-}\$}$$

Wechselankaufskurs der Bank 1,1200	
4.845.000 US-$ zu 1,1200	4.325.892,86 €
verfügbarer Refinanzierungsbetrag	**4.325.892,86 €**

Ergebnis:
Unter den genannten Voraussetzungen ohne Berücksichtigung weiterer Nebenkosten wäre für den Exporteur eine Wechselziehung auf den Importeur am vorteilhaftesten. Könnte der Dollar-Kredit jedoch auf dem Euro-Geldmarkt zu 7 % p. a. aufgenommen werden, würden sich die Zinskosten nur auf 175.000 US-$ bzw. 153.981,52 € belaufen, sodass diese Alternative dann mit einem verfügbaren Refinanzierungsbetrag von 4.345.658,51 € am vorteilhaftesten wäre.

Lösung zu 28: Exportfactoring

a) Die tatsächliche Lieferantenkreditgewährung verkürzt sich auf ca. 88 Tage.

$$\frac{\text{Debitoren} \cdot \text{Zeit}}{\text{Umsatz}}$$

$$\frac{3.600.000 \cdot 365}{15.000.000} = \mathbf{87{,}6 = 88\ Tage}$$

Würde das vertragliche Zahlungsziel von 60 Tagen eingehalten, hätte der Exporteur mit einer Kapitalfreisetzung von 1.434.246,58 € zu rechnen:

$$\frac{\text{Tage} \cdot \text{Umsatz}}{\text{Zeit}} = \text{Debitoren}$$

$$\frac{60 \cdot 15.000.000}{365} = \mathbf{2.465.753{,}42\ €}$$

Debitoren bei Zahlungsziel 95 Tage	3.900.000,00 €
Debitoren bei Zahlungsziel 60 Tage	2.465.753,42 €
Kapitalfreisetzung	**1.434.246,58 €**

b) Bei einer finanzwirtschaftlichen Vergleichsrechnung sind den entstehenden Factoring-Gebühren sämtliche Kosteneinsparungen durch die Übernahme der Dienstleistungs-, Delkredere- und Finanzierungsfunktion durch das Factoring-Institut gegenüberzustellen:

1.	Dienstleistungsgebühr 1 % auf den Exportumsatz von 15 Mio. €	150.000 €
2.	Delkrederegebühr 0,4 % auf die angekauften Forderungen von 15 Mio. €	60.000 €
3.	Finanzierungskosten 8,5 % p. a. auf die durchschnittliche Inanspruchnahme von 3,6 Mio. € abzüglich Sperrbetrag von 10 %	275.400 €
Summe Factoring-Kosten im Jahr		**485.400 €**
1.	Personalkosten (13 Monatsgehälter)	71.500 €
2.	Sozialleistungen darauf von 60 %	42.900 €
3.	Büromaterial und Einrichtungen	3.000 €
4.	Raumkosten	5.600 €
5.	Mahnwesen und Kreditüberwachung	6.800 €
6.	Gerichts- und Rechtsanwaltskosten	10.000 €
7.	Forderungsausfälle 0,4 % des Umsatzes	60.000 €
8.	Durch Verzicht auf Lieferantenkredit Skontoabzugsmöglichkeit von 3 % auf den Wareneinkauf	240.000 €
9.	Zinskostenersparnis durch Rückführung des kurzfristigen Bankkredits um 1.740.000 € (die gesamte Kapitalfreisetzung beträgt 3.240.000 € durch Forderungsverkauf zuzüglich 300.000 € durch Reduzierung der Außenstände durch Verkürzung der Kapitalbindungsfrist in den Forderungen von 95 auf 88 Tage; 1.800.000 € werden verwendet zur Rückführung des aufgenommenen Lieferantenkredits und 1.740.000 € zur Rückführung des Bankkredits)	139.200 €
Summe Kostenersparnis im Jahr		**579.000 €**

Schließt das Unternehmen einen Factoring-Vertrag unter diesen Bedingungen ab, hat es jährlich Kostenvorteile in Höhe von 93.600 €

c) Die zusammengefasste Bilanz würde bei Factoring wie folgt aussehen:

AKTIVA			**PASSIVA**
	T€		T€
Anlagevermögen	3.000	Eigenkapital	1.400
Vorräte	1.400	Fremdkapital langfristig	1.760
Forderungen an Factor	360	Bankverbindlichkeiten (mittelfristig)	900
Liquide Mittel	100	Bankverbindlichkeiten (kurzfristig)	810
Summe Aktiva	4.860	Summe Passiva	4.860

Die Eigenkapitalquote verbessert sich bei Factoring von 16,67 % auf 28,81 %.

$$\frac{\text{Eigenkapital}}{\text{Gesamtkapital}} \cdot 100$$

$$= \frac{1.400.000}{8.400.000} \cdot 100 = \mathbf{16{,}67\ \%}$$

$$\text{bzw. } \frac{1.400.000}{4.860.000} \cdot 100 = \mathbf{28{,}81\ \%}$$

d)

$$\text{ROI} = \frac{\text{Gewinn}}{\text{Umsatz}} \cdot \frac{\text{Umsatz}}{\text{Gesamtkapital}} \cdot 100$$

(Umsatzrendite • Kapitalumschlagshäufigkeit)

Die Kennzahl lautet vor Abschluss des Factoring-Vertrages:

$$\text{ROI} = \frac{600.000}{15.000.000} \cdot \frac{15.000.000}{8.400.000} \cdot 100 = \mathbf{7{,}14\ \%\ p.\ a.}$$

Bei Factoring führen zusätzliche Kostenersparnisse zur Erhöhung des Gewinns und der Umsatzrendite. Andererseits ermöglicht die Kapitalfreisetzung eine höhere Kapitalumschlagshäufigkeit. Durch die Verbesserung beider Faktoren (Umsatzrendite und Kapitalumschlagshäufigkeit) erhöht sich die Gesamtkapitalrentabilität erheblich:

$$\text{ROI} = \frac{693.600}{15.000.000} = \frac{15.000.000}{4.860.000} = \mathbf{14{,}27\ \%\ p.\ a.}$$

Lösung zu 29: Finanzierung über den Euro-Kapitalmarkt

a) Die Rendite für den Zero-Bond lässt sich finanzmathematisch als Zwei-Zahlungsfall darstellen, sodass die Effektivverzinsung (Yield) über die gesamte Laufzeit 6,928 % p. a. beträgt.

r = Rendite = Yieldsatz = Effektivverzinsung p. a.
R = Rückzahlungsbetrag = K_n = Endwert
A = Ausgabebetrag = K_0 = Barwert
n = Laufzeit in Jahren

$$r = \left(\sqrt[n]{\frac{K_n}{K_0}} - 1\right) \cdot 100$$

$$r = \left(\sqrt[30]{\frac{1.000}{134{,}03}} - 1\right) \cdot 100 = 6{,}928\ \%\ \text{p. a.}$$

K_0 = 1.000 € - 865,97 € = 134,03 €.

Ein gewisses Risiko für den Anleger besteht darin, dass die Zinszahlungen insgesamt erst nach 30 Jahren erfolgen.

b) Der jeweilige Zinssatz ergibt sich bei Floating-Rate-Bonds aus der vereinbarten Referenzzinsatzbasis, die in den Anleihebedingungen zu nennen ist, und die je nach Bonität des Anleiheschuldners, dem Emissionszeitpunkt und der Laufzeit durch einen Zuschlag oder Abschlag ergänzt werden kann. Diese Zinsvereinbarung kann beispielsweise lauten:

   US-$ LIBOR für 6 Monate + 0,5 % p. a. oder US-$ EURIBOR für 3 Monate + 0,4 % p. a.

   Die Spanne der von ausgewählten Kreditinstituten genannten Briefsätze (Angebotssätze unter Banken) reichte am 12.01.2007 für US-$ für 6 Monate von 5,3200 bis 5,3700 % p. a. Der US-$-LIBOR für sechs Monate wurde dann sogar bei 5,38313 % p. a. gefixt, sodass die Gläubiger auf dieser Basis für die nächsten sechs Monate einen Zinssatz von 5,88313 % p. a. erhalten würden.

c) Der Anleger erhält im Zinstermin eine Zinszahlung von 6 % p. a. auf 10.000 US-$, also 600 US-$. Je nach dem sich ergebenden Devisenkurs würde der Euro-Gegenwert betragen:

   - Erlös für den Anleger bei Zinszahlung in US-$ umgerechnet zum Kurs von 0,90 je € → 667 €
   - Erlös für den Anleger bei Zinszahlung in € zum Festkurs von 1 US-$ = 1 € → 600 €
   - Erlös für den Anleger bei Zinszahlung in US-$ umgerechnet zum Kurs von 1,15 je € → 522 €

   Fällt der Wert der US-$, steigt also bei Mengennotierung der Devisenkurs auf 1,15 US-$ je Euro, wird sich der Anleger für eine Zinszahlung in Euro umgerechnet zum Festkurs entscheiden. Steigt dagegen der Wert der US-Dollar, fällt also bei Mengennotierung der Devisenkurs auf 0,90 US-$ je Euro, wird der Anleger eine Auszahlung der Zinsen in Dollar verlangen und diese zum Tageskurs umtauschen.

Lösung zu 30: Langfristige Exportfinanzierung von AKA und KfW

a) Folgende wichtige Grundsätze sind bei der Refinanzierung einer langfristigen Lieferantenkreditgewährung zu beachten:

   - Es muss sich um langlebige Wirtschaftsgüter handeln.
   - Es ist ein Kreditvertrag zwischen Exporteur und Importeur abzuschließen (ggf. im Rahmen des Kaufvertrages).
   - Es muss sich um ein Exportgeschäft handeln.
   - Es sind die wirtschaftlichen Verhältnisse von Exporteur und Importeur darzulegen.
   - Es sind die Einzelheiten des Exportgeschäfts mitzuteilen (Kopie des Kaufvertrages).
   - Die Zahlungsbedingungen sind den Kreditfacilitäten der Refinanzierungsstelle anzupassen.
   - Abschluss einer Ausfuhrkreditversicherung (i. d. R. Hermes-Deckung).
   - Der Exporteur bleibt Schuldner der Refinanzierungsstelle.

- Die dem Exporteur gestellten Sicherheiten sind an die Refinanzierungsstelle abzutreten.
- Der Zinssatz der Refinanzierungsstelle sollte auch für den Importeur gelten.

b) Zur Refinanzierung von Exporten in Entwicklungsländer bieten sich bei langfristigem Zahlungsziel folgende Möglichkeiten an:

Refinanzierung über eine Geschäftsbank (Hausbank)

Bei (sehr) langen Zahlungszielen werden fast nur noch Bestellerkredite verwendet.

c) Neben den allgemeinen Grundsätzen sind bei Beantragung eines Bestellerkredits der AKA oder eines Bestellerkredits der KfW folgende Bedingungen zu beachten:

- bei Krediten an Importeure in Entwicklungsländern mit Laufzeiten ab zwei Jahren Beachtung des OECD-Konsensus
- Abwicklung unter Umständen auf der Basis von Rahmenkreditvereinbarungen
- Mindestlaufzeit bei KfW-Bestellerkrediten vier Jahre
- Kreditnehmer ist der ausländische Importeur
- Auszahlung der Restkaufpreisforderung an den Exporteur
- haftungsmäßige Übernahme des nicht hermesgedeckten Kreditbetrages durch die AKA
- Kreditgewährung in Inlands- oder Auslandswährung möglich
- Laufzeit abhängig von der Laufzeit der Hermes-Deckung (keine feste Obergrenze)
- Beantragung durch Exporteur oder Importeur
- Buchkredit und Tilgung unmittelbar an Refinanzierungsstelle.

d) Zum Zeitpunkt der Lieferung bzw. bei Ablauf der Gewährleistungsfrist beträgt die maximale Kredithöhe aus dem Plafond E:

Bestellerfinanzierung

	Auftragswert	18.000.000 €
-	15 % Anzahlungen	2.700.000 €
	maximaler Kredit	15.300.000 €
-	risikomäßig von der AKA zu tragende Selbstbeteiligungsquote von 5 %	765.000 €
=	**Hermesgedeckter AKA-Kredit**	**14.535.000 €**

e) Für den Exporteur haben Bestellerkredite immer den Vorteil, dass sie in voller Höhe nach Lieferung/Leistung zu Lasten des Importeurs an den Exporteur ausgezahlt werden, und dadurch das Exportgeschäft für den Exporteur zum Bargeschäft wird. Die 5 %-ige Selbstbeteiligungsquote gemäß Hermes-Deckung ist risikomäßig von der AKA zu tragen. Gewisse Risiken aus dem Exportgeschäft sind vom Exporteur durch eine Haftungserklärung zu übernehmen.

Lösung zu 31: Forfaitierung

a) Ermittlung des Zinssatzes, der in den Kaufpreis einzurechnen ist:

$$m = \text{Freijahre} + \frac{\text{Tilgungsjahre} + 1}{2}$$

$$p = \frac{Z \cdot 100}{K_n \cdot m}$$

$$K_n = \frac{K_0}{\left(1 - \frac{D}{100}\, m\right)}$$

m = mittlere Laufzeit
D = Diskont in % p. a.
K_0 = Lieferwert
K_n = Wechselbeträge
p = Zinssatz für Importeur
Z = Importeurzinsen

$$m = 0 + \frac{5 + 0{,}5}{2} = \mathbf{2{,}75}$$

$$p = \frac{8.000.000}{\left(1 - \frac{8}{100} \cdot 2{,}75\right)} = \mathbf{8{,}65\ \%\ p.\ a.}$$

$$p = \frac{2.256.410 \cdot 100}{8.000.000 \cdot 2{,}75} = \mathbf{10{,}256409\ \%\ p.\ a.}$$

Um einen Forfaitierungserlös von 8.000.000 € zu erhalten, muss der Exporteur Wechsel über insgesamt 10.256.410 € einreichen. Diesen Wechselbetrag erreicht er, wenn der Importeur den Lieferwert von 8.000.000 € zu 10,256 % p. a. verzinst.

b) Ermittlung der Wechselbeträge:

	Fälligkeit nach Tagen	**Tilgung**	**Zinsen**	**Wechselbeträge**
1.	180	800.000	225.641	1.025.641
2.	360	800.000	225.641	1.025.641
3.	540	800.000	225.641	1.025.641
.	.	.	.	.
.	.	.	.	.
.	.	.	.	.
10.	1.800	800.000	225.641	1.025.641
	9.900	8.000.000	2.256.410	10.256.410

c) Ermittlung der Wechselbeträge und des Forfaitierungserlöses bei Verzinsung auf die jeweilige Restschuld:

Tage	Tilgungsraten	Restschuld	Zinsen 8 % p. a. auf Restschuld	Wechselbeträge	Zinszahlen
180	–	8.000.000	320.000	320.000	576.000
360	–	8.000.000	320.000	320.000	1.152.000
540	800.000	7.200.000	320.000	1.120.000	6.048.000
720	800.000	6.400.000	288.000	1.088.000	7.833.600
900	.	5.600.000	256.000	1.056.000	9.504.000
1.080	.	4.800.000	224.000	1.024.000	11.059.200
1.260	.	4.000.000	192.000	992.000	12.499.200
1.440	.	3.200.000	160.000	960.000	13.824.000
1.620	.	2.400.000	128.000	928.000	15.033.600
1.800	.	1.600.000	96.000	896.000	16.128.000
1.980	.	800.000	64.000	864.000	17.107.200
2.160	800.000	–	32.000	832.000	17.971.200
	8.000.000		2.400.000	10.400.000	128.736.000

$$\text{Zinszahlen} = \frac{K \cdot t}{100}$$

$$K_0 = K_n - \frac{ZZ \cdot D}{360}$$

K = Wechselbetrag
t = Laufzeit in Tagen
K_n = Summe der Wechselbeträge

$$K_0 = 10.400.000 - \frac{128.736.000 \cdot 8}{360} = \mathbf{7.539.200\ €}$$

Somit bleibt der Forfaitierungserlös von 7.539.200 € nicht unerheblich unter dem Lieferwert von 8.000.000 €.

d) Bei fallenden Wechselbeträgen und Zinsberechnung auf die Restschuld entspricht die mittlere Laufzeit des Exporteurkredits nicht der durchschnittlichen Laufzeit der Wechselbeträge. Der Multiplikator, mit dessen Hilfe man den erforderlichen Rechnungsbetrag, auf den die Importeurzinsen zu beziehen sind, ermitteln kann, lautet:

$$\text{Multiplikator} = \frac{1}{\left(1 + \frac{p \cdot m}{100}\right) \cdot \left(1 - \frac{D \cdot l}{100}\right)}$$

p = Zinssatz für Importeur
D = Diskont des Forfaiteurs
m = mittlere Laufzeit des Exportkredits
l = durchschnittliche Laufzeit der Wechselbeträge
ZZ = Zinszahlen

$$I = \frac{ZZ \cdot 100}{K_n \cdot 360}$$

$$I = \frac{128.736.000 \cdot 100}{10.400.000 \cdot 360} = \mathbf{3{,}4384615}$$

$$\text{Multiplikator} = \frac{1}{\left(1 + \frac{8 \cdot 3{,}75}{100}\right) \cdot \left(1 - \frac{8 \cdot 3{,}4384615}{100}\right)} = \mathbf{1{,}0611205}$$

Rechnungsbetrag = 8.000.000 • 1.0611205 = 8.488.964,30 €

Rate	Tilgungsraten	Restschuld	Zinsen 8 % p. a. auf Restschuld	Wechselbeträge
1	–	8.488.964,30	339.558,57	339.558,57
2	–	8.488.964,30	339.558,57	339.558,57
3	848.896,43	7.640.067,87	339.558,57	1.188.455,00
4	848.896,43	6.791.171,44	305.602,72	1.154.499,15
5	.	5.942.275,01	271.646,86	1.120.543,29
6	.	5.093.378,58	237.691,00	1.086.587,43
7	.	4.244.482,15	203.735,14	1.052.631,57
8	.	3.395.585,72	169.779,28	1.018.675,71
9	.	2.546.689,29	135.823,43	984.719,86
10	.	1.697.792,86	101.867,57	950.764,00
11	.	848.896,43	67.911,72	916.808,15
12	848.896,43	–	33.955,86	882.852,29
	8.488.964,30		2.546.689,29	11.035.653,59

	Rechnungsbetrag	8.488.964,30 €
+	Importeurzinsen 8 % p. a.	2.546.689,29 €
	Summe der Wechselbeträge	11.035.653,59 €
-	Forfaitierungsdiskont 8 % p. a. bei durchschnittlicher Laufzeit von 3,4384615	3.035.653,40 €
	Lieferwert	**8.000.000,19 €**

e) Ermittlung des Multiplikators bei Berücksichtigung von Anzahlungen (A):

$$\text{Multiplikator} = \frac{1}{\left(1 - \frac{A}{100}\right) \cdot \left(1 + \frac{p \cdot m}{100}\right) \cdot \left(1 - \frac{D \cdot I}{100}\right) + \frac{A}{100}}$$

$$= \frac{1}{(1 - 0{,}2) \cdot \left(1 + \frac{8 \cdot 3{,}75}{100}\right) \cdot \left(1 - \frac{8 \cdot 3{,}43384615}{100}\right) + 0{,}2} = \mathbf{1{,}0483059}$$

Rechnungsbetrag = 8.000.000 • 1.0483059 = 8.386.447,50 €

Proberechnung:

	Rechnungsbetrag	8.386.447,50 €
-	Anzahlung 20 %	1.677.289,50 €
	Exportforderung	6.709.158,00 €
+	Importeurzinsen 8 % p. a.	2.012.747,40 €
	Summe Wechselbeträge	8.721.905,40 €
-	Forfaitierungskosten 8 % p. a.	2.399.194,90 €
	Forfaitierungserlös	6.322.710,50 €
+	Anzahlungen	1.677.289,50 €
	Lieferwert	**8.000.000,00 €**

A. Einführung

Cecchini, P., Der Vorteil des Binnenmarkts, 1988

De Beer, T., Die Geschichte der EU, Lüneburg 2001

DESTATIS (Hrsg.), Außenhandel. Rangfolge der Handelspartner im Außenhandel der Bundesrepublik Deutschland 2019 (https://www.destatis.de/DE/Themen/Wirtschaft/Aussenhandel/Tabellen/rangfolge-handelspartner.html, zuletzt geprüft am 07.04.2020)

Deutsche Bundesbank, Monatsbericht März 2020, Frankfurt/M. 2020

Fritzler/Unser, Die Europäische Union, Bonn 2001

Held, H., Außenwirtschaftsförderung für mittelständische Unternehmen in Deutschland, Bayreuth 2000

Langer, M., Umsatzsteuern im Binnenmarkt, Herne/Berlin 1992

Läufer, T. (Hrsg.), Europäische Union, Europäische Gemeinschaft, Bonn 1997

Meffert/Kirchgeorg, Marktorientierte Unternehmensführung im Europäischen Binnenmarkt, Stuttgart 1990

Pfetsch, F., Die Europäische Union, Köln 2005

Röttinger/Weyringer (Hrsg.), Handbuch der europäischen Integration, Wien 1996

Schmidt/Schünemann, Die Europäische Union, eine Einführung, 2. Auflage, Stuttgart, Baden-Baden 2013

Schroth, K.-O., Das kleine Lexikon des Außenwirtschaftsverkehrs, Düsseldorf 1993

Senti, R., WTO-System und Funktionsweise der Welthandelsordnung, 2. Auflage, Zürich 2017

Weidenfeld, W., Europa-Handbuch, Bonn 2006

Weltbank (Hrsg.), Anteil Export und Services am GDP (https://databank.worldbank.org/reports.aspx?source=2&country=DEU, zuletzt geprüft am 25.03.2020)

B. Erscheinungsformen des Außenhandels

Altobelli, C., Kompensationsgeschäfte im internationalen Marketing, Heidelberg 1994

Apfelthaler, G., Internationale Markteintrittsstrategien (Unternehmen auf Weltmärkten), Wien 1999

Backhaus/Voeth, Internationales Marketing, 6. Auflage, Stuttgart 2010

Belew, D., Markteintrittsstrategien multinationaler Unternehmen unter besonderer Berücksichtigung von Direktinvestitionen und Countertrade-Strategien in Entwicklungsländern, Leipzig 2000

Berndt/Altobelli/Sander, Internationales Marketingmanagement, 5. Auflage, Berlin/Heidelberg 2016

Bruhn, M. (Hrsg.), Handbuch Markenführung, Wiesbaden 2004

Bruns, J., Internationales Marketing, 3. Auflage, Ludwigshafen 2003

Einsporn, T., Unternehmenserfolg durch Patente, Köln 1999

EPA Europäisches Patentamt (Hrsg.), Das Patent für Europa, München 2004

European Patent Office (Hrsg.), Patent Index 2019 (https://www.epo.org/about-us/annual-reports-statistics/statistics.html, zuletzt geprüft am 07.04.2020)

Fezer, K.-H., Markenrecht, München 2009

Görge, A., Die Internationalisierung von Franchise-Systemen, Göttingen 1979

Grützmacher/Schmidt-Cotta/Laier, Der internationale Lizenzverkehr, Heidelberg 1997

Ilzhöfer/Engels, Patent-, Marken- und Urheberrecht, München 2010

Kotler/Keller/Opresnik, Marketing-Management: Konzepte – Instrumente – Unternehmensfallstudien, 15. Auflage, Hallbergmoos 2017

Paquin, R., Internationale Joint-Ventures als Organisationsform des Technologietransfers, Berlin 2000

Perlitz/Schrank, Internationales Management, 6. Auflage, Konstanz, München 2013

Rübig, P., Lizenzmarketing, Linz 1985

Schwanfelder, W., Exportfinanzierung für Großprojekte, Wiesbaden 1987

United Nations Conference on Trade and Development, World Investment Report 2019. Unter Mitarbeit von UNCTAD. New York 2019

C. Rechtliche Rahmenbedingungen im Außenhandel

Altmann, J., Außenwirtschaft für Unternehmen, Stuttgart 2017

Bernstorff von, C., Rechtsprobleme im Auslandsgeschäft, Frankfurt/M. 2006

Bleckmann, A., Europarecht, 5. Auflage, 1997

BMWi, Außenwirtschaftsrecht (https://www.bmwi.de/Redaktion/DE/Artikel/Aussenwirtschaft/aussenwirtschaftsrecht.html, zuletzt geprüft am 07.04.2020)

Bundesjustizministerium, EGBGB, Berlin 2019 (https://www.gesetze-im-internet.de/bgbeg/BJNR006049896.html#BJNR006049896BJNG000702377, zuletzt geprüft am 17.11.2019)

Calliess/Clausnitzer/Maurer, UN-Kaufrecht. Praxisleitfaden für internationale Verträge, Berlin 2008

Dorsch, E. (Hrsg.), Zollrecht: Recht des grenzüberschreitenden Warenverkehrs. Kommentar, 152. Auflage, Bonn 2015

Drees/Weiß/Möllenhoff, Zoll & Export 2017, Merching 2017

Duseberg, H. M., Zur Umstellung des internationalen Warenverzeichnisses für den Außenhandel, Berlin 1982

EU, Amtsblatt der Europäischen Union. VERORDNUNG (EU) Nr. 952/2013 DES EUROPÄISCHEN PARLAMENTS UND DES RATES vom 09.10.2013 zur Festlegung des Zollkodex der Union. L 269. Europäisches Parlament und europäischer Rat (Hrsg.), Brüssel 2013 (https://eur-lex.europa.eu/legal-content/DE/TXT/PDF/?uri=CELEX:32014L0065&from=DE, zuletzt geprüft am 07.04.2020)

EU, VERORDNUNG (EU) Nr. 1215/2012 DES EUROPÄISCHEN PARLAMENTS UND DES RATES vom 12.12.2012 über die gerichtliche Zuständigkeit und die Anerkennung und Vollstreckung von Entscheidungen in Zivil- und Handelssachen (https://eur-lex.europa.eu/legal-content/DE/TXT/PDF/?uri=CELEX:32012R1215&from=DE)

Europäische Kommission, Unions-Zollkodex. Europäische Kommission (Hrsg.), Brüssel 2020 (https://ec.europa.eu/taxation_customs/business/union-customs-code_de, zuletzt geprüft am 07.04.2020)

Frenz, W., Europarecht, 2. Auflage, Berlin/Heidelberg 2016

Häberle, S., Handbuch für Kaufrecht, Rechtsdurchsetzung und Zahlungssicherheit im Außenhandel, München 2010

Leitfaden für die Abfassung von Verträgen über die Erstellung großer Industrieanlagen, Frankfurt 1973

Leitfaden für die Schiedsgerichtsbarkeit der Internationalen Handelskammer, Ausgabe 1999

Ohling, J., Export – Import – Spedition, 10. Auflage, Wiesbaden 1986

Pace Law School Institute of International Commercial Law, CISG/UN-Kaufrecht ratifiziert in x Staaten (http://www.cisg.law.pace.edu/cisg/countries/cntries.html)

Reichwald/Fraedrich, Zoll-Leitfaden für die Betriebspraxis, 11. Auflage, Berlin 1998

Reinicke/Tiedke, Kaufrecht, 8. Auflage, Neuwied 2009

Schlechtriem, P., Internationales UN-Kaufrecht, 6. Auflage, Tübingen 2016

UN, CISG/UN-Kaufrecht (https://www.jura.uni-mannheim.de/media/Lehrstuehle/jura/Bitter/Dateien/Veranstaltungen/Handelsrecht/handelsrecht_cisg_gesetzestext_2008.pdf)

UN, Mitgliedsstaaten UN-Kaufrecht, 2019 (https://uncitral.un.org/en/texts/salegoods/conventions/sale_of_goods/cisg/status, zuletzt geprüft am 17.11.2019)

UN-Übereinkommen über internationale Warenkaufverträge vom 11.04.1980

Witte/Wolffgang, Lehrbuch des europäischen Zollrechts, 9. Auflage, Herne 2018

Wockenfoth, W., Zollleitfaden für die Betriebspraxis, 12 Auflage, Berlin 2001

Zoll, Carnet TIR (https://www.zoll.de/DE/Fachthemen/Zoelle/Zollverfahren/Versandverfahren/Carnet-TIR/carnet-tir_node.html, zuletzt geprüft am 17.11.2019)

Zoll, Gemeinsames Versandverfahren ATLAS/NCTS, 2019 (https://www.zoll.de/DE/Fachthemen/Zoelle/Zollverfahren/Versandverfahren/Unions-gemeinsames-Versandverfahren/Anzuwendendes-IT-Verfahren/NCTS-allgemein/ncts-allgemein_node.html, zuletzt aktualisiert am 17.11.2019)

D. Transportwesen im Außenhandel

Aberle, G., Transportwirtschaft, 5. Auflage, München 2009

Alphaliner (Hrsg), Monthly Report (https://www.alphaliner.com/resources/Alphaliner_Monthly_Monitor_2018_11.pdf, zuletzt geprüft am 15.12.2019)

Armbruster, J., Flugverkehr und Umwelt, Heidelberg 1996

Bernecker/Grandjot, Leitfaden Luftfracht, 4. Auflage, München 2017

Biebig/Althoff/Wagener, Seeverkehrswirtschaft, Berlin/Boston 2017

Bischof/Meister/Pyell/Roy/Stadler/Wagner, Speditionsbetriebslehre, 2. Auflage, Köln 2003

Bundesamt für Justiz, HGB Frachtverkehr, hier § 407 - §475 und §§476 ff., 2019 (https://www.gesetze-im-internet.de/hgb/, zuletzt aktualisiert am 17.11.2019)

Bundesamt für Seeschifffahrt und Hydrographie, Statistik der deutschen Handelsflotte ab BRZ 100. Bundesamt für Seeschifffahrt und Hydrographie (Hrsg.) 2020 (https://www.bsh.de/DE/THEMEN/Schifffahrt/Deutsche_Handelsflotte/_Anlagen/Downloads/Statistik-Monat.html?nn=1653196, zuletzt geprüft am 07.04.2020)

Danzas-Lotse, Leitfaden für Logistik, e-Commerce, Spedition, Land-, See- und Luftverkehr, Bonn 2002

Deutsche Lufthansa (Hrsg.), Lufthansa Cargo, Eine Einführung in die Luftfracht, Köln 1986

Eurostat, Extra-EU-Handel nach Transportart. EXTRA-EU-Handel nach Transportart seit 2000 (HS2-HS6)[DS-043327], 2019 (https://ec.europa.eu/eurostat/de/web/international-trade-in-goods/data/database, zuletzt geprüft am 17.11.2019)

Ihde, G.-B., Transport, Verkehr, Logistik – Gesamtwirtschaftliche Aspekte und einzelwirtschaftliche Handhabung, 3. Auflage, München 2001

Jaeger/Laudel, Transportmanagement, 3. Auflage, Hamburg 2003

Jarke, M., Überwachung und Steuerung von Container-Transportsystemen, Wiesbaden 1981

Karsten, J., Kosten und Preise in der Trampschiffahrt, Göttingen 1968

Käselau, R., Das optimale Transportkonzept in der Linienschiffahrt, Entscheidungsorientierte Analyse und Kostenvergleich, Göttingen 1971

Kummer/Schramm, Internationales Transport- und Logistikmanagement, 2. Auflage, Wien 2010

Malchow/Schulze, Güterverkehr über See, 4. Auflage, Lüneburg 1993

Marine Bund, Jahresbericht Marinekommando 2019, Marinekommando (Hrsg), 2019 (https://www.bundeswehr.de/resource/blob/156014/fa1039c05301b9c63ad642c683880778/jahresbericht-marinekommando-2019-data.pdf)

Marine Bund, Welthandelsflotte (https://deutscher-marinebund.de/wp-content/uploads/2018/11/Jahresbericht-Marinekommando-2018.pdf)

Maurer, P., Luftverkehrsmanagement, 4. Auflage, München 2006

Muth, W., Leitfaden zur CMR – Übereinkommen über den Beförderungsvertrag im internationalen Straßengüterverkehr (Kommentar), 7. Auflage, Berlin 1991

Oelfke, W., Güterverkehr – Spedition – Logistik, 43. Auflage, Bad Homburg v. d. Höhe 2018

Ohling, H., Export – Import – Spedition, 10. Auflage, Wiesbaden 1986

O. V., Einheitliche Rechtsvorschriften für den Vertrag über die internationale Eisenbahnbeförderung von Gütern. CIM (https://transportrecht.org/wp-content/uploads/CIM.pdf, zuletzt geprüft am 16.12.2019)

Pawlik, T., Seeverkehrswirtschaft, Wiesbaden 1999

Port of Rotterdam, North-Sea Range Range Hamburg-Le Havre, 2019 (https://www.portofrotterdam.com/sites/default/files/facts-and-figures-port-of-rotterdam.pdf?token=CJ3nvKBO, zuletzt aktualisiert am 23.11.2019)

Sartori, D., Einführung in die Reedereibetriebslehre, Hamburg 1973

Sterzenbach/Conrady, Luftverkehr, 6. Auflage, München 2019

Transport Informations Service, SZR – Sonderziehungsrechte. Kurse (http://www.tis-gdv.de/tis/bedingungen/szr/szr.htm, zuletzt geprüft am 19.12.2019)

UNCTAD (Hrsg), Review of Maritim Transport, 2019 (https://unctad.org/en/PublicationsLibrary/rmt2018_en.pdf, zuletzt aktualisiert am 24.11.2019)

Zwischenstaatliche Organisation, COTIF. 1999 Übereinkommen über den internationalen Eisenbahnverkehr in der Fassung des Protokolls von Vilnius in Kraft ab 1.7.2006. gültig ab 01.01.2011. OTIF (Hrsg.), 2019 (https://otif.org/fileadmin/new/3-Reference-Text/3A-COTIF99/COTIF_1999_01_03_2019_korrigiert_31.07.2019_de.pdf, zuletzt geprüft am 16.12.2019)

E. Außenhandelskalkulation

Dieckmann/Baars, Wie kalkuliere ich richtig Cif, 6. Auflage, Hamburg 1977

Henzler, R., Betriebswirtschaftslehre des Außenhandels, Wiesbaden 1970

Internationale Handelskammer (Hrsg.), Incoterms 2020, Paris 2019

Internationale Handelskammer (Hrsg.), Internationale Regeln für die Auslegung der handelsüblichen Vertragsformeln (Incoterms), Paris 2000

Internationale Handelskammer (Hrsg.), Trade Terms – handelsübliche Vertragsformeln, Paris 1995

Nerreter/Stöcher, Der Import und der Export, 6. Auflage, Herne 1998

Ohling, H., Export – Import – Spedition, 10. Auflage, Wiesbaden 1986

Ringle, G., Exportmarketing, Wiesbaden 1977

Rohweder, G., Der Transithandelsbetrieb als spezieller Außenhandelsbetrieb, Diss. Hamburg 1971

F. Außenhandelsmarketing

Backhaus/Voeth, Industriegütermarketing: Grundlagen des Business-to-Business-Marketings, 10. Auflage, München 2014

Backhaus/Büschgen/Voeth, Internationales Marketing, 6. Auflage, Stuttgart 2010

Bauer, E., Internationale Marketingforschung, 2. Auflage, München 1997

Baumgarth, C., Markenpolitik: Markenwirkungen – Markenführung – Markencontrolling, 4. Auflage, Wiesbaden 2014

Becker, J., Marketing-Konzeption, 10. Auflage, München 2012

Berekoven, L., Internationales Marketing, 2. Auflage, Herne 1985

Bruhn, M. (Hrsg.), Handbuch Markenführung, 2. Auflage, Wiesbaden 2004

Bruns, J., Internationales Marketing, Ludwigshafen 2003

Dichtl, E., Exporte als Herausforderung für die deutsche Wirtschaft, 3. Auflage, Köln 1984

Engelhardt G., Investitionsgüter-Marketing, Stuttgart/Berlin/Köln 1981

Esch, F.-R. (Hrsg.), Moderne Markenführung, 4. Auflage, Wiesbaden 2005

Forschner, G., Investitionsgüter-Marketing mit funktionellen Dienstleistungen, Berlin 1989

Fuß/Meyer/Stern, Praxis der Auslandsmarkterkundung, Heidelberg 1989

Glismann, H. H., Wettbewerbsbeschränkende Absprachen im Außenhandel, Tübingen 1975

Godefroid, P., Investitionsgüter-Marketing, Ludwigshafen/Rhein 1995

Hummel, T., Internationales Marketing, München/Wien 1994

Hünerberg, R., Internationales Marketing, Landsberg 1994

Hüttel, K., Produktpolitik, 3. Auflage, Ludwigshafen 1998

Hüttner, M., Grundzüge der Marktforschung, 7. Auflage, München 2002

Keegan/Schlegelmilch/Stöttinger, Globales Marketing-Management, München/Wien 2002

Kotler/Bliemel, Marketing Management, 12. Auflage, Stuttgart 2007

Kreilkamp, E., Strategisches Management und Marketing, Berlin 1987

Kulhavy, Internationales Marketing, 5. Auflage, Linz 1993

Meffert, H., Marketing, 11. Auflage, Wiesbaden 2012

Meffert/Bolz, Internationales Marketing-Management, 4. Auflage, Stuttgart 1994

Meissner, H. G., Außenhandels-Marketing, Stuttgart 2010

Nieschlag/Dichtl/Hörschgen, Marketing, 19. Auflage, Berlin 2002

Pepels, W., Kommunikationsmanagement, 5. Auflage, Stuttgart 2014

Pflaum/Eisenmann, Verkaufsförderung, Landsberg 2000

Quack, H., Internationales Marketing, München 1995

Rogge, H.-J., Werbung, 6. Auflage, Ludwigshafen/Rhein 2004

Rogge., H.-J., Marktforschung, 2. Auflage, München 1992

Rother, K., Das internationale Geschäft, Ziele, Marktforschung, Strategien, Marketing, München 1991

Sander, M., Internationales Preismanagement, Heidelberg 1997

Schröder, W., Zum Status quo von Category Management und Supply Chain Management, Essen 2000

Schurawitzki, W., Praxis des Internationalen Marketing, Wiesbaden 1995

Segler, K., Basisstrategien im internationalen Marketing, Frankfurt 1986

Simon, H., Preismanagement, 3. Auflage, Wiesbaden 2009

Sittig, C. A., Marketing auf ausländischen Märkten für exportorientierte Unternehmen, Bonn 1974

Stahr, G., Auslandsmarketing, Bd. 1 Marktanalyse, Bd. 2 Marktstrategie, Stuttgart/Berlin/Köln/Mainz 1979

Stahr, G., Internationales Marketing, Ludwigshafen/Rhein 1993

Theile, G., Internationale Interaktionsprozesse im Industriegütermarketing, Hamburg 2004

Tietz, B., Euro-Marketing: Unternehmensstrategien für den Binnenmarkt, Stuttgart 1989

Walldorf, E. G., Auslandsmarketing, Wiesbaden 1987

Weis, H. C., Marketing, 16. Auflage, Herne 2012

Weis/Steinmetz, Marktforschung, 8. Auflage, Herne 2012

G. Außenhandelsrisiken

Abraham, H.-J., Das Seerecht, Berlin 1974

Adrian/Heidorn, Der Bankbetrieb: Lehrbuch und Aufgaben, 15. Auflage, Wiesbaden 2000

Allgemeine Deutsche Seeversicherungsbedingungen, Besondere Bestimmungen für die Güterversicherung (ADS Güterversicherung 1973 in der Fassung von 1984)

Allgemeine Deutsche Binnentransportversicherungsbedingungen (ADB)

Beyfuß, J., Exportversicherung und Exportfinanzierung – Ein internationaler Vergleich, Köln 1983

Biebig/Althof/Wagener, Seeverkehrswirtschaft. Kompendium, 4. Auflage, München/Oldenbourg 2008

Blomeyer, K., Exportfinanzierung, 2. Auflage, Wiesbaden 1992

BMWi (Hrsg.), Jahresbericht Hermesdeckung 2018, Berlin 2019 (https://www.agaportal.de/_Resources/Persistent/5c1cfa75d5c5bb65a1ffccb7b1b5c9d979f20822/jb_2018.pdf, zuletzt geprüft am 07.01.2020)

Comite Maritime International, York Antwerp Rules, 2016 (https://comitemaritime.org/work/york-antwerp-rules-yar/, zuletzt geprüft am 02.01.2020)

Eilenberger, G., Währungsrisiken, Währungsmanagement und Devisenkurssicherung von Unternehmungen, 3. Auflage, Frankfurt 1990

Enge, H.-J., Transportversicherung, Recht und Praxis in Deutschland und England, 4. Auflage, Wiesbaden 2012

EU, Amtsblatt der Europäischen Union. VERORDNUNG (EU) Nr. 952/2013 DES EUROPÄISCHEN PARLAMENTS UND DES RATES vom 09.10.2013 zur Festlegung des Zollkodex der Union. L 269. Europäisches Parlament und europäischer Rat (Hrsg.), Brüssel 2013 (https://eur-lex.europa.eu/legal-content/DE/TXT/PDF/?uri=CELEX:32014L0065&from=DE, zuletzt geprüft am 07.04.2020)

EU, Richtlinie 2014/65/EU. Märkte für Finanzinstrumente sowie zur Änderung der Richtlinien 2002/92/EG und 2011/61/EU. Europäisches Parlament und europäischer Rat (Hrsg.), Brüssel 2014 (https://eur-lex.europa.eu/legal-content/DE/TXT/PDF/?uri=CELEX:32014L0065&from=DE, zuletzt geprüft am 02.01.2020)

Fischer-Erlach, P. M., Handel und Kursbildung am Devisenmarkt, 5. Auflage, Stuttgart/Berlin/Köln 1995

Gerling-Konzern (Hrsg.), Warenhandel und Versicherung, Köln 1985

Granger, C. W. J., Trading in Commodities, 4. Auflage, Cambridge 1982

Greulich, H., Die Kreditversicherung, 2. Auflage, Frankfurt/M. 1975

Häberle, S., Handbuch für Kaufrecht, Rechtsdurchsetzung und Zahlungssicherung im Außenhandel, München 2002

Investing.com, Optionsprämien, 2020 (https://www.investing.com/currencies/forex-options, zuletzt geprüft am 03.01.2020)

Jäger/Landel, Transportmanagement, 5. Auflage, Hamburg 2003

Klenke, G., Auslandsgeschäfte der Kreditinstitute, Frankfurt/M. 1983

Lachmann, H. C., Instrumente des Devisenmanagements. Ihre Anwendung bei Industrieunternehmen, Darmstadt 1981

Lipfert, H., Devisenhandel, 4. Auflage, Frankfurt 1992

Moser, R., Wechselkursrisiko – Theorie und Praxis der Kurssicherungstechniken, Wien 1975

Müller-Collin, D., Die allgemeinen deutschen Seeversicherungsbedingungen (ADS) und das AGB-Gesetz, Hamburg 1993

Obst/Hintner, Geld-, Bank- und Börsenwesen, 40. Auflage, Stuttgart 2000

Ohling, H., Export – Import – Spedition, 10. Auflage, Wiesbaden 1986

Ritter, A., Das Recht der Seeversicherung, 2. Auflage, Hamburg 1967

Ruhmann, J., Warenterminbörsen, Frankfurt 1997

Scheuenstuhl, G., Hedging – Strategien zum Management von Preisänderungsrisiken, Bern/Stuttgart/Wien 1992

Schwanfelder, W., Exportgeschäfte – ihre Risikoabsicherung und Finanzierung, Frankfurt/M. 1984

Stolzenburg, G., Die staatliche Exportkreditversicherung, 4. Auflage, Köln 1992

Wittgen, R., Währungsrisiko und Devisenkurssicherung, Frankfurt/M. 1977

H. Auslandszahlungsverkehr

Adrian/Heidorn, Der Bankbetrieb: Lehrbuch und Aufgaben, 15. Auflage, Wiesbaden 2000

Blomeyer, K., Exportfinanzierung, 2. Auflage, Wiesbaden 1992

Brüggemann, M., Die Banktechnik des Auslandsgeschäfts, 5. Auflage, Stuttgart 1981

Büschgen, H. E., Bankbetriebslehre, Wiesbaden 1972

Deutsche Bundesbank, Monatsbericht März 2020, Frankfurt/M. 2020

Eisemann/Eberth, Das Dokumenten-Akkreditiv im internationalen Handelsverkehr, 2. Auflage, Heidelberg 1979

Fuhrmann, W., Zum internationalen Kapitalverkehr zwischen deutschen und ausländischen Kreditinstituten, Kiel 1982

Gacho, W., Das Akkreditiv, 2. Auflage, Wiesbaden 1985

Grill/Perczynski, Wirtschaftslehre des Kreditwesens, 47. Auflage, Bad Homburg v. d. Höhe 2013

Hein, M., Einführung in die Bankbetriebslehre, München 1981

Huber/Schäfer, Dokumentengeschäft und Zahlungsverkehr im Außenhandel, 3. Auflage, Frankfurt/M. 1995

Internationale Handelskammer (Hrsg.), Einheitliche Richtlinien und Gebräuche für Dokumentenakkreditive, Revision 2006

Internationale Handelskammer (Hrsg.), Einheitliche Richtlinien für das Inkasso von Handelspapieren, Revision 2000

Jahrmann, F.-U., Finanzierung, 6. Auflage, Herne/Berlin 2009

Kemmer/Rädlinger, Technik der Außenhandelsfinanzierung, 3. Auflage, Frankfurt/M. 1972

Kreim/Kessler, Außenhandelsfinanzierung, 3. Auflage, Frankfurt/M. 1979

Vormbaum, H., Finanzierung der Betriebe, 9. Auflage, Wiesbaden 1996

Westphalen/Graf, Rechtsprobleme der Exportfinanzierung, 2. Auflage, Heidelberg 1978

Zahn/Eberding/Ehrlich, Zahlung und Zahlungssicherung im Außenhandel, 7. Auflage, Berlin 2001

Zahn, J., Banktechnik des Außenhandels, 9. Auflage, Wiesbaden 1993

I. Kurzfristige Außenhandelsfinanzierung

Blomeyer, K., Exportfinanzierung, 2. Auflage, Wiesbaden 1992

Brüggemann, M., Die Banktechnik des Auslandsgeschäftes, 6. Auflage, Stuttgart 1981

Büschgen/Richolt (Hrsg.), Handbuch des internationalen Bankgeschäfts, Wiesbaden 1989

Ehrlich/Haas/Zahn, Zahlung und Zahlungssicherung im Außenhandel, 8. Auflage, Berlin 2010

Finanzierngsgruppe Mittelstand (FGM), Factoring 2020 (https://fgm-factoring.de/klassisches-factoring/, zuletzt geprüft am 14.01.2020)

Finanzierungsgruppe Mittelstand, Finetrading. (https://finetrading-anbieter.de/, zuletzt geprüft am 14.01.2020)

Gerke/Steiner (Hrsg.), Handwörterbuch des Bank- und Finanzwesens, 2. Auflage, Stuttgart 1995

Grill/Perczynski, Wirtschaftslehre des Kreditwesens, 31. Auflage, Bad Homburg v. d. Höhe 1997

Häberle, S., Handbuch der Außenhandelsfinanzierung, München 1994

Hagenmüller/Sommer/Brink, Handbuch des nationalen und internationalen Factoring, 3. Auflage, Frankfurt/M. 1997

ICC, Einheitliche Richtlinien für Rembourse 725. ERR 725

Internationale Handelskammer (Hrsg.), Einheitliche Richtlinien und Gebräuche für Dokumenten-Akkreditive, Revision 2003

Jahrmann, F.-U., Finanzierung, 6. Auflage, Herne/Berlin 2009

Keßler, H., Internationale Handelsfinanzierung, Ludwigshafen/Rhein 1990

Kraemer, P., Factoring, Leasing und Teilzahlung als Finanzierungsmittel im Export, Berlin 1970

Kuske, H.-M., Finanzierung multinationaler Unternehmen, Frankfurt/M. 1973

Kuttner, K., Exportfinanzierung, 3. Auflage, Wiesbaden 1992

Natermann, E., Der Eurodollarmarkt in rechtlicher Sicht, Baden-Baden 1977

Obst/Hinterner, Geld-, Bank- und Börsenwesen, 40. Auflage, Stuttgart 2000

Perridon/Steiner, Finanzwirtschaft der Unternehmung, 14. Auflage, München 2007

Scholz, H., Das Recht der Kreditsicherung, 8. Auflage, Berlin 2000

Unger, F., Außenhandelsfinanzierung, 2. Auflage, Frankfurt/M. 1967

Widmer, R., Euromarkt, 2. Auflage, Frankfurt/M. 1977

Zahn, J., Banktechnik des Außenhandels, 9. Auflage, Wiesbaden 1993

J. Mittel- und langfristige Außenhandelsfinanzierung

Blomeyer, K., Exportfinanzierung, 2. Auflage, Wiesbaden 1992

Braun, M., Die Forfaitierung – Eine Hilfe für den Export, Frankfurt/M. 1975

Bundesministerium für Wirtschaft (Hrsg.), Das ERP-Programm

Föcking, B., Die Darlehenspolitik der Europäischen Investitionsbank, Stuttgart 2001

Hagenmüller, K. F. (Hrsg.), Leasing-Handbuch, 6. Auflage, Frankfurt/M. 1992

Häusermann, B. T., Forfaitierungsgeschäfte im Dienste der mittelfristigen Exportfinanzierung, Bern/Stuttgart 1973

Keßler, H., Internationale Handelsfinanzierung, Ludwigshafen 1990

Kraemer, P., Factoring, Leasing und Teilzahlung als Finanzierungsmittel im Export, Berlin 1970

Kruppova, A., Die Europäische Investitionsbank, Aufgabe, Finanzierung, Förderpolitik, Frankfurt 1999

Kuske, H.-M., Finanzierung multinationaler Unternehmungen, Frankfurt/M. 1973

Leifert, H., Finanzierungs-Leasing in Deutschland, Berlin 1973

Reitz, G., Exportfinanzierung, Heidelberg 1989

Schmitt, Y., Exportfinanzierung, Frankfurt/M. 1985

Tacke, H., Leasing, 3. Auflage, Stuttgart 1998

Voigt/Müller, Handbuch der Exportfinanzierung, 4. Auflage, Frankfurt/M. 1996

A

B

C

D

E

F

M

T

U

V